D1718628

CORRESPONDANCE GÉNÉRALE
DE
LA BEAUMELLE

XIII

LABEAUMELLE

Né en 1727, mort en 1773.

1. Portrait de La Beaumelle (lithographie de Boutrois inspirée
d'un tableau peint par Latour)

CORRESPONDANCE GÉNÉRALE

DE

LA BEAUMELLE

(1726-1773)

XIII

août 1759-février 1761

éditée par

HUBERT BOST,

CLAUDE LAURIOL

et HUBERT ANGLIVIEL DE LA BEAUMELLE

Avec la collaboration de Pauline Duley-Haour, Claudette Fortuny et François Pugnière

THE VOLTAIRE FOUNDATION

OXFORD

2017

ISBN 978 0 7294 1035 9

Voltaire Foundation Ltd.
University of Oxford
99 Banbury Road
Oxford OX2 6JX, U.K.
www.voltaire.ox.ac.uk

Prix Édouard Bonnefous de l'Institut de France (2013)

Cet ouvrage est publié avec le soutien
de l'Institut de recherches sur la Renaissance, l'Âge classique et
les Lumières, Université Montpellier III – CNRS, UMR 5186
du Comité genevois pour le protestantisme français
du Parc National des Cévennes
de la famille Angliviel de La Beaumelle

British Library Cataloguing in Publication Data
A catalogue record for this book is available from the British Library

FSC® (The Forest Stewardship Council) is an independent organization established to
promote responsible management of the world's forests.

Printed on chlorine-free paper.

Printed in England at T J International Ltd
Padstow, Cornwall

Table des matières

Introduction du volume XIII   vii
   Principes de l'édition   x
   Principes typographiques   xi
   Principes de l'annotation   xii

Chronologie du volume XIII   xiii

Remerciements   xix

Liste des illustrations   xxi

Abréviations   xxiii

Lettres LB 3549 – LB 3704 (août 1759 – février 1761)   1

Documents LBD 292 – LBD 301   253

Liste chronologique des lettres du volume XIII   485

Index   495

Introduction du volume XIII

La Beaumelle trouve à son arrivée à Toulouse les anciens condisciples de son frère, les avocats Belot et Senovert, qu'il a connus à Montpellier l'année précédente, et le procureur du roi Lagane. Dans la ville, il fréquente la société qui gravite autour de Paul-Louis Mondran dont la sœur vient d'épouser le fermier général de La Popelinière. Il est invité à séjourner dans les châteaux du président d'Orbessan, du juge-mage de Morlhon et du président Le Franc de Pompignan, récemment élu à l'Académie française.

Le 19 août il adresse au comte de Saint-Florentin la suite de ses Mémoires sur la situation des protestants de France. Le ministre en accuse réception le 26, mais lui ordonne en termes menaçants d'en interrompre la rédaction, chargeant le maréchal de Thomond de veiller à ce qu'il obéisse. Nul n'ignore dans Toulouse la catholique que La Beaumelle est un protestant affiché.

Les activités de La Beaumelle à Toulouse durant les cinq derniers mois de 1759 ne sont guère connues. Il rassemble des documents pour une Histoire de Henri IV. Il rédige l'éloge de Maupertuis qui se transforme en une Vie de Maupertuis grâce aux matériaux qu'il recueille auprès des membres de sa famille et de ses amis Formey, Tressan, Jean II Bernoulli et La Condamine. Il étudie le droit pour devenir avocat. Il se met à répliquer à une feuille périodique récemment lancée dans la ville. Sa fréquentation de l'hôtel de la comtesse de Fontenille ne se découvre qu'avec la descente de police qu'y effectue le capitoul François Raymond David de Beaudrigue le 9 janvier 1760 : il y est surpris en bonne compagnie, jouant à des jeux prohibés. Le procès qui s'en suit va l'absorber pendant plus d'une année : décrété de prise de corps dès le 13 janvier par les Capitouls, il entre dans la clandestinité, et ne recouvrera son entière liberté de mouvement que le 17 février 1761 lorsqu'il sera acquitté par le Parlement.

Informé que le maréchal de Thomond a lancé l'ordre de l'arrêter, La Beaumelle se cache à Montauban dans le gouvernement de Guyenne, plus tard à Moissac. Le 22 mars 1760, il est condamné par contumace à dix années d'exil, à 500 livres d'amende et à être admonesté. Le conflit de juridiction entre la justice des Capitouls et celle du Roi l'empêche de purger son décret jusqu'à ce que le ministre Saint-Florentin enjoigne le 15 mai au maréchal de donner suite aux réclamations de La Beaumelle et de révoquer son ordre. Informé le 2 juin des nouvelles dispositions du commandant de la province, La Beaumelle se rend à Balaruc retrouver La Condamine qui y suit une cure, l'accompagne à Montpellier, à Arles et jusqu'à Avignon, puis s'installe à Valleraugue chez son frère à la mi-juillet. Il travaille à sa Vie de Maupertuis. Il se décide à partir pour Toulouse le 13 septembre pour s'y faire juger : intercepté sur la route de Montpellier par la maréchaussée, il obtient, sur sa parole, du comte de Moncan, qui commande la province en l'absence du maréchal, la faveur de se remettre libre à l'Hôtel de ville de Toulouse. Parti de Montpellier le 15 septembre, il se remet le 20, et il est logé chez le capitaine du guet. Les Capitouls le condamnent le 16 octobre à 500 livres d'amende envers la ville, à s'abstenir trois années de Toulouse et à être admonesté. Dès le lendemain La Beaumelle fait appel devant le Parlement, est transféré dans la prison des Hauts-Murats d'où il obtient l'autorisation de sortir librement le 3 novembre, jour de la rentrée des vacances. En février il lance dans le public le *Mémoire pour le sieur de La Beaumelle, appellant, contre M. le procureur général du roi, prenant la cause de son substitut à l'hôtel de ville, défendeur*. Le 17 février le Parlement relaxe La Beaumelle de l'accusation criminelle et réduit l'amende à 50 livres.

Ce long procès ainsi brièvement résumé présente de grandes similitudes avec celui qui sera intenté aux Calas quelques mois plus tard, abstraction faite de son enjeu dramatique et de sa dimension tragique. Les mêmes protagonistes y sont déjà à l'œuvre, David de Beaudrigue, les juges du Capitole ou ceux du Parlement, le procureur du roi, les avocats, jusqu'à certains témoins. La procédure s'y déroule sur le même rythme et souffre des mêmes vices : mise en accusation entachée de plusieurs cas de nullité, premiers interrogatoires, intervention du procureur du roi, brief intendit, recollement des témoins, jugement des Capitouls en première instance, mémoires d'avocats, jugement en appel devant le Parlement. Le dénouement seul diffère : l'accusé sera finalement disculpé, le Mémoire qu'il a publié lui a acquis les faveurs de l'opinion publique, comme le fera celui de Beaumarchais dans l'affaire Goezman, mais a fait du capitoul David de Beaudrigue son ennemi personnel.

Cet acquittement final montre que La Beaumelle était personnellement visé dès le début de cette procédure. En l'absence de documents il est malaisé d'en saisir la cause précise. La Beaumelle évoque à plusieurs reprises l'action de ses ennemis auprès des autorités et la jalousie provoquée par sa notoriété parmi les gens de lettres. La Condamine constate avec regret que son arrogance et sa vivacité lui en suscitent partout, notamment auprès des femmes. La Beaumelle avance une raison particulière : David de Beaudrigue serait convaincu qu'il est l'auteur de la plainte envoyée par la comtesse de Fontenille au maréchal de Thomond après une première et infructueuse descente effectuée chez elle par le capitoul en décembre 1759.

Le maréchal de Thomond résiste aux pressions visant à lui faire révoquer son ordre d'arrêter La Beaumelle : il ne cèdera que devant le ministre qui évoque les inconvénients d'un conflit de compétence avec le Capitoulat. Il l'avait retenu à la citadelle de Montpellier en août 1758, mais l'avait vite disculpé, et il connaissait son zèle pour le protestantisme que La Condamine lui reprochait. Un changement est survenu depuis. La Condamine soupçonne son ami d'avoir été trop galant envers sa femme, et La Beaumelle confirme que de tels racontars courent à Toulouse. Ses Mémoires sur la situation des protestants sont vraisemblablement en cause. Le maréchal a été informé que La Beaumelle n'obtempérait pas aux ordres de Saint-Florentin, qu'il continuait à recueillir de la documentation à Berlin et en Suisse pour en poursuivre la rédaction, et peut-être même qu'il en avait montré des copies. Dans la lettre où il lui impose d'accéder à la requête de La Beaumelle, le ministre concède que le jeu n'était que le motif officiel de l'ordre du maréchal.

À son frère et à La Condamine qui le pressent d'aller à Toulouse purger son décret, La Beaumelle oppose la prudence qui lui conseille d'attendre que le sort de la comtesse de Fontenille, sa co-accusée, auquel s'intéressent l'intendant et le ministre, soit réglé conformément à son rang et aux intérêts de sa famille. Il pourrait craindre en effet une détention d'une durée indéterminée. Peut-être mise-t-il sur les bons offices de la duchesse d'Aiguillon auprès du maréchal de Thomond qui ne reviendra de Paris que pour l'ouverture des États de Languedoc le 23 novembre. Ces deux mois d'hésitation pourraient avoir une autre explication que suggère une réflexion du maréchal de Thomond sur la confiance excessive que la duchesse d'Aiguillon accorde aux déclarations de La Beaumelle. Au terme de quelques considérations sur les relations féminines de La Beaumelle, La Condamine conclut qu'il n'est définitivement pas fait pour le mariage. Il lui prête aussi l'intention d'avoir voulu attendre que sa Vie de Maupertuis soit imprimée. La Beaumelle avait négocié l'établissement d'une imprimerie à Avignon lors de la semaine qu'il y passa seul après le départ de La Condamine. Peut-être a-t-il été tenté de quitter le royaume.

Deux importantes séries de documents sont proposées en marge de la correspondance : les Mémoires sur la situation des protestants, restés à ce jour inédits (LBD 293), et les principales pièces de la procédure de l'affaire des Capitouls (LBD 300).

Dans les « Mémoires d'État » qu'il adresse au comte de Saint-Florentin en août 1759, La Beaumelle expose au ministre la situation de ses coreligionnaires que leur statut de nouveaux-convertis place dans une inextricable contradiction entre leur conscience et leur condition sociale. Il retrace l'histoire des assemblées du Désert depuis la naissance du mouvement prophétique, la forme de ces assemblées, l'état politique, ecclésiastique et civil de ses coreligionnaires. Il brosse des portraits à sa façon des pasteurs qu'il connaît. Quoique le comte de Saint-Florentin affecte une certaine indifférence à l'égard de ces mémoires – « je n'y ai rien trouvé qu'on ne sache déjà », écrit-il au maréchal de Thomond (LB 3565) –, ceux-ci présentent un intérêt certain par la quantité des informations qu'ils rassemblent et par leur façon d'entremêler enquête historique et réflexion juridico-philosophique. Le diagnostic que pose La Beaumelle et la réflexion qu'il mène annoncent son action future d'écrivain engagé, avant et pendant la tenue du synode national des Églises réformées de France en 1763.

La procédure dans l'affaire du jeu chez la comtesse de Fontenilles permet de retracer avec précision les étapes qui voient La Beaumelle poursuivi, perquisitionné, décrété au corps et incarcéré. Parmi les nombreuses pièces d'une instruction qui l'oppose au procureur du roi Charles Lagane et à la vindicte de David de Beaudrigue, on trouvera le *Mémoire pour le sieur Angliviel de La Beaumelle*. Bien qu'il soit acquitté, on verra dans le tome suivant que La Beaumelle n'a en pas fini avec le Capitoul, tant à titre personnel qu'à propos de l'affaire Calas.

Principes de l'édition

Sous le terme de correspondance générale de La Beaumelle, nous comprenons :

- les lettres de La Beaumelle ainsi que les lettres à lui adressées, que nous publions dans leur intégralité ; ces lettres sont parfois publiées à partir de brouillons ou de minutes ;
- les lettres fictives de La Beaumelle, les préfaces et dédicaces, imprimées ou non, si elles ont une date précise ;
- les lettres entre tiers dont nous ne publions que les passages relatifs à La Beaumelle, ainsi que parfois des extraits apportant des informations utiles. Dans ce cas-là, nous ne transcrivons pas systématiquement les formules de politesse, les adresses ou les incipit.

Toutes ces lettres sont publiées dans l'ordre chronologique et numérotées les unes à la suite des autres. Le numéro de référence de chaque lettre est précédé des initiales LB.

- En documents à la fin de chaque volume, des extraits de périodiques concernant La Beaumelle ou ses ouvrages, des factures, reçus, quittances, souscriptions, connaissements, traités et contrats d'édition, préfaces, extraits de livres de raison ou de journaux personnels. On y trouvera aussi des documents constituant des sources inédites d'histoire locale, en particulier sur les affaires touchant au protestantisme et qui concernent La Beaumelle.

Ces documents sont numérotés les uns à la suite des autres. Les numéros de référence, précédés des initiales LBD, renvoient soit à un document unique, soit à une série de documents. Dans cette rubrique, l'ordre chronologique n'est donc pas le seul critère de présentation.

À la fin de chaque volume on trouvera un index des noms de personnes ou de lieux et des titres d'ouvrage, ainsi qu'une liste des lettres connues ou seulement attestées. La bibliographie générale sera publiée dans le volume final, mais les références bibliographiques sont fournies avec précision dans les notes de chaque tome.

Principes typographiques

Les textes des lettres et des documents ont été reproduits en conservant l'orthographe des scripteurs, mais le souci d'en faciliter la lecture a conduit à pratiquer une correction silencieuse dans les cas suivants :

- Les apostrophes et les espaces entre les mots ont été ajoutés lorsqu'ils manquent.
- L'usage des majuscules a été normalisé : elles sont ajoutées aux noms propres et retirées aux noms communs.
- L'accentuation a été parfois modifiée, soit afin de permettre la distinction grammaticale d'homonymes (ou/où, a/à), soit pour éviter le e muet en fin de mot (pres/près, tres/très), soit enfin pour les verbes au subjonctif imparfait (addition du circonflexe).
- Les cédilles ont été ajoutées partout où elles manquent, et maintenues partout où elles existent.
- La ponctuation a parfois été modernisée (remplacement du deux-points par une virgule ou un point-virgule) ou suppléée quand elle manquait, mais en évitant d'intervenir trop lourdement et de casser le rythme du texte (on a ainsi privilégié la virgule ou le point-virgule au détriment du point qui appelle à la suite une majuscule).
- Les abréviations ont été restituées sauf si elles sont évidentes ou intentionnelles par prudence. Dans ce dernier cas elles sont données en clair en note. Me est restitué en Mme (sauf lorsqu'il s'agit de l'abréviation de Maître), Mde en madame.
- Les passages manquants – déchirures, taches – ont été restitués lorsqu'une lecture conjecturale était plausible. Ces passages figurent en italique entre crochets.
- Les mots oubliés ou les *lapsus calami* ont été restitués ou corrigés entre crochets droits.
- Les corrections sur les manuscrits – et notamment les brouillons – ont été transcrites : les passages biffés sont édités en texte barré. Les suscriptions ou souscriptions sont disposées entre barres obliques inversées.
- Les interventions éditoriales figurent en italique entre chevrons (par exemple : < *déchirure* > , < *signature illisible* >).
- Pour les adresses, on a renoncé à reproduire le doublet « à monsieur monsieur » qui était une marque de politesse. Toute l'adresse est reproduite à la suite, mais les alinéas sont séparés par des barres obliques.
- Pour les lettres entre tiers déjà publiées, par souci d'homogénéité nous en avons adapté la transcription à nos normes typographiques. Quand il ne s'agit pas de lettres entre tiers, nous donnons souvent un texte plus exact et parfois plus complet.

Principes de l'annotation

- L'indication du lieu et de la date est systématiquement donnée au commencement de chaque lettre. Quand elle est mise entre crochets droits, cette indication ne figure pas à cette place dans le manuscrit ou elle est restituée.
- À la fin de chaque lettre sont données la localisation du manuscrit et le cas échéant la référence de son édition imprimée. Les lettres non conservées mais attestées sont indiquées dans la liste chronologique en fin de volume. La plus grande partie de cette correspondance provient des Archives Angliviel de La Beaumelle, auxquelles renvoie l'abréviation ALB suivie de la cote du document.
- Une rubrique « Remarque » donne le cas échéant des précisions sur l'état du manuscrit, tel problème de datation, etc.
- Les lettres du tome édité et des tomes précédents sont désignées par leur numéro de référence LB (et les documents par LBD). En revanche, les renvois aux lettres qui seront publiées dans les volumes ultérieurs en indiquent la date ainsi que, le cas échéant, le scripteur et/ou le destinataire.
- Chaque fois qu'il est possible, nous précisons la lettre à laquelle répond celle que nous publions : le lecteur est invité à y rechercher lui-même les indications nécessaires à sa compréhension.
- Vu l'originalité de cette correspondance et la nouveauté de cet aspect pour la plupart des lecteurs, nous avons privilégié l'annotation et la documentation concernant le protestantisme français en cette période où il est interdit et réputé ne plus exister.
- Le prénom du scripteur ou du destinataire n'est pas donné quand nous n'avons pas réussi à l'identifier. Par souci de clarté parce qu'ils portent le même prénom, nous distinguons Angliviel père et Jean Angliviel le frère.
- Les personnages, ouvrages ou événements ne sont pas élucidés en note lorsqu'ils ont mis en échec notre sagacité.
- L'annotation des lettres déjà publiées a été complétée, revue et corrigée (c'est le cas notamment de l'édition de la correspondance de Voltaire par Th. Besterman, que son hostilité à La Beaumelle a entraîné à bien des erreurs).

Afin de faciliter la compréhension de certaines recommandations, précisons que la cherté de la poste, dont le prix est acquitté par le destinataire, et le souci de sûreté et de confidentialité conduisent les contemporains à recourir le plus souvent possible à des porteurs occasionnels, amis ou autres « commodités ».

Rappelons aussi les valeurs relatives des monnaies françaises au XVIIIe siècle :
12 deniers = 1 sol ou sou (s.)
20 sous = 1 livre (£) ou 1 franc
3 livres = 1 écu
10 livres = 1 pistole
24 livres = 1 louis

Chronologie du volume XIII

1759

28 juillet :
La Beaumelle arrive à Toulouse. Il réside à la Croix Baragnon chez l'avocat Catala. Il y retrouve les avocats Belot et Sénovert qu'il a connus à Montpellier, et l'ancien condisciple de son frère le procureur du roi Lagane.

19 août :
La Beaumelle envoie au comte de Saint-Florentin la suite de ses mémoires d'État sur la situation des protestants de France.

27 août :
le comte de Saint-Florentin accuse réception des mémoires d'État et interdit à La Beaumelle de continuer à traiter de cette matière.

27-28 septembre :
La Beaumelle séjourne au château de Jean-Jacques Le Franc de Pompignan à Pompignan. Pour écrire une Vie de Maupertuis, il sollicite l'envoi de documents auprès de Formey, du comte de Tressan, d'Éléonore de Maupertuis, de Jean II Bernoulli et de La Condamine, dépositaire d'une partie des papiers du défunt que celui-ci avait promis de lui donner.

octobre :
La Beaumelle séjourne au château du marquis d'Orbessan à Orbessan et chez le juge-mage Barnabé de Morlhon.

novembre :
La Beaumelle envisage de devenir avocat.

mi-décembre :
La Beaumelle s'installe chez le maître perruquier Chambon place Perge-Pinte, près de la rue Rigue Pels.

vers le 20 décembre :
le capitoul David de Beaudrigue effectue une descente infructueuse chez la comtesse douairière de Fontenille, soupçonnée de donner à jouer des jeux défendus.

1760

8 janvier :

La Beaumelle est invité à souper chez la comtesse de Fontenille.

9 janvier – 2 heures :

nouvelle descente du capitoul David qui surprend les joueurs chez la comtesse de Fontenille.

9 janvier – 6 heures :

perquisition de soldats au domicile de La Beaumelle en son absence, pillage de ses effets et de ses papiers.

9 janvier – 16 heures :

La Beaumelle est entendu à l'Hôtel de Ville ainsi que deux témoins, Julie Latière et Jean-Michel Dorliac.

10 janvier :

déposition de Julie Latière.

11 janvier :

la comtesse de Fontenille et La Beaumelle sont décrétés au corps à la requête du syndic de la ville. La Beaumelle vivra désormais dans la clandestinité jusqu'au début de juin, utilisant diverses boîtes aux lettres.

12 janvier :

arrêt du Parlement enjoignant aux Capitouls de communiquer au substitut du Procureur général le verbal et autres actes de la procédure ; les Capitouls refusent d'annuler la procédure commencée par leur syndic ; le domicile de La Beaumelle est perquisitionné et ses effets sont enfin annotés.

13-14 janvier :

deux arrêts du Parlement écartent le syndic de la procédure et contraignent les Capitouls à confier l'instruction au substitut du Procureur, mais ne cassent ni l'information ni le décret.

15 janvier :

interrogatoire de Jean Michel Dorliac et de Julie Latière.

22 janvier :

interrogatoire de Guillemette Sevenes.

15 janvier :

le substitut du procureur requiert que la comtesse de Fontenille soit décrétée au corps et La Beaumelle, comme les autres accusés, d'ajournement personnel ;
à l'issue d'une seconde déposition de Julie

Latière comprenant un élément nouveau, le substitut du Procureur requiert que La Beaumelle soit décrété au corps.

16 janvier :

nouvelle perquisition au domicile de La Beaumelle et nouvelle annotation de ses effets ; les décrets pris contre lui sont signifiés.

fin janvier :

le maréchal de Thomond, commandant en Languedoc, donne ordre d'arrêter La Beaumelle, provoquant un conflit de compétence avec les Capitouls.

24 janvier :

Formey prononce l'éloge funèbre de Maupertuis à l'Académie de Berlin.

30 janvier :

le comte de Tressan prononce l'éloge funèbre de Maupertuis à l'Académie de Nancy.

13-26 février :

La Beaumelle séjourne incognito à Montauban, dans le gouvernement de la Guyenne.

10 mars :

réception de Le Franc de Pompignan à l'Académie française.

22 mars :

La Beaumelle est condamné par contumace à dix années d'exil, à 500 livres d'amende et à être admonesté.

avril :

le duc d'Uzès s'installe à Paris.

vers le 14 avril :

La Beaumelle est à Moissac dans le gouvernement de la Guyenne.

16 avril :

Grandjean de Fouchy prononce l'éloge funèbre de Maupertuis à l'Académie des Sciences de Paris.

19/20 avril :

La Beaumelle sollicite le marquis de Buisson de Beauteville pour qu'il intervienne auprès de son frère l'évêque d'Alès afin qu'Étienne d'Arnal soit nommé curé de Valleraugue.

Mai :

le comte de Moncan est commandant en Languedoc durant l'absence du maréchal de Thomond qui séjourne à Paris.

15 mai :

le comte de Saint-Florentin enjoint au maréchal de Thomond de faire droit à la requête de La Beaumelle en révoquant son ordre de l'arrêter.

30 mai :	mort de Suzanne Jean Laurens, fils de Jean Angliviel et de Marianne Pieyre.
2 juin :	La Beaumelle prend connaissance des lettres rassurantes de Thomond à son égard.
10 juin :	La Condamine arrive à Montpellier.
12 juin :	La Condamine est reçu à la Société Royale des Sciences.
13 juin :	La Condamine arrive aux eaux de Balaruc.
15 juin :	mort de Catherine Pieyre de Bertezène, sœur de Marianne.
17 juin :	La Beaumelle séjourne à Balaruc en compagnie de La Condamine.
28 juin :	La Beaumelle et La Condamine sont à Montpellier.
2 juillet :	La Beaumelle et La Condamine sont à Arles.
3-8 juillet :	La Beaumelle et La Condamine séjournent à Avignon.
7 juillet :	naissance de Guillaume Larinière ou Rivière, fils naturel de La Beaumelle.
8-16 juillet :	La Beaumelle prolonge seul son séjour à Avignon.
16 juillet :	La Beaumelle est encore à Avignon où l'anniversaire du couronnement du pape est fêté en grande pompe, puis il se rend à Nîmes.
20 juillet :	La Beaumelle est à Valleraugue où le P. Puech lui délivre un certificat de catholicité.
13 août :	La Beaumelle est à Millau en Rouergue.
17 août :	La Beaumelle est à Valleraugue.
20 août :	La Beaumelle écrit de Nîmes.
2 septembre :	La Beaumelle écrit de Valleraugue.
vers le 12 septembre :	La Condamine envoie à La Beaumelle une copie des lettres de Voltaire à Maupertuis.
13 septembre :	parti de Valleraugue pour se constituer

	prisonnier à Toulouse, La Beaumelle est arrêté au Mas Neuf, entre Pont d'Hérault et Ganges, et laissé libre sur parole.
14 septembre :	La Beaumelle arrive à Montpellier.
15 septembre :	La Beaumelle part de Montpellier.
19 septembre :	La Beaumelle arrive à Toulouse.
20 septembre :	La Beaumelle se constitue prisonnier à l'Hôtel de Ville pour purger son décret. Il est logé chez Bonneau, le capitaine du guet.
22 septembre :	La Beaumelle subit un interrogatoire.
1er octobre :	La Beaumelle transige à l'amiable devant notaire avec Rose Larinière, mère de son fils naturel.
4 octobre :	les capitouls jugent qu'il sera procédé extraordinairement contre La Beaumelle à la diligence du Procureur du roi.
6-9 octobre :	La Beaumelle est confronté aux divers témoins. Le substitut conclut au rejet de la déposition de Julie Latière.
16 (ou 17) octobre :	les juges s'assemblent et condamnent à l'unanimité La Beaumelle à 500 livres d'amende envers la ville, à s'abstenir trois années de Toulouse et à être admonesté.
17 (ou 18) octobre :	La Beaumelle fait appel de la sentence devant le Parlement.
18 octobre :	La Beaumelle se fait incarcérer à la prison des Haut-Murats.
21 octobre :	La Beaumelle envoie à La Condamine le manuscrit achevé de la Vie de Maupertuis.
3 novembre :	rentrée du Parlement à la fin des vacations ; La Beaumelle obtient l'autorisation de sortir librement de la prison.
23 novembre :	le maréchal de Thomond est présent à l'ouverture des États de Languedoc.
29 novembre :	La Condamine est élu à l'Académie française au siège de Mgr de Vauréal.

25 décembre 1760 :	naissance d'Augustin Jean Justin, fils de Jean Angliviel et de Marianne Pieyre.

1761

janvier :	La Beaumelle est soupçonné d'avoir contribué à la rédaction de la *Lettre du czar Pierre à Voltaire* attribuée à Vacquier-Prouho.
12 janvier :	réception de La Condamine à l'Académie française.
22 janvier :	mort de Jean Pieyre, beau-père de Jean Angliviel.
9 février :	publication du « Brevet pour le sieur de La Beaumelle ».
17 février :	La Beaumelle est relaxé de l'accusation criminelle à l'unanimité des juges, et condamné à 50 livres d'amende par 6 voix contre 4 ; il est libéré et loge chez le marquis de Gardouch ; la marquise de Montmoirac arrive à Toulouse.
25 février :	La Beaumelle est sollicité pour écrire un mémoire en faveur de la marquise de Montmoirac.

Remerciements

Nous tenons à remercier tous nos collègues et correspondants qui nous ont fourni des renseignements :

Pierre Ariola (Paris), Jean-Robert Armogathe (Paris), André Bandelier (Neuchâtel), Anny, Catherine (†) et William Blanc (Valleraugue), Ivan Boserup (Copenhague), Jean-Pierre et Béatrice Bost (Orthez), Hans Bots (Nimègue), Emmanuel Boussuge (Paris), Jean-Daniel Candaux (Genève), Jean-Marie Carbasse (Montpellier), Michèle Crogiez Labarthe (Berne), J. A. Dainard (Toronto), Romain Daudé (Carlencas), Jeanne Desaint (Toulouse), Jacques Deschard (Bez et Esparon), Roger Duck (Kirtlington, G.-B.), Jacques Régis Du Cray (Saint-Cloud), Patrick Ducros (Valleraugue), Georges Dulac (Montpellier), Guy Durand (Valleraugue), Henri Duranton (Lyon), Olivier Fatio (Genève), Gilles Fournier (Espériès), Jean Christophe Galant (Uzès), Graham Gargett (Coleraine), Francis Garrisson (Paris), Philippe Gauthier (Bréau et Salagosse), Gianluigi Goggi (Pise), Gérard Gouiran (Montpellier), Florence Greffe (Paris), Michel Griffe (Montpellier), Jens Häseler (Potsdam), Solveig Hartzell Namy (Stockholm), David Hayton (Belfast), Larry Kerslake (Toronto), Francis Laval-Duboul (Toulouse), Geraud de Lavedan (Toulouse), Martine Lefèvre (Paris), André Magnan (Paris), Noelle McCavana (Carnalea, Irlande du Nord), Pierre Marty (Paris), Isabelle Maurin-Joffre, Antony McKenna (Saint-Étienne), Christiane Mervaud (Rouen), Rolando Minuti (Florence), Jean Mondot (Bordeaux), Christine Mongenot (Paris), Fritz Nagel (Bâle), Mireille Olmière (Uzès), Dominique Picco (Bordeaux), Florence Poinsot (Paris), Laurent Puech (Le Vigan), Jean Raindre (Maintenon), John Renwick (Edimbourg), Philippe de Robert (Malet), John Rogister (Durham), Jean-Pierre Schandeler (Montpellier), Jan Schillings (Nimègue), Dominic Schumann (Paris), Thierry de Seguins-Cohorn (Uzès), Hans-Ulrich Seifert (Trèves), English Showalter (Washington), David Warner Smith (Toronto), Sabine Tanon de Lapierre (Uzès), Jack Thomas (Toulouse), Marc Thuret (Paris), Daniel Travier (Saint-Jean du Gard), Maarten Van Driel (Arnhem), Kies Van Strien (Oegstgeest), Jeroom Vercruysse (Bruxelles), Catherine Volpilhac-Auger (Lyon), Catherine Walser (Genève).

Nos remerciements vont également aux responsables des bibliothèques et archives qui nous ont aidés dans nos recherches : Académie royale des Sciences, des Lettres et des Beaux-Arts de Belgique (Bruxelles), Archives municipales de Valleraugue, Archives municipales d'Alès, Archives municipales de Saint-Malo, Archives départementales du Gard, Archives départementales de l'Hérault, Archives départementales de la Haute-Garonne, Archives du ministère des affaires étrangères (Paris), Rijksarchiev in Gelderland (Arnhem), Centre historique des archives de la Défense (Vincennes), Bibliothèque municipale de Montpellier, Bibliothèque municipale de Nîmes, Bibliothèque municipale de Toulouse, Bibliothèque municipale d'Uzès, Bibliothèque municipale de Versailles, Bibliothèque de la Faculté de théologie protestante de Montpellier, Bibliothèque interuniversitaire de Toulouse, Bibliotheek van de Vereniging ter Bevordering van de Belangen des Boekhandels (Amsterdam), Bibliothèque de Genève, University of Princeton Library (NJ), Bibliothèque nordique (Paris), Bibliothèque du protestantisme français (Paris), Bibliothèque de l'Arsenal (Paris), Bibliothèque nationale de France (François-Mitterrand et Richelieu).

Liste des illustrations

1. Portrait de La Beaumelle (lithographie de Boutrois inspirée
   d'un tableau peint par Latour)   frontispice

2. Lettre de Jean II Bernoulli à La Beaumelle (Bâle, 3 août 1759)
   (4 pages)   5-8

3. Mme Du Han de Crèvecœur et Mme de Louvigny à La Beaumelle
   (Saint-Cyr, 27 novembre 1759) (4 pages)   58-61

4. Procès verbal de François-Raymond David de Beaudrigue
   (Toulouse, 9 janvier 1760) (10 pages)   347-56

Abréviations

AD	Archives départementales.
AEG	Archives de l'État de Genève.
ALB	Archives Angliviel de La Beaumelle.
AM	Archives municipales.
AN	Archives nationales.
Barbier	A.-A. Barbier, *Dictionnaire des ouvrages anonymes*, Paris : Paul Daffis, 1872-1879, 4 vol.
BCU	Bibliothèque cantonale et universitaire, Lausanne.
BGE	Bibliothèque de Genève.
BHVP	Bibliothèque historique de la ville de Paris.
BIU	Bibliothèque interuniversitaire.
BL	British Library, Londres.
BM	Bibliothèque municipale.
BnF	Bibliothèque nationale de France.
Biographie toulousaine	*Biographie toulousaine, ou Dictionnaire historique des personnages qui par des vertus, des écrits, de grandes actions, des fondations utiles, des opinions singulières, des erreurs, etc., se sont rendus célèbres dans la ville de Toulouse ou qui ont contribué à son illustration*, Paris : L. G. Michaud, 1823.
Boissier de Sauvages	Pierre-Auguste Boissier de Sauvages, *Dictionnaire languedocien-français*, Nîmes, 1756.
BPF	Bibliothèque du protestantisme français, Paris.
BSG	Bibliothèque Sainte-Geneviève, Paris.
BSHPF	*Bulletin de la Société de l'Histoire du protestantisme français*, Paris.
Conlon	Pierre M. Conlon, *Le Siècle des Lumières*, t. I-IX : *1716-1760*, Genève : Droz, 1983-1992.

COPAC

Copac National, Academic, and Specialist Library Catalogue.

D

Correspondance de Voltaire, édition définitive : voir *Œuvres complètes de Voltaire* 85-135, Oxford : Voltaire Foundation, 1969-1977.

Dedieu

Joseph Dedieu, *Histoire politique des protestants français (1715-1794)*, 2 tomes, Paris : Gabalda, 1925.

DBL

Povl Engelstoft – Svend Dahl (éd.), *Dansk Biografisk Leksikon*, 3ᵉ édition par Sv. Cedergreen Bech, 16 tomes, København : Gyldendal, 1979-1984.

DHC

Pierre Bayle, *Dictionnaire historique et critique*.

Dictionnaire de la noblesse

François-Alexandre Aubert de La Chesnaye-Desbois – Jacques Badier, *Dictionnaire de la noblesse*, 19 tomes, Paris : Schlesinger frères, 3ᵉ éd. 1863-1876.

DTC

Dictionnaire de théologie catholique.

Duboul

Axel Duboul, *Les Deux Siècles de l'Académie des Jeux Floraux*, Toulouse : Privat, 1901, 2 tomes.

EHG

Essay sur l'Histoire générale et sur les mœurs et l'esprit des nations depuis Charlemagne jusqu'à nos jours, t. V à VII = *Collection complète des œuvres de Mr de Voltaire. Première édition*, [Genève – Paris : Cramer], 1756-1764, t. XV à XVII.

Feugère

Anatole Feugère, « Un scandale toulousain au XVIIIᵉ siècle. Le capitoul David et les jeux défendus », *Annales du Midi* 44 (1932), p. 296-331.

Galiffe

J. A. Galiffe, *Notices généalogiques sur les familles genevoises*, Genève, 1836 (reprint Genève : Slatkine, 1976).

GCVP

Gazette de la Cour, de la Ville et du Parnasse.

Haag

Émile et Eugène Haag, *La France protestante*.

Haag 2

Émile et Eugène Haag, *La France protestante*. 2ᵉ édition procurée par H. Bordier.

Hugues

Edmond Hugues (éd.), *Les Synodes du Désert. Actes et règlements des synodes nationaux et provinciaux tenus au*

	Désert de France de l'an 1715 à l'an 1793, 3 tomes, Paris : Grassart, 1891.
Isambert	François-André Isambert (éd.), *Recueil général des anciennes lois françaises depuis l'an 420 jusqu'à la Révolution de 1789*, 22 vol.
La Faille, *Annales*	Germain de La Faille, *Annales de la ville de Toulouse depuis la rëünion de la comté de Toulouse à la couronne...*, Toulouse : G.-L. Colomyez, 1687-1701, 2 vol. in-fol.
Lauriol	Claude Lauriol, *La Beaumelle, un protestant cévenol entre Montesquieu et Voltaire*, Genève : Droz, 1978.
C. Lauriol – A. Magnan (1979)	C. Lauriol – A. Magnan, « Un correspondant de Montesquieu : La Beaumelle (avec treize lettres inédites) » ; « En marge de la querelle entre Voltaire et La Beaumelle. Correspondance inédite de La Beaumelle avec la comtesse de Bentinck », in : J. Proust (éd.), *Recherches nouvelles sur quelques écrivains des Lumières*, II, Montpellier : Université Paul Valéry, 1979, p. 5-18 et 19-62.
Du Mège	Alexandre Du Mège, *Histoire des institutions religieuses, politiques, judiciaires et littéraires de la ville de Toulouse*, t. III, Toulouse : Laurent Chapelle, 1844 (p. 352ss : « Liste inédite des présidents, procureurs généraux et conseillers au Parlement de Toulouse »).
Leigh	Jean-Jacques Rousseau, *Correspondance complète de Jean-Jacques Rousseau*. Édition critique établie et annotée par Ralph A. Leigh, Genève/Oxford : Voltaire Foundation, 1965-1989, 53 vol.
LMM	*Lettres de Madame de Maintenon*, Paris : Champion, t. I : *1650-1689*, éd. par Hans Bots et Eugénie Bots-Estourgie (2009) ; t. II : *1690-1697*, éd. par H. Bots et E. Bots-Estourgie (2010) ; t. III : *1698-1706*, éd. par H. Bots et E. Bots-Estourgie (2011) ; t. IV : *1707-1710*, éd. par Marcel Loyau (2011) ; t. V : *1711-1713*, éd. par Christine Mongenot (2013) ; t. VI : *1714-1719*, éd. par Jan Schillings (2011) ; t. VII : *Lettres non datées*, éd. par H. Bots, E. Bots-Estourgie et Catherine Hémon-Fabre (2013) ; t. VIII : *Lettres à Madame de Maintenon, 1651-1706*, éd. par H. Bots, E. Bots-

Estourgie et Catherine Hémon-Fabre (2016) ; t. IX :
Lettres à Madame de Maintenon, 1706-1709, éd. par H.
Bots, E. Bots-Estourgie et Catherine Hémon-Fabre
(2016) ; t. X : *Lettres à Madame de Maintenon, 1710-1714*,
éd. par H. Bots, E. Bots-Estourgie et Catherine
Hémon-Fabre (2017).

MC   Minutier central des notaires de Paris (AN).

Mellot et Queval   Mellot Jean-Dominique – Queval Élisabeth,
Répertoire d'imprimeurs / libraires, XVIe-XVIIIe siècle, Paris :
BnF, 1997 ; 2e éd., 2004.

Moland   Voltaire, *Œuvres complètes*, éd. Louis Moland, Paris :
Garnier, 1877-1885, 52 vol.

Nagel   Montesquieu, *Œuvres complètes*, publiées... sous la
direction de M. André Masson, t. III : *Œuvres diverses,
morceaux rejetés de l'Esprit des lois et des Lettres persanes,
extraits de lecture annotés, correspondance, appendices et
tables* [Correspondance établie par François Gébelin],
Paris : Nagel, 1955.

NL   National Library, Edimbourg.

OCV   Voltaire, *Œuvres complètes*, édition de la Voltaire
Foundation (1968-).

OD   Pierre Bayle, *Œuvres diverses*, 4 vol., 1re éd. 1727.

Paisey   David L. Paisey *Deutsche Buchdrucker, Buchhändler und
Verleger, 1701-1750*, Wiesbaden : O. Harrassowitz,
1988.

Quérard   J.-M. Quérard, *La France littéraire...*, Paris : Firmin
Didot, 1827-1839, 10 vol.

RDE   Recherches sur Diderot et sur l'Encyclopédie.

Repertorium 2   Friedrich Hausmann, *Repertorium der diplomatischen
Vertreter aller Länder seit dem Westfälischen Frieden*, II,
Zürich, 1950.

*Requête des protestants
français au roi*   *Requête des protestants français au roi (1763)*, dans La
Beaumelle, *Deux traités sur la tolérance : L'Asiatique
tolérant (1748) – Requête des protestants français au roi
(1763)*. Édition critique par Hubert Bost, Paris :
Champion, 2012.

SD	La Beaumelle, *La Spectatrice danoise*.
Sgard *DJx*	Jean Sgard (dir.), *Dictionnaire des journaux 1600-1789*, 2 vol., Paris : Universitas, 1991.
Sgard *DJs*	Jean Sgard (dir.), *Dictionnaire des journalistes 1600-1789*, 2 vol., Oxford : Voltaire Foundation, 1999.
SLB53	*Le Siècle de Louis XIV par monsieur de Voltaire*. Nouvelle édition, augmentée d'un très grand nombre de remarques, par Mr de La B***, Francfort : veuve Knoch – J. G. Eslinger, 1753.
STCN	Short Title Catalogue Netherlands.
Stelling-Michaud	S. Stelling-Michaud (dir.), *Le Livre du recteur de l'académie de Genève*, 6 vol., Genève : Droz, 1959-1980.
Sudoc	Catalogue du Système Universitaire de Documentation.
SVEC	*Studies on Voltaire and the Eighteenth Century*.
Tableau des capitouls	Abel et Froidefont, *Tableau chronologique des noms de messieurs les capitouls de la ville de Toulouse...*, Toulouse : Jean-Florent Baour, 1786.
Taphanel	A. Taphanel, *La Beaumelle et Saint-Cyr*, [Paris], 1898.
Tchémerzine	Alexandre Tchémerzine, *Bibliographie d'éditions originales et rares d'auteurs français des XVe, XVIe, XVIIe et XVIIIe siècles*, Paris : Plée, 1927-1934, 10 vol.
Trévoux	*Dictionnaire de Trévoux*, Paris : Compagnie des Libraires, 1771^2.
UB	Universitätsbibliothek Basel.

« *Maintenon* » *de La Beaumelle :*

M1 (M1-O, M1-C)	*Mémoires*, A Amsterdam, aux dépens de l'auteur, 1755-156, 6 tomes in 12. M1-O : texte original ; M1-C : texte cartonné.
L1	*Lettres*, 9 tomes in 12. – t. I-VIII : A Amsterdam, aux dépens de l'éditeur, 1756.

	– t. IX : A Bruxelles, de l'Imprimerie d'Ant. Bruyn, 1755.
M2 (M2-O, M2-C)	*Mémoires*, seconde édition, A Amsterdam, aux dépens de l'auteur, 1756, 6 tomes in 12. M2-O : texte original ; M2-C : texte cartonné.
L2	*Lettres*, seconde édition, 1756, 9 tomes in 12. – t. I : A Amsterdam chez H. Sweeres. – t. II-VIII : A Amsterdam, aux dépens de l'éditeur. – t. IX : A Bruxelles, de l'imprimerie d'Ant. Bruyn.
M1-G	*Mémoires*, A La Haye & à Leyde, chez Pierre Gosse Junior, [chez] Elie Luzac Fils, 1757 [i.e. 1756], 6 tomes in 12.
L1-G	*Lettres*, idem, 9 tomes in 12.
M3-1	*Mémoires*, troisième édition revue & corrigée, A Hambourg [Paris, les Libraires associés], 1756, 5 tomes in 12.
L3	*Lettres*, troisième édition, A Glascow [Paris], aux dépens des Libraires associés, 1756, 7 tomes in 12.
M4	*Mémoires*, nouvelle édition augmentée des remarques critiques de Mr de Voltaire, tirées de son essai sur l'histoire générale, A Genève, chez Cl. & Ant. Philibert 1757, [ou s.l. s.n.], 1757, 6 tomes in 12.
L4	*Lettres*, [s.l. s.n.], 1758. 9 vol. in 12.
M1-D	*Mémoires*, A Amsterdam [Avignon] chez Pierre Erialed [Pierre Delaire], 1757 ». 6 tomes in 12.
L1-D	*Lettres, idem*, 9 tomes in 12.
M3-2	*Mémoires*, troisième édition revue & corrigée, A Hambourg [Paris, les libraires associés], 1756 [1758], 5 tomes in 12.

LB 3549. *La Condamine à La Beaumelle*

Paris, 3 aoust 1759

M. de Maupertuis est mort. Le 27 juillet a eté le terme de [*tous*] ses malheurs. Il a brulé et fait bruler devant lui beaucoup de pap[*iers qu'il*] avoit mis à part et alloit bruler tout sans M. Bernoulli qui s'y est opposé, et qui doit m'envoyer ceux qui restent selon l'intention du défunt. Il y a deux mois que je devois m'attendre à cette nouvelle, je n'en suis pas moins touché. Sa femme arrivée à Strasbourg l̶u̶i̶ envoya M. Merian[1] savoir en quel etat il etoit, il le trouva expirant et devoit retourner sur ses pas pour l'empecher de passer outre ; elle est arrivée le 28 pendant qu'on faisoit ses funérailles à Dornac, village catholique à 2 lieues de Bâle[2]. J'attens une explication sur ce que je vous ai mandé dans ma derniere lettre qu'il m'avoit dit de vous communiquer[3].

Je vous ai écrit une lettre assés dure[4], je l'ai adressée sans rien savoir chés M. J. Pieyre à l'ordinaire. Si elle est ouverte on aura vu du moins qu'on avoit eu de tort de revoquer en doute l'etat de votre fortune ; je vous rendois compte de ce que j'ai entre les mains. On ne delivre point encore les actions des fermes.

J'ai reçu vos deux mémoires[5], j'en ai envoyé un à M. de La Cour. Je crois que le diable a emporté l'autre de dessus ma table, et sous mes yeux : car je ne sortis ni ce jour là ni le lendemain. Je vous prie de m'en renvoyer un ou deux sous la même enveloppe ou sous celle de M. l'abbé de La Ville. Peut être retrouverai [je] le vôtre mais je ne sais où, j'ai tout bouleversé pour le chercher, je l'ai lu attentivement et relu depuis sur un des exemplaires de M. de La Cour qui en avoit reçu un autre par la poste ordinaire et qui l'a envoyé à son oncle à Chateauroux. Ce memoire est plein d'esprit mais il est fort desobligeant pour la demoiselle. Vous aviés sujet de vous plaindre, mais vous vous etes vengé cruellement. Je ne sais ce que diront vos parties, je ne puis juger sans les avoir entendues, mais plus il paroit qu'elles ont tort, plus il est probable qu'elles ont e̶u̶e̶s̶ \eu\ de puissants motifs. Vous leur en suposés dont elles ne conviendront pas. Ce que je crois vrais, du moins en partie, c'est du moins le principe de l'opposition, mais il faut qu'il soit survenu quelque chose qui les a fait eclater et employer des moyens irreguliers et odieux. Je vous ai d̶i̶t̶ \écrit\ que madame la duchesse d'Aiguillon m'avoit dit que M. le duc d'Uzès, dont vous aviés tant à vous louer, v̶o̶u̶s̶ se plaignoit fort de vous ; il m'est revenu depuis que vous aviés été obligé de partir précipitamment d'Uzès, cela quadre avec le changement subit de résolution qui vous fit retourner à Nismes dans le tems où vous veniés de m'ecrire que vous resteriés à Uzès pour la noce. Il est vraisemblable que ce qui s'est passé à cette occasion, du moins ce qui s'est dit, sera la cause de la rupture de votre affaire. Au reste je n'y vois pas grand mal, si ce n'est que

I

j'aurois voulu vous voir fixé par des liens ou des entraves dont vous avés besoin. Sans cela je croirois que pour votre bonheur vous feriés mieux de ne vous marier que dans dix ans. Faites comme les Flamands, mettés votre bien à fond perdu. Des 4 mil livres de rente que vous vous ferés, épargnés en deux, mettés les tous les ans à part et à interêt. Dans dix ans vous aurés une somme de 20 \ou 22\ mil francs, peut etre plus si vous œconomisés d'ailleurs et si vous avés d'autres ressources \de votre travail\. Vous aurés de quoi assurer un douaire et 4 000 £ de rente dont vous pourrés \commencer à\ jouir en vous mariant outre le bien de votre femme. Mais il faut pour cela de la constance et de l'arrangement et ce qu'on apelle de l'esprit de suite.

Ce qui fait contre vous dans cette affaire et augmente les presomptions, c'est cette dame de vos amies[6] dont vous parlés à M. de La Cour, et qui paroit vous avoir abandonné. C'est que M. J. Pieyre votre ami et votre hôte s'est déclaré contre vous. C'est que M. votre frère, de la judiciaire[7] du quel j'ai bonne opinion, n'est pas venu à votre secours. Enfin, quelque envie que j'aye de vous trouver innocent, je crois que tout ce qu'on peut croire de plus favorable, c'est que vous êtes coupable de quelque imprudence. Il faut qu'on ait persuadé à votre ex future quelque chose qui l'aura piquée, quelque propos avantageux ; le stile de votre factum est très propre à le faire présumer. Reflechissés sur la suite de toutes vos avantures, je n'en sais pas la moitié, peut être pas le quart, mais depuis votre sortie de Dannemark où vous etiés bien jusqu'à votre depart pour Valeraugue, je pourrois compter une douzaine d'avantures qui, presentées même du coté favorable, ne vous donneront jamais la reputation d'homme prudent. Si vous commencés l'enumération \tout bas\, vous trouverés que je n'ai point exagéré. Peut etre une femme raisonable et que vous eussiés aimée vous eût elle rendu plus mûr. Mais peut etre aussi dans un an auriés vous fait mauvais ménage. L'amour n'eût pas duré un an avec une déesse, avec celle que vous depeignés et dont la resistance seule vous avoit enflamé je ne vous aurois pas donné trois mois de confiance. Puissent toutes les traverses que vous avés essuyées vous servir de leçon et vous rendre sage. Ce sont les vœux que je ne cesserai de faire pour vous. Je vois avec peine que vous n'avés pas depouillé le vieil homme[8], ou pour mieux dire le jeune. J'aurois voulu que vous vous fissiés une nouvelle réputation qui eût fait dire *quantum mutatus ab illo*[9].

Si je voulois employer le pur credit je pourrois l'emporter sur M. de Pompignan[10], mais j'en aurois honte et ne lutterai point s'il se présente.

La lettre est acceptée sans endossement.

[post-scriptum :] Je rouvre ma lettre pour vous envoyer la lettre acceptée sans endossement : peut être au moment de la payer me feroit on la difficulté ; renvoyés la moi acceptée. Je ne sais où prendre l'abbé Le Maire[11], je m'en informerai. Vous aurés appris à Toulouze le mariage de Mlle de Mondran avec M. de La Popelinière[12]. Voilà ce qui s'apelle une fortune.

A monsieur de La Beaumelle chés / Mr Catala[13] à la Croix Baragnon / à Toulouze

MANUSCRIT

ALB 1200.

NOTES EXPLICATIVES

1. Johann Bernhardt Merian (1723-1807), philosophe suisse nommé membre de l'Académie de Berlin en 1759.

2. Dornach, dans le canton de Soleure.

3. Maupertuis avait écrit à La Condamine : « Je vous prie encore de communiquer à M. de La Beaumelle les papiers qu'il m'a tant demandés et que je lui ai promis, vous savés ce que c'est, je n'ai pas besoin de vous l'expliquer. » (t. XII, LB 3546).

4. LB 3546 (t. XII).

5. *Mémoire devant M. le Sénéchal de Nîmes* (t. XI, LBD 281-3).

6. Vraisemblablement Marie Bousquet.

7. Faculté de juger, en style familier (*Dictionnaire de l'Académie française*, 4ᵉ éd. 1762).

8. Allusion à l'épître aux Éphésiens 4, 22.

9. « *Quantum mutatus ab illo Hectore* » (Virgile, *Enéide*, II, 274) : « Comme il était différent de cet Hector ».

10. Voir LB 3557.

11. Voir t. XII, LB 3529 n. 12.

12. Le 31 juillet, le fermier général Alexandre Jean Joseph Le Riche de La Popelinière ou La Pouplinière (1693-1762) a épousé Marie-Thérèse de Mondran en secondes noces.

13. Jean-François Catala, avocat à l'hôtel de ville de Toulouse (voir Lenard R. Berlanstein, *The Barristers of Toulouse in the Eighteenth Century (1740-1793)*, Baltimore – London : The Johns Hopkins University Press, 1975, p. 53). Une quittance de loyer (ALB 3741) atteste que La Beaumelle a résidé chez lui du 30 août au 9 octobre.

LB 3550. *La Condamine à Jean-François Séguier*[1]

[Paris, le 3 août 1759]

[...] Permettés, monsieur, que je m'adresse à vous pour savoir ce que je dois penser de l'avanture de M. de La Beaumelle dont j'ai vu le factum[2]. Vous connoissés l'esprit de l'auteur, je l'ai connu à Paris, je l'aime et m'interesse à lui, mais mon amitié ne va pas jusqu'à m'aveugler sur ses defauts. Je croyois que l'age le mûriroit et que les leçons qu'il a deja eues le rendroient sage, j'ai peur qu'il n'y ait ici de sa faute. Je n'ai point vu ni entendu quelles sont les raisons de ses parties. Je ne peux croire qu'ils ayent eu tant de tort gratuitement, et je crois que quelque bruit facheux, peut etre quelque calomnie aura fait rompre ce mariage où les ~~etats~~ \conditions\ et les biens etoient assortis ; je lui connois plus de 40 mil francs dont j'en ai 23 entre les mains et un de ses parens a le reste en actions des fermes. Vous pouvés etre assuré, monsieur, que vous ne serés point commis, je ne puis m'adresser qu'à vous pour savoir la verité. Il ne sait et ne saura pas que j'ai eu l'honneur de vous ecrire. Vivés toujours heureux < *illisible* > et souvenés vous quelquefois d'un homme qui vous estime et vous honore depuis lontems et qui fait gloire de vous assurer qu'on ne peut etre plus veritablement, monsieur, votre très humble et très obeissant serviteur

La Condamine

3

MANUSCRIT
  BM Nîmes, fonds Séguier, Ms 141, f° 111.

DATATION
  Par rapprochement avec LB 3549.

NOTES EXPLICATIVES
  1. Voir t. XII, LB 3335.
  2. Le *Mémoire devant M. le sénéchal de Nismes*
  (t. XII, LBD 281-3).

LB 3551. *Jean II Bernoulli à La Beaumelle*

Bâle, ce 3 août 1759

Monsieur,

Votre lettre[1] n'a plus trouvé M. de Maupertuis en vie, il étoit mort dès le 27 et elle n'est arrivée que le 30. Madame de Maupertuis m'a dit qu'elle auroit l'honneur de vous répondre de Wetzlar[2] où elle est allée passe quelques mois chez madame sa sœur[3].

Vous me demandés, monsieur, des particularités de la fin de ce cher et illustre ami; j'aurai bien de la peine à vous satisfaire et pour bien des raisons: premièrement parce que je voudrois pouvoir oublier pour quelque tems jusqu'à son existence, tant le souvenir de ses souffrances et de sa mort me déchire le cœur; une seconde raison, c'est que ce que vous me demandés à l'air d'un morceau d'éloge historique et seroit par conséquent au dessus de mes forces; enfin, pour n'ajouter que cette troisième raison, j'étois si accablé, si anéanti pendant la cruelle maladie de notre ami, tant par mes propres affaires que par les siennes que je conduisois et par l'excès de mon affliction, que j'étois hors d'état de faire assez attention à ce qui se passoit, quoi que je fusse témoin de tout, pour m'en souvenir aujourd'hui distinctement et en détail. Cependant, si vous vouliés analyser votre demande et la résoudre en une douzaine de questions assez simples pour que je puisse répondre à chacune en trois mots, je tacherois d'y répondre de mon mieux. M. de La Condamine, avec qui j'ai entretenu une correspondance assés vive sur ce qui regardoit M. de Maupertuis depuis que celui-ci n'a plus été en état de lui écrire, pourra peut-être vous faire part de quelques unes de ces particularités que vous souhaités de savoir; je dis peut-être, car en vérité je ne me souviens plus de ce que je lui ai écrit.

Au reste, monsieur, vous avez bien raison d'être inconsolable de la perte que nous avons faites, vous être un de ceux qui perdent le plus et j'ai eu lieu de me convaincre en plus d'une conversation que M. de Maupertuis vous étoit bien tendrement attaché, mais jamais cela n'a paru d'avantage que lorsqu'il me parloit des derniers conseils qu'il vous a donnés; il paraissoit si persuadé de leur bonté et tellement désirer que vous les suivissiés que, quand vous ne voudriés pas les suivre pour l'amour de vous-même[4], vous devriés le faire pour l'amour de sa mémoire que vous vous proposés à si juste titre de chérir et de vénérer

Bâle ce 3 août 1759

Monsieur

Votre lettre n'a plus trouvé M. de Maupertuis en vie il étoit mort dès le
11 et elle n'est arrivée que le 30. M. de Maupertuis m'a dit qu'elle auroit
l'honneur de vous répondre de Wcklar où elle est allée passer quelques
mois chez M. sa sœur.

Vous me demandés, Monsieur, des particularités de la fin de ce cher
illustre ami, j'ai bien de la peine à vous satisfaire et pour bien des
raisons, premièrement parceque je voudrois pouvoir oublier pour
quelque tems jusqu'à son existence tant le souvenir de ses souffrances et
de sa mort me déchire le cœur; une seconde raison c'est que ce que vous me
demandés a l'air d'un morceau d'éloge historique et seroit par conséquent au
dessus de mes forces; enfin pour n'ajouter que cette troisième raison, j'étois
si accablé et anéanti pendant la cruelle maladie de nôtre ami tant par
mes propres affaires que par les siennes que je conduisois et par l'excès
de mon affliction que j'étois hors d'état de faire assés attention à ce
qui se passoit, quoique je fusse témoin de tout, pour m'en souvenir
aujourd'hui distinctement et en détail; cependant si vous vouliés
analyser vôtre demande et la résoudre en une douzaine de questions,
assés simples pour que je puisse répondre à chacune en trois mots, je
tacherois d'y répondre le moi mieux. M. de la Condamine avec qui j'ai

2. Lettre de Jean II Bernoulli à La Beaumelle (Bâle, 3 août 1759) (4 pages)

entretenu une correspondance assés vive sur ce qui regardoit M. de Maupertuis depuis que celuici n'a plus été en état de lui écrire, pourra peutêtre vous faire part de quelques unes de ces particularités que vous souhaitiez de savoir, je dis _peutêtre_ car en vérité je ne me souviens plus de ce que je lui ai dit.

Aurestre, Monsieur, vous avés bien raison d'être inconsolable de la perte que nous avons faite; vous êtes un de ceux qui perdent le plus, et j'ai eu lieu de me convaincre en plus d'une conversation que M. de Maupertuis vous étoit bien tendrement attaché mais jamais cela n'a paru d'avantage que lorsqu'il me parloit des derniers conseils qu'il vous a donnés; il paroissoit si persuadé de leur bonté et tellement désirer que vous les suiviés, que quand vous ne voudriés pas les suivre pour l'amour de vous même vous devriés le faire pour l'amour de sa mimoire que vous vous proposés à si juste titre de chérir et de vénérer toute votre vie.   Il a eu tout le tems pendant sa longue maladie de trier ses amis, comme il a trié ses papiers; je vous assure Monsieur, qu'il a fait un grand rebut et des uns et des autres, mais le billet qu'il vous a écrit si près de la mort est une preuve bien convainquante que vous êtes demeuré sur le volet jusqu'au bout. Quant à ses ennemis, il est mort à leur égard dans les dispositions les plus chrétiennes; il lui est revenu peu avant sa mort que M. de Voltaire répandoit certain bruit désobligeant sur son compte; je remarquai que cela lui

faisoit de la peine et lui dis à cette occasion que plus M. de Voltaire lui offroit une ample matière de pardonner plus le mérite du

pardon seroit grand; il m'assura là dessus qu'il lui avoit parfaitement
pardonné.
J'ai l'honneur d'être avec un parfait dévouement

Monsieur

Votre très humble et très
obéissant serviteur
J. Bernoulli

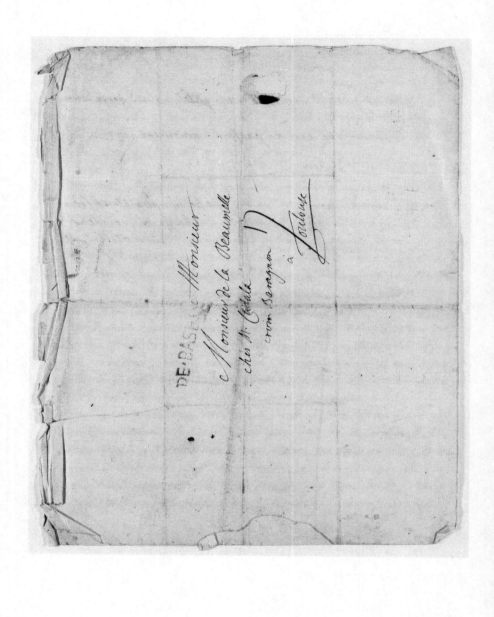

DE BASSE   Monsieur

Monsieur de la Beaumelle

chez M. Estala

rue Sarragon

à Toulouse

toute votre vie. Il a eu tout le tems pendant sa longue maladie de trier ses amis comme il a trié ses papiers. Je vous assure, monsieur, qu'il a fait un grand rebut et des uns et des autres, mais le billet qu'il vous a écrit si près de la mort[5] est une preuve bien convainquante que vous êtes demeuré sur le volet jusqu'au bout. Quant à ses ennemis, il est mort à leur égard dans les dispositions les plus chrétiennes, il lui est revenu peu avant sa mort que M. de Voltaire répandoit certain bruit désobligeant sur son compte, je remarquai que cela lui faisoit de la peine et lui dis à cette occasion que plus M. de Voltaire lui offroit une ample matière de pardonner, plus le mérite du pardon seroit grand, il m'assura là dessus qu'il lui avoit parfaitement pardonné.

J'ai l'honneur d'être avec un parfait dévouement, monsieur, votre très humble et très obéissant serviteur.

Bernouilli

A monsieur de La Beaumelle / chez M. Catala Croix Baragnon / à Toulouse / cachet de BASLE

MANUSCRIT

  ALB 2580.

ÉDITION

  La Beaumelle, *Vie de Maupertuis*, Paris, 1856, p. 217-220.

NOTES EXPLICATIVES

  1. Celle dont La Condamine lui avait suggéré le canevas le 17 juin 1759 : « Avés vous écrit à M. de Maupertuis ? Faites lui part de votre mariage et de l'interet que vous prenés au meilleur etat de sa santé. » (t. XII, LB 3515).

  2. LB 3552. Wetzlar est à une cinquantaine de kilomètres au nord de Francfort-sur-le-Main.

  3. Margarethe von Wolden (voir LB 3567 n. 6). D'après La Beaumelle, *Vie de Maupertuis*, p. 216, c'est chez son frère M. von Borck que séjourne Mme de Maupertuis.

  4. Voir t. XII, LB 3437.

  5. Voir LB 3549 n. 3.

LB 3552. *Éléonore de Maupertuis à La Beaumelle*

A Wetzlar, le 4 d'août 1759

Monsieur,

Votre lettre m'est parvenue à Basle deux jours après la mort de mon mari ; j'ai été sensible comme je devais l'être et à votre affliction et à la part que vous prenez à ma juste douleur. Oui, monsieur, vous avez raison de dire que vous perdez un véritable ami, je sais combien de cas faisait M. de Maupertuis, et de vos talens et de votre caractère ; je vous suis obligée d'avance de ce que vous allez faire pour sa mémoire[1], je ne doute point que vous n'en soyez récompensé par l'applaudissement général dont jouissent à si juste titre tous vos écrits, mais la récompense la plus douce, vous la trouverez au fond de votre cœur. Je fais des

9

vœux pour votre conservation, et j'ai l'honneur d'être avec une estime distinguée, monsieur, votre très humble et très obéissante servante.

La veuve de Maupertuis
née de Borck

A M. de La Beaumelle / chez M. Catala à Toulouse / Croix Baragnon à Toulouse / cachet d'ALLEMAGNE

MANUSCRIT

  ALB 2581.

ÉDITION

  La Beaumelle, *Vie de Maupertuis*, Paris, 1856, p. 221-222.

NOTE EXPLICATIVE

  1. Son éloge, qui prendra la forme et le titre d'une *Vie de Maupertuis*, ne sera publié qu'en 1856.

LB 3553. *Guillaume-Albert Finiels à La Beaumelle*

Vigan, 5 août 1759

Il y avoit si longtems, cher cousin, que je n'avois entendu parler de vous, que peu s'en faut que je ne vous crusse léger. Votre lettre est arrivée fort à propos pour me décider et m'a fort agréablement détrompé. Vous voilà donc dans une grande et belle ville. Je ne suis point surpris qu'elle vous ait plu; Toulouse eût été pour moi l'univers, s'il m'eût été libre d'y fixer ma demeure. Je vous félicite, cher ami, de vous y trouver, mais surtout des connoissances charmantes que vous y avez déjà faites[1]. Convenez que les dieux vous ont bien chéri de vous y avoir d'abord offert leur plus parfaite image. Je parle de cette belle Gailhac[2], dont vous faites un portrait si délicieux, je parle encore de sa digne et vertueuse mère et de son aimable nièce dont vous dites tant de bien. Que je vous sais gré de m'avoir rappelé des personnes si cheres à mon cœur et que je suis flatté de vivre dans leur souvenir! Dites leur, je vous prie, mais avec le langage de la persuasion, qu'on ne peut rien ajouter ni à ma reconnoissance, ni à mes sentimens; dites leur que je voudrois pouvoir les convaincre plus efficacement, et les enrichir autant des bienfaits de la fortune que la nature s'est plue à les embellir. J'aurois voulu que vous m'eussiez aussi parlé de M. et madame de Finiels[3], de leur famille et du jeune Colomiez[4], le plus bel enfant que j'aye vu de mes jours, aussi beau que cette sœur dont vous paroissés ravi. Vous voudriez donc lui appartenir, mais ce n'est pas la peine pour deux baisers de faire un mensonge, et fussent-ils plus divins, je ne puis me prêter à la supercherie. D'ailleurs votre intérêt s'y trouve: ces baisers vous enflammeroient à coup sûr, et ces flammes, qui les éteindroit? Et vous, ma belle cousine, n'accordez qu'à vos parens ces précieuses faveurs : refusez-les à l'amour même. M. de La Beaumelle appellera de cet arrêt, mais ne l'écoutez point et mettez en usage ces bons avis de madame Deshoulières.

> Contre l'amour voulés vous vous défendre ?
> Gardez vous bien et de voir et d'entendre
> Gens dont le cœur s'exprime avec esprit.
> Il en est peu de ce genre maudit,
> Mais trop encor pour mettre un cœur en cendre[5].

J'en suis fâché, mon cher cousin, mais en conscience, je ne puis mieux faire.

Nous sommes ici dans un pays si stérile que je n'y avois point entendu parler de votre procès, et je viens d'apprendre, dans le même temps, vos engagemens et votre rupture ; j'ai lu même votre mémoire[6] que j'ai trouvé bien. C'est M. d'Ailhan[7] qui nous l'a porté de Valleraugue, où il a passé quelques jours. Suivant ce mémoire on n'a point de torts à vous imputer ; mais la bonne opinion que j'ai de vous vous justifie encore bien davantage dans mon esprit. Cependant je vous plains d'avoir été forcé de le faire. Tous les Pieyre sont vos parens, et votre frere a encore resserré vos nœuds. Si vous m'aviés fait part de cette affaire, j'aurois peut être sauvé l'éclat, mais vous ne m'écrivés qu'aux grandes fêtes.

Je vous rends graces de ce que vous m'apprenez du sort du pauvre Béringuier. A ce conte, il peut bien chanter, ah ! mon Dieu que je l'ai echappé belle[8] ! Car je ne doute point qu'il n'ait au moins la vie sauve. Que de prodiges pour la lui garantir ! il n'en fallut pas tant à Charles XII pour lui faire croire la prédestination[9], et il vous en faudroit encore moins, cher ami, je gage que deux baisers suffiroient pour vous faire croire prédestiné.

M. de Faventine nous avoit instruits de Paris des talens, du mérite et de la fortune de mademoiselle de Mondran. Que M. de La Popeliniere est heureux[10] ! Tous ses trésors valoient-ils cette admirable fille ?

Je crois avoir répondu à tous les articles de votre lettre, en tout cas, vous m'excuserez bien et vous le devez d'autant plus, que je vous fais bien de sacrifices en vous écrivant le dimanche.

Adieu, cher cousin, et très cher ami, amusez vous bien à Toulouse, l'esprit y est couru, les sciences y sont en honneur. Que d'agrémens vous allez y goûter, si vous le voulez.

Nos dames vous diroient des douceurs, si elles l'osoient, et c'est bien peu que des complimens ordinaires.

Votre mémoire, à ce qu'on m'a dit, a fait grande sensation à Valleraugue ; votre frere sans doute vous en aura bien instruit. Convenez que sa position est un peu critique.

A monsieur de La Beaumelle / chez M. Catala, près de / la Croix Baragnon, / à Toulouse

MANUSCRIT

ALB 5100.

NOTES EXPLICATIVES

1. Voir LBD 296-9.

2. Marie Marguerite Perrette de Gailhac, fille de Jean-Pierre de Gailhac de Sérigas, avocat au parlement, et de Marie Anne Françoise de Finiels. Elle aura 23 ans en 1766 au moment du décès de son père. Voir *Compléments à Généalogie et Histoire de la Caraïbe*, Nouvelle série n° 14 (2ᵉ trimestre 2014). Elle épousera en 1768 Guillaume Laburthe (1734-1792). Voir Grégory Barbusse, *Le Pouvoir et le sang. Les familles de capitouls de Toulouse au siècle des Lumières (1715-1790)*, thèse de doctorat, Université de Toulouse-Le Mirail, 2004 : *Dictionnaire biographique des capitouls de Toulouse*, article « Laburthe ». À la suite d'alliances croisées avec les familles Delacour et Daudé, Guillaume Albert Finiels est son cousin, de même que La Beaumelle à un degré un peu plus éloigné.

3. Pierre-Étienne Finiels, baron de Bonrepos (Bonrepaux) (1715-1774), avocat au parlement, président du présidial de Toulouse, maître général des Forêts, Ports et Passages, contrôleur général des Gabelles, marié vers 1740 à Marguerite-Françoise de Cazard de Filzac. Ces Finiels appartiennent à une ancienne famille de bourgeoisie d'office originaire de Millau. Voir G. Barbusse, *ibid.*, article « Finiels de Bonrepos ».

4. Avant 1738, Marie-Anne-Françoise de Finiels avait épousé en premières noces Henri-Joseph de Colomiès, écuyer (voir G. Barbusse, *ibid.*, article « Finiels de Bonrepos »). Son fils est le demi-frère de Mlle Gailhac.

5. Antoinette Du Ligier de la Garde, dame Deshoulières (1634-1694), *Poësies*, Paris : Sébastien Mabre-Cramoisy, 1688, p. 22 : « Rondeau ».

6. Le *Mémoire devant M. le sénéchal de Nismes* (t. XII, LBD 281-3).

7. Joseph-François Dailhan (voir t. XII, LB 3429 n. 1).

8. Voir t. XII, LB 3407 n. 11. « Le meme jour 28ᶜ de ce mois [juillet], les chambres assemblées, fut rendu arrét qui condamne le sr Beringuier à être decolé, pour cas de complicité de rapt, qui fut commis au lieu de Chanfort prés de St Hippolite, sur la personnne de demᵉˡˡᵉ Magdelaine de St André fille cadette de messire Jean François Dassas seigneur de Chanfort, St André, Ardailliers et autres places ; laquelle demᵉˡˡᵉ fut enlevée d'entre les bras de son pere, dans sa propre maison au mois d'avril ou may dernier, par le sr Ladourville Bousanquet, et luy Cornelis, lesquels au nombre de 14, ou 16, ayant été dispersés sur le chemin de Ganges par une troupe de païsans vassaux du seigneur de Chanfort qui les avoient poursuivis pendant toute la nuit, jusques au lieu susd. et coupés par les champs, ils furent obligés d'abandonner lad. demᵉˡˡᵉ qu'ils avoient resolu de tuer si led. sr de Cornelis ne s'y fût opposé ; sur quoy se rassurant, sans doute, il s'arreta et la rendit à son pere, qui non content de cette espece de generosité le fit prendre et conduire à Nismes dans les prisons du Seneschal, qui, après la procedure faite par sa sentence du 19ᶜ may dernier, condamna led sr Beringuier de Cornelis à etre pendu ; et sur l'appel fait au parlement de Toulouse, où il fut transféré pour être jugé tout à fait, le susd. arrét fut rendu le susd. jour samedy 28ᶜ de ce mois.

Nota. Le susd. arrét qui condamne ce gentilhomme à être decolé, auroit êté executé ce meme jour, si l'executeur \avoit eu\ un couperét propre à pareille execution, mais se trouvant n'en avoir aucun le lendemain jour de dimanche de l'ordre de Mr le procureur general, ou de messieurs les Capitouls le nommé Miquel forgeron hors la porte d'Arnaud Bernard fut obligé d'en forger un sur les dimensions et figure donnée par les superieurs ayant placé une garde chés luy pour empecher la foule et l'obliger à travailler, ensuite le sr Fabre, Mᶜ coutelier à la rue Boulbonne eut l'ordre de le polir et de l'aiguiser, pour être prêt pour le lendemain lundy ou mardy suivant ; mais comme dans cette intervalle les parens sans doute eurent le tems d'ecrire à Paris, il vint un ordre de la Cour, qui ordonne au parlement de surseoir à l'execution de l'arret et d'envoyer un extrait de la procedure, ce qui ayant eté executé le couteau a demeuré inutile et l'attente de toute la ville trompée, pour ne s'estre pas veu de pareille execution à Toulouse depuis la decolation de Mr Goudin le 19ᶜ avril 1678 pour cas de violence faite à une femme demeurant à Matabiou, n'ayant pu reussir il luy brula ses parties avec un flambeau et pour avoir tiré un coup de pistolet à un crucifix ; personne donc ne pouvant se rappeler le souvenir d'une pareille époque depuis 81 ans. Ainsi, *qui gâgno tens, gâgno tout, proverbi.* » (Pierre

Barthès, *Les Heures perdues de Pierre Barthès,* principes [de luthéranisme] que celui d'une
répétiteur en Toulouse, ou recueil des choses dignes prédestination absolue, dogme qui favorisait son
d'être transmises à la postérité, arrivée en cette ville..., courage, et qui justifiait ses témérités »
BM Toulouse, manuscrit 1737-1780, p. 163- (Voltaire, *Histoire de Charles XII,* chap. VIII).
164).   10. Son mariage avec Mlle de Mondran est
   9. « [...] ce prince ne conserva de ses premiers annoncé dans LB 3549 n. 12.

LB 3554. *Jean-Emmanuel Guignard de Saint-Priest au comte de Saint-Florentin*

A M. le comte de St Florentin

[A Montpellier,] le 6 août 1759

Je ne suis point surpris des plaintes portées dans le mémoire des sieurs Pyeire de la ville de Nimes contre le sieur de La Baumelle. Je luy ay fait connoitre les intentions du roy contenues dans la lettre dont vous m'avez honoré le 24 juillet dernier. L'eclat qu'il a donné sans sujet à une cupide discution d'interest est très reprehensible. Je prends la liberté de vous adresser un des memoires imprimés qu'il a distribué dans le public. Les expressions en sont aussy ~~inconsiderées~~ \peu menagées\ par raport à la Dlle Pyeire et à sa famille ~~que par rapport à la legereté~~ qu'elles sont inconsiderées par raport aux épreuves que les eveques exigent pour les mariages des protestants qu'il traite de difficultés eclesiastiques ; il fait aussy dans son memoire un etalage pompeux des personnes de consideration qui s'interessent à son mariage et ne craint point de vous citer, \M.\, comme luy accordant une protection singuliere et l'ayant meme honoré d'une grace à ~~l~~ \cette\ occasion. Ce n'est point d'aujourduy que je me suis apperceu de la legereté de ses procedés qui luy attirent une foule d'ennemis ; il s'est brouillé à Montpellier, à Nimes, à Beaucaire par une aventure equivoque et meme il a eté obligé de se retirer en dernier lieu du château d'Uzés d'une maniere desagreable. Je ne dois pas meme vous cacher qu'on m'a assuré qu'il debitoit dans le monde que vous l'auriés chargé de vous ecrire un memoire sur la religion.

Je suis avec respect, monsieur,

Saint-Priest

MANUSCRIT
 AD Hérault, C 117.

13

LB 3555. *Louis Simon François à La Beaumelle*

Au château du Fouze, ce 8 aoust 1759

J'aurois dû sans doute plutôt, mon cher monsieur, vous remercier du service que vous avez bien voulu me rendre[1] et vous accuser la réception de vos mémoires qui ont été remis à leur destination et lus avec avidité, mais dans l'incertitude où j'étais si vous seriez effectivement parti pour Toulouse ou resté à Nimes, où le moindre remords dans le cœur de votre perfide pouvoit vous la ramener et vous y arreter encore, je n'ai pas voulu m'exposer à vous écrire au hazard. Votre lettre à M. le duc décida hier mon irrésolution. Je vis avec satisfaction que vous etes entouré des arts et des plaisirs; puissiez vous oublier dans leurs bras les peines que l'amour vous a causées! Il me semble cependant qu'après en avoir été si maltraité, vous êtes bien pressé de vous rengager sous les loix de ce dieu malin. Tout autre que vous me paraitroit témeraire, je le blamerois, mais vous n'êtes pas fait pour essuyer deux injustices de sa part et les agréables que vous jalousez ont chaud. Pour moi je suis ici à philosopher, à faire de mauvais vers et des lettres fades qu'on applaudit. J'occupe votre appartement; j'invoque de temps en tems votre génie, mais il est toujours sourd à ma voix. La Beaumelle a emporté tout son esprit avec lui: j'ai beau écrire sur la même table, je n'en suis pas plus avancé; je parcours, je me promène à grand pas dans cette petite chambre où j'avois tant de plaisir à vous voir, à causer, à m'instruire avec vous; c'est là, dis-je, que j'ai vu tant d'excellentes choses sortir de sa plume; c'est dans ce fauteuil qu'il enfanta un projet noble[2], hardi et digne de lui; mais ni dans ce fauteuil, ni assis à côté de cette table, je ne puis rien créer dont je puisse tirer vanité : je jette donc la plume, je renverse mon écritoire, je déchire en mille morceaux mon papier à demi barbouillé et je vous oublie un moment pour rever à la charmante madame Farjon[3], qui, après votre départ, logea dans le même réduit. Les reflexions sont alors un peu différentes, tantot j'examine la place où j'assistai à la toilette la plus longue et la plus difficile, tantot je contemple celle où admis au petit coucher je parcourois avidement la moitié de ses charmes à demi nuds, tantot je m'elance avec fureur sur ce lit où je l'ai vue plus d'une fois ne respirant que l'amour et la volupté me refuser cruellement un baiser, tandis que je croyois lire dans ses beaux yeux qu'elle auroit voulu m'en accorder mille, tantot, mais je m'égare. Vous allez rire, de ma folie, mais tant mieux. Divertir les gens est un talent que tout le monde n'a pas et il seroit bien plaisant si l'homme du monde le plus triste vous fesoit faire des gorges chaudes. Quoi qu'il en soit, je voudrois bien vous avoir ici, dussai-je vous ceder ma place. M. de La Beaumelle et madame Farjon dans deux genres bien opposés font un grand vüide au Fouze ; cependant on ne peut pas dire qu'on s'y ennuye, mais il est bien sûr qu'on s'i amuse beaucoup moins. L'ami Felgerolle[4] est toujours avec nous et nous gagne notre argent aux quilles. Croirez vous que l'aurore nous surprend quelquefois la boule à la main. C'est une fureur inconcevable et qui prouve bien que les hommes sont extrêmes en tout. Mais je pourrois aussi pousser trop loin cette lettre. Il est bon de s'entretenir avec ses amis, mais il ne faut pas abuser de leur complaisance, surtout quand l'emploi de leur tems est comme le vôtre prétieux à tout le monde. Il ne faut donc pas vous distraire davantage. Donnez moi seulement promptement de nouvelles des cahiers de M. le duc[5] que je vous laissai à Nimes ; il m'en demanda d'une manière à vouloir en avoir. Vous m'obligerez de m'apprendre sur le champ leur destinée. Si vous pouviez même me les renvoyer, tout n'en iroit que mieux. Adieu, mon cher monsieur, soyez persuadé qu'on ne peut rien ajouter \à mon\ admiration pour vos écrits, ni à la vive amitié avec la quelle j'ai l'honneur d'être votre très humble et très obéissant serviteur.

François

Vous avez des complimens de tout le monde.

MANUSCRIT
ALB 5101.

NOTES EXPLICATIVES
1. Un prêt de 6 louis d'or (voir t. XII, LB 3542).
2. Les Mémoires au comte de Saint-Florentin.
3. Voir t. XII, LB 3514 n. 2.

4. Jean Joseph Escallier de Felgerolles, propriétaire en 1761 d'une maison rue Boucairie à Uzès. Sa signature figure sur l'acte de mariage du 8 juin 1759 entre le duc d'Uzès et Mlle de Gueydon parmi les témoins du marié (AM Uzès, GG 22).
5. Voir t. XII, LB 3542 n. 2.

LB 3556. *Jean-Emmanuel Guignard de Saint-Priest à François Amblard*[1]

[A Montpellier,] le 9 août 1759

M. Amblard

Les plaintes, M., que la famille de la Dlle Pyere de la ville de Nimes a porté à la Cour des liaisons et meme du projet du mariage que le sieur de La Beaumelle a formé avec cette Dlle du trouble qui en résultoit, et d'un memoire que ce particulier a rendu public ont determiné le ministre à me prescrire de la part du roy[2] d'avertir le sieur de La Beaumelle de se tenir tranquile et de ne pas mettre le trouble dans cette famille sans quoy Sa Majesté est disposée à le releguer ailleurs qu'en Languedoc et fort loin de Nimes. J'avois chargé mon subdélégué de Nimes de luy notiffier les intentions du roy, dans la suposition qu'il etoit dans cette ville, mais j'ay apris qu'il etoit parti pour se rendre à Toulouse, et qu'il s'est jacté d'y repandre et même sur sa route des imprimés de son memoire. Je vous prie de luy imposer silence et de luy faire connaître les intentions de Sa Majesté afin qu'il ne se mette point dans le cas de lui desobéir.

Je suis, monsieur, votre très humble et très obeissant serviteur.

A monsieur Amblard / sudelegué / à Toulouse / de Saint Priest cachet

[*en haut de la feuille :*] R. le 15

MANUSCRIT

AD Haute-Garonne, C 2067, f° 111.

NOTES EXPLICATIVES

1. Pierre-Jean-François Amblard (1702-30 octobre 1762) est le fils de l'avocat Pierre-Jean Amblard. Lui-même docteur en droit et avocat au Parlement, il est capitoul en 1752, chargé de la justice et, en 1759, chef du consistoire des capitouls. Nommé subdélégué de Toulouse en juillet 1754, il reste en fonction jusqu'à sa mort. Associé ordinaire de l'Académie de Peinture en

1759. Voir *Tableau des capitouls*, p. 171, 173 ; Marc Merlo, *Le Subdélégué et la subdélégation de Toulouse au XVIIIe siècle (1705-1790)*, mémoire de maîtrise, Université de Toulouse-Le Mirail, 1994 ; Grégory Barbusse, *Le Pouvoir et le sang : Dictionnaire biographique des capitouls de Toulouse*. Il alterne, durant les années 1752-1762, entre les fonctions de subdélégué de l'intendant Saint-Priest et celles de capitoul, avec des périodes de cumul (Jean Orsoni, *L'Affaire Calas avant Voltaire*, thèse Paris IV Sorbonne, 1971, p. 366).

2. Voir t. XII, LB 3547.

LB 3557. *Jean-Jacques Lefranc de Pompignan à La Beaumelle*

[Pompignan, le 12 août 1759]

Je suis pénétré des marques d'estime, de considération que m'a données M. de La Condamine[1]. Je lui ai témoigné en particulier combien j'en étois reconnaissant ; je l'ai dit tout haut dans plus d'une occasion, [...] du reste ma conduite à l'égard de l'Académie[2] est réglée sur ce que je me dois à moi-même et à mon état. J'ose croire qu'il n'y aura pas deux sentimens là-dessus.

ÉDITION

Catalogue vente Et. Ader Pierre Cornuau du 17 avril 1945, n° 84 (BnF Ms CV 3732). Lettre autographe signée.

REMARQUE

« *Lefranc de Pompignan J. J. L.a.s. à La Beaumelle, Pompignan, 12 août 1759, 1 p. ½ in 4° cachet. Déchirure en tête enlevant quelques lettres.* » Lettres autographes

recueillies par le peintre *J.-L. Boilly* décrites par Et. Charavay, 1874, n° 260.

NOTES EXPLICATIVES

1. En renonçant à se présenter à l'Académie si Le Franc de Pompignan était candidat (voir LB 3549 n. 10).

2. Son élection à l'Académie française est imminente (voir LB 3562 n. 1).

LB 3558. *Le père Marin à Jean Angliviel*

Toulouse, 15ᵉ aoust 1759

[...] Je n'ay vu Mr vostre frere depuis qu'il est icy qu'environ un demi quart d'heure et il y a de cela sept à 8 jour, il m'avoit pourtant promis que j'aurois le plaisir de le voir, et longuement et tout à mon aise. Je ne sçay s'il me tiendrâ parole, je le souhaite du moins avec bien de l'empressement. J'ay l'honneur d'estre très ~~respectueu~~ respectueusement, monsieur, vostre très humble et très obéissant serviteur.

Marin jesuite

[...]

MANUSCRIT
ALB 5616.

LB 3559. *François Amblard à Jean-Emmanuel Guignard de Saint-Priest*

[Toulouse, le] 15 août 1759

J'ay fait part au sieur de La Baumelle des intentions du roy et de la lettre que vous m'avez fait l'honneur de m'ecrire le 20 de ce mois au sujet ~~d'une~~ \des plaintes\ que la famille de la demoiselle Pyere a porté contre luy, il m'a assuré qu'il n'avoit debité le mémoire qui ~~fait le sujet de la plainte~~ \y a donné lieu\ ni dans sa route ni dans cette ville depuis qu'il y est arrivé et j'ay lieu de croire qu'il m'a dit la verité parce qu'ayant ~~vu par hasard un de ces mémoires avant la reception de vos ordres la personne à qui il appartenoit et qui étoit de Nimes ne voulut me le confier que pour un instant~~ eu moi-même la curiosité de voir un de ces memoires duquel j'avois entendu parler je n'ay pu me le procurer qu'avec beaucoup de difficulté et pour un instant. Au surplus le sieur de La Beaumelle m'a donné sa parolle qu'il exécuteroit très rigoureusement sur ce point les ordres du ministre et les vôtres.

J'ay l'honneur etc.

MANUSCRIT
AD Haute-Garonne, C 2067, fᵒ 112.

REMARQUE
Brouillon.

LB 3560. *La Beaumelle au comte de Saint-Florentin*

A Toulouse à la Croix Baragnon, 19 aoust 1759

Monseigneur

J'ai l'honneur de vous envoier par ce courier une suite de l'ouvrage dont vous devez avoir reçu les trois premiers cahiers. Vous trouverez dans ceux-cy, Monseigneur, une quantité de faits et d'observations qui vous prouveront que j'ai tâché d'acquérir quelques connoissances du sujet. S'il y avoit quelques détails sur lesquels vous desirassiez des eclaircissemens, vous le savez, Monseigneur, je suis à vos ordres.

A moins d'un contr'ordre, j'aurai l'honneur de vous envoyer successivement le reste de mon travail, on est occupé à le copier, mais permettez moy, Monseigneur, de vous suplier de faire attention à une dernière lettre, ce que j'y demande[1] est juste, et nécessaire à ma tranquillité.

Je suis avec un trés profond respect, &c.

signé La Beaumelle

MANUSCRIT

BnF Ms fr. 7047, f° 440.

REMARQUE

Copie d'époque.

NOTE EXPLICATIVE

1. La révocation de sa lettre d'exil (voir t. XII, LB 3529 et LB 3532).

LB 3561. *Jean-Emmanuel Guignard de Saint-Priest au comte de Saint-Florentin*

[A Montpellier,] le 20 aout 1759

Le sieur de La Baumelle etoit parti de Nimes lorsque j'ay reçu les ordres du roy que vous m'avez fait l'honneur de m'adresser pour lui imposer silence au sujet de son affaire avec la famille de la Dlle Pyere. J'ay apris qu'il etoit à Toulouse et mon subdelegué me marque qu'il lui a notiffié ces ordres auxquels il a promis de se conformer. Je souhaitte qu'il tienne parolle.

J'ay l'honneur d'etre avec respect

MANUSCRIT

AD Hérault, C 117.

LB 3562. *La Condamine à La Beaumelle*

Paris 22 aoust [1759]

Je serai aussi laconique que vous. J'ai reçu la lettre de change. J'ai écrit à l'abbé de La Ville pour savoir où est l'abbé Le Maire. J'ai les 23 actions des fermes. Elles baissent beaucoup à cause que tous les depositaires en ont pris \pour gagner\ et sont obligés de vendre pour payer, mais le gouvernement est trop interessé à soutenir cet effet qui remontera à la premiere repartition. M. de La Cour est venu pour m'aporter les dix autres. Que ferai je de tout cela ? Je pars vers le 12 du mois qui vient pour Etouilli. Le 6, M. de Pompignan sera elu. M. de Paulmy a repondu de son acceptation[1] en vous remerciant de vos demarches. Je saurai de madame d'Aiguillon ce que c'est, elle ne m'a pas dit je crois positivement que le duc[2] eût écrit mais bien qu'il se plaignoit beaucoup de vous. Vous ne me parlés point de ma seconde lettre. Demandés vous le reste de votre argent ou voulés vous une autre action ? Il y aura à très peu près de quoi quand l'abé Lemaire aura payé ; faites le compte, il faut déduire ce que j'ai doné à l'avocat[3]. De tendres complimens à M. le marquis de Belesta[4] ; je le croyois à l'armée, a t'il quité la gendarmerie[5] ? Que dit le ministre de vos in folio ?

Le roi de Prusse en personne est batu[6]. Il est à Custrin. Les edits ne passeront point encore, le parlement ne veut point les passer. On dit que L. B. trafique de son memoire et qu'il le vend à la foire de Beaucaire.

MANUSCRIT

ALB 1202.

NOTES EXPLICATIVES

1. Antoine-René de Voyer de Paulmy d'Argenson, académicien depuis 1748. Battu par Jean-Baptiste de La Curne de Sainte-Palaye lors de l'élection du 22 mai 1758, Le Franc de Pompignan avait accepté d'être à nouveau candidat à celle du 6 septembre 1759.

2. Le duc d'Uzès.

3. 6 louis (voir LB 3571).

4. François de Varagne-Gardouch, marquis de Bélesta (1725-1807), était enseigne de la compagnie des gendarmes de Berry. Il avait épousé le 13 juin 1752 Marie-Charlotte de Rousselet de Châteaurenaud, fille d'Emmanuel de Rousselet, comte de Châteaurenaud, et d'Anne-Julie de Montmorency (*Gazette de*

France, 17 juin 1752, p. 299 ; *Dictionnaire de la noblesse*, t. XIX, p. 494). Il avait connu Voltaire aux eaux de Plombières.

« Voici pourtant des vers qu'il [Voltaire, durant son séjour à Plombières] a faits pour Mme la marquise de Belestat, fille de Mme de Chateaurenaud, l'une & l'autre dames de Mesdames. Il faut savoir qu'il y avoit un grand procès entre Mme de Belestat & M. le comte de Lorge, qui s'accusoient réciproquement de s'être volé au jeu deux contrats ; cela pouvoit monter à douze francs. Il y avoit eu des assignations, des requêtes présentées au juge de Plombières, &c. Après bien des mouvemens de part & d'autre, on prit M. de Voltaire pour arbitre, & voici la sentence qu'il écrivit sur le mémoire de Mme de Belestat :

Vous vous plaignés à tort, on ne vous a rien pris.

C'est vous qui ravissés des biens d'un plus haut pris,
Qui sur nos libertés ne cessés d'entreprendre ;
Votre cœur attaqué sait trop bien se défendre,
Et la mère des jeux, des grâces & des ris
Vous condamne à le laisser prendre. »
(Clément, *Les Cinq Années littéraires*, t. IV, p. 290-292, cité dans D5922n).

5. « Le 14 juin messire François de Barague de Gardouge, marquis de Bellestat, enseigne de la Compagnie des gendarmes de Berry, fut marié à demoiselle Marie Charlotte de Rousselet de Châteaurenaud, fille de feu Messire Emmanuel de Rousselet, comte de Châteaurenaud, & de dame Anne Julie de Montmorenci. » (*Mercure de France*, septembre 1752, p. 203-204).

6. Lors de la bataille de Kunersdorf (12 août 1759), l'armée prussienne, forte de 40 000 hommes, commandée par Frédéric II lui-même, a affronté les armées autrichienne et russe des généraux Laudon et Saltykov. Malgré la fuite des Russes, les Autrichiens sont parvenus à mettre les Prussiens en déroute.

LB 3563. *Le comte de Saint-Florentin à La Beaumelle*

[Versailles, le 27 août 1759]

J'ai receu, M., les mémoires que vous m'avez envoyé. Je crois que vos vues peuvent être fort bonnes, mais cette matière n'étant pas de votre compétence je vous conseille de ne pas continuer de les traiter, cela pourroit même faire un mauvais effet et peut être vous attirer de nouvelles affaires ; je vous recommande surtout de ne donner à qui que ce soit connoissance de votre travail, et je crois devoir vous prevenir que s'il parroissoit Sa Majesté le trouveroit fort mauvais. A l'égard du procès que vous avez, vous auriez beaucoup mieux fait de le suivre sans vous livrer à l'impression[1] qui ne peut que vous attirer des ennuis dans la province. Vous y avez même hasardé quelques lignes dont MM. les evêques de Nisme et d'Alais peuvent être mécontents[2], il faut être plus circonspect et surtout après ce qui vous est déjà arrivé. Je vous suis, M., entièrement dévoué.

MANUSCRIT

AN O¹ 401, f° 371-372.

NOTES EXPLICATIVES

1. L'impression du Mémoire contre Jeanne Pieyre (t. XII, LBD 281-3).
2. « Le lendemain le sieur de La Beaumelle écrit à Paris à quelques personnes accréditées qui ont des bontés pour lui, leur donne avis de son mariage & les prie de le recommander aux evêques de Nîmes & d'Alais pour aplanir les difficultés ecclésiastiques, qui retardent d'ordinaire la célébration des mariages des nouveaux-convertis. »

LB 3564. *Le comte de Saint-Florentin à Mgr Charles Prudent de Becdelièvre*[1]

[Versailles, le 29 août 1759]

M. le maréchal Thomont m'a envoyé, M., la lettre que vous lui avez écrite en même tems que j'ai reçu la votre du 6 de ce mois concernant le sieur La Beaumelle, j'ai lû son mémoire imprimé à l'occasion de la rupture de son mariage, je n'y ai rien trouvé qui merite que l'on sevisse contre lui excepté les deux lignes que vous avez remarqués et sur lesquelles je lui a mandé mon sentiment[2], j'écris d'ailleurs à M. le marechal Thomont à son sujet de maniere je crois qu'il se contiendra s'il veut encore rester en Languedoc. On ne peut être &c.

MANUSCRIT
AN O¹ 401, f⁰ 372.

NOTES EXPLICATIVES
1. Charles Prudent de Becdelièvre (1705-1784), évêque de Nîmes de 1737 à sa mort.
2. Voir LB 3563 n. 2.

LB 3565. *Le comte de Saint-Florentin à Charles O'Brien, maréchal de Thomond*

[Versailles, le 29 août 1759]

Je sçavois déjà, monsieur, ce qui se passoit à Nismes par rapport au mariage avec la demoiselle de Piyerre de Nismes, et j'avois fait avertir par M. de Saint Priest[1] le sieur de La Beaumelle de laisser cette famille tranquile, sans quoi on pourroit l'envoyer plus loin, je crois cependant qu'on auroit mieux fait d'arranger avec lui le modique objet qu'il reclame plustot que de s'exposer à un procès et à un mémoire imprimé qui n'exige dans le fonds qu'on puisse sevir contre lui relativement à cette affaire, je n'y vois de reprehensible que les lignes qu'il a hazardées, et qui peuvent mécontenter Mrs les evêques de Nismes et d'Alais[2]. Je ne sçais pas pourquoi le sieur de La Beaumelle abuse de la lettre que je lui ai écritte il y a quelque tems[3], il me marquoit qu'il employoit son loisir à quelques mémoires qui pouvoient être utiles à l'Etat[4] et qu'il se proposoit de me les envoyer, vous avez vu la réponse que je lui ai faite[5].

Il m'a en effet envoyé le commencement d'un travail relatif à la R. P. réformée et à ceux qui la professent, je n'y ai rien trouvé qu'on ne sache déjà, mais comme tout ouvrage sur cette matiere seroit déplacé dans les circonstances, je lui ai mandé de le discontinuer et surtout de ne point faire paroitre ce qu'il en a commencé[6].

Je vous suplie de le faire venir devant vous, de vous faire representer la minutte de ce mémoire, de la retirer et de l'avertir que s'il donne le moindre lieu de plaintes sur sa conduite, sur ses discours et surtout sur ses ecrits, Sa Majesté ne se borneroit pas à le releguer hors de la province du Languedoc, mais qu'elle pouroit prendre des resolutions plus désagréables pour lui. J'ai l'honneur d'être avec le plus parfait attachement &c.

MANUSCRIT
  AN O¹ 401, f° 372-373.

NOTES EXPLICATIVES
  1. LB 3547 (t. XII).

2. Voir LB 3563 n. 2.
3. LB 3509 (t. XII).
4. LB 3508 (t. XII).
5. LB 3509 (t. XII).
6. LB 3563.

LB 3566. *Guillaume-Albert Finiels à La Beaumelle*

Vigan, le 1ᵉʳ 7bre 1759

Une lettre a-t-elle donc épuisé tous vos sentimens, cher ami, et n'avés vous plus rien à me dire? Mon empressement à vous répondre[1] méritoit bien une seconde faveur, et ne fût-ce qu'une répétition, elle eût été toujours agréable. Seriés vous par hazard fâché du conseil salutaire que j'ai donné à ma belle parente? mais vous êtiés le confident; et vous pouviés ou le taire ou le dire à votre gré. Peut-être boudés vous du refus que vous a fait ma muse de se reproduire au grand jour, car c'est un bien grand jour pour elle de paroître devant la vôtre. Mais songez vous qu'elle est déjà bien vieille, que les graces fuyent la vieillesse et que le fard sied mal à un visage ridé. Cependant il ne faut point se brouiller avec vous : vous aurés donc des vers, ou pour mieux parler de la prose rimée. Car pour des vers j'en ai peu fait et je suis moins que jamais en état d'en faire.

> Depuis un lustre, ami, j'ai suspendu ma lyre
> Et mes poëtiques travaux.
> A trente ans, Apollon ne daigne plus sourire
> Et n'enfle point nos chalumeaux.
> Laissez moi, c'en est fait, j'ai quitté du Permesse
> Les bords dangereux et glissans.
> Pour toujours je renonce à sa liqueur traitresse.
> Le dieu des vers pour moi n'eut que trop d'agrémens ;

Et je regrette les momens
Qu'il a surpris à ma jeunesse,
Momens perdus volez à la sagesse.
Encor, si ce dieu deloyal
Moins ingrat, en biens plus fertile
Nous montroit dans sa cour, comme au tems de Virgile,
Quelque Mecene libéral,
Et nous encourageoit par quelque espoir utile.
Mais où sont ses heureux ? En est-il un sur mille ?
Fuyez aussi, fuyez le rivage fatal.
Meprisez, croyez moi, cette gloire inutile
De cadancer des mots, de rendre un son égal.
L'art fût-il plus divin, l'artiste plus habile.
Il est au décri général.
Faites choix d'un patron moins dur, moins difficile.
Plutus vous fait briller son précieux métal.
Mars à ses favoris offre un superbe asile,
Themis un sanctuaire, et ce dieu l'hôpital.
Pardonnez, ami, je m'égare
Je sais que dès vos jeunes ans,
Plus jaloux de tous vos instans,
Vous cultivez un don plus rare.
Que vous suivez Clio dans les fastes des tems.
Continuez d'enrichir notre histoire
Par des précieux monumens
Dont vous ornez si bien le temple de Mémoire.
Et que de nouveaux traits, des faits intéressans,
Par vos soins rendus plus touchans,
Augmentent encor votre gloire.

Quel effort, cher ami ! Ma muse expire et Themis me gronde. Je ne dirai donc rien à la belle Gailhac[2], tant de charmes ne sont pas faits pour un infirme. D'ailleurs, que dire après vous ?

De cette divine Uranie,
Dont votre pinceau gracieux
Sait si bien tracer à nos yeux,
Les celestes appas, le sublime génie,
Que j'idolatrerois si je n'étois trop vieux,
A qui ma voix moins affoiblie
Eût consacré ses chants mélodieux
S'il lui restoit encor de grace et d'harmonie.
Je dirois, et mes sons iroient jusques aux cieux.

Non, non. Gailhac n'est point une simple mortelle,
Et d'un limon plus pur ennobli par les dieux,
Ils se sont plûs à faire une beauté nouvelle.
Si son ame assortit des traits si précieux
Si de l'adorable Themire
Digne fille, elle suit l'exemple glorieux,
Imite ses vertus et cherit leur empire,
Ariste, vous pouvez lui dresser ses autels :
Votre cœur peut sans honte avouer qu'il soupire
Il faut bien que le sage admire
Ce qu'admirent les immortels.

Admirez donc, cher ami, mais contentez vous de ce sentiment délicieux ; et n'approchez jamais de trop près cette fille incomparable. Que vos yeux dans un lointain parcourent en désordre et rapidement toutes ses beautés sans se fixer sur aucune, et que cette divine Uranie soit enfin pour vous comme une perspective charmante où la vie s'égare agréablement, et dont l'éloignement fait le doux charme. Il ne s'agit que de trouver le point, et vous êtes opticien trop habile pour ne pas le saisir. Mais une règle sûre, c'est que votre distance ne soit jamais assez grande pour empêcher cette belle ange d'entendre à voix basse et sans effort les expressions flâtteuses de votre admiration. Cet article me paroît essentiel pour votre bonheur, ces tendres expressions ne pouvant manquer d'agiter doucement ses sens délicats, et cette agitation, devant nécessairement produire l'incarnat des roses, qui ne peuvent qu'embellir la perspective et la rendre plus touchante. Adieu, mon très cher, plaignez vous si vous l'osés. Voilà déjà trois pages pleines et beaucoup trop de folies pour un magistrat. Adieu donc, je retourne à mes cliens, et je vais consoler Themis de la petite infidelité que je lui ai faite. Tenez m'en compte au moins : si vous ne le faisiez point, vous seriés injuste et si vous ne m'aimiez pas vous seriez le plus ingrat des hommes.

A monsieur de La Beaumelle / chés M. Catala près de la / Croix Baragnon / à Toulouse

MANUSCRIT
  ALB 5102.

NOTES EXPLICATIVES
  1. LB 3553.
  2. Voir LB 3553 n. 2.

LB 3567. *Jean II Bernoulli à La Beaumelle*

Bâle, 12 7bre 1759

Monsieur,

Je vous prie de n'appeler ni politesse ni complaisance mes dispositions à votre égard et de croire que le désir de vous prouver toute mon estime et toute ma considération et de mériter quelque part à l'honneur de votre amitié exclud tout autre motif de ce que je pourrai jamais faire pour votre service.

Je vous sais un gré infini, monsieur, de l'éloge funèbre que vous vous proposés de faire de notre illustre ami ; la beauté du sujet, la facilité, l'élégance et la force de votre stile, tout cela joint aux sentiments qui vous animeront en composant cet ouvrage m'en fait concevoir d'avance la plus haute idée ; j'ai souhaité bien des fois d'avoir votre plume, mais jamais je ne l'ai enviée comme je l'envie dans cette rencontre.

Ne vous êtes-vous point adressé comme je vous l'avois conseillé à M. de La Condamine pour avoir des matériaux pour cet éloge ? c'est lui qui les ramasse ; vous pourriés le prier si vous ne l'avés pas fait de vous envoyer des extraits ou quelques originaux mêmes des lettres que je lui ai écrites pendant la maladie et après la mort de M. de Maupertuis, je suis persuadé que vous y trouveriés bien des choses relatives même aux questions que vous me proposés, vous pourriés lui demander aussi une copie d'une longue lettre que j'ai écrite à M. le comte de Tressan et que je l'ai prié de communiquer à M. de La Condamine.

Quoi qu'il en soit, je vais tâcher de répondre de mon mieux aux demandes que vous me faites, vous avouant cependant, monsieur, que je les trouve un peu épineuses ; si d'un coté je dois vous parler avec franchise comme à l'un des meilleurs amis du défunt et à qui sa mémoire est la plus chère, quand je réfléchis d'autre part que vous me proposés ces questions pour rendre mes réponses publiques, il me semble que je ne saurois user de trop de réserve ; il est si naturel de vouloir remplir d'anecdotes un éloge historique et il \est\ si aisé que dans un grand nombre d'anecdotes il s'en glisse, sans que l'auteur s'en aperçoive dans le moment, quelques unes qui peuvent donner prise à la satyre, à la critique, aux mauvaises plaisanteries, malgré cela je vous parlerai plus naturellement que je ne ferois à un autre, mais en même tems je vous supplierai, monsieur, d'user bien sobrement de ce que j'aurai l'honneur de vous communiquer. Je suppose que vous aurés gardé une copie de vos questions[1], aussi je me contenterai de mettre leurs numeros à la tête de mes reponses.

1. Pendant les dernières semaines de sa vie il n'étoit guère en état de donner des signes externes de ce qui l'occupoit, non qu'il n'eût l'esprit présent, mais

parce que l'abstinence totale de toute espèce d'aliments jointe à une diarrhée continuelle l'avoit tellement affoibli et que sa langue étoit tellement desséchée qu'il avoit une peine infinie à parler et qu'il falloit approcher l'oreille de sa bouche, je ne dirai pas pour comprendre ce qu'il disoit, mais pour l'entendre parler. Cependant je suis persuadé que c'est l'idée de son salut qui l'occupoit le plus fortement, mais sans qu'elle parût l'inquiéter. Il est vrai qu'il a dit une fois à ma femme que la religion chrétienne étoit effrayante, mais il m'a aussi dit, à moi, que son capucin avoit un talent admirable pour assûrer un pénitent de la grace de Dieu et il a d'ailleurs toûjours eu une très grande opinion de la bonté et de la miséricorde divine avec laquelle il ne pouvoit pas concilier l'éternité des peines. M. de La Condamine me dit à ce sujet, que s'il n'avoit pas crû l'éternité des peines, il n'auroit pas pu recevoir l'absolution ; je suis pourtant persuadé qu'il a reçu l'absolution et son capucin lui a rendu le plus magnifique témoignage qu'on puisse rendre à un mourant ; mais peut-être a-t-il changé de sentiment depuis la conversation qu'il eut avec moi à ce sujet, ou bien, ce que je serois moins éloigné de croire, il pourroit bien avoir eu quelques petits articles réservés, sur lesquels il s'en rapportoit plus à lui-même qu'à son capucin, à qui il ne disoit peut-être pas absolument tout ce qu'il pensoit ; ce qui me confirme dans cette opinion, c'est qu'une fois après s'être pour ainsi dire plaint à moi de ce que ce capucin malgré son talent de consoler étoit d'une rigidité terrible et m'en avoir allégué un exemple qu'il ne convient pas de rapporter ici, il ajouta que c'étoit encore là une de ces choses sur lesquelles il falloit s'en rapporter à la Providence (voyés sur cette matière mes lettres à M. de La Condamine[2]).

Après son salut, les idées qui l'occupoient le plus c'étoit sans contredit celles de son Eleonore et de Mme sa sœur[3]. Vous savés, monsieur, combien son cœur étoit partagé entre ces deux personnes ; il craignoit surtout pour la ~~derniere~~ \première\ qu'elle ne fût en chemin exposée à tous les dangers d'un pareil voyage ; il en étoit dans de continuelles et cruelles inquiétudes ; il ne me parloit presque que d'elle et me faisoit souvent relire ses lettres ; pendant le délire même dans lequel il a passé les deux derniers jours, il vouloit toujours qu'on lui donnât de l'encre et du papier pour écrire à cette chère personne. J'ai remarqué encore avec douleur que la longueur de sa maladie lui faisoit de la peine par rapport à ma femme et à moi, à qui il craignoit de causer de l'embarras ; du reste il paraissoit assés dégagé de tout souci.

2. La réponse à cette question se trouve à peu près dans l'article précédent ; j'y ajouterai que n'étant pas de la même communion que lui, j'ai évité sur la fin de sa vie de lui parler religion à moins qu'il ne m'en parlât lui-même le premier, de peur de lui faire de la peine ; je me suis donc contenté de lui procurer des prêtres catholiques.

3. Oui et avec encore plus de constance et de fermeté. Il est vrai qu'il étoit de son naturel fort endurant dans les souffrances ; pour un rien il se faisoit arracher quelques dents. Il étoit plus sensible au chagrin qu'à la douleur, et comme vous

savés qu'indépendamment de sa mauvaise santé il ne manquoit pas de chagrins depuis assés longtems, cela prenoit un peu sur son humeur, mais dans la suite de sa dernière maladie on ne remarqua pas en lui la moindre inégalité d'humeur. Je suis persuadé que sa contrition le soutenoit puissamment ; il a laissé une marque de cette contrition dans un billet que j'ai trouvé dans sa cassette après sa mort et que j'ai envoyé à M. de La Condamine avec ses autres papiers[4] ; peut-être trouvoit-il aussi du soulagement à penser que les maux et les chagrins qu'il souffroit dans ce monde étoient tout autant de rabattu sur l'avenir ; comme il croyoit avoir été plus malheureux que bien d'autres, j'ai saisi plusieurs fois l'occasion de le fortifier dans l'idée qu'il convenoit à la justice de Dieu de nous tenir quelque compte des maux qu'il nous envoyoit ici-bas et de la résignation avec laquelle nous les supportions.

4. Cet attachement a diminué peu à peu et s'est enfin reduit presqu'à rien ; sans moi il auroit peut-être brulé les uns après les autres tous les papiers qu'il avoit ici et je crois qu'il eût voulu pouvoir anéantir jusqu'à ses ouvrages (voyés mes lettres à M. de La Cond. et les derniers billets du défunt au même[5]). Quant à l'autre point de cette question, ou il ne croyoit pas que cela arriveroit, ou il ne s'en mettoit pas en peine ; au moins il n'en paraissoit rien.

5. C'est à quoi il auroit eu peut-être de la peine à répondre lui-même, si vous le lui aviés demandé. Il a toujours tendrement aimé sa patrie ; il a eu bien des chagrins à essuyer pendant son séjours en Prusse, mais aussi il y a eu bien des agréments ; il est mort pénétré de reconnoissance des bontés dont le roi et toute la famille royale l'ont comblé et des égards soutenus et tout à fait distingués qu'ils lui ont toujours marqués ; ajoutés que c'est dans ce pays-là qu'il a fait l'acquisition de son Eléonore et de plusieurs amis dont il faisoit un très grand cas. Il est vrai que dans un de ses moments de penitence (assés longtems avant sa mort) il se reprochoit et se confessoit pour ainsi dire à moi comme d'une chose dont il devoit demander pardon à Dieu d'avoir sacrifié sa patrie, ses amis, ses parents et surtout son vieux père à l'ambition et peut-être au dépit.

J'oubliois à vous dire à l'art. 4 qu'il vouloit d'abord qu'on ne lui fît point d'éloge académique après sa mort ; il disoit que cela pouvoit se demander et il me chargea de le demander de sa part quand il seroit decedé ; je le lui promis mais je lui ai fait révoquer cet ordre depuis à condition que les secrétaires avant que de rien lire à l'Académie communiqueroient leur écrit à M. de La Condamine ; j'ai fait part aussi de cette intention du défunt à M. Formey et je ne doute pas qu'il ne s'y conforme et quoiqu'elle ne vous regarde pas, Monsieur, d'une manière directe, comme elle vous regarde néantmoins implicitement je suis persuadé que vous voudrés bien aussi envoyer votre manuscrit à M. de La Condamine avant que de le rendre public, d'autant plus que M. de La Condamine en le lisant ne manquera pas sans doute d'y faire des remarques et d'y joindre quantité d'anecdotes dont vous pourriés faire un grand usage en le transcrivant.

6. Lorsqu'il entreprit son dernier voyage, il ne prévoyoit, il ne soupçonnoit pas que les deux cours de France et de Prusse se désuniroient ; s'il l'avoit prévu, il auroit, je crois, fait de deux choses l'une ou de ne point quitter Berlin ou de demander son congé et de le quitter tout à fait. Il est certain que cette guerre entre deux princes qui naturellement devoient toujours être amis et à qui il étoit si sincèrement attaché à l'un et à l'autre lui a fait une peine infinie.

7 et 8. Il se faisoit lire quelquefois dans une de nos bibles par son domestique qui étoit huguenot et disoit \à ce sujet\ à ma femme (qui ne le quittoit presque jamais) que si son capucin le savoit il ne le trouveroit pas bon ; cela parait encore confirmer une chose que je vous disais tantôt à l'art. 1.

9. Il aimoit beaucoup à vivre avec ces deux dames \(sa femme et ses sœurs)\, mais bien loin de souhaiter de mourir sous leurs yeux, c'étoit ce qu'il appréhendoit le plus qu'il n'arrivât. Mme de Maupertuis lui ayant demandé la permission de venir ici avant que son abcès fût crevé, il ne voulut pas y consentir, parce qu'alors il n'avoit aucune espérance et qu'il s'imaginoit que si elle venoit elle n'arriveroit que pour le voir expirer, mais après que l'abcès se fut ouvert, la playe étant parfaitement belle et y ayant toutes les apparences d'une entière guérison quoique fort lente, il lui manda aussitôt qu'elle lui feroit plaisir de venir et que ce lui seroit une grande consolation de l'avoir auprès de lui ; mais à peine cette lettre fut-elle lâchée que l'ouverture des intestins se manifesta, aussitôt il me fit écrire à Mme de Worden[6] pour la prier au nom de Dieu d'empêcher sa sœur de partir si elle étoit encore à Berlin ; elle n'y étoit plus depuis le matin du même jour, mais on envoya une estafette après elle qui la rattrappa à Magdebourg et qui lui fit rebrousser chemin ; quelques jours après son retour à Berlin, qu'elle se mit, comme vous savés, une seconde fois en chemin, mais j'ai toujours laissé ignorer à son mari ce second voyage dont la connoissance n'auroit fait qu'augmenter ses inquiétudes (voyés sur ces voyages qui font toute une histoire mes lettres à M. de La Condamine).

10. Il en avoit fait un qu'il a cassé et refait depuis[7]. En voici le précis. Il fait son exécuteur testamentaire son cousin M. de La Primerais[8] à qui il donne les livres qu'il a à St Malo.

Il laisse tous les biens qu'il a dans les états de S. M. P. à sa femme, à qui également tout ce qu'il a porté dans lesdits états en s'y établissant appartient en vertu de leur contrat de mariage.

Il lui laisse de plus quatre actions de la Compagnie des Indes.

Il laisse à sa sœur tout le peu de bien qu'il a en France la chargeant de tous les legs.

Il laisse une petite pension viagère à M. l'abbé de Courte de La Blanchardière[9], son ami et celui de Mme sa sœur.

Il nous laisse aussi à ma femme et à moi une marque de son souvenir, quoique je lui en eusse dit expressément lorsqu'il m'en parla que je ne voulois pas être à charge à ses héritiers, que je savois n'être pas aussi bien partagés qu'il l'auroit souhaité, car il n'étoit pas riche ; il auroit pu d'autant mieux s'en dispenser sans craindre d'être taxé d'ingratitude qu'outre d'autres marques de reconnaissance il m'avoit prié dans une instruction particulière qu'il m'a laissée, de donner à ma femme une excellente montre d'or qu'il avoit reçue autrefois de la reine de Hongrie aujourd'hui Impératrice.

Il finit son testament en priant ses héritiers de faire dire des messes pour lui[10].

Il n'a pas fait mention de Philippe[11] ni dans son testament ni dans l'instruction qu'il m'a laissée. Il s'est contenté de le recommander à son neveu M. Magon dans une lettre qu'il m'a dictée pour lui et qui doit lui être remise à son prochain retour à St Malo.

Je crois qu'il persista jusqu'à la fin à faire peu de cas de la médecine ; il souffroit cependant que les médecins vinssent le voir régulièrement les trois derniers mois de sa vie et il consulta même sur son état Mrs Tronchin et Bourdelin[12] \(à l'instante prière de M. de La Condamine)\.

Voila, Monsieur, les éclaircissements que je puis vous donner et que je me fais un vrai plaisir de vous donner sur les questions que vous m'avés fait l'honneur de me proposer. Si vous souhaités d'être instruit de certaines particularités que Mme de Maupertuis puisse seule vous apprendre, j'ose vous promettre qu'elle ne fera aucune difficulté de vous les communiquer, à moins qu'elle n'ait des raisons particulières pour souhaiter qu'elles demeurent ignorées. Vous n'aurés pour cela qu'à lui écrire ; vous êtes connu d'elle, mais quand vous ne le seriés pas, vous pourriés lui dire que c'est moi qui vous ai engagé à le faire. Elle me fait l'honneur de me témoigner une grande confiance. Elle demeure à Wetzlar chés son beau frère Mr le baron de Riedesel[13] et y demeurera, à ce que je crois, jusqu'à la paix.

Il est bien certain, comme vous dites, monsieur, qu'il faut se résoudre à dépendre de l'opinion publique pendant qu'on roule dans ce monde ; aussi ne vous conseillerois-je pas ~~de vous transplanter dans un pays étranger à moins~~ que d'y être appelé ~~ou envoyé~~ d'une manière honorable et ce n'est pas de cela que j'ai voulu vous parler dans ma précédente lettre, mais d'un autre ~~conseil que~~ M. de Maupertuis vous avoit donné, ~~savoir de supprimer certains passages dans un écrit que vous vous proposiez de mettre au jour~~[14].

Je suis avec un parfait dévouement, monsieur, votre très humble et très obéissant serviteur

J. Bernoulli

MANUSCRIT

Académie des Sciences, fonds La Condamine, 50 J 35. Le brouillon de cette lettre (UB, L Ia 676, f° 187–192) a permis d'en restituer les passages soigneusement biffés.

NOTES EXPLICATIVES

1. Elle n'a pas été conservée.

2. À La Condamine qui sollicite des détails sur les derniers moments de Maupertuis, Jean II Bernoulli répond : « Pour continuer à vous parler à cœur ouvert dans la confiance que tout restera entre nous, je vous dirai que quoique M. de Maupertuis ait raisonné fort juste jusqu'aux deux jours qu'il a passés en délire et que son esprit n'ait pas baissé dans la

signification qu'on donne communément à cette expression, il est pourtant vrai que cet esprit n'a pas conservé cette intensité qu'il avoit autrefois et que ce changement s'est fait de longue main, *je ne sais s'il a contribué à sa dévotion*, mais quoique je n'aye jamais bien compris cette espèce de dévotion, il est certain qu'il en avoit sans cependant être ni cagot ni moins aimable pour cela dans les compagnies. Quoiqu'il n'eût pas les mêmes raisons pour aller à la messe à Bâle qu'il pouvoit avoir eues à Berlin, il y alloit assez régulièrement quand il le pouvoit. Si dans nos promenades à la campagne, il passoit devant une croix, il tiroit son chapeau, si nous passions devant une chapelle, il y alloit faire sa prière. Je me souviens l'avoir vu faire cet acte de dévotion une fois qu'il n'y avoit de présents que ma sœur, ma femme et moi qui tous trois ne nous serions guères scandalisés quand il s'en seroit dispensé. Il s'est fait administrer les sacremens plusieurs fois pendant sa maladie, la première fois le capucin en fit difficulté craignant que cela ne lui attirât des affaires ; là dessus M. de Maupertuis me fit prier de monter à sa chambre, me dit de quoi il étoit question, me témoigna beaucoup d'envie de communier et son envie fut satisfaite. Je ne sçai s'il a changé de sentiment sur l'éternité des peines, mais, malgré sa dévotion, il pourroit bien n'avoir pas dit à son capucin tout ce qu'il pensoit sur certains articles, au moins je suis persuadé qu'il a reçu l'absolution et lui et son capucin m'ont paru fort contents l'un de l'autre. » (A. Le Sueur, *La Condamine d'après ses papiers inédits*, Amiens : Yvert & Tellier, 1912, p. 159, note). Cette lettre n'a pas de date.

3. Mme von Wolden (voir n. 6).

4. Dans sa lettre du 2 août 1759 (UB, L Ia 685, S.303), La Condamine a indiqué à Jean II Bernoulli par quelle voie il souhaitait les recevoir : « Je vois trop de difficultés et d'inconveniens à m'envoyer par la poste sous quelque adresse que ce soit les papiers de Mr de Maupertuis ; envoyés les moi par le carosse de Strasbourg dans une boite cachetée. On ne saura si ce sont des papiers ou autre chose, et s'il faut une declaration il n'y a qu'à la faire et à me donner avis du jour où ils arriveront. Je vous prie seulement de veiller à ce qu'ils soient remis à Strasbourg exactement. » Le 19 septembre, il écrit qu'il les a reçus (UB, L Ia 685, S.319).

5. Dans sa lettre du 14-19 septembre à Jean II Bernoulli (UB, L Ia 685, S.319), La Condamine

écrit : « J'emporte avec moi à la campagne toutes ses lettres ecrites depuis son depart de Lyon. C'est l'epoque où il remontoit pour me recommander de les bruler. Je les relirai toutes avec soin, et je ne meprendrai pas sur les choses qu'il avoit en vue quand il m'a donné cet ordre. Ce ne sont que des confidences sur des choses personelles à lui et ses projets et sur ce qu'il pensoit de gens qu'il n'aimoit pas et leurs ouvrages, ce dont il m'a parlé en relevant certains ridicules. C'est surtout pendant son séjour à Neuchatel. Mais il n'y a rien de licencieux et encore moins rien d'irreligieux dans aucune de ses lettres. Encore, à l'egard du reste, souvent les noms n'y sont pas ou sont ils substitués par d'autres noms que nous entendions, et souvent même il avoit peine à deviner mes allusions, et je lui en faisois la guerre, mais une fois entendues il me répondoit en adoptant mes noms allegoriques. Je ne crois pas qu'il se soit fait sur ce qu'il m'a ecrit aucun reproche de conscience, si ce n'est d'avoir par des railleries ou jugemens pu blesser la charité, encore je doute qu'il ait poussé le scrupule jusques là. Mais encore une fois, je sais très bien et reconoitrai parfaitement les choses qu'il me diroit aujourd'hui de supprimer, s'il croyoit qu'il en restât quelque vestige, et j'agirai en conséquence. »

6. Margarethe von Borck, épouse de Hans von Wolden.

7. La Condamine s'étoit lui aussi interrogé au sujet du testament de Maupertuis dans sa lettre à Jean II Bernoulli du 2 août 1759 (UB, L Ia 685, S.303). Dans la *Vie de Maupertuis*, La Beaumelle présentera ces dispositions testamentaires de la manière suivante : « Il mit ordre à ses affaires. Il donna les biens qu'il avoit en Prusse et quelques actions de la Compagnie des Indes à madame de Maupertuis, et ceux qu'il avoit en France à madame Du Bos, sa sœur, qu'il chargea de tous les legs. Il laissa une petite pension à M. l'abbé de Courte de la Blanchardière, son compatriote et son ami, et sa bibliothèque de Saint-Malo à M. de La Primerais, son cousin germain et son exécuteur testamentaire. Il légua par le même testament, à M. de La Condamine, une belle pierre d'aimant qui levait plus de soixante livres : legs semblable à celui que fit le chevalier Newton à M. de Maclaurin. Il avait d'abord, et par un premier testament, disposé de sa bibliothèque de Berlin en faveur de M. de La Condamine ; mais il se

rappela que, par son contrat de mariage, elle devait revenir à sa femme comme faisant partie de ce qu'il avait porté en Allemagne. M. Bernoulli, son hôte, reçut des marques d'amitié, malgré ses refus. Madame Bernoulli lui parut digne de cette montre de Graham qu'il tenait de l'empereur. » (*Vie de Maupertuis. Ouvrage posthume,* Paris : Ledoyen – Meyrueis, 1856, p. 212-213).

8. Jean Mathurin Moreau de La Primerais (1694-1770), procureur du roi au tribunal de l'amirauté à Saint-Malo. Voir Gilles Foucqueron, *Saint-Malo, 2000 ans d'histoire,* 2 tomes, Saint-Malo, 1999, t. II, p. 1108.

9. L'abbé René Courte de La Blanchardière (1712 ?-1794), auteur d'un *Nouveau Voyage fait au Pérou depuis l'année 1745 jusqu'en 1749,* Paris : Delaguette, 1751.

10. Ce testament olographe daté de Bâle le 30 juin 1759 est conservé aux Archives de l'Académie des Sciences (Fonds Maupertuis, 43 J).

11. Son fils naturel Philipe Moreau (*Vie de Maupertuis,* p. 213). Voir D. Beeson, *Maupertuis : an intellectual biography,* Oxford : Voltaire Foundation, 2ᵉ éd. 2006, p. 195, n. 38.

12. Louis-Claude Bourdelin (1696-1777), membre de l'Académie des Sciences, médecin de Mesdames, filles de Louis XV.

13. Johann Wilhelm Riedesel zu Eisenbach (1705-1782), qui a épousé Sophie Hedwig von Borck (1705-1769).

14. Ses *Lettres de M. de La Beaumelle à M. de Voltaire.*

LB 3568. *La Beaumelle à Jean Henri Samuel Formey*

Au chateau de Pompignan, le 28 7bre 1759

Monsieur,

Je travaille actuellement à un éloge funèbre de M. de Maupertuis. Ce sera une pièce plus étendue que ne le sont les discours d'Académie. Je me propose d'y entrer dans des détails très particuliers. Et j'aspire plutot à faire un ouvrage utile & curieux qu'un ouvrage éloquent.

Si vous ne desaprouvez pas, monsieur, ce projet, je vous prie de m'aider à l'exécuter. Je vous prie de me fournir des faits, de me fournir tous ceux que vous aurez proscrit de l'éloge que sans doute vous ferez pour notre illustre ami. Vous devez sçavoir quantité de traits, d'anecdotes, de mots heureux & brillans. Tout cela m'apartient, si vous n'en faites pas usage. Je vous aurois une obligation infinie si vous vouliez, monsieur, m'envoyer quelques extraits des lettres du mort, où il y a des idées singulières & propres à le peindre. J'ai quelques matériaux : j'en attends d'autres ; si vous en desirez communication, je vous les enverrai sur votre premier avis.

Je suis ici chez Mr de Pompignan, ancien Premier President de la cour des aydes de Montauban, auteur d'*Enée & Didon,* successeur de Mr de Maupertuis à l'Académie françoise. Nous y vivons très philosophiquement. Hier nous parlâmes avec des éloges infinis de vos trois volumes du *Droit naturel*[1]. Vous avez, monsieur, beaucoup d'amis à Toulouse qui est à 3 lieues d'ici, entre autres Mr le marquis de Beauteville[2] & Mr de Rafin conseiller au parlement[3], l'un & l'autre d'un grand mérite. Mr de Maupertuis doit vous l'avoir écrit dans le tems.

Je vous rends un million de graces des services que vous avez rendus à mon cousin[4]. Je crains bien qu'il ne soit mort dans cette déconfiture qu'a essuyée le héros du siècle. Je fais bien des vœux pour lui, je dis pour mon cousin : car pour l'autre, ce seroit aujourdui un grand crime en France. Je crains bien qu'un coup de canon n'empêche Cesar second de nous donner jamais les *Commentaires*. On dit qu'il s'exposa incroyablement dans la derniere bataille contre les Russes. Je tremble que cette lettre-ci ne vous trouve pas à Berlin : car vos ennemis me paroissent vous serrer de près. Dieu nous donne la paix !

Je suis avec tout le respect possible, monsieur, votre très humble & très obéissant serviteur.

La Beaumelle

Mon adresse est *à Toulouse chez Catala, à la Croix Baragnon*

MANUSCRIT

Fonds Formey, Staatsbibliothek zu Berlin Preussischer Kulturbesitz.

NOTES EXPLICATIVES

1. J. H. S. Formey, *Principes du droit de la nature et des gens. Extrait du grand ouvrage latin de Mr de Wolff*, Amsterdam : Marc-Michel Rey, 1758, 3 vol. in 12.

2. Voir t. XII, LB 3286 n. 14.

3. Rodolphe-Joseph de Rafin (1707-1805), conseiller au Parlement, est membre de l'Académie des Jeux floraux depuis 1752 (voir Axel Duboul, *Les Deux Siècles de l'Académie des Jeux floraux*, Toulouse : Privat, 1901, t. II, p. 126s).

4. Sur Louis Charles d'Arnal, voir t. XII, LB 3477 n. 5, LB 3500 n. 1.

LB 3569. *La Condamine à Jean Henri Samuel Formey*

[Estouilly, le 28 septembre 1759]

[...] Je ferai part à M. le comte de Tressan des mémoires que m'a envoyés M. de La Primerais, pour qu'il les remette à M. de Solignac, car, pour lui, il n'en fera pas d'usage, du moins directement. Il a reçu une lettre de M. de V., qui poursuit le défunt jusqu'au delà du tombeau[1], et M. de Tressan ne voudra pas se brouiller avec cet homme dangereux. Je n'avais personnellement lieu que de me louer de lui ; il y a plus de trente ans que je l'ai connu et vu familièrement ; nous nous écrivions même, et je me suis souvent fait honnir en prenant sa défense ; mais depuis qu'en me remerciant de quelques remarques que je lui avais envoyées sur le *Siècle de Louis XIV*, il m'assura[2] qu'il n'avait pas la moindre part à toutes les satires et libelles qui couraient contre M. de Maupertuis (et c'était dans le temps même qu'il écrivait l'*Akakia*, qui avait été précédé de quelques autres), depuis qu'il me réitéra la même assurance dans la même lettre ; depuis ce temps, dis-je, j'ai cessé tout commerce avec lui. Je ne lui ai pas même parlé à Plombières, où je l'ai rencontré.

Je doute qu'il hérite de la présidence de l'Académie, qu'il convoitait et qu'il enviait beaucoup au défunt. Il se vante cependant de recevoir des lettres de la main de S. M. P. (je crois qu'il en montre de vieille date) et des invitations de retourner en le laissant, dit-il, le maître des conditions. Mais celui qui dit cela est le même qui m'assurait n'avoir aucune part aux libelles.

M. de Voltaire sait que l'amour propre des autres doit être humilié de sa supériorité, il a voulu les consoler, mais il les console trop. [...]

ÉDITION
D8499.

NOTES EXPLICATIVES
1. Voir LB 3571 n. 7.
2. D5041.

LB 3570. *La Beaumelle à l'abbé Jacques Destrées*

[Pompignan, avant le 6 octobre 1759]

Ecrire à l'abbé d'Etrées, le 6 octobre 1759[1].

Lui parler de ce qu'il avoit fait sur mes *Mme de Maintenon*[2].

Lui demander dans quel endroit de Castelnau sur Le Laboureur[3].

Lui parler de l'histoire de Carte[4].

Lui demander quand paroitra celle de Hume[5].

Lui demander la preuve que les Courtenai ne sont pas de la maison royale[6].

Lui demander ce que c'étoit que le parlement de Paris avant la sédentarité d'un juge par le régitre *olim*[7].

Si le parlement avoit droit de juger les Pairs[8].

Si le parlement de mars ou celui de may n'étoit autre chose que le conseil du roy & le \pere du\ parlement d'aujourdui[9].

Comment il prouveroit que le parlement qui établit la majorité à 13 ans[10], qui donna la régence au Dauphin fils du roi Jean[11], qui fit divers autres actes d'autorité souveraine tandis que les assemblées des états étoient fréquentes, étoit inférieur pourtant à ces assemblées[12].

Quelle preuve il y a que le parlement cessoit toutes fonctions lors de la tenue des états.

Une preuve que Mr le président Henault est un auteur fort inexact[13].

MANUSCRIT
ALB 2582.

REMARQUE
Projet de lettre.

NOTES EXPLICATIVES
1. La Beaumelle projette d'écrire à l'abbé Destrées le 6 pour que sa lettre lui parvienne le 12 octobre, troisième anniversaire de leur partage de chambre à la Bastille (voir t. X, chronologie et LB 2780).

2. Sur les démarches de l'abbé Destrées pour obtenir la restitution des *Maintenons* conservés à la Bastille, voir t. XII, LB 3394.

3. Jean Le Laboureur a publié les *Mémoires de Messire Michel de Castelnau* en 1659. Michel de Castelnau (1517-1592), homme de guerre et diplomate, est notamment ambassadeur de France auprès d'Elizabeth d'Angleterre de 1575 à 1585.

4. Thomas Carte (1686-1754), *A General History of England*, London : J. Hodges, 1747-1752, 3 vol. in fol.

5. David Hume, *Histoire de la maison de Stuart sur le trône d'Angleterre, jusqu'au détrônement de Jacques II*, Londres [Paris], 1760, 3 vol. in 4 et 6 vol. in 12 : édition annoncée comme promise par l'abbé Prévost dans la *Correspondance* de Grimm le 15 novembre 1759.

6. Les derniers représentants de la branche cadette de la maison capétienne de Courtenay, issue de Pierre de France (*ca* 1126-1180/83), seigneur de Courtenay, avaient en vain tenté à plusieurs reprises, au cours du XVIIᵉ siècle, de faire reconnaître leur qualité de « princes de sang royal ».

7. On appelle *Olim* les quatre premiers registres du parlement de Paris. Ces registres consignent les arrêts rendus par la cour du roi sous les règnes de saint Louis, Philippe le Hardi, Philippe le Bel, Louis le Hutin et Philippe le Long. Le Parlement était ambulatoire jusqu'à Philippe le Bel. Il est ensuite rendu sédentaire à Paris. Le titre originaire de la sédentarité du Parlement n'a jamais été retrouvé. Jean-François Fournel, *Histoire des avocats et du barreau de Paris depuis S. Louis jusqu'au 15 octobre 1790*, Paris : Maradan, t. I, 1813, p. 252.

Cette question et les suivantes s'expliquent probablement par l'intention qu'a La Beaumelle de contribuer à la rédaction d'un texte des états du Languedoc (voir LB 3590 n. 8).

8. « Les pairs étaient, au Moyen Âge, les grands feudataires constituant la cour dite des pairs, seule appelée à connaître des causes dans lesquelles l'un d'entre eux était impliqué. [...] Le Parlement de Paris se flattait d'être par excellence la cour des pairs : il était fier de ce titre, et toujours très disposé à en profiter dans l'intérêt de ses ambitions politiques : il cherchait volontiers les occasions de convoquer les pairs, comme il lui arriva souvent lors de ses querelles avec la cour sous Louis XV. » M. Marion, *Dictionnaire des institutions de la France XVIIᵉ-XVIIIᵉ*

siècles, Paris : Picard, 1923, réimpr. 1984, p. 413-414.

9. « S'il n'était pas vrai, comme [le Parlement de Paris] le laissait dire, et comme il eût été bien aise de le faire croire, qu'il remontât aux anciennes assemblées, aux anciens Champs de mars et de mai tenus autour des rois des deux premières races, du moins était-il incontestable qu'il remontait à la cour-le-roi que les rois de la troisième tenaient autour d'eux pour discuter leurs affaires, rendre la justice et vérifier leurs comptes. » M. Marion, *Dictionnaire des institutions*, p. 422.

10. L'ordonnance de Charles V d'août 1374, publiée solennellement au Parlement le 21 mai de l'année suivante, fixe la majorité royale à quatorze ans, soit beaucoup plus tôt que pour les particuliers. Les termes de l'ordonnance sont ambigus : *donec decimum quartum ætatis annum attigerit*, « jusqu'à ce qu'il ait atteint sa quatorzième année ». Lucien Bély, *Dictionnaire de l'Ancien Régime*, Paris : PUF, 2002, p. 788.

11. Charles V (1338-1380), dauphin puis lieutenant général du royaume en 1357 (et roi de France en 1364), alors que son père Jean le Bon est prisonnier des Anglais. En 1356, les États revendiquent le pouvoir politique après la capture de Jean le Bon, puis tentent une réforme du système monarchique en 1357. De plus en plus contestataires, ils furent néanmoins impuissants à faire aboutir ces réformes ; cette période de contestation du pouvoir royal par les États généraux s'acheva avec l'assassinat d'Étienne Marcel en 1358.

12. Les États généraux étaient, entre autres, seuls habilités à réformer la fiscalité générale ou, dans une moindre mesure, à statuer sur des problèmes dynastiques, en vue de traiter la crise rencontrée. Ils n'avaient aucun rôle législatif ou juridictionnel. Face aux États généraux, le Parlement de Paris affirme sa spécificité. Il réclame une juridiction supérieure, le droit de révision et de vérification des ordonnances issues de leurs cahiers. Guillaume Du Vair le dépeint comme un corps homogène et permanent, « abrégé et représentant des États », exempt du caractère éphémère et disparate de ces derniers. Lucien Bély, *Dictionnaire de l'Ancien Régime*, p. 963.

13. [Charles-Jean-François Hénault], *Abrégé chronologique de l'histoire de France jusqu'à la mort de Louis XIV*, Paris : Prault, 1744. P. 128 : « 1305 [...] Quelques-uns prétendent que le Parlement

ne commença qu'alors à être sédentaire. » P. 129 : « 1313 [...] Jean de Montluc, greffier du Parlement de Paris, s'avisa le premier de faire des recueils de plusieurs Arrêts qu'il fit relier ensemble et qui se nommèrent *Regestum quasi iterum gestum*, parce que c'étoient des copies ; ils sont encore dans le dépôt du Parlement et on les nomme les *olim*. »

LB 3571. *La Condamine à La Beaumelle*

A Etouilli, le 9 8bre 1759

Il y a plus d'un mois que j'attendois avec impatience une seconde lettre, ou du moins que M. de La Cour me fit savoir qu'il avoit reçu la décharge ou l'ordre qu'il attendoit pour me remettre les dix actions des fermes qu'il avoit entre les mains à vous apartenantes ; j'ai envoyé chés lui peu de jours avant mon départ de Paris. Enfin j'aprens par votre lettre de Pompignan du 26 9bre[1] qu'il a reçu l'ecrit qu'il demandoit pour se mettre en regle, mais je n'ai point encore reçu de lettre de lui, peut être en recevrai je une demain. Cependant, comme je prévois qu'il ne m'enverra pas vos dix actions par la poste et que, si j'attendois à demain, cette lettre retarderoit d'un ordinaire, je ne pers pas un moment à vous répondre.

Vous me querelliés encore dans votre lettre précédente et vous prenés un ton bien sérieux dans celle ci. Vous êtes bien injuste de me soupçonner d'etre porté à vous donner des torts, et il n'y a dans le monde que vous qui m'en accusiés. Je voudrois pouvoir conserver à votre égard un air d'impartialité qui peut me mettre à portée de vous servir plus efficacement. Je ne suis que trop suspect de prévention en votre faveur. J'ai fait de mon mieux pour détruire, votre memoire à la main, les bruits défavorables qui s'étoient répandus. Je l'ai envoyé à votre ami Paulet, je l'ai fait voir à Mme d'Aiguillon qui ne me l'a pas encore rendu. Je vous trouve justifié à cet égard et je ne puis croire ce que l'on m'a dit que vous trafiquiés de votre mémoire qui se vendoit publiquement à la foire de Beaucaire. Je conviens que vous n'aviés plus rien à menager avec votre partie si ce n'eût été que les freres, mais on trouve que vous vous etes cruellement vengé de celle que vous aviés aimée. Il eût eté plus généreux de ne point recevoir l'argent du controlle de l'acte après avoir obtenu qu'elle seroit condamnée à le rendre. Au reste, je suis plus faché que vous n'ayés pas eu à un prix convenable la terre que vous désiriés que je ne le suis de votre mariage rompu. Je doute fort que vous fussiés heureux dans cet état et je ne vous conseille pas de vous marier, surtout par inclination, avant que vous ayiés quarante ans. Je vois clairement que la résistance seule vous avoit enflammé et que le surlendemain de vos noces vous auriés vu votre femme telle que vous la faites entrevoir aux lecteurs de votre factum.

Je reviens à votre affaire : vous croyés bien que je n'ai pas apporté ici vos actions, je les ai laissées à Paris où je serai le lendemain de la Saint Martin ; dites moi ce que vous voulés que j'en fasse. Quant au reste de votre argent, je n'ai point encore reçu ce que vous doit M. l'abbé Le Maire ; je lui ai ecrit *près de Croix Fontaine* (maison fort connue de M. Bouret[2]) *route de Fontainebleau*. C'est tout ce que j'ai pû tirer de M. l'abbé de La Ville à qui j'ai demandé son adresse. J'ai depuis écrit au directeur de la poste d'Essone qui m'a dit n'avoir pu découvrir sa demeure et avoir envoyé sa lettre au bureau de Ponthierry. Je comptois, avec ce qui me reste à vous et avec ce que je devois toucher de M. l'abbé Le Maire, avoir de quoi acheter une autre action des fermes qui sont tombées autour de 900 £. Si vous avés besoin de ce qui me reste à vous qui peut aller environ à 500 £ (car je n'avois pas songé aux 6 louis payés à votre avocat, et je n'ai pas ici votre compte), j'aurois assés de credit à St Quentin pour vous envoyer une lettre de change, mais il seroit peut etre dificile de la trouver sur Toulouze et cela \me\ sera beaucoup plus aisé en arivant à Paris. Je pourrai encore recevoir ici votre réponse avant la Saint Martin, je l'attens pour savoir vos intentions. Si on avoit pu deviner cette baisse des actions des fermes et si j'avois actuellement votre argent, on pourroit le placer fort avantageusement dans la *régie interessée* des nouveaux droits. Il n'y faut plus songer. Je joindrai au reste de votre compte l'intérêt qui vous est dû de vos actions du premier octobre que je supose que l'on paye actuellement.

Vous aviés oublié \l'abbé Trublet quand\ vous avés frapé à toutes les portes pour avoir des mémoires sur M. de Maupertuis, M. Moreau de La Primerais son cousin germain et son executeur testamentaire m'a envoyé ce qui suffit pour M. de Fouchy[3] ; il me dit qu'il avoit fait un mémoire beaucoup plus long dont il a retranché ce qu'il a cru moins propre à un éloge académique, et dont il ne m'envoye que l'extrait, qu'on lui a demandé de vôtre part des matériaux. Je ne lui ai pas fait encore réponse, mais je compte lui dire de mettre tout ce qu'il saura de feu son cousin qui peut entrer dans un éloge et de vous l'envoyer ou à moi pour vous le faire tenir franc de port si le volume est un peu gros. Je suis fort aise que vous travailliés à payer ce tribut à la mémoire de feu notre ami. Non seulement je ne vous envie point cette fonction, mais je vous la céderois volontiers si je l'avois entreprise, persuadé que l'éloge sera plus digne de lui ; je vous aiderai seulement quant à la partie géometrique. M. Dalembert ne vous aura pas frayé le chemin ; il avoit fait comme vous savés quelques autres éloges academiques, mais il s'est contenté cette fois de me dire *qu'il y avoit ici l'étoffe mais que cela chagrineroit Fouchy qu'il y mît la main ;* il n'a pas eu cette délicatesse en faisant celle de feu M. Bernoulli[4] et de l'abbé Terrasson[5]. Je crois bien plustot qu'il a craint de chagriner Voltaire qu'il a eté voir à Geneve et avec qui il a conservé beaucoup de liaisons. Celui ci lui a écrit et à M. le comte de Tressan et à M. Formey des horreurs du défunt et tout ce que la rage et la haine la plus recente avoient pu lui inspirer[6]. Il a refroidi M. de Tressan qui vouloit faire cet eloge à la société de Nancy. Je crains vos \12\ questions à M. Bernoulli[7]. Mme de Maupertuis, qui s'est réfugiée avec sa sœur et son beau frere de Westlar à Mayence pour fuir les partis des deux armées qui se battoient dans les rues de Westlar, ne peut rien vous envoyer. Je ne finirois point de vous envoyer des copies ou des extraits des ~~ses~~ lettres du defunt et de M. Bernoulli, je répondrai seulement à vos questions. M. Magon vous aura peut être dit un trait celebre à Saint Malo de l'enfance du defunt. Il demandoit à son précepteur *pourquoi le vent souffloit le feu et eteignoit la chandelle*[8]? J'ai seû une réponse de lui au roi de Prusse dont vous pourriés faire usage, mais ne la tenés pas de moi. Je ne sais même s'il ne faudroit pas attendre que ce prince eût fait ou renoncé à faire l'éloge du président de son Académie. Cela est délicat. ~~Il~~ \Le défunt\ m'a recommandé sa mémoire en France et en Prusse. Voici cette réponse : le roi de Prusse lui demanda ce qu'il pensoit de son *Antimachiavel ; sire*, dit il, *je crains qu'on ne dise que le premier conseil que Machiavel eût donné à son heros auroit été de le réfuter*[9]. Quand vous serés occupé à cet ouvrage qui ne doit pas précéder les eloges academiques, je répondrai à toutes vos questions. En attendant, voici qui pourra vous fournir quelques points d'apui : c'est une épitafe que j'avois brochée quand M. de Tressan m'ecrivit qu'il se proposoit de ~~lui~~ faire au defunt un mausolée à Strasbourg[10], mais il a voulu être enterré simplement à Dornac ; M. Bernoulli a trouvé l'épitafe trop longue pour la pierre qui ne peut contenir tant de choses. Il s'etoit adressé à un de ses amis et je crois tout cela ~~fait~~ \fini\, elle pourroit être employée à Saint Malo en changeant *hic jacet* en *memoriae*[11]. Vous ne savés peut etre pas qu'en 1744 il alla voir le maréchal de Coigni[12] son ami au siège de Fribourg, qu'il étoit tous les jours à la tranchée, je le sais de gens qui l'y ont vû. Il est vrai qu'il n'y avoit que faire, mais il avoit eté mousquetaire, capitaine de cavalerie et s'etoit battu trois fois en combat singulier. Quoi qu'il ne fût plus militaire alors, M. le maréchal de Coigni, de l'aveu de M. d'Argenson ministre, et du consentement du roi, l'envoya porter la nouvelle de la prise de la ville. Cela m'a fait naitre l'idée de l'antithese que vous verrés dans l'épitafe qui ~~rev~~ \auroit\ besoin d'être revue et corrigée si l'on en faisoit usage. M. Formey ne sait que sa vie de Berlin, il attend tout de moi.

Dans une de ses dernières lettres, ~~il~~ \le defunt\ me manda de vous donner ce que vous lui aviés tant demandé. Je ne l'ai pas encore, je vous le donnerai, mais il faudroit que cela accompagnât un autre ouvrage que vous savés. Je crois qu'aucun ~~aca~~ éloge académique ne parlera des démêlés avec Voltaire.

Madame de La Popeliniere réussit autant à Paris qu'à Toulouse.

Vous ne m'avés jamais parlé que d'une affaire tantôt lettres de change, tantôt mariage, tantôt procés, mais rien de votre *Tacite* ni de vos projets. Je n'ai pas le plus petit reproche à me faire sur votre compte, je ne crains de vous apeller mon enfant que parce que j'ai des entrailles de pere et que vous faites trembler tous vos parens et amis. Ce seroit à moy à me plaindre et c'est vous qui vous plaignés et plus fortement depuis que je vous ai donné satisfaction sur ma premiere lettre aussitot la nouvelle de la rupture.

[Post-scriptum en haut de la p. 3] J'ai ecrit le <illisible> en dormant <illisible> je ne sai <illisible> pas defaut

A monsieur de La Beaumelle / à la Croix Baragnon chés Catala[13] / à Toulouze / cachet de HAM

MANUSCRIT

ALB 1203.

NOTES EXPLICATIVES

1. Lire 7bre.

2. Étienne-Michel Bouret, fermier général, qui avait acheté en 1742 la seigneurie de Croix-Fontaine à Claude Paris de la Montagne.

3. J.-P. Grandjean de Fouchy (1707-1788), astronome, secrétaire perpétuel de l'Académie des Sciences, est chargé de faire l'éloge de Maupertuis devant ladite Académie. Ce texte, qui ne sera prononcé que le 16 avril 1760, paraîtra en 1765 dans l'*Histoire de l'Académie royale des sciences, année 1759*, Paris: Imprimerie royale, p. 259-276 (voir LB 10 juillet 1764).

4. Jean I Bernoulli (1667-1748), associé étranger de l'Académie des Sciences. Voir [d'Alembert], «Eloge de M. Bernoulli», in *Histoire de l'Académie royale des sciences, année 1748*, Paris: Imprimerie royale, 1752, p. 124-132.

5. Jean Terrasson (1670-1750), membre de l'Académie française et de l'Académie des Sciences. Voir [d'Alembert], «Eloge de M. de Terrasson», in *Histoire de l'Académie royale des sciences, année 1750*, Paris: Imprimerie royale, 1754, p. 203-207.

6. D8541. Ces lettres de Voltaire à Tressan et à Formey ne sont pas connues de Besterman.

7. Voir LB 3567.

8. La Beaumelle fera état de cette anecdote dans sa *Vie de Maupertuis*, p. 4.

9. La Beaumelle fera état de cette anecdote dans sa *Vie de Maupertuis*, p. 66-67.

10. Voir la lettre de La Condamine à Jean II Bernoulli, 2 août 1759 (UB, Gotha 685, S.303).

11. Cette épitaphe latine et sa traduction sont reproduites dans la *Vie de Maupertuis*, p. 471-473.

12. François de Franquetot de Coigny (1670-1769), maréchal de France en 1741 (le siège de Fribourg en Brisgau dura du 30 septembre au 1er novembre 1744). La Beaumelle reprendra cette anecdote dans sa *Vie de Maupertuis* (voir p. 96-97).

13. Le 11 novembre 1759, une dénommée Marianne donne quittance à La Beaumelle pour un mois de loyer à compter du 13 octobre (ALB 3744).

LB 3572. *Éléonore de Maupertuis à Jean II Bernoulli*

[Wetzlar, le 13 octobre 1759]

[...] Vous me dit Monsieur que Mr de La Beaumelle veut faire un eloge funebre du cher defunt, je suis persuadez qu'avec l'esprit qu'il a, il ne sauroit manquer de faire quelque chosse de bon, s'il est vray que Voltaire continue de jetter son fiel contre les manes même de mon cher mari [...].

MANUSCRIT

Fonds Bernoulli, UB, L Ia 708, f° 276.

LB 3573. *Le comte Louis Élisabeth de Tressan de La Vergne*
　　　　　à La Beaumelle

A Toul, ce 15 8bre 1759

Je reçois, monsieur, en arrivant de Versailles, la lettre que vous m'avez fait l'honneur de m'écrire. Je suis vivement touché de tout ce que vous me marqués au sujet de notre illustre et malheureux ami. Sa mémoire doit nous estre bien chère à tous les deux, il nous aimoit et je me trouvois honoré de cette amitié.

Il m'écrivit au mois de may dernier qu'il se sentoit frapé à mort. Il mit seulement quelques mots de sa main dans cette lettre, le reste étoit de M. Jean Bernoully ; sur l'offre que je lui fis de partir sur le champ pour l'aller voir et de luy mener un très bon chirurgien, il ne me répondit que les premiers jours du mois de juin suivant et ce fut pour me dire que son sort était décidé, qu'on avoit reconu que l'intestin étoit percé et qu'il n'attendoit plus que la mort. Il me défendit absolument d'aller à Basle, et depuis ce moment je n'ay plus receu de ses nouvelles que par M. Jean Bernoully. Voicy les détails que je tiens des deux frères. Mrs Bernoully luy ayant offert de luy faire venir des pretres de notre communion, il l'accepta, et pendant les 2 derniers mois de sa vie, 2 capucins d'un couvent voisin de Basle sont entrés librement chez Jean Bernoully, y ont mangé, couché et fait touttes les fonctions de leur ministère ; notre cher et malheureux ami a eu une agonie de quinze jours, ne prenant plus de nouriture que quelques cuillerées de bouillon qui redoubloient ses douleurs, et de l'eau sucrée. Il a conservé toutte sa teste jusqu'à l'avant veille de sa mort ; immobile dans son lit, la voix éteinte, à peine donnoit-il quelques signes de vie, et jusqu'aux plus jeunes enfans de Jean Bernoully étoient sans cesse auprès de ce cher malade ocupés de chasser les mouches de dessus son visage. Madame et M. Bernoully luy tenoient presque sans cesse une de ses mains dans les leurs. Je vous mande ces détails, monsieur, pour l'honneur de toutte la famille Bernoully qui a rempli jus qu'à la fin les plus pieux, les plus tendres devoirs de l'amitié ; d'ailleurs c'est une vraie consolation pour nous de savoir que notre ami a eu sans cesse tous les secours qui pouvoient calmer son esprit et adoucir ses maux. Le peuple de Basle avoit une si grande considération pour M. de Maupertuis qu'il n'a témoigné nul mécontentement de voir des prêtres et des religieux entrer dans la maison et former un cortège en surplis, suivant l'usage de notre Eglise. Lorsque le corps est sorti en plein jour de la maison, plusieurs personnes considérables de Basle l'ont accompagné à la sépulture et ont assisté à touttes les cérémonies des obsèques. Il a été enterré dans l'église d'un couvent situé à la porte de Dornac, petitte ville dans le canton de Soleure à deux lieues de Basle.

Les restes précieux de notre ami, sont à droite du maitre autel à côté du corps d'un Balthasard ambassadeur \Malo, ministre\ de France \en Suisse\¹ inhumé en 1610.

Je m'étois bien proposé de faire graver une tombe à Strasbourg, mais j'ay été prévenu dans ce devoir : madame de Maupertuis est arivée de Berlin le jour même de l'enterrement et n'est restée que trois jours à Basle d'où elle est partie pour aller cher M. Borck son frère à Wetzlear d'où elle m'a écrit.

M. de Maupertuis laisse à sa femme les biens qu'il avoit à Berlin et je me souviens qu'il m'a dit qu'il y avait placé vint mille écus. Il laisse les biens de Bretagne à sa sœur : il a donné son bel aimant à M. de La Condamine, et a laissé à son ami Jean Bernoully le peu d'effets qu'il avoit avec luy. Mme de Maupertuis, madame sa sœur et Jean Bernoully ont voulu partager entre eux les frais du monument qu'ils élevent à sa mémoire. Si je suis mon maitre l'année prochaine, j'iray voir les respectables Bernoully que nous ne pouvons assez reverer et célébrer, et j'iray voir ce tombeau aussi respectable au monde savant que celuy de Galilée, aussi sacré pour moy que le seroit celuy de mon bienfaiteur et de mon père. M. de La Condamine a envoyé à M. Jean Bernoully une épitaphe latine très belle, mais un peu longue pour être gravée.

Je suis aussi embarrassé que vous, monsieur, pour faire l'éloge de notre ami dans la société royalle de Nancy dont je suis président. Comme il est impossible qu'il puisse estre fait et prononcé par le secrétaire perpétuel dans la première séance publique qui se tiendra le 20 de ce mois, nous attendrons d'avoir reçu les dattes nécessaires et quelques notes de M. l'abbé Trublet pour faire cet éloge en règle, mais en attendant je me propose bien de soulager ma douleur en rendant un homage public à la mémoire de mon cher et illustre confrère et ami ; puis que vous le désirés, monsieur, je me feray grand honneur et grand plaisir de vous envoyer ce que je me propose de dire dans 5 jours et ce qui n'est encore écrit que dans une ame pénétrée de la perte qu'elle a fait.

Non seulement, monsieur, il est bien juste et bien beau à vous de célébrer votre ami, mais mesme vous devez aux hommes qui penssent de mettre la vérité dans tout son jour. Le parti que vous prenez de faire paroître des faits est le plus sûr, le plus noble, le plus digne de vous et de M. de Maupertuis ; c'est écrire comme il auroit écrit luy mesme que de n'employer que des faits toujours honorables pour ce grand homme, et de n'y mettre de personalités que celles qui seront absolument nécessaires.

Le pauvre vicomte de Lavergne² est dans le plus affreux desespoir d'avoir perdu sa femme, dont vous m'avez, monsieur, mandé tant de bien et qui étoit, à ce qu'on dit charmante en touts points : je crois que mon cousin prendra mesme le parti de se retirer du monde et de se faire prestre. Je trouve qu'il fait bien et, loin de l'en dissuader, je le luy conseille, mais je luy fais sentir l'excès de la fautte qu'il feroit s'il entroit dans un couvent.

Pendant que j'étois à Versailles, Monseigneur le Dauphin m'a fait l'honneur de me parler au sujet de l'édition des *Lettres de Madame de Maintenon* qu'il relisoit une seconde fois avec beaucoup de plaisir. Cela m'a donné ocasion, monsieur, de luy parler de vous avec toutte l'estime que vous m'avez depuis longtemps inspiré. Je vous demande en grace et au nom de l'amitié que vous m'avez promis et que je chercheray toutte ma vie à mériter, je vous demande d'éviter tout ce qui peut troubler vos jours, et attirer ces disputes aigres, où le public prend souvent parti contre les deux. Jouissez de ce que vous estes! plein de forces, de lumières et de savoir! écrivant divinement! élevé au dessus des sphères ordinaires! il ne faut plus que vous parliez aux hommes que pour les éclairer, les rendre meilleurs et étendre leurs conoissances. Ne reprenez plus les anciennes querelles et songez qu'à votre age on a une belle et longue carrière à courir: pardonez aux foibles, aux sots et aux méchans, c'est une foule qui nuit dans les premiers pas, et qu'on laisse bien vite derrière soy, quand le bon, le beau et l'honeste sont le but vers lequel nous courons. Vous êtes né pour avoir pour amis les gens de votre siècle qui ont le plus d'esprit et de mœurs: c'est à ceux là qu'il faut parler, c'est pour ceux là qu'il faut écrire, mettez les toujours à portée de faire taire de vils ennemis contre lesquels vous n'avez plus qu'un moment à combattre et malgré l'attrait que vous vous sentez pour votre établissement dans le plus beau païs de la nature. Songez que vous n'y verrez pas souvent M. de Pompignan et que vous devez passer votre vie avec le petit nombre de ceux qui ont chacun une partie des dons sublimes et qualités supérieures qui le déifient.

Tout Paris est enchanté que M. de Pompignan ait accepté l'élection de l'Académie française. On a cru quelque temps qu'il se refuseroit à ses vœux, et pendant ce temps M. de La Condamine avoit penssé à succéder à son ami, moy mesme je luy aidois de tout mon cœur auprès des confrères et anciens amis que j'ay dans cette compagnie, mais M. de Paulmy m'ayant mandé que M. de Pompignan acepteroit, dans ce moment La Condamine s'est retiré et j'ay écrit avec transport aux mesmes persones près de qui j'avois fait des démarches, que si l'Académie avoit mille voix, il falloit qu'elle les élevât pour obtenir le plus beau génie qui nous reste. Si vous le voyez encore avant son départ, dittes-luy, je vous suplie, à quel point je désire mériter l'honeur de son amitié et combien j'ai été touché de la lettre charmante qu'il m'a fait l'honeur de m'écrire.

Vous devez, monsieur, estre excédé de la longueur de celle-cy, mais le plaisir pur que je trouve à vous parler de notre illustre ami et de vous mesme m'a entraîné sans que je m'en aperçoive, et c'est toujours ce qui arrive quand le cœur est plein de ce que l'on doit écrire.

J'ay l'honeur d'estre avec tout l'attachement possible, monsieur, votre très humble et très obéissant serviteur.

de Tressan

Je vous demande en grace de me donner de vos nouvelles.

MANUSCRIT

ALB 2521.

NOTES EXPLICATIVES

1. Balthasar de Cressier, chargé d'affaires et conseiller des ambassadeurs de France en Suisse, membre du Grand Conseil de Soleure (1576), conseiller d'État du comté de Neuchâtel (1583), lieutenant des Cent Suisses (1584-1602),

capitaine en France (1585-1589), colonel de la garde d'Henri IV (1596), mort à Paris en 1602 (*Dictionnaire historique de la Suisse*).

2. Joseph de Tressan, vicomte de La Vergne Montbazin, veuf de Marie Hélène de Plantade de La Vergne chez laquelle La Beaumelle avait logé à Montpellier en septembre 1758 (voir t. XII, LB 3403 n. 1 et LB 3445 n. 2).

LB 3574. *Antoine de Valette de Travessac à Jacob Vernes*

[Bernis, le 20 octobre 1759]

M'inviter, monsieur, à une liaison particulière, c'est prévenir mes désirs. Quand je me vois divisé de religion avec des âmes comme la vôtre, je redouble d'amitié pour regagner par les sentimens ce que je pers du côté des opinions. J'ai fait passer votre lettre à M. de La Beaumelle, il ne se presse pas d'écrire parceque vous ne nous dites rien de précis, & que d'ailleurs le connoissant laborieux, persuadé qu'il m'aime, & le sachant dans la ville la plus savante de nos provinces, je l'ai surchargé de questions littéraires. J'attendois sa réponse pour vous faire la mienne : votre lettre à M. Salle[1] ne m'en donne pas le tems. Vous demandez, monsieur, ce que c'est que le tripot de Milhaud : la *Lettre* que cette académie a écrite aux journalistes[2], & que vous trouverez dans ce paquet, vous en instruira. Si elle ne vous paroit pas tout-à-fait indigne d'être présentée à M. de Voltaire, le second exemplaire lui est destiné. C'est sa façon de penser sur les petites académies de province qui a fait naître la nôtre. Vous connoitrez par sa lettre l'esprit de son institution : c'est le Démocrite de ces petits corps. L'idée en a paru si raisonnable qu'il y a presse pour y entrer ; notre ami commun[3] en est. Dans ce moment je reçois une lettre du juge-mage au sénéchal d'Uzés[4] qui demande à être reçu. En avez-vous envie ? mandez-le moi : mais qu'il ne paroisse pas que je vous aye sollicité ; c'est la plus solemnelle de nos loix. Votre lettre a été lûe par nos messieurs : elle en a été d'autant plus goûtée que l'on y a vû, avec beaucoup d'esprit & un cœur excellent, tous les sentimens du tripot sur les académies. [...]

Notre ami commun est fort à son aise : ses *Mémoires de Maintenon* lui ont valu bien de l'argent, dont il s'est donné bon nombre d'actions. Nous l'avons vû à Nismes pendant long tems, & je sai qu'il est à Toulouse sur un très-bon pied ; valets, sécrétaires, équipage, & donnant très-bien à manger. Il n'a pas tenu à lui qu'il n'ait achetté la baronie de Serviés[5] ; il est aux aguets pour une charge dans quelque cour souveraine. Si son mariage avec sa cousine Pyeire n'a pas eu lieu, c'est que les trois frères ont enfin réussi à épouvanter leur sœur en prêtant à son fiancé une humeur voyageuse qu'il n'a plus, & en lui faisant appréhender de le voir souvent à la Bastille. Ces craintes factices l'ont emporté sur un goût réel : l'affaire s'est finie de part & d'autre avec toute la décence possible. Le mémoire qu'il fit à cette occasion a été enlevé. M. Salle se donnera à Nismes des mouvemens pour vous en procurer un exemplaire ; je n'en ai qu'un ; si j'avois prévû votre désir, vous en eussiez eu cent ; j'avois vû travailler l'ouvrage, j'eus le premier imprimé ; il me le porta lui-même ici ; le présent étoit d'autant plus flatteur qu'il étoit alors décidé à le supprimer.

Vous ai-je dit avec quel agrément il est à Toulouse ? caressé des grands, estimé des gens de lettres, aimé de tout le monde. *J'ai ici,* me mande-t-il, *plus d'amis que je ne puis retenir de noms*[6]. M. Le Franc l'a emmené à Pompignan où il est avec une foule de conseillers au parlement. Il y travaille à l'éloge funèbre de M. de Maupertuis. Vous verrez bientôt paroître son *Tacite* traduit, avec les lacunes suppléées. Il a fait, pour M. le comte de Saint Florentin, un mémoire sur les protestans du Languedoc : cet ouvrage, qui formera trois volumes, est actuellement entre les mains de ce ministre d'Etat[7]. La nouvelle édition de sa *Réponse* au *Supplément du Siècle de Louis XIV* a déjà dû paroître[8] ; cet ouvrage étoit lâché avant qu'il fût question de réconciliation ; il est considérablement augmenté : je ne sai point sur quoi portent ces augmentations. Sans doute que c'est pour répondre aux notes que M. de Voltaire a faites sur ses *Mémoires de Maintenon.* Vous devinez bien quelle peut être la cause de mon ignorance à cet égard : notre ami connoit tout le chagrin que me cause une division malheureuse entre l'objet de mon amitié & celui de mon admiration. [...]

Je suis avec toute l'estime possible, monsieur, votre très-humble & très obéissant serviteur.

Valette de Travessac, prieur de Bernis

A Bernis, ce 20 octobre 1759

Par exprès / à monsieur J. Vernes ministre de / Genève / à Genève

MANUSCRIT

BGE Supp 1036, f°s 82 et 83.

ÉDITION

D8548.

NOTES EXPLICATIVES

1. Louis Salles (voir t. XII, LB 3545 n. 3).
2. *Lettre du Tripot de Milhaud à messieurs les journalistes,* par l'Imprimeur du Tripot, 1759, 4-16 p.
3. La Beaumelle.
4. Goirand.
5. Serviès-en-Val, actuellement dans l'Aude.
6. Voir LBD 296-9.
7. LBD 293. Dans son « Histoire des troubles des Cévennes », manuscrit resté inédit (AM Nîmes, Ms 194-196), l'abbé Valette fait référence à *L'Asiatique tolérant* dont il paraît ne pas soupçonner l'auteur : « M. de Basville, qui est cet intendant dont il est parlé ici, est traité de *coupe jaret* dans un livre intitulé : *L'Asiatique tolérant,* 2 *partie,* chap 12, p. 138. L'auteur ne nomme personne ; mais son discours tombe nécessairement sur M. de Basville, ou sur M. de Louvois. Voyez aussi la page 16 de la préface, & le chap 3 de la 1 partie, page 15, où M. de Basville est aussi indignement maltraité. C'est ainsi qu'il paroit par la clef du livre, sous le nom de *Villeba* qu'il y est désigné. » (t. II, p. 222, n. 18).
8. Voir t. XII, LB 3486 n. 3.

LB 3575. *Jean Henri Samuel Formey à La Beaumelle*

A Berlin, ce 27 octobre 1759

J'ai été agréablement surpris en recevant votre lettre[1]. Je suis bien charmé de conserver quelque place dans votre souvenir, et je ne le serai pas moins toutes les fois que je pourrai trouver les occasions de vous être bon à quelque chose. Je ne saurois, monsieur, vous donner des nouvelles de M. votre parent[2], j'ignore quel a été son sort, et si la terrible journée du 12 d'août[3] lui a été funeste. Dès que je pourrai découvrir quelque chose sur son sujet, je serai soigneux de vous en informer.

J'ai regretté bien sincèrement M. de Maupertuis et le regretterai toujours. Je lui étois attaché par bien des liens, mais surtout par une espèce de sympathie que je conçus pour lui au premier moment où je le vis. J'ai passé des heures délicieuses dans sa compagnie, et j'oserois me vanter d'être l'homme à qui il s'est ouvert le plus confidemment en Allemagne. La malheureuse affaire de Koenig occasionna quelques nuages ; mais dans la suite elle m'a fait plus de bien que de tort dans son esprit. Il vit que j'agissois d'après des principes invariables, et que la passion n'entroit pour rien dans mes démarches. Aussi étoit-il revenu parfaitement à moi, il goûtoit même mon humeur et mon caractère ; et pendant les trois années de sa dernière absence, il m'a écrit des lettres très interessantes, dont je pourrai faire part dans la suite au public, ou en disposer en votre faveur, si elles conviennent à votre plan.

Je n'ai connu personne sans exception dont la conversation fût aussi spirituelle que celle de M. de M. Il étoit bref, mais des traits continuels, comme autant d'éclairs partoient de sa bouche tous naturels et originaux, soit dans la bonne, soit dans la mauvaise humeur. Mais, à moins que d'enrégistrer de pareils dits, il n'en reste guères dans la mémoire. Le défaut de cette précaution est un reproche que je me suis fait, mais trop tard, tant par rapport à M. de M. qu'à l'égard de quantité d'illustres, avec qui j'ai eu l'avantage de vivre et d'être en liaison dès ma première jeunesse. Si j'avois tenu un journal, et que j'y eusse mis toutes les choses interessantes que j'ai eu occasion d'entendre, ce seroit peut-être le plus beau de tous les *ana*, mais la perte est irrémédiable, & à l'âge où je suis, la retraite sera mon partage. Si j'étois dans vos riantes & spirituelles contrées, peut-être chercheroi-je encore à me répandre ; mais dans notre septentrion et après les calamités dificiles à réparer que nous essuyons, la perspective de l'avenir ne peut rien offrir d'agréable qu'à celui qui, se renfermant en lui même et se bornant aux travaux de cabinet, y cherche l'unique ressource qui paroît nous rester. Cette ressource, après celles de la religion, est très efficace pour moi.

Je ne passe point de jour sans écrire pendant quelques heures, & sans le finir avec la satisfaction de n'avoir pas tout à fait perdu ma journée.

Votre lettre, monsieur, m'a trouvé à Berlin, que je n'ai ni quitté ni penser à quitter, soit dans la dernière crise, soit dans d'autres, où grand nombre des habitans de cette capitale ont cherché ailleurs des asyles. Je pourrai dire quelque jour bien des *j'ai vû*, mais, Dieu soit loué, *j'ai vû* avec toute la fermeté possible ce qui a fait pâmer presque tous ceux avec qui je vivais, et sensible comme un bon citoyen doit l'être aux maux de sa patrie, je n'ai rien craint pour moi-même. Mon humeur, ma santé, mes occupations, mes amusemens même, n'ont souffert aucune interruption. Préparé et résigné à tous les évènemens, j'ai crû qu'il suffiroit de baisser la tête pour recevoir le coup lors qu'il seroit frappé. Jusqu'à présent, ce que l'on craignoit le plus, la présence de l'ennemi dans Berlin, n'a pas eu lieu quoi qu'elle parût inévitable le 13 d'août. Les armées ennemies se sont éloignées, et il y a apparence que nous passerons cet hyver comme les précédens. Mais la dévastation des provinces est une chose très déplorable. *Usque quo Domine*[4] !

Voici, monsieur, provisionnellement une feuille sur M. de Maupertuis qui fait partie d'un ouvrage hebdomadaire que j'ai commencé avec cette année[5]. J'attendrai encore, avant que d'entreprendre l'éloge académique du défunt, soit parce qu'il me faut des matériaux que M. de La Condamine a promis de me fournir, soit surtout pour m'assurer auparavant, si pendant le repos de l'hyver, le roi ne voudra pas décorer le tombeau du président de son Académie, comme il a décoré celui de quelques autres académiciens courtisans. Je ne me laisserai point arrêter dans cette tâche par le motif qui, à ce que j'apprens, décourage des personnes qui s'en seroient bien mieux acquittées : c'est l'acharnement que Voltaire témoigne contre M. mort, plus grand presque que celui qu'il a déployé contre M. vivant. On me mande de Paris qu'il a écrit à toutes les personnes qui auroient pu travailler sur ce sujet, et leur en a fait passer l'envie. Il n'y a que M. de Fouchy qui fera son office.

Vous vous montrez, monsieur, digne ami de notre cher défunt en lui consacrant le monument que vous préparez. Je le verrai avec bien du plaisir quand il paroitra, et si vous croyez que je puisse encore vous fournir quelques matériaux, mettez moi à contribution.

Vous ne me parlez point, monsieur, de votre *Tacite*. Existe t'il, ou existera t-il bientôt ?

Je n'aurois pas cru que mon nom fût connu dans les lieux de votre séjour actuel, beaucoup moins qu'on y fît quelque cas de mes faibles ouvrages. Ma trop grande polygraphie a mis un obstacle au degré de perfection que j'aurois peut-être pû leur donner en les limant plus exactement. Mais j'ai espéré que mes intentions racheteroient en partie ce défaut, et qu'il valoit bien autant écrire pour la multitude et lui être de quelque utilité, que de se consumer en efforts pour obtenir le suffrage de quelques adeptes qui malgré ces efforts le refusent quelquefois. A ce motif de l'utilité la plus générale je joins celui de m'occuper journellement d'une manière qui ne me soit point à charge ; j'écris comme je bois et je mange pour satisfaire à des besoins naturels et trouver cet état d'acquiescement qui vient à la suite des besoins satisfaits.

Je ne suis cependant rien moins qu'insensible à l'approbation des vrais connoisseurs. Les marques d'estime que j'ai reçues de M. de Montesquieu, et cela *proprio ipsius motus* m'ont été et me seront toujours fort précieuses. M. de Maupertuis, à ce que me mandent encore, depuis sa mort, Mrs de La Condamine et Bernoulli, pensoit très favorablement sur mon compte. Et je pourrois encore sans vanité grossir cette liste de quelques noms illustres, parmi lesquels vous ne refuseriés pas que le vôtre entrât : je l'y associerai à ceux des personnes distinguées à tous égards que vous m'avez nommées, monsieur, comme disposées à me traiter avec la même indulgence. Je vous prie de leur présenter mes très humbles devoirs. M. Le Franc étoit bien digne de succeder à M. de Maupertuis. Il n'y a pas plus d'un an que je relisois encore ses *Poésies sacrées*[6] avec une véritable admiration. Il est des quarante, mais il seroit difficile d'en trouver trente neuf qui l'égalent. Je suis aussi bien charmé de l'ouvrage de M. l'evêque du Puy, intitulé *La dévotion reconciliée avec l'esprit*[7]. Il est actuellement sur ma table, parce que je veux en tirer la meilleure partie de ce qui concerne l'esprit de société pour l'insérer dans une de mes feuilles. S'il y a quelqu'occasion de faire parvenir à ce grand prélat l'assurance de mes respects, je vous prie d'en profiter. Que ne puis-je les rendre moi-même à messieurs de Beauteville et de Rafin ! Je mourrai apparement avec le désir de voyager, et en particulier de voir la France, que je regarde comme ma patrie. Je visiterois surtout exactement les provinces méridionales. Je dois y avoir des alliés par ma premiere femme[8], qui étoit *Bonafous* par son père[9] (ce doit être une famille de Toulouse, le nom se trouve dans les lettres de Bayle[10]) et *Graverol* par sa mère. Ce dernier nom surtout est distingué dans la République des Lettres[11]. Connoitriés-vous, monsieur, quelqu'un de cette famille[12] ?

Que direz vous, monsieur, de ce torrent de paroles ! Il vous ennuyera peut-être, mais qu'il serve du moins à vous prouver le plaisir que je trouve à m'entretenir avec vous. L'intervalle de tems qui s'écoulera entre la présente et votre réponse m'apprendra si vous n'en avez pas été excedé. J'ai l'honneur d'être avec le plus haut degré de considération, monsieur, votre très humble et très obéissant serviteur.

Formey

MANUSCRIT

ALB 2522.

REMARQUE

Cette lettre transitera par La Condamine (voir LB 3599) et ne parviendra à La Beaumelle que le 2 avril 1760 (voir LB 3604).

NOTES EXPLICATIVES

1. LB 3568.

2. Louis Charles d'Arnal (voir LB 3568 n. 4).

3. La bataille de Kunersdorf (voir LB 3562 n. 6).

4. «Jusques à quand Seigneur...» : Psaume 13, 1.

5. *Lettre sur l'état présent des sciences et des mœurs*, périodique dont le premier numéro est paru le 2 janvier 1759 (Sgard, *DJs* n° 835). Dans la livraison du 27 février, Formey y a inséré LB 3478 (t. XII).

6. J.-J. Le Franc de Pompignan, *Poésies sacrées [...] divisées en quatre livres*, Paris: H.-D. Chaubert, 1751, in 8 (rééd. *ibid.*, 1754).

7. Jean-George Le Franc de Pompignan, *La Dévotion réconciliée avec l'esprit* (voir t. VII, LB 2062 n. 6).

8. Formey avait épousé Suzanne Bonafous, née en 1707, le 11 août 1734; elle était morte en 1743. Il s'est remarié en 1744 avec Élisabeth Camont d'Ausin (voir t. IX, LB 2442).

9. Immatriculé à l'Académie de Genève en mai 1670 (Stelling-Michaud, t. II, p. 251), Abel Bonafous avait été admis au pastorat en 1672 et

avait exercé son ministère dans la région de Castres. Il s'était réfugié en Brandebourg après la Révocation. En 1699, il était ministre de Pretzlow.

10. Le nom de Bonafous apparaît effectivement à plusieurs reprises dans la correspondance de Bayle (voir les index des trois premiers tomes).

11. Deux de ses membres ont contribué à la célébrité de cette famille: le jurisconsulte François Graverol (1636-1694), poète et savant antiquaire, et le pasteur Jean Graverol (1647-1718), théologien et controversiste. Voir Haag, V, p. 354-358.

12. Guillaume Bonafous, capitoul en 1718, riche marchand de Toulouse, teste dans cette ville en août 1760.

LB 3576. *La Beaumelle à Jean Angliviel*

Toulouse, ce 4 novembre 1759

Je vous prie, mon très cher frere, de m'envoyer mon acte de bâtême en bonne forme. Je veux prendre des grades[1]. Dites moi aussi comment il faut s'y prendre pour le certificat de catholicité. Je me trouve fort bien ici. J'ai passé des vacations délicieuses, tantot chez M. Le Franc[2], tantot chez le juge-mage[3], dans des abbayes de Bernardins[4] où nous fesions grande-chère, à Orbessan[5] & dans les vilages voisins. J'étudie les *Institutes*[6], & je ne trouve point cette étude si penible ni si sèche. Je ne vous ai point écrit parce que je n'avois rien à vous dire. Le P. Marin m'a paru fort bien disposé pour vous. Il chérit la mémoire de notre pere. Tout le noviciat m'a comblé d'honnêtetés. Ils m'ont fort recommandé la société dans mes écrits. Je travaille à l'éloge funèbre de Mr de Maupertuis, mais je ne paroitrai qu'après tous les autres. J'aurai occasion d'y dire du bien des jésuites. Un million de choses à ma belle-sœur. J'embrasse bien tendrement Anglivielou[7] & Rosalie. Mr Le Franc est enchanté de mon *Tacite* & le dit partout. Je vois quelquefois votre ami Lagane[8]. Il vous est fort attaché. Mais il ne connoit personne à Toulouse. Belot[9] & Senovert[10] vous font mille complimens, & les dames Coste aussi. Adieu. Je vous aime & vous embrasse de tout mon cœur.

La B.

Je voudrois fort que, si dans mon extrait baptistaire il y a *marchand*, il pût y avoir bourgeois, ou habitant.

A monsieur Angliviel, avocat au / parlement / à Valeraugue par Le Vigan / Cevennes

MANUSCRIT

ALB 366.

NOTES EXPLICATIVES

1. Pour être avocat, il suffit d'être «gradué en droit», c'est-à-dire au moins licencié. L'obtention de ces grades n'est qu'une formalité, à Montpellier comme à Toulouse.

2. À Pompignan (actuel Tarn-et-Garonne).

3. Barnabé de Morlhon, premier et ancien président du Présidial, juge mage et lieutenant-général né en la sénéchaussée de Toulouse (*Almanach historique et chronologique de Languedoc et des provinces du ressort du parlement de Toulouse*, MDCCLII, Toulouse : Jean-François Crozat, 1752, p. 185). Il est l'auteur d'un *Eloge de Henry-François d'Aguesseau, chancelier de France* publié à Toulouse chez Dalles, 1760 (voir LB 3607 n. 12).

4. Non loin de Toulouse se trouvent deux abbayes cisterciennes, celle de Grandselve près de Beaumont de Lomagne et celle de Boulbonne près de Mazères. Il peut aussi s'agir de celles de Planselve, près de Gimont, ou de Calers (commune de Gaillac-Toulza) (voir LB 3662).

5. Orbessan (Gers actuel). Anne-Marie d'Aignan, marquis d'Orbessan (1709-1796). En 1749 il a résigné sa charge de président à mortier au Parlement de Toulouse pour s'adonner à des recherches érudites. Avec la marquise de La Gorce il organise de somptueuses réceptions dans son château d'Orbessan, réputé pour la richesse de sa bibliothèque et la beauté de son parc (Duboul, II, p. 294-297 ; *Biographie toulousaine*, II, p. 112-114).

6. Les *Institutes* de Justinien, ouvrage élémentaire renfermant les principes du droit romain et composé par l'ordre de cet empereur.

7. Suzanne «Jean» Laurens, né le 12 février 1758 († 30 mai 1760), fils de Jean Angliviel et de Marianne Pieyre. Rosalie est sa cadette (née en 1759).

8. Charles Lagane (voir t. XII, LB 3548 n. 1).

9. Maître Jean-François Belot (voir t. X, LB 2664 n. 1 ; t. XII, LB 3276) est secrétaire au parquet de Messieurs les gens du Roi au parlement de Toulouse.

10. François-Ignace de Sénovert (voir t. XII, LB 3403 n. 9).

LB 3577. *La Condamine à La Beaumelle*

Paris, 17 novembre 1759

Sachés moi gré, mon cher La Beaumelle, de vous ecrire en ce moment (vous ne m'apellés plus votre papa et je tremble de vous apeller mon enfant, quelque soit ma tendresse pour vous j'aurois bien de quoi justifier mes craintes).

Je suis arrivé depuis trois jours. J'ai des affaires par dessus les yeux, j'ai amené Mme de La Condamine pour co malgré les circonstances presentes pour consulter les medecins sur un mal de gorge qui dure depuis six mois, qui la fait tousser et qui me fait craindre pour sa poitrine qu'elle n'avoit jamais sentie. Tous s'acordent à lui conseiller le lait \elle y est pour toute nourriture depuis deux jours\. J'ai un procès avec mon proprietaire et des ouvriers chés moi depuis 16 mois, un apartement à meubler, les pensions point payées. Je viens au fait.

M. de La Cour m'a remis vos dix actions des fermes dont il a exigé mon recepissé qu'il me rendra quand vous m'aurés renvoyé l'obligation qu'il vous a faite de dix mil francs dont il ne vous doit plus que 2 400 £. J'attens votre reponse sur cet article.

Que voulés vous que je fasse de vos actions des fermes? Le mieux est de les garder: on paye les interets; il a retenu et vous a fait compte des 25 £ par chacune des actions qu'il m'a remise; je toucherai les interets des autres, je n'ai pas encore le tems d'envoyer les recevoir. Vous savés qu'elles sont tombées par ce que toutes les bourses sont serrées, mais pour qui ne veut pas s'en defaire cela revient au même, puisqu'outre les interets on aura part au bénéfice. Par qui et comment voulés vous que je vous envoye votre solde de compte? Reponse promte sur cet article.

Je devrois m'en tenir là, ayant des reponses très pressées à faire. Je veux pourtant vous dire encore un mot, ma réponse à M. de Belesta vous aura prevenu sur mon retardement.

Je vous enverrai mes reponses à Gaullard, un exemplaire où est la lettre entiere et de suite; ne vous ai je pas envoyé la première lettre[1]?

Vos libraires peuvent aisement se pourvoir d'exemplaires de mes deux memoires, le premier[2] à Avignon chés Merande[3], le second à Geneve chés Duvillars[4]. Je n'ai pas le tems de songer à une nouvelle edition plus ample. Je crois qu'ils en trouveroient le debit, ils auroient le premier je suis sûr entre libraires à 10 sols et le second peut etre à moins. J'ai donné tous ceux que j'ai fait venir et achetés au nombre de 300.

Mme d'Egmont[5] fut hier accueillie à l'opera par des batemens de mains.

Je vous fais compliment sur votre traduction, je voudrois que vous la vinssiés achever à Paris bien sagement, bien tranquillement et l'éloge de M. de Maupertuis. Vous ai je envoyé \ou madame Magon\ la copie du mémoire \historique\ de M. de La Primerais son cousin[6]? Dites moi comment je puis m'y prendre pour vous servir et vous obtenir la permission du retour? Surtout ne sortés pas du royaume, vous avés des exemples propres à vous en detourner. Allés doucement, je devrois fuir toute nouvelle affaire, je pers mon tems à faire celle des autres, mais je les laisserois toutes là pour travailler à la vôtre.

Il seroit trop long de vous repondre à vos objections sur la lettre du ministre[7]. Je crains votre reponse. On voit la chaleur avec laquelle vous ecrivés. On vous craint. On peut tirer parti de cela, mais il faut etre et paroitre docile si vous ne voulés pas vous perdre: j'ai vu les conseils de M. votre frere et \de\ ceux qui vous aiment pour vous. Dites lui quelque chose pour moi.

Je vous donnerai et ferai donner tout ce qui dependra de moi pour M. de Maupertuis et surtout ce que vous desirés et qu'il m'a chargé de vous donner.

Je n'ai pas le tems de repondre à vos critiques de mon epitafe qui vraisemblablement ne servira de rien.

Je ne craindrois point les questions que vous avés faites à M. Bernoulli si je ne craignois les reponses; il faudroit que nous nous vissions.

Mme de Maupertuis n'a rien qu'à Berlin, encore dit elle qu'elle n'y a pas grand chose.

J'ai ecrit cinq ou six lettres pour découvrir \M.\ l'abbé Le Maire[8]; où demeuroit il à Paris? Sur ce que m'a dit l'abbé de La Ville de sa demeure en une campagne près Croix Fontaine, je lui ai ecrit deux fois et au directeur de la poste d'Essone, et aux administrateurs à Paris, je n'ai pu rien decouvrir.

J'enverrai au *Mercure* votre épitre au duc d'Usèz[9], mais je n'ai le tems de rien, mettés vous à ma place. Je ne dors point.

M. de La Popeliniere est très bien avec sa femme ou le changement seroit bien nouveau. Je ne sais rien depuis mon retour.

Mme de Canisi[10], sa fille et mon neveu m'ont chargé de vous dire mille choses de leur part.

Voilà pour tout à peu près une reponse à tout, je n'ai pas le tems de la relire, je vous embrasse et j'atens la vottre.

A monsieur de La Beaumelle / à la Croix Baragnon / à Toulouze

MANUSCRIT
  ALB 1204.

NOTES EXPLICATIVES
1. « Lettre de M. de La Condamine à M.*** C.A.P.D.D. servant de réponse à la Lettre de M. Gaullard insérée dans le *Mercure de France* du mois de février 1759, sur la maladie du fils de M. Delatour » (juin 1759, p. 145-172). À la réponse de Julien Gaullard, médecin de la Faculté de Paris, médecin ordinaire du roi, La Condamine réplique par une « Réponse de M. de La Condamine au défi de M. Gaullard » (septembre 1759, p. 188-196). À une nouvelle réponse de Gaullard, il réplique encore en octobre par une « Seconde lettre [...] à M.*** conseiller A.P.D.D. pour servir de réponse à la seconde lettre de M. Gaullard et à son défi » (octobre, t. I, p. 145-168, et II, p. 145-168). Voir *Correspondance littéraire*, 1759, éd. U. Kölving, p. 113.
2. La Condamine, *Mémoires sur l'inoculation de la petite vérole*, [s. l., 1758] (voir t. XII, LB 3334 n. 1).
3. François Barthélémy Mérande, né vers 1720, libraire puis imprimeur à partir de 1754 (René Moulinas, *L'Imprimerie, la librairie et la presse à Avignon au XVIIIe siècle*, Grenoble: Presses universitaires, 1974, p. 413).
4. Emmanuel Du Villard (voir t. XII, LB 3507 n. 6).
5. Jeanne de Septimanie du Plessis, fille unique du duc de Richelieu, comtesse d'Egmont (voir t. XII, LB 3403 n. 10).
6. Moreau de La Primerais avait envoyé à Grandjean de Fouchy des matériaux dont La Condamine a eu connaissance (voir LB 3571).
7. LB 3563. Il est fait écho ici aux menaces qu'elle contient.
8. Voir t. XII, LB 3546; LB 3562 et LB 3571.
9. Voir t. XII, LBD 279-2-1.
10. Louise Hélène de La Condamine, remariée avec François d'Hervilly, seigneur de Canisy, sœur et belle-mère de La Condamine (voir t. XII, LB 3288 n. 2).

LB 3578. *La Condamine à Jean II Bernoulli*

Livri[1] près Paris, 22 novembre 1759

[...] M. de La Beaumelle travaille, je crois, à l'eloge de notre ami[2], j'en attens des nouvelles, il attend lui des eclaircissemens. Je lui fournirai tout ce que dépendra de moi. Vous aurés sans doute un ou deux exemplaires, mais vous avés du tems devant vous. [...]

MANUSCRIT

Fonds Bernoulli, UB, L Ia 685, S. 325.

NOTES EXPLICATIVES

1. Les La Condamine se rendent fréquemment à Livry chez Marie-Thérèse d'Albert d'Ailly,

marquise du Plessis-Bellière (1709-1765). La marquise, qui avait assisté à leur mariage, appartient au cercle de leurs amis proches (Le Sueur, *La Condamine*, p. 119, 158).

2. Maupertuis.

LB 3579. *Jean-Jacques Favre[1] à Jacob Vernes*

Paris, 24ᵉ novembre 1759

[...] Je suis lié avec un homme que Freron déteste cordialement, c'est l'abbé de Mehegan, le plus beau parleur de Paris, l'homme de l'imagination la plus brillante, l'auteur du beau discours prononcé à Copenhague par La Beaumelle qui l'a paié de ce present par la plus noire ingratitude. [...]

MANUSCRIT

BGE, Ms fr. 296, corr. J. Vernes, f° 173.

NOTE EXPLICATIVE

1. Jean-Jacques Favre (1734-1784), fils du

conseiller Pierre Favre (1685-1788) et de sa seconde épouse Susanne Jolivet. Ce cousin de Jacob Vernes fréquente l'Académie depuis 1749 (Stelling-Michaud, t. III, p. 290) et s'est inscrit au barreau des avocats de Genève en 1757.

LB 3580. *La Condamine à La Beaumelle*

A Paris, le 26 novembre 1759

Parti le 29

J'ai reçu hier votre lettre du 19 et quoique j'attende réponse à la mienne du 17[1] et qu'elle soit vraisemblablement en chemin, l'objet de la vôtre est assés important pour y repondre sans delai. Je vous previens cependant que je ne ferai rien sur ce que vous me marqués de vos actions des fermes sans un nouvel ordre dans la forme que je vous dirai.

Les nouvelles que vous aurés aprises par le dernier ordinaire et le précédent tant de changement dans le ministere[2] que de l'escadre de M. de Conflans[3] vous auront achevé de confondre si les anterieures vous avoient deja consterné.

Vos nouvelles d'Allemagne sont fort exagerées et viennent de la part de quelque frondeur. A la fin d'une campagne et surtout après une bataille perdue, les armées ne doivent pas etre aussi complettes qu'au printems, mais elles ne sont point en mauvais état et l'arrivée de M. de Broglie qui est aimé des troupes a ranimé les esperances et les courages. Cependant, M. d'Armentieres n'a pu secourir Munster qu'on dit pris[4]. Son arriere garde, ayant trouvé les ennemis retranchés et plus forts qu'on ne croyoit, a eté poursuivie en se retirant et a essuyé quelque perte mais peu considerable.

Il y a déja pour plus de 200 mille marcs de portés à la monnoye. Les églises et chapelles y vont porter leur argenterie hors les vases sacrés. Les gens de robe ne portent rien dit on.

Les arrêts dont vous vous plaignés, loin d'annoncer une banqueroute générale, etoient le moyen le plus sûr de la prevenir[5]. C'etoit pour assurer le payement des rentes sur la ville et des interets des effets royaux[6]. On suspend \pour cet effet\ le remboursement annuel des annuités et des autres capitaux à la caisse des amortissemens[7]. Lisés le dispositif des arrêts[8]. Mais toute la finance etoit soulevée contre M. de Silhouette qui leur a rogné les ongles. Toute la cour qui etoit de moitié avec les financiers n'etoit pas mieux disposée pour lui au commencement de son ministere *terra siluit in conspectu ejus*[9]. Mais les besoins continuant et les ressources ne suffisant pas, les murmures etoufés sont devenus un cri universel[10]. Il s'etoit engagé envers le public et le parlement de ne point introduire de papiers publics. On ne voit plus d'autre moyen pour augmenter la circulation interompue. Le maréchal de Belle Isle voit ce projet en beau et l'apuye de tout son credit. M. de Silhouette n'a pas voulu manquer à sa parole ni ~~se prêter~~ changer de systeme, tous ses projets ont eté mal reçus au conseil, on a dit qu'il perdoit la tete. Il y a un ou deux mois qu'il avoit eté obligé de sacrifier Forbonnais[11] à la haine publique, c'est à dire aux financiers qui le regardoient comme le premier auteur de leurs pertes. Enfin on veut du papier, on pretend meme que le parlement approuve l'expedient parce qu'il y aura des commissaires pour le viser et pour n'en faire qu'une quantité qui puisse etre representée par l'espece réelle et augmenter la circulation. M. de Silhouette qui n'en vouloit point ne pouvoit donc rester en place. Il a demandé à se retirer. On publie qu'il a été chassé et on le noircit comme un jesuite. Je crois que l'Etat fait une grande perte. Le roi a forcé M. Bertin d'accepter le controle général qu'il a refusé trois jours ; quelqu'un m'a dit qu'on l'avoit vu pleurer. Il a prié le roi de lui designer un successeur, persuadé qu'il ne seroit pas surement dans trois mois en place. Il sera du moins dans l'almanache et M. de Silhouette n'y sera pas plus que M. de Massiac[12] dont le règne a eté entre deux almanacs. M. de Montmartel s'est chargé de diriger M. Bertin. Vous savés ~~qu'il~~ \que M. B.\ vous veut du bien ; quand je lui parlois de vos exemplaires, il me disoit *vous prechés un converti*. M. de Sartine, qui étoit lieutenant criminel que vous avés vu chés M. Daine conseiller au Chatelet, est lieutenant de police.

Les billets que vous apellés de vaisselle ne sont point des billets de commerce ; il est vrai qu'on pourra les négocier comme un contrat sur la ville, mais ils ne sont pas destinés à circuler et à faire l'office de billets de banque. Je ne sais sur quoi vous fondés vos plaintes de la préference qu'on donne à ces billets sur ceux de la loterie royale ou sur les actions des fermes. Aparemment ce sont des bruits de Toulouze où il me semble que les imaginations travaillent beaucoup, peut etre d'après de mauvoises nouvelles de Paris et des discours de frondeurs. On porte volontairement ou on ne porte pas sa vaisselle, et jamais il n'y aura d'ordre pour la porter ; c'est encore un mauvais discours de gens mal intentionés. Je crois qu'il n'y a guère de lustres d'or dans le royaume dans les eglises, mais ne pleurés pas car tout cela sera porté volontairement, ces soleils, ces candelabres \&c\ dont vous faites une si belle enumération.

Depuis deux ans le roi a fait de grands retranchemens dans sa depense, \plus de Fontainebleau, plus de Compiegne &c\, mais ce sont les subsides qui nous ruinent. C'est la Russie qui est au plus offrant. Je crois que la perte de la Martinique et de Saint Domingue seroit un grand malheur. Ne nous faudroit il pas acheter de l'etranger le sucre, l'indigo, le café, le cacao, le roucou[13] qui emporteroient un argent immense au lieu que nous payons tout cela en draps, en toiles, en bled, en vin et surtout en bled et en farine.

M. Salles n'a point manqué[14]. Il a des lettres d'Etat et des sauf conduits. Si le papier a lieu[15], il va remonter sur le pinacle. C'est lui qui est le premier auteur du projet et qui l'a fourni au maréchal. J'ai toujours ouï dire à M. de La Cour que ses affaires n'avoient rien de commun avec celles de M. Salles ; ils n'ont pas voulu être sa caution quand Pereire fut chargé par commission de Bourdeaux d'executer ses meubles pour une somme de 20 ou 30 mil francs qu'il avoit touchée pour une certaine destination et qu'il a refusé de payer jusqu'à ce qu'il y ait eté contraint, sa femme mit ses diamans en gage. Mrs de La Cour, je le sais de Pereire, ne voulurent point etre caution, on s'en contentoit. Leur reputation est fort nette. Ils ont donné congé à M. Salles qui demeure dans sa nouvelle maison rue Bergere[16] qu'il ne trouve pas à louer. Coment ne savés vous pas tout cela mieux que moi ?

Je vous ai mandé que M. de La Cour m'avoit remis les dix actions qu'il avoit à vous mais non les interêts \de 6 mois\ qu'il a touchés, et dont il m'a dit qu'il vous avoit tenu compte. Je me refere sur cela à ma derniere lettre. Je lui ai donné un reçu qu'il a exigé ce qui me charge, il me le rendra quand je lui remettrai son obligation. Loin de vendre ~~mes~~ \vos\ actions des fermes, je vous conseillerois, si M. de La Cour vous rembourse les cent louis qu'il vous redoit et qu'il n'a peut etre pas prets à vous rendre, \de prendre, du moins\ je prendrois à votre place 4 billets des fermes qui etoient l'autre jour à 620 £. On paye les interets, on aura part aux profits. Si j'avois de l'argent, voilà l'usage que j'en ferois ; mais on ne paye pas les pensions et je n'ai que des effets royaux, je destinois tout ce que je comptois recevoir de mon revenu de cette année à me meubler. J'ai acheté un lit de damas cramoisi et un meuble de hazard ; à la vérité il m'a fallu amener Mme de La Condamine à Paris malgré les circonstances présentes. Elle est au lait pour toute nourriture et à Livry jusqu'au jour de l'An. Elle tousse moins, mais le mal de gorge subsiste, on prétend que c'est \l'effet d'\une lymphe acre et epaissie que l'usage du lait continué adoucira, Dieu le veuille. Je suis encore plus à plaindre que vous, n'ayant absolument que des effets royaux et des pensions qui ne sont pas payées et des actions de la Compagnie qui m'ont couté 1 500 £ et 1 600 £ et qui sont sur la place à 940 et peut être aujourd'hui au dessous de 900 £. J'ai 14 000 £ à la chambre d'assurance dont je ne trouverois pas 4 000 £ d'argent comptant. Notre sort depend de l'Espagne[17].

Je vous envoye votre compte et pour solde une rescription de 398 £ sur le receveur des tailles de Toulouse. Je m'etois bien trompé dans le projet de compte que je vous ai envoyé, je ne sais si c'est d'Etouilli ou avant mon départ \de Paris\. Je ne me souvenois pas que j'avois pris par votre ordre une 24ᵉ action des fermes. Mais tous vos effets avec les bordereaux et les notes etoient dans ma cassete avec mes miserables actions de la Compagnie \et\ mes billets de loterie royale, la plus part payables dans les dernieres époques. Envoyés moi une quittance générale si vous disposés de vos actions des fermes, ou du moins une aprobation de compte ; je ne sais pourtant si cela est necessaire jusqu'à ce que je vous remette vos effets. Je cherche toujours l'abbé Le Maire et ne puis le deterrer, mettés moi sur la voye, il vous reviendra 325 £.

Je ne reviens point de l'eloge magnifique que M. de Pompignan a fait de mon epitafe de M. de Maupertuis. J'ai donc fait de la prose sans le savoir. Elle a eté ecrite *currente calamo* pour envoyer à M. de Tressan[18]. Je ne la crois bonne qu'à avoir donné à M. de Pompignan, qui ne connoissoit guere ou peu le defunt, une idée de ses travaux et de sa personne \et un abregé de sa vie\. Il y auroit sans doute bien des corrections à faire si l'on en faisoit usage. *Exosam* soit[19]. Je ne sais ce que c'est qu'*emeritus* au lieu d'*invalidus*, je n'ai mis ni l'un ni l'autre et ne sais où cela peut aller. Je ne sais pour quoi vous avés retranché *novis ratiociniis propugnavit (doctrinam attractionis*[20]*)*. Lisés dans sa *Figure des astres*[21] sa discussion métaphysique sur l'attraction et vous changerés d'avis. L'epitaphe gravée \sur le mausolée\ du feu curé de Saint Sulpice est bien plus longue que la mienne.

M. le comte de Tressan a quelquefois des fievres d'amitié avec transport et d'autres fois le frisson. Voltare lui a ecrit ainsi qu'à Formey et à Dalembert, et c'est cette lettre, j'en suis sûr, qui a empêché celui ci de faire l'eloge qu'il eût fait sans cela comme celui de Bernoulli[22]. M. de Tressan qui vouloit aussi le faire à l'Académie de Nancy s'est refroidi, ce sera M. de Solignac[23]. M. de Fouchy n'a rien fait à la rentrée, ce sera pour Pâques[24], et vous pour quand ?

Que veut dire : on dit que le duc de Cumberland[25] sera pour nous ? Veut il se revolter ? Cela me paroit une nouvelle bien extravagante, mais adieu notre descente en Angleterre à la quelle je n'ai jamais eu foi.

Demandés aux jesuites de Toulouze ou faites demander les nouvelles qu'ils ont des exilés de Lisbonne[26] ou lisés les gazettes. Je me passerois bien des bruits que répand M. l'abbé de Caveirac. Il est vrai que je trouve les jansenistes et ceux qui parlent d'après eux des maniaques \qui s'imaginent que tous les jesuites etoient entrés dans la conspiration et par ordre du général\ qui au lieu de soupçoner que les \ou plusieurs\ ex confesseurs du Portugal mecontens de la cour dont ils ont été chassés et du cardinal Saldanha[27] nommé reformateur de la compagnie &c ~~ont~~ \ou quelqu'un d'eux a\ pu, par les liaisons que le duc d'Aveyro[28] ci devant leur ennemi avoit depuis peu avec eux \~~ont dis-je~~\ soupçoné les projets de celui ci. Je ~~leur~~ passe encore \aux jansenistes\ de juger que quelque ~~d'eux~~ jesuite a pu en etre instruit. Voila tout ce qu'il est permis de soupçoner jusqu'à ce que les preuves pour ou contre soient publiques. Mais de croire que la tete ait tourné à 12 ou 15 jesuites, qu'ils ayent voulu tuer le roi de Portugal pour faire roi le duc d'Aveyro, que le general à peine elu au mois de juin ait comencé par tirer une lettre de mort à 90 jours de vue sur le roi de Portugal. Cela fait un roman absurde, et il faut dans les romans au moins de la vraisemblance. \Au reste, j'en trouve même peu dans le soupçon que je permets aux jansenistes. A en juger par tout ce qui a eté jusqu'ici produit, il n'y a aucune complicité prouvée, et la haine que leur porte Carvalho[29] auquel ils ont resisté explique tout à moins de frais.\

Mme d'Egmont se porte à merveille et plus belle que jamais.

Je vous fais mon compliment, vous voulés donc vous faire avocat, peut etre avés vous raison. Bonsoir, mon cher La Beaumelle. Je ne trouve pas vos lettres assés longues, voyés comme je bavarde, moi. L'abbé de La Bleterie a fait un suplement au 5ᶜ livre de Tacite. Il l'a lu à la rentrée de son Académie, voyés la gazette[30]. Songés donc à votre *Tacite*. Je suis bien aise que vous l'ayiés revu et remanié, mais ne le perdés pas de vuë.

Chaumeix et Daquin[31] se sont réunis pour un journal pieux hebdomadaire où ils vont attaquer d'abord les Essais *Melanges*\ *de littérature* *et de philosophie*\ de Dalembert.

Si vous voulés que je vende vos actions, ~~écrivés~~ \envoyés\ moi un ordre en ces termes : Je prie M...... agent de change de vendre pour mon compte sur la place au prix courant ... actions des fermes générales que M. de La Condamine lui remettra de ma part et d'en remettre le produit avec son certificat audit sieur de La Condamine. Mais j'espere que vous n'en ferés rien. Au bas de mon compte je vous envoye une reconnoissance que j'ai à vous entre les mains 34 actions de la ferme générale. Vous me renverés cette reconnoissance quand vous disposerés de vos fonds.

MANUSCRIT

ALB 1205.

NOTES EXPLICATIVES

1. LB 3577.

2. Le 23 novembre, Bertin remplace Silhouette au poste de contrôleur général des finances.

3. Le 20 novembre, au large de Belle-Île, la flotte anglaise commandée par Sir Edward Hawke affronte et vainc une escadre française commandée par le maréchal de Conflans. L'engagement se produit dans la tempête, l'escadre française se réfugie en baie de Quiberon où les Anglais la poursuivent et la détruisent.

4. Münster, assiégée par les troupes de Louis Conflans, marquis d'Armentières (voir t. XII, LB 3322 n. 7), avait capitulé le 25 juillet, mais les Français doivent évacuer la ville le 20 novembre.

5. Le 21 octobre 1759 a été décidée la suspension des remboursements des capitaux et des rescriptions au Trésor royal et à la caisse d'amortissement pour un montant de 72 millions (Mireille Touzery, *L'Invention de l'impôt sur le revenu : la taille tarifée, 1715-1789*, Paris : Comité pour l'histoire économique et financière de la France, 1994, p. 427).

6. *Effets royaux :* billets à ordre, lettre de change sur les possessions du roi.

7. Fondée par Machault d'Arnouville en mai 1749, la caisse des amortissements devait être alimentée par le vingtième, mais les dettes de l'État étaient tellement lourdes qu'elle n'avait qu'une existence nominale.

8. « Il paroit trois autres arrêts du Conseil d'Etat, en date du 21 de ce mois. L'un suspend le remboursement des capitaux à faire, tant au Trésor Royal qu'à la Caisse des Amortissemens. L'autre suspend pendant un an le paiement des billets des Fermes Générales, & leur attribue 5 pour cent des sommes y contenues, pour dédommagement du retard de leur payement. Le troisième suspend aussi pendant un an le payement des rescriptions sur les Recettes générales des Finances, et leur attribue pareillement 5 pour cent des sommes y contenues, pour dédommagement du retard de leur payement » (*Gazette d'Amsterdam*, 2 novembre 1759).

9. « La terre se tut devant lui » (à propos d'Alexandre le Grand) : I Maccabées 1, 3.

10. Le marquis de Belesta envoie à La Beaumelle cet épigramme : « Digne gendre d'Astruc theoriste fougeux / Tu nous fais plus de mal que la guerre d'Hanovre, / Et Louis par tes soins devenu roi des geux / Dans nos fastes sera surnommé Louis le pauvre. » (ALB 6509).

11. François Véron Duverger de Forbonnais (1722-1800), économiste consulté par les ministres, de Silhouette à Terray.

12. Silhouette a été contrôleur général de mars à novembre 1759 ; Claude-Louis d'Espinchal, marquis de Massiac (1686-1770), n'est resté secrétaire d'État à la marine que du 31 mai au 31 octobre 1758.

13. *Roucou* : « Pâte d'une odeur d'iris ou de violette, qu'on nous apporte de la Caïenne. *Le roucou est en usage en médecine & en teinture.* On appelle aussi *roucou* la plante qui fournit cette pâte. » (*Dictionnaire de l'Académie française*, 4ᶜ éd. 1762).

14. Ces informations donnent les signes avant-coureurs de la faillite de Pierre II Salles. En octobre, il a dû céder les 4 sous d'intérêt qu'il possédait, en association avec le fermier général Claude Dupin (10 sous), Jean André Delacour, Armand Leclerc et Louis Delarue, directeur, dans la manufacture de draps lancée par eux le 6 octobre 1755 (MC LXXXVIII-638).

15. Voir LB 3587 n. 7.

16. Marguerite Machart-Salles, non commune de biens avec son mari Pierre II Salles, a cautionné le 19 mai 1759 deux engagements pris par celui-ci, dont l'un concerne la vente d'une maison rue Bergère (MC L-456).

17. Ferdinand VI est mort le 10 août précédent. Son demi-frère, Charles VII de Naples, lui succède en devenant Charles III d'Espagne. L'Espagne n'entrera en guerre aux côtés de la France qu'en janvier 1762 (Guerre de Sept ans).

18. Dans LB 3573, le comte de Tressan a qualifié de « très belle » cette épitaphe.

19. « Détestée ». Correction proposée pour remplacer *absonam* dans l'épitaphe : « *Newtonianam attractionem cartesianis auribus absonam* » (haïe par les cartésiens).

20. « Il a soutenu des thèses nouvelles

(concernant la théorie de l'attraction terrestre). »

21. Maupertuis, *Discours sur les différentes figures des astres*, Paris : G. Martin, J. B. Coignard et frères Guérin, 1742, 2ᵉ éd., in 12.

22. La Condamine a exprimé la même conviction dans une lettre à Jean II Bernoulli, le 14 septembre 1759 (UB, Gotha 685, S.319) : « M. de Voltaire le [Maupertuis] dechire après sa mort comme de son vivant et semble redoubler d'acharnement. Il a ecrit à M. de Tressan (ce n'est pas de lui que je le sais) une lettre pleine de fiel et de fureur. Il en a ecrit une autre à Dalembert qui l'empechera de faire l'eloge du defunt comme il avoit fait celui de feu M. votre pere. Il a aussi refroidi le zele de M. de Tressan, qui vouloit se charger de la même fonction à l'Académie de Nancy et qui la remettra au secretaire. »

23. Pierre-Joseph de La Pimpie, chevalier de Solignac (1684-1773). L'éloge de Maupertuis sera finalement prononcé par le comte de Tressan.

24. Voir LB 3571 n. 3.

25. William Augustus, duc de Cumberland (1721-1765) ; plusieurs fois vaincu par les armées françaises, il est en disgrâce depuis 1757.

26. Sur les jésuites expulsés du Portugal, voir t. XII, LB 3499 n. 2.

27. En avril 1758, le cardinal Francisco de Saldanha da Gama (1723-1776) avait été chargé par Benoît XIV d'enquêter sur la Compagnie de Jésus au Portugal, d'inspecter les établissements des jésuites et de les réformer.

28. D.-J. Mascarenhas, duc d'Aveiro, favori de Jean V, disgracié par Joseph Iᵉʳ, conspire contre ce dernier. Il est brûlé vif en 1759.

29. Le marquis de Pombal (voir t. XII, LB 3499 n. 1).

30. « L'Académie royale des Belles Lettres tint le 13 son assemblée publique après la Saint-Martin [...]. Ces lectures furent suivies de celles de trois mémoires, l'un du sieur Le Beau, frere du Secrétaire, sur le *Margitès d'Homere*, un autre du comte de Caylus sur *le temple* & sur *la Diane d'Ephese*, & le troisieme de l'abbé de La Bleterie, dans lequel il suplée le cinquieme livre des *Annales* de Tacite. » (*Gazette de France*, 17 novembre 1759, p. 192).

31. Abraham-Joseph de Chaumeix (1725-1773) et Pierre-Louis d'Aquin (1720-1796 ?), *Le Censeur hebdomadaire*. Le premier cahier en serait paru au commencement de décembre 1759. Dans sa première formule ce périodique s'en prenait aux Encyclopédistes et défendait la religion (voir Sgard, *DJx*, 222).

LB 3581. *Mme Du Han de Crèvecœur et Mme de Louvigny à La Beaumelle*

Au nom de notre Seigneur J. C.
de notre maison de Saint-Louis, le 27 9bre 1759

L'historiographe de Mme de Maintenon, monsieur, malgré les torts que nous lui avons reprochés, a des droits sur notre reconnoissance qui sont inaliénables. Son ouvrage souvent aplaudi, quelque fois critiqué, et qu'il a entrepris sans mission de nôtre part, a répendu dans le monde une sy grande vénération pour notre institutrice que chacun en parle aujourd'hui sur le ton que ses vertus méritent. Jugés donc, monsieur, sy je puis me dispenser de vous envoyer son image à peine sortie des mains du graveur qui y travaille depuis cinq à six ans, et auquel il a falu faire un procés pour haster son burin. Je voudrois par un présent plus magnifique marquer à l'autheur des *Mémoires* combien, malgré nos rebuts et nôtre mauvaise humeur, nous aplaudissons à ses succés, combien nous au Nom de Nôtre Sgr J. C.

De Nôtre Maison de St. Louis
a 27. 9bre 1759

L'historiographe de Mme de Maintenon, Monsieur, malgré
les torts que Nous lui avons reproché, a des droits sur nôtre
reconnoissence qui sont inaliénables. Son ouvrage tour à tour
applaudi, quelques fois critiqué, et qu'il a entrepris sans
mission de Nôtre part, a répandre dans le monde une si
grande vénération pour nôtre institutrice que l'bacun en
parle aujourd'hui sur le ton que ses vertus méritent, jugés
donc Monsieur, si j'y puis me dispenser de vous envoyer
son image a peine sortie des mains du graveur qui y
travaille depuis cinq a six ans, et auquel il a falu faire
un procès pour hâter son Burin, je voudrois par un présent
plus Magnifique, marquer a l'autheur des mémoires combien
malgré nos rebuts et nôtre mauvaise humeur, nous applau-
-dissons a ses succès, combien nous sommes touchées des bons
offices qu'il nous a rendus, et avec quel Zèle je demande

3. Mme Du Han de Crèvecœur et Mme de Louvigny à La Beaumelle (Saint-Cyr, 27 novembre 1759) (4 pages)

a Dieu chaque jour de le Conserver, de l'Eclairer, et de le
combler de toutes les prospérités Spirituelles et temporelles
qu'il peut désirer. je vous prie eßMonsieur, de me faire
Savoir par quelle voye le Tableau queje vous destine
pourra parvenir jusqu'a vous, et en mesme temps de ne
point divulguer mon mince et précieux présent, mais
de l'envisager comme un gage de la fidele et très sincere
estime avec la quelle je suis, eßMonsieur, Votre très
humble et très obeïssante Servante

J. De Flan ne Crevecoeur Supre de la Maison
deß Loïs

la mere Superieure m'appelle monsieur et ma
Surprise agreablement en me faisant part
de la lettre quelle vous ecrit et en me permettant
d'y ajouter moy mesme les assurances de tous

les sentimens auec les quels je vous honnore la plus
solide preuve que je puisse vous en donner est de
beaucoup prier pour vous scavoir que je me suis
proposé et dont je maquitte chaque jour auec
zele le vostre perer md de M. a des succés qui
doiuent vous flatter md sa comtesse de la marche
jeune princesse de beaucoup desprit nous a parlé
auec un espece de transport de vostre ouvrage. jay
dans vostre voisinnage ou du moins assés peu loin
de chés vous une bien cherie est md de silange
qui demeure a la motte proche gimont et thoulouse
qui me mandoit il y a quelque jours quelle adoroit
votre liure; il est vray que dautres le critiquent mais
la noirceur de leur bile nen empeshe ni le debit ni
les bons effets. naugurés jamais mal de mon silence
je vous en conjure car quelque solitaire que je sois je
ne rabatteray jamais rien de la parfaitte estime auec
la quelle je suis Monsieur vostre tres humble et tres obeissante
servante   Sr de Soucrigny rue de St louis

me sr de Morvay dont je ne vous fais point de complimens
parce quelle ignore cette lettre me demande quelque fois si
vous avés renoncé au projet de nous donner une de mes
Demoiselles vos parentes je la desirerois fort quoy que je
fois si caduques que je ne vais plus guerre aux classes

7

A
Monsieur

Monsieur de la Baumelle

27 novembre 1759

sommes touchées des bons offices qu'il nous a rendus et avec quel zele je demande à Dieu chaque jour de le conserver, de l'eclairer et de le combler de toutes les prospérités spirituelles et temporelles qu'il peut desirer. Je vous prie, monsieur, de me faire savoir par quelle voye le tableau que je vous destine poura parvenir jusqu'à vous et en mesme temps de ne point divulguer mon mince et précieux présent, mais de l'envisager comme un gage de la fidele et très sincere estime, avec laquelle je suis, monsieur, votre très humble et très obeissante servante.

Sœur Du Han de Crevecœur, supérieure de la maison de Saint-Louis

La mère supérieure m'appelle, monsieur, elle m'a surprise agréablement, en me faisant part de la lettre qu'elle vous écrit et en me permettant d'y ajouter moi mesme les assurances de tous les sentimens avec lesquels je vous honore. La plus solide preuve que je puisse vous en donner est de beaucoup prier pour vous, devoir que je me suis imposé et dont je m'aquitte chaque jour avec zèle. Le vôtre pour Mme de M. a des succès qui doivent vous flatter. Mme la comtesse de La Marche[1], jeune princesse de beaucoup d'esprit, nous a parlé avec une espèce de transport de vôtre ouvrage. J'ay dans vôtre voisinage ou du moins assés peu loin de chés vous une bleue chérie, c'est Mme de Silange[2] qui demeure à La Motte proche Gimont et Thoulouse, qui me mandoit il y a quelques jours qu'elle adoroit votre livre ; il est vray que d'autres le critiquent, mais la noirceur de leur bile n'en empesche ni le débit, ni les bons effets. N'augurés jamais mal de mon silence, je vous en conjure, car, quelque solitaire que je sois, je ne rabattrai jamais rien de la parfaite estime avec laquelle je suis, monsieur, votre très humble et très obéissante servante.

Sœur de Louvigny, religieuse de Saint-Louis

Ma sœur de Mornay dont je ne vous fais point de complimens parce qu'elle ignore cette lettre me demande quelque fois si vous avez renoncé au projet de nous donner une de mesdemoiselles vos parentes[3] ; je la désirerois fort, quoique je sois si caduque que je ne vais plus guère aux classes.

A / Monsieur de La Beaumelle

MANUSCRIT

ALB 1559.

REMARQUE

Cette lettre a transité par La Condamine (voir LB 3587 n. 13).

NOTES EXPLICATIVES

1. Marie Fortunée d'Este (1731-1803), petite-fille du Régent, femme de Louis-François-Joseph de Bourbon-Conti, comte de La Marche.
2. Ce patronyme ne figure pas dans les index des inventaires des séries B et C des AD du Gers.
3. La cousine d'Arnal (voir t. VI, LB 1755 n. 8).

LB 3582. *Louis Simon François à La Beaumelle*

A Uzès, ce 6 décembre 1759

A mon retour d'un voyage à 8 lieues d'ici, je trouvai hier votre lettre, mon cher monsieur. N'ayant pas trouvé une commodité sur le champ pour vous faire passer votre argent[1], je vous l'aurois bien envoyé par la poste, mais comme il n'est pas naturel qu'il vous en couta sept ou huit francs pour m'avoir obligé et que d'un autre côté sept à huit francs sont bons à épargner, j'ai cru que, malgré le grand désir que vous m'avez marqué, je pouvois différer de vous l'envoyer de quelques jours. Vous le recevrez donc par une voye sure et sans frais entre ici et le vingt cinq du courant. Vous devés être persuadé que c'est à regret que je retarde à vous satisfaire. Je ne partage pas moins vos peines au sujet de vos actions. Comme je suis extremement pressé ce matin, je n'ai que le tems de vous écrire quatre mots pour vous tranquilliser sur mon long silence. Je vous fairai part lors de l'envoi, de ce que vous desirés sçavoir. Adieu, mon cher monsieur, soyez toujours bien convaincu que personne ne vous aime et ne vous est plus attaché que votre serviteur et ami.

François

MANUSCRIT
ALB 5103.

NOTE EXPLICATIVE
1. Voir LB 3555 n. 1.

LB 3583. *François Favre à Paul Moultou*

[Paris, le 11 décembre 1759]

[...] La Beaumelle va, dit-on, réfuter ce petit Tacite[1], et nous donner la traduction du grand. [...]

ÉDITION
Correspondance de J.-J. Rousseau, éd. Leigh,
t. VI, p. 226 (n° 906).

NOTE EXPLICATIVE
1. Voltaire.

LB 3584. *Antoine Valette de Travessac à La Beaumelle*

A Bernis le 15 Xbre 1759. Bonne année

Vous me devez, mon illustre ami, une réponse depuis fort long tems. Vous n'aurez donc aujourd'hui que deux mots de moi. Recevez vos deux exemplaires de notre *Lettre aux journalistes*[1]. M. Roque[2], mon beau-frère, s'est chargé du paquet. Les libraires de Toulouse en auront. J'ai appris que vous avez donné à Toulouse quelques feuilles périodiques. Je vous les demande toutes, ainsi que la gazette que vous y couchiez en joue[3]. Je vous demande encore un ou deux exemplaires de votre mémoire. M. Vernes a le mien[4]. M. Roque se chargera de me faire tenir tout ce qu'il vous plaira de m'envoyer, car vous avez sans doute fait une ample provision d'anecdotes pour *L'Elagueur*[5]. Il est entièrement fini. Nous le lirons avec l'abbé de La Calmette[6] qui doit venir passer le jour de l'An, et faire les Rois avec moi. Que n'êtes vous de la partie! Je voudrais vous lier avec mon ami de toute la vie. Il est en vérité digne de votre amitié ; c'est l'esprit le plus fin et le cœur le plus excellent ; il est fait pour être adoré! Ni l'inspecteur des galères, ni le capitaine de cavalerie[7], ni le maréchal des camps, ni le président, que vous avez connu, ne le valent pas, quoi qu'assurément ils ayent tous beaucoup de mérite ; ils sont tous mes amis ; mais *magis amica veritas*[8]. Vous ai-je dit que l'inspecteur des galères, grand commissaire de marine, que l'on nomme M. de Massillan[9], date, ainsi que moi, sa belle passion pour vous depuis vos *Pensées*[10]? Il vint faire alors quelque séjour à Nismes ; je m'y trouvai ; nous ne nous quittions point ; toutes les journées se passoient à lire votre livre, et à nous extasier.

Notre ministre de Genève[11] s'informoit en ami de tout ce qui vous regardoit : voici la réponse que je fis le 28 octobre à ses différentes questions :

« M. de La Beaumelle est fort à son aise ; ses *Mémoires de Maintenon* lui ont valu bien de l'argent dont il s'est donné bon nombre d'actions. Nous l'avons vu à Nismes pendant long tems, et je sais qu'il est à Toulouse sur un très bon pied ; valets, secrétaires, équipage et donnant très bien à manger. Il n'a pas tenu à lui qu'il n'ait acheté la baronie de Servies ; il est aux aguet pour une charge dans quelque cour souveraine. Si son mariage avec sa cousine n'a pas eu lieu, c'est que les trois frères ont enfin réussi à épouvanter leur sœur en prêtant à son fiancé une humeur voyageuse qu'il n'a plus, et en lui faisant appréhender de le voir souvent à la Bastille. Ces craintes factices l'ont emporté sur un goût réel ; l'affaire s'est finie de part et d'autre avec toute la décence possible. Le mémoire qu'il fit à cette occasion a été enlevé. Je n'en ai qu'un exemplaire ; recevez le et tenez moi compte du sacrifice. Vous ai-je dit avec quel agrément notre ami est à

Toulouse ? caressé des grands, estimé des gens de lettres, aimé de tout le monde ; *j'ai ici*, me mande-t-il, *plus d'amis que je ne puis retenir de noms*. M. Lefranc l'a emmené à Pompignan, où il est avec une foule de conseillers au parlement. Il y travaille à l'éloge funèbre de M. de Maupertuis. Vous verrez bientôt paroître son *Tacite*, traduit avec les lacunes suppléées. Il a fait pour M. le comte de Saint Florentin un mémoire sur les protestans de Languedoc. Cet ouvrage qui formera trois volumes, est actuellement entre les mains de ce ministre d'Etat. La nouvelle édition de sa *Réponse au supplément du Siècle de Louis XIV* a déjà dû paroître. Cet ouvrage étoit laché avant qu'il fût question de réconciliation : il est considérablement augmenté. Je ne sai point sur quoi portent ces augmentations, sans doute que c'est pour répondre aux notes que M. de Voltaire a faites sur ses *Mémoires de Maintenon*. »

Puisque je suis en train, mon illustre ami, de vous faire des extraits de lettres, en voici un autre. Le juge mage d'Uzès[12] qui vous aime tendrement et qui a été reçu du tripot, m'ayant témoigné son chagrin sur la critique que l'on fait des *Mémoires de Maintenon* dans un *Dictionnaire portatif, historique et critique* qui a paru cette année en 8°[13], voici ce que je lui ai répondu le 22 octobre :

« La fortune des *Mémoires de Maintenon* est faite à tous égards, mon cher cousin, une critique vague et sans détail n'est d'aucun poids. Il y a à Paris une cabale formée contre tout écrivain philosophe ; c'est l'*Encyclopédie* qui lui a donné naissance : on a cru la religion en péril, on s'est mis à la défendre, et l'on frappe d'estoc et de taille, à tort et à travers ; voilà les auteurs du livre dont vous me parlez : ils ont des journalistes qui sont chargés de les faire valoir et voila encore la source de la bonne opinion que l'on a de leur critique : esprits médiocres qui cherchent à se dépiquer de ce que les encyclopédistes n'ont pas voulu les admettre dans leur société ; ils doivent leur zèle à leur passion, et leur christianisme est le fruit de la colère. L'enthousiasme se fait déjà sentir dans leurs écrits ; bientôt, s'il plait à Dieu, nous y verrons des capucinades[14]. Le reproche qu'ils font à notre confrère de donner dans l'antithèse est celui qu'ils ont fait à M. de Montesquieu, et qu'ils ne cessent de faire à M. de Voltaire ; puissions nous mériter un jour leur critique, et faire bande avec les écrivains qu'ils censurent :

> Si Virgile, le Tasse et Ronsard sont des ânes
> Sans perdre en ces discours le tems que nous perdons
> Allons comme eux au champs, et mangeons des chardons.
>
>   Regnier[15].

Incapables de prendre la manière des grands écrivains, ces critiques la décrient, et cherchent à tourner leur impuissance en règle ; mais tout ce qu'il y a d'ouvrages estimés dans toutes les langues est plein de la figure qu'ils voudroient proscrire. Pour ne parler que de ceux de notre nation, qu'avons nous de plus estimé et de plus estimable que les *Essais* de Montaigne, les *Provinciales*, les

Mœurs de ce siècle, et le livre des *Maximes*? Qu'est-ce que ces ouvrages immortels? une continuité d'antithèses. Montaigne, Pascal, La Bruyère, La Rochefoucauld savoient, aussi bien que nos critiques, que le style antithètique fatiguoit le lecteur, mais ils savoient encore que le stile plat lui affadissoit le cœur, et qu'entre lui donner de l'exercice ou l'endormir, il n'y avoit pas à balancer; le grand défaut des ouvrages c'est d'être ennuyeux, et la grande source de l'ennui c'est la plattitude. Un autre mérite que les grands hommes trouvoient dans l'antithèse, c'est qu'elle forme par son jeu, une sorte d'obscurité suffisante pour mettre le lecteur dans le cas d'en deviner le sens, et pas assez grande pour le lui faire manquer; c'est jouir du plaisir d'expliquer une enigme sans en avoir l'embarras. Un mérite plus précieux encore que cette figure leur offroit, c'est la lumière qu'elle porte avec elle. L'antithèse est le développement d'une vérité par ses contrastes; dans la peinture, c'est par le mélange du clair-obscur que les figures sortent, dans les ouvrages d'esprit, c'est par l'opposition des pensées que les idées se rendent: le feu ne sort des cailloux qu'en les faisant choquer l'un contre l'autre. Et voilà sans doute ce qui a fait jetter dans les écrits les plus saints toutes ces antithèses que nous y voyons (pardonnez ce genre de preuves; c'est avec des dévots que j'ai affaire). Les oraisons de l'Église en sont pleines: *ut agnita veritatis tuae luce, a suis tenebris eruantur*[16], *ut servum redimeres, filium tradidisti*[17]. *O felix culpa. Nox in quâ terrenis cœlestia humanis divina junguntur*[18] etc. etc. etc. La messe n'en manque pas: *Deus qui humanae substantiae dignitatem mirabiliter condidisti et mirabilius reformasti da nobis...*[19] *Ejus divinitatis esse consortes, qui humanitatis nostrae fieri dignatus est particeps*[20]. *Ut illis proficiat ad honorem, nobis autem ad salutem; illi pro nobis intercedere dignentur in cœlis, quorum memoriam agimus in terris*[21]. *At que ab aeterna damnatione nos eripi, et in electorum tuorum jubeas grege numerari*[22]. *Intra quorum nos consortium, non aestimator meriti, sed veniae quaesumus largitor admitte*[23]. *Per mortem tuam mundum vivificasti*[24]. *De munere temporali fiat nobis remedium sempiternum*[25]. *Pr[a]esta ut in me non remaneat scelerum macula quem pura et sancta refecerunt sacramenta*[26], etc. etc. L'évangile de saint Jean en est fourni: *Omnia per ipsum facta sunt, et sine ipso factum est nihil. Lux in tenebris lucet. Mundus per ipsum factus est, et mundus eum non cognovit. In propria venit et sui eum non receperunt. Et verbum caro factum est*[27]. etc. etc. etc. Et l'oraison dominicale n'a-t-elle pas son *dimitte nobis debita nostra sicut et nos dimittimus debitoribus nostris*[28]? L'Église, saint Jean, Jesus Christ même auroient-ils voulu faire les beaux esprits? Non, assurément; mais connoissant mieux que nous l'utilité de l'antithèse, ils ont employé, pour se faire mieux entendre, la figure la plus propre à jetter de la clarté dans le discours. Cependant quelque utile qu'elle soit, les bons écrivains et notre confrère avec eux, ont des règles pour en faire usage. D'abord jamais d'antithèse de pure expression: elle n'est alors qu'un jeu de mots qui ne va qu'aux petits esprits; autant que l'antithèse de pensées est belle, autant celle de paroles est ridicule: *c'est*, comme dit Pascal, *faire de fausses fenêtres par simmettrie*[29]. Ensuite, point de jeu dans tout ce qui est pensée neuve, sentiment, passion, dialectique: non que l'antithèse les déparât, mais parce qu'étant de nécessité partout ailleurs, il ne faut point la produire où l'on peut s'en passer, afin que l'ouvrage ne soit pas entièrement plein de la même figure. D'ailleurs, si à la beauté naturelle de ces endroits, on ajoutoit celle de l'antithèse, on sembleroit donner dans ces ornemens ambitieux[30] qu'un censeur éclairé doit rejetter. Enfin, et c'est ici la grande raison, la double beauté que ces endroits auroient les rendant de beaucoup supérieurs à tout le reste, il y auroit du haut et du bas dans un même ouvrage ; tout n'en seroit pas également soutenu ; défaut rare chez les grands écrivains, et qu'ils ne peuvent éviter qu'à la faveur de l'antithèse ; quelque bien choisi que soit un sujet, le fond n'en est pas partout également riche ; il a des parties brillantes, il en a d'obscures : comment faire disparoître ces inégalités ? par l'antithèse. Cette figure embellit ce qui ne l'est pas, pour qu'il ne contraste point avec ce qui l'est ; elle sert à combler les lieux bas, et à leur faire prendre le niveau des lieux élevés ; elle supplée au fond par la forme. Ainsi, les quatre cas exceptés, semons l'antithèse partout ailleurs : ne craignons pas de déplaire par elle : toutes ces pensées, tous ces morceaux d'ouvrage, toutes ces petites pièces que l'on sait par cœur, dont on se nourrit, qui donnent le ton à notre goût, et qui nous servent de pièces de comparaison pour juger les productions d'autrui et de modèles pour enfanter les nôtres, en sont presque tous parés : le *pallida mors* d'Horace[31], le *triumphali aratore* du vieux Pline[32], et le *mihi turba* de Tibule[33] ; le beau trait de Cicéron, dans son oraison pour Ligarius, sur la clémence de César[34], l'éloge de Cicéron lui même par Velleius Paterculus[35], les dernières paroles que Tacite met dans la bouche d'Othon[36] ; les vers de Brébeuf sur l'écriture[37], la douzième strophe de l'Ode à la fortune[38] et la septième de l'Ode au marquis de La Fare[39] ; l'épigramme d'Ausonne sur Didon[40], celle de Rousseau sur les journalistes de Trevoux[41], celle de Sannasar que les Vénitiens payerent si bien[42], le sonnet de Des Barreaux[43] et celui de l'avorton[44], voilà tout ce qu'un premier coup d'œil offre à ma mémoire, et partout je vois briller l'antithèse : ce que tout le public admire, ce qu'il grave dans son esprit à dessein, ce qui s'y imprime sans qu'il y pense peut-il être défectueux ? Laissons donc raisonner les censeurs de notre confrère ; méritons de partager les reproches qu'on lui fait, et pour finir par la figure que je défens, contentons nous de ses défauts pour beautés et embellissons nos ouvrages par ce qui enlaidit les siens.................... ».

Voilà, mon illustre ami, ce que je répondis au juge-mage, mon zèle pour vous me fit tourner une lettre en dissertation. Le tripot[45] dit que j'ai combattu *pro aris et focis*, le tripot a raison, n'êtes vous pas l'un de mes dieux ? C'est aussi, comme vous savez, chez un autre de mes dieux que vous êtes maintenant. Il fait, cet autre dieu, une figure bien brillante dans l'*Elagueur* ; C'est dans des additions que vous n'avez pas vues : j'interprète son discours contre Bayle[46] et je le tourne puissamment contre les petites académies des villes du cinquième ordre[47] : ce qu'il nous dit des mauvaises études des provinces me fournit un argument terrassant. C'est par le juge-mage d'Uzès que j'ai su votre séjour à Pompignan et les occupations que vous vous y êtes faites. « *Il est à Pompignan, m'écrit-il en me parlant de vous, à la campagne de M. Le Franc, avec ce savant et M. Rafin. Il leur a communiqué sa traduction de Tacite qu'il va mettre au jour, et qu'ils ont fort approuvée. Il travaille à l'éloge funèbre de M. de Maupertuis que M. Le Franc va remplacer à l'Académie française et dont le discours de réception qu'il compose sera sûrement imprimé ; on assure qu'il le resserre dans trois ou quatre pages.* » C'est sans doute M. Rafin qui a instruit Uzès de ces anecdotes. Je suis, mon illustre ami, avec toute la tendresse possible votre admirateur et votre ami.

Valette de Travessac, prieur de Bernis

[en haut de la page, en rapport avec les deux premières phrases :] Je me suis enflé[48], sans le vouloir, car je devais me venger de votre silence.

MANUSCRIT

ALB 6072.

NOTES EXPLICATIVES

1. Voir LB 3574 n. 2.

2. Roques est procureur auprès du Parlement de Toulouse.

3. *Le Courrier de campagne*, dont seules les livraisons des 11 et 19 août 1759 ont été retrouvées (BM Toulouse, Res C XVIII 246 (6). Dans celle du 11 août, p. 4, on lit : « Extrait d'une lettre de Paris du 3 août.

Mr de Maupertuis est mort, il y a longtemps qu'il ne prenoit plus de nourriture, & qu'il consommoit sa propre substance. Le 27 juillet a été le terme de sa vie & de ses malheurs, il a brûlé & fait brûler devant lui beaucoup de papiers qu'il avoit mis à part. Il alloit brûler tout sans Mr Bernouilli qui s'y étoit opposé & qui doit m'envoyer ceux qui restent selon l'intention du défunt. Il y a deux mois que nous devions nous attendre à cette nouvelle : nous n'en sommes pas moins touchés. Madame sa femme arrivée à Strasbourg envoya Mr Mérian pour avoir plutôt de ses nouvelles. Il le trouva expirant, il revint sur ses pas pour l'empêcher de passer outre ; mais elle arriva le 28 pendant qu'on faisoit ses funérailles à Dornac village catholique à deux lieux de Bâle. Voltaire se prépare à poursuivre son ombre. » Cet emprunt à une lettre qu'il a reçue de La Condamine (LB 3549) atteste la participation de La Beaumelle à ce périodique ainsi présenté par R. Granderoute : « Toulouse avait déjà connu, l'année précédente, une tentative de

feuille humoristique avec *Le Courrier de campagne*. Mais celui-ci s'insérait dans le cadre strict d'une feuille d'Annonces qu'il parodiait » (Sgard, *DJx* n° 198). La même feuille du *Courrier de campagne* fait allusion à un « gazetier toulousain qui en est à sa neuvième feuille ». Il s'agit des *Affiches de Toulouse* (tire exact : *Annonces, affiches et avis divers de Toulouse*) publiées de juin 1759 à août 1761 (voir *DJx* n° 66).

La Beaumelle est cité dans la « Feuille littéraire sur les Sciences et les Beaux-Arts », Res C XVIII 246 (1), VI, p. 22 : « Vous avés aussi avancé sans preuve que je faisois peu de cas de l'historien de Madame de Maintenon ; ces pensées près, je l'estime, sans l'admirer comme vous. L'admiration est pour le grand, pour le sublime, & non pour le médiocre ingénieux. » Sur l'effervescence des feuilles périodiques à Toulouse en 1760, voir R. Granderoute, *DJx* n° 467.

4. Voir LB 3574.

5. « L'Elagueur des Académies de France ». François Rouvière, « L'Académie de Nîmes au XVIIIe siècle », *Revue du Midi* 20 (1896), p. 18-36, qui a eu ce manuscrit aujourd'hui disparu, le décrit ainsi : « L'auteur, vraisemblablement un janséniste, peut-être un bénédictin, avait la pensée de mettre en tête de l'ouvrage un frontispice dont le proverbe *ne, sutor, ultra crepidam* [" que le cordonnier ne juge pas au-delà de la chaussure "] aurait fait le sujet, et de le dédier à la marquise de Pompadour ; il l'avait " mis au net le 16 janvier 1759 " et, suivant ses prévisions, le volume pouvait " faire environ 375 pages du format de son

édition des lettres de Sévigné ". [...] Qu'il me suffise de lui emprunter, pour la satisfaction de notre curiosité, quelques anecdotes écrites d'une plume alerte, vive, incisive, qui éclairent certains faits obscurs, font connaître les dessous de maintes intrigues et dépeignent l'état d'esprit de nos académiciens de la seconde période, auxquels ne ressemblent pas évidemment nos immortels d'aujourd'hui. » (p. 19-20). Plus tard il désignera cet ouvrage comme son « Traité des Académies » (voir Valette de Travessac à La Beaumelle, 18 février 1768).

6. Louis-Castor Matthieu de La Calmette, né à Nîmes en 1713, docteur de Sorbonne et chanoine de Cambrai, membre du tripot de Milhaud (voir Michel Nicolas, *Histoire littéraire de Nîmes et des localités voisines qui forment actuellement le département du Gard*, Nîmes : Ballivet et Fabre, 1854, t. II, p. 222).

7. Michel Scipion de Cray, né en 1696, lieutenant-colonel au Régiment de cavalerie de Piémont, réformé à la suite des blessures reçues à la bataille de Rosbach (voir Jacques Hébrail, *La France littéraire*, Paris : Veuve Duchesne, 1769, p. 106).

8. « *Amicus Plato, sed magis amica veritas* » (« Platon m'est cher, mais la vérité m'est plus chère encore »). D'après Aristote, *Éthique à Nicomaque*, I, 4.

9. Marc Antoine Matthieu de Massillian, né en 1712, frère de l'abbé de La Calmette. Commissaire général de la Marine, il s'est retiré du service en 1759 (voir AN C7 200).

10. La « Lettre aux journalistes » fait allusion à La Beaumelle, auteur à 25 ans de *Mes Pensées* : « Presque tous nos Académiciens sont à la veille de se faire un nom dans la République des Lettres, l'un d'entre eux touchoit encore à son enfance, quand il y mérita le premier rang » (p. 11).

11. Jacob Vernes (voir LB 3574).

12. Goirand, juge mage au sénéchal d'Uzès (voir J. Hébrail, *La France littéraire*, p. 106).

13. Pierre Barral, *Dictionnaire historique, littéraire et critique, contenant une idée abrégée de la vie & ouvrages des hommes illustres en tout genre, de tout temps & de tout pays*, Avignon, 1759, t. IV, p. 289-290 : « On a imprimé les Lettres de cette femme illustre en neuf volumes in-douze. Elles sont écrites avec beaucoup d'esprit, & quelques-unes sont remplies d'anecdotes et de particularités intéressantes ; mais il y en a un plus grand nombre d'inutiles, & qu'on auroit

mieux fait de retrancher de ce recueil. L'éditeur de ces Lettres a donné en même-tems six volumes de *Mémoires, pour servir à l'Histoire, &c.* & dans cet ouvrage il devoit porter la circonspection encore plus loin, & être plus attentif aux bonnes règles de la Morale, de la Religion & de la Vérité. Il a blessé les unes & les autres avec la licence la plus criante ; tout est plein d'anecdotes fausses, d'obscénités, de calomnies contre les hommes les plus célèbres du siècle de Louis XIV, de saillies qui sont ou des doutes sur les mystères, ou des maximes très-suspectes en matière de piété, ou des façons de parler très-imparfaites sur les controverses dogmatiques, &c. Nous ne parlons pas du style lâche, décousu, sautillant, épigrammatique, qui rend fatigante la lecture de ces *Mémoires*, où l'on trouve d'ailleurs des choses intéressantes.

14. *Capucinade* « se dit d'un plat discours de morale ou de dévotion » (*Dictionnaire de l'Académie française*, 5ᵉ éd. 1798).

15. Mathurin Régnier (1573-1613). Valette cite les trois derniers vers de la *Satire IX* « à monsieur Rapin ».

16. Office de la Semaine sainte.

17. Office de la Semaine sainte.

18. Office de la Semaine sainte.

19. *Offertorium*.

20. *Offertorium*.

21. *Lavabo*.

22. *Canon missae*.

23. *Hic est enim calix sanguini mei*.

24. *Agnus Dei*.

25. *Communio*.

26. *Communio*.

27. Successivement : Évangile de Jean 1, 3 ; 1, 5 ; 1, 10 ; 1, 11.

28. Évangile de Matthieu 6, 12.

29. Pascal, *Pensées*, 27 (Brunschvicg) / 559 (Lafuma) / 466 (Sellier).

30. « On appelle *ornemens ambitieux dans un discours* des ornemens trop recherchés, trop affectés. » (*Dictionnaire de l'Académie française*, 4ᵉ éd. 1762).

31. « La pâle mort » : Horace, *Odes*, I, 4, 13-14.

32. « Le laboureur défilant en triomphe » : Pline l'Ancien, *Histoire naturelle*, XVIII, IV, 19.

33. « *Et in solis tu mihi turba locis* » (« Tu es pour moi une foule dans la solitude ») : attribué à Tibulle, *Élégies* III, 19, 12).

34. « Ainsi donc, César, tu n'aperçois encore dans Ligarius aucun signe d'une volonté ennemie. Et remarque avec quelle bonne foi je

le défends, puisque je trahis ma cause en servant la sienne. O clémence admirable ! ô vertu digne de tous nos éloges, et qui mérite que les lettres et les arts la consacrent à l'immortalité ! Cicéron nie devant toi qu'un autre ait eu des projets qu'il avoue pour lui-même ; et il ne craint point tes réflexions secrètes ; il ne redoute point ce que tu peux penser de lui quand il parle pour un autre. » Cicéron, *Plaidoyer pour Q. Ligarius*, II.

35. « *Rapuisti tu M. Ciceroni lucem sollicitam et aetatem senilem et vitam miseriorem te principe quam sub te triumviro mortem, famam vero gloriamque factorum atque dictorum adeo non abstulisti, ut auxeris.* » (« Car tu as ravi alors à Cicéron des jours inquiets, des années de vieillesse, une vie qui eût été plus malheureuse sous ta domination que ne fut la mort sous ton triumvirat ; mais la renommée, la gloire de ses actions et de ses discours, bien loin de la lui enlever, tu l'as accrue. » Velleius Paterculus, *Histoire romaine*, II, 66.

36. « Parler trop longuement de sa fin, c'est déjà une lâcheté. La meilleure preuve que ma résolution est immuable, c'est que je n'accuse personne : qui se plaint des dieux ou des hommes tient encore à la vie. » Tacite, *Histoires*, II, xlvii.

37. Un quatrain sur Cadmus, considéré comme l'inventeur de l'écriture : « C'est de lui que nous vient cet art ingénieux / De peindre la parole et de parler aux yeux, / Et par les traits divers de figures tracées, / Donner de la couleur et du corps aux pensées. » Georges de Brébeuf, *La Pharsale de Lucain*, Paris : Jean Ribou, 1670, p. 85.

38. « La joie imprudente et légère / Chez lui ne trouve point d'accès, / Et sa crainte active modere / L'ivresse des heureux succès. / Si la fortune le traverse, / Sa constante vertu s'exerce / Dans ces obstacles passagers. / Le bonheur peut avoir son terme ; / Mais la sagesse est toujours ferme, / Et les destins toujours légers. » (« A la fortune ») : Jean-Baptiste Rousseau, *Odes, cantates, épîtres et poésies diverses*, Paris : Didot, 1799, p. 65.

39. « Mais vous, mortels qui, dans le monde / Croyant tenir les premiers rangs, / Plaignez l'ignorance profonde / De tant de peuples différents ; / Qui confondez avec la brute / Ce huron caché sous sa hutte, / Au seul instinct presque réduit ; / Parlez : quel est le moins barbare / D'une raison qui vous égare, / Ou d'un instinct qui le conduit ? » (« A M. le

marquis de La Fare ») : J.-B. Rousseau, *Odes, cantates, épîtres et poésies diverses*, p. 72.

40. Ausone (310-395), *Épigrammes*, CXVIII.

41. « Petits auteurs d'un fort mauvais journal, / Qui d'Apollon vous croiez les apôtres ; / Pour Dieu, tâchez d'écrire un peu moins mal, / Ou vous taisez sur les écrits des autres. / Vous vous tuez à chercher dans les nôtres / De quoi blâmer, & le trouvez fort bien ; / Nous au rebours, nous cherchons dans les vôtres / De quoi louer, & nous ne trouvons rien. » J.-B. Rousseau, *Épigrammes*, II, 29 : « Aux journalistes de Trévoux ».

42. « *Viderat Hadriacis Venetam Neptunus in undis | Stare urbem, & toto ponere jura mari : | Nunc mihi Tarpejas quantumvis Iupiter arces | Objice, & illa tui mœnia Martis, ait. | Si pelago Tibrim præfers, urbem aspice utramque | Illam homines dices, hanc posuisse Deos.* » (Sur l'admirable ville de Venise : « Neptune ayant vu la ville de Venise assise au milieu des flots Adriatiques, et imposant des lois à toutes les mers, s'écria : "Oppose-moi maintenant, Jupiter, ta montagne Tarpéienne et les remparts bâtis par ton valeureux Mars. Si tu préfères le Tibre à mon empire, contemple l'une et l'autre ville : et tu diras que l'une est l'ouvrage des hommes, l'autre celui des dieux. " » Trad. Jean Bruel, *Parnasse latin moderne*, Lyon : Yvernaud et Cabin, 1808, t. II, p. 230-231). L'épigramme « *De mirabili urbe Venetiis* » de Jacopo Sannazaro (1455 ?-1530) est connue par le *Delectus Epigrammatum* de Claude Lancelot, Paris : Charles Savreux, 1659, p. 363. « La République de Venise semble avoir voulu passer en magnificence Archelaüs et Caracalla dans la gratification qu'elle fit à Sannazar pour une Epigramme qu'il composa à l'honneur de cette ville. Car elle lui donna un grand nombre d'écus d'or pour chaque vers. Mais cette liberalité nous donne une plus grande idée de la générosité & de la reconnoissance de cette République que de l'excellence du poëte, puisque son Epigramme est défectueuse, étant du nombre des fabuleuses, & qu'on ne l'a payée que pour son encens. » Adrien Baillet, *Jugemens des savans sur les principaux ouvrages des auteurs*, nouvelle édition, t. I, Amsterdam : Aux dépens de la Compagnie, 1725, p. 188 – *a contrario* : Gilles Ménage, *Anti-Baillet*, Paris : Henry Charpentier et al., 1730, p. 245-247.

43. « Tant la sotte raison le rend irraisonnable », dit Jacques Vallée Des Barreaux (1599-1673) dans son sonnet *La Raison fait le malheur de l'homme*.

44. Le « Sonnet de l'avorton » de Jean Hénault (1611 ?-1682) commence ainsi : « Toi qui meurs avant que de naître ! / Assemblage confus de l'être et du néant ; / Triste avorton, informe enfant, / Rebut de l'être et du néant ! »

45. Le « tripot de Milhaud » (voir t. XII, LB 3545 n. 1).

46. « Un écrivain célèbre a prétendu que les gens de lettres & les sçavans ne pouvoient habiter que la capitale. Cet anathème littéraire contre les provinces seroit bien humiliant pour elles s'il avoit été prononcé par un docteur infaillible. Mais les sentimens de Bayle ne doivent être considérés, pour la plûpart, que comme des jeux d'esprit ou des paradoxes qui ne trompent point la raison ni ne détruisent la vérité. » J.-J. Le Franc de Pompignan, « Discours pour l'ouverture des séances de l'Académie des Jeux floraux, le 6 janvier 1749 », *Œuvres diverses de monsieur L* F*****, 2de partie, Paris : Chaubert, 1750, p. 141-179. Dans le *Dictionnaire historique et critique*, art. « Vayer », rem. F, Bayle avait écrit : « La Mothe le Vayer naquit dans la ville capitale : c'est un avantage que tous les hommes de lettres & bien

d'autres aussi se donneroient, si cela dépendoit d'eux. »

47. « L'auteur rend hommage aux académies de la capitale. Il salue aussi " les académies des grandes villes qui ont tout à la fois dans leur sein un parlement, une université et une bibliothèque publique " ; il va jusqu'à tolérer " les académies des villes médiocres où il y a une cour souveraine ou une université ". Mais il se demande ce que des villes de " cinquième ordre ", comme Nîmes entre autres, peuvent bien faire d'une académie. Il proteste de son goût pour les lettres, mais il veut " assigner à nos nationaux une littérature qui soit assortie à leur éducation, proportionnée à leurs lumières, relative à leurs ressources, une littérature qui orne leur esprit et qui ne le gâte pas, qui en fasse des citoyens aimables et non point des autres ridicules... " » F. Rouvière, « L'Académie de Nîmes au XVIIIe siècle », p. 21-22.

48. « On dit figurément *enfler son style* pour dire *écrire d'un style* ampoulé. On dit aussi figurément *enfler le cahier, enfler les rôles*, pour dire *y mettre des choses inutiles afin de les grossir*. » (*Dictionnaire de l'Académie française*, 4e éd. 1762).

LB 3585. *Antoine Joseph Delacour à Jean Angliviel*

Paris, le 15 Xbre 1759

La requete de mon cousin *Desperies*[1], mon cher Angliviel, ne pouvoit m'etre adressée sous des auspices plus favorables. Je l'ay interieurement acueilie avec toute l'humanité que m'inspire sa situation malheureuse, mais les circonstances très critiques dont je suis temoin et un peu victime metent des bornes à ma bonne volonté au point de ne remetre que 300 £ à M. Desperies par ce même courier[2]. Je l'invite à me faire jouir de l'intérêt qui y est attaché, voulant avoir la faculté de le luy rendre ou non reversible annuelement. Ayéz l'œuil à la stipulation nécessaire dans la quitance des finances et vous me ferez plaisir. Mon oncle, aux prises avec ses *associés de Chateauroux* qui luy font languir le remboursement de ses avances, ne donera et ne pretera rien, au moins dans ce moment cy. La crise peut être courte mais nous verons à faire changer les choses de face. Cependant, que mon cousin le maire travaille de son coté comme s'il ne devoit rien attendre du mien et de ma médiation auprès de notre oncle. Il m'a refusé net sa contribution du solde à laquelle je le taxois. Avez vous eu la complaisance d'envoyer à M. votre frere, desormais Toulouzain, l'obligation de

20 000 £ que je luy reclame depuis longtems comme en ayant acquité plus des 5/6èmes soit par des remises sur ma maison de Lyon soit par l'emplete de 10 actions sur les fermes que j'ay recemment remises de son ordre à M. de La Condamine? J'ay su par ce dernier amy qu'il veut les revendre conjointement avec 24 ou 25 autres qu'il luy avoit achetées et dont il est également dépositaire. J'ay pris sur moy de luy conseiller de garder ces actions en nature, tant à cause du sacrifice qu'il seroit obligé d'y faire qu'à cause de l'estime generalement acordée à cette espece de papier par preferance à tous ses ainés dont la circulation est interceptée. On doit y regarder à deux fois quand il s'agit de perdre plus de 10 000 £.

Je vous conseilleray mal sur le choix d'une gazete, je n'ay ny le tems ny la volonté d'en lire aucune, c'est deja trop d'en pour moy dans d'ecouter d'ambulancer de ces nouvelistes qui ne font que de gazeter embulanter[3]. Je prendrois encore patience si les esperances qu'ils nous donent d'une prochaine paix se realisoyent, il est sûr qu'on parle trés serieusement d'un congrès à La Haye[4] et qu'il s'agit de demolir Donquerke[5], de rendre Port Mahon, de laisser la Guadeloupe, d'abandoner tous les vaisseaux pris avant la guerre d'une part, et de l'autre, de nous rendre le Canada. Il y a des politiques qui croyent que nous serions encore trop heureux, ne m'en demandéz pas davantage mon cher. [Je ne] say plus rien autre que vous assurer du sincère attachement lequel je suis, mon cher Angliviel, votre très humble et très obeissant serviteur.

Delacour

Quelques cendres chaudes envolées dans mes yeux m'ont obligé d'emprunter la main du cher Moncan. Je ne peux cependant resister au plaisir de vous écrire que, borgne ou aveugle, je ne cesserai de vous témoigner les sentiments de la plus tendre et la plus solide amitié.

D.

J'offre mes civilités les plus affectueuses à l'aimable épouse et mes embrassements à la chère famillette. Rozalie est un nom bien inventé pour vôtre convalescente.

A monsieur Angliviel / à Valleraugue / par Le Vigan

MANUSCRIT

ALB 1823.

REMARQUE

De la main de Jean Delacour de Moncan sauf le post-scriptum.

NOTES EXPLICATIVES

1. Pierre François d'Espériés (voir t. XII, LB 3300 n. 3).

2. La lettre de Delacour à d'Espériés est jointe (ALB 8913, non reproduite).

3. Créations verbales. «On dit d'un homme qui est toujours par voie & par chemin que *c'est un homme fort ambulant, que c'est un homme qui mène une vie fort ambulante.*» (*Dictionnaire de l'Académie française,* 4e éd. 1762).

4. «On mande de La Haye que les ministres qui y résident de la part des cours de Londres & de Berlin, ont déclaré à ceux des autres Puissances belligérantes que L. M. Britannique

& Prussienne verroient avec plaisir la tenue d'un Congrès pour y traiter d'une paix générale. On ajoute que le Roi notre Souverain, qui n'a jamais eu rien plus à cœur que le repos de l'Europe & qui n'a pris les armes que parce qu'on l'y a forcé, a envoyé au comte d'Affry son ambassadeur une réponse telle qu'on devoit l'attendre de S. M. » (*Gazette d'Amsterdam*, 14 décembre 1759).

5. Dunkerque.

LB 3586. *La Condamine à Antoine Joseph Delacour*

Paris, 15 Xbre 1759
Envoyé à La Beaumelle ce 19 Xbre au soir

Je viens de recevoir une lettre de M. de La Beaumelle, monsieur, voici ce qu'il me mande :

Je vous envoye une commission pour vendre dans l'occasion, choisissés bien je vous prie l'agent de change et nantissés vous des deniers. *Si les actions remontent à sept cent livres ou environ, vendés. Dès qu'elles seront retombées à six cent ou six cent vingt, réachetez* et un billet signé de lui comme il suit :

Je prie Mr ...... agent de change de vendre pour mon compte sur la place au prix courant trente quatre actions des fermes générales que M. de La Condamine lui remettra de ma part et d'en remettre le produit avec son certificat à mondit sieur de La Condamine, fait à Toulouze ce 9 decembre 1759. Signé L. B.

Je ne puis me résoudre à vendre ses actions quoi qu'elles soient à 720 £. Il y a beaucoup d'aparence qu'elles vont hausser. Je vais demain dimanche à Livry ~~pour~~ trouver Mme de La Condamine pour jusqu'à mercredi. Il faudroit que je fusse autorisé par votre conseil pour me conformer à cet ordre, sans quoi j'attendrai une seconde lettre de jussion, meme une troisieme. Je ne puis lui recrire cet ordinaire, je vous prie de le faire pour moi et meme de lui envoyer ce billet. Se resoudre à perdre ~~plus~~ dix mille francs et cela parce qu'il est persuadé que le roi gardera le profit s'il y en a, c'est ce que je ne puis croire et d'autant moins qu'il y a bien de l'aparence qu'on va travailler serieusement à la paix. Je n'attens votre reponse que d'ici à mercredi, encor je n'en attens point, je ne vendrai point qu'il ne me menace de me demander compte de ses actions et de me charger de tous les evenemens. Mais je vous prie, ecrivés lui et envoyés lui ce billet. Je lui ecrirai plus au long et à loisir à Livri, j'ai reçu son paquet par M. l'abbé de La Ville.

J'ai enfin decouvert la demeure de M. l'abbé Le Maire et j'irai le chercher ou lui ecrirai.

Je vous souhaite le bonsoir et suis bien sincerement, monsieur, votre très humble et très obéissant serviteur.

La Condamine

MANUSCRIT

ALB 1206.

LB 3587. *La Condamine à La Beaumelle*

A Livri, le 17 Xbre 1759

J'ai attendu comme je vous le marquois, mon cher La Beaumelle, votre réponse du 9 Xbre à ma lettre du 26 9bre[1] pour vous récrire quoi que dans l'intervalle j'eusse reçu un paquet de vous par M. l'abbé de La Ville \à une lettre du 25 9bre\. En recevant avant hier \15\ votre lettre du 9, j'écrivis un mot[2] à M. de La Cour que je priai de vous écrire et de vous envoyer mon billet et je remis à vous faire ici plus à loisir une plus ample réponse. Je ne puis, malgré votre ordre réitéré, me résoudre à vendre vos actions et à vous faire perdre dix mille francs de gayeté de cœur. Chargés un autre que moi de cette opération. Les actions des fermes étoient avant hier, jour que je reçus votre lettre, à 720 et j'avois beau jeu pour exécuter votre ordre à la lettre puisque vous me dites de vendre à 700, mais comme elles remontent sensiblement depuis le nouveau controlleur général, comme c'est sans contredit le meilleur effet de la place et qu'on ne soupçonne point qu'il périclite, que l'on négocie à La Haye, que le roi de Prusse et l'Angleterre désirent la paix dont tout le monde a besoin, il n'y a nulle aparence que ces actions tombent au dessous de leur valeur actuelle, elles sont peut être à présent à 750 ou plus haut et je ne serois pas étonné qu'elles revinssent au pair avant le mois d'avril. Avec tout autre aux affaires de qui j'aurois pris moins d'intérêt après un ordre aussi précis tout seroit actuellement en sacs chés moi, mais vous n'auriés que 24 000 au lieu de 34. Car j'ai à vous 34 actions des fermes et je ne comprens rien à ma reconnoissance où vous me dites que j'ai dit et repeté 30 après en avoir accusé 34 dans le compte précédent, savoir 23 achetées à la fois ou plus tot prises au trésor royal en reconnoissance, à l'ouverture de cet emprunt, une achetée en conséquence de votre ordre au mois d'aoust ou les premiers jours de septembre, et dix que m'a remis M. de La Cour. Faites donc bien vos réflexions et écrivés moi coup sur coup deux ou trois ordinaires de suite si vous persistés ou plustot n'écrivés point et rétractés votre ordre car je ne saurois me résoudre d'être le ministre d'un pareil sacrifice. J'ai écrit à l'abbé Le Maire dont j'ai enfin découvert la demeure, rue Grange Batelière chés Mme la présidente Portail[3]. Il n'est pas encore à Paris, ou il est retourné à la campagne mais sans doute ma lettre qui est la 3e lui sera renvoyée. Je retourne après demain mercredi à Paris pour jusqu'à dimanche. Je reviendrai passer ici les fêtes et jusqu'aux Rois.

On assure que la vraie cause de la disgrace de M. de Silhouette a été la crainte qu'on a eue qu'il ne fût décrété par le parlement pour avoir suspendu les remboursemens de la caisse d'amortissement aux quels le second vintieme étoit affecté par une loy enregistrée. D'autres assurent qu'il prétendoit acquiter les dettes du roi par une banqueroute, et que ce sont les autres ministres qui s'y sont opposés. Je vous repete les bruits publics, qui souvent sont faux.

Vous avés vu que l'esclandre du roi de Prusse est très vray mais pas l'article de Vienne \d'une derniere gazette\[4], il paroit que l'enumération des troupes prisonnieres y compris les officiers ne va pas à 14 000 hommes, c'est beaucoup, mais ce n'est pas 20 mil comme on avoit dit. D'aileurs il a tant de prisoniers à échanger que bientot il aura tous les prisoniers sauf les deserteurs.

Il y a beaucoup de mécontens en Ecosse et en Angleterre même, et il y a des protestans anglois qui déplorent la perte de notre escadre et le mauvais succès de notre entreprise. Nous avions des intelligences en Ecosse ainsi qu'en Irlande[5].

Je crois que nous avons \encore\ plus de 30 vaisseaux de ligne, je le saurai peut être même avant de fermer ma lettre. Je n'ai pas encore vu celle qui court du maréchal de Conflans mais j'en ai vu une fort naïve d'un pilote qui assure qu'il n'y a que 12 vaisseaux anglois qui ont donné devant les quels 20 François ont fui[6], qu'il est vrai que les autres Anglois venoient les joindre mais que si l'on avoit bien manœuvré on eût pris les douze vaisseaux avant qu'ils ~~fut~~ eussent été joints par le reste de l'escadre.

Je crois bien que M. de Sartine sera disposé à vous servir mais M. Bertin avoit plus d'acquit et de crédit que lui et du moins autant de bonne volonté.

M. de La Cour m'a mandé que si vous n'aviés pas touché les 1 000 £ qu'il vous avoit livrés sur Toulouze il vous redevoit environ 3 500 £ qu'au reste il ne compteroit qu'avec pièces justificatives. Ces 1 000 faisoient plus que les intérêts des 24 actions touchés par lui au 1er 8bre.

Les bruits de l'établissement du papier de confiance[7] tombent.

Personne de ceux qui \n'ont\ pas porté leur vaisselle à la monnoye n'ose s'en servir. A la fin ils aimeront mieux la porter que de la garder dans un coffre. Un édit de contrainte révolteroit tout le monde et il faudroit pour l'exécuter établir une inquisition. Cela ressembleroit à l'édit de la Régence de ne pas garder plus de 500 chés soi[8].

Il y a une lettre circulaire de l'archevêque à tous les curés de son diocese pour savoir ce qu'ils ont d'argenterie dans les églises. On doit porter les saints d'argent avant les châsses qui ont plus de façon que de matière étant de glaces en grande partie. C'est le trésor de Lorrete[9] qu'il faudroit porter à la monnoye.

Je tremblé pour mes actions de la Compagnie des Indes et n'ai pas le courage de les vendre à 900 après les avoir achetées 1 500 et 1 600.

J'ai voulu et dû écrire *impavidus* et non *invalidus*. Si *emeritus* marquoit assés qu'il avoit quitté le service, alors il seroit peut être bon. Il y a un peu de fanfaronade à cet endroit de l'épitafe, il étoit là où il n'avoit que faire M. J. Bernoulli y étoit aussi, et dit avec raison qu'on se seroit moqué d'eux s'ils eussent été tué ou blessés, mais l'antithèse des deux morts m'a seduit et entrainé.

Les pièces publiées par la cour de Portugal[10] ne prouvent rien du tout contre les jesuites. Le plus fameux jurisconsulte de Portugal a opiné de même que le roi pour causes à lui connues pouvoit proceder extraordinairement contre eux, mais qu'il n'y avoit pas une preuve juridique au procès. Votre supposition des 3 ou 12 jesuites coupables implique mille contradictions. L'assassinat du roi et la haine de Carvalho expliquent tout sans le faire plus méchant que le meilleur homme des jansenistes de Paris. Expliqués tout ce tissu d'atrocités à moins de frais je vous en défie, ont ils avoué quelque chose, ont ils été chargés par les coupables? Ont ils été confrontés, pourquoi ne les exécute t'on pas?

J'ai écrit à M. le maréchal de B.[11] sans vous nommer, je lui parle du projet[12] et demande s'il veut que l'auteur lui écrive, j'atens sa réponse.

Voilà une lettre de Mme de L. que j'ai reçue pour vous[13] peu après avoir écrit celle du 29, j'atendois celle ci pour vous l'envoyer.

Vous ne m'avés point parlé de deux billets ~~que je~~ de souscription que je vous ai renvoyés biffés de ma main, qui m'avoient été renvoyés par le médecin de la feue margrave, mais l'exemplaire même de la margrave n'a pas été fourni, qui donc distribuoit vos livres en Allemagne? J'ai son billet entre les mains qu'elle avoit laissé à son médecin. Je lui ai envoyé \à celui ci\ un mandement sur Bouchard de Rome, en me renvoyant a\cquité\ ce mandement de moi datté de cette année je vous remettrai le billet de souscription. Où en etes vous avec ce Bouchard?

Vos stances sur l'enfer[14] ne peuvent être admises dans le *Mercure*, elles frisent l'impiété. Il y a dans votre exemplaire *Et le rayon qui nous éclaire est l'etincelle du charbon* &c cela est bon quoi qu'un peu obscur.

Je suis médiocrement avec l'auteur \du *Mercure*\[15] qui je crois m'eût il y a deux ou 3 ans cédé tous ses droits mais qui ~~veut~~ pense aujourd'hui différement veut solliciter la première place et qui est porté par D. l...b...[16] qui dine tous les vendredis avec lui chés Clairon. Je vous parlerai de vos autres pièces demain plus à loisir, je vais me coucher.

Avés vous lu dans les *Mercures* mes réponses à Gaullard[17]? Vous ne me parlés point inoculation, vous ne chatouillés pas mon nez de verre[18]. Si je puis je vous enverrai un exemplaire complet de ma dernière lettre morcelée en 3 *Mercures*. M. Razoux[19] de Nîmes m'a écrit, il en a inoculé 14. Votre belle[20] avoit elle eu la petite vérole? M. de Pompignan se fait bien attendre.

Réponse à la lettre du 25.

Dites moi donc ce qui s'est passé entre M. Belesta et vous[21], revient il à Paris?

Mon procès \de loyer\ est par appel au parlement. Je n'ai eu \au Chatelet\ que 3 mois d'indemnité. J'ai un procès verbal d'ouvriers 14 mois après le terme fatal expiré, je suis à demi meublé. C'est dire l'apartement de ma femme. Le reste viendra quand il pourra, mais point de pension et rien que des effets royaux, que deviendrois je si nous n'avions la paix? Sa santé va mieux quant à la poitrine, plus de douleur très peu de toux mais l'embaras de la gorge ne cesse point. Envoyés moi votre obligation de M. de La Cour, je ne m'en dessaisirai qu'en vertu d'un compte aprouvé par vous, et conformément à vos ordres.

Je crois que vous ne pouvés imprimer votre *Tacite* qu'à Paris du moins y mettre la dernière main qu'à Paris. Votre projet de lettre à M. de Saint Florentin me paroit bien, je présume que la lettre de Mme de Louvigni vous dira quelque chose; mais non: elle ne vous parlera comme à moi que de la gravure du portrait, mais il faut voir par elle quand vous aurés écrit au ministre, ajoutés encore à vos raisons une apologie de vos vues en écrivant les memoires beaucoup de docilité et de résignation à ne plus écrire sur ces matieres puisque cela déplait et promesse de vous occuper à autre chose.

du 19 au soir à Paris

Me voici de retour de Livri, je suis venu pour l'Académie.

Il y a une nouvelle tontine[22] de 3 millions, les actions sont de 200 £, on donne 19 £ d'interêt de 30 à 40 ans; 20 £ à 40, 21 £ à 50 &c[23]. Si je reçois \vos\ 324 £ de l'abbé Le Maire, je vous prendrai une action et vous ne feriés pas mal d'en prendre plusieurs. Si on vieillit, on est riche dans le tems où l'on a le plus besoin de l'etre. Un vieillard qui a beaucoup de viager est choyé par ses héritiers, on y porte à force. Il n'y a pas d'exemple qu'on ait touché aux tontines quoique les anciennes fussent scandaleusement avantageuses et onéreuses au roi. On parle d'une taxe sur les aisés et d'un doublement de la capitation[24]. Les fermiers généraux sont fort caressés, ils ont avancé trois millions au roi. Tous les edits du lit de justice seront retirés. Le maréchal de Belle Isle a donné tout son bien au roi ou plus tot à M. le duc de Berry, il a cent mil ecus de rente, il se reserve l'usufruit et le roi purgera ses dettes \de 1 500 mil francs\. Le roi d'Espagne aura 40 vaisseaux de ligne, d'autres disent cinquante au mois d'avril et se declarera, \dit on,\ contre ceux qui refuseront la paix dont il sera l'arbitre. Il faut pour contenter tout le monde faire le roi de Prusse roi de Pologne hereditaire, que le roi de porcelaine[25] abdique, on lui rendra ses Etats et on les arrondira d'une partie du Brandebourg, la Poméranie aux Suedois, la Prusse royale aux Russes, la Silesie à l'imperatrice, Embden à l'electeur d'Hanovre, Cleves à la France, Voostfris aux Hollandois, tout le monde y trouvera son compte. Le Brandebourg jusqu'à Berlin et la Pologne forme un bel Etat à Frédéric qui deviendra ~~de~~ legislateur et fera de la Pologne un Etat florissant, y introduira les arts, les manufactures, le commerce et affranchira les serfs. Voilà un beau projet et quoiqu'en la matiere c'est peut être le plus sûr moyen de donner la paix à l'Europe, je ne vois que quelques grands de Pologne qui y perdront, encore ne sai-je. Je voudrois être l'auteur de cette idée qui me paroit utile et grande[26]. Mais nous avons autre chose à dire et je suis accablé d'affaires.

Il reste 15 vaisseaux de l'escadre de M. de Conflans, 7 de M. de Bomport, 5 de celle de La Clue à Cadix, quelques uns à Rochefort, d'autres sur les chantiers. Nous en avons au moins 40 en etat, ce sont les matelots qui nous manquent encore plus que les vaisseaux. Le maréchal de Conflans a publié sa lettre au ministre, il ne charge personne \mais on dit qu'il pouvoit battre les 12 vaisseaux anglois, les seuls qui ont donné avant que les autres eussent joint[27].\

Les actions de la Compagnie des Indes sont remontées à mil.

Les actions des fermes[28] ne sont point comprises dans les autres effets royaux comme annuités et billets de loterie dont on ne paye plus que le revenu annuel, on touche le benefice au mois d'avril. Vous voyés que vous raisoniés sur une fausse suposition. M. de La Cour sort d'ici, il ne vous a pas envoyé le billet que je lui ai ecrit et ne vous a pas écrit lui même. Il m'a fait entendre que son oncle est mecontent de votre peu de confiance et de l'inquietude que vous avés marquée du depot de vos actions. Je leur ai caché tant que je l'ai pû ce que j'avois à vous, mais votre procès et la déclaration que vous avés faite de 30 et quatre mille livres que vous aviés a tout trahi. Je suis convenu de ce que j'avois, mais votre empressement à faire remettre entre mes mains vos dix actions des fermes qu'ils avoient à vous, la maniere dont vous lui avés ecrit de me les remettre ou qu'elles seroient pour leur compte &c, tout cela les a desobligé. Je me suis bien gardé de leur dire que vous aviés soupçoné que leurs interets étoient melés avec ceux de M. Salles. Peut être feriés vous mieux de le leur avouer. Cela seroit excusable et pourroit vous disculper auprès d'eux.

Je n'ai pas le tems de lire et de comparer tous vos morceaux de Tacite. J'en ai comparé un que j'ai trouvé mieux que celui de Dalembert à plusieurs egards ; cela ne se peut trancher par lettre. Voici une remarque sur *unciarium fenus L...ra (?) non lucrabitur nisi tantum per septimanam nisi tantum 2 denarius*[29], sur quoi vous dites le marc d'argent étoit à 40 s., la £ de 20 sols, le sol de 12 deniers, l'interet étoit d'environ 12 pour cent. Voici ce que je dis à mon tour : la valeur du marc ne fait rien ici, la livre a 240 deniers, deux deniers en font la 120e partie. L'usure étoit donc de 1/120 par semaine, donc de 52/120 pour un an, ce qui feroit plus de 50 pour cent. M. Marmontel est trop ami de Dalembert pour lui proposer de mettre votre traduction dans son *Mercure*. Vos vers de pigeon Gabriel sont impies et ne passeront point[30]. Ceux à Mme de La Gorce[31] sont jolis, sa réponse est mauvaise[32]. La place L'hymne à la Vierge sent le fagot[33]. Le madrigal à Mlle Molière seroit bien si vous ne mettiés en parallele avec notre Terence un homme devenu ridicule et dont le nom est oublié[34]. Envoyer \au moins\ vos vers à Mme La Gorce sans la reponse ne signifieroit rien, et sa reponse ne merite pas d'être imprimée. Voilà tout ce que je peux vous dire aujourd'hui. Bonsoir ; ne vendés pas vos actions, raccomodés vous avec M. de La Cour. Je ne vous envoye point le mémoire de M. de La Primerais pour Mr de Fouchy, c'est en abrégé et vous aurés le mémoire entier.

MANUSCRIT

ALB 1207.

NOTES EXPLICATIVES

1. LB 3580.

2. LB 3586.

3. Rose Madeleine Rose (1682-1766), veuve d'Antoine IV Portail (1674-1736), premier président du Parlement de Paris, membre de l'Académie française en 1724 (*Dictionnaire de la noblesse*, t. XI, p. 439).

4. *Esclandre* : «Bruit scandaleux survenu à la suite de quelque événement fâcheux» (Littré). «De Vienne le 28 novembre. Le général de Siskowitz est arrivé ce matin de l'armée, suivi de 4 chariots chargez des trophées que nos troupes ont pris sur les Prussiens le 20 et le 21 de ce mois. Il y a 96 drapeaux, 24 etendarts, 4 paires de timbales, dont trois d'argent, plusieurs trompettes, & beaucoup d'autres ornemens ou instrumens militaires. Outre les 9 généraux que nous avons nommez, on a fait prisonniers 6 colonels, 3 lieutenants-colonels, 32 majors, 88 capitaines, 168 lieutenants, 85 sous-lieutenans, 100 enseignes, 50 officiers de l'Etat-Major, 8 officiers d'artillerie, & 12 220 soldats. Ce corps prussien défait devoit consister en 18 mille hommes d'infanterie, indépendamment de cavalerie. On en a beacoup tué & blessé dans l'action du 20.» (*Gazette d'Amsterdam*, 11 décembre 1759).

5. Voir LB 3580 n. 25.

6. Bataille de Quiberon, 20 novembre (voir LB 3580 n. 3).

7. Papier monnaie (plus tard dans le siècle, on parle de «billets de confiance») ; voir LB 3580 n. 15.

8. En 1720, Law avait interdit la possession de plus de 500 £ par foyer.

9. Lorette, lieu de pèlerinage, près d'Ancône, où la légende raconte que la maison de la Vierge fut miraculeusement transportée. La garde-robe et les bijoux qui y sont conservés sont célèbres.

10. *Recueil des decrets apostoliques et des ordonnances du roi de Portugal, seconde partie*, Amsterdam : Marc Michel Rey, 1760, p. 53-97. La *Gazette d'Amsterdam* du 20 novembre 1759 publie un long extrait d'un édit du roi portant bannissement des jésuites de tous les États de la Couronne de Portugal, et se borne à signaler d'autres documents.

11. Le maréchal de Belle-Isle, secrétaire d'État à la Guerre (voir LB 3599).

12. Il s'agit du projet de La Beaumelle d'une *Histoire militaire* (voir LBD 294).

13. LB 3581.

14. «Epitre à M. le duc d'Uzès en lui renvoyant le livre du docteur Swinden sur les tourments et le local de l'enfer», 3 p. in 4 (LBD 295).

15. Marmontel.

16. D'Alembert.

17. Voir LB 3577 n. 1.

18. Forme d'illusion ou d'idée fixe. «Quand l'ame ne peut se détromper par les *sens externes*, de la non-existence des phantômes que les *sens internes* lui présentent, comme étoit celui qui croyoit avoir un nez de verre ; ceux qui se persuadent être obligés de suivre tel régiment, dans l'idée qu'ils y ont été engagés, & autres chimeres : c'est dans ce cas une espece de manie, mal qui demande des remedes, & qui y cede quelquefois. Quiconque jettera les yeux sur les tristes effets du dérangement de l'imagination comprendra combien elle est corporelle, & combien est étroite la liaison qu'il y a entre les mouvemens vitaux & les mouvemens animaux.» *Encyclopédie ou Dictionnaire raisonné des arts, des sciences et des métiers* (1751-1772), art. «Sens internes».

19. Le docteur Jean Razoux (voir t. XII, LB 3449 n. 2).

20. Jeanne Pieyre.

21. La Beaumelle a fait une cour empressée à sa sœur, Mlle de Gardouch (voir le poème LBD 296-3). Par la suite, La Condamine écrit que, bien qu'il lui ait rendu service, La Beaumelle n'a pas été reconnaissant envers le marquis et a paru «ne tenir à lui que par les beaux yeux de sa sœur» (LB 3645).

22. *Tontines* : «Rentes viagères où les rentiers étaient partagés en classes selon leur âge et où les survivants de chaque classe bénéficiaient, soit en totalité, soit, plus souvent, en partie, des extinctions se produisant parmi les rentiers de cette classe.» Marcel Marion, *Dictionnaire des institutions de la France aux XVIIᵉ et XVIIIᵉ siècles*, Paris : Picard, 1923, 1999, p. 537.

23. «De Versailles, le 20 décembre 1759. [...] Le parlement, toutes les chambres assemblées, enrégistra lundi dernier un édit du roi portant création de trois millions de rentes viageres, en forme de tontines, divisées en huit classes & établies sur la Ferme générale des Postes & sur les Aides & Gabelles.» (*Gazette de France*, 22 décembre 1759, qui détaille les principes de cette tontine).

24. Le doublement de la capitation est décidé quelques semaines plus tard (édit de février 1760).

25. François Ier de Habsbourg-Lorraine, empereur germanique.

26. La Condamine fait état de ce plan de pacification dans une lettre à Formey du 19 janvier 1760 (J. H. S. Formey, *Souvenirs d'un citoyen*, t. II, p. 209-214).

27. Hubert de Brienne, comte de Conflans (voir LB 3580 n. 4), maréchal de France, a été chargé de protéger le débarquement en Écosse en vue du « Grand Dessein de débarquement », invasion de l'Angleterre programmée par Berryer et le maréchal de Belle-Isle. Le 14 novembre, l'amiral Edward Hawke ayant dû lever le blocus pour épargner une tempête à sa flotte, il est parvenu à sortir de la rade de Brest. Il mouille dans la rade de Quiberon, mais, rattrapé par les navires anglais, il doit évacuer et brûler son vaisseau amiral. Sa défaite lors de cette « bataille des Cardinaux » (20 novembre) lui est vivement reprochée. Si, dans son premier rapport, il décerne effectivement des louanges à ses officiers subalternes, il les accablera de reproches lors de son procès.

28. En 1759, Silhouette a mis en actions la part des bénéfices de la ferme générale destinée à revenir au roi. Les 72 000 actions de 1 000 £ avaient été rapidement vendues, procurant soixante-douze millions au gouvernement (M. Marion, *Dictionnaire des institutions de la France aux XVIIe et XVIIIe siècles*, p. 5).

29. « L...ra (?) ne touchera rien, sinon deux deniers par semaine. » Voir Tacite, *Annales*, VI, 16.

30. LBD 296-2.

31. Marguerite de Beauvoir du Roure avait épousé le 3 novembre 1725 Guy Joseph de Merle, marquis de La Gorce. Demeurant à Toulouse ou à Orbessan, lauréate de l'Académie des Jeux floraux en 1756, 1757 et 1758 (Duboul, II, p. 459-460), elle est en conflit avec son mari dont elle est séparée depuis plus de dix ans. Des échanges épistolaires ont été conservés à son sujet aux archives nationales et aux archives départementales de l'Hérault : Saint-Florentin à Saint-Priest, 30 janvier 1762 (AN O^1 458, f° 19 et AD Hérault C 118) ; Mme de La Gorce à Saint-Priest, Toulouse le 2 mars 1762, et réponse du 10 mars (AD Hérault C 118) ; Saint-Florentin à Mme de La Gorce, 28 mars 1762 (AN O^1 458, f° 68) ; Saint-Florentin à l'intendant Mégret d'Étigny, 28 mars 1762 (AN O^1 458, f° 68) ; Saint-Florentin au marquis de La Gorce, 30 juin 1762 (AN O^1 458, f° 151) et 23 novembre 1764 (AN O1 460, f° 290).

32. LBD 296-1.

33. LBD 296-3a.

34. LBD 296-4. « Dans le monde pensant on compte deux Moliere », écrit La Beaumelle en rapprochant Jean-Baptiste Poquelin et Joseph Privat de Molières.

LB 3588. *Pierre II Salles à La Beaumelle*

Paris, le 21 Xbre 1759

Je vous sçai, monsieur, très bon gré de vôtre joye, modérés la cependant par ce que je vois qu'on a trop exagéré, et que rien n'est fait encore ; il est vrai qu'on examine les moyens les plus capables de tirer l'Etat de sa léthargie, il est encore vray que j'en connois qui sont reçus avec préférence, mais sur le tout le roi n'a pas encore prononcé. Si vos actions des fermes étoient icy et si j'en avois la libre disposition, je pourrois vous mettre dans le cas d'être moins affligé de vous être tant livré *au mot* qui vous a séduit, mais je ne puis ny dire, ny écrire ; au reste, s'il y avoit des bénéfices dans les fermes, comptés que vous les partageriés avec vos 60 titulaires ; mais comment avés vous peü en espérer pendant la guerre, et pourquoy n'avés vous pas fait attention, comme mille autres, que les années de paix, si paix il y a, seront réglées sur les précédentes qui ne sont rien moins que fructueuses ; remplacés donc des craintes mal fondées par des désirs qui ne seront pas remplis, et si vous n'en sçavés pas davantage, attendés sans impatience ce qu'il plaira au roy de statuer sur vos quarante actions, en se réglant luy même sur les circonstances et les événements.

Soit dit sans vous déplaire, vous n'êtes pas mieux instruit de la marche d'une monnoie de representation que du volume de matières d'or et d'argent *en œuvre* que nous avons dans le royaume, mais que vous importe, si l'on vous sauve vos actions du naufrage, si vous devenés gradüé, et s'il vous reste encore la vie de quelqu'autre héroïne à paraphraser, mais avec moins de risque que celle de la dernière, car il faudroit toujours trembler, ou courir pour vous[1].

Toute ma maison vous salüe, et je vous embrasse.

A monsieur de La Beaumelle / ruë Rigue Pels / à Toulouse[2]

MANUSCRIT
  ALB 2523.

REMARQUE
Le cachet représente un arbre terrassé surmonté de trois oiseaux et une couronne de baron.

NOTES EXPLICATIVES
  1. Allusion aux démarches de Pierre II Salles pour faire sortir La Beaumelle de la Bastille (voir t. XI).
  2. La rue Rigue Pels se trouve à côté de la rue Perche Pinte (voir LB 3590 n. 5), proche de la place Saint-Étienne.

LB 3589. *Antoine Joseph Delacour à Jean Angliviel*

[Paris,] le 1ᵉʳ janvier 1760

Bonjour, bon an mon cher Angliviel, puissiés vous être parfaitement heureux cette année, s'il est vray que l'on puisse désirer avec une femme qu'on adore. Vous cherchiés une gazette, et je vous en envoye une, au moins le prospectus très capable de la remplacer d'une façon plus analogue à vôtre goût pour les belles lettres. C'est celuy du *Journal étranger* qui a passé entre les mains d'un de mes amis, l'abbé Arnaud[1]. J'aurois voulu les associer avec vôtre frère parce que c'est une entreprise fort utile, mais le cher La Beaumelle, soit dit entre nous, n'est pas trop sociable avec personne.

Je

MANUSCRIT
  ALB 1824.

NOTE EXPLICATIVE
  1. La première livraison du nouveau *Journal étranger* dirigé par l'abbé François Arnaud (1721-1784) paraît en janvier 1760 (Sgard, *DJs*, p. 218).

LB 3590. *La Beaumelle à Jean Angliviel*

Toulouse, ce 3 janvier [1]760

Je fais bien des vœux pour vous, pour ma belle-sœur, pour mon filleul & pour Rosalie. Je me flatte que vous n'en doutez pas, quoique vous paroissiez m'accuser d'indifférence pour vous. Vous avez en cela le plus grand tort du monde, car je vous aime & vous ai toujours aimé avec beaucoup de tendresse. Vous êtes même le seul être auquel je prenne toujours un intérêt également vif. Mais je vous l'avoue, je crois que nos humeurs sont incompatibles & que nous ne pouvons vivre ensemble. Vos conseils me feront toujours grand plaisir : c'est la preuve la plus solide de l'amitié fraternelle. Ils ne m'ont jamais déplu. Et si j'ai paru vous bouder, ce n'est point contre les avis que vous m'avez donnés, mais contre le ton ~~que~~ \dont\ vous me les avez donnés & peut-être contre le sentiment que ce ton manifestoit. Je me flatte que vous vous en abstiendrez desormais, & que vous me parlerez non en père qui commande ou qui gronde, mais en frère qui conseille & qui console. Je suis charmé que vous m'offriez l'occasion d'entrer dans cet éclaircissement. Vous êtes impardonable de me demander une chose au nom de l'amitié qui me reste pour vous. Mon cœur a toujours été le même, & j'ai plus souffert que vous d'être obligé de discontinuer un commerce que vous ne me rendiez point agréable. Vous me dites que je sçai combien vous avez eu de peine à me retenir à Valeraugue. Je vous assure que je ne le sçai point. Je sçai au contraire que vous avez fait tout ce qu'il faloit pour m'en éloigner. Valeraugue me plaisoit & me plait autant que lieu du monde, mais j'aurois voulu y vivre à ma fantaisie, & vous auriez voulu que je vécusse à la vôtre. Cependant, je vous proteste devant Dieu que, si j'y ai renoncé, vous n'y avez absolument aucune part.

Il y a un siécle que je n'ai vu le pere Marin. Pendant ces dernieres vacations, j'ai toujours été par voyes & par chemins. Je lui parlerai un de ces jours sur le ton que vous me prescrivez.

J'aurois payé à la St-Michel 1 200 £ pour vous au P. Marin, comme je vous le marquai. mais aujourdui cela me seroit impossible, à moins de faire assigner Mr de La Cour & de vendre des actions. J'en ai pour 36 mille francs. Elles étoient il y a 5 semaines à 600 £, elles sont aujourdui à 750, et Mr de La Condamine, à qui dans mon desespoir j'avois donné ordre de les vendre si elles montoient à 700 £, n'a pas même voulu les vendre à 750. Il prétend qu'avant l'ouverture de la campagne, elles remonteront à mille livres & que c'est le seul bon effet de la place. Mr de La Cour & Mr Salles[1] m'écrivent qu'il faudroit être fou pour m'en défaire. J'ai actuellement en poche 450 £. Au mois d'avril, je toucherai 900 £

de l'intérêt de mes actions, & 324 £ de l'abbé Le Maire, qu'enfin Mr de La Condamine a deterré. D'ici à ce tems-là, je suis bien sûr d'avoir au moins une centaine de pistoles de Mr de La Cour. Ce dernier m'envoya un mandat de mille livres sur les Duclos[2] dans le mois d'octobre : en novembre ils firent banqueroute avant que je leur présentasse mon mandat. Ainsi, si votre payement doit se faire aux Rois, je ne pourrai compter qu'une 15^{ne} de louis au P. Marin. S'il doit se faire à Paques, je vous promets de lui en compter cinquante au moins. Vous pouvez compter là-dessus comme sur la chose la plus sûre. Si vous persistez à me charger d'un payement auquel je ne m'attendois pas, avisés le moi, j'écrirai sur le champ à Mr de La Condamine de me vendre des actions.

Je vous remercie de l'extrait batistaire. Je persiste toujours à etre avocat, & je le serai quand ce ne seroit que pour mettre à profit mes études. Que n'y ai-je pensé plutot ?

Dites moi le nom de ce procureur à qui vous donnates à diner & avec lequel vous causâtes des moyens d'avoir un certificat. Il me donnera quelque moyen. Un billet de confession ne suffit pas. J'en aurois bien un en m'allant confesser, mais il faut un certificat du propre curé.

Faites en sorte, je vous en prie, que Mr Balla[3] ou son conducteur se charge du moins de mon habit noir. Ma clé est dans ma malle. Si j'ai \laissé\ quelques paires de bas & quelques chemises, envoyez les moi. J'espere de vous donner bientot ordre de m'envoyer tout[4]. Mais il faut être avocat.

Je loge à présent à la place Perge-pinte[5] dans un apartement que Mr Senovert m'a dit que vous aviez occupé. Il y a une chambre de domestique, une chambre à alcove & un cabinet à chacun des 4 coins. Cela me coute 21 £. La maison a été rebâtie par un perruquier nommé Chambon. Ma depense de bouche me revient à 30 d. par jour & mon domestique est nourri. Le bois coute rendu à la maison 8 £ 15 d. la pagele[6]. Tous vos amis vous font bien des complimens. Votre Lagane[7] est en assez mauvaise odeur dans ce pays-ci. Tout le monde m'en dit du mal.

Nous reçumes pour etrennes les édits. On deliberera le 5. Les etats sont aux prises avec le parlement, qui va donner un ouvrage fort curieux, pour lequel j'ai fourni quelques matériaux ou, pour mieux dire, quelques faits à un des 12 commissaires[8].

Milles embrassades à ce petit enfant qui prend mon portrait pour moi. Je voudrois fort l'entendre jaboter[9].

Adieu, je vous embrasse de tout mon cœur.

P. S. je viens de voir Mr Balla arrivé avec votre lettre.

A monsieur Anglíviel, avocat au parlement / à Valeraugue / par Le Vigan / Montpellier

MANUSCRIT

ALB 367.

REMARQUE

De cette époque date un certificat de garantie pour une montre en or signé Broudes horloger : «Je declare avoir vendu à monsieur de La Baumelle une montre d'or graduee laquelleditte je luy guarantis pendent l'espace d'une annee à conter de ce jour promettant en outre la luy changer pour une autre de meme qualité et façon que celle la pendent ledit temps si par cas il ne n'est pas content pourvu toutefois qu'il n'y soit arivé aucun accident causé par sa faute. A Toulouse ce premier janvier 1760.» (ALB 3750).

NOTES EXPLICATIVES

1. LB 3588.

2. La maison toulousaine Duclos frères est «grande importatrice de laines d'Espagne» (Louis Dermigny, «La banque à Montpellier

au XVIIIe siècle», *Annales du Midi* 93 (1981), p. 45). Robert Granderoute, *OCV*, 56B, p. 150, n. 4 indique que Gaubert Lavaysse avait été «placé de décembre 1757 à novembre 1759 chez les frères Duclos, négociants toulousains, dont les affaires ne sont pas heureuses».

3. Probablement le père de Joseph-François Balla, né le 25 juillet 1737 à Valleraugue et mort le 8 septembre 1806 au Vigan, juge et député à la Convention.

4. La Beaumelle avait envisagé de quitter Toulouse.

5. Place Perge Pinte (voir t. I, LB 200 n. 2 ; LB 3588 n. 2), aujourd'hui Perche Pinte.

6. *Pagelle :* terme toulousain de mesure du bois de chauffage.

7. Voir LB 3636 n. 6.

8. La Beaumelle avait demandé des matériaux à l'abbé Destrées (voir LB 3570).

9. *Jaboter :* parler beaucoup, d'une voix peu élevée et de choses peu intéressantes (Littré).

LB 3591. *Le chevalier Maurice d'Arnal à Jean Angliviel*

A Calais, ce 5 janvier 1760

[...] Donnés moi S. V. P. des nouvelles de mon cousin vôtre frere, j'ay apris qu'il étoit à Toulouse ; c'est le séjour de l'esprit, il ne peut qu'y être avec agrément. [...]

MANUSCRIT

ALB 5622.

LB 3592. *La Beaumelle au comte de Saint-Florentin*

A Toulouse, ce 12 janvier 1760

Monseigneur

Permettez moi de réclamer auprès de vous la protection des lois qu'on viole toutes pour jouir du cruel plaisir de me perdre & de m'opprimer. Voici le fait.

Vers la fin de décembre dernier, le sieur David[1], capitoul, se rendit sur un faux avis chez Mme la comtesse douairière de Fontenille[2]. Il ne trouva dans la cour ni chaises ni porteurs ; il ne vit dans la maison ni lumières ni aparence de jeu. Cependant il fit enfoncer par ses soldats la porte d'un salon de compagnie & de-là monta dans l'apartement de Mme la comtesse qui dormoit si profondément qu'elle ne fut point éveillée par la bruyante famille du guet.

Le lendemain, Mme la comtesse de Fontenille porta à Mr le maréchal de Thomond ses plaintes contre un attentat & un affront si criants. Le sieur David m'attribua ce placet, si mal écrit que lui seul pouvoit me l'attribuer. Il craignit que Mr le maréchal ne vengeât sur lui la sureté & la bienséance publiques, violées par le magistrat chargé de les maintenir. De sorte qu'il ne chercha qu'une occasion de prendre en faute l'ennemie qu'il s'était faite. Mais il ne la trouva point.

Le 1ᵉʳ de janvier, il sortit de charges. Mais, accoutumé à en étendre les droits, au mépris des ordonnances du roi, il en continua les fonctions uniquement contre Mme de Fontenille. Un procès que cet homme turbulent eut avec Mr le procureur-général lui a appris que son étoile est de faire toujours de grandes fautes & de n'en être jamais puni[3].

Le 8 de janvier, Mme de Fontenille donna à souper à une douzaine de personnes. Mr de Niquet[4], qui préside aujourd'hui le parlement, y fut invité : ce qui prouve qu'on avoit pas prémédité de partie de jeu.

A une heure & demie, l'assemblée voulut se séparer. Mais personne ne trouva ses porteurs. Un valet de chambre nommé Dorliac, espion du sieur David, leur avoit de son chef donné ordre de se retirer jusqu'à sept heures du matin. Cet ordre lui avoit sans doute été dicté par le sieur David, afin de mettre les convives dans la nécessité de jouer.

En effet, une voix de femme ayant demandé un pharaon[5], je me mis à jouer avec elle & avec une autre personne à la mort d'un petit écu chacun, représenté par cinq jettons.

A peine la seconde main est-elle commencée que le salon est envahi par vingt soldats précédés d'un homme vétu d'une soutane blanchâtre & boutonée, le chapeau sur la tête, l'imprécation à la bouche. C'était le sieur David.

Voyant qu'il ne pouvoit dresser un procès-verbal avantageux, il en voulut chercher la matière dans les poches des assistans, & donna ordre à ses soldats de fouiller tout le monde, à commencer par Mme la comtesse. Les soldats n'obéirent point. L'ex-capitoul s'avance pour fouiller lui-même. Son audacieuse main va chercher un six de carreau jusques dans le sein d'une jeune demoiselle.

Il s'avance pour fouiller la comtesse elle-même, sans égard pour son âge de 84 ans, sans respect pour son sexe, sans considération pour une maison qui tient aux premières races du royaume & dont les ancêtres ont regné en Picardie. Mme de Fontenille recule & lui dit qu'elle ne le connoit pas. En effet, son année d'exercice étoit expirée : & il n'avoit pas plus la livrée de la magistrature, que le droit de la porter. Cependant le sieur David la serre de plus près. Alors l'octogénaire amazone se baisse, s'arme d'un flambeau & en repousse la main qui attentoit sur elle.

Tous ces faits sont constatés par le verbal[6] ou par la procédure.

Le sieur David se borna enfin à faire écrire les noms de tous les assistans.

Deux heures après, mon apartement fut envahi en mon absence par la soldatesque des capitouls, & tous mes effets & provisions abandonnez au pillage.

Sur les cinq heures du soir, j'allai rendre mon audition[7] à l'hotel de ville.

Le lendemain, 10 de janvier, à la requête du syndic de la ville, on décreta Mme de Fontenille & moi de prise au corps[8], Mme de Fontenille pour avoir jetté le flambeau, moi pour avoir été accusé par un seul & unique témoin, d'ailleurs corée[9], d'avoir dit quelques jours auparavant qu'il faloit jetter le sieur David par les fenêtres. Mais le sieur de Tegra, capitoul[10], voyant qu'on lui présentoit un verbal différent de celui de la veille, & qu'il n'y avoit qu'un témoin contre moi, sortit de l'assemblée & ne voulut point être complice de cette iniquité. Depuis, il s'est plaint hautement de la falsification du verbal, ainsi que le sieur Pigeon, avocat du roi de la ville. En effet, ce verbal a été refait trois fois.

Cependant, on fit la recherche de ma personne & l'annotation de mes effets[11], qu'on avoit déjà pillés, parce qu'on avoit mis des soldats chez moi depuis trois jours sans observer l'indispensable formalité du scellé. On me vola vingt-sept louis en or.

Mr le procureur-général appella de cette procédure, dont la continuation fut attribuée par arrêt aux gens du roi. Cependant les décrets subsistèrent. Et malgré cela, il y eut un nouveau décret & une nouvelle annotation d'effets; & un nouveau témoin fut reçu contre moi, à la requête du procureur du roi, quoique le procureur du roi jure & proteste qu'il ne le fit point assigner.

Je vous supplie, Monseigneur, de faire surseoir cette injuste procédure, d'ordonner à Mr le procureur-général de vous en rendre compte, & de me protéger contre les vexations de capitouls qui abhorrent les gens de lettres depuis qu'un homme de lettres les a joués dans la *Métromanie*[12], qui ont des ressentimens particuliers contre moi, qui ne se font point un scrupule de falsifier des verbaux, qui me jugent par contumace, quoique j'aye rendu mon audition, & qui autrefois abusèrent si étrangement du droit de glaive, à l'égard de Bérenger[13], que le roi fut obligé de priver du droit de corps & communauté la ville, les capitouls & tous ses habitans.

Je suis avec le plus profond respect, monseigneur, votre très humble & très obéissant serviteur.

La Beaumelle

MANUSCRIT

ALB 3859.

REMARQUES

Copie en forme avec signature.

De cette époque date un reçu signé de Labadie : « J'ay reçû de monsieur Vaquier[14] pour le compte de M. de La Baumelle trente six livres pour fournir aux frais du procès contre le syndic de la ville. A Toulouse ce 12 janvier 1760. » (ALB 3752).

NOTES EXPLICATIVES

1. François-Raymond David de Beaudrigue est capitoul de Toulouse à plusieurs reprises de 1747 à 1751, en 1755 et de 1759 à 1765 (*Tableau des capitouls*, p. 169-175 ; A. Du Liège, *Histoire des institutions de la ville de Toulouse*, Toulouse : Laurent Chapelle, 1884 p. 454-456).

2. Marie Claire Durand de La Tour, comtesse de Fontenilles (voir t. XII, LB 3378 n. 7), « Marie Claire de Duras, comtesse douairière de Fontenilles, agée de soixante quinze ans » d'après la procédure toulousaine (AM Toulouse 804/1) ; sur l'affaire Fontenilles, voir Anatole Feugère, « Un scandale toulousain au XVIIIe siècle. Le capitoul David et les jeux défendus », *Annales du Midi* 44 (1932), p. 296-331 ; sur l'affaire des capitouls qui occupera La Beaumelle jusqu'à l'automne 1761, voir LBD 300 et le t. XIV.

3. Des précisions sur ce procès intenté en 1750 à David de Beaudrigue sont fournies par Anatole Feugère, « L'accusateur de Calas était-il un fripon ? », *La Grande Revue* 131 (janvier 1930), p. 428-449. Ému par la gravité des faits dénoncés par un plaignant, le procureur général Riquet de Bonrepos accusa David de prévarications. Le 15 juin David et deux co-accusés furent « ajournés à comparoir en personne ». David obtint l'évocation du procès devant le Conseil du roi, qui le renvoya au Parlement de Bordeaux le 10 août pour les motifs suivants : « Sa Majesté aurait reconnu d'un côté que si les faits qui sont imputés au sieur David méritaient d'être approfondis avec la plus grande attention, d'un autre coté les difficultés qui sont à régler entre le Parlement de Toulouse et les capitouls de ladite ville et qui ont déjà donné lieu à différents arrêts rendus en son Conseil, pouvaient demander que la continuation de ladite procédure fût renvoyée devant un autre tribunal. » David ne s'y présenta pas. L'analyse des dépositions des témoins devant le Parlement de Bordeaux fait apparaître qu'il abusait du pouvoir que lui conférait son titre de capitoul

tant pour des affaires de mœurs que de jeux. Le jugement rendu par le Parlement de Bordeaux le 28 août assoupit l'affaire.

4. Antoine Joseph de Niquet de Sérane (1700-1794), conseiller du Parlement de Toulouse en 1720, président à mortier depuis 1722, premier président de 1770 à 1787, membre de l'Académie des Jeux floraux depuis 1736, de la Société des Sciences à la même date et de l'Académie des Sciences en 1746 (Duboul, II, p. 6-7, 186).

5. « Les principales regles de ce jeu sont : que le banquier taille avec un jeu entier composé de cinquante-deux cartes ; qu'il tire toutes les cartes de suite, mettant les unes à sa droite, & les autres à sa gauche ; qu'à chaque main on taille, c'est-à-dire de deux en deux cartes : le ponte a la liberté de prendre une ou plusieurs cartes, & de hasarder dessus une certaine somme ; que le banquier gagne la mise du ponte lorsque la carte du ponte arrive à la main droite dans un rang impair, & qu'il perd lorsque la carte du ponte tombe à la main gauche, & dans un rang pair ; que le banquier prend la moitié de ce que le ponte a mis sur la carte lorsque, dans une même main, la carte du ponte vient deux fois, ce qui fait une partie de l'avantage du banquier ; et enfin que la derniere carte qui devroit être pour le ponte n'est ni pour lui, ni pour le banquier, ce qui est encore un avantage pour le banquier. » (*Encyclopédie*).

6. LBD 300-1.

7. LBD 300-2.

8. LBD 300-3.

9. Du latin juridique médiéval *correus*, co-accusé. Ce terme était utilisé par le Parlement de Toulouse dont le droit procédurial était romaniste, mais inconnu de celui de Paris dont le droit était coutumier.

10. François Niocel, seigneur de Tegra (voir LBD 300-1 n. 15).

11. LBD 300-4.

12. Baliveau, l'un des principaux personnages de cette comédie en cinq actes et en vers d'Alexis Piron (1738), est un capitoul qui s'attire cette réplique : « Mais apprenez de moi qu'un ouvrage d'éclat / Annoblit bien autant que le capitoulat » (V, 4). En janvier 1751 le premier capitoul en avait interdit la représentation, mais le Parlement en appel avait cassé cette interdiction par un arrêt. Voir Paul de Casteras, *La Société toulousaine à la fin du XVIIIe siècle*, Toulouse : Privat, 1891 p. 44-45.

13. Aimeric Berenger, étudiant rouergat injustement condamné à mort par les Capitouls en 1332. Voir Jean-Marie Carbasse, « Une affaire Calas du XIVe siècle. Le procès d'Aimeric Berenger (1332-1335) », *Mélanges en l'honneur d'Anne Lefebvre-Teillard*, Paris : EPA, 2010, p. 173-194 ; LBD 300-28 n. 64.

14. Vacquier-Prouho.

LB 3593. *Saverio Bettinelli à Voltaire*

A Verone, le 15 janvier 1760

[...] Mr Algarotti ne cultive pas les lettres aussi librement que moi. Mais il vit dans le grand monde, et au milieu de ce que vous appellez si bien une pauvre mascarade. Le moïen de se passer tout à fait de masque ? Il faut nous y accoutumer, monsieur, et je doute fort que votre Angleterre soit exemte d'hippocrisie. Cette taciturnité angloise n'est elle bonne à rien ? Ni dans les deux chambres, ni dans les factions, ni dans la politique ni à la cour même, ni dans l'Eglise, on n'y voit point de masques ? Cromwel auroit il réussi autant par tout ailleurs ? Je ne dis rien de Geneve. Vous connoisséz les docteurs de la loi à fond, et vous avez vû leur zèle contre M. d'Alembert. Mais ce qui vous réjouira le plus c'est la mascarade des philosophes. Buffon se fait écolier de la Sorbonne, Montesquieu désavouë les *Lettres Persannes* et ment avec décence, comme dit d'Alembert, qui de son côté combat logiquement en catholique contre les protestans ; Rousseau s'enterre pour faire du bruit, et veût être lu des hommes qu'il déchire ; Diderot ne respire que les beaux sentimens dans ses comédies – jusques à La Beaumelle est dévot pour Mme de Maintenon. Tous ces grands génies sans préjugéz prennent un masque, et en changent souvent ; ce sont les plus grands comédiens que j'ai vû à Paris. Ils encensent la monarchie qu'ils abhorrent, frondent le célibat qu'ils pratiquent, prêchent la tollérance et la paix avec l'intollérance des croisades, avec cette haine philosophique plus terrible que la monacale et la théologique. [...]

ÉDITION

D8710.

LB 3594. *La Condamine à La Beaumelle*

A Livri, le 18 j[anvi]er 1760

Loin d'être accablé de vos lettres, mon cher enfant, je les trouve trop rares. J'atendois la vôtre avec impatience. Je suis étonné qu'elle ait été si longtems en chemin, elle est du 29 Xbre, je ne l'ai reçue à Paris qu'avant hier 16 janvier. Dites moi si c'est que vous avés oublié de la mettre à la poste ou si, comme je le crois par les deux ecritures, l'une à peindre l'autre griffonée, elle est restée sur votre bureau ; cependant j'aperçois dans le moment que la datte du P.-S. est du 1ᵉʳ janvier : je la croirois plus volontiers du 11 quoi qu'il en soit.

Je suis fort aise que vous vous determiniés à garder vos actions des fermes. C'est le meilleur effet de la place. M. Bertin ménage beaucoup les fermiers généraux, ~~les~~ \leurs\ actions se soutiennent à 750 et remonteront selon toute apparence. Votre conjecture sur la hausse de ces actions pendant que dureront les negociations est vraisemblable, surtout jusqu'au premier avril terme de la premiere repartition du bénéfice, et qu'elles baisseront ensuite car il y a bien peu d'apparence que nous ayons la paix cet hyver. \C'est M. d'Afri[1] qui negocie à La Haye mais\ tout se prepare à la campagne prochaine. M. le maréchal de Soubize doit commander une armée de 70 mil hommes, qui opérera sur la Meuse à ce qu'on croit mais on l'ignore. M. le comte de Maillebois est revenu à Paris pour traiter de sa charge de M. de la garderobe avec M. de Cussé[2]. Cela a fait courir le bruit qu'il serviroit sous le marechal de Soubize[3] qui le desiroit et qui est son ami. On dit que le maréchal d'Estrées s'est jetté aux genoux de celui ci pour l'empecher d'employer M. de Maillebois. Je ne sais si le fait est vrai, mais il l'est très fort que c'est M. de Cussé qui a obtenu son retour pour la facilité de la negociation, et que le terme de son sejour à Paris n'est pas limité, ce qui fait esperer qu'il se prolongera et a donné lieu aux autres conjectures. Le marquis Chauvelin[4] achete l'autre charge de M. de la garderobe de M. de Souvré[5].

Je voudrois bien avoir des actions des fermes au lieu des miennes de la Compagnie que j'ai achetées 14 et 1 500 £ et dont j'ai 25 en dépôt à la Compagnie \et qui sont tombées à 720 £ depuis la diminution du dividende\ tandis que vous me faites compliment sur ce qu'elles reprennent faveur, car je supose qu'un mot illisible de votre lettre veut dire actions des Indes (*Indes*), encore le *d* est il moins lisible que dans cette copie figurée. Vous savés à present que le dividende a eté diminué de 80 £ à 40 et qu'elles sont aussitot tombées à 720 £. Mon revenu de 12 000 £ par la suspension des pensions, par la perte de 1 000 £ de rente sur mes 25 actions, et par celle de 700 £ de rente sur mon interêt de 14 000 £ dans la chambre d'assurance[6] dont je ne trouverois pas 4 000 £ d'argent comptant, est diminué de 7 000 £. Je vois beaucoup de gens plus à plaindre que moi et beaucoup davantage qui, moins à plaindre, se plaignent plus haut. Je suis à la campagne avec madame de La Condamine et je retournerai en Picardie quand je ne pourrai plus vivre à Paris. Heureusement j'ai une femme fort raisonable, qui est contente de tout, je ne sens cet état que pour elle. Je suis bien heureux de n'avoir point acheté de chevaux comme j'y comtois cet hyver. Je vous remercie de votre offre. Je proportione ma dépense à mon revenu, nous sommes tous deux au lait : ce régime prescrit par les médecins convient à l'état de nos finances. Je voudrois qu'elle se portât aussi bien que moi. Son mal de gorge est plus incommode que douloureux. Sa poitrine va mieux à ce qu'elle prétend, mais elle a encore toussé hier et cela m'inquiete. Je n'ai en vérité nul besoin de votre argent pour moi, mais s'il ne falloit pas pour en faire vendre vos actions à 750 £ et qu'elles fussent au pair, je vous aurois prié de me preter 6 000 £ pour un an ou deux à 6 pour cent d'intérêt pour une veuve (je vous laisse à deviner qui[7]) à qui je serois enchanté de pouvoir faire ce plaisir, qui a 40 mil livres de rentes, qui a un payement à faire de 14 000 £ et qui n'en a que 9 000 £ qui m'a prié de lui chercher cette somme \de 6 000 £\ chés un notaire et qui offre de deposer 12 actions des Indes. Elle avoit fait cette offre avant qu'elles fussent baissées de prix. Je n'ai pu réussir dans cette negociation. Je comtois sur un homme de Bordeaux qui a epousé une femme fort riche, et fort en argent comptant; mais celle ci refuse son consentement, piquée contre le roi et l'Etat de ce que le payement d'une rescription des Isles de 14 000 £ est suspendu et qu'elle ne peut même agir contre les cautions par qui elle s'est fait assurer la dette. Ne m'allés pas dire de vendre vos actions, il est vrai que j'aimerois mieux faire ce plaisir à cette dame qu'à moi même, mais je ne vendrois pas vos actions à 750 £ quand ce seroit pour vous, et si vous le vouliés il faudroit que vous envoyassiés votre procuration à quelqu'un pour les retirer de mes mains. Je ne vous suis pas moins obligé de votre offre.

Il est vrai que mon projet politique, c'est à dire celui que j'adopte et que je trouve fort beau[8], ne termine point notre querelle avec l'Angleterre, mais en pacifiant l'Allemagne, nous n'aurions plus de subsides à payer, \ce qui augmenteroit nos forces,\ ce qui rendroit le traité avec l'Angleterre plus aisé, surtout si l'Espagne s'en mêloit. Jamais nous ne consentirons à voir limiter le nombre de nos vaisseaux. La restitution de Minorque, la peninsule entiere de l'Acadie cédée aux Anglois[9] avec la côte des Echemins ~~jusqu'à~~ entre cette presque isle et la Virginie, le rasement de Dunkerque et le recomblement du port est tout ce que l'Angleterre peut prétendre pour une paix durable; c'est non seulement ceder de nos pretentions mais de nos possessions actuelles. Quant aux limites qu'elle donnoit à la Nouvelle Ecosse[10] jusques ce compris la rive méridionale du fleuve Saint Laurent, elles sont plus que déraisonables, cela nous oteroit notre communication avec la Louisiane. Je suis très persuadé que l'Angleterre accepteroit ces conditions telles que je viens de dire si on y joignoit la cession de Louisbourg et du Cap Breton[11] qui seroit cruelle puisqu'elle seule assure le Canada dont elle ferme l'entrée, et je crois que pour y consentir il faudroit encore une campagne malheureuse en Amerique. Alors il faudroit subir la loi du vainqueur, mais le traité ne seroit que palliatif et jamais solide. La paix seroit assés glorieuse pour eux et seroit durable en abandonnant toute l'Acadie et la cote voisine qui fait la pierre d'achopement et si vous voulés encore tout le terrain ~~jusqu'à~~ intérieur jusqu'à la rive de l'Ohio en conservant la communication de Quebec à la Louisiane par cette riviere et les deux bords du fleuve

Saint Laurent dont nous avons la possession de tout tems. Nous céderions encore une fois non seulement ce qui est en contestation mais ce qui etoit clairement réservé par le traité d'Utrecht jusqu'à la riviere de Saint Jean. \Vous avés raison, Clèves va mieux au landgrave, à nous rien : pourquoi la reine de Hollande nous cederoit elle le Luxembourg ? Cela nous iroit pourtant bien.\

Dans ce que vous apelés mon projet, j'oubliois une ligue defensive eternelle entre l'Autriche, la Pologne et la Russie pour servir de barriere à l'Europe chrétienne contre le Turc. Cela et l'affranchissement des serfs en Pologne feroit ~~un~~ \deux\ nobles pretextes aux puissances contractantes pour changer le gouvernement en Pologne et au roi Auguste pour y renoncer. Il faudroit bien que le roi de Prusse se soumît à cette dernière condition \de l'affranchissement des serfs\. Il y gagneroit encore beaucoup d'être monarque en Pologne aussi absolu que le roi de France ou d'Espagne et en 20 ans, peut etre moins, il feroit de ce royaume une des grandes puissances de l'Europe.

Votre projet pour rembourser les dettes de l'Etat est magnifique. Il n'y a que cent millions de rentes à payer, il faut donc que le roi retranche ses depenses d'autant. Quant au remboursement du capital à raison de dix millions par an, en 200 ans tout seroit remboursé.

Vous me paroissés trop systematique et adopter trop généralement des principes incertains ou sujets à mille exceptions. Qu'un domestique se fasse cinquante ou cent livres de rente de ses épargnes pour s'exempter s'il peut de mourir à l'hopital ou pour y être un peu mieux dans sa vieillesse, sera t'il dispensé d'avoir de l'industrie, et cette epargne ne supose t'elle pas qu'il l'a exercée pendant 20 ans ?

Je suis bien aise que M. de Sartine vous ait repondu favorablement[12], je l'entretiendrai dans ses dispositions. Pourquoi ne vous rendroit il pas service quand il sera plus ancré ?

Voici la réponse que j'ai reçue du marechal[13] \je ne vous ai point nommé\. *Je suis persuadé, d'après ce que vous m'en dites, que c'est son zele (de votre ami) pour le service du roi et le bien de l'Etat qui l'a porté à vous faire la proposition &c. Cette corde à toucher est délicate, et mérite de si serieuses réflexions qu'il n'est pas possible de la traiter dans une lettre.*

J'ai reçu de Mme de Louvigni un beau portrait dans un cadre doré de Mme de Maintenon que la supérieure vous envoye ; elles me prient d'exiger de vous de n'en point parler &c, mais elles jugent mieux de votre ouvrage et du bon effet qu'il a produit pour leurs vues, que quantité d'esprits faux ou prévenus independament des sots que je ne compte point. Il est certain que vous n'avés rien apris quant à l'essentiel aux gens de la vieille cour dont il n'y a plus guère et à ceux qui les ont frequentés. Mais dans 20 ou 30 ans d'ici, la calomnie pourroit prévaloir surtout chés les étrangers. Les satyres meprisées et qui ne meritoient pas de réponse dans le tems existant auroient été lues et aucun monument ni aucun titre ne les eût démenties au lieu qu'il n'y a rien à opposer à une ~~suite~~

\chaine\ de faits et de temoignages que personne n'a osé dementir, qui se lient avec les lettres et qui leur donnent et en reçoivent une nouvelle force.

M. l'abbé Le Maire m'a repondu et promis de me payer sous deux mois. La somme est un peu moindre, il n'a reçu que 24 £ de l'exemplaire. Je vous conseillerois fort malgré vos craintes de prendre une action de tontine. Louis XIV fut près d'aller à Chambord. Les ennemis se croyoient deja à Paris \en 1711\ et il n'a jamais été question de retrancher les rentes viageres. La revolte seroit universelle, les gens à qui on oteroit le pain deviendroient des ......, je ne veux pas achever. Vous risquerés 200 £, et si vous vivés 80 ans vous aurés 500, 700, 1 000 et jusqu'à 6 000 £ de rente ; il y a plus : si vous avés de l'argent, ~~mettés~~ prenés plusieurs actions sur la tête de plusieurs personnes saines qui ayent 70 ans et qui se trouvent dans une classe confondue avec ceux de 79, 80, et au delà s'il y en a \de cet âge\ qui constituent. Dans 5 ans au plus tard vous aurés retiré votre fonds et vous aurés alors au moins 50 ou 60 £ de rente pour 200 £ de capital, l'année d'après 100 et ensuite 200, 400, et dans 20 ans si une de vos têtes vit vous aurés d'une seule action 1 000 £, 2 000 £ et jusqu'à 6 000 £. Ne dites ce secret à personne, je vous le confie, je [me] mettrai dans cette classe et vous heriterés de mes têtes si je choisis moins heureusement que vous. Je vais vendre le peu que j'ai de vaisselle d'argent pour faire 4 ou 5 actions.

J'ai envoyé mon second mémoire à M. Razoux qui m'a écrit, j'en ai encore un ou deux et c'est tout. Je vous en enverrai un \et le premier\. Croiriés vous que Durand m'a refusé 300 exemplaires destinés uniquement à des présens d'une nouvelle edition que je voulois faire de mes deux memoires \fort augmentés\ et de quatre longues lettres \de moi\, de reflexions de M. Bernoulli[14] et de quelques autres pieces importantes sur la même matiere. Je vais m'adresser à un autre. Mais, mon cher, songés à ce que vous m'avés promis ; il est tems, je suis moralement sûr de réussir et peut etre avant que vous receviés ma lettre le moment arrivera. Vous ~~vous~~ .... \remettés sans cesse\, je vous somme de votre parole. Je verrai si l'on y peut compter, ne fût ce que des lambeaux, envoyés toujours, je n'ai point de matériaux. Convenés que cela devroit être fait si vous ne vous laissiés pas arrièrer. Je vous en dis autant de l'eloge de notre ami, il me semble que vous vous refroidissés. J'attens au premier jour le mémoire de M. de La Primeraye qui est un lambin, et ce que M. Formey lira le 24 de ce mois à Berlin[15], qu'il m'a promis de m'envoyer. Vous trouverés à Toulouse les *Memoires de l'Académie* de 1754 où mon premier mémoire est fort augmenté et où j'ai fait entrer quelque chose du second. Cette edition est plus ample et plus correcte que celle d'Avignon, la meilleure des précédentes. Adieu mon cher La Beaumelle, madame de La Condamine vous remercie et, en revanche des souhaits que vous faites pour elle, vous désire une femme raisonable et bien riche pour qui votre reconoissance vous inspirera des sentimens plus durables que l'amour. Pour moi, sans enthousiasme, je l'aime mieux qu'une maitresse et que je ne l'aimois quand je l'ai épousée. Je vous embrasse de tout mon cœur, je ne suis pas si laconique que vous.

Marmontel a été à la Bastille pour une parodie de la scene du conseil dans *Cinna* où M. le duc d'Aumont et M. d'Argental envoyé de Parme sont mal traités[16] ; vous aurés vu cela. On lui ote le *Mercure*[17]. Cela est comme fait, je le plains quoique je n'ai pas lieu de me louer de lui. Je l'aimois malgré cela, je l'estimois et il est malheureux.

Monsieur de La Popeliniere et sa femme vivent très bien ensemble. L'abé Lacoste[18] ex-célestin ~~fau~~ ambassadeur à Toulouse est à la Bastille pour une fausse loterie. Il ira au moins aux galeres. Je l'ai connu en Holande en 1745, il y fit un libelle contre moi pour gagner de l'argent.

A monsieur de La Beaumelle / à Toulouze

MANUSCRIT

ALB 1209.

NOTES EXPLICATIVES

1. Louis Augustin, comte d'Affry (1713-1793), ambassadeur de Louis XV en Hollande de 1758 à 1762.

2. « De Versailles, le 3 janvier 1760. [...] Sa Majesté a disposé de la charge de maître de sa garde-robe, vacante par la démission du marquis de Souvré, chevalier des Ordres du Roi & lieutenant général de ses armées, en faveur du marquis de Chauvelin, Grand Croix Honoraire de l'Ordre Royal & Militaire de Saint Louis, lieutenant général des armées du roi & son ambasadeur près le roi de Sardaigne ; Sa Majesté a aussi disposé de la pareille charge, vacante par la démission du maréchal de Maillebois, en faveur du comte de Boisgelin de Cucé, premier cornette de la première compagnie des mousquetaires. » (*Gazette de France*, 5 janvier 1760).

3. Charles de Rohan, prince de Soubise (1715-1787), duc de Rohan-Rohan, maréchal de France en 1758.

4. François Claude Bernard Louis de Chauvelin (1716-1773), Maître de la garde-robe du roi.

5. François-Louis Le Tellier, marquis de Souvré, seigneur de Rebenac (1704-1767), qui a hérité la charge de son père, Louis-Nicolas Le Tellier, marquis de Souvré (1667-1725). « Le maître de la garde-robe tire le just-au-corps, la veste, le cordon bleu, & reçoit aussi la cravate. Ces deux charges sont possédées : l'une par M. le maréchal de Maillebois depuis 1736, ayant M. le comte de Maillebois pour survivancier ; &

l'autre par M. le marquis de Souvré, depuis 1748. » (*Encyclopédie*, t. VII, art. « Garde-robe »).

6. La chambre impériale et royale d'assurance a été établie à Anvers en 1756 (Jacques Peuchet, *Dictionnaire universel de la géographie commerçante*, Paris : Blanchon, 1799, p. 572).

7. Probablement Mme de Lussac (voir t. XII, LB 3334 n. 3).

8. Voir LB 3586.

9. Dès le Traité d'Utrecht en 1713, la majeure partie de l'Acadie avait été cédée à la Grande-Bretagne, la France conservant certains forts et la partie continentale de la province. Ces forts sont pris par les Britanniques en 1755. Le gouverneur Lawrence décrète la déportation des Acadiens en juillet de cette année car certains ont pris les armes contre la Grande-Bretagne. Entre 8 et 10 000 Acadiens sont ainsi déportés durant le « grand dérangement ». Ils sont disséminés le long de la côte atlantique ou expulsés vers l'Angleterre. En 1763, les quelque 1 200 Français déportés en Angleterre sont rapatriés en France.

10. L'Acadie.

11. Louisbourg est le principal port de l'île Royale, au nord-est de l'Acadie insulaire.

12. Antoine de Sartine (1729-1801) est lieutenant général de police depuis le 22 novembre 1759.

13. Le maréchal de Belle-Isle (voir LB 3587 n. 11).

14. En avril 1760, il présentera à l'Académie des Sciences un mémoire soutenant par des arguments mathématiques la cause de l'inoculation.

15. Voir LB 3575 n. 6.

16. « Parodie de la scène de *Cinna* tragédie du grand Corneille. Le duc d'Aumont, Le Kain, D'Argental » (*Correspondance littéraire*, 1ᵉʳ février 1760, éd. U. Kölving, p. 28-32). Le séjour de Marmontel à la Bastille ne dura que du 28 décembre 1759 au 7 janvier 1760.

17. Marmontel perd effectivement le brevet du *Mercure* en janvier 1760 (Sgard, *DJs*, p. 687).

18. « Ayant eu avis qu'un religieux, célestin apostat, qui a passé autrefois en Hollande avec une fille, avec beaucoup de diamants qu'il avait volés à des marchands de Paris, était revenu ici sous le nom de l'abbé de La Coste, et qu'il faisait des libelles contre la réputation de différentes personnes [...] en sorte que, sous le bon plaisir de M. le comte de Saint-Florentin, j'ai fait conduire l'abbé de La Coste au château de la Bastille, le 5 janvier 1760. » (François Ravaisson-Mollien, *Archives de la Bastille*, Genève : Slatkine, 1975, t. XVIII, p. 1-11, 15-21). L'abbé Emmanuel Jean de La Coste, « convaincu d'être l'auteur de la fausse loterie de Gémont et de différents billets et libelles anonymes et diffamatoires et d'avoir fait plusieurs escroqueries ». Condamné le 28 août 1760 pour escroquerie et libelles diffamatoires aux galères à vie, il mourra à l'hôpital des chiourmes de Toulon le 30 octobre 1761.

LB 3595. *L'abbé Trublet à Jean Henri Samuel Formey*

[Paris, le 28 janvier 1760]

[...] M. de La Condamine s'est chargé de faire parvenir votre lettre[1] à M. de Beaumelle. Celui-ci m'avait écrit comme à vous pour l'éloge qu'il prépare de M. de Maupertuis. Il est en état de le bien faire, et surtout de le faire avec une liberté qui ne convient qu'à lui. J'espère donc beaucoup de l'ouvrage, pourvu néanmoins qu'il passe sous les yeux de M. de La Condamine qui me le communiquera aussi. Il sera pourtant bon qu'on ignore qu'il nous ait été communiqué. [...]

ÉDITION
Correspondance passive de Formey, 1996, p. 267.

NOTE EXPLICATIVE
1. LB 3575.

LB 3596. *La Beaumelle à Charles O'Brien, maréchal de Thomond*

A Toulouse, ce 2 fevrier 1760

Mylord

J'ai appris avec ~~la plus vive~~ douleur, qu'on avoit tâché de me noircir dans votre esprit, & que peut-être on y avoit réussi. ~~Lassé, affligé~~ \Aussi las qu'\indigné d'être ~~perpetuellement~~ eternellement le jouët de l'inique délation, j'étois tenté de chercher dans un autre pays le repos que je ne trouve ~~pas~~ plus dans le mien.

Mais je me suis dit que la justice regnoit partout où vous commandiez & que, si vous pouvez être prévenu, bienfaisant comme vous l'êtes, Mylord, vous ne demandez qu'à être désabusé.

On prétend qu'on m'a peint auprès de vous sous les traits odieux de banquier de pharaon.

C'est une imputation à laquelle je n'aurois pas dû m'attendre, moi qui ai la passion des lettres à un point exclusif de toute autre passion, moi qui deteste tous les jeux, qui connois à peine les cartes & qui ne puis les distinguer à la plus petite distance à cause de la faiblesse de ma vuë.

Que si, après un soupé prié, par complaisance pour des dames, je jouai un pharaon alternatif à la mort d'un petit écu, cette facilité de mœurs n'a point fait de moi un homme nouveau & ne m'a point rendu un joueur de profession.

Il est vrai ~~qu'en suite d'une irruption infructueuse faite anterieurement par le sieur David chez madame de Fontenille, cette~~ que le sieur David capitoul a erigé cette malheureuse partie en contravention formelle aux ordonnances pour se venger d'une irruption aussi violente qu'infructueuse qu'il avoit faite antérieurement chez Mme la comtesse de Fontenille, mais son propre verbal fait foi qu'il n'y avoit point de banque & que, parmi 15 convives, trois d'entre eux seulement jouèrent sur une petite table de piquet avec 5 jettons qui représentoient 12 sols chacun.

Il est encore vrai, que des ~~accidens~~ circonstances fâcheuses ont envenimé cette affaire, qu'on n'auroit osé peut-être porter au palais sans un flambeau jetté, dit-on, par Mme de Fontenille pour repousser le capitoul, qui, sur le refus des soldats de la fouiller, alloit lui mettre la main au sein, comme il est prouvé par la procédure. Mais je ne dois pas répondre des actions d'autrui, & je ne pouvois prévoir qu'une dame de cette qualité, de ce caractère, de cet âge, se preteroit à un si coupable excès.

~~malheureuse partie fut surprise, & est actuellement poursuivie comme une contravention formelle aux ordonnances. Mais le verbal du capitoul fait foi, qu'il n'y avoit point de banque & que parmi quinze convives trois d'entre eux seulement jouèrent sur une petite table de piquet avec cinq jettons qui représentoient douze sols chacun.~~

Si vous daignez, Mylord, descendre dans ces détails & jetter un coup d'œil sur les pièces du procès, vous me verrez respectueux & soumis dans ~~le verbal, vous me verrez dans la procédure chargé par les témoins & par mon aveu d'avoir joué, avec deux personnes à la mort d'un petit écu.~~ ce même verbal qu'on prétend avoir été refait trois fois. Le vertueux Mr de Tégra, ex-capitoul, pourra vous confier ce secret. Il en gémit ouvertement tant sa probité fut indignée.

~~Tout se réduit donc au malheur de m'être trouvé dans une maison dont la maitresse insulta le magistrat. Mais qui pouvoit prévoir qu'une dame de cette qualité de ce caractère, de cet âge, se porteroit à un pareil exces ?~~ Pour moi je ne récuse point cette pièce si décriée. Je m'en tiens au témoignage du sieur David, quoiqu'il se rende ma partie pour se venger de la supplique de Mme de Fontenille[1] sur l'effraction de sa porte, ouvrage qu'on m'attribua & que je vous

supplie de relire pour voir combien le sieur David sçait peu comme je pense &
comme j'écris

~~Cependant, Mylord, on assure que vous vous êtes~~. Je ne puis donc croire,
Mylord, que vous vous soyez réservé la punition du banquier & ~~que je suis
désigné sous cette dénomination~~, il n'y en avoit point dans cette partie, ou pour
mieux dire il y en avoit trois.

J'aimerois autant être jugé par vous, Mylord, que par le parlement. Car vous
n'êtes pas moins juste que lui. Mais ~~le parlement~~ la Tournelle s'étant déjà saisie
de cette affaire ~~qui se poursuit en vertu de deux arrêts de la Tournelle~~ & ayant
cassé la 1e procédure, j'ai lieu de penser que je ne serai ni jugé deux fois ni deux
fois puni, qu'après avoir essuyé les rigueurs des ordonnances je ne serai point
exposé à celles de l'autorité, & que le représentant du législateur ne voudra pas
être plus sévère que la loi.

Je crains ~~donc~~, Mylord, qu'indépendamment de cette légère faute de police,
on ne vous ait indisposé contre moi par quelque faux raport. Je puis avoir des
ennemis. Vraisemblablement j'en aurai partout où je serai. Un nom peut-être
trop connu en attire autant que le bonheur.

Mais ce qui me rassure, c'est que ~~vos lumières démêlent toujours le vrai du
faux, que vous n'écoutez, ni la partialité ni l'envie, & que si j'étois accusé, vous
me donneriez le moyen de me défendre,~~ si mon étoile est malheureuse ma
conduite du moins est irréprehensible, que vous n'écoutez ni l'envie ni la
partialité & que votre équité est égale à vos lumières.

Livré à mille conjectures sur cet objet, j'ai aprehendé que le sieur David ne
m'eût desservi pour se venger de la supplique de Mme de Fontenille qu'il
m'attribuë & qu'un homme de gout ne m'attribuera pas. Ainsi tout ce qu'il
peut écrire contre moi, devient suspect. Le sieur David ne sçait pas plus ce que
je fais qu'il ne sçait comme je pense & comme j'écris.

Le petit nombre de personnes que je vois à Toulouse sont étonnées des
allarmes qu'on me donne en votre nom. On ~~ne conçoit pas de quel~~ se demande
de quel délit ~~on a pu accuser~~ peut être accusé un homme qui passe sa vie dans
son cabinet ou chez Mlle de Calonges[2] votre amie, dont les paroles sont aussi
innocentes que les actions, qui s'occupe à ramasser les matériaux d'une histoire
de Henri IV[3], ~~qui parle peu, qui ne fronde jamais, qui~~ & qui, outre les devoirs
de tout bon François, a lié intimement ses intérêts avec ceux de l'Etat en plaçant
tout son bien sur les fonds royaux, ~~dont l'étoile peut être malheureuse, mais
dont la conduite est irréprehensible.~~

Permettez moi, Mylord, d'ajouter qu'il est bien affligeant, bien humiliant
pour mon cœur d'avoir à craindre de vous avoir déplu, moi qui professe un si
parfait dévoûment pour votre personne, moi qui chéris votre gloire & vos
vertus, moi qui vous ai ~~quelquefois~~ souvent rendu avec une sorte de volupté par
la bouche d'autrui[4] le tribut de louanges & de vénération que vous doivent les
divers corps de la province.

Je suis avec un très profond respect, Mylord, votre très humble et très obéissant serviteur.

La Beaumelle

MANUSCRIT

ALB 3861.

REMARQUES

Depuis le 11 janvier La Beaumelle est entré dans la clandestinité. Deux factures de marchand acquittées à Montauban le 14 et le 18 février attestent de sa présence incognito dans cette ville à ces dates (ALB 3753 et ALB 3755).

Brouillon en forme et signé. Il existe un brouillon antérieur (ALB 3860), interrompu au bas de la p. 2 et non signé, daté de Toulouse, janvier 1760 :

Mylord

Je viens d'aprendre que vous aviez donné l'ordre de me faire enlever & conduire à Ferrières[5] par 4 cavaliers de la maréchaussée pour avoir été trouvé dans une des meilleures maisons de la ville où trois personnes jouoient au pharaon à la mort d'un petit écu.

Comme il n'est pas croyable qu'un homme juste tel que vous, Mylord, veuille être plus sévère que la loi, j'ai lieu de penser que vous aurez révoqué cet ordre dès-que vous aurez sçu que le parlement s'est déjà saisi de cette affaire, qu'en vertu d'un arrêt de la Tournelle la procédure commencée à la requête du syndic de la ville se fait maintenant à la requête des gens du roi, & que les décrets tant de prise de corps que d'ajournement personel ont été déjà laxés & signifiés.

Mais il m'est important de me justifier une seconde fois auprès de vous, Mylord, des imputations dont on m'a sans doute noirci une seconde fois. J'ai des ennemis à Toulouse comme j'en avois à Beaucaire. J'en aurai partout sans en mériter. L'homme célèbre en a toujours autant que l'homme heureux.

Je ne puis croire, Mylord, que vous me preniez pour un joueur. Toute la France sçait que je ne le suis pas. C'est donc de quelque autre crime qu'on m'a accusé auprès de vous. Mais si, d'un côté, il est à présumer que ce crime est fort grave puis que le simple exposé vous détermine à donner l'ordre le plus rigoureux, d'un autre côté on peut le croire ou bien peu considérable ou bien mal prouvé, puisque sans un pharaon à la mort d'un petit écu, je jouirois encore du repos & de la tranquilité que cet ordre rigoureux est venu m'enlever.

Quel qu'il soit, je vous supplie, Mylord, de m'en instruire. Je suis prêt à répondre de toutes mes actions à la face de l'univers. Tout accusé a droit de se défendre. Pourriez-vous en dépouiller le citoyen qui le réclame, vous, Mylord, qui l'accordez tous les jours au citoyen qui ne le réclame pas ?

Je ne suis point surpris qu'on me calomnie. Toulouse est plein de descœuvrés qui ne s'occupent que d'autrui. A chaque instant une nouvelle est chassée par une nouvelle. Depuis que je suis ici, il n'a point paru de brochure, de feuille ridicule, indigne d'être luë de moi, qui ne m'ait été attribuée.

Feu Mr de Maupertuis, votre ami, y fut donné pour un homme chassé de Bordeaux & même pour un espion du roi de Prusse. Tout se dit, tout se répète, tout est cru.

Mais il faut qu'on m'ait calomnié avec bien de l'adresse & de l'acharnement, puisqu'on arrache à votre religion un ordre auquel je devois si peu m'attendre.

Si vous ~~consultiez~~ daignez consulter sur mon compte des gens en place, ils vous diront, Mylord, que ma conduite est sans reproches, que je passe mes jours ou dans mon cabinet ou chez Mlle de Calonges, que ~~je~~ mes paroles sont aussi innocentes que mes actions, que je ne suis ni frondeur, ni nouvelliste, ni diseur de bons mots ni feseur d'épigrammes, que je fais mes études de droit, que je ramasse des matériaux pour une histoire d'Henri IV épars dans les cabinets de la Guyenne, que c'est là ce qui m'a retenu à Toulouse, & qu'independamment de mon devoir de sujet, mes intérêts sont

NOTES EXPLICATIVES

1. Elle n'a pu être retrouvée.

2. Voir LB 3604 n. 3.

3. Voir *Projet d'une Histoire de Henri le Grand* (t. XIV, LBD).

4. Par celle du président Gros à Montpellier (voir t. XII, LB 3345 n. 1 et LBD 271) et celle du procureur du roi Lagane à Toulouse (LB 3636 n. 6).

5. Le château de Ferrières, dans le Haut-Languedoc, est une prison d'État (voir Raymond Nauzières, *Le Château de Ferrières*, Montpellier, 1913).

LB 3597. *Antoine Joseph Delacour à Jean Angliviel*

[Paris, le] 26 fevrier 1760

S'il falloit des craintes ou des menaces d'apoplexie, mon cher, pour me procurer de vos nouvelles, je préfèrerois votre silence et la santé du genre humain, mais je suis bien eloigné de croire que le sachet d'Arnoul[1] soit le sujet exclusif de votre correspondance, j'aime bien mieux imaginer qu'il y entre moins de paresse que d'occupations reelles et interieures qui vous ont concentré dans vos dieux penates aux depens du commerce que vous entreteniés avec vos amis de la capitale. Quoiqu'il en soit, écrivés moy aussi rarement que vous voudrés, mais que pour cela je ne perde aucun de mes droits sur votre amitié, à ce prix il est bien difficile de ne pas tout se pardonner tout.

Je vous ai debité de 12 £ sur le compte de Mr votre frère pour le sachet ci-joint. Vous êtes à Valleraugue d'une assez forte consommation de ces sachets et par conséquent une pratique interessante, aussi m'a-t-on gratifié d'un livre que je ne vous fais pas passer, parce que ce n'est qu'un recueil des guerisons et des cures miraculeuses de ces sachets. Je n'ay reçu aucune nouvelle ni quittance de Desperiez au sujet de mes trois cent livres, tant on est exact dans cette famille.

Je suis très impatient d'apprendre que La Bessède soit revêtu de sa lieutenance, il ne sauroit donc partir trop tôt et s'échapper des tendres embrassements maternels, qui ne peuvent qu'effeminer un jeune militaire[2]. Heureusement que le goût du service est dominant chéz mon petit cousin. Le chevalier Moncan son frère[3] n'a point été façonné du tout par son oncle à Lyon. Il en trouve un à Paris qui le gâte moins, et qu'il en remerciera un jour. Pour moi, je luy taille de la besogne en luy dictant ou luy faisant copier des mémoires sur mes affaires litigieuses avec la direction du Fesq. Tout cela le rompra peut-être tôt ou tard.

Il est du reste pourvu de maîtres de danse et d'armes, et moi je luy fais faire son académie et manège dans la cour. Je vous prie de presenter mon respect à ma tante, et mes plus affectueuses civilités à la chère moitié. J'ignore *ce quelqu'un, ou cette quelcune* que vous dites soupirer après mon voyage dans vos cantons. Je ne sache personne de ma connoissance qui soupire, au moins en province. Est-ce une amie anonime ? Je ne m'en doute pas, expliquéz vous donc mieux si vous le vouléz et croyéz moy, mon cher, le plus fidèle et le plus sincère de vos amis.

D.

Je n'iray en Cevennes peut-être que l'année prochaine. Il est très possible que mon oncle me devance de beaucoup.

A monsieur Angliviel / de Valleraugue par Montpellier / au Vigan \sachet de Mr Arnoul\

MANUSCRIT

ALB 1825.

NOTES EXPLICATIVES

1. Le «sachet d'Arnoul» est un remède d'apothicaire contre l'apoplexie dont le *Mercure* faisait la publicité et auquel Voltaire avait fait allusion dans *Zadig* (voir t. II, LB 526 n. 11).

2. Jean Scipion Delacour, dit Labécède (1744-1818), fils de feu François Delacour et de Madeleine Méjanel. En septembre, il sera envoyé à Minorque et affecté au régiment de Médoc en qualité d'enseigne. Il finira sa carrière militaire comme capitaine commandant du 2ᵉ

bataillon du 70ᵉ régiment de ligne (A. Arman, *Tablettes militaires de l'arrondissement du Vigan*, Nîmes: Gaude fils, 1814, p. 113-114; Sabine Tanon-Lapierre (éd.), *Jean Scipion de Lacour, dit La Bessède. Lettres*, Valleraugue: Association des généalogistes Aigoual-Cévennes, 2009).

3. Antoine Delacour, frère aîné de Jean Scipion, né en 1743. Le titre de chevalier de Moncan a été utilisé, comme de coutume, par plusieurs membres de la famille Delacour, parfois concomitamment, et nous avons déjà rencontré Jean-Jacques Delacour chevalier de Moncan (ou Moncamp/Montcamp): voir t. V, LB 1263, LB 1296 n. 1, LB 1297 n. 1 et LB 1324 n. 4.

LB 3598. *Frédéric II à Jean-Baptiste de Boyer, marquis d'Argens*

mars 1760

[...] Pour le Dictionnaire des athées*¹, il est du dernier ridicule. J'ai été un peu fâché de voir qu'on nous a donné ce faquin de La Beaumelle pour collègue; ce misérable n'a jamais pensé, et il se trouve du nombre de ceux qui font honte à la philosophie par faiblesse, comme ces transfuges qui se sauvent des armées par lâcheté. [...]

* Trinius, *Freydenker-Lexicon*, Leipzig, 1759, huit cent soixante-seize pages in 8 [note de l'éditeur].

ÉDITION

Œuvres de Frédéric le Grand, t. XIX, p. 151-152.

NOTE EXPLICATIVE

1. Voir LBD 297-1.

DATATION

Le marquis d'Argens répond le 16 mars.

LB 3599. *La Condamine à La Beaumelle*

A Paris, le 1ᵉʳ mars 1760

J'ai reçu le 20 votre lettre du 9. J'ai fait votre commission, j'ai vendu 4 actions des fermes à 735 £ en vertu de votre mandement, j'en ai reçu net suivant le bordereau ci joint de l'agent de change 2 936 £ 5 s.

Je vous envoye une lettre de change de 2 065 £ sur M. Castan.

J'ai payé votre lettre de change tiree sur moi de 720 £ adressée à M. Mancune[1] et je vous l'envoye, j'ai accepté celle de 200 £ ~~sur~~ de M. de Flavigni, on ne me l'a pas encore aportée. Me voilà quitte de ~~cette somme~~ \tout\ en aquitant la lettre de change de 200 £. Envoyés moi une décharge de quatre actions que j'ai vendues par votre ordre et dont vous aurés reçu la valeur à compte des 34 que j'avois à vous.

Voici le bordereau de ce compte particulier :

Recette	~~Recette~~
Reçu de l'agent de change suivant le bordereau ci joint de luy	2 936 £ 5 s
au postillon	7 s. 6
~~acquit~~ Reste net	2 935 £ 17 s 6
A compte	
Je renvoye une lettre de change de M. de La B. aquitée	720 £
J'en ai accepté une que je dois payer d'ici à deux jours	200
Je lui envoye ci joint une lettre de M. Mazade sur M. Castan de Toulouse	2 015
	————
	2 935 £

Il me reste 17 s. 6 d. pour boire.

Je ne m'accoutume point à imaginer que vous soyés lieutenant criminel. Il est vrai que M. de Sartine, avec sa physionomie aussi douce que la vôtre et plus douce, l'a été, mais cela ne vous va guere. Du reste j'aprouve vos raisons et souhaite que vous ne soyés pas traversé. Mandés moi si cela est fait.

Je vous fais mon compliment sur l'aquisition du jardin qui me paroit très convenable.

Je ne savois aucun detail de votre affaire du pharaon. Je souhaite que vous en ayés eté quitte pour cent livres d'amende.

J'ai été chercher madame d'Aiguillon, elle ~~avoit eté purgée~~ avoit rendu une pierre de fiel par le fondement. Je parlai à sa bru[2], je lui lus l'article de votre lettre concernant l'affaire du pharaon et du maréchal de T.[3]

Le lendemain, je me trompe, 4 jours après, je retournai comme on me l'avoit dit. On avoit pris medecine. J'ai donc écrit une lettre pathétique et transcrit deux pages de la vôtre. Il y a de cela quatre ou 5 jours, point de réponse. Je priois d'ecrire au maréchal et je citois la lettre de Mme de Vissec[4] que j'ai toujours entre les mains.

Vous comtés votre affaire du jeu bien favorablement. Je ne puis croire qu'il n'y ait rien de plus grave. Dites moi comme le Normand *cela est vrai mais je le nions*.

Il ne m'est pas possible de me mettre au fait de l'affaire ni de la negocier avec le maréchal de Belle Isle à votre place, je ne suis pas assés instruit &c, cela ne se peut. Si vous avés un memoire que je pusse lui présenter, à la bonne heure. \Je ne vous nommerois qu'après qu'il auroit lu et examiné le memoire.\

Je vous remercie pour Mme de La C. de votre conformité de gout avec ma vieille voisine[5]. Vous aviés déja jetté votre plomb[6] à Saint Germain, mais ce n'est pas de mon bail. \Elle a passé 10 jours ici, sa santé va assés bien, toujours quelque embarras à la gorge. Elle est à Livri et j'y retourne.\

L'abbé de La Coste[7] n'est pas encore pendu mais il a trempé surement dans des \faux\ billets de loterie etrangère. Je l'ai connu en Hollande où il a fait un libelle hollandois contre moi sur ma vieille perruque de Quito, ou plutot sur une autre qu'il dit qu'on me prêta en arrivant en sus de mes perroquets. C'est un homme de sac et de corde, moine apostat et depuis renegat qui avoit enlevé une fille putain d'un chevalier de Malthe \qui\ a abjuré la religion catholique pour l'epouser en Hollande. Elle est morte de la verole à Hambourg après avoir été à Amsterdam à qui en a voulu, et entretenue d'abord par le juif Pinto[8] ensuite au public, l'abbé la vendoit à qui en vouloit.

Vous ferés très bien de cultiver l'amitié de Mlle de Calonge, je n'ai pas peur que cela aille trop loin. C'est une Sapho à qui l'on n'a jamais donné de Phaon[9]. Si vous lui montrés mes lettres, je ne vous ecrirai plus ; celle ci n'est qu'une lettre de votre caissier, je n'écris rien de passable qu'à force de corriger.

M. de Pompignan sera reçu, à ce qu'on croit, de lundi en 8 jours[10]. On dit l'abbé Alari[11] bien malade. L'abbé de R.[12] a les jambes enflées. Hardion[13] est bien vieux, il y en a d'autres aussi vieux que lui. Vous ne me tiendrés pas parole ni sur cela ni sur l'eloge de notre ami. Je suis las de vous en parler.

~~Si vous voulés dedier votre *Tacite* à M.~~

Qu'est ce que votre Romain ? Est ce *Tacite* ? N'etes vous pas engagé à le dédier à Mgr le Dauphin qui a accepté la dédicace ? C'est ~~cela~~ \cet ouvrage\ qu'il faut limer et revoir et consulter et qu'il est difficile ~~d'imprimer~~ \de finir\ ailleurs qu'à Paris. Quant à votre Chancelier de Danemark[14], je ne sais ce que c'est, vous parlés à votre bonnet ; vous m'ecrivés quelquefois, mais jamais vous ne repondés à mes lettres que de mémoire.

En voici une de M. Formey[15] que je garde il y a plus de 15 jours pour vous envoyer. Il se neglige horriblement. Il a ~~fait~~ \lu à l'Académie de Berlin\ un eloge de M. de Maupertuis très diffus et très plat à tout prendre, quoiqu'il y ait quelques endroits assés bien touchés. Du reste le cœur parloit et je doute qu'il soit loué plus affectueusement par personne. Il m'a envoyé cet éloge. Il veut l'imprimer, il me demande des remarques, il en faudroit autant que de lignes. Je suis accablé de lettres et de reponses. Voyés le *Mercure* de mars[16], vous y trouverés quelque chose. M. de Tressan m'a envoyé aussi son eloge de M. de Maupertuis lu à l'Académie de Nanci[17], un peu oratoire mais très eloquent et de très beaux morceaux. Il a fait tout cela sans materiaux, il y a quelques erreurs de faits et transpositions de dates à corriger. Cela n'est pas long, et il vous restera bien des choses. Vous ne me parlés plus de cet ouvrage, n'avés vous pas reçu de moi un memoire historique? Eh bien, en voilà deux pour un de la façon de M. de La Primerais. Le premier a eté un abregé dont M. de Fouchy a eu copie. Le second n'a eté vu que de moi, il ne regarde que l'enfance et la prime jeunesse de M. de Maupertuis. Voyés si vous en pouvés tirer parti. Je vous envoye tout cela contre signé. Cherchés dans l'*Annee litteraire* \1752\ un extrait de l'edition des œuvres de M. de Maupertuis de Dresde[18]. Elle Il est de M. de Montucla[19] et de moi, elle pourra vous aider pour la partie mathematique, mais je vois par M. de Tressan qui est plus mathematicien que vous qu'il vous faudra de l'aide en cette partie. Vous trouverés à Toulouze l'edition de Lyon qui est \la\ plus complete. Au nom de Dieu (*sans vous parler du reste* hémistiche de Voltaire[20]), envoyés moi le titre de l'in 4° \à\ l'allemande dont vous avés dû faire l'extrait[21] pour la justification du defunt dans l'affaire de Koenig et la preuve de la supposition de la lettre de Leibnitz. Encore une fois, envoyés moi le titre, le format, l'année de l'impression et le lieu. J'en ai besoin ; et dites moi de vos nouvelles, je suis en peine de toutes vos affaires et surtout de ce qui regarde le maréchal[22]. \J'avois ce livre, je vous l'ai donné, je ne sais plus ce que c'est, instruisés moi à fond.\

Je reçois en ce moment réponse de la duchesse[23], elle m'écrit : *Je crois qu'il n'arrivera rien à La Beaumelle et qu'il peut etre tranquille, mais il fera bien d'etre circonspect, écrivés lui.*

M. de Fouchy lira son éloge à la Quasimodo[24], il m'a promis de me le montrer. Le vôtre sera plus long, plus plein de faits et peut être une espece de vie, et il faut qu'il soit digne de vous et du defunt.

J'ai des affaires par dessus les yeux, je commence toujours par vous. Lisés le *Mercure* de mars, vous y trouverés ma derniere réponse à Gaullard[25] qui a encore récrit[26].

Les nouveaux edits avec les modifications vont passer. On espere que cela remettra les effets royaux en valeur et entretiendra la circulation.

MANUSCRIT

ALB 1210.

NOTES EXPLICATIVES

1. Lecture incertaine.

2. Louise Félicité de Brehan, duchesse d'Aiguillon en titre, est dame du Palais de la reine Marie Leszczyńska.

3. Thomond.

4. Voir t. XII, LB 3420 n. 5, LB 3449 n . 6 et LB 3464.

5. Anne de Faverolles, qui réside à Paris dans la même maison que La Condamine. Elle deviendra une amie et une correspondante assidue de La Beaumelle à partir de 1770.

6. « On dit proverbialement *jeter son plomb sur quelque chose* pour dire avoir dessein sur quelque chose, former un dessein pour parvenir à quelque chose » (*Dictionnaire de l'Académie française*, 4ᶜ éd. 1762).

7. Voir LB 3594 n. 18.

8. Isaac Pinto (1715-1787). Voir D10579 et D10600.

9. Sapho, aimée par Phaon, se serait suicidée quand il l'abandonna (Ovide, *Héroïdes*, XV).

10. Jean-Jacques Le Franc de Pompignan ne sera reçu à l'Académie française que le 10 mars 1760.

11. Pierre-Joseph Alary (1689-1770), membre de l'Académie française depuis 1723.

12. Jean-François Du Bellay du Resnel (1692-1761), membre de l'Académie française depuis 1742.

13. Jacques Hardion (1686-1766), membre de l'Académie française depuis 1730.

14. Le projet de *Mémoires du grand chancelier de Danemark* (voir t. VIII, LB 2129, LB 2158 et LB 2203).

15. LB 3575.

16. « Lettre de M. de La Condamine à M. Daniel Bernoulli », *Mercure de France*, mars 1760, p. 143-171.

17. *Éloge de M. Moreau de Maupertuis, chevalier de l'ordre du mérite, Président perpétuel de l'Académie royale des Sciences & Belles Lettres de Berlin, l'un des quarante de l'Académie française, de l'Académie royale des Sciences de Paris, de la Société royale de Londres, & des Académies des Sciences de Suède & d'Italie ; prononcé dans l'Assemblée publique de la Société royale de Nancy, le 30 janvier 1760.* Discours publié dans les *Œuvres posthumes du comte de Tressan*, t. II, Paris : Desray, 1791, p. 309-341.

18. *Les Œuvres de M. de Maupertuis*, Dresde : George Conrad Walther, 1752, in 4. Le compte

rendu, daté du 18 février 1753, a paru dans les *Lettres sur quelques écrits de ce temps* 1753, t. VII, p. 145-168.

19. Jean Étienne Montucla (1725-1799), mathématicien, auteur d'une *Histoire des recherches sur la quadrature du cercle* (1754) et d'une *Histoire des mathématiques* (1758).

20. « Madame, au nom des dieux, sans vous parler du reste / Quand Laïus entreprit ce voyage funeste, / Avoit-il prés de lui des gardes, des soldats ? » *Œdipe, tragédie*, IV, 1, v. 19 (dans les éditions antérieures à 1748 ; Voltaire modifie ensuite ce vers : « Au nom de nos malheurs et du courroux céleste »).

21. Voir t. XI, LB 3139 n. 2 et t. XII, LB 3437 n. 2.

22. Thomond.

23. La duchesse d'Aiguillon.

24. Voir LB 3571 n. 3. Ce sera le 16 avril, le mercredi après Quasimodo.

25. La réplique de La Condamine à Gaullard prend la forme d'une lettre à Daniel Bernoulli (voir LB 3587 n. 17).

26. Voir LB 3617 n. 18.

LB 3600. *Le père Marin à Jean Angliviel*

Toulouse, 4ᵉ mars 1760

[...] Apprenés moy si vous le sçavés, si Mr de La Beaumelle est à Toulouse, ou ailleurs. Cette demande de ma part vous surprendra sans doute ? Il est pourtant vray que je ne voudrois ny dire qu'il y fût, ny dire qu'il n'y est pas. S'il y est ? il y est au moins invisible pour moy et je ne puis le deterrer nulle part. Je le vis au commencement qu'il y fut arrivé, l'espace d'un demi quart d'heure[1], et je lui rendis sa visite et le priay à manger nostre soupe ce qu'il me fit la graçe de m'accorder pour le lendemain, après quoy je ne l'ay plus vu. J'ay sçu qu'il avoit eté à Pompinian voir Mr Le Franc. Et l'on m'assure qu'il est touiours à Toulouse, sans doute enseveli dans son muzée travaillant à quelque ouvrage d'esprit. Si je puis découvrir son Parnasse, j'iray lui causer quelque distraction. Je suis, Mr, bien parfaitement et avec une très respectueuse consideration, monsieur, votre très humble et très obéissant serviteur.

Marin jesuite

[...]

A monsieur Angliviel avocat en parlement / à ValleRauge dans les Cevennes / par Nismes et Le Vigan / cachet de TOULOUSE

MANUSCRIT
  ALB 5624.

NOTE EXPLICATIVE
  1. Voir LB 3558.

LB 3601. *Éléonore de Maupertuis à La Condamine*

[Le 17 mars 1760]

[Il n'y a personne, monsieur, qui puisse mieux faire remarquer à M. Formey ses fautes.] [...]

M. le comte de Tressan a eu la bonté de m'envoyer aussi l'éloge qu'il a fait; elle a été lue à l'Académie de Berlin. J'en serais infiniment satisfaite si la plupart des faits n'étaient altérés ou mal rapportés, quelques obligations que j'ai à M. le comte de Tressan et M. Formey, je sens, monsieur, qu'il y a des articles où ils n'ont pas osé toucher. M. Merian m'en a fait remarquer plusieurs, j'espère que M. La Beaumelle suplera à cet article, et j'attends avec bien de l'impatience son écrit. [...]

MANUSCRIT
  Académie des Sciences, fonds La Condamine,
50 J 107.

LB 3602. *Boudon David & Cie*[1] *à Jean Angliviel*

Nismes, le 20 mars 1760

Monsieur

Ayant occasion d'ecrire à monsieur votre frere et ne sachant son adresse, faite nous le plaisir de nous la donner. Ou sy vous trouvé à propos nous vous l'enverons pour luy faire parvenir. Ce qu'attendant cette complaisance de votre part nous avons l'honneur d'etre, monsieur, vos très humbles serviteurs.

                        Boudon David Cie.

A monsieur Anguiviel avocat / à Valaraube

MANUSCRIT
  ALB 5625.

NOTE EXPLICATIVE
  1. Léonard I et Laurent Boudon, et Guillaume David leur beau-frère (AD Gard 2 E 40 36, f° 346).

LB 3603. *L'abbé Étienne d'Arnal à Jean Angliviel*

[Villefranche de Conflens, le 27 mars 1760]

Ce ne sera point pour la cure de Valleraugue que je prendray la meilleure de mes plumes : ce sera, mon cher cousin, pour vous remercier des mouvemens que vous avés bien voulu vous donner vous même pour tacher de me l'obtenir. D'ailleurs la meilleure de mes plumes ne vaut pas le plus foible de vos crayons. Vous avés ecrit et fait ecrire en ma faveur. Cela me suffit. Heureux si la lettre de Mr vôtre frére parvient assés à temps à Mme la duchesse d'Aiguillon ; plus heureux encore si sa recommandation auprès de Mr d'Alais peut me procurer le benefice vacquant.

Je me sens très honnoré du désir que les M^{rs} maire consul, et autres principaux de Valleraugue ont témoigné de m'avoir pour leur curé. Je vous prie de vouloir bien les remercier \pour moi\ des demarches qu'ils ont fait pour réussir à m'installer. Mais je n'ay pas assés vieilli sous le harnois. Il n'est pas possible qu'on me donne si jeune la conduite d'une paroisse aussi étendue que celle de Valleraugue.

Mais il faut n'avoir rien à se reprocher. *Tentare non nocet.* Si je ne puis être de la faveur, on me refusera sans doute poliment. Les premiers refus sont ordinairement les avant coureurs d'un meilleur sort.

J'ai cependant ecrit à M^r d'Alais et luy ay envoyé un certificat *de vita et moribus* dans lequel j'ay fait inserer que depuis ma promotion à la prêtrise je dessers personnellement une annexe de Villefranche pour me former à la cure des ames. J'ay ecrit encore à M^r le comte de Mailly[1] qui m'avoit offert ses services. Si j'eusse pû être plûtôt instruit j'aurois prié M^r vôtre frere d'engager Mme la comtesse de Fumels à ~~parler~~ ecrire à Mr de Mailly \son cousin\ en ma faveur. Il falloit que l'exprès envoyé à Alais prît en passant à Anduse une lettre de Mme la marquise pour M^r l'abbé de Montolieu[2] qu'elle connoit particulierement. Peut être y aurés vous pensé... Mais je crois comme vous que quelque vicaire d'Alais l'emportera sur touts. Guare pourtant Campredon. Je ne connois pas encore vôtre vicaire à moins que ce ne soit Delpuech de Cézas et non Delpuech. Mais seroit-il possible que celui ci y prétendît ! il ne fait que de naitre, ~~et d'ailleurs quel sujet~~ !

Quoyqu'il en soit : je n'ai que de très foibles esperances. Je dirai même que je n'y compte pas du tout. Peut être que cela provient du peu de désir que j'en ai. Entre nous soit dit, la cure de Valleraugue n'est pas un petit fardeau. Si quelque chose est capable de me la faire desirer, c'est la satisfaction d'aller tenir compagnie à une mere qui se trouve seule, et l'agrément d'être auprès de parens et de compatriotes qui me pardonneroient des fautes ~~que~~ où le défaut d'experience ne manqueroit pas quelquefois de me jetter.

J'attendrai avec impatience d'autres nouvelles. Je vous prie, mon cher cousin, de vouloir bien me les donner aussitôt qu[e vous] les saurés vous même.

Je n'ay reçû vôtre lettre que le 25 du courant, les miennes partent demain 28. Je les envoye par ~~une~~ commodité au bureau de Perpignan pour gagner un courrier.

Je suis faché que vôtre empressement pour l'affaire en question vous aye fait oublier de me donner des nouvelles de vôtre chere epouse et de vos petits enfans. Vous n'êtes pas dans le cas de relire ma lettre comme je l'ai eté de relire la vôtre, si toutefois vous en aviés fantaisie, je vous prie d'offrir premierement à ma consine mon respect et mon attachement. Vous êtes persuadé de celui que j'ai pour vous et du zèle avec lequel je seray toujours le plus affectionné de vos cousins

D'Arnal prêtre beneficiaire de Villefranche

Villefranche le 27ᵉ mars 1760

Je dois donner un sermon lundy prochain que je ne sai pas trop solidement et le temps est bien court pour l'apprendre.

A monsieur Angliviel avocat / au parlement / à Valleraugue en Cévennes / par Le Vigan / Languedoc

<table>
<tr><td>

MANUSCRIT

ALB 5626.

</td><td>

NOTES EXPLICATIVES

1. Augustin-Joseph de Mailly (1707-1794), commandant en chef en Roussillon.

2. Pierre de Montolieu, tonsuré en 1698, vicaire général du diocèse d'Alès, † 1766.

</td></tr>
</table>

LB 3604. *La Beaumelle à Jean Henri Samuel Formey*

A Toulouse, le 3 avril 1760[1]

Monsieur

Je ne reçus que hier votre lettre du 27 octobre[2]. Mr de La Condamine, qui est très exact, me l'a expédiée de Paris le 20 du passé. Je suis très faché de ce retardement : on ne peut recevoir trop tôt ce qui vient de vous. Votre commerce est propre à m'instruire comme à m'honorer, & je vais vous prouver combien je serois ravi de le cultiver.

J'ai lu avec beaucoup de plaisir votre imprimé, & j'attends avec une extrême impatience votre éloge de Mr de Maupertuis. Mr de La Condamine me l'annonce en termes qui me décourageraient du mien, si je n'étois accoutumé à me voir inférieur à tous les grands hommes. Il m'écrit que personne ne le louera mieux que vous, parce que personne ne le louera plus affectueusement.

J'ai lû votre lettre à Mlle de Calonges, Sapho octogenaire, mais qui n'a jamais eu de Phaon, l'amie de Montesquieu & de Maupertuis, l'unique et digne reste du sang de Calonges[3], si noble, si brave, si huguenot, & du petit nombre des personnes de qualité parmi lesquelles les vérités évangéliques se sont conservées. Elle a été enchantée & des choses & des mots.

J'admire comme elle votre fermeté au milieu des périls qui vous ont environné & qui vous menacent encore. Comment pouvez-vous écrire dans des circonstances où il est si difficile de penser ? Il faut que vous ayez autant de courage que d'esprit.

Pour moi, j'ai suspendu l'édition de mon *Tacite*, depuis nos derniers malheurs. Qui me liroit, tandis qu'on n'est occupé que des gazettes ? qui m'acheteroit, tandis que les plus riches sont réduits au pur nécessaire ? Tous les effets royaux tombent tous les jours ; & j'y ai déjà perdu douze mille francs. Si la guerre continue, je me vois dépouillé de la médiocre fortune que je m'étois faite.

Tous les mois on nous promet la paix, & tous les mois nous sommes ou accablés ou menacés d'un nouvel impôt. Nous crions toujours que nous ne pouvons le payer : nous le payons pourtant. C'est quelque chose d'inconcevable que les ressources de ce royaume. Mon Dieu ! quel malheur pour l'Europe si votre roy en avait un pareil !

Nous avons enfin les *Œuvres du philosophe de Sans-Soucy*[4]. Qu'il y a de belles choses ! qu'il y en a de scandaleuses ! qu'il y en a d'inégales ! Si ~~nous n'étions~~ je n'étois dans la plus sainte des semaines, je dirois que l'Apollon du philosophe de Sans-Souci couche trop souvent avec la muse du philosophe des Délices.

Ces ouvrages sont propres à irriter contre lui la nation angloise, l'impératrice de Russie & l'impératrice-reine. Ce n'est point un de ses amis qui l'a publié.

Je ne doute pas qu'il ne jette quelques fleurs sur le tombeau de Mr de Maupertuis, quoique le sieur Catt[5] ne paroisse pas propre à l'y exciter, lui qui se disposoit à protéger Mr de Maupertuis à son retour[6].

Votre correspondance avec lui seroit fort-curieuse. Il parloit librement dans ses lettres, & je crois que dans celles qu'il vous a écrites, il y auroit bien des choses à supprimer.

Je n'ai pas encore vu le discours de Mr de Pompignan à l'Académie françoise. Mais on m'écrit de Paris qu'on n'en a pas été content[7]. S'il étoit ici, il seroit fort sensible à votre admiration pour ses *Poësies sacrées* ; c'est son foible & son fort : il y est au-dessus de lui-même & au dessous de Rousseau[8]. Avez-vous l'examen qu'en a fait le marquis de Mirabeau *l'ami des hommes* & le sien ? C'est une pièce singulière qui prouve jusqu'où peut aller le fanatisme de l'amitié[9].

Mr l'évêque du Puy[10] recevra sûrement avec reconnoissance vos hommages. Je ne les lui laisserai pas ignorer. Il n'a pu reconcilier la devotion avec l'esprit. Il s'occupe à reconcilier les théatins & les feuillantins dans l'assemblée du clergé. C'est ainsi qu'on appelle les evêques qui sont de l'avis de feu Boyer, théatin, eveque de Mirepoix, et ceux qui tiennent pour la cour, ayant en perspective la feuille des bénéfices.

Mon eloge funebre de votre illustre ami ne paroitra qu'après tous les autres. Je veux qu'il soit le plus complet, puisqu'il ne peut pas être le plus beau.

Je n'ai pas encore vu celui de Mr de Tressan, qui paroit pourtant à Paris, & qu'il m'avoit promis de m'envoyer.

Mr l'abbé Trublet travaillera aussi. Mais il ne se pressera point : sa maxime est *sat citò, si sat benè*[11].

J'ai fait en dernier lieu quelques petites pieces de vers, dont la plus longue est de vingt vers. J'aurai l'honneur de vous les envoyer, si votre réponse m'apprend que vous continuéz quelque ouvrage périodique[12].

La famille de Bonafous subsiste encore à Toulouse, & celle de Graverol à Nimes, ainsi que celle de Rapin-Thoiras à Montauban. Mais les Graverols ont changé de religion, au moins la plus considérable ; il y en a actuellement un qui a possédé quelque temps la charge d'avocat général du roy à la cour des monnoyes de Paris[13]. Les Rapins sont encore bons huguenots & ouvertement.

A propos de huguenots, je vous prie, monsieur, si vous avez occasion d'envoyer quelque chose à Paris, de vouloir bien y joindre la brochure de feu Mr de Beausobre sur la Révocation de l'édit de Nantes[14]. Je vous en aurai une véritable obligation. Je rédige actuellement quelques mémoires sur cette matière, que le ministre avoit agréé que je lui adressasse.

Tout ce qui concerne les protestans de France y est aprofondi. Vous avez sans doute vu, monsieur, & avec indignation, comment l'abbé de Caveirac les a traités[15]. Je suis bien fâché pour Mr l'evêque du Puy qu'il ait un pareil protégé ; il n'a pourtant pu encore lui faire donner une pension par l'église de France.

Oserai-je, monsieur, vous supplier de vouloir bien m'envoyer la liste des Eglises françoises[16], qu'on appelle les Eglises de dispersion ? Caveirac [*prétend qu'il*] ne sortit de France que cinquante mille huguenots avec un louis cha[*cun dans*] la poche.

Où est actuellement M[*me*] de Maupertuis ? Elle répondit à ma lettre [*de*] condoléance[17]. Elle a laissé sans réponse la lettre où je lui demandois des [*matériaux*] pour l'éloge de son mari. Ce que j'ai reçu de madame Magon & de Mr de La Primerais est bien peu de chose. Je suis perdu si vous ne venez à mon secours.

Le petit d'Arnal ne donne point de ses nouvelles. Nous craignons qu'il ne soit mort.

Je suis avec tout le respect possible, monsieur, votre très humble & très obéissant serviteur.

La Beaumelle

MANUSCRIT

Fonds Formey, Staatsbibliothek zu Berlin Preussischer Kulturbesitz.

ÉDITION

J. H. S. Formey, *Souvenirs d'un citoyen*, t. II, Berlin : François de La Garde, 1789, 2 vol. in 12, p. 222-229. Les erreurs ne sont pas corrigées dans la 2ᶜ édition, Paris : P. D. Brez, 1797, t. II, p. 222-229.

REMARQUE

Dans ses *Souvenirs d'un citoyen*, t. II, p. 222, Formey introduit l'édition de cette lettre de la manière suivante : « Après avoir quitté l'Allemagne, il [La Beaumelle] se retira dans les provinces méridionales de France où, ayant appris la mort de M. de Maupertuis, il m'écrivit pour me demander des matériaux qu'il pût employer à la composition de son éloge. Je ne crus pas qu'il fût de la prudence de lui en fournir ; & m'étant excusé le mieux que je pus, je reçus de sa part une lettre que je placerai ici, comme un échantillon de sa correspondance. » Après la transcription de la lettre, Formey ajoute, p. 229 : « Comme personne ne fournit à M. de La B. les secours qu'il demandoit, il ne fit point l'éloge de M. de M. Je l'ai perdu de vue depuis ce temps-là. »

NOTES EXPLICATIVES

1. Dans les *Souvenirs d'un citoyen*, cette lettre est datée à tort de 1763. Dans son *Histoire de l'Académie de Berlin*, Ch. Bartholmess a reproduit l'erreur de date en citant la lettre de La Beaumelle et y ajoute celle de la dater de Toulon.

2. LB 3575.

3. Julie Henriette Le Révérend de Bougy, marquise de Calonges, baronne de Camparnaud, seigneuresse des villes de Marmande et Moissac, décédée célibataire le 24 juillet 1761 (Minutes notariales de J.-B. Boyer, AD HG 3E 1894). Ses parents étaient Jean-Jacques Le Révérend, seigneur de Bougy, marquis de Calonges, et Élisabeth de Bar de Camparnaud, fille d'Élie de Bar, seigneur de Camparnaud, mariés en 1674. Henry Le Révérend son frère, né en 1683, était décédé fort jeune ; sa sœur Judith-Élisabeth Le Révérend de Bougy s'était mariée en 1714, mais n'eut pas d'enfants (voir E. Révérend du Mesnil, « Mémoires généalogiques sur la maison Le

Révérend, sieurs de Basly, Bougy, Calix, La Comté, Soliers, marquis de Calonges, vicomtes du Mesnil, en Basse-Normandie d'après les documents authentiques », Lyon, 1882). La correspondance de Montesquieu atteste leurs relations durant l'année qu'il passa à Paris d'août 1722 à août 1723. De Paris le comte de Bulkeley lui écrit le 10 décembre 1723 : « Votre Calonge est devenue courtisanne c'est à dire suivante de la cour, et elle n'y brille pas mal, mais on la regarde comme une piece fugitive » (*OCM*, t. 18, nᵒ 59). Le 1ᶜʳ janvier suivant Montesquieu commente curieusement cette nouvelle : « Calonge à la cour elle violera la princesse » (nᵒ 63). La lettre qu'il lui a adressée le 5 mai 1725 a été conservée (t. 18, n. 122). Voir encore t. 19, nᵒ 415.

4. [Frédéric II], *Œuvres du philosophe de Sans-Souci*, Potsdam, 1760, in 12. Grimm donne un compte rendu élogieux de ce volume de poésies dans la *Correspondance littéraire* du 1ᶜʳ avril 1760 (éd. Kölving, p. 67-69 ; voir en note les réactions favorables de Diderot et de Fréron).

5. Sur Henri Alexandre Catt, voir t. VIII, LB 2246 n. 1.

6. Voir t. XI, LB 3456 n. 6.

7. La virulente charge que Le Franc de Pompignan mène contre le parti philosophique dans son discours de réception lui vaudra les représailles de plusieurs hommes de lettres, notamment Voltaire (voir LB 3642 n. 8-10).

8. Jean-Baptiste Rousseau.

9. Victor Riqueti, marquis de Mirabeau, *Lettre à M. Le Franc de Pompignan de l'Académie française*. Grimm s'indigne : « Il ne faut pas passer sous silence une lettre adressée à M. Le Franc de Pompignan par M. le marquis de Mirabeau auteur de *L'Ami des hommes*. C'est une épître de consolation sur les malheurs que son discours lui a attirés. J'y ai trouvé une belle phrase bien abominable. L'auteur dit que la religion et l'autorité sont deux grands arbres dont les branches s'entrelacent pour couvrir l'État de leur ombre. De tout temps, continue-t-il, les chenilles se sont mises dans ces arbres, et aujourd'hui il y en a plus que jamais. Que faire à cela ? Echeniller les arbres, et quand l'insecte est à bas, marcher dessus sans se fâcher. » (*Correspondance littéraire*, 15 octobre 1760, éd. U. Kölving, p. 306).

10. Jean-George Le Franc de Pompignan, auteur de *La Dévotion réconciliée avec l'esprit* (voir LB 3575 n. 7).

11. « C'est assez vite si c'est assez bien fait » (sentence latine attribuée à Caton par saint Jérôme).

12. Voir LB 3677 n. 11.

13. Henry François Graverol (né vers 1728 d'après Michaud), avocat général à la cour des monnaies de Paris, reçu le 8 mai 1745.

14. Voir t. XII, LB 3526.

15. Voir t. XII, LB 3425 n. 11.

16. Une telle liste est conservée dans le carton RPR des ALB.

17. LB 3552.

LB 3605. *La Beaumelle à Charles O'Brien, maréchal de Thomond*

[Toulouse, le 14 avril 1760]

Mylord

Je viens d'aprendre que Mr de Charlary[1] votre subdélégué me cherche partout pour mettre à exécution un ordre que vous lui avez envoyé contre ma personne.

Quelque incroyable que soit cette nouvelle, je ne me console point des allarmes qu'on me donne en votre nom. Il est bien étonnant que je ne puisse vivre tranquille, moi qui n'aspire qu'à être oublié.

Je ne puis croire, Mylord, que vous poursuiviez en moi un joueur. Je ne le suis point : tout le monde le sçait, & quiconque a osé vous dire que je l'étois ne le croit pas.

Je ne saurois non plus penser que vous vous occupiez encore de ce tri pharaonique à la mort d'un petit écu, qui a eu des suites si fâcheuses : c'est un trop petit objet pour vôtre grande ame.

Je suis nommé, il est vrai, dans la procédure. Mais les dépositions chargent également Mr Charlari votre subdélégué, qu'on a odieusement excepté du décret[2].

Les capitouls ont prononcé un jugement[3] qui a soulevé toute la ville & indigné leurs confrères mêmes. Vous l'avez vu, Mylord, & vous en avez sans doute condamné l'excès.

Le parlement, qui a déjà cassé la première procédure, me fera raison de l'injustice de ce tribunal subalterne. Mais pour cela, il faut que je purge mon décret, & votre ordre m'en empêche.

Si cet ordre subsiste, je ne pourrai me remettre à mes premiers juges, qui feront exécuter figurativement leur abominable sentence : de sorte que ce sera par vous, Mylord, qu'un homme d'honneur sera deshonoré.

Je vois par une lettre de Mr le comte de Saint Florentin sur cette affaire[4] que Sa Majesté ne veut point arrêter le cours de la justice à l'égard de Mme de Fontenille. L'arrêter à mon égard, ce seroit avoir deux poids & deux mesures.

Le témoin[5] qui dépose contre moi est un valet de chambre, sujet à plusieurs décrets auxquels il n'a point obéi.

On dit encore qu'une servante[6] me prète je ne sçai quels propos sur le sieur David. Mais outre qu'elle a été contrainte de déposer par un emprisonement de trois jours, c'est une avanturière, fille d'une juive, enlevée par un gentilhomme d'Agen, bâtisée il y a dix mois à Montauban, actuellement catin publique à Toulouse, qui surement à la confrontation conviendra qu'elle ne me connoit point, & qui pourroit soutenir qu'elle me connoit sans pouvoir être crue.

Mes corrées & moi nous sommes occupés à compléter la preuve que nous croyons avoir de la fausseté du verbal du sieur David. Laissez nous, Mylord, poursuivre tranquilement notre homme, & le faire condamner aux galères si nous le pouvons.

En attendant, je vous supplie de révoquer l'ordre qui me poursuit. Sous peine d'infamie il faut que je purge ma contumace. Mais comment la purger si vous ne me donnez, Mylord, des assurances que je n'ai rien à craindre de l'autorité ?

Madame la duchesse d'Aiguillon, qui a eu la bonté de vous parler de moi, m'a fait dire[7] que je pouvois être tranquille sur ce sujet. Mais desormais, vous seul, Mylord, vous seul pouvez me rassurer.

Je suis avec un très profond respect, Mylord, votre très humble & très obéissant serviteur.

La Beaumelle

Chez Mr de La Caze[8], conseiller au parlement
A Toulouse ce 14 avril 1760

MANUSCRIT
ALB 3862.

REMARQUE
Il existe une minute (ALB 3863) et un brouillon (ALB 3864).

NOTES EXPLICATIVES
1. Antoine de Charlary, né à Toulouse en 1692, dans une famille anoblie par le capitoulat. Fils de Jean de Charlary, trésorier de France. Subdélégué du commandant en chef de la province de Languedoc de 1741 à 1762. Syndic de la ville par intérim, 15 novembre 1751 – 30 septembre 1752 (Jean-Luc Laffont, *Policer la ville. Toulouse, capitale provinciale au siècle des Lumières*, thèse de doctorat, Université de Toulouse-Le Mirail, 1997).
2. Déposition de Julie Latière du 15 janvier 1760 (LBD 300-8).
3. LBD 300-18.
4. «J'ai reçu, M., le placet que vous et messieurs les autres parens de Mme de Fontenille avés signé pour demander qu'elle

soit mise dans un couvent. Je suis persuadé que sur ce placet et sur les diferens temoignages qui m'ont été donnés de ses derangemens le roi accorderoit sans difficulté les ordres necessaires à cet effet, s'il n'y avoit d'ailleurs aucune raison qui y mît obstacle. Mais Sa Majesté jugera sans doute que l'effet de pareils ordres seroit d'arrêter le cour de la justice et que ce n'est même qu'afin de l'arrêter que les parens de cette dame prennent aujourd'hui une resolution qu'ils auroient pû et dû prendre plutot. D'ailleurs S. M. considerera la nature mème du delit qu'elle a commis et l'offense faite à un magistrat de police dans l'exercice de ses fonctions et particullierement dans l'exercice de celles où S. M. entend davantage l'autoriser. Elle seroit vraisemblablement moins touchée de ces dernieres considerations si les capitouls ou même M. David m'ecrivoient pour demander qu'il plût au roi terminer cette affaire par son autorité conformement aux vœux de la famille. On me temoigne que par menagement pour elle ils ne suivent pas vivement la procedure. Ainsi je suis persuadé qu'ils se preteront volontiers au parti que je vous marque et qui pourra etre decisif auprès de S. M. » (le comte de Saint-Florentin à Fontenilles fils, 6 mars 1760 : AN O^1 456, f° 61).

5. Jean-Michel Dorlhac ou Dorliac (voir LBD 300-6).

6. Julie Latière (voir LBD 300-8).

7. Par La Condamine (LB 3599 n. 23).

8. Guillaume de La Caze, conseiller au Parlement depuis 1740 (Du Mège, p. 391), est le frère de la comtesse douairière Du Barry, Thérèse de La Caze de Sarta, qui avait épousé en 1722 Antoine Du Barry.

LB 3606. *La Condamine à La Beaumelle*

Paris, 16 avril 1760

Votre derniere lettre (mon cher et malheureux enfant) que je viens de recevoir abregera ma reponse à votre précédente. J'attendrai pour vous ecrire plus amplement que je sache votre sort et que vous ayés reçu celle ci que j'adresse à qui vous me marqués. Vous trouverés ci joint une reponse de Mme la duchesse d'Aiguillon à la lettre que j'ecrivis hier chés elle, ne l'ayant pas trouvée. Je lui parlois de l'eloge qui devoit etre lu aujourd'hui[1], et auquel je trouvois beaucoup de changemens à faire. Ils ont eté faits en grande partie. Je l'ai demandé tel qu'il a eté lû, je l'ai et vous en enverrai une copie quand vous pourrés la recevoir. J'ai fort mal entendu votre derniere lettre. Je ne savois ce que vouloit dire *vous remettre*, j'ai à la fin compris que c'étoit vous remettre en prison pour purger le décret du premier jugement. Mais la procedure n'a t'elle pas été cassée au parlement ? Pourquoi donc etes vous obligé de vous remettre en prison pour purger un decret devenu nul ? Qu'est ce que *cet impertinent temoin* ? Coment voulés vous que je devine ? Je ne sais que ce que vous m'avés dit de votre frere chés Mme de Fontenille. Coment une fille qui ne vous connoit pas a t'elle déposé contre vous ? Mon cher enfant, vous etes malheureux et à ce titre seul vous avés droit à ma pitié, mais votre petulance et votre caractere altier, contradisant, présomtueux, méprisant, vous attirent tous vos malheurs. Voyés ce que me dit Mme la duchesse d'Aiguillon, vous vous etes fait par tout des ennemis. On ne s'en fait *par tout* que par sa faute. Quand il seroit vrai que vous n'auriés pas tous les torts qu'on vous donne, et je le crois, ceux que vous avés réellement font qu'on vous en donne d'autres. Ce qui seroit une peccadille pour un autre devient un crime pour vous, comme le plus petit excès qui n'altereroit pas la tempérament d'un homme sain suffit pour faire périr un malade et pour faire retomber un convalescent. Il vous falloit dix ans de sagesse pour faire oublier vos ecarts, il en faut aujourd'hui quinze au moins. Vous avés eu de si bonnes leçons ! On vous croira incorrigible. J'envoye votre lettre à Mme d'Aiguillon, je lui ecris fortement. Je vous plains, je vous aime, mais il faut du courage pour rester votre ami. Donnés moi ou faites moi doner de vos nouvelles.

[post-scriptum en haut de la lettre :] Je recevrai ces jours ci ce qui vous est dû, je ne vous l'enverrai que lors que vous m'aurés donné de vos nouvelles.

A monsieur de La Beaumelle

MANUSCRIT

ALB 1211.

NOTE EXPLICATIVE

1. L'éloge de Maupertuis par Grandjean de Fouchy (voir LB 3599 n. 24).

LB 3607. *La Beaumelle à Jean Angliviel*

A Toulouse, ce 18 avril 1760

Je viens d'envoyer 900 £ au pere Marin, dont voilà le reçu. Je n'ai pu envoyer davantage. Cette somme me coute même 1 200 £ parce que, pour ne pas tourmenter Mr de La Cour & en même temps pour commencer à m'aquitter envers vous, il m'a fallu vendre à 735 £ des actions de 1000 £.

Je dois recevoir incessamment de Paris ma rente de six mois échue au 1er du mois d'avril, & je compterai encore 300 £ pour vous au pere Marin. Tâchez de lui envoyer sur le champ le reste. Si vous ne le pouvez pas, marquez le moi, & j'y pourvoirai quoiqu'à mon dam.

Je vous prie de m'envoyer à Nimes ou à Montpellier[1], avec ordre de me faire passer à Toulouse, mes habits, l'indienne, les robes, le linge s'il y en a, un peignoir, des fers à frizer, l'exemplaire des œuvres de Maupertuis, les *Hommes illustres du Danemarc* par Hoffmann[2], & de retirer de chez Mr Bousquet l'*Histoire des camisards*[3]. Envoyez moi aussi tout ce que vous croirez pouvoir m'être nécessaire, entre autres tous mes *Tacites* latin et françois, sans oublier celui de Freinshemius[4], & celui d'un Anglois nommé, je crois, Sachwill[5].

Mon affaire des capitouls est moins que rien. C'est un tri pharaonique à la mort d'un petit ecu avec un conseiller au parlement[6] & le baron de Monlezun[7], surpris chez Mme la comtesse de Fontenille-Rambure, femme de 84 ans. Comme nous n'avions que des jettons qui représentoient chacun douze sols, le capitoul, pour faire un bon verbal, voulut en chercher la matière dans le sein de la comtesse qu'il crut y avoir caché les cartes. La comtesse, qu'il alloit fouiller, lui jetta un flambeau au visage. On demanda leurs noms aux assistans. Ils les donnèrent & nous sortimes. Le lendemain, Lagane[8] requit que nous fussions tous décrétés[9], hormis la marquise d'Aussonne[10] & le conseiller[11]. Il n'y avoit qu'un témoin contre moi. Les capitouls ses confrères lui dirent qu'il deshonoroit le capitole, & le même jour firent entendre un autre témoin. Ce second témoin me déchargea & contredit formellement le premier. Cependant, sur cette déposition, Lagane, le patibulaire Lagane, changea ses premières conclusions contre moi[12]. Je vais purger mon décret incessamment. J'ai attendu d'avoir la procédure. J'y ai vu toute l'iniquité de votre ami, que je n'avois pas voulu croire. De plus, le témoin qui me charge est un garçon taché de 3 décrèts auxquels il n'a pas obéi. Après cela, comptez sur les hommes. Mes embrassades à mon filleul & à sa sœur & à leur mère. Adieu, je vous aime & vous embrasse de tout mon cœur.

La Beaumelle

Chez Mr de Morlon, juge-mage[13]

A monsieur Angliviel, avocat / au parlement / à Valeraugue / par Montpelier, Cevennes

MANUSCRIT

ALB 369.

NOTES EXPLICATIVES

1. Voir le « Memoire de ce que j'envoye à mon frere le juin 1760 » (ALB 371) dressé par Jean Angliviel quelques semaines plus tard : « [...] *Tacite* de Guerin 3 vol. Amelot 10 v. / six cinq Tacite latin Observations sur Tacite 1 v. / Maupertuis et jugement de l'Academie 1 v. / *Hommes illustres* 1 vol. Traduction de Juvenal 1 v. »

2. Tycho de Hofman, *Portraits historiques des hommes illustres de Danemark* : voir t. II, LB 480 n. 26.

3. Par Jean Claris de Florian (voir t. VIII, LB 2249 n. 4).

4. Johann Freinsheim (1608-1660). Voir t. XI, D 250-17.

5. *The Annales of Cornelius Tacitus. The Description of Germanie* [trad. Richard Grenewey] – *The End of Nero and beginning of Galba. Foure bookes of the Histories of Cornelius Tacitus. The Life of Agricola* [trad. sir Henry Savile], 3ᵉ éd., London : A. Hatfield for J. Norton, 1605, in fol. Voir t. X, LB 2715 n. 3 et t. XI, LBD 250-17.

6. Guillaume de La Caze (voir LB 3605 n. 8).

7. Charles Philibert Antoine, baron de Montlezun (voir LBD 300-1 n. 5), neveu de la comtesse de Fontenilles, frère de Mme de Sainte-Padoue et de l'abbé de Montlezun, beau-frère de M. de Bojat, conseiller au Parlement.

8. Charles Lagane (voir t. XII, LB 3548 n. 1).

9. LBD 300-7.

10. Jeanne-Françoise-Louise de Trinquali ou Trenqualie, épouse de Jacques V de Buisson, marquis d'Aussonne (*Dictionnaire de la noblesse*, t. III, p. 354, article « Buisson » – Aussonne est à quelques km au nord-ouest de Toulouse ; la terre d'Aussonne a appartenu aux Buisson de Beauteville). Son mari avait été condamné le 15 septembre 1749 à lui payer une pension alimentaire (A. Feugère, « Un scandale toulousain au XVIIIᵉ siècle », p. 305).

11. Guillaume de La Caze.

12. « *Conclusions* : terme utilisé pour désigner les avis ou réquisitions de la partie publique (un procureur du roi, un procureur fiscal) précédant une sentence » (Jean Maurel, *L'Art de juger les affaires criminelles au XVIIIᵉ siècle en Rouergue et à Toulouse*, Toulouse : Les amis des Archives de la Haute-Garonne, 2012, p. 213). Voir LBD 300-7.

13. Barnabé de Morlhon (voir LB 3576 n. 3).

LB 3608. *La Beaumelle à Charles O'Brien, maréchal de Thomond*

A Toulouse, ce 19 avril 1760

Mylord,

Je ne me lasse point de vous écrire, parce que je ne puis me lasser d'aspirer au repos & à la sureté que vos ordres m'ont ravis.

Je ne vous demande point de grace. Vous avez vu, Mylord, par le jugement des capitouls, que je n'en ai point à attendre d'eux. Daignez donc m'abandonner à l'inexorable loi.

Votre intention, je le sçai, est de me laisser purger mon décret, & de ne me punir qu'ensuite. Mais sur quel fondement me punir si je suis relaxé, sur quel fondement me punir, si je ne le suis pas.

Peut-être vous proposez-vous d'en user avec moi comme on en use avec ces joueurs de profession qu'on chasse d'un pays dont ils sont la peste & le fléau.

Mais premièrement je ne suis pas joueur de profession. Je ne suis pas même joueur ; je ne sçai aucun jeu, & tous ceux qui me connaissent sçavent que je connois à peine les cartes.

Il est vrai que je suis decrété pour avoir joué un tri pharaonique à la mort d'un petit écu dans une des meilleures maisons de la ville. Mais l'on seroit bien malheureux, si l'on ne pouvoit s'oublier une fois.

Je jouai chez Mme de Fontenille. Je l'avoue. Mais il ne tiendroit qu'à moi de le nier. De sept témoins ouïs sur ce fait, aucun ne m'accuse ; & le verbal du sieur David ne me nomme que comme présent.

Je me serois remis, si vos ordres ne m'avoient alarmé. Je vous suplie de les révoquer. Car enfin il faut que je purge mon décret, puisque, comme vous le sçavez, Mylord, un décret non purgé est une flétrissure.

Si l'on a osé m'accuser auprès de vous de quelque chose de plus grave, je vous supplie de me communiquer les mémoires de mes accusateurs afin que j'y réponde, ou du moins d'interroger Mr le procureur general sur la regularité de ma conduite, afin que vous sçachiez la vérité.

Si vous étiez sur les lieux, Mylord, vous seriez témoin de la partialité des capitouls, de la vérité des faits, de l'étonnement du public à la nouvelle de l'ordre qui me persécute ; & vous reviendriez des fâcheuses impressions qu'on vous a données contre moi.

De loin on ne peut juger un homme avec équité. Les juges, après avoir ouï les témoins, interrogé le prévenu, entendu les charges & les défenses, sont souvent bien embarrassés à démêler le vrai du faux. Comment pourroit-on faire ce discernement à cinquante, à 100 lieuës du pays où le fait s'est passé, sans voir la procédure, sans entendre les parties?

Toutes les fois, Mylord, qu'on parle de votre ordre contre moi, on se demande ce que j'ai fait. On ne peut croire que mon crime soit un pharaon d'amusement qui n'est prouvé que par mon aveu. On dit que les plus fortes raisons ont pu seules vous déterminer à m'enlever au parlement dont je suis justiciable.

Il va s'elever un conflit entre votre autorité & celle de cette compagnie, dont l'honneur est intéressé à ne pas permettre que je sois ravi à sa juridiction, ni que je sois puni après qu'elle m'aura absous[1].

Mes ennemis triomphent sans doute en secret, car je n'en ai que d'enveloppés dans les plus épaisses ténèbres. Mais ils ne sçavent pas toutes les ressources que j'ai dans votre équité & dans votre gloire.

En effet, Mylord votre équité veut que vous me rassuriez contre les craintes que vous m'avez données. Le silence, en cette occasion, seroit un déni de justice. Et votre gloire exige que vous me laissiez purger tranquilement un décret qui me déshonore.

Je suis &c.

MANUSCRIT

ALB 3865.

REMARQUE

Minute sur la même feuille que LB 3609 et LB 3613.

NOTE EXPLICATIVE

1. « Il est veritablement facheux pour vous, monsieur, que les capitouls de Toulouse aient prononcé rendu leur jugement contre madame votre mere. Mais dès que ce jugement est prononcé il ne peut plus être question d'ordres du roi pour la mettre dans un couvent et vous n'avés d'autre ressource que de recourir à la clemence de Il ne vous reste d'autre voye à prendre que celle de l'appel au Parlement, à moins que vous ne préferiés de recourir à la clemence de S. M. pour en obtenir quelques adoucissemens à sa condemnation. » (le comte de Saint-Florentin à M. de Fontenilles fils, 12 avril 1760, AN O¹ 456, f° 90).

LB 3609. *La Beaumelle à Antoine de Charlary*

Lettre à Mr Charlari, subdelegué de Mr de Thomond

A Toulouse, ce 19 avril 1760

Vous m'avez donc trompé, Mr, il y avait un ordre contre moi, & vous me fesiez confidence à Moissac[1] qu'il n'y en avoit point. En vérité, votre conscience a un petit reproche à vous faire. Je suis sûr de l'existence de l'ordre. Je suis sûr que M. le maréchal de Thomond, peu content de me poursuivre dans sa province, me poursuit jusque dans le gouvernement d'autrui. Je suis sûr que le 14 de ce mois, un certain La Gelée, cavalier de la maréchaussée se rendit à Moissac avec ordre de M. de R.[2] de s'assurer de moi & de me conduire à

Toulouse. Vous avez des espions ; j'en ai aussi. Vous devez sentir que tout ce qu'il y a d'honnetes gens dans le monde se pique de rendre service à un galant homme aussi évidemment opprimé que je le suis.

Il faut, M., permettez moi de vous le dire, il faut que vous ayez négligé d'instruire de l'état des choses M. le maréchal de Thomond. Si vous lui aviez écrit, comme votre devoir sembloit le demander, que le jeu joué chez Mme de F. n'étoit qu'un jeu de 12 s. entre un conseiller au parlement & B. de Monlezun & moi, qu'il est public que le verbal est sinon faux, du moins incomplet, qu'il est notoire que je fus décrété, & décrété sur la déposition d'un seul témoin, qu'à tout autre égard ma conduite est absolument irrépréhensible, M. de Thomond est trop juste pour n'avoir point révoqué son ordre.

Sa confiance en quelques capitouls le compromet aujourd'hui avec le P. car vous sçavez sans doute que le 9 de ce mois il a rendu ordonnance entièrement contraire à un arret de la cour sur les spectacles. Vous devez, ce me semble, autant qu'il est en vous, M., prevenir par vos exposés ces guerres de l'autorité contre l'autorité[3].

Mon affaire va en exciter une autre. Car vous sentez bien que le parlement n'abandonnera pas son justiciable. Je viens de consulter 4 habiles avocats ! Ils ont été unanimement d'avis que je devois porter plainte contre vous, monsieur, contre Sacareau & contre La Gelée, & me mettre sous la protection du parlement. Mais je respecte trop M. le maréchal de Thomond pour n'avoir pas rejetté ce conseil. J'aimerois mieux sortir du royaume pour un tems que de le commettre avec cette compagnie. D'ailleurs, j'espère que dès qu'il sçaura la vérité, il révoquera son ordre & me donnera ou me fera donner des assurances positives que je n'ai rien à craindre de sa part. Dès lors je me remettrai à mes juges & je purgerai tranquilement mon décret.

Vous seriez bien surpris, monsieur, si je vous disois que dans la seconde comme dans la 1e procedure, vous êtes chargé par les témoins[4] d'avoir joué chez Mme de Fontenille à des jeux prohibés. Oh ! jugez de la créance que méritent de pareils témoins. Après cela canoniser cet ouvrage d'iniquité : vous êtes aussi intéressé que moi à le décrier auprès de M. le marechal. Car lorsqu'elle lui sera représentée, il ne pourra la croire en partie, sans la croire en tout.

J'ai l'honneur de vous envoyer une lettre pour lui[5]. Je vous prie de la lui faire parvenir. Vous pourrez en prendre occasion de lui dire la vérité sur mon sujet. Je ne vous demande pas autre chose ; & vous ne me la refuserez pas, s'il est vrai, comme je le pense, que vous êtes sensible aux plaintes de l'innocence opprimée.

J'ai l'honneur d'être très sincerement &c.

Je vous prie d'adresser votre reponse à M. de La Caze, conseiller au parlement.

MANUSCRIT
ALB 3866.

REMARQUE
  Copie de la main de La Beaumelle sur la même feuille que LB 3608 et LB 3613.

NOTES EXPLICATIVES

1. La présence de La Beaumelle à Moissac est aussi attestée en LB 3631.

2. Le duc de Richelieu, commandant pour le roi en Guyenne.

3. « Il est important, pour le maintien de l'autorité du roy, que des gens soi disans munis de pouvoirs extrajudiciaires & non reconnus ne puissent arreter le cours ordinaire de la justice. C'est une espece de revolte contre un corps auquel on doit se soumettre, parce que le roi en est le chef, & qu'il rend la justice en son nom & à

ses décharges. Le roi, que le parlement represente en qualité de magistrat < *une ligne illisible* > tous les avantages qui leur apartiennent, dès le premier instant qu'ils ont le bonheur de naitre sous son empire, et son parlement etant établi pour exercer cette protection au nom du prince, il est du devoir de son parlement de réprimer les entreprises & témerités qui tendent à les priver de ces avantages. » (ALB 6088, carte à jouer intitulée « *Mon affaire* »).

4. Voir LBD 300-8.

5. LB 3608.

LB 3610. *Louis Simon François à La Beaumelle*

A Paris, le 19 avril 1760

Un voyage que je n'avois pas prévu, mon cher monsieur, et beaucoup d'autres affaires m'ont empeché de vous donner plutôt de mes nouvelles. Je n'ignore pas quels sont mes torts envers vous, mais il est dans la vie des circonstances si critiques et si embarrassantes qu'on est bien excusable quand on manque pour un certain tems à ses engagements[1]. Si le billet que vous avez de moi n'a pas été encore acquité, en le faisant présenter à ma mère, par la personne qu'il vous plaira, il le sera sur le champ. Je viens de lui adresser l'argent nécessaire à cet effet. Il ne me reste donc plus qu'à vous remercier et à vous prier d'être sans rancune vis à vis de quelqu'un qui vous est parfaitement attaché et qui peut bien n'être pas exact à payer ses dettes mais qui n'est pas capable de manquer de reconnoissance.

Vous aurez sans doute appris le départ de M. le duc d'Uzès, et son arrivée en cette capitale. Ce seigneur qui, dans tous les païs du monde aime les lettres, les cultive et s'occupe du soin d'instruire les hommes, est ici le même qu'il étoit au Fouze, heureux si sa santé pouvoit lui permettre de consacrer un tems plus considérable à un travail si noble et si glorieux, guidé par cet esprit philosophique que vous lui connaissez, il continue d'embellir et de perfectionner cet ouvrage[2] que je vous ai vu dévorer, et dont vous possedez encore plusieurs cahiers[3] qui lui seroient fort utiles. Comme c'est moi qui vous les ai confiés, je dois faire auprès de vous les démarches nécessaires pour les ravoir ; ainsi, mon cher monsieur, vous m'obligerez essentiellement de vouloir bien donner des ordres prompts et positifs pour les faire remettre à Uzès à M. Gibert, avocat fiscal ; je vous avoue ingénument que M. le duc en est en peine et cela est fort désagréable pour moi. Executez vous donc, faites même mieux, je vous en prie de sa part : vous avez laissé une lacune, dans le huitieme cahier, sur l'incrédulité des Juifs, après ces mots :

« Les juifs substituerent sans s'en appercevoir, à l'espérance d'un Messie pauvre, humble, homme de douleur et couvert d'ignominie, l'espérance d'un messie roi et conquérant telle qu'ils l'avoient longtems avant sa venue, comme il paroît évidemment, par leur incrédulité presque générale et par ces deux beaux passages de Suetone et de Tacite[4]. »

C'est ces deux passages qui font la lacune. Il vous sera d'autant plus aisé de la remplir que vous êtes à portée d'avoir Suetone et que vous devez être tout plein de Tacite. Mandez donc à M. le duc les passages en question ; vous connaissez mieux que moi combien il est important qu'ils soient mis à la place que vous leur avez vous même désignée. Au lieu de me faire répondre, adressez tout uniment votre lettre à ce seigneur qui la recevra avec plaisir.

Je compte quitter ce séjour brillant dans les premiers jours de mai. On y parle de la paix comme d'un événement très prochain. Je crois que comme Français, et encore plus comme actionnaire, vous devez vous rejouir d'un bruit dont la réalité comblera les vœux de toute l'Europe. Adieu, mon cher monsieur, croyez moi toujours avec l'amitié la plus vive et l'attachement le plus respectueux, votre très humble et très obéissant serviteur.

François

à monsieur de La Beaumelle

MANUSCRIT

ALB 5107.

NOTES EXPLICATIVES

1. Voir LB 3582 n. 1.
2. Voir t. XII, LB 3537 n. 8.
3. Voir LB 3555 n. 5.
4. « Ce fut dans cette retraite, au moment où il [Vespasien] craignait pour sa vie, qu'on vint lui offrir un commandement et une armée. De temps immémorial il régnait dans tout l'Orient une vieille tradition : les Destins avaient prédit que ceux qui viendraient de la Judée, à cette époque, seraient les maîtres du monde. Cet oracle, qui concernait un empereur romain, comme l'événement le prouva dans la suite, les Juifs se l'appliquèrent à eux-mêmes. Ils se révoltèrent, mirent à mort leur gouverneur, chassèrent le légat consulaire de Syrie qui venait à son secours, et lui enlevèrent son aigle. » (Suétone, *Vie de Vespasien*, IV, 7-10). « Peu de Juifs s'effrayaient de ces présages [pendant le siège de Jérusalem] ; la plupart avaient foi à une prédiction contenue, selon eux, dans les anciens livres de leurs prêtres, "que l'Orient prévaudrait, et que de la Judée sortiraient les maîtres du monde" ; paroles mystérieuses qui désignaient Vespasien et Titus. Mais la nation juive, par une illusion de la vanité humaine, s'appliquait ces hautes destinées ; et le malheur même ne la ramenait pas à la vérité. » (Tacite, *Histoires*, V, 13). Ces deux passages tirés d'historiens romains étaient utilisés pour prouver que la tradition du messie était vivante en Judée à l'époque du Christ.

LB 3611. *La Beaumelle à Jean-Joseph de Buisson,*
marquis de Beauteville

[Toulouse, le 19 ou 20 avril 1760]

Monsieur

On ne peut avoir l'honneur de vous connoitre sans s'être souvent dit que c'est un bonheur. C'en sera un signalé pour moi si vous me protégez aujourdui.

Ce n'est pas pour moi que j'implore ces bontés généreuses que vous m'avez témoignées & que votre inaccessible retraite & la tracasserie que m'ont faite les capitouls m'ont empêché de cultiver autant que je l'aurois voulu. C'est pour un cousin germain digne de toute mon amitié. Voici le fait.

La cure de Valeraugue, ma patrie, vaquera incessamment par la mort [*de M. Roquette*] curé attaqué d'apoplexie. Elle sera à la nom[*ination de*] Mr l'évêque d'Alais votre frère. Mr l'abbé d'Arn[*al qui*] est déjà connu pour un excellent sujet, voudroit lui [*etre ins*]tamment recommandé. J'ai cru qu'il ne pouvoit [*l'être*] mieux que par vous, & que vous ne me refuseriez [*pas une*] lettre, non pour lui certifier, mais pour lui p[*arler du*] mérite de mon parent.

Son père [*est mort a*]u service. Il est lui-même enfant du college d'A[*lais où il a*] fait de bonnes études. Il est enfant de la < *déchirure* > d'une éminente piété, d'un caractère droit, propre [*à ramener les sujets*] huguenots dont ce pays abonde, il est homme < *déchirure* > & fort pauvre. Ses \deux frères\, bons mathématiciens [*ont ser*]vi dans le génie. Leur mère est une femme respectable qui s'est épuisée pour donner à ses enfans une éducation convenable.

Je vous supplie, monsieur, de vous intéresser comme de vous-même auprès de Mr d'Alais pour un si digne sujet, & de mettre dans cet intérêt un peu de chaleur. Il me semble que toutes ces considérations réunies doivent faire obtenir une cure : une seule a souvent fait obtenir un evêché.

Les impertinentes vexations des capitouls ne m'empêchent pas de faire des madrigaux. En voici un pour une personne moins philosophe, mais aussi solitaire que vous.

A Mlle d'Esparbès de Lussan[1]

Vous qui dans votre Olympe, auguste, inaccessible,
Prouvez qu'on est heureux par sa propre raison
Et que le parfait est possible,
Lussan, vous êtes invisible.
Je n'en suis point surpris, les déesses le sont.

> Mais si quelques instants pour un fils d'Apollon
> Vous descendiez des cieux, que j'y serois sensible !
> J'ose vous en prier au nom de vos apas.
> Lussan, serez-vous inflexible ?
> Les déesses ne le sont pas.

En voici un autre.

Pour mademoiselle de Lostange de Saint Alvère[2]

> O toi trop aimable Lostange,
> Toi qui serois la volupté
> Si tu n'aimois pas mieux être un ange,
> Je renonce au portrait que j'avois projetté.
> En novice irois je decrire
> Le regard malin de Cypris,
> Des Graces le divin sourire,
> Ces riens, le desespoir de tous nos beaux-esprits,
> Les talens de Pallas, le pas de Terpsicore
> Et ce je ne sçai quoi qui relève le prix
> De tout ce qu'en toi on adore.
> Pardonne mon silence à mes sens agités.
> Le premier peintre de la Grece
> Pour peindre une déesse assembla vingt beautés :
> Il faudroit pour te peindre assembler vingt deesses[3].

MANUSCRIT

ALB 387 (extrait) [voir LB 3612].

REMARQUE

Brouillon. Le texte des poèmes a été complété grâce à des copies.

NOTES EXPLICATIVES

1. Anne Thoynard de Jouy (1739-1825), qui sera une maîtresse de Louis XV en 1764 à la mort de la marquise de Pompadour. Elle a épousé en 1758 Jean-Jacques Pierre d'Esparbès, comte de Lussan (1720-1810), baron de Lamotte-Bardigues, général de division qui servira pendant la Révolution.

2. Marianne-Jeanne de Lostange, épouse de Claude-Henry-François de Juge, marquis de Brassac, amie intime d'Anne-Olympe de Molières (voir LBD 296-4 n. 2).

3. Variante : «O toi trop aimable Lostange, Toi dont tout cœur est enchanté, / Pour qui la plus haute louange / N'est qu'une exacte vérité, / Toi qui serois la volupté, / Si tu n'aimois mieux être un ange, / Je renonce au portrait que j'avois projetté.» (ALB 6730). Ces vers sont publiés dans les *Annonces, affiches et avis divers de Toulouse*, 6 mai 1760, p. 68.

LB 3612. *La Beaumelle à Jean Anglíviel*

A Toulouse, ce dimanche 19 ou 20 avril 1760[1]

[LB 3611]

Voilà le brouillon de ce que je viens d'écrire à Mr le marquis de Beauteville[2]. S'il me fait réponse avant que je ferme ma lettre, je vous l'enverrai. Dites à Mme d'Arnal qu'il faut que je l'aime bien tendrement pour avoir écrit. Car je crains que ce ne soit un grand malheur pour la paroisse d'avoir son fils pour curé. Il est scrupuleux : il ne bénira aucun mariage ; il me payera d'ingratitude. Nous aurions tiré meilleur parti de l'abbé Vammale, soit pour le recomander, soit pour le conduire. J'écrirois bien à Mme la duchesse d'Aiguillon, mais j'ai quelque chose à lui demander pour moi, & il ne faut pas l'accabler.

Voilà le reçu du P. Marin. Dites à Mme d'Arnal que je n'ai pas le tems de lui répondre. Je ne reçus point sa lettre à tems. Mr Balla pourra lui certifier qu'il la laissa à la poste. Qu'elle éclaire ce point : car je serois au désespoir qu'elle crût que je lui ai manqué. Il faut que < *déchirure* > à Mr d'Alais : il faut que Mme de Vendargue[3] lui < *déchirure* > abbé de Jarente[4]. Il faut qu'elle remue ciel & terre.

Je suis bien fâché [*de la*] mauvaise santé de mon filleul. Ne l'appellez plus Mand[*agout*], c'est un nom dérisoire. Je lui fait 4 embrassades ; il doit être < *déchirure* > il quand il se porte bien. Je m'intéresse bien médiocrem[*ent à Rosa*]lie. Elle est fille & n'est point jolie. C'étoit bien la [*peine de na*]ître.

Envoyez vite [*900 £.*] au P. Marin, ou du moins 750 £. Je vous conseillerois d'aban[*donner*] < *déchirure* > n'y trouvez bien vos longueurs. Laissez s'écraser < *déchirure* > s'écraser. Si vos soufermiers perdent, ils demanderont un < *déchirure* > tems de la guerre, ce tems de misère, me semble < *déchirure* > faire un nouveau bail.

Envoyez un < *déchirure* > demande par le premier voiturier. N'y manquez [*pas. Un millier*] de choses à ma belle sœur. Adressez vos lettres ou à [*M. de La Caze, consei*]ller au parlement ou à Mr de Morlhon juge-mage pour me remettre.

A monsieur Anglíviel, avocat au parlement / à Valeraugue par Montpellier / Cevennes / cachet DE TOULOUSE

MANUSCRIT

ALB 387.

NOTES EXPLICATIVES

1. Le dimanche est en fait le 20.

2. LB 3611.

3. Voir t. XII, LB 3338 n. 4.

4. Louis-François-Alexandre Jarente de Sénas d'Orgeval, vicaire général de Toulouse (voir t. XI, LB 3127 n. 3).

LB 3613. *La Beaumelle à Charles O'Brien, maréchal de Thomond*

Toulouse, 20 avril 1760

Mylord,

Je vous suplie 1° de me laisser purger mon décret, 2° de vous informer du fait du jeu pour ce qui me concerne. 3° de me communiquer les délations de mes accusateurs afin que j'y réponde, 4° d'interroger sur toute ma conduite des personnes dignes de foi.

Je ne vous demande point de grace, quoique je sçache que vous êtes assez bienfaiteur pour m'en accorder si j'en avais besoin.

Je suis &c.

MANUSCRIT
  ALB 3867.

REMARQUE
  Copie de la main de La Beaumelle sur la même feuille que LB 3608 et LB 3609.

LB 3614. *Marie-Alexandre de Long[1] à Blasiou*

[Toulouse, le 20 avril 1760]

Vous recevrés le monsieur qui vous remetra ma lettre et lui preterés mes cheveaux pour aller avec lui où il souhaitera aller et à l'heure qu'il voudra. Portés ches les Mrs d'Aurès les provisions ~~pour~~ lorsqu'ils auront des comodités pour Toulouse et c'est ce qu'ils vous diront. Ne me coupés pas les fleurs, laissés les excepté les roses que vous pourrés m'envoyer dès qu'il y en aura...
A Toulouse ce 20me avril 1760

Delong

[à l'endos :] Pour Blasiou / à Redon[2]

MANUSCRIT
  ALB 3868.

NOTES EXPLICATIVES
  1. Marie-Alexandre de Long, conseiller au Parlement de 1760 à 1784, vient de succéder à son père Clément de Long le 29 mars. Il sera guillotiné à Auch le 27 mars 1793 (Claude Devic et Joseph Vaissète, *Histoire générale du Languedoc*, Paris : Jacques Vincent, 1730-1745, t. X, p. 770).
  2. Le château de Redon à Lagardelle-sur-Lèze, à 25 km au sud de Toulouse. Voir *Études historiques sur les lieux-dits de Lagardelle*, t. I : *Le Domaine de Redon*, Lagardelle, 2002.

LB 3615. *Jean-Joseph de Buisson, marquis de Beauteville, à La Beaumelle et La Beaumelle à Jean Angliviel*

[Toulouse, 22 avril – 1ᵉʳ mai 1760]

Monsieur,

Quoique je me fûsse fait une loi sévére et inviolable de ne rien demander à M. d'Alais[1] qui pût ou de prés ou de loin avoir traît à dés bénéfices, et qu'il ÿ eut même sur cela une espéce de convention qui est plus que tacite entre lui et moi, j'ÿ dérroge en vôtre faveur : et cela pour vous témoignér le desir sincére et trés vrai que j'aurois de vous être utile. Seulement vous me perméttrés de lui faire êcrire en mon nom, sans moi meme faire la léttre, qu'un rhûme dés plus étoffés m'empêche d'écrire ; car je tousse en vous le disant. Et certes il ÷n'en÷ faut pas moins que le plaisir vif et piquant qu'on goute à vous entretenir ÷pour÷ m'arracher ce barbouillage, qui consiste à vous assurér qu'on êcrira trés vivement pour vôtre cousin, et que nous saurons nous aidér, et bien mot à mot, de tout ce qui parle pour lui dans la circonstance présente. Du réste, ne soupçon÷nés÷ pas que la lettre en soit moins préssante pour n'étre êcrite qu'en mon nom ; mon propre frére l'êcrira, en se servant de la même encre, et elle partira demain. Je souhaite ÷qu'elle ait tout÷ l'êffet qu'on semble devoir s'en prométre. On n'ÿ parle, pour vous complaîre, que comme si au fonds tout ceci venoit de moi seul ; mais le prélat est trop au fait et connoît trop bien més couleurs pour prendre le change. Prémiérement, moi, lui écrire ! Je dis moi qui n'êcris jamais. Ensuite, pour cés choses là qu'il sait m'être fort étrangéres ! Oh, tenons nous pour devinés ! Mais aprés tout, où en est le mal ? L'intérèt réél et trés chaud qu'il sçait bien que j'ay toujours pris à ce qui vous touche, ne peut lui laissér méttre en doutte que je ne le présse en ceci à trés bon escient. Quoi qu'il en soit, soyés bien sûr que la léttre sera parlante.

En vous remérciant mille fois de vos madrigaux, ils m'ont beaucoup plû. Je m'êtois toujours bien doutté que lés scénes capitoulaires ne rembruniroient nullement cétte vive imagination qui vous est échuë. Que vous êtes heureux de l'avoir, vous, dis je, et ceux qui vous connoissent ! Les plaisirs qu'elle m'a valu me rêpondent, pour l'avenir, de ceux qui m'attendent. Je n'ai pas encore vû le remérciment dont vous me parlés ; et, quant à l'éloge, je l'attends avéc impatience. Il vous faut, quant au méchanique, voir Garipuy ÷car il ÿ a un÷ *Koenic* dans le monde ; et l'*incedo per ignes suppositos cineri doloso* d'Horace[2] ÷vient÷ bien ici.

A Dieu. Croiés que rien n'égale la réspéctueuse et trés haute éstime avec laquelle j'aÿ l'honneur, d'étre, monsieur, vôtre trés humble et trés obéissant seviteur.

Beauteville

÷ce 22÷

[de la main de La Beaumelle :] Voilà la réponse. Conservez la, & montrez la à Mme de Saint Maurice. Je n'ai pas le tems de vous en dire davantage. Elle m'est parvenue à la campagne où j'ai été. Ce 1ᵉʳ may 1760.

Mr de Beauteville est un homme fort essentiel.

A monsieur Angliviel, avocat / au parlement / à Valeraugue / par Montpelier, Cevennes / cachet de Toulouse

MANUSCRIT

ALB 370.

REMARQUE

Lettre de la main d'un copiste, à l'exception des quelques mots indiqués entre ÷ et de la signature.

NOTES EXPLICATIVES

1. Son frère, Mgr Jean-Louis de Buisson de Beauteville.
2. « Je marche sur un feu ardent caché sous des cendres trompeuses. » Horace, *Odes*, II, 1.

LB 3616. *Jean Henri Samuel Formey à La Beaumelle*

Berlin, le 27 avril 1760

Monsieur

Je suis mortifié du retardement qu'a souffert ma précédente[1] ; j'espère que celle ci, quoi que je ne l'envoye pas directement, ne sera pas si longtems en chemin, et que M. le professeur Vernet[2], comme je l'en prie, vous l'expédiera dès qu'il l'aura reçue au retour de la foire de Leipsig. Soyez persuadé, monsieur, que je n'ai pas moins d'empressement à profiter de votre commerce que vous voulez bien en témoigner pour le mien, et que je sens également le prix de vos lettres et celui de votre amitié.

J'attends d'un jour à l'autre les remarques de M. de La Condamine sur mon éloge de M. de Maupertuis ; et dès que je les aurai reçues, je le mettrai sous la presse, en y joignant peut-être deux ou trois Eloges que j'ai encore en réserve, et dont l'association ne deshonerera pas le président, puis que ce sont ceux des maréchaux de Schwerin[3] et de Keith[4] et du ministre d'Etat de Viereck[5]. Peut-être qu'en effet mon Eloge de M. de M. aura quelque succès parce qu'on y reconnoîtra le langage du cœur. J'ai aimé le défunt par un sentiment peut-être plus vif que n'ont été ceux de ses plus intimes amis ; je me pris d'affection pour lui dès la première visite qu'il me fit; et ne prévoyant point du tout que nous dussions jamais avoir ensemble des relations particulières. Je le regrette tous les jours et le regretterai toute ma vie.

Je suis bien charmé d'avoir obtenu un suffrage aussi précieux que l'est celui de Mlle de Calonges; et c'est une véritable obligation que je vous ai, monsieur. Joignez y celle de lui présenter mes respects, et les vœux que je fais pour qu'elle atteigne l'âge de la Sapho du siècle passé[6], et quand elle y sera, qu'elle glisse d'un pied léger à celui du Nestor de nos Académies[7], qui est le *nec plus ultra* de la durée humaine.

Cette fermeté qui vous paroît étonnante en moi dans les conjonctures où nous nous trouvons est tournée en habitude, après avoir commencé par les efforts de la réflexion. Occupé des objets qui font couler mes jours aussi doucement que si j'habitois la vallée de Tempé[8], ceux qui pourroient me noircir l'esprit ne se présentent pas seulement à ma pensée. Je sais qu'on fait la guerre et puis c'est tout. Je ne m'informe d'aucune nouvelle politique et militaire, ayant une aversion innée pour le jargon de ceux qui les débitent et s'en repaissent avidement. Quand la paix sera duement faite, ou que nous aurons remporté quelque grande victoire, je le sçaurai; quand nous serons écrasés, si c'est le sort qui nous attend, je dirai: *Fiat voluntas Domini*[9]. En attendant mon *Abrégé de l'histoire philosophique*[10] est à peu près imprimé; et j'en suis à la composition du 2ᵉ tome de l'*Abrégé d'histoire ecclésiastique*[11].

Il est facheux que vous differiez l'édition de votre *Tacite*; mais vous n'avez que de trop bonnes raisons de le faire. Vos calamités, pour n'avoir pas l'air aussi menaçant que les nôtres, n'en sont pas moins amères. Qu'importe qui nous dépouille de nos biens, quand on les perd. Nous sommes assez en souffrance à cet égard; les gages et appointemens ont été arrêtés pendant un an et demi; et l'on ne paye à présent qu'en rabattant un quart. Les mauvaises espèces désolent et ruinent, et l'on a mille autres causes de non valeurs qui augmentent l'épuisement. Mais comme vous le remarquez fort bien, nous n'avons pas les ressources de vos contrées, et ceux que la guerre ruine parmi nous ne s'en releveront jamais. Il n'y a que quelques professions qui font bien leurs affaires: tout le reste languit et dépérit. Cependant, si notre monarque n'a pas les ressources intrinsèques en fonds de terre qu'a le vôtre, je crois qu'il est encore, au moins *prorata,* le plus pécunieux de beaucoup de tous les souverains belligérans.

Voilà les *Œuvres* publiques: et il y en a des éditions multipliées, qui doivent les avoir répandues jusqu'aux bouts de la terre habitable. Aucune des éditions étrangères n'a eu un libre cours à Berlin, quoi qu'il y en soit entré beaucoup d'exemplaires. Mais on en a fait une approuvée, privilégiée, etc... qui contient, outre divers changemens dictés par la politique (car ce qui regarde la religion est resté intact à très peu de chose près), deux nouvelles pièces: une *Ode sur la Calomnie* et une *Paraphrase de l'Ecclésiaste*[12]. La publication de ces œuvres est très déplacée dans les conjonctures actuelles ; mais, en vérité, dans quelque temps qu'elles eussent paru, ce n'étoit pas un présent à faire au genre humain.

Il est bien décidé que le roi n'écrira rien sur notre feu président, et il y a là dedans sans doute quelque condescendance pour l'Apollon des *Délices*. Il y a quelqu'anedocte renfermée dans ce que vous me dites de Catt, *qui le disposait à protéger M. de Maupertuis à son retour.* Je n'entens pas cela : voulez vous bien me l'expliquer, et en même temps me dire si vous connoissez personnellement Catt, ce que vous en pensez, etc...

On m'a mandé de Paris que le discours de M. de Pompignan avoit paru très éloquent, mais non très philosophique. La mort édifiante de M. de M. l'a jetté dans une digression contre les incrédules de laquelle on peut dire : *Non erat hic locus*[13]. Cependant je ne rabats rien de ma haute estime pour l'auteur des *Poésies sacrées*, qui, sans être poussée jusqu'à l'enthousiasme de M. de Mirabeau, est assurement très sincère. Pour M. l'evêque, quand il aura exorcisé la discorde de l'assemblée du clergé[14], je serai charmé de lui renouveller mes hommages. C'est une fort belle chose qu'un evêque qui a la dignité de son état : et, toute ambition à part, on a eu tort de nous réduire à l'état de prestolet[15].

M. de Tressan m'a envoyé son éloge de M. de M. d'abord en manuscrit, et ensuite considérablement revu, corrigé et imprimé[16]. C'est bien aussi le ton du sentiment dans lequel ce digne comte excelle. La moindre de ses lettres m'affecte et me touche au vif. Je lui écris demain et lui manderai qu'il ne vous oublie pas dans sa distribution.

Votre Eloge viendra le dernier de tous pour couronner l'œuvre. Je vous le dis sans ombre de flatterie. Pour l'abbé Trublet, il ne fera rien sur ce sujet. Fontenelle lui suffit et l'absorbe[17]. D'ailleurs l'intimité entre lui et M. de M. avait fort diminué vers la fin. M. de La Condamine sçait tous les détails là dessus. Que j'aime celui-ci, et que je suis content de ses lettres ! Que ne pouvons nous l'avoir pour président ! Cette place est toujours vacante et le demeurera sans doute pendant le reste de la guerre. On a beaucoup parlé de M. d'Alembert pour la remplir. Je ne crois pas que ce fût son bien, ni le nôtre. Je viens de lire la nouvelle édition de ses *Mélanges*[18]. Il semble que *le Sage* y revient bien souvent, et que ce Sage a bien des prétentions, soit dit entre nous. Pour ses morceaux de Tacite, c'est à vous d'en juger : dites m'en votre avis.

Si vous voulez, monsieur, me communiquer vos échantillons poétiques[19], independamment du plaisir avec lequel je les lirai, je ne manquerai pas d'occasion de les placer, quoique je n'aye actuellement la propriété d'aucun ouvrage périodique.

Je vous remercie, monsieur, de ce que vous me marquez des familles Bonafous, Graverol et Rapin Thoyras. Je bénis aujourd'hui même le mariage d'un rejetton des deux premières de ces deux[20] familles, demoiselle fort aimable de 26 ans, ma nièce en tant que fille de la sœur de ma première femme, qui se nommoit Bonafous et dont l'époux est le fils ainé de notre célébre Euler[21], héritier de sa science; < *déchirure* > que meri < *déchirure* > fauxfilé avec la géométrie sublime. J'ai une très bonne amie < *déchirure* > et petite [*fille*] du célèbre Rapin-Thoyras[22], Mme Gaultier dite La Croze[23] par [*ce que*] son m[*ari*] avoit épousé en premières noces une nièce adoptive du polyhistor La Croze[24].

J'enverrai aux premiers jours à M. Jean Bernoulli un volume de notre Academie auquel je joindrai le *Triomphe de l'innocence* de M. de Beausobre[25], afin qu'il vous le fasse parvenir. Pour la liste des Eglises françoises reformées de toute la dispersion, il n'est pas en mon pouvoir de vous la procurer. Le calcul de M. l'abbé de Caveirac[26] est incontestablement faux : le Brandebourg seul a recueilli au moins vingt mille réfugiés, qui y ont apporté beaucoup plus d'argent que n'en exprime sa taxe. Après cela où ne va pas le calcul de l'industrie transplantée ?

Madame de Maupertuis est à Magdebourg depuis quelques semaines avec la princesse Amélie et le reste de la cour pour y séjourner jusqu'à ce que toute crainte de l'ennemi soit dissipée. Elle n'étoit pas, autant que je le sais, fort en état de vous fournir des détails bien intéressans sur le compte de son époux. J'ai aussi le mémoire de M. de La Primeraye, et il m'a servi de canevas pour l'ordre des faits et des dates. Je sais assurément bien des traits, des saillies et d'autres singularités de M. de Maupertuis, mais je ne crois pas qu'il convînt de faire usage de toutes. Je verrai de vous faire un petit triage d'ici à la première lettre que j'aurai l'honneur de vous écrire. Vous voyez, monsieur, le plaisir que je trouve à m'entretenir avec vous : j'espère que cela me procurera celui de recevoir bientôt de vos nouvelles. En attendant, je suis avec le plus haut degré de considération, monsieur, votre très humble et très obéissant serviteur.

Formey

Je ne puis rien vous apprendre du sort de M. d'Arnal, mais je m'en informerai. Depuis cette lettre finie, j'en reçois une de M. de La Condamine du 16 où il me mande que le bruit de la mort de Voltaire se répand à Paris[27].

à Monsieur de la Beaumelle / à : Toulouse

MANUSCRIT
ALB 2524.

REMARQUE
Cette lettre ne parviendra à La Beaumelle que le 30 août 1760 (voir LB 3655 et LB 3658 n. 2).

NOTES EXPLICATIVES
1. LB 3575.
2. Jacob Vernet, professeur de Théologie à Genève.
3. Le comte Kurt Christoph von Schwerin

(1684-1757), Generalfeldmarschall de Frédéric II de 1740 à sa mort.
4. James Francis Edward (1696-1758), dit le maréchal Keith, gouverneur de Berlin (voir t. IV, LB 942 n. 1).
5. Adam Otto von Viereck (1684-1758), ministre et conseiller d'État en Prusse, avait été ambassadeur en France de 1719 à 1721.
6. Ninon de Lenclos, morte en 1705 âgée de 85 ans.
7. Fontenelle, mort presque centenaire en 1757.

8. Vallée de Grèce où Apollon avait été envoyé quelque temps en exil.

9. « Que la volonté du Seigneur soit faite » (inspiré de Matthieu 6, 10 et de Luc 1, 38).

10. J. H. S. Formey, *Histoire abrégée de la philosophie*, Amsterdam : J. H. Schneider, 1760, in 8.

11. Cet *Abrégé de l'histoire ecclésiastique* paraîtra en 1763 (Amsterdam : J. H. Schneider, 2 vol. in 12).

12. *Poésies diverses*, Berlin : Chrétien Frédéric Voss, 1760. Frédéric II fit brûler les volumes des *Œuvres du philosophe de Sans-Souci* et imprimer à la hâte cette édition autorisée (voir *Correspondance littéraire*, 1er avril 1760, éd. U. Kölving, p. 67). Ce recueil comprend une Ode sur la calomnie (p. 1-12) et une Paraphrase de l'Ecclésiaste (p. 75-78).

13. « Ce n'était pas le moment opportun » (expression latine dérivée d'Horace, *Art poétique*, 19). Sur les critiques que son discours de réception valent à Le Franc de Pompignan, voir LB 3604 n. 7.

14. « La délibération que l'Assemblée générale du Clergé a formée dans sa séance du 16 de ce mois est très essentielle pour la tranquillité de l'Eglise et de l'Etat. [...] L'Archevêque de Paris et d'autre prélats, qui avoient toujours paru si peu disposez à se preter aux vues pacifiques du roi, ont enfin consenti à recevoir la Lettre circulaire *Ex omnibus* du Pape Benoit XIV & le dernier bref de son successeur. En un mot ils ont souscrit à la Deliberation que l'on vient de raporter. » (*Gazette d'Amsterdam*, 30 mai 1760).

15. *Prestolet :* petit prêtre sans condition.

16. Voir LB 3599 n. 17.

17. L'abbé Trublet est absorbé par une nouvelle édition de ses *Mémoires pour servir à l'histoire de la vie et des ouvrages de Mr de Fontenelle*, qui fera l'objet d'un compte rendu dans le *Journal des sçavans* de juillet 1761, p. 502-504.

18. *Mélanges de littérature, d'histoire et de philosophie. Nouvelle édition, revue, corrigée et augmentée très considérablement par l'auteur*, A Amsterdam, chez Zacharie Chatelain et Fils [Lyon : Jean-Marie Bruyset], 1759, 4 vol. in 12.

19. Des copies rassemblant les poèmes composés par La Beaumelle jusqu'en 1760 ont été conservées (ALB 4096, ALB 4101, ALB 5281, ALB 5918, ALB 5974, ALB 6312, ALB 7179, ALB 8860).

20. Lire trois.

21. Anna Sophie Charlotte Hagmeister et Johann Albrecht Euler (1734-1800), fils aîné de Leonhard Euler.

22. Paul de Rapin-Thoyras (1661-1725), auteur d'une *Histoire d'Angleterre* en 8 vol., La Haye, 1724.

23. Seconde épouse de Jacques Gaultier dit La Croze, conseiller privé du roi de Prusse (Erman et Reclam, IX, p. 131).

24. Mathurin Veyssière de La Croze (1661-1739), mauriste converti au protestantisme, grand orientaliste. Charles-Étienne Jordan, *Histoire de la vie et des ouvrages de Mathurin Veyssière de La Croze*, Amsterdam, 1741, p. 230, précise que cette nièce gouvernait la maison du savant et confirme qu'elle avait épousé « M. Gautier, bibliothécaire, & antiquaire du roi : homme d'esprit & de mérite ».

25. Charles-Louis de Beausobre (1690-1753), *Le Triomphe de l'innocence, ou particularités peu connues, aussi honorables aux réformés qu'elles le sont peu à leurs adversaires*, s. l. : Jean Godefroi Michelis, Berlin, 1751, in 8. Avant d'être publié séparément, ce texte avait d'abord été destiné à servir de préface à l'*Histoire de la Réformation* de son père, Isaac de Beausobre.

26. Contre l'auteur de la *Lettre d'un Patriote* qui évaluait à trois millions les protestants restés en France et à deux millions les huguenots du Refuge, Caveirac soutient que leur nombre est « plus de huit fois moindre » (*Apologie de Louis XIV*, dernier chap.). La Beaumelle discute ces chiffres dans le quatrième Mémoire d'État à Saint-Florentin (LBD 293) et en 1763 dans la dernière partie de la *Requête des protestants français au roi* (p. /162/).

27. Dans sa correspondance de l'hiver 1760, Voltaire se dit à l'article de la mort, et le bruit de son décès se répand alors dans Paris (voir R. Pomeau, *Voltaire en son temps*, Oxford : Voltaire Foundation, 1995, t. II, p. 59).

LB 3617. *La Condamine à La Beaumelle*

J'ai reçu avant hier au soir votre lettre \du 18\ à Paris, je courus chés madame la duchesse d'Aiguillon, je la trouvai, elle avoit vu M. le maréchal de Richelieu l'après midi mais qui n'avoit pas encore reçu votre lettre. Elle avoit eu la sienne et je lui ~~avois~~ lus ce qui étoit bon à lire de la vôtre ; elle me dit qu'elle le verroit le lendemain hier au soir, et aussi le maréchal de Thomond. Je ne connois point celui ci. J'ai eté hier dimanche voir l'autre, je l'ai trouvé, je lui ai parlé assez à loisir, je lui ai montré l'original de la lettre de madame de Vissec[1], il m'a paru n'avoir aucune prévention et mépriser beaucoup tous ces bruits qu'il a peut etre ignorés dans le tems ~~où~~, il s'en souvenoit à peine. Il m'a dit qu'il n'avoit fait que déférer à la priere du maréchal de Thomond qui lui avoit demandé de preter main forte à justice, \que\ l'ordre de ce dernier n'etoit que pour apuyer le decret des capitouls. En vous *remettant*, terme que j'ai eu tant de peine à deviner, tout se passera en justice reglée et vous ne serés pas jugé deux fois. Le maréchal de Richelieu ne m'a pas trompé aparemment. Vous vous etes effrayé et allarmé mal à propos, rien ne vous empêchoit de purger votre decret, et cela est peut etre fait à present, si vous etes revenu de votre première frayeur. J'ai dit au maréchal que vous lui aviés écrit, il n'avoit point encore reçu ~~ce matin~~ \hier dimanche à une heure\ votre lettre \du 18\, mais il n'avoit pas encore ouvert celles qui etoient arrivées, peut etre aussi votre lettre n'etoit elle pas partie par le meme ordinaire. Madame la comtesse d'Egmont étoit à Versailles je ne la vis point, ~~et~~ j'ai refusé une occasion de quelqu'un (qui m'offroit de m'amener diner \ici\ à Livri) pour voir le maréchal. C'etoit heureusement son jour d'audience. Je suis venu ici le soir en fiacre. La veille samedi j'avois perdu le matin à la grand'chambre mon procès de loyer : c'est à dire que la sentence du chatelet qui ne m'avoit accordé que la décharge d'un quartier de loyer fût confirmée, quoi que j'eusse prouvé que cette sentence etoit intervenue sur un procès verbal de commissaire qui prouvoit seulement la non jouissance de mon apartement pendant quatre mois, et que j'eusse un nouveau procès verbal posterieur de ~~sept~~ \neuf\ mois qui prouvoit la non jouissance ~~pendan~~ et non *habitabilité* pendant 13 mois. Mon procureur au chatelet, de connivence avec la partie adverse, \m'\avoit ~~empeché~~ \detourné\ de faire faire ce second procès verbal, mon procureur au parlement m'avoit mieux conduit, me paroit honnête homme et m'avoit bien servi. Ni lui ni mon avocat ne conçoivent rien à ce jugement. Heureusement j'avois gardé les loyers echus comme un dépôt quoique moralement sûr d'avoir une indemnité, l'incertitude n'etant que du plus au moins, et on m'avoit assuré que je ne pouvois avoir moins d'un an, ayant eté 18 mois sans jouir \quoique je n'aye prouvé que 13\, et ayant payé pendant tout ce tems en mon absence un gardien de mes meubles qui m'a plus couté lui seul que le quartier qui m'étoit adjugé par la sentence du châtelet. Mme de La Condamine n'est ni pis ni mieux. Elle va prendre des bains et, dès que la marquise[2] aura quelqu'un ici pour lui tenir compagnie, j'emmenerai ma femme à Paris. Je reviens à votre affaire.

Il me semble que vous avés pris l'allarme mal à propos. Cette seconde procedure des capitouls sera, dites vous, cassée comme la premiere. Dès que l'ordre du maréchal n'est que pour preter main forte à la justice et n'est point en vertu d'une lettre de cachet, tout se passera dans la forme ordinaire, mais commencés par purger votre decret, et ne vous faites pas un ennemi irreconciliable de ce capitoul en le menaçant tandis que vous etes dans les liens de sa juridiction.

Vous peignés toutes les choses en beau et vous ne dites pas tout. On m'a écrit de Montpellier que, depuis que vous vous etiés evadé de je ne sais quel chateau (aparemment c'est là l'enclouure[3]), on ne savoit ce que vous etiés devenu, on ne sait pas à Montpellier que vous etes à Toulouze ! Je n'entens rien à ce chateau, à cette evasion, à votre tranquillité \(précedente)\ à Toulouze après une telle évasion. Tout cela est une énigme pour moi. J'ai apris par quelqu'un qui venoit de Hollande que Jolly n'avoit pas eu si grand tort avec vous[4], que l'origine de la dispute entre vous etoit qu'il prete[n]doit que les 20 sols que vous lui aviés cedé par exemplaire de souscription signé de lui etoient des sols de Hollande, ce qui est à présumer, si cela n'a pas eté expliqué autrement, puisque la convention s'est faite en Hollande &c &c.[5] Je sais de plus que le nouveau gazetier de Bruxelles, Maubert[6], se plaint amerement de quelqu'un qui logeoit chés M. Fraissinet banquier, que ce quelqu'un lui a joué des tours au sujet d'une certaine édition dont ils devoient partager le profit, et d'une certaine montre que le dit M. avoit mis en gage, qui a été retirée du Mont de Pieté et qui lui devoit revenir[7]. Cette edition pourroit aussi faire de facheuses affaires. Il en reste toujours un amas dans une maison de campagne qui a été vendue mais le nouveau proprietaire les a sous la clef[8]. Tout cela n'est rien moins que net. La femme de Cesar ne devoit pas même etre soupçonnée[9] et il faudroit autre chose pour la justifier que des subtilités et des tours d'eloquence et des exposés captieux.

Après avoir vu avant hier la duchesse, de retour chés moi je lui écrivis encore, parce que je n'avois pu lui parler assés à mon aise, qu'elle etoit enrhumée et qu'elle m'avoit parlé par un tiers. Mandés moi au plustot où vous en etes de votre affaire. J'adresse celle ci comme ma précédente à laquelle je n'ai pas encore reponse à M. Belot l'ainé.

L'eloge par M. de Fouchy dont vous verrés un extrait dans le *Mercure*[10], et dont il y a déja quelque chose dans la feuille des *Affiches ou annonces de province*, et dont on fera sans doute mention dans l'*Avant coureur* du même auteur Querlon[11] (ce doit être la feuille 15 du lundi 28 de ce mois), ne sera imprimé que dans ~~trois~~ 4 ou 5 ans dans le vol. des *Memoires* de 1760 puisque 1755 n'est pas encore publié[12]. Cependant j'en ai une copie et je vous la ferai parvenir, vous en verrés aussi un extrait dans la feuille 12 de Freron[13] qui doit paroitre ces jours ci. Mais quand ou comment puis je vous envoyer cette copie sur laquelle vous ne deviés pas compter et celui de M. de Tressan ? N'auriés vous personne qui pût recevoir cela franc de port à Toulouze ou à qui on pût du moins l'adresser contresigné ? Encore chicannent t'ils souvent à la poste et cela ne seroit ~~pas~~ \ encore envoyé\ sûr à votre adresse. Voilà bien des secours et personne n'en a tant eu \que vous pour cet eloge\. M. de Tressan a presque tout deviné. M. de Pompignan n'a eu que mon épitafe et les œuvres du défunt. J'ai l'eloge par M. Formey fort ample, fort diffus, < *illisible* > tre volume, il me prie de le faire imprimer à Paris. Je n'ai pas encore eu le tems de lui envoyer des corrections immenses.

J'ai reçu les intérêts echûs au 1er avril de vos actions des fermes ; quant au dividende ou bénéfice, j'ai appris depuis peu de jours qu'on le payoit aussi et que c'etoit très peu de chose, un pour cent je crois. Je le recevrai pareillement. Un pour cent pour six mois fait 2 pour cent par an. Peut etre cela augmentera t'il au second semestre, ~~et cet~~ mais cela est en outre des cinq pour cent des coupons d'interet qui, pour les 30 actions qui vous restent, font 750 £, que j'ai deja reçues et qui feront (avec le dividende de 1 pour cent montant à 150) 900 £ que je vous enverrai en rescription à l'adresse que vous me marquerés dans la reponse que j'attens à ma lettre du 16. Ces actions des fermes remontent un peu, et on parle toujours de paix ; mais enfin si vous aviés fait un autre emploi de votre argent en lettres de change à terme, vous n'auriés eu que 5 p. % avec le risque des banqueroutes. Vous n'avés donc point à regretter de n'en avoir pas fait un autre emploi. \Je vois par votre lettre du 4 que vous ne comptiés sur aucun bénéfice. Celle ci est le suplement de ma première réponse.\

Adieu tous vos projets de charge. Vous n'auriés jamais l'agrément d'une charge de judicature après l'eclat de votre derniere affaire avec les capitouls. Je conviens que dans le fond c'est une bagatelle : ce ne seroit rien pour un autre ; mais vous n'etes rien moins qu'un autre. Vous avés un frere si sage, vous devriés, dans tout ce qui n'est pas affaire de pure littérature et peut etre meme dans celles ci, renoncer à vos propres lumieres et ne vous conduire que par ses avis.

Songés à vous faire des amis, vous en avés plus besoin qu'un autre. Vous ne me parlés plus de Mlle de Calonge \au moins conservés celle là qui peut vous en faire d'autres\. J'attens de vous une promte réponse à cette lettre et suis dans une véritable impatience de la recevoir pour plus d'une raison.

M. le duc de Bourgogne ne va pas aussi bien qu'on le desireroit[14], mais n'est ce pas à M. le Dauphin que vous aviés permission de dedier votre *Tacite* ? \D'ailleurs cela ne presse pas. Il ne faut pas manquer ce coup par trop de hâte.\

J'ai oublié de vous envoyer par le carosse l'image de St M.[15]. Je pourrois y joindre l'eloge par M. de Fouchy, mais celui de M. Formey est immense à faire copier, et j'en ai besoin comme je vous ai dit. Il y aura pourtant remede à tout cela mais j'attens votre reponse. J'ai envie d'aller à Balaruc pour mes oreilles. On me le conseille.

Dites quelque chose pour moi au marquis de Belesta que j'aime d'inclination et par reconnoissance et que j'estime comme un galant homme.

Adieu, mon cher, quand ferés vous des réflexions ? Ou quand les mettrés vous à profit ?

Je joins ici une addition \de 4 pages\ à mes lettres à M. D. Bernoulli[16]. Cette addition a paru dans le 2ᵈ vol. d'avril[17] mais les exemplaires séparés de ma lettre etoient déjà tirés. Cette addition est posterieure à une 4ᶜ lettre de Gaullard sous le nom de son fils, que je n'ai d'honneur pas lue, et que j'aprens qui est un vrai libelle plein de personalités etrangères à l'objet de la dispute[18]. Je ne veux pas la lire de peur d'etre tenté de répondre encore, on se mocque assés de moi de l'avoir fait. Il a eu pour censeur Astruc ennemi de l'Académie des Sciences qu'il a voulu compromettre avec la faculté, à l'occasion d'une lettre du ministre à l'Académie pour faire examiner les pillules de Keyser[19], ennemi de l'inoculation qu'il a autrefois protégée quand il n'y avoit pas encore d'experiences favorables, ou qu'il n'y en avoit que peu, ennemi de tout ce qui n'est pas lui, avec qui j'ai diné 2 fois la semaine pendant 4 ans chés M. de Tencin, à qui j'ai donné mes ouvrages, à qui j'ai procuré des pratiques, et qui meriteroit d'être censeur des halles. Je crois que mes 4 pages d'addition me dispenseroient d'une plus ample réponse. On m'a dit que dans cette lettre ou libelle Gaullard disoit que j'ai aporté des rats du Perou qui désolent Versailes[20], je ne sais ce que c'est ; que j'ai porté de la limaille au Pérou pour faire des experiences, qu'elle s'est rouillée[21] \je le sais encore moins\ &c, que, n'ayant pas réussi par le poison indien[22] que j'ai raporté et qui n'a pas fait fortune, j'ai voulu y substituer celui de l'inoculation, que je ne ressemble pas à l'abbé Nollet qui est savant et honnête homme, qualités qui ne sont pas toujours réunies &c.[23] Je ne sais cela que par La Lande et quelques amis. J'ai resolu de ne pas lire cette lettre plus que ce que j'en ai lû, voyés mes quatre pages. Adieu, je ne voulois pas vous parler de cela qui ne m'inquiete guère, mais seulement de vos affaires qui m'inquiettent beaucoup. Mettés vous sous la protection de quelqu'un, et ne faites plus rien que de son aveu.

A monsieur de La Beaumelle

MANUSCRIT

ALB 1212.

NOTES EXPLICATIVES

1. LB 3599 n. 4.

2. La marquise du Plessis-Bellière (voir LB 3578 n. 1).

3. Le château de Ferrières (voir LB 3596 n. 5). *Enclouure :* « le mal, l'incommodité d'un cheval encloué. [...] Il signifie figurément empêchement, obstacle, difficulté » (*Dictionnaire de l'Académie française*, 4ᶜ éd. 1762).

4. Voir t. XII, LB 3449 n. 22.

5. Sur les démêlés de La Beaumelle avec le

libraire Jolly au sujet des *Maintenons*, voir le t. VIII.

6. Jean Maubert de Gouvest (1721-1767) publie les *Mémoires du temps ou recueil de gazetins de Bruxelles* à partir de mai 1760, mais l'annonce de ce périodique a paru dans la *Gazette* du 4 avril (Sgard, *DJs*, II, p. 699).

7. Sur le contentieux entre Maubert de Gouvest et La Beaumelle au sujet de la *Pucelle* et d'une montre, voir t. XI, LB 3645 n. 14 et LB 3656 n. 16.

8. Cette maison avait été louée en 1758 par Pierre II Salles au baron de Bauche (voir t. XII, LB 3373 n. 2).

9. « La femme de César ne doit pas être soupçonnée » : adage inspiré d'une réplique prêtée par Plutarque à Jules César qui cherchait à justifier la répudiation de sa troisième épouse Pompéia (*Vie de César*, X, 9).

10. L'Éloge de Maupertuis par Grandjean de Fouchy ne semble pas avoir été publié dans le *Mercure de France*.

11. Anne-Gabriel Meusnier de Querlon (1702-1780), principal rédacteur de ces deux périodiques.

12. L'Éloge de Maupertuis par Grandjean de Fouchy paraîtra en 1765, dans les *Mémoires de l'Académie royale des Sciences* de 1759 (voir LB 3571 n. 3).

13. *L'Année littéraire*, 1760, t. III, lettre v, p. 97-108 : « Rentrée publique de l'Académie royale des Sciences ».

14. Louis-Joseph-Xavier de France, fils aîné du Dauphin, mourra le 22 mars 1761 à l'âge de 9 ans.

15. Saint-Malo.

16. La Condamine, Lettres à Daniel Bernoulli : voir LB 3599 n. 16, et *Mercure de France*, avril 1760, t. I, p. 165-189 (lettre datée du 3 janvier 1760).

17. « Addition à la seconde lettre de M. de La Condamine à M. Daniel Bernoulli », *Mercure de France*, avril 1760, t. II, p. 170-179 (lettre datée du 28 février 1760, avec des post-scriptum du 22 mars et du 5 avril). Voir aussi les « Réflexions sur les avantages de l'inoculation » que publie D. Bernoulli dans le *Mercure* de juin 1760, p. 173-190.

18. *Lettre apologétique de monsieur Gaullard fils, maître ès-arts de l'Université de Paris, à M. M., médecin ; pour servir de réponse à la lettre de M. de La C. insérée dans le Mercure du mois de mars 1760*, 1760.

19. Les pilules ou dragées de Keyser sont censées traiter les maladies vénériennes. Voir « Seconde Lettre sur la nature & le succès des nouveaux remedes qu'on propose pour la guerison des maladies vénériennes », rééditée dans Jean Astruc, *Traité des tumeurs et des ulceres*, Paris : Guillaume Cavelier, 1768, p. 410-418.

20. La Condamine se distingua notamment à son retour « par un assortiment de rats mâles & femelles, dont la prodigieuse fécondité avoit enthousiasmé notre chimiste au point de lui persuader que ce seroit faire à sa patrie un présent bien digne de lui & bien utile que de les apporter du Pérou en France ; il en a eu un soin tout particulier pendant son voyage. Le succès de cette merveilleuse découverte a pleinement répondu à ses vœux ; & on lui a l'obligation d'avoir renouvellé en France une des sept playes de l'Egypte par la multiplication de cette espèce d'animaux qui a infecté Versailles & Paris même. » (*Lettre apologétique de monsieur Gaullard fils*, p. 7).

21. « M. de La C. a été reçu à l'Académie en qualité de chimiste ; vous croyez peut-être que c'est sous ce titre qu'il a fait le voyage du Pérou avec ses confreres ; il est vrai qu'il avoit emporté avec lui de la limaille pour faire des expériences ; la limaille se rouilla, & malheureusement le chimiste n'en savoit pas assez pour remédier à cet inconvénient, dont un garçon apoticaire n'eût pas été embarrassé ; ainsi les expériences du *pensionnaire chimiste* resterent là [...]. » (*Lettre apologétique de monsieur Gaullard fils*, p. 6).

22. La Condamine s'est également distingué « par une petite bouteille de poison qu'il avoit apportée aussi précieusement ; poison dont se servent les Indiens, & qui est si subtil qu'en y trempant la pointe d'une aiguille en peu de minutes la piquûre en étoit mortelle à l'animal le plus fort & le plus robuste. » (*Lettre apologétique de monsieur Gaullard fils*, p. 7). Gaullard confond, sciemment ou non, le curare avec le quinquina que La Condamine avait rapporté de Quito et planté à Cayenne (voir l'introduction d'Hélène Minguet à Charles-Marie de La Condamine, *Voyage sur l'Amazone*, Paris : La Découverte, 2004, p. 20).

23. Jean Antoine Nollet (1700-1770). « La découverte de ce poison fameux, dont on a même été embarassé depuis, n'ayant pas eu le succès que M. de La C. s'en étoit promis pour se faire une réputation, son goût pour mettre quelque poison en vogue ne s'est pas perdu pour cela, il n'a fait que changer d'objet ; il s'est

tourné du côté de l'inoculation ; il a commencé par en lire l'histoire à l'Académie des Sciences ; ses premiers Mémoires furent reçus par ses confreres, mais ils rejeterent & proscrivirent les derniers, dont ils furent si indignés qu'en pleine Académie, M. Nollet son illustre confrere, dont le caractère doux & poli est l'antipode de celui de M. de La C., M. Nollet, dis-je, fut obligé de crier à haute voix, pour se faire entendre, qu'il s'opposoit formellement à l'impression de ces Mémoires dans le recueil académique, qui n'est pas fait pour servir de fastes & d'archives aux invectives grossieres que M. de La C. prodiguoit à l'adversaire qu'il combattoit alors, avec les mêmes armes dont il se sert contre moi, & qui l'avoient sauvé d'une défaite honteuse dans sa guerre avec M. Bouguer. » (*Lettre apologétique de monsieur Gaullard fils*, p. 8).

LB 3618. *Jean Henri Samuel Formey à Jean II Bernoulli*

[Berlin, le 29 avril 1760]

[...] Les Eloges de M. de Maupertuis vont commencer à paroître. M. le comte de Tressan a déjà publié le sien, qui est sans doute entre vos mains. J'ai reçu hier une réponse de M. de La Condamine en conséquence de laquelle je ferai aussi rouler la presse sur le mien. M. de Fouchy se prépare à livrer le même Eloge, & il a eu mon manuscrit plusieurs semaines entre les mains par une complaisance de M. de La Condamine, qui me paroit poussée un peu trop loin. M. de La Beaumelle donnera aussi quelque chose sur le même sujet : son ouvrage, à ce qu'il me mande, paroîtra le dernier, afin qu'il soit le plus complet. Il travaille aussi sur les affaires des protestans de France, et m'a demandé pour cet effet un ouvrage que je crois pouvoir joindre ici, en vous priant de le lui adresser. S'il y a de l'inconvénient à l'envoyer en droiture à Toulouse, vous pourriez, je crois, monsieur, le faire parvenir à Geneve à M. le professeur Vernet, avec prière d'en avoir un soin ultérieur. [...]

MANUSCRIT
UB, L Ia 692, f° 104.

LB 3619. *Éléonore de Maupertuis à La Condamine*

[Le 2 mai 1760]

[*Mme de Maupertuis transcrit une partie de la réponse de Merian à une lettre de La Condamine qu'elle lui a communiquée.*]

[...] Si M. de La Beaumelle peut se servir de ces Mémoires, j'en serai bien aise, et je ne doute pas que M. de La Condamine en lui communiquant les articles qu'il jugera à propose, n'ait soint de faire en sorte que l'ouvrage demeure supprimé conformément à la volonté de M. de Maupertuis.

[*Maupertuis lui avait recommandé de supprimer cet ouvrage de Merian parce qu'il le trouvait mal écrit.*]

MANUSCRIT

Académie des Sciences, fonds La Condamine, 50 J 108.

LB 3620. *Jean Henri Samuel Formey à Francesco Algarotti*

[Berlin, le 3 mai 1760]

[...] J'ai reçu la réponse que j'attendais de M. de La Condamine au sujet de mon Eloge de Maupertuis, et je vais mettre sous la presse. Ce délai ne m'a valu aucune remarque, M. de La Condamine étant comme absorbé par ses affaires domestiques. La guerre cause, à ce qu'il me parait, de grands désagréments dans les fortunes des particuliers en France, et plus grands que ceux que nous éprouvons dans nos contrées. M. de La Condamine me marque qu'il est privé actuellement de sept mille livres de rente, ce qui fait, ajoute-t-il, la moitié de son revenu. M. de La Beaumelle, qui m'a écrit de Toulouse une longue lettre pétillante d'esprit[1], dit aussi que cette guerre lui coûte déjà douze mille francs en effets royaux et que, si elle continue, sa petite fortune sera détruite. [...]

ÉDITION

« À travers les autographes », *RHLF* 33 (1916), p. 251.

NOTE EXPLICATIVE

1. LB 3604.

LB 3621. *La Beaumelle à La Condamine*

A Toulouse, ce 6 mai 1760

Votre lettre du 16 avril[1] m'a fort consolé. Elle est pleine d'amitié, & je la retrouve et je la chéris même dans ce qu'elle a d'amèr.

Les capitouls sont si fous qu'un d'eux fut d'avis de faire couper la tête à Mme la comtesse de Fontenille, & deux autres de la condamner au fouët & à la fleur de lys. Voilà les juges que Mr de Thomond trouve trop doux.

Ce qu'il y a de singulier, c'est qu'il donne un ordre contre moi, c'est qu'il en

ait demandé un à Mr de Richelieu, dans le même temps que Mr de Saint
Florentin lui en refusoit un pour Mme de Fontenille. Il veut nous dérober l'un
& l'autre à la justice, moi parce que je ne suis pas assez puni, la comtesse parce
qu'elle l'est trop.

Il vient de se brouiller avec le parlement par une ordonnance sur les
spectacles entièrement contraire à un des arrêts de cette compagnie sur le même
sujet.

L'occasion est très favorable pour me mettre sous la sauvegarde du parlement
& pour porter plainte contre son subdélégué & contre le nommé La Gelée. Si
j'avois suivi mon conseil, cette levée de bouclier seroit déjà faite.

La première procédure fut cassée par arrêt de la Tournelle. Le lendemain les
capitouls en firent une autre. De sorte que contre les ordonnances il y a eu deux
décrets dans la même affaire. Il y a plusieurs autres nullités. Mais peu
m'importe : il n'y a qu'un témoin contre moi, de sorte qu'il est impossible qu'au
consistoire même je ne sois pas relaxé.

On m'avoit dit qu'il y avoit pour second témoin une fille qu'en effet je ne
connois point. On m'avoit trompé. J'ai la procédure bien figurée. Cette fille à
moi inconnue contredit le premier témoin. Ainsi il n'y en a qu'un, contre lequel
mes objects sont qu'il est domestique & accusateur (recusateur ?) de Mme de
Fontenille & tâché de deux décrets auxquels il n'a pas obéi.

Par ce que vous dit Mme la duchesse d'Aiguillon, j'augure qu'elle a parlé à
Mr le maréchal de Thomond & qu'elle n'a pas été satisfaite de sa réponse. A
tout événement, cette affaire-ci ne fera pas honneur à son ami, & le public
demandera toujours pourquoi il me persécute avec cet acharnement.

On en a déjà trouvé la raison à Toulouse & à Montauban. On dit que mon
crime auprès de lui est d'avoir dit à Mme la maréchale, qui s'excusoit de
chanter sur ce qu'il ne lui venoit des chansons qui lui convînt, *eh ! Madame, ne
sçavez-vous pas au moins* « Quel desespoir ! je suis sans esprit à mon âge[2] » ? Voilà
ce qu'on invente. *Les lettres ne rient point* : mais je ris bien en vous le répétant. Je
partis de Montpelier le même jour que Mme la duchesse d'Aiguillon. Depuis je
n'y ai pas remis les piés, & madame la duchesse sait bien qu'alors on ne
m'accusoit point de cette impertinence. D'autres disent que ce fut moi qui, prié
de chanter par la maréchale, chantai *quel desespoir* ! Notez que Mme de
Thomond & moi n'avons jamais chanté de notre vie, & que je ne lui ai parlé
que le jour où je lui fus présenté.

Vous conclurez de là que j'ai < *lettre interrompue* >

MANUSCRIT
ALB 3869.

REMARQUE
Brouillon.

NOTES EXPLICATIVES
  1. LB 3606.
  2. « M. de La Beaumelle parlant musique avec
la femme d'un président du Parlement de
Toulouse, & sachant que cette dame, qui
n'avoit point d'esprit, avoit une belle voix, il

la pria de chanter. Quelle chanson, lui demanda-t-elle, faut-il que je chante? La première, lui dit-il, qui s'offrira à votre mémoire. Il ne s'en présente aucune, ajouta-t-elle. Eh bien, répliqua La Beaumelle avec malignité, chantez celle-ci : "Quel désespoir! / D'être sans esprit à mon âge, / Quel désespoir

&c." » Pierre Charpentier de Longchamps (1740-1812), *Tableau historique des gens de lettres, ou Abrégé chronologique et critique de l'histoire de la littérature française, considérée dans ses diverses révolutions, depuis son origine, jusqu'au dix-huitième siècle, par M. l'abbé de L****, Paris : C. Saillant et Nyon, 1767-1770, 6 vol. in 12, t. III, p. 396.

LB 3622. *Le comte de Saint-Florentin à Jean-Emmanuel Guignard de Saint-Priest*

[6 mai 1760]

Le sieur La Beaumelle m'écrit, M., qu'il s'est trouvé compris dans le procès criminel que les capitouls ont fait à Mme de Fontenille, qu'il a été decreté et même condamné par contumace ; qu'il desireroit purger la contumace, mais qu'il est arrété par la crainte d'un ordre particulier qu'il prétend que vous avés donné contre lui pour le même fait. Je suis persuadé que si vous avés effectivement donné cet ordre, vous avés eu de justes raisons de le faire. Je ne peux cependant m'empecher de vous faire observer que dans la circonstance particulière ce seroit en quelque sorte arrêter le cours de la justice ~~ordinaire~~, et que si le sieur de La Beaumelle est coupable, il sera d'ailleurs plus puni par la condamnation d'un tribunal ordinaire, qu'il ne le seroit par un coup d'autorité ~~particulière~~.

MANUSCRIT

AN O¹ 456, f° 111.

REMARQUE

Le texte est barré d'une croix et porte la mention : pas servi (le vrai destinataire était le maréchal de Thomond : voir LB 3625).

LB 3623. *La Condamine à La Beaumelle*

Paris, 15 mai 1760

J'ai reçu votre lettre du 12 et j'ai été le jour même voir Mme d'Aiguillon que j'ai trouvée. Elle n'a rien pu obtenir du maréchal de Thomond qui est aheurté[1], et veut que vous obéissiés à son ordre ~~elle lui a~~ disant que cela ne vous empecheroit pas de purger votre decret. Elle lui a demandé : mais ne s'agit il que d'obeir ? Et combien le tiendrés vous en prison ? Je ne repons de rien. Il m'a paru qu'elle n'etoit pas contente de lui. Elle m'a dit qu'elle vous avoit écrit. Elle pense que vous n'avés pas d'autre parti à prendre que de recourir à M. de St Florentin.

Mme de Fontenille sera mise dans un couvent : l'ordre est expedié.

Je vous envoye une rescription de 750 £ pour l'interet de six mois de vos 30 actions des fermes. Quant au benefice, il n'est pas encore reglé. Les actionnaires et les commissaires du roi se plaignent du contrôleur général qui favorise les fermiers generaux. On convient que les compte du benefice ne peuvent etre rendus en six mois. Ils pretendent que les actionnaires doivent partager la perte s'il y en a, les commissaires le nient, parce que l'arrêt du conseil ne parle que du bénéfice. H̶s̶ \Les fermiers\ ont donné des gratifications et fait comme des choux de leur jardin[2] sans apeler les commissaires. Il y a eu une assemblée pour nomer des syndics ; on croit qu'on donnera 1 ou 2 pour cent en atendant que cela soit reglé, et que cela ne pourra l'etre qu'au mois de janvier, mais les interêts sont bien payés.

La duchesse convient que votre affaire seroit une bagatelle pour un autre, mais vous vous etes fait des ennemis partout où vous avés eté. Comment ? Je n'en sais rien, mais c'est un fait. Le marechal se plaint d'une lettre que vous lui avés ecrite. Ce n'est pas la dernière, vous etes protestant et très zelé. Dieu sait pourquoi ce zèle, et il a l'air de n'être que frondeur n̶'̶é̶t̶a̶n̶t̶ \dans celui qui n'est\ point chargé de soutenir les interets du parti. H̶ \Le marechal\ est catholique, très zèlé et peut etre trop, *inde irae*[3].

En vérité, vous ne faites pas honneur à votre jugement, surtout après les dispositions où je vous ai vu ce défaut que vous revivriés comme vous avés vécu. Vous recririés \donc\ vos *Pensées* telles quelles sont. En vous faisant abhorrer chés toutes les nations dont vous faites une satyre cruelle ! Vous referiés les notes sur le *Siecle de Louis XIV* et celles contre le feu duc d'Orléans régent ! Vous &c. Je suis faché de vous voir dans ces dispositions et cela me rapelle le dire du maréchal de Noailles :

Vous ferés vos reflexions, j'espere, avant d'aller *ultra Sauromatas*[4].

Helvetius n'avoit point d'ennemis, mais son livre a revolté et ne pouvoit manquer de revolter. Si ses principes etoient reçus, on ne pourrai marcher sans une ceinture de pistolets. Quand il auroit eu les amis les plus chauds et les plus courageux, il auroit succombé. Saurin vient de lui dédier sa tragédie de Spartacus[5].

Vous ne m'avés pas encore repondu à ma precedente[6].

J'ai des affaires par dessus les yeux. Mme de La Condamine est allee voir sa tante à Mantes. Sa santé va tout doucement, ni pis ni mieux. Je pars dans huit jours pour les eaux de Balaruc. E̶c̶r̶i̶v̶é̶s̶ \Répondés\ moi à Lyon chés < *tache* > lane baigneur[7], j'y sejournerai 3 ou 4 jours et verrai Bruyzet. Je v[ous envoie] l'eloge de notre ami par M. de Fouchy et celui de \M.\ Formey < *tache* > des remarques et corrections sans fin. M. de < *tache* > celles que je lui ai proposées. Vous recevrés à < *tache* > un exemplaire de cet eloge par le m. de Belesta.

L'abbé du Resnel s'en va[8]. On croit qu'il ne passer[a pas] < *tache* > .

Je ne comprens pas ce qui vous empeche de vous remettre dans les prisons pour purger votre decret. Vous craignés donc d'etre dé[*creté*].

MANUSCRIT

ALB 1213.

NOTES EXPLICATIVES

1. *S'aheurter* : s'opiniâtrer, s'obstiner (*Dictionnaire de l'Académie française*, 4ᶜ éd. 1762).

2. « On dit figurément & proverbialement qu'*un homme fait d'une chose comme des choux de son jardin* pour dire qu'il en dispose comme si elle étoit à lui. » (*Dictionnaire de l'Académie française*, 4ᶜ éd. 1762).

3. *Inde irae et lacrimae* : « De là les colères et les larmes » (Juvénal, *Satires*, I).

4. C'est-à-dire au bout du monde. L'expression « *ultra Sauromatas fugere* » (fuir par delà les Sarmates) est tirée de Juvénal, *Satires*, II, 1.

5. Bernard Joseph Saurin, *Spartacus, tragédie*, Paris : Prault petit-fils, 1760. La pièce a été créée à la Comédie française le 20 février 1760.

6. LB 3617.

7. Lecture conjecturée. Baigneur signifie aussi « celui ou celle qui tient bains ou estuves » (*Dictionnaire de l'Académie française*, 4ᶜ éd. 1762).

8. Jean-François Du Bellay du Resnel (voir LB 3599 n. 12) mourra le 25 février 1761. Voir son éloge dans le *Journal des sçavans*, novembre 1761, p. 707-709.

LB 3624. *La Beaumelle à Charles O'Brien, maréchal de Thomond*

A Toulouse, ce may 1760

Mylord

Je serois honteux de vous importuner si souvent, s'il n'étoit encore plus honteux pour moi d'abandonner ma propre défense. Mes premières lettres n'ont rien produit. Je n'en murmure point. Hélas! Il est de l'homme le plus juste d'être promtement prévenu & lentement désabusé.

Mes ennemis m'ont ôté vos bonnes graces, mes effets, mon repos, ma sureté. Mais ils ne me raviront point une confiance en votre justice.

Ils ne m'empêcheront point de pousser un gémissement respectueux sur l'ordre qu'ils ont surpris à votre religion.

En effet, Mylord, cet ordre est sujet à mille inconvénients qui en demandent la révocation :

1º Il m'empêche de purger un décret qui est une flétrissure & qui rend inhabile à tous les actes de la société civile.

2º Il arrête le cours de la justice ordinaire & m'enlève à la juridiction du parlement.

3º Il est sans exemple. Car on n'a jamais vu, que même la puissance souveraine ait empêché l'effet d'un décret. Souvent elle a empêché l'exécution d'un jugement, mais un décret a toujours été une chose sacrée.

4º Il est contraire à une lettre du ministre qui, s'expliquant sur cette affaire, dit expressément que Sa Majesté ne veut point arrêter les poursuites des tribunaux.

5° Il ne s'accorde point avec l'équité naturelle qui veut que le même délit ne soit ni jugé ni puni deux fois.

6° Il tend à me dépouiller de tout ce que j'ai au monde parce qu'en vertu de la contumace, tous mes biens étant saisis & tous mes effets déjà annotés, je ne puis en espérer le recouvrement tant que subsistera l'ordre qui m'empêche de rendre à la justice l'obéissance à laquelle ce recouvrement est attaché.

Certainement, Mylord, ces funestes, ces évidentes suites de votre ordre, n'ont aucune proportion avec la faute de police dont on m'accuse. Quoi ? un homme sera dépouillé de ses biens, de sa tranquilité, de son honneur, pour avoir joué un tri pharaonique à la mort d'un petit écu ? Il est constant que c'est là tout mon crime : il l'est par la date de cet ordre, par tout ce que vous avez écrit ici, par tout ce que vous avez dit à Montpelier sur ce sujet, & par l'irrépréhensibilité de ma conduite à tout autre égard.

Mais, Mylord, ce banquier de pharaon, ce joueur, ce joueur de profession, ne sçait aucun jeu & connoit à peine les cartes. En vérité, la calomnie est bien maladroite. M'attaquer de ce côté-là, c'est m'attaquer dans mon fort.

Tous les avocats que j'ai consultés me disent que mon unique ressource est de me mettre sous la sauvegarde du parlement. Mais je rejette ce conseil comme peu conforme à ma vénération pour vous. J'aimerois encore mieux sortir pour un tems de ma patrie. J'espère d'ailleurs que, touché de mes plaintes & même de mes peines, vous daignerez peser les considérations que je viens de mettre sous vos yeux.

Je suis avec un très profond respect, Mylord, votre très humble & très obéissant serviteur.

La Beaumelle

MANUSCRIT

ALB 3870.

LB 3625. *Le comte de Saint-Florentin à Charles O'Brien, maréchal de Thomond*

[15 mai 1760]

J'ai reçu, M., la réponse que vous avés pris la peine de me faire au sujet des ordres que vous avez donnés pour faire arreter le sieur La Beaumelle. Vous insistez ~~sur l'exécution~~ pour que ces ordres soient executés ~~nonobstant~~ avant qu'il se remette pour purger son decret. Et vous vous fondez sur ce que ces ordres ont été connus et publiés. Mais c'est la publicité meme de ces ordres et de leurs causes qui me semble devoir en procurer la revocation ou du moins \en\ suspendre l'execution. Autrement on dira qu'il est exposé en meme temps pour le meme fait aux coups de votre autorité et aux poursuites de la justice, et que l'usage que vous voulez continuer à faire de cette autorité ~~repugne et aux droits de la justice à qui il appartient proprement de connoitre de la matiere des jeux deffendus, et aux~~ \blesse\ l'ordre judiciaire qui admet les accusés à se representer et à se justifier et ~~à~~ la liberté des citoyens pour qui cet ordre est établi. On pourra aussi élever une question de competence et \alleguer\ que les jeux deffendus etant une pure ~~de~~ matière de police, c'est à la justice seule d'en connoitre et à reprimer les contrevenants. Vous m'observez que le sieur de La Baumelle est d'ailleurs tombé dans des excès reprehensibles ; mais le motif connu de vos ordres est qu'il a joué chez Mme de Fontenille. Je ~~suis~~ \serois\ donc ~~toujours~~ d'avis que vous ~~fassiez~~ \lui\ fissiez dire ~~au sieur de La Beaumelle~~, de façon que le public en fût informé, qu'il peut reparoitre et purger son decret et suivre son affaire en toute liberté jusqu'à jugement definitif.

MANUSCRIT

AN O¹ 456, f° 121-122.

LB 3626. *Septimanie de Vignerot du Plessis-Richelieu, comtesse d'Egmont[1], à La Beaumelle*

Paris, ce 19 mai [1760]

Vous savez, monsieur, que mon papa ne se mêle plus de ce qui regarde le Languedoc, il n'a donc pu que vous recommander à monsieur le maréchal Thomond, et madame d'Aiguillon et moy nous en avons fait autant. Il nous a assuré qu'il ne demandait pas mieux que de purger votre décret, ce qui me paraît analogue à ce que vous désirez. Le reste est un mal entendu incroyable où je vous avoue que je ne comprens rien. Mandez moy la suitte de cette affaire ; si je puis vous y être utile je m'y employerai avec zèle, ravie de trouver une occasion de vous prouver tous les sentimens avec lesquels je suis très parfaittement, monsieur, votre très humble et très obéissante servante.

Richelieu c[omte]sse Degmont

[en haut de la lettre, d'une autre main :] Dominique vous dira mieux monsieur

A monsieur de La Baumelle / à Toulouse
~~A monsieur de La Baumelle / à Toulouse~~
Chez < *illisible* >

MANUSCRIT

ALB 2525.

NOTE EXPLICATIVE

1. Fille du maréchal de Richelieu.

LB 3627. *La Condamine à Jean Henri Samuel Formey*

[Paris, le 22 mai 1760]

[...] J'ai reçu depuis peu des nouvelles de M. de La Beaumelle qui est à Toulouse et qui n'a encore rien fait sur l'éloge du défunt. [...]

MANUSCRIT

Fonds Formey, Collection Varnhagen von Ense, Bibliothèque Jagiellonne, Cracovie.

LB 3628. *Boudon David & Cie à Jean Angliviel*

Nismes, ce 24 may 1760

Monsieur

Mr votre frere nous doit un petit compte montant à £ 129 – 18, nous luy avions écrit à Toulouse pour qu'il eût la complaisance de remetre cette somme à une personne que nous luy indiquions. Cependant il en est party sans le faire, & comme nous ne savons où il est actuellement nous venons, monsieur, nous adresser à vous pour vous pryer, sy vous savés où il est, de luy ecrire pour qu'il vous donne ordre de nous payer cette petite somme ; ou sy vous le trouvés à propos, nous le ferons en nous donnant son adresse ; nous contons que vous voudrés bien avoir cette complaisance, ayent celluy d'être avec beaucoup d'atachement, monsieur, votre très humble & très obéissant serviteur.

Boudon David &c.

A monsieur Danguiviel / avocat / à Valerogue

MANUSCRIT

ALB 5629.

REMARQUE

Cette facture du 26 février 1759, d'un montant de 129 £ 18 s. 9 d., sera payée par La Beaumelle à Nimes le 16 juillet 1760 (ALB 3734).

LB 3629. *Jean-Jacques Vacquier, dit Vacquier Prouho*[1], *à La Beaumelle*

[Toulouse], le mercredy 28 mai 1760

Mr de Charlary m'a arrêté dans la rue ce matin et m'a dit *pourriez vous engager M. de Labeaumele à me voir? J'ay à luy parler en consequence de ce qu'il a écrit à Mr de Thomond*[2]. *Vous me conduirés où vous voudrés et je le verray en vôtre présence ; qu'il se repose sur ma parole d'honneur que je n'ay que de bonnes nouvelles*[3] *à luy apprendre.* Voila ce que ce M. m'a dit. Je vous le remets fidèlement. Je luy donnerai votre réponse qu'il attend et qu'il vous prie de luy donner bientôt. Je suis toujours et malgré tout vôtre bon ami.

Vacquier Prouho

Chez Mr Gleises à la Croix Baragnon

A monsieur de Labeaumele / où il est

MANUSCRIT

ALB 3871.

NOTES EXPLICATIVES

1. Jean Jacques Vacquié dit Vacquier-Prouho, né le 27 octobre 1727 à Villemur, diocèse de Montauban, fils de Joseph Vacquié et de Gabrielle Prouho. Étudiant en droit à Toulouse en même temps que Jean Angliviel, examiné en jurisprudence française le 5 juin 1748, licencié en droit canonique le 2 août 1748 et en droit le 3 mai 1752 (BIU Toulouse, Ms n° 231), il est avocat à Toulouse. Il deviendra maire de Villemur entre 1795 et 1800.

2. LB 3624.

3. Celles contenues dans LB 3625.

LB 3630. *Boudon David & Cie à Jean Angliviel*

Nîmes, le 29ᵉ may 1760

Monsieur

Il nous est deu depuis le 26 fevrier 1759 par monsieur votre frere un compte de marchandise se portant à 129 £ 18 – 9 que nous joignons icy. La difficulté de pouvoir luy écrire en droiture nous engage à vous prier de vouloir bien le faire pour nous ; il y a apparence qu'il a oublié cette petite dette, nous attendons de vous cette complaisance. Nous aurions quelque chose de concequence à luy faire passer, voudriés vous bien nous indiquer une routte bien sure pour luy faire parvenir, nous attendons votre réponse & nous avons l'honneur d'être sincerement, monsieur, vos très humbles & obéissants serviteurs.

Boudon David &c

A monsieur Languiviel / avocat / à Valerogue / cachet de NIMES

MANUSCRIT

ALB 5630.

REMARQUE

Ce compte, semblable à celui du 24 mai (LB
3628), concerne des tissus et de la mercerie.

LB 3631. *La Beaumelle à Jean-Jacques Vacquier, dit Vacquier Prouho*

du 1ᵉʳ juin [1760]

Vous m'apprenez par votre lettre du 28 mai[1] que Mr de Charlari vous a arrêté dans la rue ce matin & vous a dit, *Pourriez-vous &c.* ; qu'il attend ma réponse & qu'il me prie de la lui donner bientôt. La voici.

Premièrement, je trouve fort étrange que Mr de Charlari veuille me voir : il sçait que je ne dois me montrer qu'à bonnes enseignes.

2° ~~S'il a à me parler en conséquence~~ Avoir à me parler en conséquence de ce que j'ai écrit à Mr de Thomond ne me paroit pas un motif qui dût ~~lui~~ nous suffire à lui pour demander à me voir, à moi pour me montrer à lui.

3° La proposition qu'il vous fait de le conduire où vous voudrés prouve combien mes défiances sont fondées & justifient celle que je manifeste aujourdui.

4° ~~Les honneurs qu'il~~ Sa parole d'honneur qu'il me donne ne me rassure point. A Moissac, ne parloit-il pas en homme d'honneur quand il me fesoit de fausses confidences ?

5° S'il n'a que de bonnes nouvelles à m'aprendre, il n'a qu'à me les écrire. Il peut me les faire parvenir par vous, qu'il a bien voulu charger d'une commission qui peut-être est un piège, à Mr Belot qui s'est fidèlement aquitté de ce qu'il devoit faire, à Mr de La Caze dont je lui ai donné l'adresse, à vingt personnes qui me remettront exactement sa dépêche.

Du reste, j'ai reçu de Mr de Thomond des nouvelles qui me font douter que Mr de Charlari en ait de bonnes à m'aprendre.

Le resumé de tout cela est que je ne veux ni ne dois me montrer à Mr de Charlari.

S'il a des ordres à me signifier, il peut me les faire parvenir par les voyes que je lui ai indiquées. J'y obéirai avec tout le respect du aux personnes de qui ils émanent.

J'envoye un exprès à Toulouse pour hater ma réponse.

Mr de Thomond, qui sçait combien j'ai des raisons de me cacher, ne sçauroit trouver mauvais que je ne confie point à son subdelegué l'important secret de ma retraite.

MANUSCRIT
ALB 3872.

NOTE EXPLICATIVE
1. LB 3629.

LB 3632. *Jean-Jacques Vacquier, dit Vacquier Prouho, à La Beaumelle*

[Toulouse], le 2 juin [1760]

Je n'ay pu avoir M de Charlary que ce matin et je viens de le quiter. Je luy ay fait part de vos mefiances. Voicy la réponce : *Puisque M. de Labeaumelle se mefie de moy malgré ma parole d'honneur, je ne puis ni ne veux me meler de son affaire. Je ne demandois point qu'il vînt chés moy, mais vous m'auriés conduit sans me prevenir et alors il n'auroit pas été possible que j'eusse eu des gens apostés. M. de Labeaumelle aurait eu en me quitant la liberté de changer de gîte et moy l'ignorer. J'ay des lettres ecrites de sa main de monsieur de Thomond, que je luy aurais communiquées et qu'il aurait vu avec plaisir. Je crois qu'il se trouvera mal du refus qu'il fait de me parler.*

Je serai toujours charmé de vous obliger, étant de cœur et d'ésprit vôtre bon ami.

Vacquier-Prouho

A monsieur de Labeaumelle / où il est

[de la main de La Beaumelle :] Ces deux lettres sont de Mr Vacquier Prouho avocat au parlement demeurant chez le sieur Gleise à la Croix Baragnon.

Mr Méjan a une copie fidele de la lettre de Mr de Thomond écrite de sa main, à moi montrée par Charlari.

MANUSCRIT
ALB 3873.

REMARQUE
Les deux lettres mentionnées par La Beaumelle sont LB 3629 et celle-ci.

LB 3633. *La Condamine à La Beaumelle*

Montpellier, 10 juin 1760

Je croyois trouver ici de vos nouvelles en arrivant ou à Nimes où j'ai passé une demi journée, j'ai eté trompé dans mon attente. Je vais d'ici à deux jours m'etablir à Balaruc ; mais on me dit qu'on n'y reste pas longtems et que 8 ou dix jours au plus suffisent. Ecrivés moi donc au plustot ce que vous comtés faire. Je ne vous ai pas trouvé en trop bon predicament[1] à Nismes. Une personne cependant m'a dit que vous n'aviés pas eu grand tort. Mais vous ne gagneriés pas votre procès à la pluralité des voix ni à Montpellier. Quelqu'un m'a soutenu que vous aviés eté mis depuis votre affaire de Toulouze à la tour de Ferriere[2] par ordre de M. de Montcamp, [*que*] vous vous etiés echapé vous quatrieme, et qu'on ne sait ce que vous etes devenu. J'ai soutenu que cela ne pouvoit etre, du moins que cela n'etoit pas ; on m'a dit qu'on le savoit de M. de Montcamp. Vous ne m'avés pas donné d'autre adresse. Je mets cette lettre et celle de M. Bellot à l'ordinaire. Vous ne m'avés pas accusé \(je crois)\ la réception de vos 750 £. J'attens avec impatience de vos nouvelles, j'ai reçu votre lettre[3] à Paris la veille de mon depart ; j'ai mieux aimé attendre ici à vous ecrire, je suis fort en peine de vous et de votre affaire *car malgré vos défauts je vous aime à la rage*[4]. Ne perdés pas un moment à m'ecrire à Balaruc, et recrivés moi sans attendre ma reponse s'il y a quelque chose de nouveau. Je vous ai dit \ou dû vous dire\ que le maréchal de Thomond etoit fort irrité. Il se plaint d'une lettre, Mme d'Aiguillon n'a rien pu obtenir. Elle vous conseille de vous adresser à M. de St Florentin. Le maréchal de Richelieu etoit mal informé, il croyoit ce qu'il m'a dit quand il m'a parlé et il n'avoit pas encore ouvert ses lettres ~~du~~ \arrivées le\ samedi au soir, je le vis un dimanche matin et le meme jour la duchesse chés qui il devoit souper avec le maréchal de Thomond. Je l'ai vue depuis, elle, mais elle n'en avoit rien tiré. Qu'aurois je fait, moi qui ne le connois pas ? Adieu, mon cher, puissiés vous vous tirer de là et mettre à profit cette derniere leçon. Je verrai demain M. Duché[5] et je parlerai à M. Montcamp, mais je m'attens qu'on me fermera la bouche et que je n'aurai rien à repliquer. Votre derniere lettre ne m'a point mis au fait de quantité de choses que je voudrois savoir. Il est trop tard pour la chercher. Je vous repons de memoire et vous embrasse.

A monsieur de La Beaumelle

MANUSCRIT

ALB 1214.

NOTES EXPLICATIVES

1. « On dit qu'*un homme est en bon ou en mauvais predicament* pour dire qu'il est en bonne ou en mauvaise réputation » (*Dictionnaire de l'Académie française*, 4ᵉ éd. 1762).

2. Voir LB 3596 n. 5.

3. LB 3621.

4. Citation du *Philosophe marié* de Destouches (voir t. XII, LB 3359 n. 13).

5. Jacques-Joseph Marie Duché (voir t. XII, LB 3298 n. 5).

LB 3634. *Fraissinet*[1] *à Jean Angliviel*

Nismes, le 16 juin 1760

Monsieur

Ne sçachant par où pouvoir ecrire à Mr de La Baumelle votre frere, je prends la liberté de vous prier sy vous vouliés avoir la complaisance de me sçavoir à dire par premier courrier où je pourrois luy adresser quelque choze de consequence pour luy qui le regarde ; j'espere, monsieur, que vous voudrés bien avoir cette bonté. Je serois charmé de sçavoir pour cella où est [ce] qu'il est actuellement, je vous auray obligation de me dire en reponce ce qui en est, ayant l'honneur d'être trés sincerement, monsieur, votre très humble et très obéissant serviteur.

Fraissinet

A monsieur Anguiviel / à Valleraugue / cachet de NIMES

MANUSCRIT
ALB 5631.

NOTE EXPLICATIVE
1. Probablement un commis ou un associé de Boudon David & Cie (voir LB 3630).

LB 3635. *La Condamine à François Boissier de Sauvages de La Croix*[1]

Balaruc, 17 juin 1760

Je trouve ici une occasion mon cher monsieur pour vous envoyer une carotte de tabac que j'ai fait choisir par le Receveur de Cette[2] pour qui j'avois des lettres et que j'ai été voir, je souhaite que vous le trouviés bon. Je prens les douches depuis avant hier et j'y joins les injections, j'entens ma montre à un pouce de distance de mon oreille et je l'entendois à peine en la posant sur l'oreille même. Sans cette epreuve je ne m'apercevrois pas encore que j'eusse recu du soulagement mais ce fait est constant. Je ne reçois point de lettres et je crois que tout le monde est mort à Paris, je soupçonne qu'il m'en est venu de contre signées dont les fermiers ont [areté] à Paris le paquet, ce ne seroit pas la premiere fois. On dit à Cette que nous avons la paix avec l'Angleterre. Je vous embrasse de tout mon cœur et suis avec bien de la reconnoissance de vos bontés, monsieur, votre très humble et tres obeissant serviteur.

La Condamine

Mes respects s'il vous plaît à Mme de Sauvages[3] bien des remerciemens, je vous prie à Mrs Venel[4] et Le Roi[5] pour leurs recommandations.

Je vous supplie de vous informer à la poste s'il y a des lettres pour moi et de me les envoyer ici. Je compte y passer toute la semaine et n'en partir que les premiers jours de l'autre.

M. de La Beaumelle m'est venu voir ici de Toulouze il n'a point eté mis à la Tour de Ferriere.

MANUSCRIT
Bibliothèque de l'Université d'Uppsala, The Waller Manuscript Collection, Ms fr 2.

NOTES EXPLICATIVES
1. La Condamine avait rencontré François Boissier de Sauvages de La Croix à Montpellier en 1755 (voir t. XII, LB 3529 n. 8).

2. Sète.

3. Jeanne-Yolande Boissier de Sauvages, née Foucard d'Olympies, fille de Nicolas d'Olympies, que le médecin botaniste avait épousée à Alès en 1748 (Louis Dulieu, « François Boissier de Sauvages (1706-1767) », *Revue d'histoire des sciences* 22 (1969), p. 308).

4. Gabriel François Venel (1723-1775), professeur de médecine à Montpellier et inspecteur général des eaux minérales.

5. Charles Le Roy (1726-1779), professeur de médecine à Montpellier.

LB 3636. *La Beaumelle à Jean Angliviel*

Balaruc[1], ce 21 juin 1760

Je suis navré de la perte que nous avons faite[2]. Ce pauvre enfant sembloit être hors d'affaire. Plus il vivoit, plus je m'y attachois. Et j'avois grande envie de l'aller voir. La providence en a autrement ordonné : il faut nous y soumettre. Il faut avoir grand soin de la mère, dont l'état me fait pitié. Dieu veuille que Rosalie soit préservée de tout accident fâcheux !

Je suis venu voir ici mon illustre ami Mr de La Condamine, qui est venu prendre la douche pour sa surdité. Je suis surpris que Mme de St Maurice ne vous l'ait pas dit. J'irais vous voir vers le milieu de la semaine prochaine. Je ne voulois point aller troubler des gens heureux et tranquilles. Mais puisque nous avons besoin l'un & l'autre de consolation, nous nous consolerons mutuellement.

Je n'aurois pas eu besoin de vendre des actions si j'avois voulu persécuter, ou du moins importuner Mr de La Cour qui me doit encore gros.

Comment Lagane seroit il piqué contre moi ? La veille, je lui avois rendu un petit service. 15 jours avant, je lui avois fait son discours d'installation des capitouls[3]. Pendant la première procédure à la requête du syndic de la ville, je lui avois écrit deux fois pour m'entretenir de la chose avec lui comme avec mon ami. Et le lendemain & le même jour, il me décrète d'ajournement personnel sur la déposition d'un témoin, & de prise de corps sur celle d'un second témoin qui contredit le premier[4]. Et il repand dans la ville qu'il n'a pu résister à deux témoins qui me chargent. Je vous avois écrit que c'etoit l'homme de Toulouse le plus mal famé[5]. Le juge-mage le connoissoit mieux que vous. Il a actuellement un procès avec Mr d'Offreri[6], son seigneur, qui l'accuse d'une friponerie. Il y a des gens qui croyent que j'obtiendrai des dommages contre lui. Le décret seroit purgé si l'on ne m'avoit conseillé d'attendre que la lettre de cachet qui doit ôter Mme de Fontenille à la justice fût arrivée.

Je n'aurai d'argent qu'au mois d'octobre.

Je m'occupe fort de l'eloge funebre de Mr de Maupertuis. Mais je doute que de quelques jours je sois capable de m'apliquer.

Le porteur, qui doit porter cette lettre à la poste de Loupian, attend que je l'ai finie. Je voudrois bien que Mr de La Condamine vît les Sevennes. Il ne mange que du lait & des œufs. Mais il ne sera guères possible de le déterminer. Il vouloit vous écrire il y a cinq ou six jours. Il prend sa douche. Il me chargeroit surement de vous dire mille choses.

A monsieur Angliviel, avocat au parlement / à Valeraugue, / par Montpelier au Vigan

MANUSCRIT

ALB 372.

NOTES EXPLICATIVES

1. Il y est arrivé le 17 juin.

2. Le fils aîné de Jean Angliviel, Suzanne Jean Laurens, est mort le 30 mai.

3. La prise de fonction des nouveaux capitouls a lieu traditionnellement à la mi-décembre.

4. « Un ajournement est un ordre du juge à un prévenu (cet ordre étant appelé *décret d'ajournement*, *décret d'ajournement personnel*) pour comparaître *à un jour certain* » (J. Maurel, *L'Art de juger*, p. 198). Voir LBD 300-7 et LBD 300-9.

5. Voir LB 3590 n. 7.

6. La résidence d'été du procureur Charles Lagane est située non loin du château d'Aufrery, dans l'actuelle commune de Pin-Balma. Sa femme est Marie-Anne de Carrière d'Aufrery.

LB 3637. *La duchesse d'Aiguillon à La Condamine et La Condamine à La Beaumelle*

Paris, 27 *(juin 1760)*

En efet, monsieur, je ne m'attendois pas à recevoir de vos nouvelles et à vous voir sortir de l'antre fumeux de Balaruc. Vous m'auriés mandé coment s'en est trouvé l'evesque de Rennes[1] si vous aviés sçu que je m'y intéresse. Quant à votre amy, j'ay bien peur que le decret du parlement n'ait eu plus de part que mes sollicitations à la revocation de l'ordre rigoureux du marechal. Quoy qu'il en soit, je continueray mes bons ofices ; qu'il s'adresse au ministre, à M. de St Florentin quand son afaire sera jugée à Toulouse. Je liray surment son ouvrage et tout le monde, mais je n'aime point les dedicaces[2], cela porte malheur. La princesse de Robec[3] achève de mourir et jusques icy avec un très grand courage.

Je souhaite, monsieur, que les oreilles de votre teste soient aussi ouvertes que votre cœur est sensible et obligeant, c'est beaucoup dire.

A monsieur de La Condamine / de l'Académie des Sciences / à ~~Lion~~ / à Paris

[de la main de La Condamine :] Reçue à Lyon le 12 en arrivant. Je vous ai ecrit de Pierrelatte, j'atens votre réponse. Voilà celle que je trouve de Mme la duchesse d'Aiguillon. M. de Tressan m'écrit qu'il vous a écrit à Toulouze, qu'il a adressé sa lettre à Mlle de Garo[4] sa cousine. Il me prie de vous le mander et de vous

donner de ses nouvelles. Où en sont vos bonnes fortunes? Combien en attelés vous de front, autant que Phaeton menoit de chevaux; je voulois dire Achille, j'ai dit Phaëton pour vous faire peur[5]. M. Formey me prie de savoir de vous si vous avés reçu une lettre de lui par M. Vernet[6] et un livre par M. Bernoulli[7].

A monsieur de La Beaumelle / ~~chés la veuve Renaud~~ / ~~près la poste~~ / ~~à Avignon~~ / à Toulouse

MANUSCRIT
ALB 1215.

DATATION
Le billet de La Condamine date probablement du 12 juillet.

NOTES EXPLICATIVES
1. Louis-Gui de Guérapin de Vauréal (voir LB 3638 n. 11).
2. La Beaumelle a proposé de lui dédicacer la future *Vie de Maupertuis*.
3. Anne-Marie de Montmorency-Luxembourg, princesse de Robecq, ancienne maîtresse de Choiseul, mourra le 4 juillet.
4. Dame Suzanne de Petit, veuve de Jacques de Garaud, seigneur et baron de Montastruc, qui réside en 1762 rue Vélane (Jules Chalande, «Histoire des rues de Toulouse», *Mémoires de l'Académie des Sciences, Inscriptions et Belles-Lettres de Toulouse*, 1923, p. 279).
5. Phaéton, fils d'Hélios. Autorisé à conduire le char du Soleil son père pendant une journée, il en perd le contrôle et est foudroyé par Zeus.
6. Voir LB 3616.
7. Nom déduit de LB 3616 (voir n. 25): il doit s'agir du *Triomphe de l'innocence* de Beausobre.

LB 3638. *La Beaumelle à Jean Angliviel*

A Avignon, le 4 juillet 1760

Je n'ai pas répondu plutot à votre dernière lettre parce que je comptois tous les jours partir de Balaruc pour Valeraugue. Je n'ai pu quitter Mr de La Condamine. Nous avons été ensemble à Montpellier, à Nimes, à Arles. Nous arrivâmes hier ici. Nous y passerons deux jours. De là Mr de La Condamine reprendra le chemin de Paris, moi celui de Valeraugue où je ne séjournerai que deux ou trois jours.

J'ai été & je suis encore bien affligé de la mort de Mme Bertezène[1]. Tout ce qu'il y a de fâcheux est rassemblé dans cette perte. Je juge de la desolation de votre femme par ma douleur. A Nimes, je l'ai trouvée fort regrettée, & vous, fort plaint. J'irai vous voir. Vous êtes dans le chagrin. Je suis dans la peine. Nos deux afflictions feront peut-être une consolation.

Je n'ai pas la force de m'apliquer à rien, & mon eloge de Mr de Maupertuis n'est guere plus avancé qu'il ne l'étoit lors de la derniere lettre que je vous écrivis.

J'ai trouvé Méjan marié & assez heureux[2].

J'ai promis au prieur de Bernis[3] de passer un jour chez lui. Il faudra bien le lui donner.

Mr de La Condamine, qui a lu toute votre lettre, vous fait bien des complimens & des remercîmens. Si je ne vous ai pas écrit plutot, ce n'est pas de sa faute.

Nous verrons aujourdui les ducs de Gadagne[4] et de Crillon[5] & les marquis de Cambis[6] & de Perussy[7]. L'abbé[8] est à Alais. Je trouvai Laurent[9] à Montpellier. C'est un bon littérateur.

Mr de La Condamine est fort tenté d'aller voir à Aix l'hopital d'inoculation que Mr le duc de Villars y a établi d'après ses démonstrations.

Mr de Vauréal, eveque de Rennes, laisse par sa mort[10] une place vacante à l'Académie. Mr de La Condamine l'aura si Mr l'eveque de Limoges, precepteur de Mr le duc de Bourgogne, ne la demande pas[11].

Vous avez sans doute vu les nouvelles brochures[12]. Adieu. Je trouvai à Montpellier un jeune homme qui me dit que le chevalier d'Arnal[13] étoit à Toulon. Mille choses à madame d'Arnal; & combien à ma belle-sœur?

A monsieur Angliviel, avocat au / parlement / à Valeraugue / par Montpelier au Vigan

MANUSCRIT

ALB 373.

NOTES EXPLICATIVES

1. Catherine Pieyre de Bertezène, sœur de Marianne Pieyre d'Angliviel, est morte sans postérité le 15 juin, âgée de 45 ans (notice généalogique manuscrite sur les Pieyre, Archives de Fondouce).

2. Jean Méjan, le médecin (voir t. XII, LB 3286 n. 27).

3. Antoine Valette de Travessac.

4. Joseph-Louis-Marie, duc de Galléan de Gadagne (1704-1769). La seigneurie de Châteauneuf-de-Gadagne, dans le Comtat Venaissin, avait été érigée en duché par le pape Clément IX en 1669.

5. Louis des Balbes de Berton, duc de Crillon (1717-1796). La seigneurie de Crillon-le-Brave, dans le Comtat Venaissin, avait été érigée en duché par le pape Benoît XIII en 1725.

6. Henri-Marie-Amable de Cambis d'Orsan, marquis de Cambis (1712-1795), colonel de dragons dont le régiment est en garnison à Nîmes.

7. Louis-Élisabeth, marquis de Perussis (voir t. XII, LB 3344 n. 1).

8. L'abbé Étienne d'Arnal.

9. Laurent Méjan, frère de Jean (voir t. XII, LB 3329 n. 2), établi à Montpellier (voir LB 9 janvier 1765).

10. Louis-Gui de Guérapin de Vauréal est mort le 17 juin 1760. Son successeur sera effectivement La Condamine.

11. Jean-Gilles Du Coëtlosquet, évêque de Limoges (1700-1784), s'effacera devant Watelet à la succession de J.-B. de Mirabaud (novembre 1760); nommé le 14 février 1761 en remplacement de l'abbé Claude Sallier, il devait être reçu le 9 avril 1761.

12. Les textes de Voltaire contre Le Franc de Pompignan (voir LB 3642 n. 8-10).

13. En janvier 1760, le chevalier Maurice d'Arnal a achevé sa formation à l'école d'officiers de Mézières et a été nommé ingénieur ordinaire.

LB 3639. *Antonio Taruffi à Agostino Paradisi*

[Bologna, 7 luglio 1760]

Il presidente di Montesquieux recherà la gloria del nostro secolo alla più tarda posterità. E invece degli elogi di un La Beaumelle giovinastro ingegnoso, ma pien di trasporto ed imprudenza ne' suoi giudici, molto contribuiranno all'immortalità di quel solenne scrittore i fiori sparsi sulla sua tomba dall'ultimo presidente dell'Academia di Berlino, dal direttore del *Giornale Encyclopedico*, dal bravo e amabil conte di Chesterfield[1].

ÉDITION

Paola Berselli Ambri, *L'Opera di Montesquieu nel Settecento italiano*, Firenze, 1960, p. 51.

NOTE EXPLICATIVE

1. « Le président de Montesquieux portera la gloire de notre siècle jusqu'à la plus lointaine postérité. Et plutôt que les éloges d'un La Beaumelle, garnement talentueux, mais plein de fougue et d'imprudence dans ses jugements, ce qui contribuera à l'immortalité de ce remarquable écrivain, ce sont les fleurs répandues sur sa tombe par le dernier président de l'Académie de Berlin, par le directeur du *Journal Encyclopédique*, par le savant et aimable comte de Chesterfield. »

LB 3640. *L'abbé Trublet à Jean Henri Samuel Formey*

[Paris, le 9 juillet 1760]

[...] M. de La Beaumelle a fait encore quelque fredaine en Languedoc, que je sais trop confusément pour la raconter. Je sais seulement qu'il a été décrété de prise de corps par le parlement de Toulouse. J'ignore s'il a été arrêté. [...]

ÉDITION

Correspondance passive de Formey, 1996, p. 288.

LB 3641. *La Condamine à François Boissier de Sauvages de La Croix*

Lyon, 15 juillet 1760

Voila, mon cher monsieur, le recu de M. de Villermoz[1] des sept louis, il ne me m'en a point donné du velours[2]. Je suis depuis deux jours à Lyon d'où je ne puis partir que samedi n'y ayant pas de place plutot à la diligence. Je ne vais point en Lorraine, mes affaires me rapelant à Paris et à Livri. J'ai passé 5 jours à Avignon dont le 5ᵉ à mon corps defendant pour ne pas desobliger M. le vicelegat[3] chez qui je n'avois pu aller les précédens. J'y ai laissé Mr de La Beaumelle qui doit avoir precedé à Montpellier l'arrivée de cette lettre à moins qu'il n'ait été tout droit de ~~Valera~~ Nimes à Valeraugue où son frere l'attendoit, en ce cas il repassera à Montpellier à son retour de Valeraugue et trouvera ses papiers[4] chés vous : je les suppose arrivés.

Faites moi la grace d'assurer madame de Sauvage de mon respect ainsi que madame de Lussac[5] et donnez moi les occasions de vous prouver avec combien d'attachement et de reconnoissance j'ai l'honner d'etre, monsieur, votre très humble et très obeissant serviteur.

La Condamine

A monsieur de Sauvages docteur et / professeur de la Faculté de Montpellier de / la Societé royale & / à Montpellier

MANUSCRIT

  Archives de la ville de Reims, collection Tarbé, XVII-120.

NOTES EXPLICATIVES

  1. Jean-Baptiste Willermoz (1730-1824) ou son frère Pierre-Jacques.

  2. La Condamine a apporté à Willermoz du velours.

  3. Grégoire Salviati, vice-légat pontifical à Avignon de 1759 à 1766.

  4. Une caisse contenant les papiers de Claude Élie La Bruyère de Court qui ont été confiés à La Beaumelle (voir t. XII, LB 3314 n. 9).

  5. Voir t. XII, LB 3334 n. 3.

LB 3642. *La Condamine à La Beaumelle*

Lyon, 17 juillet 1760

J'ai reçu votre lettre le 14. Je suis et serai dans l'inquietude jusqu'à ce que je vous sache 1° à Valeraugue ensuite à Toulouze et votre decret purgé. Je vous ai adressé à Avignon la reponse que m'a faite Mme la Dˢˢᵉ d'Aiguillon[1] à notre lettre de Balaruc où elle persiste à vous conseiller de vous adresser à M. de St Florentin et où elle paroit croire que la revocation de l'ordre du maréchal est fondé sur l'esperance qu'il a de l'arrêt du parlement de Toulouze.

St Jean[2] a eté malade tout le chemin, je l'ai fait saigner deux fois, j'ai marché à pié pour lui ceder ma place. Il se retablit ici et y prolonge mon sejour. Je n'irai point en Lorraine. Je pars samedi par la diligence. M. Vatelet auteur du poème \héroïque\ de la peinture[3] est sur les rangs et a beaucoup d'amis. Mes faux et très faux amis disent que si je n'etois pas sourd, ce seroit une injustice de me refuser la place ; mais le plus clair voyant a droit de se boucher les oreilles et meme de s'absenter de l'Academie. L'abbé Segui à son abbaye[4], Gresset à Amiens[5], feu Des Touches[6] à Melun, M. de Maupertuis[7] à Berlin. Je puis donc le lendemain de mon election aller à Quito et je ne pourrai pas etre sourd. Cet argument \de surdité pris pour un obstacle\ est d'un sot ou d'un mal intentioné, je l'ai écrit à Paris afin que ceux qui le proposent choisissent et je sais deja deux academiciens sur qui je comptois qui deplorent ma surdité. De plus, je puis travailler dans mon cabinet et etre utile à la nouvelle edition du *Dictionaire*. Enfin un vieux general n'est pas privé du baton de marechal parce qu'il est gouteux ou hors de combat, on le lui envoye même au lit de la mort, qu'importe donc la surdité? Envoyés moi quelque chose sur l'eloge du roi. Les plates lignes que je mis par ecrit vous ont fait naitre des idées, ce qui vous viendra au bout de la plume, quand vous n'en seriés pas content, peut etre un germe: envoyés toujours.

Oui j'ai vu *Le Pauvre Diable*[8], et de plus le *Russe à Paris*[9] qui vaut mieux \aussi imprimé\, et un avis à M. de Pompignan par un pere de la doctrine chretienne[10]. Tous les jours il paroit quelque chose de nouveau. V. veut l'accabler, c'est un nouveau deluge d'*Akakia*. Il vaut mieux ne point avoir affaire à cet homme là et je vous conseille de laisser dormir votre reponse[11] et toute attaque directe. Purgés votre decret, revoyés votre Tacite et votre *Suplement*, et que la derniere chose que vous imitiés de votre auteur soit son obscurité. Le Pdt de Brosse va publier son Salluste[12]. L'epitre dédicatoire à Vadé est comme il faut qu'elle soit à *Vadé*. *Vademecum* et *vade retro* sont excellens en ce genre[13]. Mais encore une fois le *Russe* vaut mieux.

M. de Tressan vous a écrit à Toulouze à l'adresse de sa cousine Mlle de Garo. Il me demande de vos nouvelles et Mme de La C. et ma sœur. Mais elles me disent que dès qu'on profere à Paris votre nom on y ajoute des epithetes qu'il faut dementir et faire oublier. Aurés vous pu vous resoudre à quiter la petite F.[14] la veille du jour qu'elle vous eut aimé? passe pour le lendemain. Vous ne me mandés point combien vous avés fait de signes de la croix. Souvenés vous que je vous ai reconcilié avec le breviaire[15] qui vous faisoit peur et qui ne m'effrayeroit pas. Songés à l'ouvrage commencé[16] et ne vous laissés pas refroidir. Vous m'avés promis d'y travailler à Valleraugues, vous avés là tout ce qu'il vous faut, un bon conseil, de la tranquilité, un bain pour les pieds &c. Bonj[ou]r. Songés à cette lettre au d. de Ch.[17], envoyés la moi si vous voulés ou copie et si le paquet est gros sous l'adresse du d. meme ou du cochon de lait.

[Dans la marge, en travers:] L'état de mes finances surtout a decidé contre le voyage de Lorraine malgré son utilité. J'ai à me reprocher d'avoir dérangé les vôtres par le voyage que je vous ai fait faire qui a entrainé le procès de Toulouze &c. Je vous ai donc mal reçu, très mal traité. J'ai perdu la moitié de mon bien depuis un an. C'est une triste chose qu'etre gueux. Mes sentimens à M. votre frere.

[post-scriptum en haut de la lettre:] Tournés[18]. Voila une reponse de Bruxelles aparement de Maubert.

MANUSCRIT

   ALB 1216.

NOTES EXPLICATIVES

  1. LB 3637.

  2. Domestique de La Condamine.

  3. Claude Henri Watelet (1718-1786), *L'Art de peindre. Poème. Avec des réflexions sur les différentes parties de la peinture*, Paris, 1760, in 4). Il sera élu à l'Académie française le 29 novembre 1760.

  4. Joseph Séguy (1689-1761), membre de l'Académie française depuis 1736, abbé de Genlis.

  5. Jean-Baptiste-Louis Gresset (1709-1777), membre de l'Académie française depuis 1748. Il avait fondé l'Académie d'Amiens dont il était président perpétuel.

  6. Philippe Néricault Destouches (1680-1754).

  7. Maupertuis est membre de l'Académie française depuis 1743.

  8. « M'étant ainsi sauvé de sa boutique, / Et n'étant plus compagnon satirique, / Manquant de tout, dans mon chagrin poignant, / J'allai trouver Le Franc de Pompignan / Ainsi que moi natif de Montauban, / Lequel jadis a brodé quelque phrase / Sur la Didon qui fut de Métastase ; / Je lui contai tous les tours du croquant : / "Mon cher pays, secourez-moi, lui dis-je, / Fréron me vole, et pauvreté m'afflige."

"De ce bourbier vos pas seront tirés, / Dit Pompignan ; votre dur cas me touche : / Tenez, prenez mes cantiques sacrés ; / Sacrés ils sont, car personne n'y touche ; / Avec le temps un jour vous les vendrez : / Plus, acceptez mon chef-d'œuvre tragique / De *Zoraïd* ; la scène est en Afrique : / A la Clairon vous le présenterez ; / C'est un trésor : allez, et prospérez."

Tout ranimé par son ton didactique, / Je cours en hâte au parlement comique, / Bureau de vers, où maint auteur pelé / Vend mainte scène à maint acteur sifflé. / J'entre, je lis d'une voix fausse et grêle / Le triste drame écrit pour la Denèle. / Dieu paternel, quels dédains, quel accueil ! / De quelle œillade altière, impérieuse, / La Dumesnil rabattit mon orgueil ! / La Dangeville est plaisante et moqueuse : / Elle riait ; Grandval me regardait / D'un air de prince, et Sarrazin dormait ; / Et, renvoyé penaud par la cohue, / J'allai gronder et pleurer dans la rue. » [Voltaire], *Le Pauvre Diable*, Paris, 1758 [Genève : Cramer, 1760], in 4. L'ouvrage est distribué au mois de juin.

  9. « Le Franc de Pompignan par ses divins écrits, / Plus que Palissot même occupe nos esprits ; / Nous quittons & la foire & l'opéra comique, / Pour juger de Le Franc le style académique. / Le Franc de Pompignan dit *à tout l'univers, / Que le roi lit sa prose, & même encor ses vers*. / L'univers cependant voit nos apothicaires / Combattre en parlement les jésuites leurs frères : / Car chacun vend sa drogue, & croit sur son paillier / Fixer comme Le Franc les yeux du monde entier. » [Voltaire], *Le Russe à Paris*, [s. l., 1760], in 4.

  10. « Pour vivre un peu joyeusement, / Croyez-moi, n'offensez personne ; / C'est un petit avis qu'on donne / Au sieur Le Franc de Pompignan. » (Voltaire, *Les Pour*, v. 1-4 : *OCV* 51A, p. 31). Ces vers sont repris dans une note du *Russe à Paris* : « ... Ce n'est pas sans raison qu'un pere de la doctrine chretienne lui a dit : etc. » (*ibid.*, p. 161).

  11. Ses *Lettres de M. de La Beaumelle à M. de Voltaire* (voir LB 3645 n. 11).

  12. Charles de Brosses (1709-1777), premier président du Parlement de Dijon. Souvent annoncée à l'Académie royale des Inscriptions et Belles-Lettres, son *Histoire de la république romaine dans le cours du VIIe siècle, par Salluste* ne fut publiée qu'en 1776 en 4 vol. in 4.

  13. « Comme il est parlé de vous dans cet ouvrage de feu mon cousin Vadé, je vous le dédie. C'est mon *Vadémecum*, vous direz sans doute, *Vadé retro*, et vous trouverez dans l'œuvre de mon cousin plusieurs passages contre l'Etat, contre la religion, les mœurs etc partant vous pouvez le dénoncer, car je préfère mon devoir à mon cousin Vadé. » (*Le Pauvre Diable : OCV* 51A, p. 75-76).

  14. Jeanne Finiels (voir t. XII).

  15. Le curé de Valleraugue.

  16. La « Vie de Maupertuis » qu'il enverra à La Condamine le 21 octobre 1760 (voir LB 3676 n. 7).

  17. Choiseul (au sujet des lettres de M. de Court).

  18. Rien au verso de la lettre.

LB 3643. *La Beaumelle à François Boissier de Sauvages de La Croix*

Valleraugue par Le Vigan, 26 juillet 1760

L. a. s. à M. de Sauvages, Valleraugue par Le Vigan, 26 juillet 1760, 1 p. in-4.

Il lui demande s'il a reçu pour lui une caisse de Toulouse[1]. M. de La Condamine n'ira point en Lorraine. Il s'est dirigé sur Paris. Il veut être de l'Académie française. Il n'en sera probablement pas : sa surdité sera le seul obstacle.

MANUSCRIT

Catalogue d'une intéressante collection de lettres autographes dont la vente aura lieu les 7 et 8 mai 1867 [...], chez J. Charavay et F. Naylor, n° 170.

NOTE EXPLICATIVE

1. Voir LB 3641 n. 4.

LB 3644. *André Roux à La Beaumelle*

Mr Beaumelle / Nimes

Bayonne, le 29 juillet 1760

Monsieur

Le 16 juin 1759 j'ay eu l'honneur de vous ecrire & de vous remettre pour le compte de messieurs Bouchard & Gravier de Rome £ 287 en ma traitte sur monsieur Jean François Martel de Paris à votre ordre de laquelle je ne doutte point que vous aurés procuré le necessaire. Cependant lesdit sieurs Bouchard & Gravier m'ecrivent en datte du 29 avril dernier n'avoir encore eu avis de votre part de quoy je [*suis*] fort surpris, ce qui fait que je vous prie de le faire au receu de la presante sy deja ne l'avoit executté de meme qu'à moy pour ma tranquilitté, ce qu'atendant je suis bien sincerement, monsieur, votre très humble serviteur.

André Roux

A monsieur Beaumelle chez / Mr Pieyrie / à Nimes / à Valeraugue / au Vigan / cachet DE BAYONNE

MANUSCRIT

ALB 2338.

LB 3645. *La Condamine à La Beaumelle*

Paris, 6 aoust 1760

Je ne reçois que le 5 aoust au soir votre lettre du 29 juillet \de Valleraugue\, y atendrés vous cette réponse ? Vous ne m'en dites rien : je vous l'y adresse pour vous presser d'aller purger votre decret à Toulouze si vous êtes encore à Valeraugue ; et si vous êtes à Toulouze, il n'y a pas grand mal que ma lettre tarde de quelques jours à vous etre remise. C'est une chose affreuse que la maniere dont les postes sont servies. Je reçois encore de jour en jour des lettres qui m'ont eté adressées il y a un mois et six semaines à Nimes, à Montpellier, à Balaruc &c, quoique j'eusse laissé partout des ordres, et je n'ai pas encore reçu une lettre très etendue et remplie de nouvelles litteraires qui nous eût fait grand plaisir à Balaruc. Je crains qu'elle ne soit perdue. Voici ce que Mme d'Aiguillon me mande du 29 \juillet\ de Ruel. Je vous ai deja envoyé un petit billet d'elle[1] en reponse à notre lettre de Balaruc.

Votre ami L. B. auroit mieux fait d'aller à Toulouze purger son decret ou même au chateau de Ferriere où il auroit été peu que de courir comme il fait et braver l'autorité, il sera le seul à qui M. le maréchal de Th. aura fait peine dans sa province. Il m'a bien reproché mes sollicitations et le motif du decret de Toulouze employé pour lui faire revoquer l'ordre qu'il avoit donné.

Vous auriés reçu d'Avignon l'autre lettre ou billet de la duchesse soit \si\ vous aviés eté à Toulouze où il a été adressé. Allés vous vous oublier à Valleraugues et ne songés vous plus à purger ce decret ? Qu'est devenue Mme de Fontenille ?

Je crois encore que les bonnes phrases sont plus aisées \difficiles\ à faire que d'avoir la place. Il est evident et vous sentés bien que ma surdité est une mauvaise raison pour m'exclure et je l'ai fait sentir à ceux que cette raison specieuse avoit eblouis. Elle n'est allegué que par les amis de M. Vatelet[2]. Je ne me connois point d'ennemis depuis que B. est mort[3]. L'abbé T. ne se retire pas mais ne fera aucune demarche. Vous êtes fort rouillé en nouvelles litteraires, ou plustot vous n'avés jamais été fort au fait puisque vous n'avés jamais entendu parler de M. Vatelet. Je le connois, il y a 15 ans \il venoit chés feu madame de Tencin\. Vous en faites un abbé et vous estropiés son nom. C'est un receveur general des finances d'Orléans, agé d'environ 40 à 45 ans, homme d'esprit aimable, doux dans la societé, qui cultive les arts et surtout la peinture, \il vient de donner un beau poeme didactique en 3 chants in 4° &c\ il est lié avec tous les artistes. Il a 50 ou 60 mil livres de rente et est garçon, avec tous ces avantages on a beaucoup d'amis et de promesses. Mais ceux qui le connoissent presument qu'à son retour de Plombieres, car il n'a point agi jusqu'ici directement, il est

homme à me ~~céder la place~~ \laisser passer devant\ pour ne me pas traverser, et
je travaille à lui rendre cette demarche plus aisée. Je me flate de réussir. Je ne
me plains que de quelqu'un[4] qui avoit dit à Mme Dupré de Saint Maur[5] que je
pouvois compter sur sa voix et sur celle de ses amis dès que M. de Pompignan
auroit eté reçu. Cet homme a dit à M. le duc d'Orléans qui l'a sollicité en ma
faveur qu'il regarderoit comme une grande injustice de me refuser sa voix si je
n'étois pas sourd &c ; mais cet homme là qui est fort ami de Vatelet n'entrainera
pas l'Académie. On sait bien que Vatelet, s'il étoit reçu, ne seroit rien moins que
regulier aux assemblées, & ma surdité ne tire à conséquence qu'autant que je
serois assidu. J'ai envie de promettre que je n'irai pas plus souvent que lui et que
j'irai plus rarement encore à l'Academie.

Vous ne verrés le *Russe* et la *Vanité*[6] qu'à Toulouze. Vous êtes bien intrepide si
vous ne craignés pas un ennemi tel que V. Il est vrai que tous les frais en sont faits.
Je vous conseille cependant d'eviter de nouveaux chocs et de vous renfermer dans
la justification de notre ami et dans ~~la~~ \une\ defense légitime p. ce qui

Je n'ai point demandé à ma sœur ni à ma femme où elles avoient entendu
médire de vous[7]. Mais celle ci m'a dit de ne point publier que je vous avois vu à
Balaruc &c, qu'elle en avoit parlé et qu'à chaque fois qu'on vous nomme il faut
soutenir thèse[8]. Mme de Boufflers, à qui je dis l'autre jour la galanterie que vous
m'aviés faite[9], me parut peinée d'entendre souvent médire de vous sachant que
je m'y interessois, je vous justifiai et lui demandai si elle vous avoit vû. *Elle me
répondit une fois ou deux chés Mme de La Mark et on ne fut pas content de son ton.* Vous
etes trop avantageux. Vous en convenés. Cachés mieux votre vanité ou votre
orgueil. On m'écrit qu'on a fait ~~des~~ \de mauvaises\ epigrammes contre vous à
Avignon. J'avois cru qu'au moins vous vous seriés tiré de cette ville sans vous y
faire d'ennemis. Tout le monde s'est donné le mot aparemment pour etre injuste
envers vous, mais il faut ou se faire hermite ou devenir sociable quand on veut
vivre avec les hommes.

J'ecris à M. de La Primerais, vous aurés une copie des lettres[10] et je ~~ferais~~
~~copier~~ je vous l'enverrai par le carosse de Toulouze. M. de M. ne les a donné à
Brouyzet que par le peu d'esperance que vous en fissiés usage. Je vous conseille
fort de ne pas achever votre reponse sous ~~sa~~ \cette\ nouvelle forme de lettres[11].
Vous aviés evité l'écueil d'etre volumineux, surtout dans un ouvrage purement
polemique, et vous y retombés en le refondant. Vous savés bien que je ne suis
pas prevenu contre ce que vous écrivés, j'ai parcouru toute votre nouvelle
edition, j'en ai lu tout seul plus de deux heures. J'ai trouvé très peu de choses
mieux que la première et beaucoup m'ont paru plus mal. Je suis bien aise que ~~le~~
~~baron~~ l'article du baron[12] vous ait empeché de finir cet ouvrage.

Vous vous engagés légérement et recevés de l'argent d'un livre que vous ne
pou[*vés*] fournir. Je ne puis d'un moment à l'autre avoir quelque exemplaire de
cet Office de [*la Vierge*] il faut voir le conseiller au parlement qui a la maison, il
faut qu'il veuille se charger d'en aporter quelqu'un à Paris [*et*] de me le donner,

il faut atendre sa commodité. Voici ce que je ferai en attendant, c'est d'envoyer mon exemplaire relié au marquis, mais il y a du risque à faire contresigner et j'ai perdu ~~une lettre~~ un paquet contresigné Trudaine adressé à M. Razoux. Je viens de chercher cet exemplaire, je ne le trouve pas, on me l'a peut etre pris. \Ecrivés au marquis que vous n'avés pas celui sur quoi vous comptiés, que vous avés ecrit à Paris, qu'il ait un peu de patience et qu'il sera satisfait[13].\

Votre affaire avec Maubert[14] est desagreable, quelque tort que je suppose qu'il ait ; quoi qu'il ne vous ait ecrit que le 13 mai de Londres et que vous ayiés remis sa montre aux banquiers le 18 juin, il ne seroit pas impossible qu'il eût écrit six semaines auparavant au lieutenant de police. \Or\ pourquoi a t'il ~~fallu que~~ cru devoir lui ecrire ? Je crois qu'il ment ou qu'il se trompe de dattes, mais vous etiés en liaison avec lui, vous aviés fait intime connoissance à Amsterdam : qui est ce qui vous a brouillés ? Pourquoi se plaint il de vous ? \Je crains que les choses ne s'aigrissent de plus en plus par votre commerce de lettres.\

Vous n'avés rien derangé à mes finances. C'est M. Silhouette et M. Bertin qui m'ont coupé les vivres. J'ai honte de vous avoir si mal reçu, si mal traité et je suis encore l'occasion des 12 louis qu'il vous en a coutés pour votre exprès \mais purgés donc votre decret\.

Je ne parlerai point des lettres de M. de La Gal... &c[15] je vous conseille d'en faire l'usage que je vous ai dit. Coment est il possible que ~~cela~~ la caisse n'ait pas été envoyée à Montpellier ? M. Sauvages me mande qu'il vous ecrit pour vous conseiller de purger votre decret.

Mille tendres complimens à M. votre frere si ma lettre vous atteint à Valleraugue, autant à notre marquis de Belesta. Je vois par ses lettres qu'il vous aime et qu'il vous a servi. Vous m'en avés paru très peu reconnoissant et ne tenir à lui que par les beaux yeux de sa sœur.

J'ai une grande impatience de vous savoir libre. Je doute que votre messe vous serve à grand'chose, on n'en sera pas la dupe. Il n'est plus tems. Vous avés trop affiché le protestantisme.

Vous n'auriés jamais eu le courage de vous arracher si vos affaires eussent eté plus avancées avec la petite F., mais vous ne me parlés point du grand breviaire[16].

+ par possibilité de la vie

A monsieur de La Beaumelle / à Valleraugue par Le Vigan / Languedoc / à Toulouse

MANUSCRIT

ALB 1217.

NOTES EXPLICATIVES

1. LB 3637.
2. Voir LB 3642 n. 3.
3. Pierre Bouguer est mort le 15 août 1758.

4. Étienne Lauréault de Foncemagne (1694-1779), membre de l'Académie française depuis 1736.
5. Marie Marthe Dupré de Saint-Maur, mère de l'académicien (voir t. IX, LB 2442 n. 4).
6. Voltaire, *La Vanité*. Cette pièce en alexandrins dirigée contre Le Franc de

Pompignan paraît dans le *Recueil de facéties parisiennes pour les premiers mois de l'année 1760*, [s. l., 1760], in 8 (*OCV* 51A).

7. Voir LB 3642.

8. *Soutenir thèse pour quelqu'un* : prendre les intérêts, la défense de quelqu'un (Littré).

9. De venir le voir à Balaruc.

10. Maupertuis avait promis de donner à La Beaumelle une copie des lettres qu'il avait reçues de Voltaire (voir t. XII, LB 3477 n. 7).

11. Ses *Lettres de M. de La Beaumelle à M. de Voltaire*.

12. Voir t. XII, LB 3389 n. 4.

13. Voir LB 3650 n. 11.

14. Voir LB 3617 n. 6-7.

15. Rolland Michel Barrin, comte de La Galissonnière (1693-1756), officier de marine. Ces lettres font partie des papiers de La Bruyère de Court.

16. Le curé de Valleraugue qui lui délivrera le 20 juillet le certificat de catholicité indispensable pour devenir avocat (voir LB 3590 et LBD 298).

LB 3646. *Jacob Vernet à Jean Henri Samuel Formey*

Geneve le 6 aoust 1760

Monsieur & tres honoré frere

Je reçois votre lettre du 21 juillet, qui m'avertit du tort que j'ai eu de ne pas vous accuser la reception de votre precedente, qui contenoit les quittances pour l'afaire de Mr Aureillon[1] & 2 incluses l'une pour Mr Bertrand l'autre pour Mr de La B. auxquelles je ne manquai pas de donner cours, étonné pourtant que l'adresse de ce dernier fût à Toulouse ; je le croyois à Montpellier. La necessité de vous accuser la reception de cette lettre ne me frappa pas au point de croire la chose pressée & de vous mettre en frais de ports de lettres pour cela seul. [...]

ÉDITION

Lettres de Genève (1741-1793) à Jean Henri Samuel Formey. Édition critique établie par André Bandelier et Frédéric S. Eigeldinger, Paris : Champion, 2010, p. 515.

NOTE EXPLICATIVE

1. Moïse Aureilhon (1706-1781), pasteur français de Francfort-sur-l'Oder. Il s'agit d'un secours de 480 £ qui lui est envoyé de Genève.

LB 3647. *Jean II Bernoulli à Jean Henri Samuel Formey*

[Bâle, le 9 août 1760]

[...] Il est vrai, monsieur, que je n'ai point reçû la lettre que vous m'avés fait l'honneur de m'écrire à la dernière foire de Pâques ni les livres qui l'accompagnoient ; cependant je recevrai ce paquet et je puis vous en accuser d'avance la réception ; MMrs Mittler et Leisser[1] à qui vous l'aviés adressé l'ont fourré dans un sac de laine destiné à un négociant d'ici sans lui en donner avis ;

faute de cet avis le sac de laine fut rendu à un homme de Winterthur sans avoir été ouvert; cet homme l'ayant reçu y a trouvé le paquet en question; il l'apportera à la prochaine foire de Zurzac et de là on me l'apportera à Bâle. Aussitôt que je l'aurai reçu je ne manquerai pas de faire passer à M. de La Beaumelle le livre qui sera à son adresse. [...]

MANUSCRIT

Preuss Staatsbibliothek Berlin, Sammlung Autographa.

NOTE EXPLICATIVE

1. Les libraires Mittler & Leyser (voir J. Häseler, *La Correspondance de Jean Henri Samuel Formey (1711-1797) : inventaire alphabétique*, Paris : Champion, 2003, p. 295.

LB 3648. *La Beaumelle à l'abbé Pierre-Augustin Boissier de Sauvages*

[Millau, le 13 août 1760]

Je vous prie de vouloir bien me dire où l'on pourrait avoir l'excellent traité que vous avez écrit sur les *vers à soie*[1]. S'il y a des augmentations je tiendrais à les avoir aussi.

Je suis, avec tout le respect et toute la considération possibles, monsieur, votre très humble et très obéissant serviteur.

La Beaumelle

A Millau en Rouergue, le 13 août 1760.

ÉDITION

Abbé Georges Rafélis de Broves, *L'Abbé Boissier de Sauvages naturaliste et l'un des maîtres de la langue romane*, Alais, 1899, p. 112.

NOTE EXPLICATIVE

1. Ses *Mémoires sur l'éducation des vers à soie* ne paraîtront qu'en 1763, à Nîmes chez Gaude.

LB 3649. *L'abbé Trublet à Jean Henri Samuel Formey*

[Paris, le 17 août 1760]

[...] Le délit de La Beaumelle n'est rien, et M. de La Condamine l'a vu aux eaux de Balaruc où il a été le trouver. Il travaille à l'*Eloge de feu M. de Maupertuis*. [...]

ÉDITION

Correspondance passive de Formey, 1996, p. 292.

LB 3650. *La Condamine à La Beaumelle*

Paris, 19 aoust 1760 finie le 23 aoust

Je répons, mon cher enfant, toujours \en\ tremblant de vous donner ce nom, à votre lettre dattée du 2 juillet de Valeraugues, et comme nous etions ensemble le 2 juillet à Arles, je suppose que la lettre de Valeraugues est du 2 aoust. Je n'ai pû y repondre plustot.

Ce que M. de Sauvages vous a mandé ainsi qu'à moi est precisément la même chose que m'a écrit deux fois Mme \la duchesse\ d'Aiguillon. Elle me mandoit positivement la derniere que vous feriés bien mieux d'être à Toulouze à purger votre decret qu'à ~~tout~~ courir le monde et \à\ braver l'autorité \que le maréchal se moquoit d'elle d'avoir crû bonnement que vous ne vouliés être libre que pour purger votre decret\. Je vous ai envoyé sa premiere lettre à Toulouze où je vois bien que vous ne serés pas avant les vacances, mais qu'importe, ne pouvés vous ~~purger~~ \finir\ votre affaire en pleine vacation ? Je relis votre lettre et je vois bien pis, outre vos raisons de crainte du maréchal qui vous empecheroient, dites vous, de purger votre decret, vous allègués comme un obstacle decisif votre traité pour l'etablissement d'une imprimerie à Avignon &c.[1] \Mais\ je ne vois rien là qui exige votre presence assés promtement pour ne pas ~~purger votre decret~~ \vous justifier d'abord\ et si vous persistés à fuir Toulouze et à vous ~~fixer~~ etablir à Avignon, je conclurrai que les choses sont fort differentes de l'exposé que vous m'en avés fait, que vous etes plus chargé que vous ne m'avés dit par le verbal, qu'il y a sans doute du danger à vous remettre en prison pour purger le decret puis que vous aimés mieux rester fletri et privé de vos effets saisis &c que de vous justifier, \et cela\ par des craintes qui me paroissent imaginaires si tout ce que vous m'avés dit et fait voir des procédures n'a point de retention. Ajoutés à cela ~~que~~ votre séjour \projetté\ à Avignon qui aura l'air d'un refuge et d'un azyle et ~~qui~~ va donner lieu à toutes sortes de mauvais discours qui auront au moins de l'aparence. A votre place, j'ecrirois à M. de Saint Florentin que, pendant que l'ordre du maréchal subsistoit encore et en attendant sa révocation que vous esperiés, vous avés eté voir votre frere pour affaire de famille &c, qu'ayant appris la révocation vous êtes pret à vous remettre prisonier à Toulouze pour purger votre decret dans l'esperance qu'il vous accordera sa protection dont vous avés deja ressenti les effets et que le decret purgé une fois vous ne serés pas puni deux pour un même délit si c'en est un que &c. Pourquoi n'ajouteriés vous pas qu'un conseiller au parlement étoit votre *corée*[2] ? Mais je vous avertis que ce mot n'est pas françois à Paris, je dirois complice du pretendu delit &c &c.

Quoi qu'il en soit, si vous ne terminés pas votre affaire, au risque de tout ce qui peut arriver de M. de Thomond qui auroit l'air d'une pure tyrannie et vexation, vous vous perdés et donnés prise à tous vos ennemis.

Je viens de relire cette page commencée avant hier. Ce n'est pas un modele pour le stile, mais je n'ai rien à changer au fonds des choses. J'ajoute seulement que j'ecrirois \aussi\ au maréchal que, plein de confiance dans mon droit et dans son equité, je vais me remettre. De mon coté, \moi\ je verrai la duchesse et s'il le faut le maréchal.

Je vais faire copier les lettres que M. de Maupertuis vous avoit promises, il y a une caisse à mon adresse arrivée chés le comte du Lude[3] que je n'ai pu voir encore. Sans doute le défunt n'a donné une copie de ses lettres à Bruyzet que parce qu'il doutoit que vous les publiassiés. Vous y verrés la préface ou avertissement d'une demi page que M. de Maupertuis vouloit mettre au devant. Je vous conseillerois fort d'être très moderé à l'egard de Voltaire ~~et~~ d'eviter les attaques directes et de vous renfermer dans les faits ~~à l'égard de~~ \quant à\ l'*Akakia* &c. Vous en seriés plus lu et votre ouvrage plus estimé. Vous n'avés pas besoin d'y mettre votre nom pour lui donner de la célébrité. Le titre suffira et les gens instruits ne s'y meprendront pas. Je voudrois que la modération seule pût faire douter que vous fussiés l'auteur.

Je ne sais s'il conviendroit quand vous le pourriés de faire la capitulation[4] que vous proposés. Faire remettre une copie de la lettre \de M. le C. de M...[5]\ ne suffiroit peut etre pas pour ~~en~~ donner une grande ~~envie~~ \envie de l'original\, on pourroit soupçoner qu'on en a \dejà\ donné des copies. D'ailleurs il y auroit du risque peut être à dire qui est nanti de l'original, et qui voudroit dire à un ministre[6] : je sais quelqu'un qui a telle piece, mais qui ne la donnera qu'à telle condition ? Quand vous seriés à portée de marchander, on pourroit très bien aussi vous dire : faites en ce qu'il vous plaira, nous n'en avons que faire. On ne manqueroit pas d'exceptions et de disparités à alleguer quand cette pièce seroit produite par les Anglois et finalement on pourroit dire : c'est pour cela ~~qu'il~~ que \le ministre\ a été renvoyé. Et quand meme le possesseur ne seroit ni inquieté ni surveillé à ce sujet, au moins seroit il noté suspect et exclus à jamais de toute faveur. Ce dont nous étions convenus est sans contredit le meilleur parti à prendre, et plus la chose se fera de bonne grace et franchement, plus elle aura de mérite. Le sujet est déja disposé favorablement. Il aime à obliger et à se faire des creatures. Vous voyés qu'il s'obstine à soutenir un protegé que tout autre eût abandonné. Voilà un patron tel qu'il vous le faut. La façon la plus honnête de le gagner est de lui faire le present franchement en lui faisant sentir (mais sans trop insister ni paraitre faire un grand effort) que si vous etiés tel qu'on le supose si gratuitement vous auriés pû en faire un autre usage. Je ne lui parlerois seulement pas de l'affaire de Toulouze, dont il ne saura pas le mot. Il seroit assés tems de lui en parler s'il survenoit quelque nouvel obstacle à la terminer ou si le marechal continuoit à vous persecuter, ce qui n'arrivera que par votre faute.

Votre marquis toulouzain[7] qui vous aime me mande que vous n'avés ni dit ni fait de mal à personne à Toulouze, que cependant vous n'y êtes point aimé. Si cela est, c'est votre faute.

J'ai été à Saint Cyr, j'ai vu madame de Louvigny et madame de Mornai qui va rentrer en fonction[8]. Nous avons parlé de vous, elles y prennent toujours un tendre interet... \mais tout bas\. J'oubliois de vous dire que la restitution [des] exemplaires detenus[9] est très bonne à demander \ensuite\, mais non en donnant donnant vous perdriés tout le mérite du don*. J'ai envoyé au marquis de P.[10] mon exemplaire de l'*Office de la Vierge*[11] relié pour vous aquiter en attendant que je puisse en avoir un autre broché à ma disposition.

* Quant au temoignage que vous n'êtes pas mal avec le ministere, la ~~lettre~~ \reponse\ du ministre à votre lettre en feroit foi. Il ne peut manquer de vous ecrire et de vous mander quelque chose d'obligeant, je vous ai dit mon avis, je crains bien que vous persistiés dans le vôtre.

Comment pouvés vous imaginer qu'on fera entendre 20 nouveaux temoins pour prouver des faits notoirement faux? Quel intérêt a ce David, s'il est vrai comme vous me l'avés dit qu'il ne vous connoisse pas, s'il a cherché à accomoder l'affaire et à vous adoucir et si c'est vous qui avés reculé esperant avoir des dommages et interets, prouver que le procès verbal est faux, qu'il y en a eu 2 ceux &c &c?

Il auroit fallu que vous eussiés la *Lettre de l'horloger de Pekin*[12] ainsi que l'*Examen desinteressé*[13] pour vous mettre bien au fait de la mesure de la terre et des querelles qu'elle a occasionée.

Vous auriés dû aussi consulter le *Journal du Nord* de l'abbé Outhier[14], là vous auriés vû mille details \et mille eloges\ dont vous auriés tiré quelque chose. Vous auriés vu qu'il s'etoit embarqué avec les instrumens en revenant de la Laponie à Stokolm, lui second je crois laissant les autres continuer la route par terre et que le vaisseau echoua et qu'ils furent en grand danger.

Je ne connois point du tout la chanson *Rien, rien, rien qu'ennui, que tristesse et chagrin.*

Gardés vous bien de produire la lettre ~~sur~~ contre la tolerance des protestans[15]. Il vaut mieux la laisser dans l'oubli, elle ne lui feroit que de nouveaux ennemis. Ce ne peut etre de cet ouvrage que parle Formey dans son eloge et qu'il indique sous le nom d'ouvrage sur le culte[16]. \Formey en eût parlé sur un autre ton.\

L'affaire des crucifians et crucifiées est suspendue[17]. On a mis hors de cour un certain Baillif de l'Epine[18], conseiller de l'election qui crucifioit, les autres ne sont pas elargis, il est certain qu'une des crucifiées a avoué qu'elle avoit été séduite par le sieur de La Barre[19] et que tous les secours lui faisoient beaucoup de mal, que ses convulsions avoient été reglées à trois fois la semaine &c[20].

Je vous prie de vous bien garder d'imprimer ma petite relation. Elle n'est pas en etat, et d'ailleurs ~~elle pourra~~ \je l'ai promise pour\ faire partie d'un recueil de lettres sur la même matiere où tout sera traité par ordre et je referai alors ma lettre qui en a besoin.

J'ai envoyé mon exemplaire de l'*Office de la Vierge* au marquis de Perussi avec un billet non signé en m'excusant de ne l'avoir pas fait contre signer. Je ne sais quand à présent je pourrai reparer cette perte. Vous demandés ce que Gresset et Trublet avoient fait à V.[21] Le premier l'a revolté par son amende honorable sur les spectacles[22], c'est attaquer Voltaire dans le vif que de dire du mal de la comedie et tragedie. Quant à Trublet dans son dernier volume \(4ᵉ)\, il s'est avisé de peser Voltaire et de le juger[23]. Celui ci ne l'eût surement pas cherché sans cela, mais il s'est senti offensé que l'abbé l'eût cité à son tribunal.

M. Vatelet est revenu ; quelques uns de ses amis pensoient qu'il se desisteroit et vouloient l'y porter, mais Mme Geoffrin lui a persuadé qu'il auroit toutes les voix de la pluralité, elle remue ciel et terre pour lui et elle seule est cause qu'il ne m'a pas fait place. J'ai contre moi, je crois, Dalembert[24], Foncemagne[25] et ses amis quoi qu'il eût assuré Mme Dupré que je pouvois compter sur lui et sur eux après M. de Pompignan[26]. Mais j'aurai pour moi Duclos[27] &c. La reine a de[*mandé*] la voix à Moncriff[28], à l'abbé de Saint Cyr[29], au président Hénault[30], Mr de Montami[31] de la part de M. le duc d'Orléans l'a demandée à l'abbé Sallier[32] et à tous les gens attachés au palais royal. J'ai le maréchal de Belle Isle[33], M. de Nivernois[34] par M. de Choiseul, le cardinal de Luyne[35] par Mme Duplessis[36], l'abbé Alari[37] *idem*, \M. de Bissi[38],\ M. Dupré[39] et quelques autres. Il s'en faut beaucoup que je desespere du succès, mais cela n'ira pas de plein pié comme je l'avois espéré quand on m'avoit flaté du désistement. Or il me faudroit des phrases sur le maitre[40]. Le tout est remis après la Saint Martin et cela dans le tems que les places vaquèrent. Il y a deux académiciens morts, huit ou 9 absens, à peine sont ils 25 à Versailles ou à Paris ou à la campagne et ils n'etoient pas sûr de se trouver 20 à l'election en ce tems ci, nombre necessaire pour qu'elle soit valide.

Mme de Canisi et sa fille, après un petit séjour à Paris et à Saint Cloud, sont parties pour la Brie où elles ont des parens à voir. Je les atens dans quelques jours pour retourner à Livri et ensuite pour aller passer les vacances à Etouilli. Mme de La Condamine se porte mieux mais son embarras à la gorge n'est pas entierement guéri. Je ne sais pourquoi elle ne fait point d'enfant, il me semble que ce n'est pas ma faute, au reste j'en suis tout consolé. Vous voilà donc pere[41], vous, et avec la faculté de ne l'être qu'autant que vous voudrés, je vous en fait mon compliment.

\Mes voyages à Versailles où le roi de Pologne est arivé[42] &c ont retardé cette lettre que je n'achève que le 23.\

Donnés moi de vos nouvelles. Le marechal vous a t'il repondu ? Non. Mais M. de St Florentin l'aura peut etre fait, que vous mande t'il ? Il seroit bien sage, et c'est je crois le seul parti à prendre, \que\ de lui écrire comme j'ai dit au commencement de ma lettre et de partir pour Toulouze. Demandés à M. votre frere à qui je vous prie d'offrir mes obéissances, je voudrois que vous fussiés interdit et obligé de n'agir que par ses avis. Des ennemis partout où un autre à votre place n'auroit que des amis! Mandés moi ce que vous faites et où je vous adresserai une copie de lettres. Que vous mande t'on d'Avignon? Vous ecrivés sans doute à la souveraine, faites lui ma cour.

A monsieur de La Beaumelle / à Valeraugues par Le Vigan / au Vigan / Languedoc

MANUSCRIT

ALB 1218.

NOTES EXPLICATIVES

1. Ce traité n'est pas connu.

2. M. de La Caze (voir LB 3605 n. 8). *Corée :* voir LB 3592 n. 9.

3. Joseph Julien Duvelaër († 1781), descendant d'une famille de corsaires établis à Saint-Malo, membre de la Compagnie des Indes, avait acquis le château du Lude en 1751.

4. Convention qui assure aux sujets d'une puissance certains privilèges dans les États d'une autre puissance (Littré).

5. Le comte de Maurepas.

6. Le duc de Choiseul.

7. François de Varagne-Gardouch, marquis de Bélesta (voir LB 3562 n. 4).

8. Mme de Mornay redeviendra supérieure de Saint-Cyr le 2 mai 1761.

9. Voir LB 3570 n. 2.

10. Le marquis de Perussis (La Condamine répète cette information quelques paragraphes plus bas).

11. *Office de la Vierge :* voir t. XII, LB 3360 n. 22 et LB 3369 n. 1.

12. *Lettre d'un horloger anglois à un astronome de Pékin,* traduite par M***, [s. l. 1740], in 12 (voir t. XIV, LB 16 septembre 1761).

13. Maupertuis, *Examen désintéressé des différens ouvrages qui ont été faits pour déterminer la figure de la terre,* Oldenburg : T. Bachmuller, 1738, in 12.

14. Réginald Outhier (1694-1774), *Journal d'un voyage fait au Nord en 1736 et 1737,* Paris : Piget, Durand, 1744, in 4.

15. Voir t. X, LB 2577 et LB 2603. « Vers le même temps [avril 1756], le *Mémoire théologique et politique sur les mariages des protestants* ayant paru, et ayant réveillé l'intéressante question de la tolérance, M. de Maupertuis l'examina rapidement, dans une lettre à M. l'abbé Trublet. Il lui permit de la montrer, et lui

défendit d'en donner des copies. De nouvelles réflexions sur le même objet justifièrent la défiance qu'il avait eue de ses premières idées. » (La Beaumelle, *Vie de Maupertuis,* p. 201-202).

16. « D'autres sujets d'un ordre assez différent attiroient aussi son attention ; témoin une lettre très longue et très intéressante où il s'entretenoit avec moi sur la nature de la vraie religion & du vrai culte. » (Formey, *Eloge de M. de Maupertuis lu dans l'Assemblée publique du 24 janvier 1760,* Berlin, 1760, p. 75).

17. Voir la *Correspondance littéraire* de Grimm, éd. U. Kölving, t. VII, 15 mai 1760 : « Procès-verbal dressé par M. de La Condamine », témoin des opérations des convulsionnaires le 13 avril 1759 » (p. 112-119) ; « Miracles du jour de la St-Jean 1759, par M. Du Doyer de Gastel » (p. 119-124) ; 1ᵉʳ juin 1760, « Conversations, avec M. de La Barre et journée du vendredi saint 1760, par M. Du Doyer de Gastel » (p. 138-145).

18. Baillif de l'Epine. « Mr Bailli de l'Epine, Elu de la Généralité de Paris, ayant été impliqué dans l'affaire des convulsionnaires, et arrêté en conséquence, l'Election en corps a demandé sa liberté. Les juges de la Tournelle ont fait assigner quelques personnes qui ont certifié que depuis 4 ans, Mr Bailli ne donnoit plus de secours aux convulsionnaires. Après cette formalité, l'on a converti le décret de prise de corps, en celui *d'être assigné pour être ouï,* et Mr Bailli en a été quitte pour se présenter au Greffe, où il a fait sa déclaration conforme au témoignage rendu par ses amis, sans qu'on exigeât de lui qu'il renonçât à sa façon de penser sur le fait des convulsions, ni même qu'il promît de ne plus donner de secours aux convulsionnaires. » *Journal encyclopédique, dédié à son Altesse sérénissime Mgr le duc de Bouillon,* t. IV, 3ᵉ partie, Bouillon : Imprimerie du journal, 15 juin 1760, p. 167. (Dans son *Journal,* p. 253, Barbier écrit « Bailly de l'Epine » et le caractérise aussi comme conseiller de l'élection).

19. Pierre de La Barre, alias de Vauville, avocat normand fils d'un greffier en chef du parlement de Rouen, condamné le 29 avril 1760 avec quatre filles convulsionnaires auxquelles il avait fourni des *secours*. Voir *Chronique de la régence et du règne de Louis XV ou Journal de Barbier*, t. VII, p. 250-254, et p. 360 (pour les noms des « crucifiées » condamnées, voir t. XIV, LB 1ᵉʳ juin 1761).

20. Le « Procès verbal dressé par M. de La Condamine » relatait une réunion de convulsionnaires à laquelle il avait assisté le vendredi saint 13 avril 1759 (*Correspondance littéraire*, 15 mai 1760, éd. U. Kölving, p. 112-119).

21. Voltaire, qui les a pris à partie dans *Le Russe à Paris*.

22. *Lettre de M. Gresset, l'un des quarante de l'Académie françoise, à M. *** sur la comédie*, Amiens : Vve Godart, 1759, in 8. « M. Gresset, de l'Académie française [...] vient de publier une *Lettre sur la comédie* dans laquelle il renonce non seulement au théâtre mais demande pardon à Dieu et au public du scandale qu'il a donné en travaillant pour les spectacles » (*Correspondance littéraire*, 1ᵉʳ juillet 1759, éd. U. Kölving, p. 130).

23. N. Trublet, *Essais sur divers sujets de littérature et de morale*, t. IV, Paris : Briasson, 1760. « Un des hommes qui avoit le plus d'esprit & de jugement, feu M. de Fontenelle, a été accusé de manquer de goût & de génie. Un autre, M. de Voltaire, a infiniment d'esprit & de goût, mais quelques-uns lui refusent le génie, & plusieurs le jugement. M. de Fontenelle étoit plus content du public que M. de Voltaire, & il n'auroit pas plus changé de réputation avec lui que de caractère. Il est vrai que naturellement il étoit plus aisé à contenter. » (p. 105s). À l'égard de la poésie, « M. de Voltaire me paroît inférieur à MM. de La Motte, de Fontenelle & Du Bos » (p. 206) ; « On a osé dire de la *Henriade*, & on l'a dit sans malignité : *Je ne sais pourquoi je bâille en la lisant* » (p. 232s) ; « Corneille est sublime ; il élève l'esprit & le cœur ; on l'admire. Racine est tendre, & il touche. Crébillon, plus véritablement tragique que l'un & l'autre, est terrible, & il émeut, étonne, éfraie. Voltaire excite toutes ces

diférentes impressions, mais dans un moindre degré » (p. 375) – voir aussi p. 24, 245s, 251s.

24. D'Alembert (1717-1783), membre de l'Académie française depuis 1754.

25. Étienne Lauréault de Foncemagne (voir LB 3645 n. 4).

26. Jean-Jacques Le Franc de Pompignan, membre de l'Académie française depuis 1759 (voir LB 3562 n. 1, LB 3599 n. 10).

27. Charles-Pinot Duclos (1704-1772), membre de l'Académie française depuis 1746.

28. François-Augustin Paradis de Moncrif (1687-1770), membre de l'Académie française depuis 1733.

29. Odet Giry, abbé de Saint-Cyr (1686-1761), jésuite, membre de l'Académie française depuis 1741.

30. Charles-Jean-François Hénault (1685-1770), membre de l'Académie française depuis 1723.

31. Didier-François d'Arclais, seigneur de Montamy (1702-1765), premier maître d'hôtel du duc d'Orléans.

32. L'abbé Claude Sallier (1685-1761), membre de l'Académie française depuis 1729.

33. Charles-Louis-Auguste Fouquet de Belle-Isle (1684-1761), membre de l'Académie française depuis 1749.

34. Louis-Jules Mancini-Mazarini, duc de Nivernais (1716-1798), membre de l'Académie française depuis 1742.

35. Paul d'Albert de Luynes (1703-1788), membre de l'Académie française depuis 1743.

36. Voir LB 3578 n. 1.

37. Abbé Pierre-Joseph Alary, membre de l'Académie française depuis 1723.

38. Claude de Thiard de Bissy (1721-1810), membre de l'Académie française depuis 1750.

39. Nicolas-François Dupré de Saint-Maur (1695-1774), membre de l'Académie française depuis 1733.

40. Le 17 juillet (LB 3642), La Condamine avait déjà demandé à La Beaumelle de lui envoyer « quelque chose sur l'éloge du roi ».

41. Voir LB 3668 n. 6.

42. Le roi Stanislas Leszczyński réside à Versailles depuis le 19 août (*Gazette d'Amsterdam* du 29 août 1760) ; il y restera jusqu'au 2 septembre (voir LB 3656).

LB 3651. *La Beaumelle à Jean-Baptiste de Marin, comte de Moncan*[1]

A Nîmes, ce 20 aout 1760

Monsieur

J'ai l'honneur de vous écrire pour vous rendre compte de ma conduite, que j'ai appris être desapprouvée de Mr le maréchal de Thomond[2].

Je m'achemine vers Toulouse pour être à portée de purger mon décret. Mais il faut que je choisisse le tems convenable, c'est à dire que madame la comtesse de Fontenille, à qui le roi a eu la bonté d'accorder une lettre de cachet[3], ait pris son parti sur ce qu'elle doit faire. Une apoplexie l'a empêchée jusqu'ici de profiter de la grace du roi, de sorte qu'elle est toujours à Agen dans les liens du décret. Il m'est fort important que cette dame soit décidée parce que, si elle meurt, mon affaire n'est plus qu'une bagatelle, & si elle subit la lettre de cachet il n'y a plus dans le procès de corps de délit. Si je me remettois aujourdui aux capitouls, je ne serois peut-être pas jugé d'une année parce qu'ils attendroient, & avec quelque raison, que ma coaccusée se fût présentée à moi ou leur fit signifier les ordres qui la mettent sous la main du roi.

Voila, monsieur, les justes raisons qui m'engagent à différer de purger mon décret. Je vous supplie de les approuver & de les faire aprouver à monsieur le maréchal.

Je suis avec un très profond respect, monsieur, votre très humble & très obéissant serviteur.

La Beaumelle

MANUSCRIT
ALB 3874.

REMARQUE
Copie en forme.

NOTES EXPLICATIVES
1. Le comte de Moncan (voir t. II, LB 499 n. 11) est adjoint du commandant militaire du Languedoc.
2. Voir le billet inséré dans LB 3656.
3. Voir LB 3662 n. 3 et 5.

LB 3652. *Guillaume de Gignoux*[1] *à Jean Angliviel*

A Nismes, le 23 aoust 1760

[...] Ma femme, qui est aussy sensible aux marques de vos bonté et amitié que moy, me charge de vous faire agréer les siennes et à sa chere cousine votre epouse de même qu'à Mr votre frère, etant bien reconnoissant de son bon souvenir dites luy mille choses de notre part [...].

Gignoux

A monsieur d'Enguiviel / à Valeraugue / cachet de NIMES

MANUSCRIT
 ALB 5632.

NOTE EXPLICATIVE
 1. Guillaume de Gignoux, époux de Jeanne Pieyre (voir t. XII, LB 3336 n. 4).

LB 3653. *Jean II Bernoulli à Jean Henri Samuel Formey*

[Bâle, le 30 août 1760]

[...] Je pourrois bien envoyer le paquet pour M. de La Beaumelle par la poste à Paris en l'adressant à quelqu'un qui eût le port franc, mais l'ouvrage qu'il contient et l'usage auquel il est destiné m'empechent de me servir de cette voye ; je prens donc le parti que vous m'indiqués comme le plus sûr et vai l'envoyer à M. le professeur Vernet à Genève. [...]

MANUSCRIT
Preuss. Staatsbibliothek Berlin, Sammlung Autographa.

LB 3654. *Jean Bertezène à Jean Angliviel*

A Nismes, le 30e aoust 1760

[...] Mes respects à ton epouze, de complimens à ton frere. [...]

Bertezene l'ainé

A monsieur Angliviel / avocat / à Valleraugue

MANUSCRIT
 ALB 6130.

LB 3655. *La Beaumelle à Jean Henri Samuel Formey*

A Valeraugue, par Le Vigan, Cevennes, 2 7bre 1760

Monsieur,

Votre lettre du 27 avril[1] ne me parvint qu'avant hier sous l'envelope de Mr Vernet. Dès le mois de juin je partis de Toulouse pour aller embrasser Mr de La Condamine aux bains de Balaruc. De-là je me rendis auprès de mon frère, dans le sein de mes dieux domestiques. Ecrivez moi, je vous prie, ici par la poste. Si je n'y suis point, mon frere sera fort exact à me faire parvenir votre lettre.

Je connois beaucoup Mr Catt, qui ne me connoit plus. Il pourroit se souvenir que sans moi il auroit écrit au roi des lettres d'un style qui auroient bien refroidi ce prince à son égard. C'est moi qui conduisis toute sa première négociation : j'étois alors en Hollande[2]. Depuis, j'ai été piqué d'une de ses lettres où il me parloit de Mr de Maupertuis, encore vivant, comme d'un homme qu'il se disposoit à protéger. Votre roi fait tourner la tête à tous ceux qui l'aprochent de près. Que ce détail, je vous prie, reste entre nous.

Catt m'a paru un bon garçon. Il a peu d'esprit. Je ne lui crois pas de grandes connoissances ni des vues fort étendues. Le roi doit lui avoir enseigné le françois. Je serai bien trompé s'il ne se conduit bien. Il étoit précepteur des enfans de Mr de Zuylen près d'Utrecht[3]. Mais je ne reviens point de ma surprise de le voir aujourdui un favori du roi. Est-il vrai que l'abbé de Prades sera vraisemblablement rappellé après la paix[4] ?

Je vous plaindrois bien si vous aviez pour président Mr Dalembert. C'est tout ce que le meilleur ami de Mr de Maupertuis & le plus grand ennemi de votre Académie pourroit souhaiter. Il vous faut un homme d'un mérite incontestable, & il s'en faut de beaucoup que celui de Mr Dalembert soit de ce genre. Il y a bien des gens qui ne sont point contens de sa préface de l'*Encyclopédie*, son meilleur ouvrage. Ses réflexions sur les gens de lettres[5] \& les mécènes\ sont d'un style décousu, sans jambes, sans bras. Son morceau sur Christine[6] n'est pas trop bon. Ses éloges de quelques sçavans n'aprochent point de ceux de Fontenelle. Ses morceaux traduits de Tacite prouvent qu'il entend médiocrement la langue de son auteur & qu'il n'est pas trop maître de la sienne. Voltaire disoit que c'étoit un poliçon, & je crois, moi, que c'est un charlatan. Il n'y a que deux jours qu'il est de l'Académie françoise, & déjà il la tyrannise. Il méprise Voltaire & se prosterne devant lui. Il n'avoit encore vécu qu'avec l'ex-ministre d'Argenson & madame Du Deffant, lorsqu'il imprimoit qu'il avoit fait son tour du grand monde. Il excelle à contrefaire, & se livre avec indécence à ce talent. Il est fils de madame de Tencin la bénédictine[7] & d'une espèce de maltotier[8]. Diderot vaut beaucoup mieux que lui. Dalembert en a tiré ce qu'il a mis de meilleur dans ses écrits. Ni vous ni Mr Euler, vous n'êtes faits pour être présidés par un tel homme.

Le nouveau torrent d'*Akakia* contre Mr de Pompignan achève de rendre Voltaire l'horreur du genre humain. Il est vrai que Mr de Pompignan a de grands torts vis à vis de tous les gens de lettres.

Je voudrois bien sçavoir par quelle indiscrétion les œuvres du philosophe de Sans Soucy ont vu le grand jour. Nos déistes les trouvent *bien scandaleuses, bien bonnes*.

Dites moi, monsieur, je vous prie, comment pourrois-je m'y prendre pour faire parvenir au roi ma *Vie de Mr de Maupertuis*[9] : car c'est une vie. Je suis assez mal dans son esprit : cependant je l'ai beaucoup loué, & même du ton d'un homme qui doit être lû de lui ; je voudrois que mon encens parvint jusqu'à ma Divinité. Mais je n'ose m'en flatter, si vous ne m'ouvrez une voye. Je vous en conjure au nom de Mr de Maupertuis qui seroit certainement bien aise que le roi vît toutes ces choses. J'ai tâché de ne rien omettre. Je parle au long de l'affaire de Kœnig & de celle de Voltaire. Il me semble que Mr Mérian[10] a démontré dans sa troisième partie la fraude du Suisse. Quel dommage que ce recueil de 28 lettres de Leibnitz à Herman n'ait pas été recouvré avant votre sentence ! Je m'excuse des minuties où je m'enfonce en disant, dès l'exorde, que trois hommes illustres qui m'ont précédé ont déjà épuisé toutes les ressources de l'éloquence & ne m'ont laissé que les détails de la vérité. Traits, saillies, epigrammes, tout entre dans mon plan. J'en suis déjà à l'année 1753.

Je vous supplie de m'envoyer tout ce que vous n'avez pas jugé digne d'entrer dans votre éloge. J'en ferai usage. Mr de La Condamine m'a dit ~~qu'il~~ que M. de Maupertuis vous avoit écrit une lettre sur le culte[11]. Si vous la faites imprimer, je voudrois que vous eussiez la bonté de me l'envoyer par la poste, parce que je la joindrois aussi à ma *Vie*, supposé que cette pièce me fût nécessaire pour former un juste volume.

L'abbé Trublet avoit fort perdu dans l'esprit du défunt, qui lui reprochoit d'excessives indiscrétions. Il s'en plaignoit à moi dans toutes ses lettres.

Je tombe si rudement sur Voltaire, quoique je me borne au simple récit des faits, que je me suis déterminé à mettre mon livre sous un nom emprunté. Ainsi je vous demande le secret sur l'auteur.

Je vous rends mille graces du volume que vous avez la bonté de m'envoyer, & du livre de Mr de Beausobre. Je n'ai encore reçu ni l'un ni l'autre, mais Mr Jean Bernoulli est un homme exact. Je vous en demanderois en vain le prix. Mais je tâcherai de vous témoigner ma juste reconnoissance.

Il m'est important de sçavoir si Mr d'Arnal est mort[12]. Il a une sœur qui deviendroit par-là une héritière assez considérable. Je vous prie de m'en donner des nouvelles. Je dois vous prévenir que s'il venoit à Berlin & qu'il eût recours à vous, monsieur, pour avoir de l'argent, vous feriez grand plaisir à Mr son père de ne point lui en prêter. Cet enfant lui a mangé dans trois ans huit à neuf mille livres. On lui a signifié depuis lon-tems qu'on ne payeroit plus aucune de ses dettes.

Mr le comte de Tressan est le plus séduisant des mortels. Il est à la fois tout esprit & tout cœur. Je vous suis bien obligé de m'avoir rappellé à lui. Il y a près d'un an que je n'ay reçu aucune de ces lettres[13] qui ont le don d'enchanter & d'émouvoir. Voici quelques bagatelles[14] qui vous délasseront peut-être de l'ennui de débrouiller les archives de l'église.

[suit la transcription de LBD 296-5, LBD 296-4, LB 3611 (à Lussan), LBD 296-1e, LBD 296-1a, LBD 296-3a, LB 3611 (à Lostange), LBD 296-3b.]

A monsieur Formey, secretaire perpétuel / de l'Académie royale des Sciences & Belles Lettres / de Prusse, ministre du Saint Evangile &c à Berlin.

MANUSCRIT

Fonds Formey, Collection Varnhagen von Ense, Bibliothèque Jagiellonne, Cracovie.

NOTES EXPLICATIVES

1. LB 3616.

2. Voir t. VIII, LB 2246 n. 1 et LB 2313.

3. Voir t. VIII, LB 2246 n. 1.

4. Protégé de Frédéric II mais accusé d'avoir informé le duc de Broglie des mouvements de l'armée prussienne, l'abbé de Prades avait été mis aux arrêts dans sa chambre à Magdebourg (voir t. XII, LB 3296 n. 8).

5. D'Alembert, *Mélanges de littérature, d'histoire et de philosophie*, 1753 (voir t. V, LB 1373 n. 13 ; t. VI, LB 1470 n. 45-46).

6. Les *Réflexions et anecdotes sur Christine, reine de Suède* contenues dans les *Mélanges de littérature, d'histoire et de philosophie*.

7. Avant de s'installer à Paris en 1711, Claudine Guérin de Tencin (1682-1749) avait passé 22 ans recluse dans un couvent de dominicaines. Ses détracteurs l'appellent parfois « la chanoinesse ».

8. Louis-Camus Destouches (1668-1726), son père putatif. Maréchal de camp, il avait été dédommagé le 8 septembre 1719 de la suppression de son régiment de bombardiers par l'attribution d'une considérable pension de 12 000 livres. Dans le nouveau régiment Royal-Artillerie auquel ses bombardiers avaient été incorporés, il était chargé du département comprenant « la Flandre, le Haynaut, la Picardie, l'Artois, la Champagne, l'Evesché et l'Alsace ». Voir Françoise Launay, « Les identités de D'Alembert », *Recherches sur Diderot et sur l'Encyclopédie* 47 (2012), p. 243-289). *Maltôtier* : « Celui qui exige des droits qui ne sont point dûs, ou qui ont été imposés sans autorité légitime. » (*Dictionnaire de l'Académie française*, 4ᶜ éd. 1762).

9. Première apparition de ce titre sous la plume de La Beaumelle.

10. Voir t. XII, LB 3437 n. 2.

11. Voir LB 3650 n. 16.

12. Louis Charles d'Arnal.

13. La dernière est du 15 octobre 1759 (LB 3573).

14. Voir LB 3616 n. 19.

LB 3656. *La Condamine à Jean Angliviel et à La Beaumelle*

Paris, 2 septembre 1760

C'est à vous, monsieur, que j'adresse cette lettre en réponse à Mr votre frere; s'il est encore à Valeraugues il ne la recevra pas plus tard, et s'il en est parti elle lui parviendra plus surement et plus directement, et en m'adressant à vous je saurai, j'espere, quand même comme je l'en prie il me répondroit lui même à la presente, si vous aprouvés l'etrange resolution où il est de ne point purger son decret.

Je vais continuer ma lettre en lui adressant la parole. \Je crois que je ne dois plus lui écrire qu'en adressant les lettres à un tiers. S'il ne change pas de resolution, elles courroient risque de ne lui etre pas rendues.\

Eh bien, mon cher philosophe couleur de rose[1], dont l'humeur me paroit fort rembrunie. Voici un petit billet que je trouve dans votre lettre du 17 aoust de Valeraugues qui ne vient pas du Vigan et qui est tymbrée *Montpellier*. Come vous ne m'en parlés point, je vois qu'il a eté ajouté à Montpellier et inseré dans votre lettre sans l'ouvrir. Voici son contenu.

Je crois que M. de La B... veut se faire arrêter et conduire à ses dépens par la marechaussée à Toulouze, car ayant eté averti qu'il en etoit menacé s'il n'alloit pas bien vite purger son decret il a trouvé à propos de rebrousser chemin de Milhaud[2] à Valeraugues et d'en avertir M. de Moncan. Il se conduit en cette occasion comme il fit quand il étoit ici avec vous[3].

Je me plains des postes, mais ce n'est pas parce que ce mot de lettre de Mme d'Aiguillon (dont je vous ai mandé depuis la teneur ainsi que d'une seconde) et qui \vous\ a été adressé à Toulouze par la poste d'Avignon ne vous est pas parvenu à Valeraugues, mais je me plains bien plus que vous ne m'accusiés jamais la reception ou non reception de mes lettres. Il est vrai que \cette formule\ *j'ai reçu votre lettre de telle date et de tel lieu le ... du courant* est un style bien trivial, mais il est commode et necessaire quand on a une correspondance frequente, où les lettres sont sujettes à se croiser, et lorsqu'on change souvent de lieu. Je vois seulement que vous n'aviés pas encore reçu ma derniere lettre[4], j'en juge par la date de la vôtre du 17 que je n'ai reçue que le 31. Je vous ai ecrit le 23[5], je n'ai pu trouver le moment de repondre plustôt à celle ci, mais de quoi cela auroit il servi dans la résolution où vous etes de ne point suivre de conseil? Cela fait que j'ai moins de regret de voir que celle ci retardera d'un ordinaire parce que j'ai eté interrompu.

Je ne vois pas sur quoi sont fondées vos craintes de rester en prison jusqu'à ce que la contumace de Mme de Fontenille fût jugée. Je n'ai jamais ouï dire qu'un accusé contumax empêchât le jugement de ceux qui se sont présentés ; quand le cahier de procédures contre Mme de Fontenille ne seroit pas mis à part comme ne vous regardant point, qu'en resulte t'il contre vous ? Vous ne pouvés etre jugé que sur la deposition des temoins qui vous ont chargé, qui se contredisent et qui vous seront confrontés. Vous avés la copie du procès verbal, consultés bien à loisir et de sang froid ~~avec~~ avec M. votre frere ce que vous avés à répondre, et si vous m'en croyés tenés vous en au vrai sans chercher à vous prévaloir de ce que ce qui est vrai n'est peut etre pas bien prouvé et sans dire comme le Normand *cela est vrai, mais je le nions*[6]. Vous en serés quite pour une légère amande, tous les honnetes gens seront pour vous, M. de La Case le conseiller au parlement qui jouoit avec vous et qui n'a pas été ~~compr~~ nommé dans le verbal sera votre solliciteur, il ne vous arrivera pas pis qu'à Mlle Cevenne[7] et quoi qu'il arrive, le premier jugement ~~et~~ \avec\ l'amande infamante sera reformé. Alors, si M. de Thomond, piqué personellement contre vous, vous envoye à un chateau, ce ne peut etre que pour donner un exemple sur quelqu'un qu'il accuse d'avoir bravé l'autorité, mais ~~cela~~ ce quelqu'un etant à sa discretion et M. de Thomond n'etant point un pacha[8], vous en serés quitte pour quelques jours de prison, surtout en lui ecrivant une lettre respectueuse avant que de vous remettre prisonnier, pour vous excuser de ne l'avoir pas fait plustôt. D'ailleurs M. de St Florentin est prevenu et la duchesse d'Aiguillon, M. de Thomond n'abusera pas de son autorité. Je supose que, dans la lettre que vous lui écrirés, vous vous justifierés de ne vous etre pas remis prisonier au moment où vous avés sçu que la lettre de cachet étoit levée, après avoir protesté contre cette lettre de cachet qui vous empechoit de purger votre decret.

Je ne vois pas que parce que vous n'avés plus, dites vous, que douze louis qui doivent vous mener jusqu'au mois d'octobre, ce soit une raison pour vous empecher d'aller à Toulouze. M. votre frere ne vous laisseroit pas manquer et je vous \en\ enverrois ~~de l'argent~~ s'il le falloit. Vous aimés mieux sortir du royaume, dites vous, que de purger votre decret dans les circonstances présentes. Et que faut il donc, quel changement doit arriver aux circonstances pour que vous vous résolviés à vous laver d'une fletrissure ?

M. Watelet, je ne sais si je vous ai tout dit, est receveur général des finances, a 40 ans, est bien fait, d'une jolie figure, homme d'esprit, auteur d'un poeme estimé, il a 80 mil livres de rentes, il est neveu de M. Boulogne[9] l'ex contrôleur général, il est cousin de l'intendant des finances Boulogne[10] qui délivre les ordonnances, il est honoraire de l'Academie de Peinture, il a beaucoup d'amis entr'autres Mme Geoffrin, enfin il a joué la comédie avec Mme de Pompadour quand elle etoit Mme d'Etiolles[11], il a confessé des liaisons avec elle. N'est ce pas beaucoup que de conserver des esperances avec un pareil rival ?

Mathieu[12] est occupé à faire la copie des lettres et je devrois les recevoir cette semaine, mais je ne sais ni où ni coment ni par où vous envoyer tout cela et vous ne m'en dites pas un mot, je comte l'adresser à Toulouze par le carosse à M. de Belesta.

Vous etes, dites vous, aussi minutieux que f...[13]. Il faut que votre style ait bien changé; vous souvient il que vous comtiés non seulement les mots mais les syllabes?

Je sais que votre *Reponse* etoit un présent que vous faisiés au libraire de Nimes[14]. Quand je parle de dedomagement, c'est de la depense qu'il a faite inutilement en commençant d'imprimer.

Je vous ai mandé que j'avois envoyé au marquis de P. mon *Office de la Vierge* relié en maroquin. Je reparerai quand je pourrai cette perte, j'ai deja cherché la moitié de la maison &c.[15]

Il y a eu du mal entendu dans votre affaire avec Maubert[16], mais il y a eu aussi de la negligence de votre part tout au moins. J'ai sous les yeux la copie d'une de ses lettres à M. Fraissinet, la dite lettre datée de Londres le 12 avril 1756[17]. Elle porte qu'il vous a laissé sa montre en depot le 9 décembre, que vous ~~deviez~~ \lui promites par ecrit de\ lui envoyer dès qu'il vous indiqueroit une occasion. Il repondit à cette lettre, dit il, sans recevoir de vos nouvelles, et il ne comprend, dit il, rien à ce procédé. Il ajoute à M. Fraissinet: *Vous êtes toujours en relation avec* [lui,] *je vous prie, monsieur, de lui faire savoir que je demande ma montre. S'il l'a* [gardée,] *il lui est très aisé de réparer ce petit manquement à l'amitié qu'il me promit. Daignés, s'il vous plait, me mander si vous voulés vous charger de ma petite commission parce qu'à votre refus je lui ferai demander ma montre à Paris, où on me dit qu'il est, par gens qu'il seroit peut etre bien aise que je ne fisse pas entrer en tiers dans notre correspondance.*

Vous voyés par cette lettre \dont M. Fraissinet a laissé prendre ou doné copie\, que Maubert étoit en regle, il vous avoit écrit et n'a point reçu de réponse. Il ecrit à votre banquier, et aparemment sur le refus de celui ci il aura ecrit au lieutenant de police. Vous pretendés qu'il vous a ecrit une seule et unique lettre en mai et que vous avés remis la montre aux banquiers en juin, mais par la copie de la lettre ci dessus du 12 avril à Fraissinet il se plaint de vous avoir récrit et de n'avoir point eu de réponse. Si vous aviés eté plus occupé de ce dépot et de lui donner satisfaction, vous lui auriés fait dire quelque chose < *soigneusement raturé* > sans attendre de nouvelles instances de sa part. Vous convenés même de n'avoir pas repondu à sa lettre de mai. Vous avés donc donné lieu à ses plaintes que l'humeur et l'aigreur auront exagerées.

Le marquis[18] m'avoit dit que (par sa reclamation) il avoit retiré vos livres et vos papiers et que vos hardes seules etoient demeurées saisies. Quoi qu'il en soit il est de vos amis et hautement, vous n'en n'avés pas un assés grand nombre pour qu'il vous soit permis de les négliger.

Je ne sais ce que je vous ai dit de la peine avec la quelle madame de B.[19] entendoit médire de vous, je ne me souviens plus de mes expressions et je ne suis pas assés occupé du soin de les mesurer. D'ailleurs je ne sache pas que votre connoissance avec cette dame soit assés particuliere pour que l'interet qu'elle a pris à vous n'ait pu être augmenté par l'influence d'un tiers qu'elle savoit qui y en prenoit beaucoup.

Je vais m'informer où se prennent les sachets d'Arnoult[20] et comment on peut \les\ envoyer par le courrier *à Valeraugue*. Votre laconisme est ici mal employé et il eût eté bon d'etre minutieux en me disant comment on s'y prend pour envoyer cela ou autre chose par le courrier. Il se peut faire que tout le monde chés vous sache coment on envoye des perdrix rouges à son procureur par le courrier, mais à Paris on ne sait pas cela et faute d'instruction on me fera peut etre des dificultés.

Je me suis fait informer, on dit qu'il est aisé d'envoyer ce qu'on veut quand le poids n'est pas considerable à Lyon en s'accomodant avec le courrier, mais à Lyon le courrier change et je ne sais jusqu'où il va. Il change encore au moins à Montpellier, puis au Vigan. Le sachet sera perdu en chemin. Avoués que voilà une commission fort mal donnée. J'enverrai savoir à la poste combien on veut pour faire rendre le paquet en le faisant charger, mais je doute qu'on veuille le charger pour Valeraugues même.

Je ne sais ce que c'est que cette g, genealogie de la requête. Il y dit seulement qu'un homme de sa naissance &c.[21] Il y a une *Epitre du Diable à Voltaire*[22], qui n'est pas trop mal versifiée, mais c'est un diable de mauvaise ~~compagnie~~ \ton\ et trop devot qui parle. Il y a un second chant du *Pauvre Diable* contre Voltaire[23]. Je ne l'ai pas vu mais je veux que ma lettre parte demain jeudi 4. Je verrai à la faire suivre par le sachet comme je pourrai. Mme de La Condamine dit qu'il n'y a qu'à envoyer un sachet de cendre quite pour renvoyer un autre s'il est perdu.

Elle vous fait bien des complimens.

Vendredi on prend le deuil de Mme l'abesse de Saint Antoine[24], Mme de Modene est assés mal[25]. Le roi de Pologne est parti aujourd'hui pour retourner à Lunéville[26]. Le maréchal de Belle-Isle lui a donné à diner. Le parlement veut se mêler de l'ordonance des armoiries et pretend que ce n'est pas l'affaire des marechaux[27]. Voilà tout ce que je sais de nouveau.

Prenés conseil de M. votre frere; s'il aprouve que vous ne purgiés pas votre decret, je m'en raporte à lui et je soumets mon jugement au sien, quoi que je sois d'un avis tout à fait contraire, vous devriés bien en faire autant. Je l'assure de mes obéissances, et le prie de donner ses avis à M. le chevalier[28].

J'enverrai les lettres quand elles seront copiées à Toulouse par le messager à l'adresse du marquis.

Je n'ai pas le tems de me relire, Mme de La Condamine est arrivée ce soir, elle est à la campagne depuis 15 jours, je l'ai ~~laissée~~ \envoyée\ coucher pour finir cette lettre.

A monsieur Angliviel avocat / au parlement à Valeraugues / par Le Vigan / Languedoc

MANUSCRIT

ALB 1219.

NOTES EXPLICATIVES

1. La Beaumelle minimise la gravité de son affaire avec les Capitouls. «Fig. et familièrement. *Voir tout couleur de rose, voir tout en rose, voir tout en beau.* On dit dans le même sens : *Tout lui paraît couleur de rose ; il n'a que des pensées couleur de rose.*» (Littré).

2. Millau (voir LB 3648).

3. L'auteur de ce billet est soit François Boissier de Sauvages (voir LB 3660), soit Pierre Fulcrand Rosset (LB 3662 n. 15).

4. LB 3645.

5. LB 3650.

6. Expression déjà utilisée dans LB 3599.

7. Guillemette Sevenes, âgée de 28 ans, coaccusée (voir LBD 300-1 n. 2 et LBD 300-13).

8. *Pacha* : titre, chez les Turc, des gouverneurs de province (Littré).

9. Jean de Boullongne (ou Boulogne) (1690-1769), contrôleur général des finances de 1757 à 1759.

10. De Boullongne fils, intendant des finances (*Almanach royal* 1760, p. 135).

11. Jeanne Antoinette Poisson avait épousé en 1741 Charles François Paul Le Normant d'Étiolles.

12. Copiste et homme de confiance de La Beaumelle depuis 1753.

13. Fouteur.

14. Voir t. XII, LB 3459 n. 1 et LB 3486 n. 3.

15. Pantin, où sont conservés les exemplaires de l'édition de *La Pucelle* (voir LB 3650 n. 11).

16. Voir LB 3617 n. 6.

17. Voir t. X, LB 2572 (cette lettre n'est connue que par l'extrait que cite La Condamine).

18. Bélesta.

19. Mme de Boufflers (voir LB 3645).

20. Sur ce remède, voir LB 3597 n. 1.

21. Dans son «Mémoire présenté au roi, par M. de Pompignan» daté du 11 mai 1760, celui-ci a évoqué les violentes critiques faites à son discours de réception : «Ces sortes de discussions sont aussi éloignées de mon caractère et de ma façon de penser qu'indignes de ma naissance et de mon état.» Ce mot de «naissance» est l'objet de toutes les railleries. Le 16 juin d'Alembert écrit à Voltaire : «Avez-vous lu le mémoire de Pompignan? [...] Pour répondre à ce qu'il dit sur sa naissance, on vient, dit-on, de faire imprimer sa généalogie, qui remonte par une filiation non interrompue depuis lui jusqu'à son père.» (D8992). Voltaire se plaint à Thiriot le 23 juin : «Par quelle fatalité me dit-on toujours, vous avez lu le mémoire de Pompignan, que dites-vous de ce mémoire, et de sa généalogie, et personne ne me l'envoie, et je suis tout honteux.» (D9009).

22. [Claude Marie Giraud], *Epître du Diable à M. de V***, à Genève*, [s. l.], 1760.

23. *Le Pauvre Diable. Chant second*, s. l., 1760. Sur ce libelle contre Voltaire voir *Correspondance littéraire*, 1er septembre 1760, éd. U. Kölving, p. 239, n. 27

24. Marie Gabrielle-Éléonore de Bourbon-Condé (1690-1760), princesse du sang, abbesse de l'abbaye royale de Saint-Antoine de Paris, morte à Saussaye le 28 août. C'était la fille de Louis, duc de Bourbon-Condé et de Louise-Françoise de Bourbon, légitimée de France (voir *Mercure de France*, octobre 1760, p. 202).

25. La fille du Régent, Charlotte-Aglaé d'Orléans, épouse de François-Marie III d'Este (1698-1780), duc de Modène, née en 1700, mourra le 19 janvier 1761.

26. Voir LB 3650 n. 42.

27. Une ordonnance concernant les armoiries a été prise à Versailles le 29 juillet précédent. Afin de mieux en contrôler le port, elle prévoit de créer un dépôt général où les armoiries seront enregistrées et de confier l'observation des édits et règlements antérieurs «au tribunal des maréchaux de France, qui sont juges-nés de la noblesse et des armes» (Isambert, XXII, p. 301-303). Voir *Gazette d'Amsterdam*, 9 septembre 1760.

28. La Beaumelle, le chevalier servant de la «souveraine» mentionnée par La Condamine à la fin de LB 3650.

LB 3657. *La Condamine à Jean Angliviel*

Paris, 6 septembre 1760

Voilà, monsieur, un sachet d'Arnoult. Je ne savois pas que cela fût d'un si petit volume et pût s'envoyer si facilement par la poste. Je rétracte tous mes raisonnemens, il y a trois jours que je vais m'informer de toutes parts où cela se vend, enfin je l'ai decouvert et n'ai regret qu'a n'avoir pas fait partir le sachet ~~par~~ avec ma lettre du dernier ordinaire. J'embrasse monsieur votre frere, je me refere à ma dernière lettre[1]. Permettés moi de vous renouveler et à lui les assurances de tous les sentimens qui m'attachent à vous.

La Condamine

MANUSCRIT
ALB 1388.

NOTE EXPLICATIVE
1. LB 3656.

LB 3658. *Jacob Vernet à La Beaumelle*

[Genève, le 10 septembre 1760]

Monsieur

Il y a plus de deux mois que j'eus l'honneur de vous écrire, en vous envoyant une lettre de M. le professeur Formey[1], qui me témoigna dans la suite être en peine de n'avoir point de réponse de votre part. Il vient à présent de me faire parvenir pour vous un petit paquet intitulé *libri*, contenant, à ce qu'il me paroît l'équivalent d'un volume mince in 8[2]. M. Bernoulli qui l'a reçu à Basle, me dit que par je ne sai quel contretemps, il a demeuré quatre mois en chemin. Mon embarras est aujourd'hui de le faire passer jusqu'à vous. Comment s'y prendre et par qu'elle voye peut-on le hasarder? Car vous savez ce que c'est que la chambre syndicale de Lyon, et combien est suspect tout ce qui vient d'ici pour le Languedoc; c'est à vous, monsieur, à ~~m'aprendre~~ me diriger. Peut-être avez vous quel qu'ami à Lyon qui pourroit vous rendre cet office. Quoi qu'il en soit, je n'oserois faire cet envoi, sans quelque avis de votre part; je l'attens au plutôt.

Quelcun m'a dit à l'oreille que vous aviez composé un mémoire admirable sur la tolérance de protestans en France[3]. Dieu vous bénisse pour avoir fait un si bon usage de votre belle plume. C'est faire véritablement l'office de bon chrétien, de philosophe et de citoyen. Mais seroit-il vrai que l'on vous eût défendu de le laisser paroître ? En ce cas, il eut fallu prévoir et prévenir une telle défense. Quel dommage qu'on étouffe ainsi la voix de la raison et de l'équité !

Notre magistrat vient de flétrir et faire brûler, par la main du bourreau, une brochure scandaleuse, imprimée à Lyon, sous le nom de *Genève*, ~~qui est dans le titre~~ et envoyée ici abondamment pour s'y vendre vite sous le titre de *Dialogues chrétiens pour servir de préservatif contre l'Encyclopédie* par M. V...[4]. Il y a deux dialogues, tous deux fort anti-chrétiens. ~~Dans~~ Le 1er est entre un encyclopédiste et un prêtre ; celui-ci n'est qu'un furieux, qu'un exterminateur qui, sans vouloir rien examiner, fulmine comme un sot et un fanatique contre le philosophe. Moyennant quoi celui-ci, faisant ~~le~~ un grand et beau rôle, laisse l'autre avec un ministre qui survient. Voilà donc ce second dialogue entre le prêtre et ce ministre ; celui-ci s'accorde avec le prêtre contre les philosophes, mais conseille de s'y prendre plus doucement, c'est-à-dire avec les plus indignes artifices, qu'il lui détaille, disant en avoir usé de même en d'autres cas, et se montrant un vrai scélérat, qui fait \tout\ pour de l'argent, parce qu'il a femme et enfants et n'est pas renté comme un bénéficier de l'Eglise romaine. Il y a en cela quelque stile, mais point de finesse, ni de vraisemblance. Ce sont des suppositions grossières et des caractères horriblement chargés, par où l'auteur a cherché méchament à décrier également le clergé de l'une et l'autre Eglise. Le nom de *Genève*, et le débit affecté de cette pièce dans notre ville, ont engagé à notre magistrat à en prendre connoissance. M. de Vol. à écrit à cette occasion à M. le 1er sindic qu'il n'y avoit aucune part et qu'il blamoit beaucoup cette pièce ; il est certain qu'on n'y reconnoit pas son style, au lieu qu'il saute aux yeux dans plusieurs petites satires auxqu'elles il s'est livré depuis quelque tems et par où sa réputation se barbouille étrangement. N'avez-vous jamais eu l'idée de cotter ses contradictions ? Ce seroit une bonne façon d'aprendre au public quelle est la force de ce génie ; je ne sache personne qui donne tant de prise que lui de ce côté là.

Je suis, monsieur, avec bien de la considération, votre très humble et très obéissant serviteur.

Jacob Vernet, professeur en Théologie

Genève le 10 septembre 1760

A Monsieur de La Beaumelle / à Toulouse / cachet de Genève

MANUSCRIT

ALB 2526.

NOTES EXPLICATIVES

1. LB 3616.
2. Voir LB 3616.

3. Les Mémoires au comte de Saint-Florentin (LBD 293).

4. Le 8 septembre. [Voltaire], *Dialogues chrétiens, ou préservatif contre l'Encyclopédie*, Genève, 1760, in 8. Voir *Correspondance littéraire*, 1er septembre 1760, éd. U. Kölving, p. 234-235, n. 9-11.

LB 3659. *La Beaumelle à Jean Angliviel*

[Ganges, le 13 septembre 1760]

A quelque chose malheur est bon. J'ai trouvé trois cavaliers de la maréchaussée à deux pas du Mas neuf. Celui de Montpellier m'a fait son compliment poli. Il avoit un ordre de Mr de Moncan. Il m'en a montré un autre pour Mr d'Hugues[1]. La chose auroit fait un éclat prodigieux à Valeraugue. Les deux autres cavaliers m'ont laissé, & le brigadier de Montpellier est entré dans ma chaise sur mon offre. Il avoit ordre d'envoyer un exprès de Valeraugue. Il l'a envoyé de Ganges à Mr de Moncan. Il lui dit qu'il m'a trouvé sur le grand chemin. Je viens de lui représenter que j'allois à Toulouse d'après ses ordres, que je le prie de m'y laisser aller volontairement, que cela importe pour mon affaire. Je lui jure devant Dieu d'être écroué le 20 de ce mois pour le plutard. Nous attendrons à Saint Geli[2] la réponse que doit apporter l'exprès. Cette conduite à Toulouse par ces gens-là me couteroit plus de quatre cens francs. Il en sera ce que Dieu voudra. Je purgerai mon décret, & je serai bientot débarrassé de tout. Je vous prie de m'ecrire à Toulouse & d'adresser vos lettres à Mr Belot l'ainé, avocat près les Hauts-Murats. Je ne doute pas que vous ne receviez demain une lettre de Mr de La Condamine que vous me ferez passer par la même voye, & une peut-être de Mme d'Aiguillon que vous ouvrirez. Je suis assez tranquille. L'ordre à Mr d'Hugues portoit de prêter main forte pour me conduire sous bonne garde au capitoulat de Toulouse. Je vous envoye un exprès, à qui je vous prie de donner 40 sols, dont nous sommes convenus. J'ai écrit aussi à Mr de Malliane. Mais je n'espère rien. A la garde de Dieu. C'étoit un mauvais pas à faire : il est fait.

A Ganges ce 13 7bre 1760

A monsieur Angliviel, avocat au / Parlement : à Valeraugue / par exprès 40 s.

MANUSCRIT

  ALB 375.

NOTES EXPLICATIVES

  1. De Valleraugue le 20 mai 1760, D'Hugues rend compte d'un assassinat au comte de Moncan. Il est alors « l'officier qui commande à Valleraugue » (AD Hérault, C 6683, 4).

  2. Village entre Ganges et Montpellier (aujourd'hui Saint-Gély du Fesq).

LB 3660. *La Beaumelle à Jean Angliviel*

[Loupian[1], le 15 septembre 1760]

Je trouvai hier, avant d'arriver à Montpellier, l'homme que j'avois envoyé il y a un mois à Mr de Sauvages. Je lui remis la réponse que me fit Mr de Moncan à ma lettre de Ganges. Je ne pus la cacheter[2] parce que j'étois sur le grand chemin. Les cavaliers furent renvoyés sur le champ. Je gardai le brigadier jusqu'à Montpellier où je fus loger au Tapis verd. Je récrivis à Mr de Moncan & fis prier Mr de Maillane, le major, de venir me voir. Il me dit en propres termes que Mr de Moncan avoit été pénétré de douleur à la réception de ma première lettre & de l'avis qu'il recevoit que précisément j'étois en route pour aller à Toulouse. Il me fit donner ma parole d'honneur que je m'y rendrois le 20 pour le plutard, ainsi que je l'avois donnée par écrit à Mr de Moncan. Il me dit encore que Mr de Moncan me conseilloit de n'écrire à Mr le maréchal que du Capitole. Il me laissa libre d'arranger comme je le voudrois mon départ. J'ai trouvé ce matin une chaise à bon prix & je suis venu diner à Loupian. Je coucherai à Pezenas. En outre, j'ai donné parole que j'enverrois sur le champ copie de l'écrou. Mr de Moncan s'est comporté très galamment à mon égard.

Je me remettrai le 19 ou le 20, sans consulter personne. Je ne crois point mon affaire mauvaise. Et le fût elle, il vaut encore mieux être affligé que craindre.

Un milion de choses à ma belle sœur. Je suis bien aise que les choses se soient passées comme elles se sont passées. Ç'auroit été un scandale épouvantable, & ma belle sœur auroit fait une fausse couche[3]. Je vous écrirai de Toulouse. Adressez vos lettres à Mr le marquis de Belesta pour remettre à Mr de La Beaumelle rue Ninau[4] à Toulouse.

Je crains que Belot, dont je vous avois donné l'adresse, ne soit à la campagne. A Loupian ce 15 septembre 1760

A monsieur Angliviel, avocat au parlement / à Valeraugue / par Le Vigan, Cevennes

MANUSCRIT

ALB 374.

NOTES EXPLICATIVES

1. Loupian est un village situé au bord du bassin de Thau, entre Bouzigues et Mèze (sur la route entre Montpellier et Toulouse).

2. Voir LB 3656 n. 3.

3. Marianne Pieyre d'Angliviel accouchera de Jean Justin le 23 décembre (voir LB 3687).

4. Rue Ninau: quartier du Parlement de Toulouse, non loin de la rue Vélane.

LB 3661. *La Beaumelle à Jean Angliviel*

A Toulouse, ce 19 7bre 1760

Je suis arrivé ici à midi. J'ai vu Mr le marquis de Belestat & Mr de Saremejane[1]. Je vais voir Mr Catala[2], avocat à l'hotel de ville, auquel j'ai déjà fait communiquer par Mr Saremejane la procédure. Il me dirigera pour répondre à l'interrogatoire. je tâcherai de voir le juge-mage & Mr de La Caze. Après quoi j'irai me remettre ou ce soir ou demain matin.

Mr Saremejane croit & est fermement persuadé que les deux dépositions se contredisent, malgré votre objection, que je lui ai faite.

Je vous écrivis la nouvelle marque de considération que m'a donnée Mr de Moncan. Je remis moi-même la lettre à la poste. Cependant, j'en suis en peine parce que Mr de Belesta, à qui je vous prie d'adresser vos lettres, n'en a point reçu une que je lui envoyai par le même courier.

Le bois, qui partit de Valeraugue le 13 au matin, arriva le 14 à sept heures à Pezenas. Il s'en perdit beaucoup parce qu'il y avoit eu le 12 une inondation à Pezenas à 5 heures du soir.

Mr Vernet m'ecrit[3] qu'on a fait bruler à Geneve deux dialogues chretiens très diaboliques, qu'on attribue à Voltaire. Les 4 victoires du roi de Prusse en 4 jours se réduisent à une & demie[4].

Dites mille choses pour moi à ma belle-sœur. Vous ne sçauriez croire combien je suis charmé d'être ici à purger mon décret. Il me semble que je suis soulagé d'un poids énorme.

Mr Belot est à la campagne.

Mr Saremejane m'a conseillé de ne point aller voir mes juges non plus que le chef du consistoire. Il m'a dit que je serois interrogé deux heures après être remis, par un assesseur.

Ne m'oubliez point auprès de madame d'Arnal, ni auprès de ~~la~~ toute la maison Carle.

Adieu, je vous aime & vous embrasse de tout mon cœur.

La chambre des vacations juge principalement les criminels[5]. Mr de Puget[6] en est président.

A monsieur Angliviel, avocat au parlement de Toulouse / à Valeraugue par Le Vigan, / Cevennes

MANUSCRIT

ALB 376.

NOTES EXPLICATIVES

1. Jean-Pierre de Sarreméjane, « procureur très employé et estimé et d'une probité austère » d'après l'intendant Saint-Priest, est le gendre du

subdélégué Amblard. Il sera élu capitoul en 1772.

2. Voir LB 3549 n. 13.

3. LB 3658.

4. La bataille de Liegnitz (15 août), remportée par Frédéric II sur les troupes autrichiennes du comte Daun.

5. La chambre des vacations assure la continuité des affaires pendant les vacances d'automne du Parlement de Toulouse, entre le 9 septembre et la Saint-Martin.

6. Henri Gabriel de Puget de Gau (1725-1772), conseiller au Parlement à partir de 1748, président à mortier depuis le 23 mai 1759, membre de l'Académie des Jeux floraux depuis 1748 (Duboul, II, p. 98).

LB 3662. *La Beaumelle à Jean Angliviel*

A Toulouse, le 21 7bre 1760. Dimanche

Je vous écrivis le 19[1]. J'appris le soir même que Mme de Fontenille devoit se remettre au premier jour. Mrs Catala & Saremejane me conseillèrent de ne pas me remettre encore, de peur d'être jugé avant la comtesse qui le sera très favorablement, parce que Mme de Rambures[2] a obtenu de Mr de St Florentin des ordres à Mr de St Priest pour qu'il veillât à ce que la sentence de contumace fut totalement changée[3]. Mr de La Caze me dit avoir vu les lettres de Mme Rambures à Mr de Fontenille. Et Mr Amblard[4] a esté chargé de négocier la chose[5]. Mais ayant donné ma parole à Mr de Moncan, tout ce que j'ai pu faire, ç'a été de différer d'un jour. J'écrivis hier au matin à Mr le P. d'Orbessan[6] & à Mr Belot pour prier l'un d'agir auprès de Mr David & l'autre auprès de Lagane, & d'en obtenir que le jugement ne fût pas précipité. L'adorable d'Orbessan vint dans mon auberge sur les 4 heures & me dit que, dès ma lettre reçuë, il avoit parlé à Mr David[7], qui lui avoit répondu les choses les plus honnêtes pour moi. Sur ce que le Président lui demanda des délais, le capitoul répondit que, si je craignois, en ne me remettant pas, d'être capturé, il m'offroit un apartement chez lui. Mr d'Orbessan fut d'avis que je lui écrivisse sur le champ pour le remercier. Je le fis. Mr Belot vint me dire que Lag. avoit promis les délais & qu'il tâcheroit de s'assurer de Mr Amblard afin qu'en agissant pour Mme de Fontenille, il agît aussi pour moi. Ces messieurs me conseillèrent d'aller trouver Charlary & de lui conter tout ce que je venois d'aprendre de la remise prochaine de Mme de Fontenille, & de le prier de faire trouver bon à Mr de Moncan que je différasse l'exécution de la parole donnée. Je rejettai ce conseil & me remis à sept heures. Sur le champ j'envoiai à Mr de Moncan copie de l'écrou. Mr David a montré ce matin en plein consistoire la lettre polie & reconnoissante que je lui avois écrite. Je suis logé chez le capitaine du guet, nommé Mr Bonneau, bien loin des prisons. J'ai vu tout le monde ce matin sans aucune difficulté, ce qui ne se permet gueres avant l'interrogatoire. Comme je ne suis ni gardé ni enfermé, je pourrai sortir, à ce que je crois. Mais il n'est gueres possible, la confrontation ayant été ordonnée, que j'obtienne mon élargissement provisionel. Je sortirai donc seulement le soir, & je reviendrai coucher chez Mr Bonneau. Jasmin[8] ne m'a pas quitté : il a un lit chez le capitaine, & il n'a pas même falu le demander. Je serai interrogé demain lundi, vers neuf heures du matin. Mrs Taverne, Pauliés, Bussy, paroissent bien disposés pour moi[9]. Je verrai demain s'il en est de même de l'assesseur Du Puy, qui doit être commissaire. Ce matin, mon avocat Mr Catala m'a promis monts & merveilles. Je reprendrai ma lettre demain.

Ce lundi après midi

J'ai été interrogé à deux heures[10]. Je m'étois bien préparé. J'ai dit tout ce que j'avois à dire. J'ai parlé des magistrats avec respect, de Mr David avec reconnoissance, de mon innocence avec fermeté. Mes réponses ont été longues & détaillées, mais n'ont point ennuyé le commissaire, qui s'est récrié deux fois d'admiration. Chacune étoit une espèce de plaidoyer sur l'article. J'ai tenu en échec le commissaire dès le commencement parce qu'il me fesoit un interrogat captieux. Surement on ne trouvera aucune contradiction dans mes réponses. J'ai avoué la partie aux douze sols représentés par un jetton. J'ai nié que j'en eusse fait d'autres. J'ai réfuté les propos contre le capitoul en rassemblant toutes les probabilités qui en infirmoient le témoignage & en insistant sur les contradictions des témoins. Mr Catala, à qui l'on a laissé lire l'interrogatoire, en est enchanté, dit que les capitouls, & surtout Mr David, le seront, & défie qu'on puisse y mordre.

Il s'agit qu'on m'accorde à présent l'élargissement sous caution ou la permission à l'oreille de Mr Bonneau de me laisser sortir pour vaquer à mes affaires *incognito*. Je suis si bien ici, & si visité & si pressé d'achever mon Maupertuis, que je me soucierois peu de sortir s'il n'étoit convenable de desabuser une certaine portion du public qui, d'après la sentence de contumace, avoit cru mon affaire grave & ma desobeissance prudente.

Mr Catala travaille actuellement à me faire accorder la liberté de sortir. Mr le président d'Orbessan, qui vient de m'écrire qu'il viendra me voir demain, ne me refusera pas de descendre au consistoire & de solliciter pour moi les capitouls assemblés.

Le juge-mage me boude de ce que je me suis remis, malgré ma parole donnée.

Senovert m'a écrit la lettre la plus amicale, mais un peu aigre sur ce que je ne le fis pas avertir dès l'instant de mon arrivée.

Lagane a promis à madame d'Aliez & à Mme Du Bourg[11] de trainer le jugement en longueur.

Persone ne comprend rien à la nonchalance des Fontenilles. Mais il est certain que Mr Amblar eut ordre de veiller à ce que le jugement qu'on rendra soit tel qu'il convient à la qualité, à l'age & aux vertus de madame de Fontenille. Ce sont les expressions de madame de St Florentin[12] consignées dans une des lettres de madame de Rambures à Mr de Fontenille. Là-dessus, il fut arrêté entre Mr Amblar & les capitouls que Mme de Fontenille se rendroit à l'hotel de ville, seroit logée chez un officier du guet, & condamnée à paroitre dans le petit consistoire & à dire que le flambeau qu'elle jetta à Mr David étoit tombé sur lui sans qu'elle voulût le lui jetter, qu'elle avoit seulement prétendu l'éteindre afin qu'on ne trouvât point des preuves du jeu. Le procureur du roi n'appellera point.

Voilà un détail exact de tout ce que je sçai. Je vous prie de ne point faire mistère de ma lettre, au moins à ceux qui s'intéressent à moi. Mes complimens à tout le monde. J'embrasse Rosalie. Je suis très content. Dites le, je vous prie, à ma belle sœur & à madame d'Arnal. Comment va l'affaire de Mr le curé[13]?

Je ne sçai si j'aurai quelque chose à ajouter à ma lettre. Je vous aime & vous embrasse de tout mon cœur.

                                                                24 7bre

Je reçus hier au soir votre lettre. Mon affaire, comme vous voyez, ne me coutera pas mille écus. Il n'y aura point d'arrêt, & la sentence de contumace pour laquelle il y a solidarité, ne coute que 125 £. Les ~~commiss~~ capitouls sont très contens de mon interrogatoire. Ils ne sçavent à présent s'ils pourront ordonner contre moi la procédure extraordinaire[14]. Mr Belot m'a aquis Mr Amblar, à qui je viens d'écrire à sa campagne de Calers, & qui viendra me voir demain.

Le billet émis à Mr de La Condamine, de Montpellier, étoit ou de Mr Sauvages, ou de Mr de Rosset[15].

Je viens d'écrire à Mr de ~~Thom~~ Moncan. Je vais écrire à Mr de Thomond. J'ai répondu à Mr de La Condamine.

A monsieur Angliviel, avocat au parlement / à Valeraugue par Le Vigan

MANUSCRIT

ALB 377.

NOTES EXPLICATIVES

1. LB 3661.

2. La marquise Élisabeth Marguerite de Rambures, née de Saint-Georges de Vérac, est la nièce de la comtesse de Fontenilles (voir LB 3607).

3. «On me propose, M., de donner des ordres du roi pour faire mettre Mme de Fontenille dans un couvent, afin qu'elle puisse interjeter appel de la sentence rendue contre elle par les capitouls, sans etre dans la neccessité de se remettre dans les prisons du Parlement. Mais ce motif meme me paroit un obstacle très puissant à l'obtention des ordres qu'on demande. L'autorité de S. M. ne doit pas etre employée à éluder l'exécution des ordonnances et à renverser l'ordre judiciaire. Le parlement seroit fondé à faire des representations à S. M. si la demande en question etoit écoutée; et dans la disposition où sont les esprits, il y auroit lieu de s'y attendre, à moins que des circonstances particulières ne ralentissent sa vivacité à cet egard. C'est sur quoi je vous prie de vous procurer et de me donner des eclaircissemens, en me marquant d'ailleurs votre sentiment sur les ordres que l'on demande.» (Saint-Florentin à Saint-Priest, 7 juillet 1760, AN O¹ 456, f° 161).

«J'ai reçû, Monsieur, la réponse que vous avez pris la peine de me faire au sujet de Mme de Fontenille, et je viens d'en rendre compte au Roi. Sa Majesté a bien voulu par considération pour la famille de cette dame se prêter aux arrangements que vous proposez en sa faveur, et qui remplissent l'objet de cette famille sans déranger le cours de la justice. Je vous envoye en conséquence un ordre du Roi pour faire recevoir cette dame dans un couvent aussitôt que son jugement aura été prononcé. Le couvent est laissé en blanc dans l'ordre, vous voudrez bien le faire remplir du nom de celui dont vous serez convenu avec M. l'archeveque de Toulouse ou avec son grand vicaire. Vous voudrez bien aussi m'instruire de la maniere dont les choses se seront passées. » (Saint-Florentin à Saint-Priest, 13 août 1760, AD Hérault C 118).

4. Voir LB 3556 n. 1.

5. « Vous sçavés, monsieur, l'avanture arrivée à Mme de Fontenille, ainsi que le decret et le jugement rendus contre elle. La famille de cette dame la regarde avec raison comme une folle, et je crois que personne ne sçauroit la voir d'un autre œil, mais comme elle apartient à des gens considerables, il n'est pas possible qu'on laisse subsister la sentence qui prononce contr'elle la peine de banissement ; cette sentence ne peut être reformée qu'en se remettant dans les prisons, et c'est encore une humiliation que la famille voudroit eviter. Le seul expedient seroit de la faire mettre dans un couvent à Toulouse en vertu d'un ordre du Roy, parce qu'alors, elle pouvoit representer qu'étant retenue par la force majeure, sa detention au couvent valut prison, il n'y auroit plus de difficulté ensuite que pour les reponses personnelles qui à la forme de l'ordonnance doivent être rendues à la chambre, et à cet egard on pouvoit ou commettre des commissaires pour venir les recevoir à la grille du couvent, ou obtenir un ordre du Roi qui permit qu'on l'en sortit pour aller au palais, ce que se feroit sans bruit, dans un carosse, où seroit l'exempt, et sans que personne s'en doutat ; mais comme tout cela n'est pas dans la regle exacte et qu'on ne voudroit même pas donner des ordres du Roy qui parussent interrompre le cours ordinaire de la justice, j'ay cru ainsi que M. le comte de St Florentin, que cette affaire devoit être traitée par voye de conciliation, avec d'autant plus de raison qu'il y a aparence que veu la folie de Mme de Fontenille, et les personnes à qui elle apartient, les juges seront bien aise d'epargner à celles cy tous les desagrements possibles, soit pour l'instruction, soit pour le jugement qu'on espere qui ne sera pas à peine afflictive, ni portant notte ; bien entendu que Mme de Fontenilles sera enfermée pour le reste de ses jours. Ainsi, Mr, voyez M. le Procureur general et autres magistrats auxquels vous croirés devoir en parler avec vôtre prudence ordinaire, par forme de consultation et sans commettre personne. Je vous seray obligé de me mander d'après cela, si vous croyez qu'on puisse prendre le parti dont je vous ay fait cy dessus part, sans que cela donne lieu à une contestation de la part du parlement, vous adrésérés votre reponse à Montpellier. » (Saint-Priest à Amblard, 12 juillet 1760, AD Hérault C 118).

« Monseigneur, en consequence de la lettre que vous m'avés fait l'honneur de m'ecrire le 12 de ce mois concernant Mme de Fontenille j'ay pris des arrangemens que j'ay concertés avec Mr le procureur general et qui je crois vous paroitront convenables et remplir l'objet du ministre.

D'abord ce n'est pas au parlement que cette dame doit se remettre pour purger la contumace, c'est en l'hotel de ville, et en consequence voicy mon plan. Il n'y a qu'à m'adresser cette dame que je conois d'ailleurs beaucoup et qui se livrera à moy avec confiance. Je la feray ecrouer dans les prisons de l'hotel de ville sans que neanmoins elle y entre, je luy feray donner un appartement dans la maison d'un des officiers de la Cie du Guet où elle sera en seureté et gardée sans scandale. Je me fais fort de faire recevoir son interrogatoire dans sa chambre \aussi bien que les recollemens et les confrontations des temoins\ comme si c'etoit la prison ; après quoy j'espere que j'obtiendray de Mrs les Capitouls une sentence qui ne porte aucune espece de note. Je suis assuré de la part de Mr le proc. general qu'il n'y aura point d'appel de la sentence de la part du mais avant qu'elle soit rendue il faut que les choses soient disposées de façon que cette dame puisse etre transferée de suite au couvent, et à cet egard il faut d'abord s'assurer du couvent avec Mgr l'Arch. de Toulouse et m'adresser l'ordre qu'il donnera à ce sujet, ou m'indiquer le vicaire general auquel il sera adressé pour que je me concerte avec luy pour l'execution de l'ordre du Roy duquel je dois etre nanty avant que cette dame se remette à l'hotel de ville. Dès que la sentence sera rendue, ce qui sera sur le soir, je fairay mettre Mme de Fontenille dans un chaise à porteur sans qu'elle s'apperçoive d'aucune escorte qui suivra la chaise et on la portera au couvent où je me rendray avec l'ordre du Roy et celuy de Mgr l'Archeveque pour les faire executer. Ces arrangemens sont fort simples, ils s'executeront sans bruit et sans scandale et on remplira l'objet et les formalités de la Justice en executant les ordre du ministre. Je suis &c. Amblard» (Amblard à Saint-Priest, 26 juillet 1760, *ibid*).

6. Voir LB 3576 n. 5.

7. David de Beaudrigue vient d'être nommé capitoul perpétuel. «Par un arrêt du conseil d'Etat du Roy, Sa Majesté y étant, tenu à Versaillles le 12ᵉ de juillet passé le roy informé que sur le nombre de 8 capitouls titulaires de cette ville, dont deux sont annuellement en tour de service, le seul Mr David de Beaudrigue et le sieur Gaillard resident à Toulouse, de sorte qu'un de ces deux cy n'entrant en fonction que tous les troix ans, il n'y a jamais que 7 capitouls dans les années de service desd. David et Gaillard, quoique selon les reglemens de la ville il doive y en avoit huit et que dans les années où les deux titulaires ne sont pas de tour, il n'y en a que six, à cause de l'absence et de l'eloignement des autres titulaires, ce qui cause un grand prejudice à la ville et surcharge beaucoup les capitouls electifs, non seulement sur l'administration de la police d'une aussy grande ville que celle cy, mais encore sur l'exercice de la justice criminelle, à quoy il etoit necessaire de pourvoir. Le roy donc informé par de bons temoignages qui luy ont été rendus du zéle et de l'experience de monsieur David capitoul titulaire, a ordonné et ordonne qu'il continuera l'exercice de ses fonctions pour la presente année, à commencer de la datte du present arrêt, et pour les suivantes sans interruption, conjointement avec les autres capitouls electifs, et qu'il jouisse des memes honneurs, privileges, préeminences et prerogatives dont jouissent dans l'année de leur exercice les autres capitouls, jusqu'à ce que par Sa Majesté il en ait été autrement ordonné, enjoignant aux capitouls d'enregistrer le present arrêt au greffe de police. Donc sur la grande reputation de Mr David Sa Majesté par une distinction qui n'a point d'exemple dans les siécles passés, l'a rendu perpetuel dans l'exercice de ses fonctions jusqu'à ce qu'elle en ordonne autrement ; ainsy le roy en attachant cet illustre magistrat à ses fonctions d'une maniere constante, nous assure pour longtems une excellente police dant le bezoin n'est pas petit dans cette ville.

Magistratus est lex loquens. Cice. 3 *de Leg.*» (Pierre Barthès, *Les Heures perdues*, t. II, p. 18-19).

La comtesse de Fontenille s'est plainte de cette nomination auprès de l'intendant : «[...] je viens d'apprandre que le sieur David mon ennemy mortel est cappitoul pérpétuel & chef de pollisse seans étre subordonné au parlement de sorte qu'il presidera toujour dans tous les jugemens qui se rendront au Cappitolle. Sept une alliarme dans toute la ville surtout pour moy [...]» (la comtesse de Fontenille à Saint-Priest, 22 août 1760, AD Hérault C 118). «Il est vray que le sr David a esté continué dans l'exercice du capitoulat, mais vous ne devés en concevoir aucune allarme, et j'ay lieu d'esperer que votre affaire n'en finira pas moins d'une maniere decente.» (Saint-Priest à la comtesse de Fontenille, 28 août 1760, *ibid*).

8. Domestique de La Beaumelle.

9. Jérôme Taverne, Claude Poullies (ou Pouliez) et Antoine Cesse de Bussy.

10. Voir LBD 300-19.

11. Élisabeth Du Bourg, née d'Alliès, qui a épousé en 1745 Valentin Du Bourg, seigneur de Rochemonteix et de Belbèze (1720-1779), conseiller au Parlement. Le salon de Mme Du Bourg est le plus couru de la ville. Mme d'Alliès est sa mère, Marie née de Brunet (voir LB 3687 n. 22).

12. Amélie-Ernestine de Saint-Florentin (voir t. XI, LB 3203 n. 3) est la fille du feu comte Ernst de Platen, grand-chambellan et grand-maître héréditaire des postes de Hanovre. Elle est née luthérienne. Le comte de Saint-Florentin l'avait épousée en 1724.

13. Il est question de démarches pour faire nommer l'abbé Étienne d'Arnal comme successeur de Guillaume Roquette à Valleraugue (voir LB 3612).

14. La procédure extraordinaire est choisie par le juge pour les délits qui troublent l'ordre public et qui peuvent donner lieu à des peines afflictives ou infamantes. Elle implique de compléter l'instruction préparatoire par des investigations plus poussées. Voir Jean-Marie Carbasse, *Histoire du droit pénal et de la justice criminelle*, Paris : PUF, 2014, nᵒˢ 101 et 106.

15. Pierre Fulcrand Rosset (voir t. XI, LB 3221 n. 2 ; t. XII, LB 3282).

LB 3663. *La Condamine à La Beaumelle*

A Etouilli près Ham, ~~25~~ 28 7bre 1760

Je répons à votre lettre du 15 qui m'est parvenue ici avant hier.

Je suis parti de Paris le 12 et vous ai écrit immédiatement auparavant et je vous ai envoyé la copie des lettres de V. à M. de M.[1] C'est à M. votre frere que j'ai adressé ma lettre contresignée[2], ne sachant où vous prendre. J'ai ecrit dans le même tems au marquis de Belesta. Si ma lettre vous est revenue, vous aurés vû le conseil que je vous donnois, et que je prevoyois ce qui vous est arrivé. Vous etes encore heureux qu'on se soit contenté de votre parole, et vous devés, je pense, ce léger égard de M. de Moncan à la rigueur dont il usa la premiere fois. Je joins ici la copie de la lettre du R. de P. à feu M. de M. Il doit y en avoir quelqu'une dans les papiers que m'a envoyés peu avant mon départ M. de La Primerais, mais il a gardé les principales \lettres\ parce que M. de M. a paru craindre que le R. de P. ne les redemandât, et celles qu'il m'a envoyées ne regardent que quelques ordres concernant l'Academie. Les originaux des lettres de V. ~~que~~ \dont\ je vous ai envoyées \les copies\ sont à la bibliotheque du roi[3]. Je les ai fait remettre, parce qu'ils arriverent en mon absence et pour le plus sûr je les fis porter à l'Académie des Sciences \par le comte du Lude qui me les aportoit\. Je l'ai prié depuis mon retour de me les preter pour ~~les~~ collationner à la copie que j'en ai (qui n'est autre que celle de Bruyzet) et pour tacher de les mettre dans leur ordre veritable, à quoi les tymbres de la poste sur les originaux auroient pu m'aider \pour les dates imparfaites\ ainsi que les lettres de Mme Du Ch. qui y étoient jointes. Il me ~~l'a~~ \les\ a refusées, m'offrant seulement de me \laisser\ faire cette operation à la bibliotheque même. J'ai eté très piqué de ce procédé mais je ne dois pas le paroitre dans les circonstances présentes. Vous pouvés m'envoyer votre eloge ou vie de M. sous l'envelope de M. de Malesherbes qui m'a toujours remis exactement les paquets venus à son adresse pour moi. Vous le pouvés aussi à l'adresse du duc de Choiseul, il n'est pas besoin de leur ecrire. Je suis parti avec \bonne\ esperance pour la place, mais mon concurrent a la faveur de la marquise avec qui il a joué autrefois la comedie. Je ne suis pas commodement ici pour votre mandat, mais je le ferai aquiter à Paris par mon receveur de la ville sans atendre votre semestre que je ne puis plus toucher qu'au mois de novembre, à mon retour à Paris où j'ai tout laissé.

J'ai retardé le depart de cette lettre pour vous envoyer les remarques ci jointes[4]. Je vous prie de ne dire à personne que j'en suis l'auteur, je n'en parle qu'à vous. Peut etre les enverrai je au *Journal encyclopédique*. \Je ne vous les envoye que parce que vous en pourrés peut etre tirer quelque chose ; vous trouverés les extraits en question à Toulouze. Ce cahier est curieux encore par d'autres articles qui regardent V.\

Je n'ai pas encore travaillé au discours de remerciment, je n'en ai pas le courage, n'etant pas sûr de mon fait. Le plus embarrassant sera de parler du roi et de dire quelque chose de neuf.

Ces dames vous font bien des complimens. Je ne sais rien de ce qui se passe à Paris, si ce n'est que l'abé T. revoit l'eloge de M. de M. par Formei réimprimé sur mes corrections que j'ai souvent fort changées en les mettant au net. Il ~~veut~~ \a quelque envie\ d'en faire une nouvelle edition \avec des notes\ quand il l'aura corrigé, j'ai aprouvé son projet \je doute qu'il l'execute\, il m'enverra tout cela et moi à vous mais envoyés promtement ce que vous avés fait. Il faut vous dire que Formey, qui me mande avoir déféré à mes avis sur la plus part des retranchemens et des suplemens proposés, n'a rien élagué ni refondu de ce que je lui indiquois propre à etre refondu.

S'il vous vient quelques phrases academiques et royales, envoyés les moi. \Voici pourtant quelques nouvelles litteraires.\

La dispute et les ecrits sur la comedie des *Philosophes* continuent[5].

Il paroit ~~quelqu~~ des *Dialogues chrétiens* (soit disant) ou *Préservatif contre l'Encyclopedie*, titre ironique, imprimé à Lyon sur un manuscrit de Geneve[6]. L'ouvrage a été brulé à Genève le 9 de ce mois, V. soupçoné d'y avoir eu part s'en est excusé par une lettre au syndic de la Republique[7]. Le second dialogue entre un prêtre et un ministre fait de celui ci un sot et un furieux et de l'autre un fripon et un fourbe. Vous aurés vu la lettre de Voltaire au roi Stanislas imprimée de l'abé Trublet malignement et implicitement nomé, il n'a eu aucune part à la querelle de son coassocié l'abé Joanet avec St Foix[8]. Il y a un petit conte ingenieux et ordurier de l'abé de Voisenon intitulé *Tant mieux pour elle* ou *il y a comencement par tout*[9]. Vous aurés entendu parler du succès de *Tancrede* de Voltaire. On imprime huit dialogues chretiens réellement de Voltaire[10]. Adieu mon cher, finissés votre affaire et ne vous en faites plus. Vous etes obligé d'être plus sage qu'un autre. M. de St Fl. vous a t'il repondu, et votre lettre au duc de Ch.[11] et votre envoi, où cela en est il? Changerés vous encore d'avis?

Mes tendres complimens au cher marquis à qui j'adresse ce paquet comme vous m'en prevenés.

MANUSCRIT

ALB 1221.

NOTES EXPLICATIVES

1. Deux copies en ont été conservées. L'une porte cette mention de la main de La Condamine : « Copie laissée par M. de Maupertuis à Saint-Malo entre les mains de M. de Primeraie. M. de Maupertuis a mandé à M. de La Condamine de donner de sa part à M.

de La Beaumelle une copie de ces lettres. » (Voir François Moureau, « Du bon usage des manuscrits et des autographes littéraires : le cas du XVIIIᵉ siècle », in : Luc Fraisse (dir.), *Le Manuscrit littéraire. Son statut, son histoire, du Moyen Age à nos jours*, Paris : ADIREL, 1998, p. 205, n. 45).

2. LB 3656.

3. La seconde copie porte cette autre mention de la main de La Condamine : « J'ai déposé

l'original à la Bibliothèque du Roi et j'en ai reçu de M. Béjot » (*ibid.*). BnF, ms. fr. 15204.

4. Les remarques annoncées sur l'*Examen désintéressé* de Maupertuis (voir LB 3650 n. 13, LB 3665 n. 4 et LB 3667 n. 4).

5. Charles Palissot de Montenoy (1730-1814), *Les Philosophes, comédie en 3 actes, en vers, représentée pour la première fois par les Comédiens français... le 2 mai 1760*, Paris : Duchesne, 1760, in 12 ; *Lettre de l'auteur de la comédie des Philosophes au public pour servir de préface à la pièce*, [s. l.], 1760, in 12 ; André Morellet, *Préface de la Comédie des philosophes*, Paris : chez l'auteur de la comédie, 1760, in 12 ; *Les Qu'est-ce ? A l'auteur de la comédie des Philosophes (21 mai 1760)*, [s. l.], 1760, in 12 ; J. Hugary de Lamarche-Courmont, *Réponse aux différents écrits publiés contre la comédie des Philosophes, ou Parallèle des Nuées d'Aristophane, des Femmes Savantes, du Méchant et des Philosophes*, [s. l.], [1760] ; Candide (le Cadet), *Petites réflexions sur la comédie des Philosophes*, [s. l. n. d.], in 8 ; *Lettres de monsieur de Voltaire, à M. Palissot, avec les réponses, à l'occasion de la comédie des Philosophes*, Genève, 1760, in 12. La dispute a commencé au moment de la création de la pièce, le 2 mai : voir *Chronique de la régence et du règne de Louis XV ou Journal de Barbier*, t. VII, p. 248-250 (p. 256-258, il est question d'une brochure intitulée *Les Visions de M. Palissot* et

attribuée à l'abbé Morellet (1727-1819) ; voir aussi p. 266, 284). Voir Charles Palissot, *La Comédie des Philosophes et autres textes*. Présentation d'Olivier Ferret, Saint-Étienne : Presses de l'Université, 2002.

6. Voir LB 3658 n. 4.

7. Cette lettre ne paraît pas connue de Besterman.

8. *Lettre de M. de Voltaire au roi Stanislas*, Genève, 1760, in 8 (D9148). Voltaire y écrivait : « Un Breton ayant fait, il y a quelques années, des recherches sur la ville de Paris, l'abbé Trublet et consorts l'ont accusé d'irréligion au sujet de la rue Tireboudin et de la rue Trousse-Vache ; et le Breton a été obligé de faire assigner ses accusateurs au Châtelet de Paris ». Poullain de Saint-Foix, auteur des *Essais historiques sur Paris*, poursuivit les auteurs du *Journal chrétien*, dont l'abbé Jean-Baptiste Joannet (1716-1789) était le principal rédacteur. Voir D9092. Trublet fit savoir au *Mercure de France* qu'il n'était pas concerné. Voir *Correspondance littéraire*, 15 août 1760, éd. U. Kölving, p. 213.

9. Claude Henri Fusée de Voisenon, *Tant mieux pour elle, conte plaisant. Il y a commencement à tout*, Ville-neuve : Imprimerie de l'Hymen, cette année [1760], in 12.

10. Voir LB 3658 n. 4.

11. Choiseul.

LB 3664. *Jean-Baptiste de Marin, comte de Moncan, à La Beaumelle*

A Montpellier, le 28 7bre 1760

J'ay receû, monsieur, vôtre lettre du 24 de ce mois, et reglé à cent quatre vingt livres les frais de la marechaussée faits à vôtre occasion. Ainsi vous pouvés charger quelqu'un icy de les payer, ou envoyer un billet de pareille somme au sieur Commeignes brigadier, qui me remettra celui de deux cent quinze livres qu'il a de vous, que je vous ferai passer par le courrier suivant.

J'ai l'honneur d'etre, monsieur, votre très humble et très obeissant serviteur.

Moncan

A monsieur de La / Baumelle / à l'hotel de ville / à Toulouse

MANUSCRIT
ALB 3876.

REMARQUE
Adresse écrite sur une enveloppe avec cachet de Montpellier.

LB 3665. *La Condamine à La Beaumelle*

Etouilli, 30 7bre 1760 matin

Je suis bien content du petit retardement de ma lettre. Il m'a donné le tems de recevoir les deux vôtres du 23 qui m'arrivent en ce moment et d'y repondre. Les nouvelles qu'elles contiennent me font grand plaisir.

Profités, mon cher enfant, des circonstances favorables de cet espèce d'interêt que fait prendre à vous la rigueur, pour ne pas dire la vexation que vous avés essuyée de la part du maréchal. Cultivés les amis que la justice de votre cause et la mauvaise humeur du commandant vous ont faits, et que votre conduite soit si nette à l'avenir qu'on ne puisse avoir prise sur vous. Ne triomphés pas avec trop de hauteur si les choses tournent comme vous desirés. Ecrivés à la duchesse une lettre qu'elle puisse ~~lire~~ \montrer\ au maréchal, cela fera plus d'effet que celles que vous ecririés vous même. Insistés surtout sur la raison que vous aviés de differer de vous remettre pour n'etre jugé qu'avec la comtesse et n'en allegués d'autre raison que la diminution des frais. Cette affaire qui en justice réglée ne vous eût couté que ... vous ayant deja couté cent ecus par les depenses extraordinaires qu'elle vous a causé, le courrier à Toulouze &c. Quel etoit le commissaire qui vous a interrogé et pourquoi etoit il mal intentioné d'abord et si facile à revenir ensuite[1]?

Je vous parle dans ma lettre[2] des nouvelles que vous avés reçues de M. Vernet de Genève[3].

S'il y a des particuliers qui ayent des cabinets de livres à Toulouze ou des bibliotheques publiques, vous y trouverés l'*Examen desinterressé*[4]. Voyés M. d'Arquier[5] \academicien\ et faites lui mes complimens, il est astronome, il aura ce livre, et cet autre academicien dont j'oublie le nom qui fait des vers et a une jolie fille rue de la Pomme[6]. Mais surtout d'Arquier, enfin l'Académie des Sciences de Toulouze aura ce livre, il faut la bonne édition qui est precedée de l'histoire du livre. Quant à la *Lettre de l'horloger de Pekin*[7], c'est un pur badinage très ingénieux et très satyrique contre les Cassini avec les quels il s'etoit réconcilié. Il faut ou passer cela sous silence ou le traiter très legerement et seulement pour faire honneur au defunt de sa moderation et d'avoir suprimé dans les editions de ses ouvrages tous ses ecrits polemiques les plus ingenieux.

Oui, il y a 2 places. M. de Limoges[8] en aura une et m'a fait dire qu'il voudroit ~~l'avoir~~ \etre\ deja reçu pour me donner sa voix. J'ai, à la cour, M. de Choiseul, le maréchal de Belle Isle, M. de Nivernois, le président Henaut à qui la reine a demandé sa voix, Moncrif, l'abbé de S. Cyr, l'abé de La Ville. J'ai à Paris une demi douzaine et plus d'academiciens dont je suis comme sûr; je ne vois que 5 ou 6 voix dévouées à Vatelet dont quelques unes me reviendront quand ils verront qu'elles lui seront inutiles. Voilà l'etat present des choses. L'abé Trublet m'a dit que, sans se desister formellement, il ne feroit aucune demarche. Pour inculquer \mieux\ ma reponse à l'objection de ma surdité, je l'ai mise en vers techniques comme le père Buffier sa géographie[9]. La voici, mais il ne faut pas divulguer cela, on m'en feroit peut etre une tracasserie contre l'Academie :

Dites que mon rival sur moi doit l'emporter, / messieurs, à vous je m'en raporte, / Mais si ma surdité me faisoit rejetter, / Je graverois sur votre porte : / Quiconque entend bien clair a droit de s'absenter, / Nous n'y trouvons point à reprendre, /Même present il peut ne nous pas ecouter / Et chés nous le sourd seul est obligé d'entendre.

Voilà une lettre de change de cent ecus à l'ordre de M. de La Caze ; elle lui sera payée à vue et si vous avés besoin du reste avant mon retour, je tacherai de faire votre affaire.

J'ai envoyé deux jours après le sachet d'Arnoult[10] par la poste, c'est 12 £ qu'il a couté, j'ignorois que cela fût d'un si petit volume et où ils se vendoient ; il a fallu aller aux enquêtes, cela est fait.

L'affaire des armoiries[11] est remise à la St Martin, cela finira je pense par une ~~edit~~ \ordonnance\ adressée au parlement pour la verification.

Vous aurés bientot à Toulouze *Recueil des facéties parisiennes pour les 6 premiers mois de l'an 1760*[12], 3 £. C'est tous les ecrits sur la querelle du jour avec quelques additions. Il paroit que V. y a presidé, il a 300 pages.

Je voudrois bien avoir des nouvelles à vous dire, ne fût ce que pour faire ma cour à Mme de Calonge que j'honore et respecte et que je vous felicite d'avoir dans vos interets, je le supose du moins. Mais quant aux nouvelles nous n'en avons ici que des menuisiers qui travaillent aux dedans du joli chateau que mon neveu vient de batir. Tout le monde me charge de complimens pour vous.

MANUSCRIT

ALB 1220.

NOTES EXPLICATIVES

1. Dupuy (LBD 300-19).

2. LB 3663.

3. LB 3658.

4. Sur l'*Examen désintéressé* de Maupertuis, voir LB 3650 n. 13.

5. Antoine-Augustin Darquier de Pellepoix (1718-1802), receveur provincial du clergé, est membre ordinaire de l'Académie des Sciences et Belles-Lettres de Toulouse depuis 1744. Voir Michel Taillefer, *Une Académie interprète des Lumières. L'Académie des Sciences, Inscriptions et Belles Lettres de Toulouse au XVIIIe siècle*, Paris : Éditions du CNRS, 1984, p. 261.

6. Le chevalier d'Espinasse et sa fille Adélaïde (voir t. XI, LB 3133 n. 2-3).

7. Sur la *Lettre de l'horloger de Pékin*, voir LB 3650 n. 8.

8. Voir LB 3638 n. 11.

9. Claude Buffier (1661-1737), *Géographie universéle en vers artificiels..., Nouvelle édition*, Paris : F.-P. Giffart, 1715, 10e éd. 1760.

10. Voir LB 3657.

11. Voir LB 3656 n. 21.

12. Voir LB 3645 n. 4.

LB 3666. *Jean-François Belot à Jean Angliviel*

Toulouse, le 1er 8bre 1760

C'est repondre bien tard, mon cher monsieur, à votre lettre que j'ai reçue depuis huit jours, mais dès que je l'eus reçue je n'eus le temps que de revoir M. de La Baumelle, de lui remettre la lettre que vous m'aviez addressé pour lui et partir dans le meme moment pour la campagne, je n'avois pas attendu votre lettre pour m'interesser bien vivement à ce qui le regarde et par raport à lui meme et par raport à vous, j'avois parlé en sa faveur à M. Lagane, et à M. Amblard subdelegué de M. l'intendant, ~~qui~~ \celui ci\ est chargé de diriger Mme de Fontenille lorsqu'elle sera remise et de la guider dans sa deffense ; on avoit esperé que cette dame se remettroit incessament et dans ce cas l'affaire de M. votre frere auroit eté conjointement traitée avec la sienne, mais voilà qu'il s'est passé huit jours depuis et l'on ne dit pas qu'elle doive se remettre ; vous sçavez que votre frere est remis depuis ce dimanche 21 7bre, il est logé chez le capitaine du guet, c'est à dire très bien logé. Il rendit son interrogatoire[1] ce meme jour là, il a depuis donné une requete pour conclure à son relaxe et subsidiairement il a demandé son elargissement provisoire. Lagane avec lequel j'avois convenu qu'il ne presseroit pas, pour menager à votre frere l'avantage d'etre jugé conjointement avec Mme de Fontenille auroit bien retardé, s'il l'avoit falu, ses conclusions[2] ; mais Mme de Fontenille ne se remettant \pas\ et votre frère souhaittant d'etre jugé, il a donné \aujourd'hui\ ses conclusions à ce que *les temoins seront confrontés n'empechant qu'il ne soit elargi provisoirement* à la charge &c. Voilà ce qui pend à juger, on ne peut pas s'empecher d'ordonner la confrontation des temoins, mais on peut accorder l'elargissement provisoire et c'est ce qu'il faut obtenir s'il est possible, je vais travailler pour cela de toutes mes forces, mais je ne serai pas surpris si l'elargissement est refusé ; ce n'est pas au reste que je regarde cette affaire comme dangereuse, il est certain comme vous le dites qu'il ne s'agit ici que de quelque argent, ainsi le malheur n'est pas grand, c'est ce qui me fait penser que vous pouvés fort bien vous dispenser de faire le voyage de Toulouse, ~~cependant~~ \à moins\ que vous n'ayés quelque autre affaire dans ce païs, vous ne devés pas douter du plaisir que j'aurois de vous revoir et de vous renouveller de plus près les sentimens d'estime et d'amitié avec lesquels je suis mon cher monsieur, votre très humble et très obeissant serviteur.

Belot

Votre frère avec lequel j'ai passé deux heures ce matin m'a chargé de vous dire bien des choses de sa part.

A monsieur Angliviel avocat / au parlement / à Valleraugue par Le Vigan / cachet DE TOULOUSE

MANUSCRIT   NOTES EXPLICATIVES

ALB 5633.   1. LBD 300-19.

                                                 2. LBD 300-20.

LB 3667. *Charles Emmanuel de Crussol, duc d'Uzès, à La Condamine*

[Paris, octobre 1760]

M. le duc d'Uzès prie Mr de La Condamine de luy faire sçavoir où est presentement Mr de La Baumelle s'il est possible, il assure Mr de La Condamine de ses obéissances.

Le duc d'Uzès

Reçu à Etoulli le 24 oct. 1760 et repondu.

MANUSCRIT

Académie des Sciences, fonds La Condamine 205.

LB 3668. *La Beaumelle à Jean Angliviel*

A Toulouse chez Mr Bonneau, capitaine du guet, le 7 8bre 1760

Il faut que vous ayez bien mauvaise opinion de la justice pour me dire ce que vous me dites, *Dieu veuille que vous vous tiriez d'affaire sans deshonneur* ! après avoir lu la procédure. Vous ne sçavez dire que des choses desagréables. Ce sont ces ridicules duretés qui indisposent contre les conseils utiles & sains que pouvez donner dans d'autres occasions. Quoi ? une servante, une putain, s'unit à un maquereau, à un croupier, pour deposer contre quelqu'un, & tous les deux deposent diversement ; & après cela, le deshonneur est à craindre ! Eh bien, s'il l'étoit, il ne l'est plus. Hier, je fus confronté avec un témoin que je tins pendant trois heures ; j'avois étudié mes interpellations. C'est cette fille[1] de lieutenant colonel qui ne sçait pas lire. Elle soutint en face sa déposition. Mais elle convint 1° qu'elle étoit fille sans aveu, n'ayant à Toulouse ni qualité ni métier ; 2° qu'elle se fit enlever par M. Guiral, gentilhomme d'Agen ; 3° que de Montauban, elle vint il y a un an chez la Dorliac poursuivie & punie par la justice pour fait de maquerellage, où elle resta un mois ; 4° qu'elle prit la vérole dans le tems qu'elle étoit chez Mme de Fontenille ; 5° que Mr David répondit d'elle & de son payement à la Dauphiné rue Nazareth ; 6° que Mr David donna par les mains de Savanier greffier qui a fait la procédure la somme de dix écus à Sicori, chirurgien, pour la guérir ; 7° qu'elle fut enlevée le jour de la déposition à la rue Bolbonne par trois hommes habillés en soldats qui la mirent dans une chaise ; 8° qu'un monsieur lui proposa de se livrer à ses desirs & qu'elle est *bien fâchée* de l'avoir pas fait ; 9° qu'elle ne se souvient pas si elle a dit qu'elle m'étrangleroit, mais qu'elle le nie pour plus grande sureté, ce sont ses termes ; 10° que je ne dis que le lendemain de la 1ᵉ descente de Mr David chez Mme de Fontenille qu'il ne seroit pas assez maraud pour aller dans une maison comme la sienne ; 11° qu'elle m'a souvent ouï faire les plus vifs reproches à Mme de Fontenille sur ses déchainemens contre Mr David & sur ce qu'elle étoit allée l'irriter chez lui ; 12° qu'elle est hors d'état de répondre à cette interpellation, *lors de votre déposition du 15 janvier, futes vous ouie ou bien interrogée ; narrâtes-vous & expliquâtes-vous la déposition par votre bouche* ? 13° qu'elle est hors d'état, quand elle voit jouer, de distinguer à quel jeu l'on joue, si c'est un jeu de hazard ou un jeu de commerce ; 14° qu'elle ne sçait ce que c'est que le lansquenet ou la dupe, & que le jeu qu'elle entend par le lansquenet ou la dupe est un jeu où chacun a des tableaux devant soi, & où l'on tire d'un sac de petites boules où il y a un parchemin numeroté qu'on déplie (le cavagnol, jeu permis) ; 15° que ce n'étoit pas toujours moi qui tenoit les cartes comme elle l'a déposé, mais que c'étoit aussi Mme d'Aussonne, qui donnoit trois cartes de suite à chaque joueur, & qui gagnoit lorsqu'elle tournoit la dame, &c².

Voyez ce qui fut bien articulé & couché par écrit. Je ne vous dirai point les embarras du commissaire, les coups de main qu'il se donnoit à la tête, les coups de pié qu'il donnoit au témoin pour la faire raviser, ses sermens qu'il voudroit bien que l'absence de son camarade ne l'eût pas embarqué dans ce confrontement, ses refus d'admettre des interpellations embarassantes qui auroient produit des éclaircissemens sur les auteurs de la subornation. Malgré toutes les prévarications & mon ignorance de mes droits, dont je ne fus instruit qu'après coup, par mon avocat qui est depuis huit jours à ses vendanges, la vérité perça de tous les côtés.

Les capitouls, ayant lu cette pièce, n'ont plus osé me confronter l'autre témoin. Il vint l'après diné. On le renvoya. On veut qu'un certain Du Puy, plus dévoué à David, acheve la besogne. Mais je le récuserai parce que, dans trois ou quatre interpellations que je dois faire à Dorliac, Du Puy se trouve malheureusement mêlé comme prévaricateur.

En entrant au greffe, je demandai au commissaire & au greffier Michel, *qui êtes-vous, messieurs ?* Ils me dirent leur qualité. Je demandai à un autre homme qui avoit le témoin auprès de lui qui il étoit. Il me dit qu'il étoit Savanier, aussi greffier à l'hotel de ville. Je lui demandai s'il en feroit l'office en cette confrontation. Il me dit que non. Je le priai de sortir. Il me dit qu'il avoit fait toute la procédure & qu'il pouvoit rester. Je lui répondis que la procédure étant une chose secrete, l'ordonnance n'admettoit que les personnes nécessaires ; & je réquis le commissaire de le faire sortir. Ce fut un coup de partie, parce que, s'il étoit resté, il auroit réprimé l'ingénuité du témoin qu'il avoit suborné.

Lagane vint me voir il y a huit jours & passa deux heures avec moi. Notre abord fut fort froid. Nous nous déridâmes ensuite. Il me donna indirectement de bons conseils. Je lui ai écrit ce matin ce qui s'étoit passé hier. Si j'avois un avocat, je verrois de faire arrêter le témoin sur le vu du cahier de confrontation. Je crains qu'on ne contrefasse ma signature & qu'on ne la mette au bas d'une autre pièce. J'eus toutes les peines du monde à faire rayer un mot que le témoin n'avoit point dit, & qui fesoit une équivoque. Il seroit bon pour moi que le temoin fût mis en prison à la requête du procureur du roi.

Quoique les soldats ne parlent de moi que comme présent, je les embarasserai bien.

Remerciez, je vous prie, M. de Quatre-fages de tout ce que Mr d'Algues[3] a fait pour moi, & il a beaucoup fait. J'y suis on ne peut plus sensible. Hier, Mr le P. de Nupces[4] lui donna à dinér pour le mettre en présence de Mr David. Celui-ci lui dit qu'il ne demandoit qu'à me rendre service, qu'il s'étoit départi de la qualité de juge, qu'il solliciteroit pour moi. Mais il ajouta que je gâtois mon affaire par des confrontations qui ne finissoient point. Il parla avec un si grand air de verité qu'il persuada l'honnête commandant. Mais le commandant ne me persuada point. En effet, Mr David a manqué à toutes les paroles qu'il avoit données à Mr le president d'Orbessan, à Mr Amblard, à Mme de St Priest. L'élargissement provisoire, auquel les gens du roi concluent, avoit été promis par tous les capitouls à Mr Amblard dont j'ai la lettre expresse. Samedi passé, Mr David le fit refuser & ordonner la procédure extraordinaire. Il a fait différer les confrontemens ; il assiste à toutes les déliberations ; il intimide tous ses confrères. J'espère qu'après le confrontement de Dorliac, il s'empressera à tenir toutes ses paroles & à me desaigrir.

Vous me dites que je n'ai jamais suivi vos conseils, tandis que ma déférence a été cause de tout ce qui m'est arrivé de fâcheux. Sans vous, je n'aurois point quitté Paris. Sans vous, j'aurois fait imprimer mon *Tacite* à mes dépens dès mon arrivée.

Les lettres pour Rey & son porte-manteau, je les remis à St Geli[5] à Mr Euzieres le cadet, qui se chargea de les faire parvenir à Nimes & qui vit renvoyer la marechaussée qui ne m'accompagna pas jusqu'à Montpellier. J'eus seulement un brigadier dans ma chaise. Je trouvai tout Nimes & tout Montpellier à la foire de Pezenas. Ils peuvent bien déposer de ma parfaite liberté. Qu'on croye ce qu'on voudra. Il m'importe fort peu qu'on soit bien assuré qu'il y a dans le monde un injuste brutal.

Je me garderai bien de conter mon affaire au P. Marin. Je ne veux point contrister mes amis. Je ne le verrai que vainqueur de mes ennemis.

L'affaire de Rose[6] est accommodée il y a 8 jours, & cela par une transaction. Je lui ai donné 80 livres, & je me charge de l'enfant qui me coute 8 £ par mois & que la mère nourrit. Je vous dirois qu'il est fort joli si l'on ne me disoit qu'il me ressemble. Il a aujourdui trois mois, & est gros & gras comme s'il avoit un an. Il s'appelle Guillaume.

En copiant, j'ai retranché Fréron, c'est à dire que j'ai elagué ce morceau & que je ne l'ai pas nommé. Pour Voltaire, il y restera : je vous ai dit pourquoi. Il faudroit être bien imbécille pour épargner un ennemi que j'écrase en raportant les lettres du roi de Prusse & en fesant imprimer ses propres lettres à Mr de Maupertuis.

Je n'ai point demandé la main-levée de mes effets, qui étoit de droit. Lagane me dit qu'il en avoit été surpris. Après mon affaire, j'ai à me plaindre du pillage de mes effets.

Les capitouls vont être bien embarassés. D'un coté une sentence de contumace contre moi ; de l'autre, 300 livres d'amande pour les corées. Ensuite, la parole donnée au ministre d'une sentence modérée pour Mme de Fontenille. Et enfin celle qu'ils auront à prononcer contre moi qui ne suis plus convaincu du fait du jeu que par un seul témoin. A présent que j'ai fait tomber la deposition de la Julie qui chargeoit aussi mes corées, nous nous unirons tous[7] pour le procès de subornation. David ne peut éviter ce procès qu'en fesant trois choses, 1° en me donnant une lettre pour le ministre & une pour le maréchal, qui constate mon innocence ; 2° en me remboursant 27 louis que son guet m'a volés & une partie des faux frais que m'a couté la persécution de Mr de Thomond ; 3° en payant tous les frais du procès montant pour tous à ~~300 livres~~ deux cens livres en tout. Je viens d'envoyer chercher un procureur au senechal pour aviser aux moyens de m'assurer de cette fille subornée. Je suis mon conseil : mon avocat n'est pas bien avec M. David, mais dine quelquefois chez lui, & lui fait sa cour, à mes dépens apparemment. D'ailleurs, il est à la campagne. Mrs Lavaysse[8] et Senovert y sont aussi. Le président d'Orbessan n'entend pas assez le grimoire[9] pour me donner un bon conseil. Mr d'Amblar viendra me voir sur les 4 heures. Mais, quoique chargé par le ministre de finir cette affaire, il est capitoul & s'en souvient. Je ne puis me confier à lui. Belot est à ses vendanges ; il viendroit bien, mais je ne peux pas le detourner. Le juge-mage est à 3 lieues d'ici : il ne m'est pas venu voir, de peur, m'a t'il fait dire, que mon procès n'en fût plus long. Il me semble que mon affaire est toute simple. Il y a deux temoins contre moi qui, s'ils ne se contredisent pas, du moins déposent ch[acun] d'un fait différent ; il n'y a donc point de preuves contre moi. L'un de ces temoins à la confrontation donne les plus grandes marques d'une impudente subornation dans ses aveus. Il est tout simple de tâcher de le faire mettre en prison, de peur qu'on ne le fasse éclipser. Si ce témoin est relaxé, il ne l'est point avec dépens contre moi. Si la subornation est prouvée, j'obtiens des dommages-intérêts au parlement. Si j'obtiens des dommages intérêts, l'arrêt imprimé & envoyé à Mr de Thomond & à Mr de St Florentin équivaut à la lettre que je veux de Mr David. Si l'on tenoit cette fille en prison, mon Dieu! qu'on découvriroit de choses, & surtout au parlement vis à vis duquel nous lades mettrions pour l'oter aux capitouls, en présentant plainte contre Savanier le greffier, contre Du Puy l'assesseur. Puis viendroit la falsification du verbal refait trois fois, la diffamation de David qui m'accusoit de friponer au jeu, le pillage de mes effets, &c. Cette affaire bien conduite perdroit David & son fils reçu conseiller[10]. Avant de sçavoir la subornation, avant même de la soupçonner, le juge-mage disoit il y a six mois que, pour 20 mille écus il ne voudroit point avoir l'affaire que nous pouvons lui susciter. Que diroit-il aujourdui.

Un million de choses à ma belle sœur, à Mme d'Arnal, à Mme de Chamballan, à la maison Carle & à Mlle Rose. Vous ne me dites point si Abric est marié[11]. Où en est l'affaire du curé[12]? Mes complimens à Mlle Puech[13]. Belot doit vous avoir écrit[14]. M. de Maupertuis ne se ressentira point de ces tracasseries-ci. J'ai beaucoup de monde tout l'après diné, & je travaille le soir & le matin.

Adieu, je vous aime & vous embrasse de tout mon cœur.

A monsieur Angliviel, avocat au / parlement / à Valeraugue par Le Vigan, Cevennes

MANUSCRIT

ALB 378.

NOTES EXPLICATIVES

1. Julie Latière (ou Médard) (voir LB 3676 et LBD 300-8).

2. « Elle prend le cavagnole et le brelan pour le lansquenet et la dupe », remarque La Condamine (LB 3673).

3. Jean-Baptiste de Manoël, chevalier d'Algues, capitaine commandant au régiment de Hainault, chevalier de Saint-Louis, en garnison à Montpellier en 1758 et en 1760 (_État militaire de la France_, 1758, p. 217; 1760, p. 216).

4. Guillaume de Nupces (1700-1763), conseiller au Parlement (1722), président à mortier (1728), membre de la Société des Sciences (1729) (_Biographie toulousaine_, II, p. 104; Du Mège, p. 387).

5. Saint-Gély-du-Fesq (voir LB 3659 n. 2).

6. Rose Larinière (voir LB 3650 n. 41 et LBD 299).

7. LBD 300-23.

8. David Lavaysse (1695-1768), avocat, beau-père de François-Ignace de Sénovert.

9. « On dit figurément & populairement qu'_un homme sait le grimoire, entend le grimoire_, pour dire qu'il est habile dans les choses dont il se mêle. » (_Dictionnaire de l'Académie françoise_, 4ᵉ éd. 1762).

10. André David de Beaudrigue d'Escalonne (1738-1793), conseiller au Parlement de 1760 à 1790 (Du Mège, p. 396).

11. Maurice Abric de Fenouillet (voir LB 3674 n. 9).

12. Voir LB 3662 n. 10.

13. Jeanne-Marie Puech, qui représentera la marraine lors du baptême du fils de Jean Angliviel (voir LB 3688 n. 3).

14. LB 3666.

LB 3669. *Commeignes à M. de Laverdun*

Montpellier, le 16 8bre 1760

Voicy, monsieur mon cher confrere, un billet de M. de Labeaumelle detenu dans les prisons de l'hotel de ville de Toulouse par un decret d'authorité de MM. les capitouls. Vous verrés donc que ce billet est causé pour la somme de 215 £. Cependant, comme monsieur le comte de Moncan protege ce particulier, je crois que l'état que j'avois remis à M. le comandant a été reduit au moins à 180 £[1]. M. de Labeaumelle doit avoir un double de cet état réduit à cette somme. Vous aurés la bonté de le luy faire representer et vous en faire payer le montant, que s'il refuse vous aurés la complaisence de me renvoyer ce billet, et je prendray une voye pour le contraindre à me payer sans delay. S'il veut vous compter la somme de 180 £ à quoy ce billet se trouve reduit suivant l'état que M. Labeaumelle a devers luy qui luy a été envoyée par M. de Moncan, vous la recevrés et aurés agreable de m'en faire passer le montant par une rescription de pareille somme. Sy à mon tour je puis vous être de quelque utilité dans ces cantons, je vous offre mes petits services. Et soyés assuré que je me ferois toujours un vray plaisir que de vous donner des marques de l'attachement le plus parfait avec lequel j'ay l'honneur d'etre, monsieur mon cher confrere, votre tres humble et très obéissant serviteur.

Commeignes
brigadier à Montpellier

A monsieur de Laverdun / brigadier de la marechaussée / à Toulouse

MANUSCRIT
ALB 3878.

REMARQUE
La quittance signée de Laverdun, sous-briga-dier de la maréchaussée, a été conservée : « Je soussigné reconnois avoir reçu de Mr de La Beaumelle la somme de cent quatre vingt livres à quoi monsieur le comte de Moncan a reduit le present billet qui etoit de deus cens quinze livres pour le paÿement de la marechaussée qui l'ont conduit à Toulouse pour purger son decret de capitoul conformement aus ordres de monsieur le comte de Moncan. A Toulouse le treize desambre mil sept cens soisante. » (ALB 3887).

NOTE EXPLICATIVE
1. Voir Remarque.

LB 3670. *La Condamine à Jean Angliviel*

Etouilli, 16 8bre 1760 près Ham en Picardie

Je me reproche, monsieur, de n'avoir pas repondu plustot à la lettre que vous m'avés fait l'honeur de m'ecrire le 16 du mois passé et qui m'est parvenue les premiers jours de celui ci. J'etois déja rassuré sur ce qui fait le sujet de votre inquietude, j'avois reçu une \petite\ lettre du 15 dattée de Montpellier et tymbrée de Loupian[1] par la quelle on m'informoit de la rencontre faite le 13 des deux cavaliers, de l'ordre de M. le commandant de Montpellier par eux signifiée pour le conduire à T., de la réponse faite par lui *qu'il y alloit* (il ne vous l'avoit donc pas dit puisque vous me mandés qu'il alloit je ne sais où), de l'exprès fait au commandant, de l'ordre que reçurent les deux cavaliers de le laisser libre sur sa parole d'honneur celui qu'ils avoient arrêté qui promettoit de se rendre à T. J'ai reçu depuis de T. même une autre lettre du 23, on y est arrivé le 19 d'où l'on me mande que tout va bien. Je suppose que vous êtes informé de tout. J'en attens de jour à autre des nouvelles ultérieures.

C'etoit une défaite que de dire qu'il vouloit que sa Vie de M. de Maupertuis fût imprimée avant que de se remettre. Cela n'etoit pas possible. Il y manque encore beaucoup de choses et à dire le vrai, il n'a pas de quoi faire une Vie, mais je vous avoue que je le soupçonne de vouloir grossir le volume pour en tirer meilleur parti. Le defunt dans sa derniere entrevue fut fort choqué de voir son avidité pour l'argent et m'ecrivit qu'il avoit remarqué que tous ses projets, toutes ses vues avoient le gain pour but. Je ne sais si je ne dois pas attendre sa premiere lettre pour vous en faire part ; cependant nous sommes si eloignés et vous etes si voisins que je ne vous apprendrai rien de nouveau. Je lui ai envoyé sous une adresse qu'il m'a indiquée à T. presque tout ce qu'il me demandoit.

Il me reste à lui 30 actions des fermes. Il m'a chargé d'en vendre quatre dont je lui ai envoyé le produit. Il a tiré sur moi une lettre de 300 £ au profit de M. de La Caze conseiller au parlement de T. Je l'ai fait aquiter, c'est un accompte sur les 750 £ du revenu de ses 30 actions pour les six mois echus au 4 octobre, et que je n'ai pas encore touchés. Vous voyés que son bien est très peu diminué. Il vouloit faire une aquisition à T.[2], cela n'a pas réussi. Pour une charge de judicature qui seroit un lien propre à le retenir et à le rendre plus circonspect, en vain il se flate de l'agrément je ne puis me persuader qu'il l'obtienne. Le prix courant des billets ou actions des fermes est de 820 ou 30 livres sur la place, mais je crois que les interets sont payés. Il est bien heureux d'avoir en vous un aussi bon parent et ami. Je crois qu'il le sent bien mais il est emporté par la fougue de son tempérament. Je commence à craindre qu'il ne soit incorrigible. Quant au mariage, je crois qu'il n'y doit plus songer, il se rendroit malheureux lui et sa femme.

Je suis avec les sentimens qu'inspire l'estime et le plus sincere attachement, monsieur, votre très humble et très obéissant serviteur.

La Condamine

Je compte être à Paris à la S avant la S. Martin.

P. S. M. votre frère sait il qu'on vient de faire à Paris chés Barbou une nouvelle édition de Tacite dont le texte a été revu et comparé à toutes les anciennes editions par un M. Lallemant professeur de l'Université de Paris[3]?

Je suis ici chés mon neveu en famille. Mon beau frere, qui a été longtems major du regiment de cavalerie de Beringhen, me dit qu'il a eté en garnison ou plustot en quartier en 1729 au Vigan qu'il s'y est fort ennuyé pendant 2 ou 3 mois, qu'il n'y avoit que trois ou 4 maisons où l'on ne donnoit point à manger.

Ou Le Vigan a bien changé, ou le philosophe couleur de rose[4] a les yeux bien differens de ceux de mon beau frere qui cependant alors etoit dans la fleur de l'age et homme aimable et de bonne compagnie.

A monsieur Angliviel avocat au / parlement de Toulouze / à Valeraugues par Le Vigan / cachet de HAM

MANUSCRIT

  ALB 1389.

REMARQUE

  « *Prudence. Non communiquée à Taphanel.* » (annotation de la main d'Armand Angliviel de La Beaumelle).

NOTES EXPLICATIVES

  1. Voir LB 3660 n. 1.
  2. Voir LB 3574 n. 5.
  3. Jean Nicolas Lallemant (éd.), *C. Cornelii Taciti quae exstant opera*, Parisiis: Desaint & Saillant, 1760, 3 vol. in 12.
  4. Même expression dans LB 3656.

LB 3671. *La Beaumelle à Charles O'Brien, maréchal de Thomond*

[Toulouse, peu après le 16/17 octobre 1760]

Mylord

M. de Charlari vient de me signifier de votre part que j'eusse à payer les frais de ma traduction dans les prisons du Capitoulat.

J'aurois obéi sur le champ à votre ordre, si je l'avois pu. Mais me trouvant sans le sou, ruiné par ce procès-ci, me ressentant encore des grandes dépenses que j'ai été obligé de faire & notamment des cent écus que je dépensai en deux jours pour tirer M. le comte de Moncan de l'incertitude où il pouvoit être sur l'ordre que vous aviez eu la bonté de révoquer, il m'a été impossible jusqu'ici et il me l'est encore de payer le sieur Comeignes, brigadier[1].

Je me flatte, Milord, que vous lui ordonnerez d'attendre, d'autant plus qu'il est très incertain que ce soit moi qui doive le payer. Je suis, par mon appel, en procès avec les capitouls. Si je le gagne, ce seront eux qui payeront tous les dépens. Il est de principe que celui qui perd paye les frais de capture et de traduction. Vous avez, Mylord, jugé à propos de prêter main forte à mes parties. J'espère que vous ne m'obligerez point à faire les avances du payement de cette main forte. Ce seroit en quelque façon préjuger le procès.

La prière que je vous fais, Mylord, est d'autant plus raisonable, qu'outre ma partie publique qui est l'hôtel de ville, je vais avoir une autre partie. Ce sera le sieur David que je vais mettre en cause, 1° sur le pillage de mes effets, 2° sur la subornation d'un témoin qui, à la confrontation a déclaré avoir été soudoyé par lui avant, pendant & après la déposition. 3° Sur une addition frauduleuse de 4 lignes[2] qu'on a faites à une déposition qui est à ma charge.

Je vous supplie, Mylord, de vouloir bien attendre ma requête au parlement, dont j'aurai l'honneur de vous envoyer un exemplaire. Vous y verrez à découvert un mistère d'iniquité pour me perdre & pour me diffamer. Et juste comme vous l'êtes, Mylord, vous serez surement rempli d'indignation contre ceux qui ont invoqué votre autorité & surpris votre religion pour mieux m'opprimer.

Mais permettez moi, Mylord, de vous le répéter, si vous ne jugez pas à propos que le sieur Comeignes attende quelques semaines, je ferai l'avance que vous ordonnerez, quoique je me trouve par mon procès même dénué de tout.

Je suis avec un très profond respect, Mylord, votre très humble et très obéissant serviteur

La Beaumelle

MANUSCRIT

ALB 5110.

REMARQUE

Copie en forme signée.

DATATION

D'après LB 3669 et l'appel de La Beaumelle au parlement en date du 17 octobre.

NOTES EXPLICATIVES

1. Voir LB 3669.

2. « qu'un soir pandant qu'on jouoit elle entendit que la dame de Fontenille dit que si monsieur David capitoul alloit le troubler elle vouloit lui jetter le flambeau sur le visage et le faire voler par la fenetre, à quoy Labomelle repondit qu'il ne seroit pas assés maraud pour y aller dans une maison comme la sienne. » (LBD 300-8). C'est sur cet interrogat étrange que La Beaumelle s'explique longuement dans LBD 300-19.

LB 3672. *Pierre Michel fils à Jean Angliviel*

Meyrueis, le 18 8bre 1760

[...] Donnés moy des bonnes nouvelles de Mr votre frere, il est inutile de vous dire combien je m'interesse à tout ce qui le regarde, il ne luy manque que de penser aussi solidement que vous. [...]

MANUSCRIT

ALB 5634.

LB 3673. *La Condamine à La Beaumelle*

Etouilli, 19 8bre 1760

Je reçois votre lettre du 11. Je sais que c'est une chose très commune et assés plate de commencer ainsi une lettre, mais je voudrois bien trouver cette platitude dans les vôtres quand même il est possible, à force de memoire et de combinaisons et par le contenu même de la lettre, de se rapeler la date de celle à la quelle on reçoit réponse \laquelle n'est point toujours aysé. Répondés vous à ma lettre du 28[1] ou du 30[2], car je vous ai écrit 2 fois?\

Vous êtes plein de votre affaire et vous me croyés très au fait de la procedure criminelle et de tous les personages dont vous me parlés. Il y a pour moi dans votre lettre des enigmes que je ne puis deviner. Mais quand je serois le plus habile jurisconsulte de France, mes avis et conseils arriveroient trop tard puisque votre affaire doit etre actuellement jugée. Cependant je voudrois bien savoir par quel hazard une catin publique \et de bas etage\ est un des témoins de ce qui s'est passé chés Mme de Fontenille. Suposerais je que c'est sa femme de chambre, mais Mme de Fontenille a 84 ans, prend elle pour femme de chambre une gueuse qui est venue depuis un an chercher azyle à Toulouze dans un bordel? (Je croyois que vous m'aviés dit qu'il n'y avoit point de bordel à Toulouze, et j'etois etonné que cette commodité manquât dans une aussi grande ville[3]...) Mme de Fontenille à son âge ne s'est elle pas attachée quelque ancienne domestique? D'ailleurs, comment cette fille à qui vous dites n'avoir jamais parlé est elle assés animée contre vous pour dire qu'elle vous étrangleroit si elle vous tenoit? Si ce propos a été tenu devant trois personnes, ne suffit il pas de les apeller en témoignage pour constater le fait et fonder votre reproche contre un pareil témoin? Si cette fille est si fort irritée contre vous, pourquoi vous a t'elle demandé pardon? C'est, dirés vous, qu'elle etoit subornée; mais il y avoit de la haine personele puisqu'elle a dit qu'elle vous etrangleroit, et quelqu'un qui est dans cette disposition n'a pas besoin d'etre suborné. Sans le commissaire, dites vous, elle eût tout découvert la subornation, elle vous temoigna mille regrets de ce que le commissaire ne vouloit pas tout écrire, mais n'avés vous pas menacé le commissaire du procureur général et n'avés vous pas obtenu par là qu'il fît ecrire exactement ce que disoient les confrontés[4]? Ai je tort de ne pas comprendre des choses si contradictoires? Du reste, sa deposition ou pour mieux dire ses reponses à vos interpellations prouvent qu'elle prend le cavagnole et le brelan pour le lansquenet et la dupe et contiennent d'autres contradictions. Je n'entends pas non plus pourquoi vous remarqués qu'elle a été enlevée par 3 hommes deguisés en soldats *avant que de déposer*. Que fait cette circonstance *avant que de déposer*, qu'importe que ce fussent des soldats ou des gens deguisés en soldats? *Elle dit que je ne dis ~~pas~~ que M. David ne seroit pas assés maraud pour aller dans une maison comme celle de Mme de Fontenille qu'après qu'il y fût allé.* \Si cela étoit\ vous auriés dit une grande pauvreté et absurdité, je devine que vous relevés ce dire de la cy dessus designée pour ~~prouver~~ en inférer sa subornation, ayant répété ce qu'elle a ouï dire et y ajoutant par bêtise des circonstances incompatibles. Si le changement de commissaire rend la procedure nulle, votre affaire, si vous faittes valoir cette nullité, va donc recommencer et ce seront de nouveaux frais. Ne fera t'on pas droit sur vos reproches contre la *Latier*[5] et contre *d'Orliac*[6] et ces reproches ne sont ils pas fondés? Puisque vous avés des amis et que le président d'Orbessan s'intéresse pour vous, suivés leurs conseils, je vous prie, et n'apellés pas de la procedure que par leur avis. Vous ne me parlés plus de M. de La Case.

Je trouve que la comtesse a raison de se moquer de la contumace et ce qu'elle dit à ce sujet est fort plaisant. Mais à quoi la condamne la sentence des capitouls par contumace? \Je ne m'en souviens plus.\

Pourquoi ~~jugés vous que~~ dites vous dans votre lettre \du 23 7bre\ que David, s'il n'est pas content de votre interrogatoire\ sera bien difficile s'il n'est pas content de l'interogatoire ~~et qu'après~~? \Pour quoi après\ qu'il a eu ~~bien~~ répondu *convenablement* au P. d'Orbessan \et offert un appartement\ que vous l'en avés remercié ~~et qu'il~~, pourquoi dis je après tout cela paroissés vous \dans votre lettre du 11\ prêt à l'accuser de subornation, diffamation, et pillage de vos effets (qui n'ont point été pillés)? Je ne puis concilier tout cela. Est ce ma faute? Par votre précedente j'ai cru qu'etant assuré de David qui est l'auteur de la procedure, votre affaire etoit comme finie. Aujourd'hui je n'y entens plus rien. \Les capitouls, disiés vous le 23, sur le vû de votre premier interrogatoire ne trouvoient plus lieu à la procédure extraordinaire et voilà qu'elle continue.\

Je vois en relisant votre lettre du 23 que vous me parlés de *La Juive*[7]. Je ne sais ce que c'est que la Juive.

J'y vois aussi que je ne vous ai pas répondu à un article essentiel: que M.

Vernet[8] vous parle de vos memoires sur les protestans et de l'ordre que vous aviés eu de ne les pas publier, et que je suis le seul à qui vous ayiés dit le contenu de la lettre du ministre. Je vous assure que je n'en ai parlé à qui que ce soit, du moins je n'en ai aucune idée, tachés de savoir par où cela lui est revenu[9].

Qu'est ce qui vous fait juger que le mandement que je vous ai envoyé de cent écus sur mon receveur de la ville nommé Godefroi est une méprise ? Vous me demandiés par votre lettre du 23 que vous aviés tiré cent ecus sur moi à Paris. Comme je n'y suis pas, je vous ai envoyé ce mandement pour que M. de La Case l'envoyât à Paris à qui il voudroit ; en passant son ordre, il eût été payé à vue. Depuis ce tems j'ai écrit au même Godefroi de payer les 300 £ dudit mandement que je croyois que M. de La Case enverroit à Paris. Je manderai à cet homme de les doner à celui qui lui remettra votre quittance, mais je serai avant la Saint Martin à Paris, et si Godefroi n'a pas payé je vous enverrai non seulement les 300 mais les 750 £ dès que je les aurai touchées. Mandés moi comment je les enverrai, si c'est en une rescription des fermes ou \bien\ ~~si quelque revenu du roi vous convient de~~ tirés sur moi, mais avertissés moi afin que j'aye le tems de recevoir \pour vous\. Vous pouvés encore me repondre ici mais il n'y a pas de tems à perdre.

Vous ne me parlés plus de Mlle de Calonge.

Votre eloge, dites vous, n'est pas une eloge. Vous avés prétendu faire une Vie, mais vous n'avés pas de quoi faire une Vie et depuis 1720 jusqu'au voyage du Nord \en 1736\ vous n'avés aucun evenement ni aucun fait que les ouvrages imprimés, le voyage de Londres et celui de Bâle et cependant ces 16 années sont celles de sa vie qui ont été le plus pleines d'evenemens personels à lui et particuliers, c'est donc sa vie publique \que vous écrivés\. Il est vrai que la pluspart de ces événemens \privés\ ne seront pas bons à publier aujourd'hui, il y a trop de personnes vivantes qui y sont interessées.

Je me suis apperçu après coup que j'avois oublié l'article le plus essentiel. Je veux dire celui au quel il etoit le plus necessaire de repondre dans les remarques que je vous ai envoyées[10], je joins donc ici un suplement qui doit occuper le n° XII lequel doit devenir le n° XIII.

Je ne savois pas que la Vie du Czar parût[11]. Je trouve fort mal à V. de revenir encore *à* [la cha]rge contre vous[12]. Je vous conseille de faire la sourde oreille et de prendre mieux votre tems. Vous aurés plus beau jeu. Laissés passer le < *soigneusement raturé* > moment où il a les rieurs pour [*lui*].

Je doute que je puisse vous envoyer du moins sitot d'autres lettres du roi de Prusse. Si celle que vous aviés déjà vue à Balaruc ne lui fait pas d'honneur, elle est très propre à la justification du defunt. Sur l'article du cartel[13] et c'est celui qui avoit eté oublié dans les remarques, M. de La Primerais que j'ai prié de me les envoyer pour la bibliothèque du roi et qui me les a refusées jusqu'à ce que Mme de Maupertuis le lui dise expressement me les donnera t'il pour les faire imprimer ? Passe pour celle qui est donnée avec permission expresse d'en faire l'usage qu'il voudra, mais imprimer les autres! Souvenés vous que vous aprouviés presque le petit cochon de lait[14] d'avoir refusé la permission d'imprimer les lettres de Voltaire.

Je n'ai point fait d'epigramme contre l'Académie et je n'ai garde de croire que l'Académie adopte ce mauvais raisonement, mais je fais sentir le ridicule à ceux qui l'adopteroient.

M. Formey a suivi mes conseils très exactement dans tout ce que j'avois corrigé, mais il n'a pas toujours fait les corrections que j'avois indiquées vaguement.

Votre epigrafe tirée de Ciceron est bonne.

Je n'ai pas encore de réponse de M. de T.[15] Apparemment Voltaire aura envoyé l'ouvrage manuscrit au roi de Prusse pour avoir son avis et son approbation sur les faits historiques dont le R. St.[16] a été témoin. Sans doute M. de T. n'aura rien écrit que de l'aveu du roi de Prusse et même par son ordre, que vouliés vous qu'il fît. Voulés vous que Voltaire ne dise jamais un mot de vrai? Vous ne pourriés plus l'accuser de mensonge, celui qui mentiroit toujours ne mentiroit jamais puisqu'il ne tromperoit jamais personne.

Je vous ai cité, \outre d'Arquier,\ M. d'Espinasse[17] que M. de Maupertuis a beaucoup vu du moins au commencement de son séjour à Toulouze, il a une jolie fille sous le nom de la quelle le père fait des vers[18]. Il y avoit aussi un nommé Coste[19] ami de Menguaud[20] à Toulouze qui etoit fort lié avec notre ami. Je ne sais s'il n'est pas mort. Menguaud ne m'a pas écrit mais bien le père de La Torre[21] de Naples, bibliothecaire du roi de Naples, à qui je l'avois recommandé et qui lui rendra service. Il veut maintenant passer en Espagne.

J'attens avec impatience ce que vous me promettés[22]. Il ne me manque plus que cela pour m'empecher de faire toute autre chose. J'avois porté toutes mes paperasses inoculatoires pour refondre tout cela, j'ai payé 45 £ de port pour ma malle jusqu'à Lyon, autant au retour. J'ai raporté tous mes livres sans en avoir ouvert un. Je les ai raportés ici, et il en sera de même: je n'ai pas le loisir de répondre aux lettres que je reçois.

Mme de Canisi et Mme de La Condamine sont très flattées de votre souvenir et me recommandent de ne les pas oublier. J'espere avant la reponse à celle ci aprendre que vous êtes libre et sorti avec honeur de

Mes tendres complimens au cher marquis.

A monsieur le marquis de Belesta / pour rendre s'il lui plait à M. de La / Beaumelle rue Ninau / à Toulouze / cachet de HAM

MANUSCRIT

ALB 1222.

REMARQUE

Lettre interrompue.

NOTES EXPLICATIVES

1. LB 3663.

2. LB 3665.

3. Voir M. Taillefer, *Vivre à Toulouse sous l'Ancien Régime*, Paris: Perrin, 2000, p. 262-267.

4. LBD 300-22. « Dans la forme de procédure à

l'extraordinaire, lorsque l'accusé est confronté avec les témoins qui le chargent, il lui est d'abord demandé *s'il veut s'en tenir à la déposition du témoin* ou s'il veut *fournir des reproches* à son endroit, ou encore s'il veut que *la déposition du témoin reproché soit rejetée.* Les reproches sont à formuler par l'accusé avant tout échange avec le témoin» (J. Maurel, *L'Art de juger*, p. 245).

5. Sur Julie Latière (ou Médard), voir LB 3605 n. 3, LB 3676 et LBD 300-8.

6. Dorliac ou Dorlhac : voir LB 3592.

7. Julie Latière.

8. Voir LB 3658 n. 4.

9. Sans doute par Valette de Travessac (voir LB 3574).

10. Voir LB 3663 n. 3.

11. Voltaire, *Histoire de l'Empire de Russie sous Pierre le Grand*, [s. l.], 1759, 2 vol. in 12. Voltaire en a commencé la distribution le mois précédent.

12. Voir LB 3675 n. 2.

13. La lettre de Maupertuis à Voltaire du 3 avril 1753 (t. V, LB 1431 et D5246). Voir t. VI, LB 1601 n. 6.

14. Malesherbes.

15. Le comte de Tressan.

16. Roi Stanislas.

17. Le chevalier d'Espinasse (voir LB 3665 n. 6).

18. Adélaïde d'Espinasse (un avertissement placé en tête du *Recueil de l'Académie des Jeux floraux : 1757*, Toulouse : Bernard Pijon, avocat, 1757 rectifie l'information du *Journal encyclopédique* du 15 juin précédent selon laquelle Adélaïde serait l'auteur des poèmes récompensés en 1756 et 1757).

19. Coste (voir LB 3695 n. 12).

20. Louis Guillaume Antoine de Mengaud (voir t. XII, LB 3349 n. 9), conseiller au Parlement depuis 1751 (Du Mège, p. 393).

21. Jean-Marie de La Torre (1710-1782), physicien et mathématicien. Charles de Bourbon, roi de Naples (par la suite Charles III d'Espagne), l'avait nommé en 1754 son bibliothécaire, surintendant de l'imprimerie royale et conservateur de son musée.

22. Pour son discours de réception.

LB 3674. *La Beaumelle à Jean-François Belot*

Aux Hauts Murats[1], 19 [octobre 1760]

Je fus jugé le 16. On me condamna en douceur à 500 £ d'amande, à m'abstenir de la ville pendant trois ans, & à être admonêté. Sur le champ je fis appel. David me fit descendre à la geole. Hier au soir je fus transféré ici, *frendente atque obstante Taverna*[2]. Ce Taverne est le plus coupable, parce qu'il est le plus éclairé. Pouilleux[3] fut le plus ardent. David présida par Savanier qui fut présent quoiqu'il ne fit pas l'office de greffier. Les conclusions de Mr Lagane étoient simplement à une amande de 400 £[4]. J'aurois également appellé. Vous voyez que mon ressentiment est entier, & qu'il y a de l'étoffe pour faire un mémoire vigoureux.

Adieu, monsieur, je vous aime & vous embrasse de tout mon cœur.

La B.

A monsieur Belot \l'ainé\, avocat / au parlement / à Toulouse

MANUSCRIT

ALB 3879.

REMARQUE

De cette époque date une quittance du droit de geôle aux Hauts-Murats signée Oviollat : «Je soussigné reconnois avoir reçu de Mr de La Beaumelle la somme de quinze livres pour le payement de deux mois, c'est à dire depuis le 18 octobre jusqu'au 18 décembre.

Fait aux Hauts Murats ce 20 décembre 1760 » (ALB 3748). De la main de La Beaumelle, sauf la signature.

« N.-B. Autre quittance pour le même objet du 31 janvier 1761 de sept livres 10 s. pour un mois et de 4 £ 10 s pour le domestique de La Beaumelle » (résumé de Maurice Angliviel).

NOTES EXPLICATIVES

1. Prison du parlement de Toulouse.

2. « Taverne grinçant des dents et freinant des quatre fers. » Sur le capitoul Jérôme Taverne, voir LB 3662 n. 6.

3. *Pouilleux :* sobriquet désignant le capitoul Claude Poullies (voir LB 3662 n. 6).

4. De 200 £ seulement en mars (voir LBD 300-16).

LB 3675. *Denis Diderot à Étienne Noël Damilaville*

[Au Grandval, le 19 octobre 1760]

[...] Je n'aime pas cette fureur de décrier tout ce qui est estimé, témoin ces deux ou trois traits contre l'*Histoire naturelle* de Buffon, ni cette autre petitesse de nommer le chapelain Nordberg[1] et de désigner La Beaumelle[2]. Eh ! que diable le chapelain Nordberg et La Beaumelle ont-ils à faire avec le czar[3] ? [...]

ÉDITION

Diderot, *Correspondance* éditée par Laurent Versini, t. V, Paris : Robert Laffont, p. 265.

NOTES EXPLICATIVES

1. Jöran Andersson Nordberg (1677-1744), auteur d'une *Vie de Charles XII* traduite en français et éditée à La Haye en 1742. En 1744, Voltaire avait publié une *Lettre à M. Norberg, chapelain du roi de Suède Charles XII, auteur de l'histoire de ce monarque.*

2. « Quand il ne s'agit que de style, que de critique, que de petits intérêts d'auteur, il faut laisser aboyer les petits faiseurs de brochures ; on se rendrait presque aussi ridicule qu'eux si on perdait son temps à leur répondre ou même à les lire ; mais quand il s'agit de faits importants, il faut quelquefois que la vérité s'abaisse à confondre même les mensonges des hommes méprisables : leur opprobre ne doit pas plus empêcher la vérité de s'expliquer, que la bassesse d'un criminel de la lie du peuple n'empêche la justice d'agir contre lui : c'est par cette double raison qu'on a été obligé d'imposer silence au coupable ignorant qui avait corrompu l'*Histoire du Siècle de Louis XIV* par des notes aussi absurdes que calomnieuses, dans lequelles il outrageait brutalement une branche de la maison de France et toute la maison d'Autriche, et cent familles illustres de l'Europe, dont les antichambres lui étaient aussi inconnues que les faits qu'il osait falsifier. » (*Histoire de l'Empire de Russie sous Pierre le Grand*, préface historique et critique : *OCV*, t. 46, p. 400-401).

3. *Histoire de l'Empire de Russie sous Pierre le Grand*, Préface, § IV et VII.

LB 3676. *La Beaumelle à Jean Angliviel*

A Toulouse, ce 28 octobre 1760

Je vous répons sur le champ, parce que je suis fort content de votre lettre, quoique j'y sois passablement coyonné.

David est un homme sans foi. Non seulement il avoit promis à Mr d'Orbessan, à Mr Amblard dont j'ai les lettres, mais encore à Mme de Saint Priest & à M. d'Algues. Mr Amblard avoit sa parole & celle de tous les capitouls hormis de Daurié[1], qui n'entra point pour l'élargissement provisoire ; & lorsqu'il leur reprocha d'y avoir manqué, ils se renvoyèrent la balle, les capitouls à David, David aux capitouls.

Mr d'Orbessan étoit sûr de Pouliés[2], de Taverne[3] & de Gauzi[4]. Mr Amblard avoit dit à Belot, il est question qu'il ait quelque argent. Cependant, le 16, je fus jugé & condamné à 500 £ d'amande, à trois ans d'abstention & à être admonêté. Savanier, l'ame damnée de David, fut présent au jugement, comme pour compter les voix & intimider les capitouls, ce même Savanier qu'à la 1e confrontation je fis sortir si heureusement du greffe. Taverne présidoit. L'interrogatoire à la barre fut composé de 2 questions. La 1e sur le fait du jeu. Je repondis que j'avois joué au jeu de hazard une seule fois aux pieces de 12 sols, sur une petite table de piquet qui devoit être au greffe. La seconde sur les propos. Repond, que jamais pareils propos ne sont sortis de sa bouche ni même entrés dans sa pensée, qu'il sçait trop le respect dû à la magistrature en général & aux magistrats en particulier, & surtout à ceux de cette ville qui représentent une communauté si considérable, & dont le mérite est récompensé par de si beaux privileges, qu'à l'égard de Mr David il ne lui a manqué ni pu manquer en rien, ne l'ayant jamais vu, n'en ayant reçu aucune offense, & ne le connoissant que par sa réputation de magistrat vigilant, & par conséquent fort respectable.

Je fis appel le lendemain à 9 heures du matin. A 9 heures & une minute, David m'envoya presque enlever de mon lit par 20 soldats pour me conduire à la geole où la sentence me fut lue. Je relevai appel en forme, & je me fis conduire par un huissier du parlement, à 8 heures du soir, aux Hauts-Murats. Je demandai à Lagane, qui avoit conclu au relaxe, pourquoi il n'appelloit pas. Il me dit qu'il n'y avoit rien d'infamant, je lui dis que l'admonition *siggillabat famam*[5]. Il me dit que c'étoit le blame.

Me voilà pourtant parvenu d'une peine infamante à une peine civile. Le parlement fera le reste. Il aura égard à mes objets, du moins contre la catin, auxquels la sentence porte qu'ils n'ont aucun egard.

Ne voyez-vous pas qu'il me faut une satisfaction digne de l'offense ? Ne voyez-vous pas qu'un ennemi que j'aurai vaincu en fera disparoître vingt autres ? Je me flatte qu'à la rentrée de la chambre des vacations, Julie Latier sera décretée au corps, parce que j'ai fait une nouvelle découverte. Elle ne s'appelle point Julie Latier, elle s'appelle Julie Médard. Elle n'est point fille d'un lieutenant colonel d'artillerie, elle est fille d'un porteur. Elle n'est point du Port Ste Marie, elle est de Lauzerte. Saremejane & Tollius, substitut de Mr le procureur, m'ont dit que cela suffisoit pour la faire decreter. Je suis occupé à me procurer un certificat des curé, maire & consul de Port Ste Marie[6]. Cela joint aux aveux consignés dans ~~son interr~~ sa confrontation suffira pour la faire fouetter. Convenez que je ne serai bien satisfait, & que je ne pourrai l'être, qu'après que la subornation d'un témoin sera prouvée & punie. Si cela fait une affaire à David, tant pis pour lui, tant mieux pour moi. Ne sera t'il pas bien agréable pour moi de pouvoir ecrire à Mr de Thomond & à M. de St Florentin que David est poursuivi par Mr le procureur général pour avoir soudoyé un témoin contre moi, avant, pendant & après la déposition ?

J'ai envoyé il y a huit jours mon Maupertuis à Mr de La Condamine, tout copié de ma main & même buriné[7]. J'ai reçu de lui les lettres de Voltaire au défunt. Mr de La Condamine le corrigera & le donnera au censeur. Il me sera impossible de vous le faire voir avant l'impression, que je dépêcherai le plus que je pourrai.

Je suis charmé de la qualité des nôces des Abrics[8]. Je leur écrirai.

Vous ai-je dit que Dorliac varia un peu à la confrontation ? Il dit que Mme de Fontenille avoit tenu le prétendu propos, & que j'avois seulement repondu quelque chose de même. J'eus, à cet endroit, une violente prise avec le commissaire, qui vouloit que le greffier écrivît la même chose. Il fallut écrire ce que le témoin avoit dit. Ledit témoin, se ravisant, ajouta que j'avois dit que, si David venoit, on lui jetteroit le flambeau & la table, & lui par la fenetre. Il s'ensuivoit de là que je répétai simplement un absurde propos. Mais on peut le répéter en haussant les épaules, on peut le répéter pour le réfuter par la seule répétition.

On m'assure qu'en consignant l'amande de 500 £, j'obtiendrai sans difficulté à la rentrée, qui est le 3 de novembre, mon elargissement provisoire. Mais je ne crois plus rien.

Je ne serai point jugé par la chambre des vacations. Dieu m'en préserve ! Elle est présidée par Mr de Puget, jeune homme de toute foiblesse, par Mr Bastard[9], fort reconnoissant pour David, de La Salle qui donne à jouer chez lui[10] & qui est protégé par David &c.

Cependant, à cette rentrée du 3 9bre, les capitouls auront s[ur les] doigts. Ils ont deux plaintes contre eux, un surtout d'une de leurs sentences exécutée malgré les lettres d'appel bien & dûment signifiées. Lagane les \fera\ mander venir pour un renvoi qu'il avoit demandé d'un prisonnier au sénéchal.

Mes complimens à tout le monde. J'embrasse Rosalie, qui doit parler à présent. Ils parlent bien tard, ces enfans. J'ai ma nourrice à la porte St Michel. Je vous en souhaite une aussi bonne.

Je parle de La Vaysse, de Garipuy, de M. de Beauteville & de Mr d'Orbessan dans mon Maupertuis[11]. Je crois que Mr de La Condamine sera de l'Académie. Mais cela ne se sçaura qu'à la St Martin.

S'il y a quelque chose de nouveau, je le joindrai à ma lettre. Je tâcherai de vous envoyer mon mémoire avant de le présenter aux juges.

Je crois que je ne ferai pas de faute dans cette affaire, parce que je me défie beaucoup de mon ressentiment & que je me fie beaucoup à Saremejane.

A monsieur Angliviel, avocat / au parlement / par Le Vigan / à Valeraugue, Cevennes

MANUSCRIT

ALB 379.

NOTES EXPLICATIVES

1. Louis Daurier, capitoul en 1755, réélu en 1760.

2. Antoine-Claude Pouliez, capitoul en 1760.

3. Jérôme Taverne, capitoul en 1760.

4. Pierre Gausy, capitoul en 1760.

5. «Entamait une réputation». *Admonition :* «Réprimande solennelle subie par un accusé, lui intimant de ne pas commettre à nouveau la même faute. Alors que le blâme est, selon les recueils de jurisprudence, une peine infamante, l'admonition, qui n'est qu'un avertissement, ne l'est pas» (J. Maurel, *L'Art de juger*, p. 196).

6. Voir LB 3679.

7. *Buriner :* écrire à la perfection (Littré).

8. Maurice Abric de Fenouillet (1735-1826) épouse Anne de Carle (1735-1806) le 14 octobre 1760. Maurice est le fils de Marie, sœur d'Angliviel père, et Anne est la fille de François Carle époux de Françoise Caulet. Anne, une cousine par la filiation Arnal, est la sœur de Suzanne – la future seconde épouse de Jean Angliviel. Pour La Beaumelle, les Carle offrent alors à Valleraugue la meilleure alliance possible.

9. François de Bastard (1683-1777), conseiller (1703), doyen des conseillers à sa mort.

10. «Il m'est revenu par une personne digne de foy que M. de La Salle conseiller au Parlement de Toulouze donne à jouer ché lui depuis longtems aux jeux d'hazard, il en fut porté plainte l'année derniere par la police à Mr le Premier President, sans que cela ait operé le moindre effet. Cependant comme ces sortes de jeux entrainent la ruine des familles, j'ay crû devoir vous en prevenir pour que vous ayiés la bonté d'en ecrire vous même à M. le Premier President ou à M. de La Salle afin de faire cesser de pareils abus qui ne sont que trop multipliés dans cette ville.

P. S. Les Capitouls n'osent point aller chés les Conseillers au Parlement. Ils le savent et en profitent pour contrevenir à la police qu'ils devroient eux mêmes appuyer.» (Saint-Florentin au maréchal de Thomond, 25 mars 1760, AD Hérault C 6893, à propos de Joseph-Matthieu de Lassalle).

11. «Dans la vue de se rapprocher à la fois de l'Allemagne et de l'Italie, il partit pour Toulouse, où il arriva le 8 octobre [1757]. Il y fut arrêté par ses infirmités et retenu par les agréments de la ville. Il y vit souvent M. Lavaysse, une des lumières du barreau, et M. Garipuy, secrétaire d'une académie des sciences ; M. d'Orbessan, magistrat également cher aux beaux-arts, à la philosophie et à la justice, et M. le marquis de Beauteville, sans cesse plongé dans les abîmes de la plus profonde métaphysique.» La Beaumelle, *Vie de Maupertuis*, p. 204.

LB 3677. *Jean Henri Samuel Formey à La Beaumelle*

Berlin, le 28 octobre 1760

Fussiez vous, monsieur, dans le trou que M. de Maupertuis voulait faire creuser, vous devez avoir ouï parler des *Fata Berolinensia*[1] pendant le cours du mois que nous achevons, mois à jamais mémorable pour notre capitale. Vous jugez bien que le temps n'est guères propre à des correspondances litteraires, quoique pour la grace de Dieu, j'aye conservé une tranquillité qui a surpassé ma propre attente, pendant onze jours, dont chacun amenoit une nouvelle scène toujours plus formidable. Berlin a été assiégé et bombardé le 3 il a été pris le 9. L'Autrichien est sorti le 11 et le Russe le 3. Outre la contribution et le dégât des dépots militaires, il s'est commis quantité d'excès, vols avec effraction, pillage. Ma maison a été tranquille, j'ai eu une sauvegarde, des officiers du premier rang m'ont témoigné des égards personnels. Encore dans ce moment je reçois une lettre de la part du général en chef comte de Fermor[2], qui me consulte sur l'éducation de son fils.

Quant à moi, je n'ai trouvé le spectacle que singulier ; j'ai pensé, dormi, bu, mangé, comme à l'ordinaire, et peut-être mieux : j'aurois travaillé tout autant si des perpetuelles visites n'étoient venues me distraire.

La désolation des campagnes est inexprimable. Le Cosaque y a exercé, il y exerce entre toute sa barbarie. Charlottenbourg a été abimé surtout par les Autrichiens ; on nous enlève les grains, le bétail ; la famine est fort à craindre.

Le roi est en Saxe avec 80 mille hommes, on s'attend [à] de nouveaux événemens. Quand aurons nous la paix ?

Les ennemis nous ont apporté une lettre du roi au marquis d'Argens[3] qu'ils ont interceptée ; elle est fort curieuse. Les copies en volent par toute l'Europe : il vous en viendra sans doute une.

Je viens à votre lettre du 2 septembre[4] et vous en remercie : toutes celles que vous m'écrivés me font un très grand plaisir. Vous ne peignez pas Catt en beau : je ne le connais pas encore personnellement ; ses lettres ne m'ont pas donné une haute idée de son génie ; mais je le crois assez bon enfant, et il vaut mieux où il est que celui qui l'a précedé[5]. Et vous êtes, ce me semble, dans les mêmes idées.

Je ne sçais si nous aurons d'Alembert pour président. Notre pays devient de plus en plus moins attrayant pour des étrangers. S'il vient, je ne m'en inquiéterai pas. Je suis trop vieux pour m'étonner de rien ou rien craindre. C'est à présent M. Euler[6] qui dirige l'Académie sous les auspices de M. d'Argens.

Je crois qu'il est décidé que c'est un capitaine de Bonneville, éditeur des

Mémoires du maréchal de Saxe[7], qui a passé un temps à Potsdam par la trahison du quel les œuvres du philosophe de Sans-Souci ont vu le grand jour.

Je crois que la meilleure manière de faire parvenir au roi ce que vous écrirés sur M. de Maupertuis, c'est de le lui adresser directement, lors que le lieu de son quartier d'hyver sera décidé. L'entremise des saints ne fait rien auprès de cette divinité. Si votre ouvrage lui plait (et il doit lui plaire), ce sera la meilleure médiation. Cependant, si vous voulez me l'adresser, je ne manquerai pas de voye pour le faire remettre.

Je ne vois pas ce que je pourrois vous communiquer sur M. de M. quoique je sache bien des anecdotes, des traits, des saillies, etc. Mes raisons sont que cela iroit à son désavantage, ou à celui des personnes sur qui il tiroit. Par exemple et fort à propos, en voyant que dans la France littéraire, *d'Alembert* se fait appeler *Le Rond*, il me dit avec son ton brusque charmant : *pour quoi pas le Quarré ?* Voulant dire qu'il n'a droit à aucun nom de famille. *Ex ungue*[8]. Vous voyez, monsieur, qu'il y auroit de l'imprudence, et même de l'indécence, à vous faire part de ce que je sais là dessus. J'ai aussi relu la lettre sur le culte[9], et je ne crois pas qu'elle doive être imprimée. Il y a des choses trop relatives à notre païs.

Je sais que M. ne pouvoit plus souffrir Trublet. Il m'écrivoit :

« Graces à M. l'abbé Trublet, M. de Fontenelle n'aura pas fait un pet dont la postérité ne soit informée. »

M. Bernouilli a reçu l'ouvrage sur les Réformés[10] que je lui adressois pour vous : il m'a mandé qu'il l'envoyoit à M. Vernet, et je compte que vous l'avez à présent.

Je vous garderai le secret sur votre ouvrage maupertuisien. Mais qui est-ce qui vous méconnoitra ?

Je ne sçai si M. d'Arnal vit. Vos intentions et celles de sa famille seront suivies, si nous le revoyons.

Je vous rends mille graces de vos jolis vers[11] : je leur ménagerai quelque place, quand nos presses seront plus libres. J'avois répandu le projet ci-joint : je ne sçai si ces derniers troubles me permettront de l'executer.

Continuez, je vous prie, à me donner de vos nouvelles, soyons amis, c'est l'effet le plus noble et le plus gracieux des lettres que d'unir ceux qui les cultivent ; je serai véritablement toute ma vie, monsieur, votre très humble et très obéissant serviteur.

Formey

Que font messieurs de Pompignan[12] ? S'ils sont à portée, voulez vous bien leur offrir mes respects ?

A monsieur de La Beaumelle à Valleraugue, par Le Vigan, dans les Cevennes

MANUSCRIT
  ALB 2527.

REMARQUE
  Cette lettre a transité par La Condamine (voir LB 3689).

NOTES EXPLICATIVES

1. L'occupation de Berlin par les Russes.

2. Le comte Wilhelm Fermor, commandant en chef de l'armée impériale russe en Prusse (voir t. XII, LB 3389 n. 8). Voir J. Häseler, *La Correspondance de Jean Henri Samuel Formey (1711-1797). Inventaire alphabétique*, Paris: Champion, 2003, p. 166.

3. Cette lettre datée du 27 août 1760 est publiée dans la *Correspondance littéraire* du 15 septembre 1760 (éd. U. Kölving, p 253-254).

4. LB 3655.

5. L'abbé de Prades.

6. Leonhard Euler préside l'Académie de Berlin depuis la mort de Maupertuis en 1759.

7. *Les Reveries ou Mémoires sur la Guerre du maréchal comte de Saxe*, éd. par Zacharie Pazzi de Bonneville, La Haye, 1756, 2. vol. L'éditeur est lui-même l'auteur d'un ouvrage théorique sur l'art de la guerre.

8. *Ex ungue leonem* (proverbe latin): «on reconnaît le lion à sa griffe».

9. Voir LB 3650 n. 16.

10. Voir LB 3658 n. 3.

11. Voir LB 3616 n. 19.

12. Jean-Jacques Le Franc de Pompignan et son frère Jean-Georges, évêque du Puy.

LB 3678. *Boudon David & Cie à Jean Angliviel*

Nimes, le 30 8bre 1760

Monsieur

M. le duc d'Uzès vient de nous adresser une lettre pour monsieur votre frere, veuillés bien la luy faire tenir, & nous repondre par occasion d'amy pour nous dire sy elle luy a été remise, étant obligé d'en rendre compte au dit seigneur.

Nous avons l'honneur d'être sincerement, monsieur, vos très humbles & très obéissants serviteurs.

Boudon David &c

A monsieur Danguiviel / à Valleraugue / en Sevene / cachet de NIMES

MANUSCRIT

ALB 5635.

LB 3679. *Ausserade à La Beaumelle*

Au Port Ste Marie, le 3ᵉ novembre 1760

Monsieur

Je reçus vostre letre et ay veu le memoire que vous avez henvoyé à Dufaud. En consequence j'ay pris un sertificat de nos curés qui ressident la ville, l'un à la paroisse de Notre Dame et l'autre à celle de Saint Vinsans. Ensuite les sertifficats de M. Lagrange, juge royal de cette ville et juridiction, et finallement

215

le sertificat de Mrs les consuls qui sertifie[nt] n'avoir veu ny connu personne dans cette ville et juridiction Julie Latiere, ny connu cette famille, comme verrez par les sertifficats que vous trouverez sy clos avec vostre memoire. Il vous en coute trois livres saize sols six deniers comme verrez par le compte sy bas. Je soite que les sertificats vous soit favorables et suis vostre très humble et très obeissant serviteur.

Ausserade[1]

Monsieur

    pour Mrs les deux curés ....   2 £
    pour M. le juge et le secretaire   1 £ 10
    port de lettre.................   £ 4
    pappier...........................   £ 2 s.

    faisant trois livres seize   3 £ 16 s.

A M. Labeaumelle / à Toulouze

MANUSCRIT
ALB 3880.

NOTE EXPLICATIVE

1. Lecture incertaine. On pourrait aussi lire *Auitherade* ou *Avisserade*.

LB 3680. *Charles Eugène Gabriel de La Croix, marquis de Castries, à La Beaumelle*

Au Camp près Duvnik, le 17 novembre 1760

On ne peut être plus sensible, monsieur, que je le suis au compliment que vous voulez bien me faire sur le succès des troupes dans la journée du 16 octobre[1]. Je vous prie, monsieur, de recevoir mes remerciments de la part que vous voudrez bien prendre à cet événement et d'être persuadé de toute ma reconnoissance.

J'ai l'honneur d'être très parfaitement, monsieur, votre très humble et très obéissant serviteur.

Castries

A Monsieur de La Baumelle / à Toulouse / cachet A. D. B. RHIN

MANUSCRIT
ALB 2528.

NOTE EXPLICATIVE

1. La bataille de Kloster Kampen. La *Gazette d'Amsterdam* du 31 octobre 1760 publie une longue «Relation authentique de l'expédition de Mr le marquis de Castries sur le Bas-Rhin».

LB 3681. *La Beaumelle à Jean Angliviel*

[Toulouse, le 19 novembre 1760]

J'ai reçu votre lettre & celle de M. le duc d'Uzès[1]. Je lui ai répondu aujourdui. Je me hâte de vous dire que j'ai reçu, il y a 15 jours, le certificat de deux curés de Port Ste Marie[2] qui attestent qu'après avoir parcouru leurs régistres avec toute l'exactitude possible depuis 1736 jusqu'à 44 inclusivement, ils n'ont point trouvé de Julie Latière ni de nom approchant, & qu'il n'y a que 2 paroisses au Port Ste Marie. Le tout légalisé par le juge-royal. J'ai reçu aussi le certificat du maire & de 3 consuls de la même ville, qui attestent qu'ils n'ont jamais connu de Latière, soit homme soit femme, soit lieutenant colonel, soit d'une autre qualité, & qu'ils ne connoissent personne de ce nom dans la juridiction ni même dans le voisinage. Ainsi, voilà un témoin totalement tombé. Quant à Dorliac, il a varié à la confrontation puisqu'il a dit que Mme de Fontenille avoit tenu le propos, & que je répondis seulement quelque chose de même. Je vis hier Mr Saremejane qui a vu partie de la procédure & qui me dit très positivement qu'il y avoit plusieurs excellens moyens de cassation. En voici quelques uns.

La Tournelle[3] ne cassa point la 1^c procédure, mais ordonna seulement qu'elle se continueroit à la requête du procureur du roi, qui ne réquit point la cassation de la 1^c. Au lieu de continuer, on la recommença, les mêmes témoins furent ouïs. Ou pour mieux dire, leur témoignage fut recopié. On n'y changea pas un mot. On ajouta seulement 4 lignes à ma charge dans la déposition de Julie Latière. Cela produisit deux décrets dans une seule & même procédure, deux informations, &c. Et une preuve bien évidente que l'intention du parlement n'étoit pas de casser, c'est que ma requête à fin d'obtention de main-levée de mes effets fut rejettée, quoique présentée dans l'intervalle des deux décrets.

Un autre moyen de cassation, c'est que le verbal n'est point signé par un assesseur. Ce qui est d'autant plus contraire à l'ordre que le greffier étoit présent & que l'assesseur étoit au bas de l'escalier.

Un troisième moyen, c'est que, dans divers actes de la procédure, les capitouls ont procédé sans assesseur, & l'assesseur sans commissaire, ce qui est contraire & aux ordonnances, & aux arrêts. Le capitoul est toujours de robe-courte, & l'assesseur n'a aucune juridiction sur sa tête, & a besoin d'être commis par le juge.

Un quatrième moyen, c'est que le verbal a été fait par un homme qui n'étoit plus capitoul. David étant pour la 1^c fois entré en fonction le 1er janvier aux termes de ses propositions, & ne prétant point serment lorsqu'il rentra, étoit déjà pourvu d'un successeur parmi ses confrères mi-triennaux.

5° A une confrontation, il y a un renvoi que l'accusé n'a point paraphé.

6° L'exploit de perquisition & d'annotation d'effets n'a point été paraphé par le juge.

Il y a encore d'autres nullités. Mais voilà les plus considérables de celles que nous sçavons.

Je sors depuis le 3, qui fut le jour de la rentrée de la chambre des vacations. Mr Drudas[4] m'a donné la permission, & Mr de Vic[5], qui est commissaire actuellement, l'a confirmée.

J'aurai autant de solliciteurs & de solliciteuses que je voudrai. Mais il me semble que je n'en ai pas besoin. Je défie qu'on me condamne à autre chose qu'à une amande, si tant est que la procédure ne soit pas cassée.

Je ne demande point mon élargissement parce qu'il me couteroit 40 £ au moins & que, sortant tant qu'il me plait, je puis attendre le 26 de ce mois, jour où je l'aurai lors de la closion[6] à l'audience, pour rien.

Voilà l'état des choses. Je choisirai le tems le plus favorable pour me faire juger. Je voudrois bien que Mr de Pegueiroles[7] & Mr Dadvisard[8] fussent ici. Je ne connois que ces deux-là. Mais nous ferons entrer nos amis des enquêtes. Je crois que le jeune Puget, président de la chambre, est pour David.

Il n'est pas douteux que Julie ne soit décrétée au corps.

J'ai déjà fait une partie de mon mémoire[9]. Mais je ne le ferai pas imprimer, au moins n'en ai-je nulle envie. Ce sont de trop petits ennemis que les capitouls. Si j'écris, ce ne sera qu'une page ou deux in 12. Il me semble que je puis dire en deux mots[10] que je suis accusé de telle chose & de telle autre, qu'il n'y a que deux témoins, que l'un de ces témoins est évidemment suborné, qu'il n'y a de grands préjugés contre l'autre, & que la procédure est nulle par tels & tels endroits.

Il me tarde fort d'aprendre que votre femme ait accouché d'un garçon. Que la nourrice soit bonne, c'est là l'essentiel.

Ne m'oubliez point dans ces veillées où vous oubliez tout le monde pour vous livrer au plaisir de rêver creux. Adieu, mes complimens à tout le monde, & surtout à Mme d'Arnal & à la famille Carle. Comment va donc l'affaire du curé? La mienne va fort bien. Je suis au mieux avec Mlle de Calonges, qui veut aller voir deux fois chacun de mes juges.

A Toulouse ce 19 9bre 1760

Envoyez moi une ou deux cartes de chataignes blanches de genes, sans choisir ni trier.

A monsieur Angliviel, avocat au parlement / à Valeraugue par Le Vigan, Sevennes / cachet de TOULOUSE

MANUSCRIT

ALB 380.

NOTES EXPLICATIVES

1. Cette lettre a transité par Boudon & David (Nimes) et par Jean Angliviel (Valleraugue) (voir LB 3678).

2. LB 3679.

3. La chambre criminelle, dite la Tournelle, juge en premier ressort tous les crimes et en appel toutes les sentences des juridictions subalternes.

4. Bertrand-Bernard de Boyer-Drudas (1697-1793), conseiller (1718), doyen de la grand'chambre en 1790, est le père du président de Sauveterre.

5. Louis-Antoine de Vic de Clermont (1732-après 1790), conseiller au Parlement (1752).

6. *Clausion* : « dans certains parlements signifie appointement. Ce terme vient du latin *causa conclusa* ; ce qu'on appelle au parlement de Paris, dans les procès par écrit, appointement de conclusion. Au parlement de Toulouse, clausion

se dit de tout appointement ou réglement qui intervient sur les demandes et défenses des parties. » (*Encyclopédie*).

7. Étienne Hippolyte Julien, seigneur de Grimoard et de Pegueiroles (1721-1794), président à mortier au Parlement depuis 1753, membre de l'Académie des Jeux floraux à partir de 1749 (Duboul, II, p. 80-81 ; Du Mège, p. 393).

8. Pons-Thomas-Joseph d'Advisard (1707-1772), conseiller au Parlement (1730), président aux enquêtes (1737), président à mortier (1756) (Du Mège, p. 389).

9. LBD 300-28.

10. Voir LBD 300-26.

LB 3682. *Le père Viguié à La Beaumelle*

[Lauzerte, le 24 novembre 1760]

Monsieur, je me suis informé du nommé Medar et de sa fille Julie. Je n'ai point peu en avoir des nouvelles. Ils ne sont pas de cette parroisse, je les connaîtrois assurement, il y a assés de tems que j'y suis. Si vous pouvés decouvrir le lieu de leur origine, je me fairay un vray plaisir de vous donner les instructions que vous soiterés. Soyés persuadé que je suis avec toute l'estime possible, monsieur, vôtre très humble et très obéissant serviteur.

Viguié, archiprêtre de Lauserte

A Lauserte le 24 novembre 1760

A monsieur Labeaumelle / chez monsieur le marquis de Belesta / ruë Ninau à Toulouse / cachet DE MOISSAC

MANUSCRIT

ALB 3882.

LB 3683. *Pimbert[1] à La Beaumelle*

A Toulouse, le 27 9bre 1760

Monsieur

Je travaillerai incessament à m'informer de la conduite de la personne que vous m'avez nommé. Vous pouvés etre assuré, monsieur, que je n'y perdrai pas du temps, j'étois deja informé des mœurs de cette personne dont il est bon de mettre à l'abri nos citoyens dont la santé est très exposée. Vous permettrés cependant que je vous observe que devant, dans cette occasion, prendre des voies particulieres, j'agisse avec reflexion. Il n̶'̶e̶s̶t̶ ̶p̶a̶s̶ ne m'est pas permis de m'etendre plus loin. Je suis avec les sentiments les plus respectueux, monsieur, votre très humble et très obeissant serviteur.

Pimbert

A monsieur de Labaumelle, écuyer / à Toulouse

MANUSCRIT	NOTE EXPLICATIVE
ALB 3883.	1. Pimbert est adjoint du procureur du roi.

LB 3684. *La Condamine à Marie-Louise Charlotte Bouzier d'Estouilly de La Condamine et à Louise-Hélène de La Condamine de Canisy*

Paris, 29 novembre 1760

A vous deux ma chère belle-mère et ma chère femme, M. Watelet est élu presque unanimement. Vous allez bien pester contre les humains, il est vrai que je ne m'attendais pas qu'il eût si grand nombre de voix et en supposant contre moi non seulement MM. Foncemagne, d'Alembert, Hardion, Sainte-Palaye, Séguier, mais encore Sallier, Buffon, Bougainville, Mairan, La Ville et Chateaubrun, quoique j'eusse beaucoup d'espérance que Bougainville, La Ville et Chateaubrun fussent pour moi, tout cela ne faisait en les supposant tous contraires, que onze voix contre moi ; il m'en restait quatorze, savoir : le duc de Nivernois, Dupré de Saint-Maur, président Hénault, abbé de Saint Cyr, Moncrif, Marivaux, Alari, Crébillon, d'Olivet, Bignon, Saint-Aignan, Duclos, le cardinal de Luynes, Boismont, mais ces deux derniers ne sont point venus à l'élection. Cependant ôtant deux de quatorze, il en restait encore douze dont je ne pouvais douter, la plupart ayant été sollicité par la Reine. Je ne compte pas le maréchal de Belle-Ile qui n'a pu venir, l'abbé Sallier mourant, ni Pompignan. Comprenez-vous qu'avec ces douze contre onze, mon concurrent ait été élu presque tout d'une voix ; mais aussi j'oublie de vous dire que je suis enfin de l'Académie française et que j'ai été élu tout d'une voix ou à une voix près. Faites-moi le compliment et ajustez cela avec ce qui précède. Voici le dénoument. Apparemment les Watelet ont senti qu'ils n'avaient pas beau jeu, car des six que j'ai mis douteux, j'ai su depuis que trois étaient pour moi, La Ville, Bougainville et Chateaubrun, qui, joints à mes douze et même treize, car le cardinal devait venir, me faisait seize contre huit. Ils ont fait jouer tant de ressorts que l'évêque de Limoges s'est désisté pour cette fois, en sorte que nous avons été élus tous deux. Premièrement moi, *primo mihi et non primo mei* à la place de feu monsieur l'évêque de Rennes, deuxièmement M. Watelet à la place de M. de Mirabeau : nous avons eu chacun presque toutes les voix. M. Duclos m'a dit qu'il en avait manqué une ou deux, je ne sais pas bien encore ; je soupçonne d'Alembert, mais je n'ai point eu de boule noire au scrutin qui a suivi l'élection. Le malin monsieur le maréchal de Belles-Ile a écrit à monsieur le président Hénault que M. de Limoges sachant que deux sujets, gens de mérite, partageaient les voix de l'Académie, priait la compagnie de lui réserver la bonne volonté pour la prochaine élection. Tout étant d'accord par cet arrangement, le maréchal qui, malgré les affaires, serait venu pour me donner sa voix, ayant été je le suppose sollicité par la Reine, s'est dispensé de venir ainsi que M. le cardinal de Luynes qui serait venu, s'il avait été nécessaire. Voilà la fin de cette grande bataille, il ne reste plus qu'à faire un mauvais discours et je vous le promets, j'ai demandé que ce fût après les Rois. Bonsoir, maman et ma fille, ma sœur et ma femme, tout s'est trouvé fort agréablement comme vous voyez. J'ai lieu de croire que la Reine voulait que je fusse élu tout seul puisqu'elle n'a pas voulu que M. de Montcrif portât la parole à l'évêque et qu'elle s'est retournée d'un autre côté. Pour moi je suis bien aise que M. Watelet soit aussi élu et que tout le monde soit content. Il me faut écrire au roi de Pologne, à M. Alliot, à madame de Rochechouart[1], à qui je dois réponse, à madame de Sainte-Foi, à madame Du Plessis, à madame de Choiseul-Réthel, à La Beaumelle qui attend la nouvelle avec impatience, il n'est que minuit. Madame de Boufflers que j'avais vue à une heure et qui allait à Versailles mener sa fille, a attendu la nouvelle et est venue à l'Académie me faire compliment, puisque ce n'était pas son chemin, avec sa fille et son gendre. M. Dupré m'avait envoyé une carte à l'Académie des Sciences ; j'ai été tout de suite chez madame de Sauvigné, madame Dupin.

ÉDITION

A. Le Sueur, *La Condamine d'après ses papiers inédits*, p. 98-100.

REMARQUE

Diderot commente cette élection dans une de ses lettres à Sophie Voland.

NOTE EXPLICATIVE

1. Marie-Françoise de Conflans d'Armentières (1713-1764) avait épousé en 1728 le comte François Charles de Rochechouart (1703-1784), seigneur de plusieurs terres dans le Toulousain. Celui-ci écrira de Parme le 5 décembre 1761 à Saint-Florentin pour prendre avec chaleur la défense des Lavaysse (A. Coquerel fils, *Jean Calas et sa famille*, Paris : J. Cherbuliez, 1858, p. 352).

LB 3685. *La Condamine à La Beaumelle*

Paris, 2 décembre 1760

Je suis de l'Academie françoise d'avant hier[1]. Je vous ecris par la première poste. Nous en sommes tous deux, mon concurent[2] et moi : M. de Limoges s'est retiré. J'aurois eu la pluralité malgré \quoique\ les menées des amis de mon rival, parent des Boulognes, qui eussent réussi, j'ai lieu de le presumer, à s'assurer des voix sur quoi je comtois le plus et qui la donnoient à regret, tels que Buffon, Sallier, Mairan.

> Buffon, Mairan, tous deux sont Watelet
> l'un par Boulogne, l'autre par Doublet.

Je dis que j'aurois eu la pluralité par la haute protection que la Reine m'a accordée ainsi que le duc de Choiseul, ce qui m'a valu les voix du duc de Ninervais[3], P. Henaut, abé de St Cyr, d'Olivet à qui S. M. a fait ecrire, card. de Luynes, duc de St Aignan qui jointes à, probablement Moncrif, les quelles jointes à celles de Duclos, Crebillon, Bignon, Alari, Marivaux et Bougainviles qui a eu un procedé fort noble quoique ami de Foncemagne l'ont emporté sur la voix de celui ci jointe à celles de Dalembert, Hardion, Ste Palaye, Seguier et les trois ci dessus nommés.

L'heure de la poste presse, je n'ai pu ecrire hier au soir, je me suis couché à 3 heures et levé à 7 pour aller à Versailles.

Je vous ai envoyé votre argent et payé vos lettres de change. Je repondrai plus à loisir à la lettre de M. de Belesta.

Il y a de bonnes choses dans votre *Maupertuis*, mais vous etes incorrigible et voulés vous faire continuellement des ennemis sans necessité. J'espere que vous serés docile et tout ira bien. Je le fais copier par Mathieu page par page pour vous le renvoyer et pouvoir nous entendre de loin sur les corrections. Vous serés reconnu la première ligne ! Votre avocat ! M. Des Angles[4] !

Voici une lettre de Formey[5].

J'ai beaucoup de papiers de Maupertuis à revoir mais un mauvais discours à faire, le jour n'est pas encore pris. Envoyés moi quelque lambeau, je ne veux pas cependant qu'on dise *unus et alter assuitur pannus*[6]. Adieu.

A monsieur le marquis de Belesta / pour rendre s. l. p. à M. de La Beaumelle / à Toulouze

MANUSCRIT

ALB 1223.

NOTES EXPLICATIVES

1. La Condamine, élu à l'Académie française

le 29 novembre, y sera reçu le 12 janvier 1761 par Buffon. Sur les tensions qui traversent alors cette institution, voir Élisabeth Badinter, *Les Passions intellectuelles*, t. II : *Exigence de dignité (1751-1762)*, Paris : Fayard, 2002.

2. Claude Henri Watelet est également élu le 29 novembre. Il y sera reçu le 19 janvier par Buffon.

3. Voir LB 3650 n. 34.

4. Pseudonyme limpide pour Angliviel.

5. LB 3677.

6. *Purpureus, late qui splendeat, unus et alter / assuitur pannus* (Horace, *Art poétique*, v. 15-16). « Pour éblouir les yeux soudain l'auteur y coud quelques lambeaux de pourpre. »

LB 3686. *Voltaire au marquis Francesco Albergati Capacelli*

[23 décembre 1760]

[...] On sait assez quel est le malheureux qui a voulu gagner quelque argent, en imprimant sous le titre de *La Pucelle d'Orléans* un ouvrage abominable ; on le reconnaît assez aux noms de Luther et de Calvin dont il parle sans cesse, & qui certainement ne devraient pas être placés sous le règne de Charles VII. On sait que c'est un calviniste du Languedoc, qui a falsifié les Lettres de Mme de Maintenon ; qui l'outrage indignement dans sa rapsodie de *La Pucelle ;* qui a inséré dans cette infamie des vers contre les personnes les plus respectables, & contre le roi même ; qui a été deux fois en prison à Paris pour de pareilles horreurs, & qui est aujourd'hui exilé : les hommes qui se distinguent dans les arts n'ont presque jamais que de tels ennemis. [...]

ÉDITION

D9492.

REMARQUE

Extrait d'une longue lettre ouverte publiée dans le *Journal encyclopédique* du 15 février 1761 (voir LBD 297-7).

LB 3686a. *M. F*** à La Beaumelle*

A Larra, le 28 décembre 1760

Lettre de M. F ***** à M. de La B *****.

Vous me demandez, Monsieur, de vous faire part de nos amusemens champêtres : il m'est bien doux de vous obéir : nos jours s'écoulent ici dans un aimable loisir ; l'ennui semble respecter ce séjour ; il n'a pas encore étendu son pouvoir sur nous, le plaisir seul fait notre étude, nos goûts sont toujours réunis, & nos cœurs se laissent enflammer tour à tour par tout ce qui est digne de

plaire : nous sacrifions tantôt aux Graces, tantôt aux Muses, & les fleurs dont
nous couvrons leurs Autels ne craignent pas les rigueurs des hivers : ne croyez
pas cependant que nous soyons tout-à-fait prophanes ; je sors de S. Severin[1] où
je viens d'entendre un Noël, accompagné d'une symphonie simple, mais
ravissante : parmi les Acteurs de cette Pièce si peu attendue, Melle de Vxxxxx a
sçû, sans le vouloir, fixer tous les regards, attirer tous les suffrages, & gagner
tous les cœurs. J'ai crû même apercevoir l'amour la suivre jusques dans le
Temple & s'indigner de ce que sa bouche ne chantoit point les Hymnes de
Paphos ; mais elle n'a de ce Dieu que la jeunesse & les attraits ; puisse-t-elle en
avoir bientôt les feux ! Voici quelques vers que j'ai fait à cette occasion.

> Quelle est cette jeune Mortelle,
> Dont tous les yeux contemplent les appas ?
> Les graces & les ris sont fixés auprés d'elle,
> Les vertus volent sur ses pas :
> Des ornemens de la décense,
> La pudeur, l'innocence
> Réhaussent tour à tour l'éclat de sa beauté ;
> L'amour seul en gémit, à ses pieds il soupire,
> Il veut envain adoucir sa fierté,
> Insensible à sa voix, elle fuit son empire.
> Qui pourroit à ces traits,
> Méconnoître l'aimable Ismene :
> Elle chante... Zéphirs, retenez votre haleine,
> Suspendez vos accens, doux Chantres des Forêts,
> Avouez votre défaite ;
> Isméne doit tout vaincre, & doit tout enflammer :
> Amour rends Isméne parfaite,
> Elle sçait l'art de plaire, aprends-lui l'art d'aimer.

ÉDITION

Annonces, affiches et avis divers, 29 janvier 1761,
p. 15.

NOTE EXPLICATIVE

1. Séverin est le saint protecteur du village de
Larra (au nord de Toulouse).

LB 3687. *La Beaumelle à Jean Angliviel*

[Toulouse, le 31 décembre 1760]

Je suis on ne peut pas plus content. Je vous fais mon compliment. Je le fais à
l'accouchée. J'embrasse le nouveau-né[1]. Il est né le même jour que J. C. Puisse-
t'il être plus heureux ! J'étois fort en peine de vous tous, je pensois sans cesse à

ces couches ; je craignois qu'il ne fût arrivé quelque malheur. Tout va bien ; que tout aille au mieux. Votre femme est bien heureuse d'en avoir été quitte à si bon marché. Mme de Long[2], la pauvre fille du juge-mage, a eu son enfant morcelé & bâtisé avec une canule.

Mon affaire est en très bon état. J'ai gagné à en différer le jugement. J'avois reproché Dorlhac à la confrontation[3] comme flétri de décrets qu'il n'avoit pas purgés. Je n'en avois pas administré la preuve. Enfin, j'ai trouvé ces jours passés au greffe de la Tournelle un extrait de la procedure où il y a une plainte contre lui, son père & sa mère, pour fait de maquerellage. Les parens sont décrétés au corps, & le fils d'ajournement personnel : il y a l'exploit de signification, & ce décret n'a jamais été purgé[4]. De plus, je le reprocherai demain comme *menteur à justice,* en présentant un certificat qui prouvera qu'il n'a jamais eu la qualité d'employé dans les droits du quart qu'il a prise en déposant. La fille a non seulement menti sur sa patrie, son nom, sa qualité, sa famille, mais encore sur son domicile. Je viens de fournir un certificat de la prieure des filles de la Providence qui dit qu'elle n'a jamais logé dans cette maison. Vraisemblablement elle dit en déposant qu'elle étoit logée où il plaisoit à Dieu, & dès lors l'honnête assesseur dicta *logée à la Providence* pour faire accroire aux juges que cette fille de lieutenant colonel logeoit chez les filles de la Providence près du sénéchal.

Je fais mon mémoire pour la V⁰ fois. J'en suis enfin content : il est mille fois plus modéré que la bavarde production de Saremejane. En voici l'essence. Je suis chargé de deux propos assez indifférens en eux-mêmes. Quand ils ne seroient pas indifférens, ils ne sont déposés chacun que par un seul témoin. Quand ils seroient tous les deux déposés par deux témoins, ces deux témoins ont essentiellement varié à la confrontation. Quand ils n'auroient pas essentiellement varié, ils sont victorieusement reprochés. Quand ils ne seroient pas victorieusement reprochés, la procédure n'est qu'un tissu de nullités. Tout en est nul, &c.

Il y a deux informations. La première ne fut point cassée, ni par l'arrêt du 12 janvier, ni par l'arrêt du 14. Le premier chasse le syndic de la ville des fonctions qu'il avoit usurpées, & y rétablit Lagane. Le second casse une ordonnance des capitouls sur les droits de leurs syndics & renvoye par devant eux à *continuer* la procédure, sauf l'appel en la cour, c'est à dire sauf aux accusés à se pourvoir par appel contre l'entreprise du syndic.

De sorte qu'il y a deux informations, deux décrets.

Ces deux informations sont parfaitement identiques, à l'addition près de 4 lignes à ma charge faite dans le corps de la déposition recopiée de la fille. Je pourrois aisement m'inscrire en faux contre cette seconde information. Par la seule impression des deux pièces, je démontrerois que l'assesseur a certifié avoir ouï des témoins qu'il n'a point ouïs, leur avoir fait prêter un serment qu'il ne leur a point fait prêter, & leur avoir fait signer comme répétées par leur propre bouche des choses simplement copiées par un greffier. Je prouverois ensuite la falsification de la 7ᵉ déposition, en fesant remarquer que d'un côté elle est foncièrement identique avec la 7ᵉ déposition de la première information, & que de l'autre elle est envenimée par une addition de quelques lignes, &c.

Il me semble que je ne puis manquer d'être relaxé. Je regarderois un hors de cour[5] comme une grande injustice. Avant le reproche prouvé contre Dorlhac, les gens du roi à l'hotel de ville avoient déjà conclu à l'*hors* d'instance & de procès.

Il est certain que, si le parlement ne cassoit pas la procédure, le conseil la casseroit. Il y a huit moyens de cassation excellens, & il n'en faut qu'un. Nous verrons ce que ces Mrs feront. Mr Bast[ard] n'en sera pas : il est de la grand'chambre, & je suis à la Tournelle. J'ai pour moi Mr de Bojat[6], Mr le president de Sauveterre[7], Mr de Vic, Mr Bousquet[8], Mr le président Dadvisard. J'ai contre moi Mr La Carry[9], Mr le président de Puget fils. Mr Cassan-Clairac[10] & Mr de Carbon[11] ou Cambon[12] ne sont ni pour ni contre. Mr de Pegueirole est à Milhau & ne reviendra malheureusement qu'à Pâques. Las Bordes sera contre moi à cause de sa maitresse, sœur de Savanier, greffier de la procédure, corrupteur de Julie Latière. J'exclurai pour raporteur Mr La Carry & Mr Lasbordes. J'attends pour m'en faire nommer un que Mr le president Daduisard, qui chassera Mr de Puget, ait prêté le serment. C'est l'oncle de Mr de Belesta. Je tâcherai de me faire donner Mr de Cassan-Clairac. Si Mr de Celès[13] arrive, il sera pour moi par les Gardouch dont il est l'intime. Mademoiselle de Callonges, Mme de Mirepoix[14], Mme de Rochechouart solliciteront surement pour moi, ainsi que M. d'Orbessan & Mme de La Gorce, qui arriveront aux Rois. Je ne parle point de Mme & de Mr de Vieux[15], de Mlle de Fumel[16], de M. de Rouville[17], conseiller. J'aurai contre moi une très forte sollicitation. Je supprimerois mon mémoire si ceci n'avoit fait éclat dans la province & si je n'étois moralement sûr que j'aurai le public pour moi. J'ai bien quelques ennemis ici : mais David en a des millions ; & d'ailleurs, j'ai raison & il a tort : je me défends, & lui ne pourra se défendre parce qu'il n'y a point d'appel *a minima*.

Belot vous fait bien des complimens.

Mr le président de Puget me dit hier matin que je serois jugé quand il me plaira, que je n'avois qu'à donner mes ordres à mon procureur & remettre la production, que le raporteur nommé sur le champ seroit pressé par lui-même de me raporter. Il m'a dit tout cela de lui-même. Il n'est pourtant pas pour moi.

Envoyez moi, je vous prie, sur le champ la lettre de Mr de Moncan[18] que je reçus en route & que je vous envoyai par un passant : elle me sera peut-être nécessaire.

Adieu, envoyez moi donc des gènes. Je compte que Mr Pieyre sera mort[19] avant que ma lettre arrive. Son agonie est bien longue : elle est d'autant moins douloureuse.

Mes complimens à Mme de St Maurice. Donnez moi des nouvelles de ses enfans. Un million de choses & des vœux à la bonne compagnie que vous avez. Ne m'oubliez point auprès de Mr Carle, tutti quanti, ni auprès de Mr & de Mme de Chamballan. Mille amitiés à Rey[20].

Je ne suis pas fâché que Jaoul[21] vous ai coupé l'herbe sous le pié. Vous aviés là un vilain métier, qu'on auroit reproché peut-être un jour à vos enfans, qui seront assez riches pour y être sensibles.

Je crois que ce sera Senovert qui signera mon mémoire. Mais il ne le signera qu'après que Mr La Vaysse l'aura vu.

J'ai pour moi Mr & Mme Du Bourg[22] par le marquis de Castries, leur parent, qui m'a écrit la lettre[23] la plus honnête & la plus modeste sur sa victoire.

Il y aura assemblée de chambres le 17 janvier[24]. On veut voir ce que fera le parlement de Paris. 6 eveques & les ducs y sont invités[25]. Dans la dernière assemblée, on convint de ne plus mettre les piés chez l'archeveque qui a dit en pleins états qu'en tenant bon on auroit bon marché d'un parlement qui n'étoit qu'un composé de gueux & d'ignorans. Il n'y a nulle aparence que le propos ait été si crû. Un brutal l'aura traduit. L'huissier à la chaine qui vint signifier le dernier avis du conseil auroit été fouetté s'il avoit pu être pris : il fit sa commission très finement. Vous savés que le parlement de Rouen a fermé boutique[26]. Mr de Thomond & Mr de St Florentin sont assaillis de plaintes contre David, qui a reçu de chacun d'eux une verte réprimande. Je sçai la chose d'original. Mlle de Calonges a fait son notaire capitoul[27]. Voilà donc Mr de La Condamine de l'Academie.

31 Xbre

A monsieur Angliviel, avocat / au parlement / à Valeraugue / par Le Vigan, Cevennes / cachet de TOULOUSE

MANUSCRIT

ALB 381.

NOTES EXPLICATIVES

1. Jean Justin, fils de Jean Angliviel et Marianne Pieyre, est né le 23 décembre. Il décédera le 27 août 1762.

2. Yolande de Long, l'épouse du conseiller Marie-Alexandre de Long et la fille du juge mage Barnabé de Morlhon.

3. LBD 300-22. « La confrontation du prévenu et des témoins est, dans le cadre de la procédure extraordinaire, une étape essentielle de l'instruction au grand criminel. La règle est que les confrontations sont précédées d'une sentence les prescrivant, un *jugement à l'extraordinaire* » (J. Maurel, *L'Art de juger*, p. 214).

4. « 9 fevrier 1748, Requete en plainte du procureur du roi contre le nommé Dorlhac sa femme et leur fils pour mauvaise vie et maquerelage.

10 fevrier 1748, Decret au corps contre ledit Dorlhac et sa femme et d'ajournement personnel contre leur fils.

15 du dit, Perquisition et assignation à la quinzaine

15 mars, Sentence sur la forme de procéder contre ledit Dorlhac et sa femme contumax

Ledit jour, Exploit de signification du decret d'ajournement personnel à Dorlhac fils avec assignation à comparoir en personne.

Na L'extrait dudit decret et exploit d'assignation est cotté 12°11 dans l'extrait de la procédure remis au greffe du parlement.

22 avril 1748, Sentence deffinitive par contumace quy condamne lesdits Dorlhac et sa femme à faire amende honorable, au fouet ledit Dorlhac au banissement pour dix ans et sa femme estre enfermée sa vie durant au quartier de force de l'hopital St Joseph de Lagrave.

15 8bre 1754, Arrestation dudit Dorlhac et sa femme dans les prisons de l'hotel de ville. Na : La procedure continuée et instruite à l'extraordinaire.

3 janvier 1755, Sentence deffinitive quy condamne ledit Dorlhac et sa femme au banissement pour dix ans de la ville et banlieue et cent sols chacun d'amende envers le Roy.

19 fevrier 1755, Les prevenus menés de suite au Parlement

30 may 1755, Arret au raport de Mr de Lasbordes quy reforme la sentence et condamne ladite Dorlhac au banissement pour cinq ans de la senechaussée de Toulouse et à l'egard dudit Dorlhac son mary hors de cour et de procès. »

(ALB 4068). Ce document interrompu est d'une main inconnue.

5. « *Hors de cour* (ou *hors de cours et de procès*) : formulation de certains arrêts du parlement ou de jugements en dernier ressort indiquant qu'il n'y a pas assez de preuves pour condamner. Ces jugements peuvent néanmoins être accompagnés de dommages et intérêts, d'imputation de dépens » (J. Maurel, *L'Art de juger*, p. 228-229).

6. Jean-Ignace de Bojat (1688-1771), conseiller au Parlement en 1714, membre de l'Académie des Jeux floraux en 1725, membre de la Société des Sciences en 1731, doyen de la Tournelle. Marié le 8 avril 1720 à Marie-Françoise de Montlezun, il est le beau-frère du baron de Montlezun (Duboul, II, p. 367-368 ; Du Mège, p. 385 ; A. Feugère, « Un scandale toulousain au XVIIIe siècle », p. 308).

7. Louis-Emmanuel de Boyer-Drudas, marquis de Sauveterre (1725-1789), conseiller au Parlement depuis 1746, président à mortier depuis 1759, membre de l'Académie des Jeux floraux depuis 1760 (Duboul, II, p. 116-117).

8. Charles-Geraud Bousquet de Saveres, conseiller au Parlement depuis 1717 (*Almanach de Toulouse* 1755, p. 158 ; Du Mège, p. 386).

9. Alexandre de Lacarry, conseiller au parlement de Toulouse en 1731.

10. Pierre de Cassand-Clairac († 1784), conseiller aux requêtes, puis conseiller au parlement de Toulouse en 1751.

11. Pierre de Carbon, conseiller au Parlement depuis 1731 (*Almanach de Toulouse* 1755, p. 161 ; Du Mège, p. 389).

12. Jean-Louis Emmanuel Augustin de Cambon (1737-1807), conseiller au Parlement depuis le 12 juin 1758 (Du Mège, p. 395).

13. Melchior-François de Reversac de Celés, conseiller au Parlement depuis 1719 (*Almanach de Toulouse* 1755, p. 159 ; Du Mège, p. 386).

14. Anne-Marguerite-Gabrielle de Beauvau-Craon, duchesse de Mirepoix, veuve du maréchal (voir t. X, LB 2561 n. 1).

15. Jérôme de Bernard de Prats de Vieux (1718-1802), conseiller au Parlement (1743) (Du Mège, p. 392).

16. Marie Marguerite de Fumel, comtesse de Giversac (1716-1788).

17. François de Blanquet Amanzé de Rouville (1717-?), baron d'Altès, conseiller au Parlement (Du Mège, p. 391), est signataire d'une attestation pour La Beaumelle le 1er septembre 1762. Voir LBD 296-6.

18. LB 3664.

19. Voir LB 3694 n. 1.

20. Charles II Rey, dit Rey de Carle (voir t. XI, LB 3200).

21. Laurent Jaoul, marchand du Vigan, qui agit comme collecteur des impôts pour le compte du notaire Bruno Delaval.

22. Valentin Du Bourg et sa femme Élisabeth d'Alliès (voir LB 3662 n. 11). Celle-ci est par sa mère la petite-nièce d'Armand-Pierre de La Croix de Castries, ancien archevêque d'Albi (1659-1747), qui avait béni son mariage (Du Mège, p. 392), et la nièce du marquis.

23. LB 3680.

24. Il s'agit du troisième vingtième et du doublement de la capitation. Le 17 janvier 1761, le parlement de Toulouse donnera à ce sujet un arrêt contraire aux privilèges de la province de Languedoc (voir délibérations des États du Languedoc du 21 novembre 1761).

25. « Sur l'invitation faite aux princes du sang et aux ducs et pairs, au mois de décembre 1760, de se rendre à l'assemblée des chambres le 9 janvier 1761, au sujet de l'affaire du parlement de Besançon, dont trente magistrats étoient exilés, il y eut une assemblée des princes et des pairs, le 3 janvier, chez M. le duc d'Orléans, premier prince du sang, qui leur fit entendre que le roi, sans vouloir donner atteinte à leurs droits, ne trouveroit pas bon qu'ils déférassent à cette invitation ; ils n'allèrent pas au palais. » (*Journal de Barbier*).

26. « Le parlement de Rouen a refusé d'enregistrer la déclaration du roi pour l'imposition d'un troisième vingtième sur les fonds immeubles, laquelle a été acceptée et enregistrée depuis par le parlement de Paris, pour avoir lieu au 1ᶜʳ octobre 1759. Le parlement avoit fait des remontrances au roi, tant sur l'objet d'un troisième vingtième que sur l'affaire du parlement de Besançon, dont les exilés ne sont point encore rappelés. On dit que M. le chancelier a écrit une lettre assez vive au parlement de Rouen pour qu'il eût à obéir et à enregistrer la déclaration du roi. Sur cette lettre, le parlement de Rouen s'est assemblé et il a arrêté que les chambres resteroient assemblées, c'est-à-dire cessation de tout service jusqu'à ce qu'il ait plu au seigneur roi de répondre à leurs remontrances, tant par rapport au troisième vingtième que sur l'affaire du parlement de Besançon. Cette résistance est extraordinaire. » (*Journal de Barbier*).

27. Joseph Boyer (voir t. XIV, LB 11 mars 1761).

LB 3688. *La Beaumelle à Jean Angliviel*

A Toulouse, 13 janvier 1761

Je vous réponds sur le champ. Je suis bien aise que vous trouviez mes défenses bonnes. Je me serois déjà fait juger. Mais Dorlhac a été décrété deux fois par les capitouls, & je n'ai pu encore avoir le second decret. Mr le procureur-général, qui ces jours passés a vu la procédure, est tombé de son haut. Il a été surtout surpris qu'on n'eut point accueilli mes objetets[1] qu'il trouve très pertinens & que les capitouls, qui ont coutume de marquer dans leur sentence la différence des avis, m'eussent condamné tout d'une voix. Il dit que je pourrois écrire tant que je voudrois, qu'il ne me répondroit pas un mot. Que sera-ce quand il aura vu la production de Saremejane[2] & mes reproches par écrit ? Je ne doute pas d'être relaxé de l'accusation criminelle. Mais je crains d'être condamné pour le fait du jeu à une amande. Cet article n'est pou[rtant] prouvé que par mon aveu.

J'ai écrit déjà à Mr le président de Montplaisant[3]. Je vais lui écrire encore. Je vous ai déjà recusé.

Il me tarde fort de recevoir les genes. J'en donnerai à La Vaysse & à Belot. La Vaysse me dit que mon reproche contre Dorlhac *de temoin menteur à justice*, prouvé par des certificats qui disent qu'il n'a jamais été employé dans les droits du quart, est excellent.

Comment appelez-vous votre fils ? Car vous l'avez bien fait bâtiser[4]. J'embrasse Rosalie, qui doit marcher seule à présent, & sa mère qui doit être remise quand vous recevrez cette lettre.

Mille choses à Mme d'Arnal, au Gasquet, à Mr & à Mme de Carle, à Rey, à Mlle Rose[5], à Mlle Suzette[6], à Mlle Puech[7]. Je suis bien aise que Mme de Saint Maurice ait de bonnes nouvelles de ses enfans.

Mr de La Condamine ne m'a encore envoyé ni son discours, ni la Vie de Mr de Maupertuis.

Adieu. Cette lettre-ci est bien courte. Mais elle partira aujourdui même.

Mr le president de Puget me presse tous les jours de remettre ma production : il est affamé de me juger. Je vous posterai d'excellente moutarde, si je m'en souviens, s'entend, & du tabac aussi.

A monsieur Angliviel, avocat / au parlement / à Valeraugue / par Le Vigan, / Cevennes / cachet DE TOULOUSE

MANUSCRIT

ALB 382.

NOTES EXPLICATIVES

1. Lire *objets* (terme fréquemment utilisé dans la procédure).

2. LBD 300-25.

3. Voir t. XII, LB 3314 n. 8.

4. Auguste Jean Justin (prénom d'usage : Jean), né le 23 décembre, a été baptisé le 26 décembre 1760 ; parrain : Jean Abric, seigneur de l'Hom, Fenouillet et autres lieux ; marraine : Mlle Jeanne Marie Puech, fesant pour dame Jeanne Pieyre coseigneuresse du Rey et de Mandagout et femme de Jean de Lapierre ; prêtre : Delpuech Lacan, vicaire de Valleraugue ; signe également : Delolme (AM Valleraugue, CO5, 403). L'enfant décédera le 27 août 1762 (AM Valleraugue, CO5, 439).

5. Jeanne Rose de Carle (1736-1809), 4^c fille de François Carle et de Françoise Caulet, qui épousera son cousin de Nîmes François Rey (sur les sœurs de Carle, voir t. XI, LB 3023 n. 1).

6. Suzanne de Carle, née en 1743, 7^c fille de François Carle et de Françoise Caulet, est la future (deuxième) femme de Jean Angliviel.

7. Jeanne Marie Puech (voir n. 4).

LB 3689. *La Condamine à Jean-Henri-Samuel Formey*

14-17 janvier 1761

[...] J'ai envoyé dans le tems vos lettres à M. de La Beaumelle et Briasson. Je ne suis pas sûr non plus que Koenig ait dit que la lettre prétendue de Leibniz qu'il tenait de Henzy était de l'écriture de ce dernier [...].

MANUSCRIT

Archives de la Bibliothèque de Berlin II référence : Amerika (2).

LB 3690. *Victor Abric à Jean Angliviel*

[Montpellier, le 16 janvier 1761]

[...] Je fis partir le ballot chataigner le lendemain qu'elles furent arrivees par un voiturier quy partoit pour Toulouse avec une lettre de voiturre que je luy donné adressée à Mr Bellot pour faire tenir à Mr de La Beaumelle. J'ecrivis un mot de lettre à Mr votre frere, et lui marqués qu'il recevroit dans huit jours precis un ballot pesant 92 £, et si ledit ballot arrivoit dans ce terme il luy payeroit pour sa voiturre trois livres. Je soitte que vous soiés satisfait de cette petite commission. [...]

V. Abric

A monsieur Angliviel / avocat en parlement par le / Vigan / à Valeraugue / cachet de MONTPELLIER

MANUSCRIT
 ALB 5636.

REMARQUE
   La lettre de voiture d'Abric à Belot du 16 janvier 1761, « pour remettre à M. de La Beaumelle rue des Honoras à Toulouse » a été conservée.

LB 3691. La Condamine à Jean Angliviel

Paris, 18 janvier 176[1]

Monsieur

Votre lettre m'arrive fort à propos. Je comptois ou plus tot j'allois ecrire à M. votre frere et lui envoyer mon discours à l'Academie, j'y joindrai un exemplaire pour vous. Il y reconnoitra quelques phrases de lui, il m'avoit promis depuis longtems quelques materiaux, tout ce que j'en ai pu obtenir fut environ deux pages ~~et demi~~ dans le voyage que nous fimes ensemble après un sejour de 10 à 12 jours à Balaruc. Les derniers jours, je lui montrai \dans notre chaise\ un canevas d'exorde et quelques pensees sur le cardinal de Richelieu et je le pressai de me tenir parole, et pendant les trois jours que nous sejournames à Avignon il mit sur le papier ce que je viens de vous dire, il y avoit aussi entamé Louis XIV, j'ai profité de tout cela, mais j'ai suprimé les antitheses, sa figure favorite et la plus brillante de toutes, mais qui fait soupçonner qu'on court après l'esprit. Il y avoit aussi des phrases entieres de Voltaire que j'ai retrouvées dans son discours \de reception[1]\ et ailleurs. Il m'a envoyé en dernier lieu une tirade sur M. de Rennes, mais j'avois son article. Vous le trouverés peut etre long, voici le fait, j'ai reçu après mon discours achevé des mémoires d'un grand vicaire de ce prélat de quoi faire une oraison funebre, je n'ai pas voulu abréger mon discours aux dépens de mon prédécesseur, d'ailleurs j'avois à dire des choses tout à fait ignorées du public, mais je viens au fait.

Votre lettre, monsieur, me servira de cannevas pour celle que je vais ecrire à M. votre frere. Vos conseils sont excellens. Je les lui donnerai comme de moi. Ne parlons point de notre correspondance et agissons de concert. Vous connoissés les ressorts les plus puissans sur lui, vous me les indiqués et je les ferai valoir.

J'ai commencé par vous, je vais lui écrire et ensuite faire un grand nombre d'autres lettres qui sont demeurées en arriere depuis deux mois. Je suis charmé que nous soyons si parfaitement d'accord sur tout ce qui le regarde. Je voudrois bien que vous pussiés lui donner un peu de votre maturité. J'ai l'honneur d'être avec l'estime la plus respectueuse, monsieur, votre très humble et très obéissant serviteur.

La Condamine

Il m'a envoyé sa Vie de M. de Maupertuis sur la quelle il y a beaucoup à reformer et des traits satyriques qui lui échapent sans cesse non seulement contre Voltaire, mais contre le tiers et le quart. Il y a des choses excellentes et en grand nombre. Dès que je me serai debarassé de mes lettres, je vais me mettre à la revision qu'il me demande en me laissant le maitre de tout. Savoir s'il me tiendra parole.

A monsieur Angliviel avocat / au parlement de Toulouze / à Valleraugue par Le Vigan / Languedoc

MANUSCRIT
ALB 1387.

NOTE EXPLICATIVE
1. Voir LB 3692.

REMARQUE
Lettre datée par erreur de 1760.

LB 3692. *La Condamine à La Beaumelle*

Paris, 18 janvier 1761

Je n'ai pas le tems de m'etendre mon très cher, je n'ose dire mon cher enfant car je ne veux pas toujours trembler pour mon fils. Je prens de petit papier pour etre court. J'arrive de Versailles, j'ai presenté mon discours au roi &c. Il a assés bien réussi. On me dit que je l'ai lu trop modestement, c'est à dire trop uniment sans faire des pauses, des inflexions de voix pour avertir d'aplaudir, j'ai cependant eté interrompu deux fois et aplaudi à la fin. On me dit qu'on ~~en~~ est encore plus content ~~à la~~ de mon ouvrage à la lecture. On a trouvé l'eloge de M. de Rennes trop long, je n'ai pas voulu abreger le discours aux depens de mon predecesseur; il etoit fait quand j'ai reçu de quoi faire une oraison funebre. J'ai oté Charles IX[1], il n'étoit point de la Pléyade. Les noms des 7 poètes qui la composoient sont connus. *Auteur des meilleurs vers de son siècle* est tiré mot à mot de Voltaire[2] ainsi que ~~porta dan~~ *votre fondateur porta dans votre institution toute la noblesse de son âme* est une autre phrase de Voltaire que vous ou moi avions cru avoir faite[3]. *Il vous fit libres, égaux, independants*[4], autre phrase du même.\\ Je n'ai point voulu mettre d'antithèse, ny chercher de l'esprit, enfin vous verrés. Le roi doit etre content de moi[5]. J'envoye trois exemplaires au marquis[6], un pour lui, deux pour vous et M. votre frere[7], faites le lui parvenir promtement.

Coment va votre affaire ? Tirés vous de là et si vous m'en croyés allés planter vos choux, ou plustot vos mûriers et elever des vers à soye. Il faut cultiver son jardin[8]. Là, vous ne serés plus baloté par l'autorité. Vous aurés le loisir de travailler, de vous mûrir, de réflechir, vos finances s'accroitront sans que votre gloire en souffre. Vous irés s'il le faut faire un tour au Vigan si vous n'avés pas quelqu'un pour vous baigner et vous frotter à crud. En deux ou trois ans vous ferés des choses prodigieuses en revoyant six mois ou un an après ce que vous aurés cru parfait. On oubliera tous vos torts ou vos malheurs, vous serés un nouvel homme. Gardés vous de vous marier, le mariage attente trop \pour vous\ à la liberté et plus encore au libertinage. Il vous importe beaucoup d'être oublié, voilà ce que me dicte mon amitié pour vous et un conseil que je desire que vous ne repentiés pas de n'avoir pas suivi.

Me coucher de bonne heure, cela est il possible quand on doit reponse à 50 lettres, et qu'on est arieré de ses occupations, on me menace de me doner des feuilles du *Dictionnaire* à revoir. Je demande de finir mes reponses (et *in petto* de revoir avec attention votre Vie de notre ami) si j'ai dit qu'il y avoit de bonnes choses je n'ai surement pas assés dit mais vous n'avés pas besoin qu'on nourrisse votre amour propre. \Le fils de M. Cassini[9] est vivant et est mon ami. Il ne sera pas trop tard. A votre place j'imprimerois à Avignon.\

M. de Limoges s'est desisté parce qu'il a sçu que l'Académie étoit partagée et desiroit les deux candidats. M. Watelet a du merite et tous les états qui le font valoir. Il tient aux Boulognes ~~qui~~ le fils expedie et delivre les ordonnances. Il est honoraire de l'Académie de Peinture et a tous les peintres, sculpteurs, graveurs, architectes à sa suite, toute la finance et les subalternes pour amis. Il n'est pas étonnant que la Bombe[10] (qui vous l'a dit ?) et M. de Pompignan crussent que je ne réussirois pas, ils ne voyoient que le milieu des choses. J'aurois surement eu la pluralité si M. de Limoges ne se fût pas desisté.

Mme de La Condamine est arrivée avec son frere, soufrant horiblement de la colique. Elle a eu la fievre 4 jours, elle est venue à ma reception et est partie depuis deux jours pour Livri. Vous lui dites beaucoup de galanterie mais je ne vous crains pas de si loin.

Le marquis me mande que votre procès va bien. Vous ne dites pas d'où vient la dent du maréchal[11] contre vous, je soupçone que vous avés courtisé la maréchale. J'attens avec impatience des nouvelles de votre affaire.

Le petit duc[12] cherche à s'accrocher par tout et court l'esprit, c'est une bibliotheque mal rangée. Il a comencé tard à s'appliquer et n'a nulle litterature. C'est un cahos où il y a quelques eclairs, je ne l'ai vu qu'une fois chés lui. Il est venu m'entendre, il etoit dans la foule. Sa mere est morte[13], où etes vous donc, ignore t'on cela à Toulouze ? Je ne vois plus Mme La Vallière[14]. Voici mon épigramme, j'en ai repandu 6 copies dans la salle. L'abé Trublet est venu me la réciter avec complaisance *on peut vous dire tout*, me disoit il. Il ne se doute pas qu'elle est de moi.

> La Condamine est aujourd'hui
> Reçu dans la troupe immortelle.
> Il est bien sourd : tant mieux pour lui
> Mais non muet, tant pis pour elle[15].

C'est aparemment vos lettres de change aquitées que j'ai voulu dire. Je vous ai envoyé une rescription mais je crois que c'etoit il y a six mois.

Où voulés vous que je trouve Mme de La Fontaine[16]? Ce qu'elle a fait de mieux est de ne pas coucher avec vous. Vous êtes un tyran, j'ai connu deux de vos maitresses sans comter la Norbek[17].

Menguaud ne m'a point ecrit mais bien celui à qui je l'ai recomandé. Il me paroit inconstant, Menguaud, et ne pas suivre un projet. Si ses bougies[18] sont bonnes, il les vendra où il y a des chaude pisses.

Vous saurés par les gazettes de Hollande mieux que je ne le sais les affaires du parlement.

Qui est ce donc qui a fait notre marquis auteur de brochures philosophiques[19] du ton de Diagoras[20]? Vous a t'il parlé de cela?

Adieu mon enfant, je vous exhorte à revoir vos dieux penates, votre frere, votre belle sœur qui vous aiment, qui sont aimables et à cultiver votre jardin. Dans trois ans vous viendrés faire un tour à Paris et peut etre plustot. Je vous irai voir, dussé-je retourner à Balaruc.

A monsieur de La Beaumelle

MANUSCRIT

ALB 1224.

NOTES EXPLICATIVES

1. Le poète Charles d'Orléans (1394-1465).

2. Des emprunts au discours de Voltaire du 9 mai 1746, «Des effets de la poésie sur le génie des langues» (voir Voltaire, *Discours de réception à l'Académie française : OCV*, t. 30A, p. 21), sont avérés, mais l'expression «auteur des meilleurs vers de son siècle» n'y figure pas.

3. Le discours de Voltaire débutait par ces mots : «Votre fondateur mit dans votre institution toute la noblesse et la grandeur de son âme».

4. Deuxième phrase du Discours de Voltaire : «Il voulut que vous fussiez toujours libres et égaux.»

5. «Le discours de M. de La Condamine a été trouvé trop long de la moitié. L'éloge de l'évêque de Rennes devait tenir six lignes, et il occupe plusieurs pages. D'ailleurs, morts et vivants, M. de La Condamine a contraint toutes sortes de gens à entrer dans son discours, et à y prendre part aux éloges dont il l'a parsemé. A ces platitudes et aux longueurs près, son discours est très bon. Vous en trouverez la fin, surtout, très bien faite, et s'il n'a pas réussi à la séance, c'est qu'il a été prononcé maussadement et que l'ennui des longueurs a tout gâté.» (*Correspondance littéraire*, 15 février 1761, éd. U. Kölving, p. 54-55).

6. Le marquis de Bélesta (voir t. XIV, LB 14 mars 1761).

7. L'exemplaire envoyé à Jean Angliviel porte cette mention de la main de La Beaumelle : «Il faut envoyer ceci sous envelope à Mr Angliviel avocat au Parlement à Valeraugue par un des muletiers qui vont loger au Sauvage. Il y en a qui partent toutes les semaines.» (ALB 5068).

8. *Candide* a été publié en 1759.

9. César-François Cassini, dit Cassini de Thury (1714-1784), second fils de Jacques Cassini (1677-1756) et de Suzanne Françoise Charpentier de Charmois.

10. Bombarde (voir t. V, LB 1437 n. 1).

11. Thomond.

12. Le duc d'Uzès, installé à Paris depuis le mois d'avril 1760 (voir LB 3610).

13. Anne-Marie-Marguerite de Bullion (1684-1760), décédée le 3 août.

14. Anne-Julie-Françoise de Crussol (1713-1793) épouse de Louis-César, duc de La Vallière (1708-1780) (voir t. VI, LB 1490 n. 24).

15. « M. de La Condamine a signalé son entrée à l'Académie française par une épigramme sur lui et sur ses confrères qu'il a fait courir le jour de sa réception. On la distribuait pendant qu'il lisait son discours. On a su ensuite par lui-même qu'il en était l'auteur. Cette plaisanterie a fort réjoui le public, et fort peu l'Académie. Messieurs les Quarante ont trouvé mauvais qu'un homme qui avait tant supplié pour être admis parmi eux se moquât d'eux avant même que d'être reçu. » (*Correspondance littéraire* de Grimm, 15 février 1761, éd. U. Kölving, t. VIII, p. 58).

16. Antoinette de La Fontaine est la veuve de Charles-Louis de La Fontaine (voir t. V, LB 1313 n. 1), mort le 15 juillet 1757. La Fontaine s'étant rendu à Bonnac une première fois avec le marquis, pour mettre de l'ordre dans ses affaires, le 28 mai 1749, il s'était épris d'Antoinette Le Mercier du Challonge à Pamiers. La sœur de Charles-Louis raconte que son frère, « qui avait toujours négligé ses propres affaires, travailla avec une ardeur incroyable à mettre de l'ordre dans cette maison [...] il fit alors la connaissance de Mlle Le Mercier et en devint amoureux ». Le contrat de mariage avait été signé le 17 octobre 1751. Y intervenaient le marquis et la marquise de Bonnac qui, « pour le remercier des services qu'ils en ont tirés », lui avaient fait don d'une créance de 10 000 livres et le nomment leur juge pour le Donnezan. Le mariage eut lieu le 9 novembre 1751 à Pamiers. Mme de La Fontaine est la voisine de La Condamine à Paris (voir LB 20 mars 1762 et LB 12 avril 1762). Elle a deux filles, nées en 1755 et 1756, et un fils, né en 1757. Le père d'Antoinette, Le Mercier du Challonge, originaire d'une branche de la famille de Scepeaux, était venu du Poitou en Pays de Foix vers 1720 comme maître ès eaux et forêts et intendant du domaine royal dans le comté de Foix (voir Jules de Lahondès, *Annales de Pamiers*, Toulouse / Pamiers : Privat / Galy, 1882-1884 ; Marseille : Lafitte Reprints, 1979).

17. Voir t. V.

18. *Bougie* : « se dit aussi en chirurgie d'une petite verge cirée qu'on introduit dans l'uretre pour le dilater & le tenir ouvert, ou pour consumer les carnosités » (*Dictionnaire de l'Académie française*, 4ᶜ éd. 1762).

19. Le marquis Buisson de Beauteville. « Botteville (N.), marquis, né à Toulouse en 17.., se rendit ridicule par ses écrits et la singularité de ses opinions. Condorcet, Mably, le baron d'Holbach, furent les écrivains qu'il prit pour modèle ; ne possédant pas leurs talens, il chercha à les imiter. Ses écrits, qui forment deux volumes in-4°, sont un recueil de tout ce qu'il y a de plus absurde touchant la métaphysique [...] meurt au début de la Révolution, laissant un frère qui avait été évêque d'Alet. Son ouvrage est intitulé : *Dissertations métaphysiques sur différens sujets*, Paris, 1777, 2. vol. in-4°. » (*Biographie toulousaine, ou dictionnaire biographique des personnages qui [...] se sont rendus célèbres dans la ville de Toulouse*, Paris, 1823, article « Botteville », t. I, supplément).

20. Diagoras de Mélos, surnommé l'Athée, philosophe grec du vᶜ siècle avant J.-C.

LB 3693. *Guy Castel*[1] *à Jean-Emmanuel Guignard de Saint-Priest*

[Toulouse, le 24 janvier 1761]

[...] C'est le sieur Vacquier[2] avocat qui a très positivement fait la *Lettre du Czar Pierre à Voltaire*[3], et La Beaumelle n'en a corrigé que les epreuves. Il est vray que l'animosité qu'il a pour le grand homme peut bien lui avoir fait prendre cette peine avec plaisir. Tous nos literateurs sont conformes sur ce fait, du reste, monsieur, cette lettre nous a paru plus aigre que judicieusement écrite. C'est le malheur de ce siecle dans lequel la plus grande partie des auteurs n'ont de l'esprit qu'au dépens du jugement. [...]

MANUSCRIT

AD Hérault, C. 5515.

NOTES EXPLICATIVES

1. Président trésorier de France au bureau des finances de la généralité de Toulouse (voir t. XII, LB 3278 n. 1).

2. Vacquier Prouho.

3. *Lettre du czar Pierre à Mr de Voltaire*, [Toulouse : Dalles], 1761, 39 p. in 12.

LB 3694. *Antoine Joseph Delacour à Jean Angliviel*

Paris, ce 10 février 1761

Je vous dois, mon cher, un double compliment de félicitation & de condoléance sur la nouvelle année et sur la perte que vous venez de faire de M. Pieyre[1]. Mes vœux & mes regrets sont egalement sincères. Je vous prie de les rendre réversibles à Mme vôtre epouse que j'assure de mon respect.

Questionnéz La Beaumelle sur la cause du refroidissement que vous soupçonnéz entre nous. Je la crois évanouie au moins dans l'obscurité du passé. Si ses griefs ou prétendus ressentiments sont à l'épreuve du temps qui émousse ou détruit tout, il n'est pas digne de conserver ou de retrouver un ami qui luy a toujours souhaité de la gloire et de la fortune en dépit de luy même.

Nous n'avons appris que par vous la mort & les dispositions testamentaires du pauvre Moncan[2]. Après avoir revu sa patrie, il a chanté le cantique de Siméon & il a été exaucé[3]. [...]

D.

[...]

A monsieur Angliviel / avocat à Valeraugue / par Le Vigan

MANUSCRIT

ALB 1826.

NOTES EXPLICATIVES

1. Jean Pieyre, seigneur de La Valette, beau-père de Jean Angliviel, est mort le 22 janvier (notice généalogique manuscrite sur les Pieyre, Archives de Fondouce). Voir son testament en LBD 292.

2. Antoine Delacour de Montcamp (voir t. XII, LB 3532 n. 4), mort fort âgé.

3. Le vieillard Siméon espérait voir le Messie avant de mourir (Luc 2, 29-32).

LB 3695. *La Beaumelle à Jean Angliviel*

[Toulouse] le 11 février 1761

J'écrivis hier à Mme La Pierre. Faites mon compliment de condoléance à ma belle-sœur. Cette mort l'aura fort touchée : je connois son bon cœur. Mais heureusement, elle n'est arrivée qu'après qu'elle a été relevée de ses couches.

Mon affaire est en bon état. Je serai jugé dans la semaine, peut-être après demain. Les conclusions sont données : elles seront signées ce matin. Les Belots m'ont fort servi, & surtout Mme Du Bourg[1], cousine du marquis de Castries, amie intime de Mr de Bonrepos & la femme la plus respectable de Toulouse. J'ai lieu de croire que les conclusions requieront la cassation des auditions d'office & de la première procédure entière, la relaxe de l'accusation en excès & l'hors de cour de l'accusation du délit du jeu, & le décret au corps contre la témoin qui a changé de nom, de patrie et de qualité. Je suis parvenu à faire séparer les deux accusations, sans quoi j'aurois risqué d'être mis hors de cour sur le tout, ce qui eût été pour moi une ignominie. Je ne sçai ce que fera la chambre. Mais je n'ai encore vu personne qui doutât que les deux témoins ne fussent rejettés. Sareméjane a fait une production admirable. Si je l'avois prévue, je n'aurois point écrit. J'ai fait signifier le decret contre Dorliac pour crimes de maquerellage & le verbal de signification. Je ne suis point mal avec le secretaire de mon raporteur, qu'on dit être un fort honnête homme. Toute la ville lui a parlé. Voici ceux que je compte pour moi : Mr de Boissy[2], M. de Sauveterre, Mr de Bojat[3], Mr Bousquet, Mr de Celès, Mr de Cassand. Je compte contre moi Mr de Puget, Mr de Lasbordes[4] ; & ni pour ni contre : Mr de La Carry, Mr de Cambon, Mr d'Arbou[5]. J'ai écrit à tous les juges une lettre fort polie et différente en leur envoyant mon mémoire. Tous les grands'chambriers m'en envoyent demander. Moulas mon libraire[6] m'a l'air d'en vendre fort peu. J'ai écrit à Mr de Senaux[7] qui est à deux lieues d'ici. Je lui ai dit que les gens de lettres avoient droit d'invoquer les magistrats de sa maison, qu'un Senaux avoit fait rendre en faveur du testament de Bayle cet avis si glorieux au parlement de Languedoc[8]. Je ne sçai s'il viendra me juger. Mais il seroit pour moi à cause de Mlle de Calonges, qui lui prêta 10 mille francs pour l'achat de sa présidence.

Je vous envoyai par Mr Julien fils \negociant\ de Montpelier qui partit d'ici le 3 fevrier l'exemplaire du discours de Mr de La Condamine qu'il m'a fait passer pour vous avec ordre de vous l'envoyer promtement. Si Mr Julien fils, à qui je dis de le remettre à un des muletiers de Sauvage, ne vous l'a pas envoyé, écrivez lui. J'ai envoyé un des mémoires in 12 au maréchal de Thomond, qui est très prévenu aujourdui contre David, au point que dans l'espace de quelques semaines il a fait 3 ou 4 avanies à ce capitoul, comme de le faire confronter en plein consistoire avec des comédiens qui s'étoient plaints que David partageoit avec eux les profits du bal, comme de l'obliger à s'acommoder avec un billardier dont le fils avoit été meurtri par lui de coups de canne, acomodement qui a fini par l'ignominieux désistement que David a fait de se se mêler jamais de la police de ce billard, comme de demander pardon au capitaine du guet mon ami de l'avoir mis indûment aux arrêts & de l'avoir confronté avec un soldat. D'un autre côté, il a été bien saboulé[9] par Mr de Saint Florentin sur la plainte des officiers du sénéchal. Le regiment de La Roche-Aimon (le major) a aussi porté des plaintes contre lui. Enfin, nous excédons de lettres contre David. Mr de Thomond, qui a dit & écrit à Castel que David lui donnoit plus d'affaires que toute la province ensemble & qu'il étoit bien éloigné de vouloir le maintenir. J'ai fait quelques unes de ces lettres, entre autres celle de la billardière à la maréchale. Le juge-mage en a fait. Un avocat à qui David avoit fait une avanie, que Mr de Thomond a réparée d'une manière éclatante par David même, lui suscite des ennemis de tous les côtés & le détruit fort adroitement. Enfin je crois que la confrontation de Julie que j'ai prié le maréchal de lire, lui portera le dernier coup. David écrivit au maréchal que je préparois un mémoire qui étoit une satyre contre Mr de Thomond & contre lui. Mr de Thomond écrivit à quelqu'un de lui en envoyer un exemplaire. Il n'y avoit sur lui que cette phrase, *il a appris qu'un magistrat municipal*, peu content de l'opprimer ouvertement pas sa justice, l'avoit diffamé *secretement auprès de l'autorité*. Sur le champ je fis un carton aux petits in 12 qui sont pour le public[10], & je mis ce que vous verrez[11]. De sorte que le maréchal sera bien convaincu que David est un menteur. Les Scoste[12] ont trouvé mon mémoire très bon. Vous verrez combien je m'y suis contraint. Je crois que Senovert en est piqué de ne l'avoir pas fait. Je le lui envoyai pour le revoir. Il partit le même jour pour Carcassonne ; il y resta 15 jours, & mon mémoire chez lui, de sorte que je ne doute pas qu'il ne déprime mon ouvrage. Il me demanda pourquoi je ne l'avois point envoyé à La Vaysse. Je lui répondis que j'avois cru que cette bagatelle étoit trop au dessous de lui. La vraye raison étoit que Mr Lavaysse, voisin et ami de David, m'avoit dit, après que mon mémoire eut été fait, que le meilleur mémoire étoit un bon arrêt. Je crus qu'il convenoit d'instruire mes juges & le public. Belot, qui avoit été de l'avis de La Vaysse, revint au mien. Mr le procureur-général ayant lu & dévoré mon mémoire il y a 12 jours, dans le tems que je voulois le supprimer, me fit dire par Mme Du Bourg qu'il falloit absolument le publier. Ce Pigeron[13] qui l'a signé, est un juge-général d'Albigeois. Vos chataignes sont excellentes. Je n'en ai point envoyé à La Vaysse, mais bien à Belot & à d'autres personnes. Il m'en reste fort peu, & j'en mange beaucoup. Je vis hier Mr Chabrol, qui me remit une lettre de Mme d'Arnal. Voilà ma réponse, que je vous prie de lui remettre. Mr Lacarry, qui paroissoit contre moi, paroit bien revenu. Mr de Bastard le professeur[14] dit qu'il n'y a rien à ajouter ni à diminuer à mon petit mémoire. Mais il vouloit que je nommasse tous les officiers du parlement qui étoient du soupé. Voilà le marquis de Castries fort brillant. Il a le mobilier de Mr de Belle-Isle, qui vaut deux millions. Le chevalier de Beauteville[15] est parti. L'évêque[16] est resté ici pour plaider. Le marquis est fort chaud pour moi.

[post-scriptum en haut de la lettre :] Si vous ne recevez pas mon mémoire sous bande, c'est qu'il aura trop couté à la poste.

A monsieur Angliviel / avocat au parlement / à Valeraugue par Le Vigan, Cevennes

MANUSCRIT

ALB 383.

NOTES EXPLICATIVES

1. Voir LB 3662 n. 11 et LB 3687 n. 22.

2. Étienne de Boissy, conseiller au Parlement (Du Mège, p. 389).

3. Voir LB 3687 n. 6.

4. Balthazar d'Aussaguel de Lasbordes († 1776), conseiller au Parlement en 1723 (Du Mège, p. 388).

5. Étienne-François-René Darbou (ou d'Arbou), conseiller au Parlement en 1726 (Du Mège, p. 388).

6. Bernard Moulas, libraire en novembre 1757, adjoint au syndic de la communauté en 1759-1762 et en 1776-1778 : voir Renaud Silvestre de Sacy, *Les Imprimeurs et libraires toulousains à la fin de l'Ancien Régime (1759-1789)*, mémoire de maîtrise, Université de Toulouse-Le Mirail, 1991.

7. Jean-Joseph-Dominique de Senaux (1727-1789), président à mortier au parlement de Toulouse, devenu membre de l'Académie des Jeux floraux en 1760 (Duboul, II, p. 15-16). C'est le gendre du président de Nupces (voir LB 3668 n. 3).

8. A la mort de Pierre Bayle (1706), le fisc avait fait saisir ses biens et fit plaider que, par son exil volontaire, le philosophe de Rotterdam avait perdu son statut de Français et son droit de tester. Le président de Senaux protesta en affirmant qu'« il était indigne de considérer comme étranger celui que la France se glorifiait d'avoir produit, et dont le nom avait jeté tant d'éclat dans l'Europe entière, à l'époque même de la promulgation de cette loi qui frappait de mort civile tous les Français réfugiés ». Par arrêt du parlement, le testament fut finalement validé. Voir Jean-Baptiste Dubédat, *Histoire du parlement de Toulouse*, 2 tomes, Paris : Artur Rousseau, 1885, t. II, p. 335-336. Voltaire avait contribué à faire connaître cette décision : « En plaçant ici Bayle parmi les auteurs qui ont honoré le siècle de Louis XIV, quoiqu'il fût réfugié en Hollande, je ne fais que me conformer à l'arrêt du parlement de Toulouse, qui, en déclarant son testament valide en France, malgré la rigueur des lois, dit expressément "qu'un tel homme ne peut être regardé comme un étranger". » (*Le Siècle de Louis XIV*, chap. XXXII).

9. *Sabouler :* « Tourmenter, tirailler, renverser, houspiller une personne de costé & d'autre plusieurs fois. » (*Dictionnaire de l'Académie française*, 1694).

10. Il pourrait s'agir du brevet du 9 février (LBD 300-26).

11. Mémoire contre les capitouls signé Pigeron de Milhet : voir LBD 300-25. « Livres nouveaux. – Le Mémoire de M. de La Beaumelle, de 138 pages in 12 paroit et se débite chez tous les libraires de cette ville. Il y a des choses curieuses ; il y en a d'amusantes, si l'on pouvoit rire dans un procès-criminel ; il y en a d'incroyables, mais très bien prouvées par les pièces originales qu'on a pointées à l'instruction. M. Pigeron de Milhet son avocat pouroit prendre pour épigraphe, *mira sed acta loquor*. » (*Annonces, affiches et avis divers de Toulouse*, 19 février 1761, p. 26).

12. Lire *Coste* (voir LB 3673 n. 19).

13. Jean Pierre Victor Pigeron, licencié en droit et reconnu capable à Toulouse (BIU Toulouse Ms 67 f° 352 v°-353 r°), devenu Jean-Pierre Pigeron de Millet, conseiller du roi et ancien juge en chef du pays d'albigeois (Geneanet.org).

14. Dominique-Simon de Bastard (1694-1771), professeur de droit à l'université de Toulouse (J.

Chalande, « Histoire des rues de Toulouse », *Mémoires de l'Académie des Sciences, Inscriptions et Belles-Lettres de Toulouse*, 1914, p. 205).

15. Pierre de Buisson, chevalier de Beauteville (1703-1790).

16. Jean-Louis de Buisson de Beauteville.

LB 3696. *L'abbé Étienne d'Arnal à Jean Angliviel*

[Villefranche-de-Conflent, le 13 février 1761]

[...] Quelles nouvelles me donnerés vous de Mr vôtre frere ? J'ignore où il est depuis longtemps. A t-il fait imprimer son *Tacite* ? ~~et~~ \Ce livre\ a t-il eu un heureux succès ? Je n'en doute pas un moment. [...]

D'Arnal prêtre beneficier de Villefranche

Un vieux chanoine de Corneilla[1] sembloit depuis peu avoir envie de trépasser. On ecrivoit déjà pour moy à Rome. J'etois faché de ne pouvoir employer les recommandations que vôtre frère m'y a fait espérer. Mais le chanoine a rassuré touts les prétendans à sa dépouille. Le gaillard a donné un si grand coup de pied à la mort qu'elle ne s'en approchera sûrement pas de dix ans. *Vale*.

Villefranche en Conflens le 13ᵉ fevrier 1761 [...]

A monsieur Angliviel avocat au / parlement / à Valleraugue en Cevennes / par Montpellier et Le Vigan / en Languedoc

MANUSCRIT
ALB 5637.

NOTE EXPLICATIVE
1. La collégiale de Corneilla-de-Conflent.

LB 3697. *La comtesse douairière Marie-Claire de Fontenille à La Beaumelle*

Au Castella[1], ce 15ᵉ fevrier 1761

Je ne sçay, monsieur, si vous avés receu il y a huit jours une de mes lettres, pour vous dire qu'on cherche à force au greffe d'Agen ce que vous demandez. Si on le trouve, je vous l'enverray. Donnés moy des nouvelles de tout ce qui se passe, et votre adresse, et si on peut vous ecrire en suretté. J'envoye à Toulouse un messagér exprès pour y portér ma lettre. Je ne puis pas vous ecrire ce que j'aurois à vous dire. J'attend de vos nouvelles avec impatience par le retour de ce vallet. J'ay l'honneur d'etre bien sincerement, monsieur, votre très humble et très obeissante servante.

de Durand comtesse de Fontenille doueriere

MANUSCRIT
　ALB 3888.

REMARQUE
　Seule la signature, très difficile à déchiffrer, est autographe.

NOTE EXPLICATIVE
　1. Chez la marquise de Castella sa fille, à trois lieues d'Agen.

LB 3698. *François de Varagne-Gardouch, marquis de Belesta, à La Beaumelle*

[Beaupuy près Grisolles, le 17 février 1761]

Enfin, monsieur et cher auteur, vous voylà tout aussi libre[1] qu'une lissence poétique, vous pouvés aler impunement par tout ; je vous en felicite et vous ecsorte[2] à ne point abuser de votre position. Il est dangereux de parcourir les ecxtremes surtout quand la rapidité s'en mele ; vous venés d'estre resserré, craignés le large, ne vous atachés qu'aux plaisirs de realité. La chimere va faire ses efforts pour vous seduire, l'on est foible quand on est pressé, armés vous de la philosophie qui vous a fait suporter vos peines ; pour n'être pas la victime de vos plaisirs, jouissés en sachant jouir.

> Savoure la douceur qu'offre la liberté.
> Tout ramene pour toy le tems heureux de Rhée[3],
> Et pour metre le comble à ta felicité,
> Si tu le peux, decouvre une nouvelle Astrée[4].

Nos echos ne parlent que de vous ; ils repetent sans cesse que vos juges anpressés à vous rendre la liberté ont sacrifié vos interets au plaisir de vous voir marcher. Pour moy je dis que le cœur vous a relaxé, que la bone foy vous fait payer l'amande, et que sans doute la generosité a prononcé le hors de cour ; quoiqu'il en soit il est clair que l'on a voulu vous tirer d'icy ; l'empressement avec lequel l'on vous a jugé en est la preuve incontestable.

> Samblable à la rosée en tous lieus pressieuse
> Que pompe l'astre du jour
> Tu t'arraches de ce séjour
> Attiré par l'ardeur d'une cour radieuse.

L'on m'a dit que le puplic enchanté de votre elargissement est neanmoins desespéré de ne voir point votre partie aneantie, il contoit plus sur vostre affaire que sur les ressources de Balar[5] ; l'on est meme etoné que le parleman n'est pas cési cette ocasion pour retablir le droit des gens si long tems ~~egaré~~ violé, aussi dit-on dans tous les coins

> Nostre malheur sera durable
> Ainssi l'ordone le destin ;
> Peuple sachés que ce matin
> Nos dieux ont ansencé le diable.

J'ay oublié de vous demander à lire le premier volume de *Madame de Maintenon*, vous savés qu'icy l'on a besoin de ressources, vous me teniés lieu de tout, ~~aujour~~ aujourdhuy tout me manque.

> Je ne puis boire ny manger
> Et moins encore avec toy rire
> Ha ! comment me ~~dedom~~ dédomager
> Si je suis privé de te lire.

Madame de *[6] est arivée, je n'ai pas encore eu l'honeur de la voir, elle m'a neanmoins fait emprunter une chandele. Cest ardant n'a fait qu'entrer et sortir, l'on me l'a ranvoyé dessuite ; voylà qui ne fait pas honeur à mes provisions.

> Tenés, prenés c'est ma devise
> Je ~~te~~ \le\ donne comme je l'ay
> Faire des façons, je ne sçay
> Non rien de tel que la franchise.

Avoués que c'est bien bavarder pour enprunter un livre ; je vous en demande pardon et vous souhaite le bonsoir à la place duquel vous pourrés subroger le bonjour pour demain.

A monsieur de Labomele ancien / prisonier des homurats / logé chés Mr le marquis de Gardouch / à Toulouse

MANUSCRIT
ALB 2625.

NOTES EXPLICATIVES
1. La Beaumelle a été relaxé la veille (voir LB 3703).
2. Lire *exhorte*.
3. Le temps de Saturne et de Rhée : l'Âge d'Or.
4. La bergère Astrée, héroïne éponyme du roman d'Honoré d'Urfé.
5. Probablement l'avocat toulousain Balard, que La Beaumelle connaît (voir LBD 296-9).
6. Mme de Montmoirac.

LB 3699. *Jean Mathurin Moreau de La Primerais à La Condamine*

A Saint Malo, le 17 fevrier 1761

J'ay l'honneur de vous renvoyer ci joint, monsieur, l'eloge de Mr Formey, que je vous remercie très humblement d'avoir bien voulu me communiquer : j'aurois souhaité pouvoir l'executer plustôt, mais je l'avois preté à Mr Du Rouvre[1] et avec prière, attendu sa grande mémoire, d'y faire des remarques : une mort arrivée dans sa famille et dont les suites lui ont occasionné beaucoup de travail et d'ecritures l'ont empêché de déférer plustôt à ma priere ; enfin il a ecrit ses remarques sur de petits feuillêts separez qu'il a inseréz entre les pages qui en contiennent le sujet, et j'ay suivi la même metode entre celles que j'avois l'honneur de vous indiquer, et qu'il avoit passées, nous etant à peu près rencontrez dans le surplus : il nous a paru qu'on en pouvoit joindre beaucoup davantage, mais moins essentielles, n'ayant eu en vüe au surplus que de vous soulager, et de vous epargner du tems ; car quelque'immanquable que vous soit l'animadversion, et quelque superieures que soient vos reflexions, nous nous sommes imaginez qu'une espece de repertoire tel que nos feuillêts l'operent vous feroit gagner quelques quarts d'heure : au surplus et depuis que vous m'avez fait l'honneur de me marquer que plusieurs libraires avoient refusé de réimprimer la pièce, nous avons pensé que ce seroit autant d'avancé pour les endroits relatifs, et il y en a, de l'ouvrage de Mr de La Beaumelle.

J'avois entrepris de copier entierement les cahiers que vous avez eû la bonté de m'en envoyer, mais le tems de la nouvelle année et mille affaires tant de mon etat que de famille, ne me l'ont pas permis ; j'y ai employé des copistes, mais la chose n'en a pas eté plus vite, parce que leur rareté a été augmentée de nouveau par le besoin qu'en ont eû nos armateurs depuis trois mois, que leurs corsaires ont amené ici 20 prises ; j'ay esté obligé d'avoir recours à d'autres que des commis, mais ne travaillant que par intervalles, et concequemment sans beaucoup de diligence ; cepandant j'espere estre en etat sous huit jours de vous faire un premier pacquet pour la moitié et plus : je suis très mortifié de ce contretems, et d'autant plus que vous me faites l'honneur de me dire que l'auteur est très impatient, mais puisqu'il a tout fait, il me semble qu'il ne doit estre impatient que de la perfection d'un ouvrage, qui dès qu'il l'intitule *Vie de M. de M.* ne sçauroit estre trop exact et trop soigné, même trop ample s'il le faut ; ainsi il doit avoir la bonté d'en donner le tems, cela ne lui fera que plus d'honneur. Je n'ay lu cette Vie qu'à baston rompu par l'aller et le venir des cahiers, mais ce seroit dommage que tout n'y fût pas aussi excellent que la plus grande partie m'en a paru.

Depuis l'honneur de la vostre du 9 janvier mesdames Magon et de Franchevile sont arrivées à Paris, et je compte qu'elles vous auront remis les estrennes malouines que vous me marquiez souhaiter : Mme Magon m'avoit ecrit quelque tems avant de partir qu'elle vous en delivreroit plusieurs : sans cela je n'aurois pas manqué de vous faire un pacquet de trois aussitôt quoy que je n'eusse pas pu avoir l'honneur de vous ecrire, ou très brievement en même tems. Ces dames vous ont au moins remis, monsieur, toutes les lettres du R. de P. et quelques autres de princes et seigneurs qui estoient ensemble : je crois que cela va vous mettre à lieu de negotier s'il le faut avec le successeur de M. l'abbé Sallier[2], pour avoir une libre et facile communication des lettres de V. J'aurois ecrit en vain sans doute pour cela audit feu abbé, tant par l'etat menaçant de sa santé, que par son inflexibilité naturelle, et je vous avoüe que je le sentois par je ne sçais quoy de roide et de brusque que respiroient les reponses qu'il m'a faites sur quelques questions que l'etat de la succession de mon pauvre cousin m'a obligé de lui faire.

Vous me faite l'honneur de me dire que si vous euussiez prévû que votre epitaphe eût esté imprimée, vous y auriez fait quelques corrections, mais j'ay craint que vous ne m'en ordonassiez plustôt la supression, et il auroit fallu suprimer tout l'article en quelque façon, et que mille gens avoient souhaité. Vous pouvez je crois faire usage de cette pretendüe corrigée dans l'ouvrage de Mr de La Baumelle.

Adieu, monsieur, j'ay esté interrompu, le tems a passé, et l'heure de la poste est venüe, j'ay l'honneur d'estre avec le plus parfait et le plus respectueux devoument votre très humble et très obeissant serviteur.

Moreau de La Primerais

[de la main de La Condamine :] recuë le 21 rep. 18 mars

MANUSCRIT

Archives de l'Académie des Sciences, fonds Maupertuis, 43 J, I, n° 6.

NOTES EXPLICATIVES

1. François-Auguste Gouin, seigneur du Rouvre et de Saint-Pierre-de-Plesguen (1696-1782), capitaine général des garde-côtes, dédicataire du t. II des *Œuvres* de Maupertuis publiées en 1756 chez Jean-Marie Bruyset.

2. L'abbé Sallier est décédé le 9 janvier. Jean Capperonnier (1716-1775), membre de l'Académie des Inscriptions et Belles Lettres, lui succède comme garde des imprimés de la Bibliothèque du roi, poste qu'il occupera jusqu'en 1775.

LB 3700. *Jean-François Belot à Jean Angliviel*

A Toulouse, le 18 fevrier 1761

Je me hate, mon cher monsieur, de vous annoncer l'arret qui fut rendu hier dans l'affaire de M. votre frere, il a eté *relaxé* de l'accusation criminelle contre lui intentée et ce relaxe qui est l'objet important de son procès a eté prononcé tout d'une voix ; quant à l'accusation concernant le fait de poliçe à raison du jeu de hazard, plusieurs juges vouloient le mettre hors de cour sur ce point, mais demeurant *ses aveux* à cet egard et à cause qu'il avoit joué dans une *maison notoirement suspecte*, on l'a condamné seulement à l'amande de cinquante livres. Il n'est personne qui n'ait eté revolté, les juges eux meme, de la conduite *du capitoul* ~~dans~~ \et\ des capitouls dans cette affaire, et je suis bien faché en mon particulier qu'il n'ait pas eté possible à M. votre frere d'obtenir quelque recours contre des gens qui avoient si indignement procédé ; vous devés être au moins persuadé du desir que j'avois de lui rendre service et par rapport à lui et par raport à vous, comme aussi du sincere attachement avec lequel je suis, mon cher monsieur, votre très humble et très obeissant serviteur.

Belot

A monsieur Angliviel avocat / au parlement / à Valleraugue par Le Vigan / cachet DE TOULOUSE

MANUSCRIT
ALB 5638.

LB 3701. *Lapierre frères à Jean Angliviel*

A Nîsmes, le 19 fevrier 1761

[...] Joint à votre derniere lettre nous avons trouvé celle pour M. de La Beaumelle votre frere quy ne pourra etre remise au courier que samedy prochain.[...]

A monsieur Angliviel avocat / en parlement / à Valleraugue

MANUSCRIT
ALB 5787.

LB 3702. *Johann Bernhardt Merian à Jean II Bernoulli*

21 février 1761

[...] M. de La Condamine a raison d'être mécontent de l'Eloge de M. Fouchy. Vous le serés autant que lui et moi lorsque vous le lirez. Je suis fort curieux de voir celui de M. de La Beaumelle; mais je crains que la première chaleur étant passée, il n'ait oublié ses promesses. Au moins tarde-t-il bien à s'en acquitter. [...]

MANUSCRIT

Fonds Bernoulli, UB, L Ia 711, f° 227.

LB 3703. *La Beaumelle à Jean Angliviel*

[Toulouse, le 22 février 1761]

Le 16 & le 17 de ce mois je fus jugé. Notre ami Belot vous a marqué l'arrêt en substance[1]. Il est encore meilleur que nous ne le sçûmes d'abord[2]. 1° On me mit hors de cour sur ma demande en cassation des auditions d'office. 2° On rejetta la première information. 3° On me débouta de ma demande en cassation du verbal & de la seconde procedure. 4° Rejettant les témoins, on me *relaxa* de l'accusation criminelle. 5° Et quant au *fait* du jeu, demeurant mon *aveu* & pour certaines bonnes *considérations* à ce emouvans la cour, on me condamna à 50 £ aplicables aux pauvres de la conciergerie du Palais. 6° La restitution de l'amande de l'appel.

La rélaxe & le mot de relaxe fut unanime. J'eus cinq voix pour l'hors de cour sur le fait du jeu. Enfin, il y en eut un qui se démancha & je fus condamné par six voix contre 4 qui me restèrent. Mais comme je m'étois fort bien défendu sur cela dans mon interrogatoire, qui dura 5 quarts d'heure (tout ou le plus à m'entendre), comme on ne condamnoit qu'à regret, on y mit tous les adoucissemens possibles, on ôta le mot de *delit* de jeu & l'on mit le *fait du jeu*. On marqua que ce n'étoit que sur mon aveu; on fit mention des considérations particulières qui déterminèrent à cette rigueur, on ne mit point le mot d'amande.

J'ai vu tous mes juges. Ils sentoient bien que je n'étois pas content. Mais ils me dirent tous qu'il étoit fâcheux pour moi de n'avoir point prouvé (pendant procès) le pillage de mes effets, & de ne m'être pas fait une partie, que les dommages-intérêts alloient de suite, que la vexation étoit évidente & que la chambre l'avoit bien déclarée par le mot de relaxe.

La veille de mon arrêt, mon raporteur m'avoit dit que je ne serois jugé que dans 8 jours, de sorte que la plupart de mes juges n'avoient lu que des morceaux de mon mémoire[3]. Pour comble d'inconvénient, le matin de l'arrêt, il y avoit une assemblée de chambres, & tandis qu'on discutoit les arrêtés de ma cause, on venoit interrompre à chaque instant mes juges, qui n'avoient pas toute l'attention nécessaire à la chose.

Le public, que mon mémoire m'avoit gagné, n'a point été content de mon arrêt. En effet, il faloit du moins décréter Julie & Dorlhac. On auroit bien ôté les 50 £ à cause de la vexation. Mais Mr de Boissy me dit qu'il n'y avoit point de compensation en matière criminelle. L'*hors de cour* sur les auditions d'office est quelque chose de fort singulier, ainsi que le rejet de la 1ᵉ information. Pourquoi ne pas la casser?

Les capitouls ont été aussi mécontens de l'arrêt que le public. Dès que mon mémoire parut, ils le lurent en plein consistoire. David fut furieux. Faget[4] dit que cette affaire ne regardoit que les capitouls des années 59 & 60. Mais dès qu'ils en virent le succès par l'arrêt, ils s'assemblèrent pendant trois jours, &, à l'instigation de Taverne, de Poulier & d'autres précédens capitouls, ils delibérèrent de convoquer le conseil de ville pour aviser à tirer vengeance de mon mémoire. Tout le monde se moque fort de cette convocation. La ville, que je n'ai point offensée & qui est instruite, sera surement pour moi, ainsi que deux grands chambriers, Mr le procureur-général, le juge-mage & les gens du roi de l'hotel de ville. Mais quand ils engageroient la ville dans une affaire contre moi, ils perdroient leur procès parce que je prouverois aisément 1° que j'ai été vexé; 2° que mon mémoire est très-modéré; 3° qu'il est vrai dans toutes ses parties; 4° que les droits d'une légitime défense me permettoient des traits bien plus forts; 5° que mon intérêt les auroit même exigés s'il n'avoit été subordonné à une excessive bienséance.

Actuellement je vais leur intenter un procès pour le pillage de mes effets[5]. Je démontrerai 1° que mon apartement a été, trois jours avant le décret, livré à une garnison; 2° qu'on m'a volé mes 4 douzaines de serviettes de Bayonne. Et j'en serai cru sur mon serment pour le reste. Tout le monde me dit que je gagnerai surement ce procès. Et aux interrogats qui me furent faits là-dessus par la chambre, je vis combien elle étoit disposée à m'accorder des domages-intérêts & fâchée de ce que je n'avois pas fait la preuve du pillage & de la garnison mise. Il y eut trois voix pour mander venir David & l'assesseur Du Puy.

Madame de Montmoirac[6] arriva le 17. Tout le monde est pour elle. Elle a ici pour parens Mrs de Gardouch, Mme de Lanta, Mr de Roquelaure, Mme de St Priest, Mme de La Gorce. Mlle de Calonge a fermé au mari la maison de Mme d'Aussonne, de Mme de Fumel & de Mr le procureur général[7]. Le marquis n'a pour lui que l'eveque de Couserans[8] son parent, & Taverne son avocat. Il fut hué dans une auberge par les servants ; il ne va nulle part. L'evêque d'Alais n'ose plus ouvrir la bouche. Mme de Clermont[9], Mme de Palier, Mme Du Bourg, Mme de St Michel[10] font un tapage épouvantable contre lui. Cette pauvre femme trouve Toulouse bien différent d'Alais, où tout le monde l'avoit abandonnée. Mr de Lebres[11], qui l'avoit si bien conduite, l'a suivie. Elle gagnera son procès à [*pur*] & à plein[12]. Vous l'aviez prédit. Mr de Bojat, mari infortuné ma[*is*] plus prudent, est son raporteur.

Je ne vous envoye pas tous les vers, tous les couplets flatteurs que j'ai reçus sur mon mémoire. Je ne vous dis point que tous nos juges m'ont fait compliment de mes défenses à la barre. Je vous assure que tout le monde est pour moi, même quelques parens des capitouls. Je me suis levé jusqu'à cinq heures du matin. J'ai eu toute la ville à voir.

Adieu, mon cher frère. Lisez cette lettre à tout le monde, à ma belle sœur, à Mme d'Arnal &c, à Mr Carle mille complimens.

Mon mémoire doit vous avoir couté seulement 24 sols. Adieu. Je vous aime & vous embrasse de tout mon cœur.

A Toulouse ce 22 fevrier 1761

P. S. J'oubliois de vous accuser la reception de votre lettre du 16. Je suis charmé que La Pierre veuille réparer sa maison. Pour vous, laissez la vôtre telle qu'elle est. Du reste, mon affaire me coute 450 £, & mon mémoire me rendra davantage.

A monsieur Angliviel, avocat / au parlement / à Valeraugue / par Le Vigan, Cevennes / cachet DE TOULOUSE

MANUSCRIT

ALB 384.

NOTES EXPLICATIVES

1. LB 3700.

2. LBD 300-27.

3. LBD 300-28.

4. Jean-Pierre-Bertrand Faget, avocat, capitoul en 1757, réélu en 1761 (*Tableau des capitouls*, p. 172 et 174).

5. Voir LBD 300-29.

6. Olympe de Pape de Saint-Auban, marquise de Monbrun († 1793), fille de Guy Antoine Pape, marquis de Saint-Auban, mort en 1740 (il avait abjuré en 1686), et de Marie-Charlote [ou Anne-Marie ?] du Puy-Montbrun, morte en 1752 ; mariée le 30 mai 1748 à Jean-Baptiste Bernardin de Trémolet-Montpezat, marquis de Montmoirac, dont elle est séparée de corps pour six ans depuis le 17 mars 1754 ; assignée devant le juge d'Alès par son mari pour adultère le 15

mai 1760, interrogée les 24, 26 et 28 mai 1760 et condamnée le 22 septembre 1760. C'est de ce jugement qu'elle a fait appel devant le Parlement de Toulouse.

Le baron de Bérard d'Alès-Montalet rend compte au comte de Moncan de ce premier procès (Jean Scipion Bérard, marquis de Montalet, baron d'Alais, colonel, chevalier de Saint-Louis, qui a épousé en 1732 Louise de Pérussis et teste en 1779, est un neveu de M. de La Fare) :

« Madame de Montmoirac m'a prié, monsieur, de vous envoyer la lettre qu'elle a l'honneur de vous ecrire.

Mr de Montmoirac m'envoya le 20 du courant M. de La Fare avec une lettre que je n'avois qu'à signer pour M. le vice legat pour le prier de faire arreter sa femme qui menoit une mauvaise vië. M. de La Fare me dit en meme temps que le ministre et M. le chevalier de Beauteville avoient demandé à M. le vice legat de la faire arreter et de la faire conduire à Villeneuve. Je refusay de signer cette lettre, ne voulant me preter que pour faire plaisir à tout le monde.

Le 22 du courant Mr de Ribes vint me prier de la part de M. de Montmoirac de recevoir madame au fort. Il m'en pria luy meme, me disans qu'il n'etoit pas possible de mettre cette dame dans la prison de la ville étant plaine de malfaiteurs et de toute sorte de malpropreté, qu'au surplus madame de Montmoirac fut arreté par ordre de la cour et qu'il avoit celui de faire les informations et de luy envoyer. Je me rendis à ces raisons et luy dits, et à M. de Montmoirac qui vint dans cet intervalle, que je donnerois à Mme de Montmoirac un appartement sûr et convenable, mais que je ne la recevrois pas en qualité de prisonniére, ne voulant ny ne pouvant m'en charger, et encore moins mon geolier, que je luy donnerois l'hospitalité comme ma parente mais non pas comme prisonniere.

Deux cavaliers de la maréchaussée la conduisirent le lendemain 23 au fort à huit heures du soir.

Je futs, monsieur, très surpris de voir arriver au fort le 24 à deux heures après midy les memes cavaliers pour l'amener à la maison de ville, devant y etre interogée dans les vingt quatre heures, aiant été arrêtée en vertû d'un decret de prise de corps qui seroit nul sy l'on ne commençoit les interogatoires dans les 24 heures ; les cavaliers en consequence l'amenerent à l'hotel de ville où elle est gardée à vüe et personne ne peut la voir que les gens de justice qui ne sont pas pour elle, son etat est triste, manquant de tout meme l'absolument necessaire. » (27 mai 1760 : AD Hérault, C 6683).

« Monsieur Champetier qui doit juger l'afaire de madame de Montmoirac avec son mary m'a dit qu'il comtoit que cette affaire seroit jugée ici dans le courant de ce mois. » (8 octobre 1760 : *ibid.*).

« Par les lettres que vous m'avez fait l'honneur de m'écrire, monsieur, j'ay veu que vous desiriés d'estre instruit de l'afaire de Mr [et] de Mme de Montmoirac. Comme je n'entens pas les affaires, j'ay l'honneur de vous envoyer les mémoires qu'on m'a remis. » (23 octobre 1760 : *ibid.*).

« Vous m'avés fait l'honneur de me charger, monsieur, de vous informer de ce que je savés des affaires de madame et de monsieur de Montmoirac, elle feut jugée samedy, et malgré mes diligences je n'ay pu en avoir un extrés qu'aujourd'hui, lequel je prens la liberté de vous envoyer. Monsieur de Ribes a été un de ces juges, monsieur Champetier l'autre, ils ont l'un et l'autre pansé bien diféramment, comme ils sont à Montpéllier, ils pourront vous dire, monsieur, le contenu de leurs déssions. » (26 novembre 1760 : *ibid.*).

Le comte de Saint-Florentin écrit au maréchal de Thomond le 22 juillet 1760 : « J'ai reçu, M., la lettre que vous m'avés fait écrire \l'honneur de m'écrire\ en m'envoyant le placet du sieur de Montmoirac. Ce gentilhomme ayant formé une plainte juridique en adultère contre sa femme, et ayant même obtenu un decret de prise de corps en vertu duquel il l'a fait mettre dans les prisons d'Alais, ce seroit intilement que Je proposerois au roi de donner \inutilement au roi d'accorder\ l'ordre qu'il demande pour la faire conduire dans un couvent. Ce seroit empêcher le cours de la justice qui exige que cette dame reste dans la prison pour y ester à droit pendant l'instruction de la procedure. Elle y est d'ailleurs aussi surement qu'elle pourroit l'être dans une communauté. » (AN O¹ 456, f° 176).

Nicolas Foucard d'Olympies (voir t. XI, LB 3047 n. 7) rapporte au comte de Moncan le 29 mai 1760 : « [...] La seule nouvelle qui ait jusqu'icy fait du bruit dans notre solitude est l'arivée de la marquise de Montmoyrac à Alais où elle a eté conduite en dernier lieu par la maréchaussée. Elle est dans une chambre haute de l'hôtel de ville où l'on a pris toutes les précautions necessaires pour empêcher qu'elle ne s'echape, c'est une triste avanture tant pour son mary que pour elle, mais on craint fort que le premier aura de la peine à se soustraire à tous les malheurs qu'il voudroit eviter par la levée de bouclier qu'il vient de faire [...]. » (AD Hérault, C 6606).

De Minorque le 16 juillet 1760 Pierre-Philippe de Garnier de Lamelouze, capitaine au régiment de Médoc (voir t. XI, LB 3184 n. 2), écrivait à Pierre Villaret, notaire à Alès : « J'avois quelque idée du procez de Mr de Montmoirac. Je vous avoue que voilà une bien facheuse aventure, surtout par le bruit qu'elle va faire. Il y a à parier qu'il perdra son procez apres avoir depencé bien de l'argent et s'ettre fait tinpaniser dans le public, il est bien à plaindre s'il n'y a pas de sa faute. Une chose qui me surprend c'est qu'on aye arestté du monde bien des complices pour une affaire de cette nature. Il y a sans doutte quelque chose de plus pour que le vice legat aye permis l'enlevement de la dame et que la justice l'aye ordonné. » (AD Gard, 1 E 469, f° 43).

7. Riquet de Bonrepos.

8. Henri-Gaston de Lévis-Leran (1713-1786), évêque de Pamiers, Couserans et Mirepoix depuis 1742.

9. Louise-Charlotte d'Ouvrier, mariée à Toulouse avec Joseph II de Gasquet, marquis de Clermont (Saint-Allais, *Nobiliaire universel de France*, Paris, 1815, t. IV, p. 122).

10. L'épouse de Jean Marguerit de Saint-Michel, baron de Saint-Michel de Lanes, conseiller au parlement de Toulouse de 1731 à 1762.

11. Joseph Martin Deslèbres. Il sera qualifié d'avocat quand, en 1770, il sera nommé consul d'Alès par le prince de Conti.

12. *À pur et à plein :* «Façon de parler adverbiale pour dire *entièrement & sans aucune condition, sans aucune réserve.*» (*Dictionnaire de l'Académie française,* 4ᶜ éd. 1762).

LB 3704. *La Beaumelle à Jean Angliviel*

[Toulouse,] le 25 février 1761

Je ne vous écris que deux mots. Je suis charmé que mon mémoire vous ait plu. Il a fait beaucoup de bruit ici ; les avocats ne sont pas ceux qui en ont dit le plus de bien. Mais tout le monde s'est réuni, ce me semble, à dire que le fait étoit narré supérieurement. Tout le reste étoit fort inutile, & je n'en donnerois pas grand'chose. Seulement je demanderois grace pour l'article qui regarder la rigueur du décret & celui qui regarde l'injustice de la sentence. On m'a paru fort content de l'analyse du verbal. Dans les observations, j'ai tâché de rendre les capitouls odieux, & je crois y avoir réussi. Ils ont assemblé je ne sçai combien de conseils contre moi. Ils ont échoué jusqu'ici. Les nouveaux n'ont pas voulu entrer dans le margouillis des anciens. Ils sont la risée de tout le public. Vous auriez très mal jugé, si en cassant vous ne m'aviez pas relaxé. Il étoit clair que j'étois innocent. Cent personnes m'ont dit qu'il falloit avocasser[1]. Mr de Lebres, d'Alais, conseil de la pauvre Mme de Montmoirac, m'a prié d'écrire pour sa cliente. On fera un mémoire bien éloquent en 3ᵉ personne ; j'en ferai un en première personne. Le premier sera pour les juges, le second sera pour le public. Tout le monde convient qu'après mon mémoire il étoit impossible aux juges les plus malveillans de ne pas me donner gain de cause. Ils auroient partagé l'ignominie des capitouls. Belot le cadet[2] me ménagea hier une conférence d'une heure avec Mr le procureur-général. Il me dit qu'il n'avoit pû me donner de conseils, mais qu'il s'attendoit que je prendrois David à partie, que sur le pillage des effets on me l'auroit accordé, & que les dommages & intérêts auroient porté sur la vexation & sur le pillage, au lieu qu'aujourdui ils ne porteront que sur le pillage[3]. Le verbal n'a pu être cassé parce qu'il n'étoit qu'une dénonce. D'ailleurs peu m'importoit : ce n'est que sur mon seul aveu que j'ai été jugé.

Mes complimens à tout le monde. Je suis bien fâché que vous n'ayez pas dormi. Je ne suis pas encore prêt à vous aller joindre. Adieu. Je vous aime & vous embrasse de tout mon cœur.

La B.

25 fevrier 1761

A monsieur Angliviel, avocat au parlement / à Valeraugue par Le Vigan, Cevennes / cachet DE TOULOUSE

MANUSCRIT

ALB 385.

NOTES EXPLICATIVES

1. *Avocasser* : « Faire la profession d'avocat. On ne le dit point des avocats célèbres, mais de ceux qui sont peu employés. Ce mot est familier, et ne se dit qu'en mauvaise part. » (Trévoux).

2. Belot le cadet, procureur au Parlement, habite dans l'Enclos du Palais comme son frère (*Almanach de Toulouse* 1755, p. 169).

3. Voir LBD 300-29.

Documents

LBD 292. *Testament de Jean Pieyre*

[1er octobre 1757]

L'an mil sept cent cinquante sept et le premier jour du mois d'octobre avant midi du reigne de Louis quinze par la grace de Dieu roy de France et de Navarre par devant nous no^{re} royal gradué et les temoins bas nommés a eté presant M. Jean Pieyre, seigneur de La Valette habitant au presant lieu de Valleraugue dans le dioceze d'Alais lequel se trouvant avancé en age attaqué de plusieurs infirmités assis sur un fauteuil dans une chambre au premier etage de sa maison dont les fenetres prenent jour sur la rue publique, considerant l'incertitude du moment de la mort et desirant de prevenir toute espece de contestation dans sa famille a voulu regler sa succession et disposer de ses biens par ce testament nuncupatif ecrit ainsi qu'il va suivre : En premier lieu il a recomandé son ame à Dieu le priant de la recevoir dans son saint Paradis au nombre des bienheureux laissant ses honneurs funebres à la discretion et à la pieté de son heritiere bas nommée ; en second lieu led. seigneur de La Valette testateur donne et legue au bureau de charitté des pauvres de Valleraugue dont il a administré et regi les affaires pendant longtems la somme de cinq cents livres qui seront payables dans l'année de son decés entre les mains du receveur en exercice : et il charge en outre son heritiere bas nommée de payer dans la meme année pareille somme de cinq cents livres à des pauvres honteux et autres tels qu'elle trouvera à propos sans qu'à raison de ce elle puisse etre recherchée en aucune fasson, et en cas qu'elle le seroit le testateur la decharge dudit legat ; En troisieme lieu il donne et legue à dame Catherine Pieyre sa fille aynée veuve de Me Louis Bertezenne avocat en parlement la somme de vingt quatre mille livres payables la moitié le jour du decés dud. seigneur testateur et l'autre moitié une année aprés l'an, lui donne encore la jouissance pendant sa vie de l'apartement qu'elle occupe au second etage de sa maison sçavoir d'une chambre qui donne sur le verger avec un lit complet fauteuil, demi fauteuils, miroir et table, tels qu'ils s'y trouvent aujourd'hui et la chambre joignante qui donne sur la rue, lui donne encore une paire de flambeaux porte mouchette, un grand cuillier à soupe, six cuilliers et six fourchettes le tout argent à prendre sur son argenterie, de laquelle argenterie elle pourra disposer en toute proprieté à ses volontés, lui donne encore pendant sa vie l'uzage et faculté de prendre au verger et au jardin potager de tous les fruits et herbes qui s'y trouveront pour son uzage et c'est outre et par dessus ce que led. seigneur testateur lui donna dans son contrat de mariage avec led. Me Louis Bertezenne moyennant quoi il l'institue pour son heritiere particuliere tant en choses cy devant constituées que tout presentement données, voulant qu'avec cela elle ne puisse plus rien pretendre ni demander sur ses biens; En quatrieme lieu led. seigneur testateur donne et legue à Marie Anne Pieyre son autre fille epouse de Mc Jean Angliviel avocat en parlement la maison qu'il habite avec le verger jardin et piece de vigne joignant pour en prendre possession après le decés de dame Suzanne Daigoin sa femme et à la charge de la jouissance cy dessus reservée en faveur de lad. dame Bertezenne, voulant neanmoins que si lad. dame Angliviel vient à deceder sans enfans lad. maison verger, jardin, et vigne passe à Sr François Lapierre son petit fils fils de s^r Jean Lapierre de la ville de Nismes à qui il le substitue aud. Cas: lad. substitution etant faitte d'une chose qui en cede la legitime de droit competant lad. dame Marianne Pieyre et moyennant ce led. seigneur testateur institue lad. dame Angliviel pour son heritiere particuliere tant à raison dud. legat qu'à raison de ce qu'il lui donna et constitua dans son contrat de mariage avec led. Mc Jean Angliviel voulant qu'elle soit contente et ne puisse plus rien demander sur ses biens; En cinquieme lieu led. seigneur de La Valette testateur donne et legue à dame Suzanne Daigoin son epouse la jouissance de lad. maison où il habitte et de tous les meubles meublans et autres qui si trouveront avec la jouissance dud. verger jardin et vigne le tout pendant sa vie sous la reserve cy devant faite au profit de lad. dame Berthezenne; En sisieme lieu il donne et legue à dem^{lle} Françoise Lapierre sa petite fille la somme de quatre mille livres payables lors qu'elle aura atteint l'age de vingt cinq ans ou plutot si elle vient à se marier; En septieme lieu led. testateur donne et legue aux domestiques qui se trouveront dans sa maison lors de son decés la somme de soixante livres à chacun payables un an aprés son decés; En huitieme et dernier lieu il donne et legue à tous les autres parants et amis cinq sols à diviser entreux, et en tous et chacuns ses autres biens fonds meubles immeubles, cabaux[1] des effets noms voix droits et en quoi que le tout consiste ou puisse consister led. seigneur de La Valette a fait instituée de sa propre * nommé pour son heritiere generalle et universelle dame Jeanne Pieyre son autre fille epouse de Sr Jean Lapierre negotiant de la ville de Nismes pour elle recu[e]illir sond. entier heritage en prendre possession immediatement aprés son decés et en disposer en toute proprieté à ses volontés. C'est le dernier et valable testament dud. s^r Jean Pieyre seigneur de La Valette dont il nous a lui meme dicté les dispositions à haute et intelligible voix que nous avons transcrit de notre propre main tout de suite à fur et à mesure qu'il en a prononcé les dispositions en presance desd. temoins cassant revoquant et annullant tous les autres precedents testaments codicils donnations à cause de mort et toutes autres dispositions de derniere volonté qu'il pourroit avoir cy devant fait voulant que le presant reste et soit le seul valable et s'il ne pouvoit valoir comme testament nuncupatif ecrit il veut et entend qu'il vaille comme codicille et par toutes les autres voyes admises par le droit priant à cet effet les temoins qui ont toujours eté presants d'en etre memoratif et nous no^{re} d'en retenir notte ce qui a eté fait recité et leu en entier aud. Valleraugue maison du testateur dans la chambre où il couche presants MM. François Desperiés con^{er} du roy maire perpetuel dud. Valleraugue, noble François Carle ancien capitaine au regiment d'Auvergne, Mc Jean Brouzet docteur en medecine de la faculté de Montpellier, Mc André de Lapierre ancien consul, Sr Louis Bourguet bourgeois, Mc Joseph Fesquet pretre, et Sr Jean Nadal greffier tous dud. Valleraugue signés, le testateur ne l'ayant peu parce que les cataractes dont il est attaqué lui ont hoté l'uzage de la vuë ainsi qu'il en a fait sa declaration au greffe et qui par cette raison a fait augmenter le nombre des temoins à ce presant testament. Et nous Jean Fesquet bachellier es droit et notaire royal dud. Valleraugue et soussigné

* bouche le testateur et temoins aprouvant le renvoy du mot bouche.

Desperies	Carles	Bousquet
	Delapierre	Brouzet
	Fesquet pretre	Nadal
		Fesquet no^{re}

MANUSCRIT

AD Gard, II E 73 628, p. 311-316.

NOTE EXPLICATIVE

1. Le *cabal* est le fonds de commerce d'un marchand, ou des biens mobiliers formant un tout. « En Languedoc, les cabaux sont la base de la répartition d'une partie des impositions. » Mc Jean-Baptiste Denisart, *Collection de décisions nouvelles et de décisions relatives à la jurisprudence*, t. IV, Paris : Veuve Desaint, 1786, p. 2-3.

LBD 293. *Mémoires d'État au comte de Saint-Florentin*

[1759]

Mémoires d'Etat par le Sr La Beaumelle
Mémoires d'Etat
Premier Mémoire
Importance de l'objet

Je parle d'une des plus grandes affaires du royaume. J'espère d'être écouté d'un ministre qui n'en néglige pas les plus petites[1].

Tous ceux qui écrivent pour le bien public se passionnent pour leur sujet, et le croyent plus interessant que tout autre. Pour moy, je n'ai été déterminé à traiter le mien que par son importance bien démontrée, et dont je fais un article particulier parce qu'il est essentiel qu'on en soit parfaitement convaincu.

En effet s'il y avoit dans l'Etat une infraction continuelle et même necessaire des plus sacrées loix, si cette infraction produisoit les plus intolérables abus, si ces abus annonçoient des dangers éminens, il est évident que ce désordre mériteroit toute l'attention de l'autorité suprême.

Cette attention seroit encore plus nécessaire si ce désordre provenoit d'un corps réprouvé par le législateur et subsistant malgré lui, considérable par ses richesses, par son industrie, par ses relations avec les autres sujets, capable de ruiner le royaume par l'émigration, ou de l'enrichir par le commerce, surtout si ce corps formoit la dixième partie de la nation.

Cet objet seroit encore d'une plus grande considération si, par la désuétude ou par le mépris, ou par l'impuissance des anciennes loix, le mal étoit au comble et que le remède ne put être différé sans exposer /442/ l'Etat à une violente crise.

Or telle est la nature de la situation des affaires des Prétendus Réformés.

Répandus dans presque toutes les provinces, ils forment un parti dans le sein même de la France. Malgré les dispositions des ordonnances, ils ont, au milieu des ténèbres et des suplices, établi une forme régulière de culte secret. Ils démentent par la profession extérieure le titre de Nouveaux Convertis que les abjurations de leurs peres avoient mérité. Ils protestent ouvertement contre les dogmes de l'Eglise à laquelle on sçut les réunir, mais qu'on ne peut leur faire aimer. Ils contractent en foule des mariages illicites, également frappés des foudres eclésiastiques et civils. Ils inspirent leurs opinions à des enfans qu'on ne peut compter parmi le domaine d'une Eglise qui ne les a pas baptisés, et par là ils forment une génération qui haïra le catholicisme par principe, et d'âge en âge perpétuera cette haine par les mêmes moyens par lesquels on la leur a transmise.

L'intérêt le plus pressant de l'Etat est donc de prévenir par de sages expédiens les malheurs inséparables d'une plus longue tolérance équivoque, ou d'une vigoureuse exécution de loix aujourduy presque oubliées.

Il s'agit d'examiner s'il faut accorder quelque soulagement ou ôter tout espoir à un corps nombreux, trop malheureux pour rester toujours dans la contrainte et trop craint pour en être tiré, trop utile pour être proscrit et trop desobéissant pour n'être pas suspect. Faut-il forcer par la rigueur l'élite de deux millions de sujets à s'expatrier, ou les affectionner par la douceur à leur patrie ? Faut-il permettre au clergé d'exiger de tout un peuple des actes d'une religion que ce peuple déteste, ou bien faut-il resserrer son zèle dans des justes limites, et luy épargner la douleur de tant de sacrilèges dont il doit gemir ? Faut-il /443/ déclarer bâtards cent mille enfans réellement légitimes, ou déclarer légitimes cent mille enfans juridiquement bâtards ? Faut-il renouveller les dragonades du marquis de Louvois pour raméner à l'Eglise des mécréans qui s'en sont ouvertement éloignés, ou bien faut-il respecter les droits de la conscience erronée, et adoucir un joug qu'il lui est impossible de porter ? Faut-il ordonner aux religionnaires de croire sous le faux pretexte qu'il n'y en a plus en France, ou faut-il compatir à leurs erreurs, et en leur ôtant la liberté d'agir, leur laisser celle de ne croire pas ? Non, jamais on ne porta de questions plus interessantes au conseil de nos rois.

Qu'on compare les principales affaires de l'Etat avec celle-ci, on verra qu'il n'en est point d'aussy importante.

La guerre, qui s'empare aujourduy de toute l'attention, n'est qu'un malheur passager. Le désordre des finances est un mal ancien et connu. Le procès entre les jesuites et les jansénistes sera bientôt fini dès que l'autorité dédaignera d'en être le juge ou l'arbitre. Les différens de quelques cours superieures avec le conseil seront terminés au premier signal de la volonté du Maître.

Mais le vice dont je parle est une maladie nouvelle, peu connue, tous les jours augmentée ou par une sevérité mal entendue, ou par une impunité nécessaire, indocile aux palliatifs, rebelle aux plus douloureuses incisions du medecin, propre à jetter le corps politique dans la langueur de l'étisie, ou dans les convulsions du fanatisme, bientot irrémediable si elle n'est promptement guerie. Tous les autres abus sont asservis à la décision quelconque du souverain. Celui-ci ne sauroit être reprimé que par la loi la plus sage.

Quand on voit la France faire les derniers efforts pour /444/ conserver ses possessions dans le nouveau monde, on ne peut douter qu'elle n'en fit encore de plus grands pour conserver ses sujets dans l'ancien.

Quand on la voit s'épuiser de projets pour l'augmentation du commerce, d'argent pour le rétablissement de la marine, d'hommes pour la gloire de ses alliés, on ne peut qu'être surpris qu'insensible à ses plus précieux intérêts, elle ait une espèce d'indifference pour un objet qui deviendroit une ressource infinie pour le commerce, pour la marine, pour la population.

Depuis un siècle le Conseil s'occupe des querelles d'une centaine de théologiens sur un dogme qui d'un côté étant incomprehensible et de l'autre n'étant point pratiqué ne sauroit devenir par sa nature un sujet de scission permanente. Ne doit on pas présumer qu'enfin il détournera ses regards d'un schisme imaginaire pour le porter sur un schisme réel, formé par un parti qui autrefois raméné à l'Eglise nationale par la violence, s'en sépare aujourd'huy volontairement.

De nos jours, des refus d'un sacrement faits à quelques appellans déclarés ont produit des évenemens que la cour n'a pas jugés indignes de son attention. Combien plus en seroient dignes les refus faits à un peuple entier d'un autre sacrement plus nécessaire, plus dépendant de la police, d'un sacrement le conservateur et le restaurateur de la société? Est-il croyable qu'on dissimule désormais cet abus, et tant d'autres qui s'étant introduits parmi l'exécution des anciennes loix semblent les accuser toutes d'insuffisance?

On sent desja la nécessité d'examiner cette matiere, mais vraisemblablement les difficultés dont elle est environnée ont détourné d'un examen aprofondi. Il semble qu'on ait craint de connoitre toute la grandeur du mal, soit parce qu'on ne peut le réparer dans les circonstances présentes, soit qu'on ait regardé l'augmentation avec indifférence. /445/

Cependant plus on differe, plus les difficultés se multiplient. Si desja elles

257

effrayent les esprits les plus habitués à en débrouiller le fil par la médiation, ou à en couper le nœud par des coups d'autorité, que sera-ce quand le nombre des délinquans qui grossit tous les jours aura rendu impossible l'exécution des anciennes loix, et leur abrogation peut-être nécessaire?

L'homme sage chargé \de\ la conduite et du bonheur de ses semblables, évite comme le plus fatal écueil ces conjonctures critiques où l'évenement se rend maître de la loy. De là ces reglemens dictés par les besoins du moment et le mépris d'une autorité qui obéit aux circonstances.

Cet inconvenient n'est point à craindre dans l'affaire presente. Le ministre qui l'a dans son département, et à qui elle devoit appartenir puisqu'elle est la plus épineuse comme la plus importante du royaume, ce ministre citoyen après avoir murement pesé le pour et le contre se déterminera pour le meilleur possible, et sentira que le vrai moment de donner une loi, c'est celui-ci, où le législateur ne peut être soupçonné de n'avoir pas une volonté entièrement libre, où les besoins de l'Etat conseillent, mais n'exigent pas encore qu'on favorise la population par des moyens extraordinaires, où le clergé est assez occupé de ses disgraces pour ne pas prendre parti à un affaire qui n'en intéresse que la moindre partie, où les religionnaires vivant dans une parfaite sécurité peuvent être aisément opprimés si l'on juge à propos de leur porter le dernier coup, et où ils sont assez soumis, assez affectionnés à l'Etat pour répondre aux bontés d'un prince par une reconnoissance utile si l'on juge à propos de leur accorder quelque adoucissement.

Mais combien de questions ne faut-il pas discuter avant de prononcer sur ce grand objet? En prononçant, combien d'intérêts n'a-t'on pas à ménager? Et comment les menagera-t'on si l'on ne procède à un nouvel examen, si l'on n'acquiert toutes les notions préliminaires, si l'on ne pénètre jusques dans les entrailles du sujet? En politique il n'est presque /446/ point de faute legere. Les loix qui concernent tout un peuple ne sçauroient être trop réfléchies, et nos annales sont pleines de malheurs et de révolutions, qu'on ne peut attribuer qu'aux saillies de la précipitation, ou aux préjugés de la routine, ou à l'ignorance des faits.

Icy les questions principales tiennent toutes à mille points incidents qu'il faut aprofondir avec le même soin. Je vais les exposer succintement. Par là on jugera d'un coup d'œil de l'utilité de ces Mémoires que j'ai l'honneur de présenter à un ministre éclairé, qui sans doute, ~~de~~ quelque côté qu'il se détermine, ouvrira un avis propre à le rendre le bienfaiteur de la nation.

Quelle est l'origine de ces assemblées du Désert?

Quelle est la forme de ces assemblées?

Quel est l'état actuel, soit ecclésiastique, soit civil des religionaires?

Quelles sont les sources du désordre introduit par eux dans l'Etat?

Quels sont les moyens d'y remedier. Examen de tous les moyens possibles.

Projet d'un nouvel édit. Examen de cet édit.

Mesures à prendre pour rendre cet édit agréable à tous les ordres de l'Etat et en particulier au clergé.

Voilà en deux mots le plan d'un ouvrage d'une assez longue étendue. On iroit plus rapidement au but, si l'on n'aimoit mieux hazarder de dire des choses inutiles, que d'en omettre une essentielle. /447/

Second Mémoire
Histoire des assemblées du Désert

◇ 8bre 1685 ◇² Quand Louis XIV révoqua l'édit de Nantes sous prétexte qu'il étoit inutile à cause du petit nombre de calvinistes qui restoient dans le royaume, il défendit par le premier article tout exercice public de la R. P. réformée, par \le\ segond tout exercice particulier, et par le dixieme la fuite dans les pays étrangers. Il statua dans le onzième *que ses sujets de la religion prétenduë réformée, en attendant qu'il plût à Dieu de les éclairer comme les autres, pouvoient demeurer dans les villes, pays et terres de son obeissance, y continuer leur commerce, et jouir de leurs biens sans pouvoir être troublés ny empêchés sous prétexte de ladite R. P. R., à condition de n'en point faire d'exercice, ny de s'assembler sous prétexte de prières, ou de culte de quelque nature qu'il fût, sous peine de confiscation de corps et de biens*³.

Mais bientôt après des ordres particuliers envoyés dans toutes les provinces consommèrent la conversion des religionnaires, commencée par les artifices des corrupteurs, continuée par les missionnaires qui avoient contraint \d'écouter\, presque achevée par les soldats qui avoient contraint d'entrer. M. de Louvois écrivit de tous les côtés que le roy vouloit que tous ses sujets fussent de sa religion, et qu'on poussât à l'extrémité ceux qui se piqueroient de la sotte gloire de se rendre les derniers⁴.

Cette volonté si énergiquement énoncée fut suivie à la rigueur. Partout les Religionnaires eurent ordre de croire à l'Eglise, ou du moins d'agir comme s'ils y croyoient. Les abjurations furent générales. Les opiniâtres s'évaderent du royaume, tous les pasteurs abandonnerent leur troupeau. L'Eglise nationale s'applaudit de cette conquête si rapide et si peu attenduë.

Ainsy il y eut un moment où toute la France fut catholique. Le prince en fut persuadé, non qu'il crût toutes ces conversions /448/ sincères, mais parce qu'il voyoit tous ses sujets réunis extérieurement au même culte. Une de ses déclarations porte expressément qu'il n'y a plus de Prétendus Réformés dans le royaume, et dans toutes les ordonnances postérieures à l'édit révocatif, il ne parle que des nouveaux convertis. Il fut bercé de cette erreur jusqu'à sa mort, témoin le préambule de la déclaration de 1715 contre les relaps⁵.

Cependant la réunion de tant d'herétiques à l'Eglise ne fut pas de longue durée. Il parut bientôt que la violence et non la grace avoit parlé à tant d'esprits. En effet il étoit impossible que tant d'hommes nouris d'opinions differentes, admis sans instruction suffisante à la participation des saints mistères, forcés à plier le genou devant un Dieu dont la présence ne leur étoit pas encore prouvée, ne se dégoutassent point d'une religion qu'ils avoient embrassée sans conviction, qui combattoit tous leurs préjugés, dont ils n'entendoient pas les prieres, dont les cerémonies leur paroissoient supertitieuses, les dogmes contradictoires, le culte idolatre, et les pratiques peut etre trop génantes.

Après le premier étourdissement les consciences se reveillerent. Le peuple calviniste crut s'être révolté contre Dieu, et d'après cette idée, l'année des abjurations fut appellée *l'année de la révolte*. Les apostats écouterent leurs remords qui leur reprochoient d'avoir péché contre le Saint-Esprit.

En ce même tems les ministres réfugiés en Hollande, y agitèrent la question de la fuite des pasteurs avec un acharnement naturel aux théologiens, et par une suite de cet esprit inquiet naturel aux François expatriés, quelques uns se repentirent d'avoir eu la lâcheté de fuir pendant la persécution, ils repassèrent secrètement en France, et firent des assemblées de religion sans tumulte et sans bruit.

Dès le mois de novembre 1685 il s'en étoit tenu de nombreuses dans les Cévennes, pays alors sauvage et inaccessible[6].

Le projet en étoit plus ancien. En may 1683, presque tous les députés des Eglises pretendues réformées voyant que l'édit de Nantes sappé depuis quinze ans par des /449/ arrests de conseil, ne subsistoit que précairement, avoient résolu à Toulouse chez Claude Brousson de continuer à s'assembler, à prêcher, à prier Dieu mais avec modestie, avec précaution et sans tumulte, même après qu'on auroit démoli les temples. Les Eglises de Languedoc, de Saintonge, de Guyenne, de Dauphiné avoient été les plus ardentes à favoriser ce projet. Le ministre La Porte[7] l'avoit exécuté en prêchant sur les ruines d'un temple. Rey, pendu à Montpellier[8], en avoit été le martyr. Icard et Pérot qui en étoient les plus zélés promoteurs avoient été condamnés au dernier supplice[9]. Leurs confrères prirent l'épouvante et la fuite, mais il paroit certain que si les deux mille ministres qui sortirent du royaume, en hommes foiblement persuadés, y étoient restés ou revenus secrètement, le rétablissement de l'édit dont les P. R. se flattèrent si longtems, n'auroit pas été une chimère.

◇ 1ᵉʳ juillet 1686 ◇ Quoiqu'il en soit le roy informé du retour de quelques ministres en France, ordonna par une déclaration la peine de mort contre eux et contre ceux qui seroient surpris faisant des assemblées, ou quelque exercice de religion autre que la catholique[10]. Il mit leur tête à 5 500 £, il condamna ceux qui les recevroient aux galères perpétuelles[11].

D'après ces dispositions, le marquis de La Trousse commandant en Languedoc rendit une ordonnance qui prescrivoit aux officiers les mesures qu'ils devoient prendre pour découvrir les assemblées, et leur enjoignoit *de tomber dessus, de les écharper, d'en arrêter le plus qu'ils pourroient, d'en faire pendre sur le champ quelques uns, hommes ou femmes, et de conduire en prison le plus grand nombre*[12].

◇ 7 juillet ◇ En conséquence de ses ordres, le chevailler Persan surprit une assemblée près d'Uzès, la tailla en pièce, laissa six cens morts sur la place, et fit pendre quelques prisoniers à des arbres[13]. ◇ 5 octobre ◇ Boivert du régiment de Frimarcon en surprit une autre près du Vigan, tua quarante personnes, en blessa un nombre infini, et en fit pendre six parmy lesquels étoit un gentilhomme de 17 ans de la maison de St Julien, et une femme grosse nommée Gache[14]. /450/ ◇ decembre ◇ A Mialet, à Gibertens, à Durfort on fit divers massacres. A Nismes le nombre des prisoniers fut si grand que M. de Baville fut obligé de les faire tirer au sort[15]. En Dauphiné les rigueurs commencèrent et continuèrent toute l'année suivante. En Poitou, les dragons firent feu sur une assemblée tenue près de Torigny, on en tua beaucoup, on en prit encore plus, on en condamna trois à la mort et vingt-quatre aux galères[16]. En Languedoc le diocèse de Castres fut désolé par toutes sortes de vexations[17]. En Brie Mr de Ménard intendant de Paris condamna cinq calvinistes à être pendus, mais le roy commua la peine en celle des galères perpétuelles[18].

Cependant Claude Brousson[19] qui s'étoit retiré à Lauzanne, et qui de là inondoit d'écrits pieusement séditieux les provinces méridionales, mouroit d'envie de prêcher sous la croix. Il regardoit le projet d'assemblées soit publiques soit secrètes, comme l'unique moyen de conserver sa religion en France, et de démontrer au roy que le clergé l'avoit trompé en lui persuadant que tout étoit converti[20]. Cet homme d'un esprit ardent, d'un tempérament infatigable, avoit été dès la jeunesse l'avocat et le conseil des religionnaires de Languedoc. Il osa se charger seul des affaires du parti expirant.

◇ 1689 ◇ Il rentra dans le royaume avec Debruc ancien pasteur réfugié[21]. Il y fut consacré ministre dans une assemblée de religionnaires tenue sur une montagne des Cévennes[22]. M. de Baville en fut informé et fit contre luy diverses proclamations, ce qui n'empêcha point Brousson de prêcher l'obéissance, de parler du roy avec respect et des persécuteurs avec charité, d'écarter de ses exercices tous ceux qui portoient des armes, et d'exhorter les peuples du Dauphiné à la soumission dans un tems critique où ces exhortations pouvoit être utiles au roy[23].

Sa présence rendit les églises désertes et les assemblées plus nombreuses. ◇ février 1689 ◇ En Vivarés on en surprit, on en massacra plusieurs. Dans une seule il y eut trois à quatre cens /451/ hommes tués ou blessés.* [*en bas de page : * Voyez Lettres de Fléchier, t. 1 p. 390.][24] ◇ 13 février 20 mars ◇ Dans le diocèse de Castres on vit les curés d'Esperause, de l'Habitarelle, de Viane, de Camalières, de la Capelle, conduire les soldats au lieu de l'assemblée, et le crucifix à la main les animer au nom du Dieu de charité à massacrer des fous dont le crime étoit d'avoir une autre folie que la leur[25].

◇ 12 mars 1689 ◇ Ces excès étoient presque autorisés par une nouvelle déclaration qui portoit que ceux qui auroient été pris aux assemblées en flagrant délit seroient punis de mort, et que ceux qu'on sauroit y avoir assisté seroient envoyés aux galères perpétuelles, *sans forme ny figure de procès*[26]. ◇ 19 may

◊ En Dauphiné on exécuta plus de trente coupables de l'un et de l'autre sexe[27]. En Languedoc une seule sentence de M. de Bâville en condamna vingt aux galères et un notaire à la potence[28].

Les religionnaires se roidirent contre ces sévérités. Exhortés par leurs pasteurs ils publièrent hautement en plusieurs lieux qu'ils étoient encore huguenots, et qu'ils se repentoient d'avoir changé de religion. ◊ 22 mars 1690 ◊ Le roy instruit de ce scandale fit une ordonnance qui défendoit sous de grièves peines aux nouveaux convertis *de publier qu'ils étoient encore huguenots*[29].

Outre Claude Brousson qui parcourant sans cesse la France étoit comme le ministre général du Désert, il y avoit en Languedoc un grand nombre de pasteurs légitimes, parmi lesquels s'étoit intrus un homme fort remuant. C'étoit Vivens[30], missionaire hardi, qui tenant l'évangile d'une main et le glaive de l'autre, apôtre à la fois et soldat, défendoit tous les jours aux périls de sa vie les assemblées contre les troupes du roy qui venoient les dissiper. Cet homme assez insolent pour braver l'autorité, assez rusé pour echaper à toutes les poursuittes, parut si dangereux à la cour, que M. de Baville eut ordre de traiter avec luy, et permission de l'éloigner du royaume avec cinquante familles dont on lui laissa le choix.

◊ 1691 ◊ Brousson accablé de fatigues, de travaux, d'allarmes, songea enfin à quitter la France jusqu'à ce que l'orage fût passé, mais il en excita un plus violent par une nombreuse assemblée qu'il convoqua dans les bois de Boucairan pour rafermir dans leur religion ceux qu'il avoit relevés de leur apostasie. En effet on informa contre ceux qu'on soupçonnoit y avoir /452/ assisté. On les condamna par centaines aux galères ou au banissement. De ce nombre furent le baron de Fons, de Barre et d'Aigremont, et quatre autres gentilhommes[31].

◊ 1692 ◊ L'absence de Brousson ne fut pas longue. Toujours plein de son projet, il revint en France, préchant sans cesse, distribuant des sermons imprimés, écrivant continuellement avec autant de justesse et de facilité qu'un homme qui n'auroit eu ny affaires ny craintes. Il visitoit les familles vacillantes dans la religion romaine, il ébranloit celles qui s'y étoient affermies, il prenoit connoissance des scandales, fesoit des arbitrages et des réconciliations, consoloit les malades, formoit des consistoires, et parcouroit la Champagne, la Picardie, l'Ile de France, le Perche et la Normandie, la Beauce, l'Orléanois, le Nivernois, la Bourgogne, provinces qui manquoient de pasteurs, toujours caché, toujours découvert, toujours poursuivi, toujours sauvé par des hazards dont on peut voir le détail dans ses lettres imprimées.

Les loix étoient toujours rigoureusement exécutées, et la fureur des assemblées ne se ralentissoit point. On en surprit une à Brignon, on la dispersa, on fit feu sur les fuyards, on prit quarante hommes qui furent condamnés aux galères, et une vingtaine de femmes qu'on enferma dans la tour de Constance[32]. On logea trois cens soldats chez les protestans de diverses paroisses[33]. Le parlement de Grenoble condamna au gibet plusieurs personnes pour le même sujet. En

Vivarès, en Cevennes, on ne vit qu'assemblées et exécutions. En Normandie Mr de Pommereux intendant jugea plusieurs religionnaires qui avoient assisté à une assemblée tenue à Croissy[34]. En Poitou le marquis de Vérac fit arrêter quarante deux personnes pour avoir fait leurs pâques à une assemblée de sa terre de Coutré. Huit furent condamnés à mort, mais le parlement de Paris ordonna un plus amplement informé[35].

◇ 1698 ◇ Au congrès de Risvick le retablissement de l'édit de Nantes ayant été refusé aux Alliés qui craignant d'être exaucés le demandèrent foiblement, Brousson résolut de mettre la dernière main à son ouvrage, et de perfectionner l'établissement des assemblées du Désert. Il visita de nouveau toutes les provinces, leur donna le plan d'un culte secret /453/ adapté aux circonstances, et enrôla sous ses drapeaux divers jeunes gens qu'il anima de son zèle. Il crut qu'aucune puissance humaine ne pourroit extirper le calvinisme en France, s'il parvenoit à établir une pépinière de pasteurs disposés à être martyrs et intéressés à mettre dans les mêmes dispositions leur troupeau[36].

Brousson n'étoit pas seulement occupé à éloigner ses frères du culte catholique. Il avoit encore à combatre le fanatisme naissant. Jurieu qui, las d'être controversiste s'étoit érigé en prophète, avoit rempli la France de livres, *où j'arrange*, disoit-il, *les événemens que le St Esprit a dérangés dans l'Apocalypse*[37]. Une école de prophétie s'établit en Dauphiné dans la montagne de Peyra. On y recevoit le St Esprit de la bouche d'un gentilhomme verrier qui se vantoit de le souffler par un baiser dans la bouche de ses crédules adeptes. On racontoit mille prodiges de la belle Isabeau bergère de Cret[38]. Brousson vraiment éclairé, voyoit avec douleur, que les Lettres Pastorales et prophétiques de Jurieu fesoient de vives et dangereuses impressions sur l'esprit bouillant de ses montagnards, dont le cerveau étoit affoibli par des longs jeûnes, par le triste sentiment de leurs malheurs, et par le souvenir amer de leur chute. Il s'opposoit aux progrès du mal, en multipliant les assemblées, et se reproduisant pour ainsi dire lui-même, il donnoit à ce peuple des consolations réelles et présentes, afin qu'il n'en cherchât pas des trompeuses dans l'avenir. Son zèle réussit et pendant sa vie Jurieu prophétisa en vain[39].

◇ 19 7bre 1698 ◇ Brousson fut enfin arrêté à Oleron[40], réclamé par M. de Baville, condamné à la roue par le Présidial de Montpellier comme un séditieux, honoré par les religionnaires comme un martir. On l'étrangla et la cruauté ne se joua que de son cadavre et de la pitié.

Après sa mort les religionaires abandonnés à eux-mêmes n'eurent presque plus de guides. Ceux qui les prêchoient furent effrayés par le supplice de leur chef, quelques uns se cachèrent pour un tems, la plupart s'enfuyrent[41]. /454/ Il restoit une consolation à ce peuple : c'étoit d'aller de tems en tems dans la principauté d'Orange vacquer aux exercices de leur religion. [26ᵉ 7bre] Une déclaration du roy leur ôta cette dernière ressource sous peine de mort[42], et l'intendant de Languedoc envoya dans un même jour soixante dix hommes aux galères perpétuelles, et dix-neuf femmes en prison fermée, pour être allés à Orange entendre le sermon[43].

Cette même année, le roy instruit des moyens illicites dont le clergé se servoit pour convertir les huguenots, donna ordre au cardinal de Noailles d'interroger les principaux évêques du royaume sur la conduite qu'on devoit tenir à l'égard des nouveaux convertis[44]. Les sentimens furent partagés. L'archevêque de Paris[45] et celui de Reims[46] prétendirent qu'il falloit les exclure de l'Eglise. Mr de Sens[47] et Mr de Meaux[48] soutinrent qu'il falloit les forcer d'aller à la messe, quelques uns prirent un milieu et dirent qu'il falloit les admetre aux instructions, mais non au saint sacrifice ; la plupart donnèrent à leur avis un tour embrouillé, soit de peur de paroitre jansénistes s'ils chassoient ouvertement de l'Eglise des gens que les sacrés canons en éloignent, soit de peur de passer pour relâchés s'ils y recevoient formellement des hommes encore attachés à leurs erreurs.

Le roy fut choqué de cette variété d'opinions sur une question à laquelle il étoit si aisé de répondre, que le culte d'une Eglise ne sauroit être fait pour ceux qui ne croyent pas à ses dogmes. Il s'en tint à la décision de M. de Baville qui avoit écrit, qu'il falloit instruire les nouveaux convertis, prohiber leurs assemblées, et ne les contraindre ny ne les empêcher d'aller à l'église.

◇ 13 décembre ◇ En conséquence il donna une déclaration[49] dont le préambule ôta tout espoir aux religionaires, dont le premier article défendit de faire aucun exercice de la R. P. R. et *de s'assembler pour cet effet en aucun lieu, en quelque nombre et sous quelque prétexte que ce pût être*, dont le troisième enjoignit aux évêques de donner des soins particuliers à l'instruction des nouveaux réunis, dont le cinquième /455/ *exhorta* seulement ces derniers *d'assister le plus exactement qu'il leur seroit possible au service divin*, dont le septième assujetit aux solemnités de l'Eglise les mariages des nouveaux convertis qui jusqu'alors s'étoient mariés simplement par contrat, dont le dernier ne leur laissa la jouissance paisible de leurs biens et de leur commerce qu'à la charge de se faire instruire et confirmer dans la religion catholique romaine.

◇ 7 janvier 1699 ◇ Cette déclaration fut accompagnée d'une instruction à tous les intendans sur leur conduite à l'égard des religionnaires[50]. Le roy y paroissoit *averti qu'il y avoit dans plusieurs villes du royaume des espèces de consistoires secrets qui représentoient encore la forme du gouvernement ecclésiastique pratiquée dans la R. P. R.* Il leur recomandoit de s'apliquer particulièrement à découvrir les noms et les relations de ceux qui les composoient pour les punir à toute rigueur.

La vigilante inflexibilité avec laquelle on exécuta cette déclaration ne refroidit point le zèle du peuple, mais ralentit celui du petit nombre de pasteurs qui restoient. Privés une secte du culte public : les honnêtes gens deviennent déistes, le peuple devient fanatique. C'est ce qui arriva dans les Cévennes. Des pâtres lurent dans la Bible qu'il viendroit un tems où les pierres même parleroient[51]. Ils s'érigèrent en apôtres. Leurs saintes absurdités furent écoutées et frapèrent vivement une populace livrée à son ignorance. On crut en Jurieu parce qu'on n'entendoit plus Brousson. On eut des prédicans parce qu'on n'avoit plus de ministres. Les bergers eurent des visions et des extases. On prédit le rétablissement de Sion. On fit prendre à ces imbéciles le nom d'*enfans de Dieu*. La contagion se communiqua de proche en proche. L'abbé de Chayla fit écraser entre deux poutres la tête de deux ou trois prophètes[52]. Il retenoit dans son château une jeune fille que son amant ravit et vengea. Les assemblées du Désert ne furent plus que des attroupemens sans ordre, sans décence, où la piété ne se manifestoit que par des imprécations contre l'Eglise, et par d'extravagantes convulsions. Une femme, /456/ un enfant, le premier inspiré sermonoit la troupe.

◇ 1702 ◇ Elles furent souvent surprises et massacrées. Jusqu'à ce moment les religionaires s'étoient laissé égorger, mais enfin quelques bandits prirent les armes. M. de Julien[53] huguenot et brigadier les repoussa. St Chate[54] gentilhomme catholique se mit à leur tête. Voilà l'origine de la guerre des camisards, qu'on doit moins, ce semble, attribuer aux assemblées du Désert, qu'à la fuite des pasteurs légitimes qui les dirigeoient, et à la privation de tout culte régulier[55]. Il n'est rien de plus dangereux dans toute religion que d'abandonner le zèle à lui-même.

La guerre des camisards détestée de tous les huguenots du royaume, et condamnée par tous les réfugiés, ne fut proprement qu'une sédition de quinze cens hommes contre les prêtres qui fesoient enlever les enfans et contre les magistrats qui ordonnoient de faire feu sur les assemblées.* [*en bas de page :* * Voyez La Beaume, *Histoire de la revolte des fanatiques des Cevennes* L. I ; v. Brueys, *Histoire du fanatisme*, t. II. Voyez la derniere *Histoire des camisards* imprimée à La Haye]. Elle augmenta le prodigieux pouvoir qu'avoit en Languedoc M. de Bâville qui étendit son inexorable sévérité sur des citoyens pacifiques, condamna le baron de Pelet-Narbonne aux galères[56], et remplit de sang la province, Marseille de forçats, et de deuil toutes les familles.

Après le traité de Cavalier avec le maréchal de Villars[57], l'exercice public fut moins commun. Cependant à Nîmes et à Sommières ◇ 1709 ◇ on fit au Désert dans l'espace de deux mois 145 prisoniers qui furent la plupart condamnés aux galères[58].

◇ 1712 ◇ Après les congrès d'Utrecht qui ravit aux François réfugiés tout espoir de retour dans leur patrie, les loix reprirent vigueur parmi le calme de la paix[59]. Les assemblées furent plus rares, plus secrettes, moins nombreuses ; les religionaires, rappellés à l'église avec plus de douceur, y revinrent en foule, et la crainte réprima l'indocilité.

◇ 1715 ◇ A la mort de Louis XIV tout changea de face. On parla quelques jours d'un édit de tolérance.* [*en bas de page :* * Voy. *Mémoires de la Minorité*] On savoit que Mr le /457/ Régent étoit philosophe, qu'un philosophe ne peut être persécuteur, et que loin de seconder les emportemens des théologiens, il se jouoit de leurs querelles. Cependant il n'osa déroger à une jurisprudence dont le feu roi avoit recommandé dans son testament la manutention à son successeur. Du reste il délivra les galériens, il permit la sortie du royaume, il laissa les consciences libres. Les assemblées du Désert se multiplièrent, et loin de les punir avec rigueur, il employa la plume de quelques ministres hollandois pour les contenir par des lettres pastorales dans les bornes de la modération[60]. Dès lors les nouveaux convertis levèrent le masque. Ils alloient de tems en tems à la messe, ils s'en absentèrent totalement. Ils fesoient élever leurs enfans dans la religion catholique, ils les élevèrent paisiblement dans la leur. Ils avoient oublié le chant des pseaumes, ils le rapprirent. Ils avoient tremblé devant le moindre curé de village, ils ne craignirent plus que les intendans.

Ceux-cy toujours un peu lents à saisir l'esprit du gouvernement, sacrifièrent de tems en tems quelques victimes aux Dieux du regne passé. Mais M. le Régent contint cette sévérité par une lettre circulaire où il leur ordonna de *ne pas inquiéter les protestans plus que de raison*[61]. C'étoit ordonner de ne pas les inquiéter du tout, car c'est le zèle et non la raison qui conseille la violence. Les intendans comprirent que cet ordre limité par égard pour le feu roi, et peut-être pour le clergé, étoit réellement absolu, et les rigueurs cessèrent depuis la Régence jusqu'en 1724. On trouve peu des jugemens rendus sur le fait des assemblées. ◇ 19 février 1720 ◇ Le plus considérable fut celui qui condamna vingt hommes aux galères. Mr le Régent commua cette peine en celle de transplantation au Missippipi, et ensuite il leur accorda la liberté de passer en Angleterre, à la sollicitation du chevalier Sutton ambassadeur de la Grande Bretagne[62].

Ce fut alors que l'exercice domestique s'établit généralement parmi les notables du parti. Divers ministres étrangers l'encouragèrent par des livres faits exprès pour cet usage. Une ou deux familles s'assemblent les dimanches et fêtes dans une maison. On fait en commun la prière du matin, on chante quelques pseaumes, on lit quelques chapitres de l'Ecriture sainte avec les Réflexions d'Ostervald, et un sermon /458/ de Jaquelot, de Saurin ou de Tillotson. On fait une seconde prière où l'on invoque Dieu pour le besoin de tous les hommes depuis le sceptre jusqu'à la houlette[63]. Le tout finit par une formule de bénédiction que le chef de famille donne à cette petite société. Les assemblées du Désert ne furent que pour cette portion de peuple qui ne sçachant pas lire, a besoin d'un secours étranger pour apprendre ses devoirs, et pour rendre à Dieu ses hommages.

Cependant la bonace ayant duré huit années, le nombre des pasteurs augmenta. Divers consistoires s'établirent en des pays où depuis la Révocation on en avoit oublié le nom et l'office. L'exemple des riches laboureurs entraina quelques citoyens considérables au Désert. Les ministres des différentes provinces formèrent entre eux une correspondance réglée. Il y eut quelques convocations sinodales, et les huguenots ne furent plus prêchés, comme du tems des camisards, par des gens sans mission et sans aveu.

◇ 14 mai 1724 ◇ Le roy informé de ces progrès de l'hérésie donna cette fameuse déclaration[64] qui choisissant et renouvellant les plus sévères loix, est devenue la loi unique sur cette matière. Qu'on juge de la grandeur du mal par la qualité du remède qu'administra le meilleur des princes dans le siècle le plus philosophe. Les assemblées de religion y furent défendues sous peine des galères perpétuelles et de confiscation des biens.

La plupart des ordonnances de Louis XIV avoient été cominatoires, celle-ci fut d'abord exécutée avec une rigueur inouïe. Les provinces suspectes furent remplies de troupes, on punit, on intimida ; les assemblées du Désert furent suspendues dans quelques endroits ; dans d'autres elles ne se firent que de nuit, mais nulle part elles ne furent massacrées.

Ce qui est violent ne sauroit durer. D'un côté les parlemens et les intendans se relâchèrent, soit qu'ils fussent rassasiés de supplices, soit qu'ils s'aperçussent que ces supplices n'avoient pas encore perdu leur propriété de faire des prosélytes, et de l'autre les prédicans (la déclaration leur donna ce nom) dont le soin principal est d'épier et de saisir les momens favorables, profitèrent ardemment de cet instant de répi. Ils sentirent qu'ils ne pouvoient échaper à la mort qu'en multipliant leurs retraites, et qu'ils ne pouvoient multiplier leurs /459/ retraites qu'en intéressant un plus grand nombre d'hommes à leur conservation par la multiplicité. Les assemblées reprirent leur publicité première, et en résistant à cette loi prouvèrent qu'elles résisteroient à toutes.

Vers ce tems-là, un jeune dragon, originaire de Lauzane, nommé Boyer[65], fut surpris lisant un sermon dans une maison calviniste, et envoyé en prison par son capitaine. Quelques consistoires des Cévennes achetèrent son congé. La reconnoissance, peut-être le gout d'une vie errante, peut-être l'ambition du martire l'attachèrent à ses bienfaiteurs. Il se mit à la suite des prédicans, fit quelques études superficielles, fut élevé au grade de proposant, et enfin à celui de ministre. Cet homme étoit fait pour perfectionner le projet de Brousson. Il avoit la figure, la voix, l'éloquence, l'intrépidité, toutes les qualités propres à se faire suivre de la populace. Seul il prêcha plus que tous ses confrères ensemble. Il établit plus de consistoires qu'on n'en avoit formé depuis quarante ans. Il sauva souvent les assemblées du massacre en s'abouchant avec le commandant des troupes détachées pour le prendre mort ou vif. Il fit toujours trembler les prêtres intolérans, et ne donna jamais que des conseils de paix. Il enhardit si fort les plus timides protestans qu'il leur fit un devoir d'une desobéissance régulière aux loix de l'Etat. Il acquit un tel empire sur les Sévenols \qu'ils\ furent prêts à le déffendre malgré lui au prix de leur sang. Ne respirant que sous le glaive de la mort, pour se survivre à lui-même il forma une espèce de séminaire d'étudians en théologie, et choisit dans la campagne les jeunes gens qui lui parurent les plus propres à être de bons martirs. Ses succès donnèrent tant d'émulation à ses collègues, que bientot le Languedoc, le Rouergue, le Dauphiné, se trouvèrent à la fois dans le délire de l'entousiasme.

◇ 9 9bre 1728 ◇ Cependant Sa Majesté informée du peu d'effet que fesoient sur les esprits les différentes peines afflictives, rendit l'ordonnance des arrondissemens, par laquelle tous les nouveaux convertis qui ne détourneroient ou ne dénonceroient point les assemblées, en seroient punis comme complices par des amendes /460/ sur les arondissemens[66]. Par là la peine des galères perpétuelles fut tacitement révoquée, au moins pour ceux qui ne seroient pas pris en flagrant délit. On en espéroit l'extirpation du désordre, on fut trompé, il empira, on décréta quelques assemblées, on pendit quelques prédicans, mais toutes ces exécutions loin d'affoiblir l'ardeur du zèle, furent une nouvelle preuve de cette maxime, que le sang des hérétiques est la semence de leurs opinions[67].

D'ailleurs tous les religionaires, voyant que l'assistance aux assemblées qui jusqu'à lors avoit été un crime d'Etat, n'étoit plus qu'un crime de police, se détachèrent entièrement de l'Eglise à laquelle ils tenoient encore par quelques foibles liens. Plus de fonctions de catholicité, nulle révérence pour les cérémonies. Ils ne voulurent plus entendre ni prônes ni sermons, la défection fut générale, soit que les exercices catholiques leur parussent trop pénibles, soit que leur conscience leur reprochât une si longue hypocrisie, soit que séduits par l'exemple ils rougissent d'être plus foibles que leurs frères. Sous Louis XIV il étoit ordonné d'être catholique : sous Louis XV il ne fut déffendu que d'être protestant.

◇ 1732 ◇ La guerre d'Italie[68] en occupant les troupes hors du royaume, donna lieu aux assemblées de prendre de nouveaux accroissemens. Mais un événement singulier les jetta dans le décri parmi les honnêtes gens de toutes les religions. Il se forma dans Montpellier une société de jeunes libertins, de l'un et de l'autre sexe, catholiques et protestans, qui s'assembloient chés un apoticaire pour vaquer aux plaisirs de Vénus. Un d'entre eux fesoit un discours sur la propagation de l'espèce humaine. On éteignoit les flambeaux, et les deux sexes se mêloient. On les appelloit la secte des Multiplians[69]. Le marquis depuis maréchal de La Fare fit pendre le chef de ces joyeuses orgies et punit les principaux initiés. Mais on répandit dans le public que c'étoit une assemblée de religion protestante, et l'on renouvella tous les contes absurdes que nos pères inventèrent ou crurent dans le tems que la Réformation s'établit en France.

Après la paix on fit quelques actes de sévérité qui n'effrayèrent personne. Tant d'abus s'étoient glissés dans cette partie de l'administration, que l'attention du gouvernement /461/ partagée entre eux, ne pût pourvoir à tous. Le caractère modéré de M. le cardinal Fleury ne lui permit pas de remetre dans toute leur vigueur les loix pénales, qui d'ailleurs lui paroissoient également propres à ôter des citoyens à l'Etat et à donner des prosélytes à l'erreur. En vain les curés des Cévennes lui écrivirent qu'*il y avoit dans le pays des prédicans en grand nombre, qui assembloient régulièrement leurs consistoires à certains tems, et tenoient des assemblées très nombreuses et très fréquentes en plein midi, sur les montagnes, dans les bois, et souvent dans des maisons particulières*[70]. Ce premier ministre n'entra dans leur zèle qu'en les exhortant à ramener leurs frères séparés au centre de l'unité par la douceur et par l'instruction. Que pouvoit-il faire de plus lui qui désaprouvoit sans détour la Révocation de l'édit de Nantes ?

◇ 1740 ◇ La guerre de 1740[71] fut l'époque et le signal d'une révolution nouvelle, mais annoncée par tout ce qui avoit précédé. Alors on vit des assemblées de quinze, de vingt mille ames, on les fit en plein jour, on en fit dans toutes les provinces, on en fit sous les murailles des grandes villes, et pour ainsi dire sous les yeux des prêtres accoutumés à en blamer la clandestinité, et des magistrats chargés de les dissiper. En Dauphiné deux prédicans furent pendus, et remplacés par dix autres.

◇ 1744 ◇ Jusqu'alors on n'avoit tenu que des sinodes provinciaux. Enfin on en convoqua près de Nismes un national qui fit divers réglemens utiles, qui rétablit la discipline ecclésiastique, qui termina un schisme élevé entre les Eglises de Languedoc et celles des Cevenes, qui défendit tout port d'armes dans les assemblées, qui ordonna des prières extraordinaires pour le roi alors malade à Metz, un jeûne pour la paix, et l'excommunication contre les religionaires conformistes[72].

Jusqu'alors les riches négocians, les gros bourgeois, les gentilhommes s'étoient contentés de l'exercice domestique, mais bientôt l'Etat ne put plus les regarder comme apartenans à l'Eglise. Ils se déclarerent ouvertement protestans, fréquentèrent les assemblées avec assiduité, et donnèrent à la populace l'exemple d'un zèle fervent. On voyoit des vieillards qui se ressouvenoient encore de l'édit de Nantes, venir de vingt lieues et braver les rigueurs de la saison pour rassasier leurs derniers regards du spectacle consolant /462/ d'une assemblée de religion.

Jusqu'alors tous les religionaires avoient impétré de leur curé la bénédiction nuptiale, et envoyé leurs nouveaux nés à la paroisse pour y recevoir le baptême. Les mariages au Désert étoient presque inconnus. Quelques uns qui s'étoient faits illicitement au Pont-de-Monvert n'étoient pas un objet digne d'attention et pouvoient être traités de concubinages. Les ministres n'osoient exiger de leurs catéchumènes la promesse de ne point se marier à l'église. Mais dès que le peuple encouragé par l'exemple des notables, et les notables par les circonstances, virent que le gouvernement fermoit les yeux sur un désordre autrefois sévèrement réprimé, ils allèrent en foule se marier au Désert, et cessèrent de présenter leurs enfans au bâtême catholique.

◇ 1745 1746 ◇ Cependant l'ordonnance des arondissemens[73] étoit tous les jours exécutée. On avoit fait un tableau de certains districts du Languedoc où il y avoit des protestans. Si dans l'étendue de ces districts il se tenoit quelque assemblée, on s'en prenoit à tous les religionnaires qui l'habitoient. On commençoit la procédure par une descente sur les lieux. Le subdélégué de l'intendant s'y portoit, accompagné d'un secrétaire, d'un exempt du prévot, de toute la maréchaussée et d'un huissier. Là on vérifioit la place, on cherchoit les vestiges de l'attroupement, et l'on dressoit un procès-verbal. L'intendant condamnoit l'arondissement à des amendes arbitraires et aux fraix de la procédure. Mais ces condamnations quoique multipliées à l'excès pendant deux années, ne produisirent d'autres effets que d'enhardir les plus timides, d'enrichir les subdélégués, et d'apauvrir le paysan qui le lendemain alloit au Désert bénir Dieu d'avoir souffert pour la justice.

Il restoit quelques tièdes qui ne tenoient au parti que par les vœux qu'ils formoient pour sa prospérité. Ils croyoient que la liberté de culte étoit différente de la liberté de conscience, que celle-ci par sa nature ne dépendoit que de Dieu, mais que l'autre étoit assujettie de droit au bon-plaisir du législateur. Un d'eux écrivit une dissertation qui blamoit sans ménagement les assemblées, et qui rappelloit le peuple aux maximes de l'obéissance passive[74]. La Chapelle un des / 463/ plus savans ministres de l'Eglise françoise de La Haye, y répondit et prouva éloquemment la nécessité du culte public[75].

Cette apologie des assemblées, la réputation de celui qui en étoit l'auteur, les fortes raisons dont il avoit apuyé son sentiment, déterminèrent les protestans les plus relâchés à grossir ces attroupemens qu'ils envisagèrent desormais comme l'unique moyen de conserver la réformation en France, d'établir l'union entre les membres d'une même Eglise, et de s'aquitter de leurs devoirs envers Dieu. A ces motifs se joignit sans doute l'espérance de se perdre dans la foule et d'être protégés par le nombre.

L'attention, ou pour mieux dire la rigueur du gouvernement se réveilla. On arréta plusieurs personnes dans diverses provinces. Les prisons de Grenoble, de Cret, de Montpellier, de Valence, de Die, de Montelimar, de Nismes, de Ferrières, de la tour de Lourde, d'Auch, de St Hippolite, d'Alais[76], étoient pleines de nouveaux convertis dont le seul crime étoit d'avoir assisté aux assemblées. La jurisprudence varioit suivant les lieux, comme s'il n'y avoit rien de fixe sur cette matière. En Dauphiné on usa d'une extrême sévérité. En Languedoc où le nombre des coupables étoit si grand qu'il auroit fallu envoyer aux galères le quart de la province, on usa de quelque indulgence. Cependant dans cette seule année il y eut vingt huit personnes conduites à la chaine des forçats, parmi lesquels on vit deux gentilshommes, anciens officiers, chevaliers de St Louis, un médecin, et toute la famille du seigneur de Lasterme[77]. Dans les plus orageuses années de Louis XIV on ne vit rien de plus désolant.

Ce qui redoubloit le désespoir des religionnaires, c'étoit l'arbitraire qui regnoit dans les jugemens. Ici on condamnoit au fouet des gens qui là auroient été condamnés aux galères. En Languedoc on amendoit les arondissemens qui étoient inconnus en Dauphiné. A Bordeaux on laissoit agir les loix. A La Rochelle on fesoit des prisoniers par lettres de cachet. Partout on employoit contre les mêmes maux des remèdes différens. En Normandie on vendoit sans forme de procès les biens de ceux qui n'avoient point fait baptiser leurs enfans par le curé. A Auch on leur infligeoit seulement /464/ une amande de 500 £ suivant les ordonnances. L'intendant de Montpellier n'inquiétoit point les mariés au Désert, celui d'Auch les condamnoit à une amende modique, le parlement de Grenoble aux galères perpétuelles, ainsi que l'intendant de Montauban, mais rien n'étonna plus qu'un jugement d'Auch qui condamna aux galères perpétuelles 45 gentilshommes dont sept étoient alors dans les prisons pour avoir assisté à des assemblées religieuses[78]. Le nombre des prisoniers fut prodigieux. On enleva les enfans, on mit les filles dans des couvens, les garçons dans des collèges. On prit Desubas, jeune ministre, d'une phisionomie heureuse, d'une sagesse au-dessus de son âge, d'une capacité reconnue, l'idole des religionnaires du Vivarès[79]. On le conduisit à Montpellier pendant la tenue des Etats. Plusieurs prélats le visitèrent, et ne purent le convertir. A l'interrogatoire il se comporta d'une façon si grave, si décente, si respectueuse, si magnanime, que tous ses juges aussi satisfaits qu'attendris le condamnèrent à la mort en pleurant. Il fut exécuté à la vue d'un monde infini, et fit paroitre jusqu'au dernier moment tant de constance et de piété, que la religion pour laquelle il étoit immolé et celle qui l'immoloit, se réunirent à le plaindre et à l'applaudir[80]. Tout bon catholique eût voulu que les éveques des Etats eussent demandé sa grace au roy.

Ce supplice, suivant l'usage, ne fit qu'augmenter le zèle. Il n'y eut pas une assemblée de moins. On n'infligea d'autre punition à quelques prisoniers que d'en exiger la promesse de n'y plus aller, et il s'en trouva qui la refusèrent. Les droits de la conscience tous les jours mieux connus, les exhortations des pasteurs, la honte de l'apostasie ou de la lâcheté, tout contribuoit à rendre les peines ~~inefficaces~~ infructueuses.

◇ 1748 ◇ A la paix on en vit plus sensiblement l'inefficacité. En vain le maréchal de Richelieu fit publier un ban qui ordonnoit aux troupes du roi de tirer sur les assemblées[81]. En vain ce ban fut-il exécuté, les attroupemens furent massacrés, et ne furent ni moins fréquens ni moins nombreux. Les ministres furent poursuivis avec chaleur, et prêchèrent avec un nouvel acharnement. On en pendit /465/ deux, La Fage[82] et Benezet[83], on en convertit un[84]. La mort des deux premiers édifia tout le monde, et la conversion du troisième ne fut cruë de personne.

Ce fut au milieu de cet orage que les prédicans enchainèrent plus fortement leur troupeau au culte du Désert, en renouvellant cette partie de la discipline calviniste qui retranche de la communion et de la société des fidèles ceux qui, pour obéir aux édits font des actes contraires à la religion. La première excommunication lancée à Nismes contre quelques faux frères qui avoient reçu de leur curé la bénédiction nuptiale fit dresser les cheveux à toute l'assemblée et jetta l'épouvante dans toutes les consciences. On n'entendit que des cris et des gémissemens, on se repentit d'avoit péché. On conçut une aversion éternelle contre l'Eglise qui avoit séduit.

Peu contens et peut-être peu certains de la fermeté des chefs de famille, les pasteurs s'assurèrent encore des enfans. Avant d'admetre les catéchumènes à la communion, ils en exigèrent le serment volontaire et public de se séparer à jamais du culte catholique romain.

La réconciliation des excommuniés à l'Eglise, après un certain tems d'éloignement, fut un autre événement propre à consommer la séparation générale. On voyoit des pénitens fondre en larmes, demander pardon à leurs frères de les avoir scandalisés, jurer de réparer cette faute par un repentir éternel, et prendre le ciel et la terre à témoin qu'ils garantiroient leurs enfans de la chute qu'ils avoient faite. Ces solemnités, ces pénitences publiques, en parlant aux yeux de la populace, furent plus efficaces que toutes les exhortations ne l'avoient été.

Aussi presque tous les mariages furent-ils bénis par les ministres, tous les nouveaux nés leur furent présentés pour recevoir le bâtême, tous les mourans furent exhortés par eux. La discipline eclésiastique s'arma de foudres nouveaux non seulement contre ceux qui se marioient à l'église, mais encore contre les pères qui le permettoient, /466/ contre les parens qui signoient le contrat, contre ceux qui assistoient à de pareilles noces.

Quelque tems après, un événement, peu important en soi mais considérable pour ses suites, prouva que le peuple calviniste qui avoit si lon-tems oublié ses devoirs, les avoit enfin rappris, et s'y étoit même opiniatré. On trouva bon de faire enlever les enfans non baptisés à l'église pour les y ondoyer conditionellement[85]. Tous les religionnaires, quoique instruits de la doctrine catholique sur la validité du baptême administré par des hérétiques, crièrent unanimement qu'on alloit rébaptiser leurs enfans, qu'ils ne le souffriroient point, qu'on les égorgeât plutot, que leur vie apartenoit au roi, et les enfans à leurs pères, qu'au nom de Dieu on ne les portât point malgré eux aux fonds baptismaux pour promettre par procureur de les élever dans une creance qu'ils abhorroient. A ces cris de désespoir succédèrent des paroles de menace. L'émeute fut si générale qu'on fut obligé de renoncer à ce projet qui eût été funeste, si la patience et la soumission n'avoient été prêchées par les ministres dans les bois voisins des villages où ces excès se commettoient contre l'esprit de toutes les ordonnances.

Voilà par quels degrés le désordre est arrivé au point où il est aujourdui.

/[467]/ Troisieme Mémoire
Forme des assemblées du Desert

Voyons maintenant quelle est la forme extérieure de ces assemblées dont nous venons de tracer l'histoire depuis l'édit Révocatif jusqu'à cette année. Elles sont si publiques, tant de catholiques y ont assisté, tant de nouveaux convertis racontent unanimement tout ce qui s'y fait, que j'ose garantir l'exacte vérité de cette relation[86].

Les membres du consistoire conviennent entre eux du jour et du lieu de l'assemblée. La veille ils l'indiquent en secret à quelques amis, le mot vole de bouche en bouche, et dans deux heures tous les frères sont avertis. Les jours pluvieux on choisit une grange, une bergerie, dans les beaux tems un bois, un vallon.

Dès le matin quelques anciens se rendent sur la place et forment une espèce de parquet vis à vis d'une chaire portative qu'on dresse, ou de deux pièces de bois qu'on met en croix et qu'on couvre d'un tapis noir à longues franges. Ce parquet est la place des anciens, des notables, des étrangers.

On a la précaution de poster de distance en distance depuis la porte du commandant de la ville ou de la garnison jusqu'à l'assemblée divers sentinelles, qui au premier mouvement des troupes en avertissent par un signal ou par un coup de pistolet leurs camarades lesquels font soudain parvenir à l'attroupement ce cri à l'instant répété par mille voix, *sauve qui peut*.

L'assemblée se forme insensiblement. Les uns s'asséyent sur des pierres, les autres sur le gazon, quelques uns sur des pliants. Dès que le nombre des assemblées est suffisant, un homme qui est en même tems chantre et lecteur, monte en chaire et lit posément un chapitre de l'écriture Sainte. Ensuite il entonne un pseaume de David, de la révision du fameux /468/ Conrart. La poësie en est mauvaise, mais elle vaut bien la prose latine. Elle est simple et telle qu'il la faut au peuple.

On continue à lire alternativement l'écriture et à chanter des pseaumes, jusqu'à ce que le catéchiste qui d'ordinaire est un proposant, interroge la jeunesse et lui explique les élémens de la doctrine chrétienne. On se sert assez généralement du cathéchisme d'Ostervald[87], écrit avec beaucoup de modération et de simplicité.

Ensuite on lit les dix commandemens tels qu'ils sont dans les livres de Moyse. Le peuple les écoute debout, tête nuë et les yeux baissés.

Enfin le ministre paroit. Il a une robe noire à larges manches et un rabat tel que celui des eclésiastiques. Il lit une prière qu'on appelle la confession des péchés, et fait chanter quelques versets d'un pseaume qu'il indique.

Puis, s'il y a quelques bans de mariage à publier, il en fait les annonces suivant la forme accoutumée, et s'il y a des enfans à bâtiser, après avoir invoqué le nom de Dieu, il demande aux parreins et mareines s'ils le présentent pour être baptisé. Ceux-ci ayant répondu *oui*, il lit une liturgie sur l'institution du bâtême, sur le but de cette institution, sur les engagemens et les effets de ce sacrement. Il invite les fidèles à s'unir à lui pour consacrer cet enfant à Dieu. Après une courte prière, il demande à ceux qui le présentent s'ils promettent de l'instruire dans la doctrine chrétienne, et de l'engager à vivre selon la loi de Dieu qui consiste à l'aimer de tout notre cœur et notre prochain comme nous-mêmes. Le père et les parreins ayant répondu *oui*, il leur dit, *Dieu vous fasse la grace d'accomplir votre promesse*, et descendant de chaire il verse de l'eau sur l'enfant, et dit, V. N. *Je te baptise au nom du Père, du Fils et du St Esprit. Amen.*

Dès qu'il est remonté en chaire, il fait debout et les mains jointes une prière à laquelle s'unit le peuple agenouillé. Ensuite il ouvre la Bible, et lit les paroles qu'il a choisies pour texte de son sermon. Ce sermon roule ordinairement sur la morale. Dans l'exorde on explique tous les mots du texte, on en fixe le véritable sens en le liant avec ce qui précède et avec ce qui suit, /469/ on en extrait une ou deux propositions importantes qu'on envisage sous toutes leurs faces, qu'on prouve, qu'on développe dans la partie principale du discours appellée *tractation*. La peroraison est une application à l'auditoire, vive, pressante et méthodique, des vérités qu'on a discutées. Ces prédications sont simples, sans ornemens, farcies de passages de l'Ecriture, dénuées de citations des Pères, faites pour instruire les ignorans et pour toucher les tièdes.

Le sermon fini, on chante quelques versets d'un pseaume relatif au sujet qui vient d'être traité.

S'il y a quelque mariage à bénir, le fiancé et la fiancée se présentent, et se tiennent debout devant la chaire. Le ministre prenant le livre liturgique, lit l'institution du mariage, et rappelle aux parties le but et la sainteté de cette cérémonie. Après leur avoir demandé s'ils veulent vivre dans ce saint état, il prend toute l'assemblée à témoin du *oui* qu'ils prononcent; il la somme aussi pour la dernière fois de déclarer les empêchemens qui peuvent être survenus à la connoissance de quelques-uns. Après s'être arrêté un moment, il ajoute, *puisqu'il n'y a point d'opposition, que Dieu bénisse votre dessein, et que votre commencement soit au nom de Dieu qui a fait le ciel et la terre.* Ensuite il demande au fiancé s'il déclare devant Dieu et devant la sainte assemblée, qu'il prend pour femme et épouse, une telle ici présente, et qu'il promet de l'aimer, de la garder, de l'entretenir, de vivre saintement avec elle et de lui garder la foi. Il fait à peu près les mêmes questions à la fiancée. Sur leur réponse affirmative, il leur dit de se souvenir de leurs promesses, et leur enjoint de vivre ensemble dans la paix, l'union, la pureté, s'aidant l'un l'autre, et se gardant réciproque fidélité suivant la loi de Dieu. Ensuite il invite l'assemblée à s'unir à lui pour demander à Dieu qu'il répande sa bénédiction sur ce mariage. La prière faite, il dit aux deux époux : *Notre Seigneur vous comble de ses bénédictions, et vous fasse la grace de vivre ensemble lon-tems et saintement.*

L'exercice finit par une longue prière de liturgie, dans laquelle on demande à Dieu toutes les graces nécessaires aux chrétiens, la conservation du roi, la prospérité de la famille royale, l'accroissement de la religion réformée, la cessation des /470/ maux qui affligent les Eglises de France et la santé des malades qui se sont recommandés aux prières des fidèles. On y ajoute l'oraison dominicale et le simbole des Apôtres.

Voici en quels termes sont conçus les vœux qu'on fait pour Sa Majesté.

O Dieu qui nous as commandé de te prier pour tous les hommes et particulièrement pour les rois et pour les personnes élevées en dignité, nous t'adressons nos vœux les plus ardens en faveur de Louis XV notre auguste monarque, de la reine, de Mgr le Dauphin, de Madame la Dauphine, de toute la famille royale. Donne tes jugemens au roi *et ta justice au fils du roi. Qu'il juge justement ton peuple et équitablement ceux des tiens qui sont affligés.** *[en bas de page :* * Pseaume[88]*]. Nous te prions aussi pour tous les seigneurs et magistrats que tu as* *établis sur nous. Qu'il te plaise de bénir leurs personnes, et de présider dans leurs conseils, en sorte que toutes leurs délibérations se raportent à ta gloire et au bonheur du peuple que tu as confié à leurs soins.*

Enfin le ministre donne au peuple sa bénédiction, et recommande les pauvres à sa charité. A l'instant les diacres et les anciens chargés de la distribution des aumônes, se dispersent dans l'assemblée et répètent de tous côtés *souvenez vous des pauvres*[89]. Chacun donne ce qu'il juge à propos. Les assemblées se séparent par pelotons et prennent des routes différentes et détournées, pour rentrer dans les villes et les bourgs sans foule et sans éclat.

Quatre fois l'année le peuple est appellé à la communion. On l'y prépare par des sermons, par la confession publique des péchés, par des actes réitérés de contrition.

Le jour de la solemnité on dresse vis à vis de la chaire une table couverte d'un linge blanc, on y place le calice et le pain. Après le sermon le ministre lit à l'assemblée l'institution de l'Eucharistie telle qu'elle est dans l'épitre de St Paul aux Corinthiens[90]. Au nom et en l'autorité de N. S. Jésus Christ il déclare indignes d'y participer les impies, les incrédules, les hérétiques, les pécheurs scandaleux &c. Il conjure les fidèles de rentrer en eux-mêmes, de s'examiner et de renoncer à tout péché s'ils veulent s'approcher de la sainte table. Il leur représente en peu de mots quelle est l'essence et le but de cet auguste sacrement. Il fait une assez longue prière pour remercier Dieu des biens qu'il offre à son Eglise, et pour lui demander une foi vive, une charité ardente, une véritable sainteté. Ensuite continuant de parler au peuple, il l'invite d'aprocher de la table du Seigneur avec humilité, /471/ avec repentance, avec piété, avec ordre, avec bienséance. Après cette courte exhortation, il descend de la chaire, et arrivé à la table rompt le pain et dit en le donnant au ministre qui distribue avec lui, *le pain que nous rompons est la communion au corps de Jésus-Christ notre Seigneur.* Son collègue lui présente la coupe en disant, *le calice de bénédiction que nous bénissons est la communion au sang de J. C. N. S.* Les ministres ayant communié, les anciens et ensuite tous ceux qui composent l'assemblée, s'approchent tour à tour, deux à deux, les hommes et les femmes y vont séparément. L'un des pasteurs distribue le pain et l'autre le calice, en disant à chaque communiant quelques paroles propres à l'action, *Prénéz et mangez, ceci est le corps de J. C. Cette coupe est la nouvelle alliance en son sang* &c. Pendant ce tems-là, le chantre lit des chapitres de l'Ecriture convenables au sujet, et entonne des pseaumes et des cantiques composées pour cette solemnité. Quand la cérémonie est achevée, le ministre remonte en chaire, fait une nouvelle exhortation, lit une prière d'actions de graces, fait chanter le cantique de Siméon et congédie l'assemblée en donnant la bénédiction.

De plus on reçoit toutes les années les catéchumènes à la communion. Après avoir été instruits pendant un certain tems, ils se présentent tous ensemble à l'assemblée. Après le sermon, le ministre avertit les fidèles que ces jeunes gens viennent ratifier publiquement et avec connoissance de cause le vœu qui a été fait pour eux dans leur bâtême, afin de jouir desormais de tous les avantages que J. C. accorde aux chrétiens. C'est une espèce de confirmation[91].

En effet le pasteur s'adressant aux catéchumènes leur demande 1° s'ils sont assés persuadés des vérités de l'évangile pour souffrir tout plutot que d'en abandonner la profession. 2° s'ils ont résolu de renoncer au péché et de régler toute leur vie sur les commandemens de Dieu. 3° s'ils promettent d'aimer tous les hommes comme leurs frères. 4° s'ils se dévouent sincèrement au culte de la vraye Eglise, à la méditation de la parole de Dieu, et à la fréquentation assiduë des saintes assemblées. 5° s'ils confirment volontairement et sincèrement le vœu de leur bâtême, qui les oblige de renoncer au monde et à ses pompes, à Satan et à ses œuvres, de combatre leurs passions, et de se consacrer à Dieu. Ils repondent *oui*. Le ministre leur fait rendre raison de leur foi, renvoye à l'année suivante ceux dont il n'est pas satisfait, et dit aux autres, *En conséquence de vos déclarations et de vos promesses, je vous admets en présence de cette sainte assemblée à participer à la cène du Seigneur, afin que vous jouissiez de tous les privilèges de la nouvelle alliance que Dieu a traitée avec nous par son fils.* /472/ Ensuite il leur fait une exhortation proportionnée à leur âge sur les engagemens dans lesquels ils viennent d'entrer. Enfin il fait avec toute l'assemblée une prière fervente terminée par l'oraison dominicale.

Telle est la forme et le culte des attroupemens du Désert. Bien des catholiques qui en ont été les témoins, et qui les ont vus avec des yeux philosophes, prétendent que nulle part la Divinité n'est honorée avec une plus noble simplicité, avec plus de modestie et de recueillement, avec plus de marques d'une vraie piété. C'est dommage, disoit Philippe II, que l'on se fasse bruler parce qu'on ne peut pas croire !

Quatrieme Mémoire
Etat politique des relligionnaires

Il y a des religionnaires en France. La loi n'en connoit point, mais tous les jours l'autorité sévit contre eux. Le nom de nouveaux convertis est entièrement abusif et illusoire[92]. Ces faux catholiques autrefois contraints le poignard à la gorge, d'aller à la messe, ont protesté hautement contre une conversion extorquée par la violence. La pluspart ont fait des actes de non conformité. Qu'on les appelle relaps, ou qu'on leur donne un nom plus doux, toujours est-il certain qu'ils sont ouvertement calvinistes.

Il en est une seconde classe qui est beaucoup plus nombreuse, celle des religionnaires qui, nés de mariages benis par le curé, ont été bâtisés à l'église, où ils furent présentés forcément en vertu des ordonnances, mais qui à l'âge de raison n'ont point reçu le sacrement confirmatif, et au contraire ont réclamé par leur éloignement du culte national contre cette portion des vœux de leur bâtême, que des parains catholiques avoient faite pour eux sans l'aveu de leurs parens. Ceux-là ne peuvent être réputés ni catholiques ni relaps, ni catholiques puisqu'ils n'en font aucune fonction, ni relaps puisqu'ils n'avoient fait ni pu faire abjuration d'une créance qu'ils ne connoissoient pas encore. Le vœu de leur bâtême ne pouvoit les enchainer à l'opinion particulière de leurs parains. S'ils furent les maîtres de l'annuller ou de les ratifier ce vœu, ne le furent-ils pas aussi de retracter et corriger l'engagement particulier de s'unir à telle ou telle secte chrétienne ?

Je mets dans la troisième classe ceux qui ayant fait des actes de catholicité dans leur tendre jeunesse, soit par une habitude de college, soit par crainte de persécution, soit par indifférentisme, se sont ensuite déclarés non-conformistes à l'âge de vingt-cinq ans. C'est à cet âge que l'homme est présumé avoir une volonté libre, et ne plus agir par une impulsion étrangère. Le vice de la minorité suffit également pour obtenir du prince des lettres de rescision contre tous les engagemens /474/ pris en matiere civile et en matière de religion, à moins qu'on ne veuille réclamer la singulière loi du 17 juin 1681[93] qui déclara les enfans de sept ans capables de choisir une religion, et de décider entre Genève et Rome[94].

Je mets dans la quatrième classe ceux de tout âge qui ont fait des actes de catholicité, uniquement pour obtenir la bénédiction nuptiale. A la rigueur ils sont relaps, mais la nécessité du mariage, les foiblesses de l'amour, l'alternative d'hipocrisie ou de célibat ou de concubinage à laquelle ils étoient réduits, tout concourt à les rendre dignes d'indulgence et à leur permettre de rentrer dans le corps calviniste.

Je place dans la cinquième ceux qui n'ont fait aucune abjuration, qui se sont mariés au Désert, et à qui l'on ne sauroit prouver qu'ils ayent jamais mis les piés à l'église. Le nombre en est prodigieux.

Je forme la sixième de ceux qui, nés de mariages benis illicitement par le ministre ou par un autre prêtre que le curé, ne connoissent l'Eglise romaine que de nom et soutiennent qu'ils ne sont, qu'ils n'ont jamais été, qu'ils ne seront jamais catholiques. Si dans le principe que la religion se transmet de père en fils comme un héritage, les enfans des nouveaux convertis sont civilement catholiques, sans contredit les enfans des non convertis sont civilement protestans.

Il y a donc, je le répète, des religionnaires en France. En vain on voudroit se le dissimuler, ce seroit se tromper soi même. Cette illusion seroit une source perpétuelle de fautes politiques, comme elle l'a été jusqu'ici. Le législateur qui croit qu'un édit détruit une religion n'est ni théologien ni philosophe. C'est se flatter qu'un acte de sa volonté mettra tous les sujets au niveau de la même taille. Mais celui qui, partant de cette supposition, donne au peuple des loix qui ne conviennent qu'à un peuple différent, s'expose à entasser pendant tout son regne injustice sur injustice, contradiction sur contradiction.

En lisant d'un côté tant d'édits qui supposent tous les religionnaires réunis à l'Eglise et de l'autre tant de jugemens qui les condamnent pour avoir prié Dieu à leur manière, tant de harangues qui félicitent Louis XIV de les avoir exterminés, et tant de déclarations de son successeur qui tendent à réprimer ces hommes anéantis, tant de repetitions de cet axiome, *la France est toute catholique*, et tant de réglemens qui exigent pour les /475/ moindres charges ou emplois enquête ou certificat de catholicité, on ne peut qu'être étonné de ces contradictions, et dire des calvinistes ce que Tacite disoit des Germains, qu'*on en a plus triomphé qu'on ne les a vaincus.**

[*en bas de page :* * *magis triumphati quam victis.* de moribus germanorum[95].]

En effet la secte s'est roidie contre les supplices. Elle a subsisté en paroissant écrasée. Noyée dans des torrens de sang, elle y a conservé sa vie et sa vigueur. Après 74 ans d'instructions inutiles et de châtimens exemplaires et arbitraires la race des convertis reparoit aujourd'hui aussi hérétique, ausssi nombreuse et plus ferme que jamais.

Il seroit essentiel d'en savoir précisément le nombre, parce que dès lors on verroit au juste quel poids ils forment dans la balance du corps politique, et quelle portion de sévérité ou d'indulgence il faut employer contre eux, pour les opprimer avec sagesse, ou pour les tolérer avec prudence. Mais peut-être ne parviendra-t'on jamais à un dénombrement exact, si l'on n'en confie le soin à des personnes desintéressées de l'une et de l'autre religion qui y travaillent de concert[96]. Ceux qui en ont été chargés jusqu'ici se sont reposés de ce travail sur des gens en sous ordre qui ne se sont point piqués de sincérité ni d'aplication.

En général après avoir consulté des personnes intelligentes de toutes les provinces j'estime que ceux qui comptent dans le royaume trois millions de protestans[97] et ceux qui n'en comptent qu'un, se méprennent également d'un million. Il est vraisemblable qu'il y en a deux ou environ[98] soit connus soit cachés. Voici un calcul dont je ne garantis pas la justesse.

Languedoc, Sevennes, Vivarés, Gevaudan	420 000
Rouergue et Quercy	40 000
Guyenne et Gascogne	300 000
Bearn et comté de Foix	50 000
Ile d'Oleron, pays d'Aunis, Saintonge, Angoumois	160 000
Poitou	150 000
Normandie	170 000
Paris, l'Ile de France et la Brie	100 000
Orléanois, Nivernois, Beausse, Bourgogne, Champagne, Picardie, Bretagne, le Perche, la Touraine	120 000
Principauté de Sedan, Flandre françoise, Loraine, Pays Messin	40 000
Lyonnois, Forès et Beaujolais	70 000
	1 620 000
Dauphiné	200 000
Provence	50 000
	1 870 000

On voit par cet état qu'en supposant dix huit millions d'ames en France, les religionnaires forment la dixieme partie de la nation. On peut répondre à ceux qui jugeront cette liste exagérée, qu'on exagere aussi de beaucoup le nombre des habitans du royaume, et que selon les calculs les plus vraisemblables il n'y en a que quinze ou seize millions.

On n'a jamais bien sçu combien il y avoit de religionnaires en France. Il seroit bon que le ministère en fût instruit et que le clergé l'ignorât. Damville gouverneur de Languedoc disoit au roi vers l'an 1560, qu'il y en avoit un million de familles[99]. Voyés l'histoire de la province de Languedoc par les benedictins[100]. Pendant les guerres civiles ils s'accrurent et balancerent l'autorité royale. Henri IV prétendoit que sous son règne le nombre en étoit considérablement diminué. Il n'augmenta pas sous Louis XIII. Mariana dit qu'en 1684 ils étoient en état d'entretenir une armée de cinquante mille hommes[101]. Le ministre Du Bosc interrogé là-dessus par Louis XIV, lui répondit qu'ils composoient les deux cinquiemes de la nation[102]. Avant ou après l'édit révocatif, il en sortit environ trois cens mille ames, le reste se convertit, mais ces conversions ne durèrent pas, à l'exception de celles de gens gratifiés. Encore y a-t'il aujourdui beaucoup de gentilshommes ouvertement huguenots, et quelques seigneurs qui le sont secretement. Depuis vingt ans les religionnaires se sont fort multipliés. La facilité des mariages du Désert y contribue.

Ils sont presque tous agriculteurs ou marchands, et ces deux états en donnant l'aisance et les mœurs, sont les plus favorables à la population. A ne calculer que d'après le cours naturel et progressif des générations humaines, il est vraisemblable que le nombre des fugitifs depuis 1682 a été plus que remplacé.

/477/

Quoi qu'il en soit, s'ils ne font pas tout à fait le dixieme de la nation, ils en ont du moins le dixieme des richesses. A St Quentin, à Louviers, à Sedan, à Nantes, à La Rochelle, à Bordeaux, à Montpellier, à Nîmes, à Castres, à Lyon, la majeure partie de l'argent est entre leurs mains. Exclus par les loix de toutes les charges civiles et par leurs opinions de toutes les dignités ecclésiastiques, ils sont dans l'heureuse impuissance de s'appauvrir par le luxe et par l'oisiveté. Obligés de s'adonner à l'agriculture et au commerce, ils ont été abondamment dédommagés de cette contrainte. En Languedoc, en Cevennes, en Vivarés, les cantons peuplés de religionnaires sont les mieux cultivés et les plus fertiles malgré le vice du terrain. En Guyenne ils se sont emparés de presque tout le commerce des vins[103]. En Picardie dix-sept maisons en font un prodigieux de toilerie[104], et l'expérience a démontré qu'eux seuls pouvoient le faire avec succès. Ils ont les manufactures d'Abbeville[105], de Sedan, de Mazamet, de Sommières[106]. Ils posssèdent la matière première du commerce de soyerie. Les papeteries d'Angouleme leur appartiennent[107]. A Rouen, au Havre, à Marseille, à Metz où leur nombre est très petit, ils ont des établissemens immenses[108]. Ils jouissent presque exclusivement du commerce des glaces[109]. En un mot ils ont envahi toute cette portion des arts méchaniques qui fait valoir les productions des terres, dont en général les catholiques sont les maîtres.

Ils sont aussi très considérables par leur industrie. Plus actifs que les autres sujets parce qu'ils ne peuvent devenir leurs égaux que par l'activité, ils sont secondés par les principes de leur religion. Ces principes tendent à les rendre plus éclairés en ne les conduisant à la foi que par la voye de l'examen. Ces lumières se répandent nécessairement sur toutes leurs actions, et rendent leur esprit plus capable de saisir toutes leurs idées utiles à leur bien-être. Leur industrie est augmentée par la connoissance qu'ils ont de l'industrie étrangère. La plupart ont vu les pays /478/ protestans, et par là ont étendu sans s'en apercevoir la sphère de leur esprit, et lui ont donné cette souplesse nécessaire à l'industrie. Presque tous font une fois en leur vie le voyage de Genève, comme les musulmans celui de la Mecque. De plus l'année économique des protestans est de trois cens dix jours, parce qu'ils ne consacrent au repos que cinquante dimanches et quelques fêtes solennelles. Ce qui donne à leur industrie la supériorité d'un sixième sur celle des catholiques dont l'année économique n'est que de deux-cens soixante jours, parce qu'il en consacrent plus de cent-cinq au repos.

Ce qui les rend encore très considérables, c'est leur vertu. Je comprends sous ce nom toutes les qualités du citoyen. Leur application au travail fait qu'il y a parmi eux très peu de scélérats, leur frugalité fait qu'il y a très peu de mendians. La rigueur des loix contre eux fait qu'ils ont une perpétuelle attention sur eux-mêmes. Qu'on parcoure les prisons et les hopitaux, dans cette prodigieuse quantité de François que la justice réprime ou que la charité nourrit, à peine trouvera-t'on une centaines de protestans. En général ils sont attachés à leurs devoirs, habitués à l'ancienne parcimonie, ennemis du luxe de l'oisiveté, leurs mœurs ne sont point corrompues. Les églises sont partout les rendez-vous des amans, dans les assemblées on ne souffriroit pas un pareil desordre. Elles n'ont jamais donné lieu ni à l'adultère ni à l'intrigue ni au rapt. Aux qualités du citoyen ils joignent celles du chrétien, un extrême attachement pour leur religion, un penchant à suivre les lumières de leur conscience, une grande crainte du jugement de Dieu, une charité pour les pauvres qui a souvent fait rougir les catholiques, en un mot toutes ces vertus qui les engagent à la desobéissance et les exposent au supplices, peuvent être appellées des *vertus de dupes* par les sages du siècle.

Ces avantages sont augmentés par leur situation locale et par leur position domestique.

Leur position les met en état de s'expatrier, sinon sans regret, du moins sans perte, parce qu'ils peuvent fuir avec des richesses réelles, que de longue main ils ont tirées de /479/ la dépendance des loix.

Leur situation locale les mettroit en état de s'unir facilement pour leur commune défense, si à cette génération fidèle et pacifique succédoit une génération perverse et rébelle. En effet ils se tiennent, pour ainsi dire, par la main. Ils peuvent se donner promtement des secours mutuels. Ils embrassent tout le royaume. Ils sont répandus dans toutes les montagnes et sur toutes les côtes. Situation trop avantageuse pour des mécontens, dans un pays tel que la France, où tout l'intérieur est ouvert et peut être ravagé avant que les troupes soient arrivées des frontières.

Ainsi quoique les protestans ne fassent qu'un dixième de la nation par leur nombre, cependant il est certain qu'ils en font au moins un huitième par la supériorité de leurs richesses et de leur industrie. Ces deux millions de sujets en valent peut-être trois millions de catholiques, et si l'on considère qu'ils ne connoissent point le vœu de célibat, qu'ils travaillent presque toute l'année, que pour rendre à Dieu un culte sans cérémonies il faut nécessairement qu'ils soient éclairés, on ne trouvera point étrange qu'un prince philosophe préférât à quatre sujets catholiques trois sujets protestans.

Cinquieme Mémoire
Etat ecclésiastique des religionnaires

Après avoir envisagé l'état des religionnaires sous son rapport général avec tout le royaume, jettons maintenant les yeux sur leur état particulier soit ecclésiastique soit civil.

Leur état ecclésiastique est aussi heureux, aussi florissant qu'ils puissent le desirer, leurs succès ont même passé leurs espérances.

Ils jouissent en paix de tout ce qui apartient au culte. Leurs enfans sont baptisés au Désert, leurs mariages y sont bénis, les assemblées sont plus nombreuses et moins inquiétées que jamais. Dans presque toutes les grandes paroisses ils ont un exercice de religion tous les dimanches. Leurs communions solennelles se célèbrent régulièrement. Ils prient Dieu librement non seulement à la campagne, mais encore dans les villes. Ils forment dans des jardins de petites sociétés qui d'abord furent secrètes et qui sont à présent publiques, qui d'abord furent établies pour les infirmes et pour les vieillards, et où maintenant tout le monde est admis.

Les psaumes de David sont chantés sans trouble dans les maisons à toute heure du jour, et sont entendus par les catholiques sans scandale. Le peuple prend toujours insensiblement l'esprit de ceux qui le gouvernent. Tant que les prêtres et les magistrats témoignèrent de l'aversion pour ces cantiques si édifians par eux-mêmes, les catholiques les détestèrent avec plus d'exécration que des chansons licencieuses. Mais depuis que l'esprit philosophique a gagné toutes les conditions, ce qui auroit produit autrefois une émeute, aujourd'huy ne produit pas même un leger démêlé. La haine de l'Eglise dominante s'est apprivoisée, et rien n'est plus commun que des /481/ gens de l'une et de l'autre religion qui se séparent en se disant l'un qu'il va à la messe, l'autre qu'il va à l'assemblée, et qui en se revoyant s'embrassent et se rendent un compte mutuel du prône et du sermon. Les prêtres mêmes sont devenus tolérans. Dans les campagnes quelques curés vivent familièrement avec le ministre qui dessert leur paroisse. On a vu des pasteurs des deux Eglises au chevet du même mourant, l'un lui présenter les sacremens, l'autre lui inspirer la confiance en la mort de notre Rédemteur.

Mais si l'animosité des deux partis a diminué, le protestant n'en est que plus éloigné du catholique. Autrefois les deux religions s'unissoient par les liens du mariage, les enfans qui en provenoient étoient nécessairement de la dominante, aujourd'huy ces unions sont abhorrées. On craint d'ouvrir sa maison à un directeur[110], on craint une lettre de cachet sollicitée par une femme inquiète sur le salut de ses enfans. On craint de fournir des prétextes de vexation aux évêques qu'on suppose ne pas favoriser sans dessein ces mariages bigarés en dépit des sacrés canons. On craint d'être accusé de trahir la cause commune, et de vendre à l'amour ou à l'intérêt la conscience de sa postérité. A ces motifs fortifiés par l'excommunication lancée contre ces engagemens, se joint l'exemple de tant de familles que la différence de religion a divisées de sentimens, d'intérêts et de vuës.

Cette cause du schisme, cause si propre à le perpétuer, ne vient point des catholiques, qui sont sûrs d'avoir pour eux les loix et la vérité, mais elle est si puissante sur les nouveaux convertis, qu'on en a vu souvent préférer des partis médiocres, mais de leur religion, à de riches établissemens, mais d'une religion contraire. Certes il y a plus que de l'entêtement /482/ dans des hommes qui en se mariant osent préférer l'indigence à la richesse ! Autrefois on avoit pour maxime que dans toute maison il falloit que quelqu'un allât à la messe, aujourduy on croit que pour être tranquille, il faut que personne n'y \aille\.

Ce changement d'idées est l'ouvrage des ministres. Ils ont pris sur le peuple tout l'ascendant que peuvent se promettre des hommes qui se dévouent pour lui. Cependant la plupart sont de basse extraction, sans lettres, sans usage du monde, mais ils croyent n'en ressembler que mieux aux apôtres. Quelques uns se sont emparés de divers diocèses, et vivent dans les environs des villes épiscopales où ils sont révérés comme des oracles, et connus sous le nom de M. de Nîmes, de M. de Montpellier, de M. d'Uzès, de M. d'Alais. Ils n'y ont pas moins d'autorité que les prélats.

Il en est cependant parmi eux auxquels on ne peut refuser de justes louanges, s'il faut en croire le raport de quelques religionnaires qui m'ont paru connoisseurs et desintéressés. Les principaux sont à ce qu'ils m'ont dit

Boyer dont j'ai déjà parlé[111], qu'une vieillesse prématurée n'a pu encore mettre hors de combat. Il est généralement chéri et estimé, hormis de ses collegues. Il a une érudition très étonnante dans un pareil homme. Il parle assez bien et écrit très mal.

Paul Rabaut[112], l'idole de Nismes, d'une figure revenante, d'un caractère modéré. Il sait beaucoup de théologie. Il parle avec assez de facilité. Il ne lui manque que d'avoir fait des études régulières. Il a écrit diverses Lettres pastorales qui ont diminué sa réputation.

Vezenobre[113], pasteur d'Uzès, homme très pacifique, capable d'instruire son troupeau, incapable d'un conseil violent. J'ai vu deux lettres de lui à Mr le duc et à M. le commandant d'Uzès[114]. Elles sont judicieusement écrites, il excelle à exhorter les mourans, /483/ il évite avec soin tout ce qui peut indigner l'autorité.

La Tour[115], ministre ordinaire d'Alais. Je l'ai beaucoup connu dans le pays étranger. C'est un homme d'environ quarante ans, du naturel le plus doux, extrêmement pieux, très timide, de la plus scrupuleuse probité, d'un esprit borné mais rempli de connoissances. Quoique son éducation ait été tardive, il a réparé cet inconvénient par le travail. Il sait le latin, le grec, l'hébreu, beaucoup de théologie, et l'histoire ecclésiastique. On dit qu'il prêche mal, mais il est sans contredit le plus savant ministre du royaume.

Gibert[116], d'un caractère ardent, d'un zèle impétueux. On l'envoye ordinairement en mission. Il est propre à conduire la populace, à soutenir les foibles, et même à faire des proselites. Il est fort à craindre parce qu'il ne craint rien, ses confrères le répriment et l'envoyent comme un enfant perdu dans les pays les plus périlleux.

Puget[117], professeur de théologie. Le nombre de ses élèves est considérable, il leur enseigne un peu de droit naturel, de morale, de controverse, et l'art de faire un discours. Son principal savoir est de posséder à fond l'Ecriture sainte et les diverses explications que les commentateurs donnent de chaque passage. Peu de connoissance des Pères de l'Eglise, qui ont moins besoin d'être étudiés parce qu'ils ne font point autorité dans les écoles protestantes. Il prêche à la genevoise, c'est à dire avec méthode, avec gravité, sans art et presque sans geste[118].

Joseph[119], pasteur de Bordeaux, mauvais prédicateur, plein de zèle, assez éclairé. Il sait un peu d'histoire. Il a le talent d'arbitrer les procès par son caractère conciliant. Il a la phisionomie d'un homme de bien, et le regard d'un homme d'esprit. C'est un pasteur passionné de la discipline ecclésiastique.

Les deux *Gabriacs* frères[120]. Ils ont fait de bonnes études à Bâle. L'un d'eux est d'une extrême pétulance. /484/

La Valette[121], hardi, intriguant, vif, mordant, et dangereux s'il n'est contenu. Il se pique de gentillesse et de bel-esprit, il prêche avec beaucoup de feu, il commença ses études au Desert et les finit à Lauzanne. Il répare par des mœurs très pures le malheur d'avoir eu pour père un des chefs de la secte licencieuse des Multiplians. Il est adoré à St Hippolite.

Courtez, Olivier, La Vernède, Paul, Randavel, Encontre, Pomaret, Roland, de La Cour, Desnoyers, Dubuisson, Vouland, Paul Favre, La Fage[122], tous propres à fomenter le schisme, tous résolus de mourir pour la cause qu'ils soutiennent[123], tous accoutumés à travailler sourdement contre l'Eglise nationale.

Le reste ne vaut pas la peine d'être nommé.

On en a fort exagéré le nombre des prédicans. Il n'y en a que deux cens cinquante dans le royaume, soit ministres, soit proposans, soit étudians en théologie, mais dans peu il y en aura le double. On attend de Lauzanne plusieurs jeunes gens qui y achevent leurs études[124], parmi lesquels sont quelques ecclésiastiques proselites qu'on a condamnés à un rigoureux noviciat et dont on attend des prodiges. On a refusé en dernier lieu un prêtre janséniste qu'on n'a pas trouvé assez instruit de la religion qu'il venoit d'embrasser. Tous les ministres étant mariés, et formant de bonne heure leurs enfans à leur métier, il y aura toujours une race de prédicans qu'il sera bien difficile d'exterminer.

Tous les ministres préchans sous la croix[125] (c'est ainsi qu'ils se nomment) ne sont point en France. Quelques uns retirés pour un tems dans les pays étrangers y travaillent de loin aux affaires du parti, tels que *Dumas*[126] réfugié en Hollande, très savant et très zélé, *Gavanon*[127] ministre de l'Eglise françoise d'Arnheim, ci-devant aumônier du régiment françois et huguenot de Manoblet, *Maroujé*[128] pensionnaire de Mrs de Berne, /485/ *Hollard* pasteur de Christian-Erlang[129], *Court*[130] établi à Lauzanne et le surveillant de la jeunesse que les Eglises du Désert y envoyent étudier en théologie. De là ils entretiennent une correspondance réglée avec leurs collegues, ils encouragent leurs frères par des Lettres pastorales, ils font passer en France des livres de liturgie, de controverse et de piété, ils consultent les Eglises étrangères sur les demêlés qui surviennent dans les synodes.

C'est une erreur de penser que les ministres du Désert sont des prédicans sans mission. Il n'en est pas un seul qui ne soit pasteur légitime. Ils ont tous reçu l'imposition des mains, soit en France, soit en Suisse, après avoir subi un examen plus ou moins rigoureux sur l'Ecriture sainte, et sur toutes les parties de la rethorique et de la théologie. Ils ont tous la vocation de l'église représentée par le consistoire, aucun d'eux n'est intrus. Le suffrage de l'église entière les a fait ministres, et celui d'un église particulière les a fait pasteurs. Leur mission n'a d'autre vice, que le défaut primordial de légitimité tant reproché aux premiers réformateurs par les catholiques Romains. Janicon[131], Butini[132], ministres étrangers célèbres par leur capacité, vinrent s'ingérer d'exercer parmi eux l'apostolat, mais comme ils n'avoient point été appellés, ils ne furent point reconnus. On les renvoya comme d'illustres avantuiers.

Deux cens ministres ne suffisant point pour desservir toutes les églises, on est fort occupé du moyen d'en augmenter le nombre. Dans les discussions que ce projet occasionna, il fut proposé d'envoyer dans quelques provinces purement catholiques des missionnaires qui y prêcheroient le calvinisme comme une religion nouvelle. Proposition très dangereuse.

L'opinion commune est que les prédicans sont élevés aux dépens de l'Angleterre. Rien n'est plus faux[133]. Quelques François réfugiés fondèrent autrefois diverses bourses pour l'entretien de divers jeunes gens de la même nation qui voudroient se destiner à la consolation de leurs frères. /486/ C'est aux dépens de ces fondations dont les deniers sont à Berne et à Bâle, que les proposans du Désert font leur cours de théologie à Lauzane[134]. Les consistoires en font aussi étudier quelques-uns à leurs frais. Quelques enfans y sont envoyés et entretenus par leur père. L'éducation qu'il y recoivent tend uniquement à perfectionner leur esprit, leur zèle et leurs mœurs. Les professeurs s'empressent à leur donner gratuitement des leçons particulières comme à la portion la plus précieuse de l'université.

Les religionaires ont senti qu'on avoit à leur reprocher de confier l'éducation de leurs ministres à des écoles étrangères et républicaines. Aussi a-t'on proposé diverses fois de n'en plus recevoir aucun qui eût étudié hors de France. Ce règlement n'a pu passer. On y a opposé que le flambeau de la doctrine s'éteindroit bientot dans le royaume, si l'on n'en nourrissoit le feu chez les étrangers, que la vie errante du Désert ne permettoit point d'y établir des collèges réguliers, qu'on avoit trop peu de ministres pour en consacrer un certain nombre à en former d'autres ; que l'esprit républicain n'étoit pas à craindre, parce que les savans professeurs de Lauzane et de Bâle donnoient sans doute à leurs disciples des instructions conformes à ce principe incontestable que les républiques et les monarchies sont également instituées de Dieu ; qu'enfin si c'étoit un crime, c'étoit un crime fort ancien, un crime de leurs pères à qui on ne l'avoit jamais reproché.

En effet De Thou raporte dans le livre XII de son *Histoire*, qu'en 1553 on fit à Paris le procès à Martial Alba, à Pierre Lécrivain, à Bernard Seguin, à Charles Favre, à Pierre Navières et à quelques autres qui avoient tous étudié à Lauzane aux dépens du canton de Berne, et qui avoient été envoyés en France pour y accréditer la religion des Bernois. Le canton intercéda pour eux, et ne crut point les rendre plus criminels en les réclamant comme ses nourriçons[135]. /487/

Les apppointemens des ministres sont fort modiques. Les plus considérables n'ont que 450 £. Cette somme est suffisante, parce que dans leurs aziles on les nourrit d'ordinaire gratuitement, et qu'on les défraye de leurs voyages. Les malades qu'ils visitent, les mourants qu'ils exhortent leur témoignent toujours leur reconnoissance par quelque présent. S'ils benissent des mariages et des baptêmes, ils\ n'en tirent jamais de rétribution. Il leur est défendu d'avoir des chevaux, de peur d'être incommodes à leurs hôtes. Ils sont obligés d'aller à toute heure exhorter les mourants.

Il semble que cette vie hazardeuse et vagabonde devroit les dégouter d'une profession d'ailleurs si pénible, mais il est de l'homme de se faire à tout. Ils sont aussi tranquiles que s'ils n'avoient pas une existence précaire. L'habitude du danger en affoiblit la crainte. Dans la plupart des maisons qui leur servent de retraites, on a pratiqué des cachettes où souvent renfermés ils ont ri des vains efforts des perquisiteurs. Leur tête est à 5 000 £, mais cette somme est si mal payée, quiconque veut la gagner est si odieux aux honnetes gens des deux religions, il est si difficile que le dénonciateur ne soit connu dans un pays où l'homme en place est environné d'espions, quelques-uns des délateurs ont fait une fin si tragique, qu'il n'est pas étonnant que les prédicans acquièrent enfin une espèce de sécurité. De plus il y en a eu très peu qui soient morts sur le gibet, et voici comment chacun raisonne : « des cinq cens ministres qui ont prêché en France depuis soixante ans, il y en a eu dix de martirisés. C'est deux sur cent. Ainsi en vivant âge d'homme, j'ai à parier quarante-neuf contre un que je ne serai pas pendu. »

Ils sont dédommagés des périls de leur état par la considération et par l'autorité qui y sont attachées. L'une et l'autre sont sans bornes, on les vénère comme des prédestinés, le peuple ignorant ne se lasse point de les entendre. Cet empire flateur qu'ils ont sur les ames, l'honneur qu'on rend à la mémoire des supliciés contribuent à leur faire aimer /488/ les allarmes et les dangers : car la gloire ne fait pas moins de martirs que de héros. Une preuve bien frapante de leur ascendant sur les esprits, ce sont les mariages qu'ils contractent. Ce seroit beaucoup que de pareils hommes trouvassent des femmes. Que penser donc quand on les voit choisir de belles personnes, de riches heritières, des filles de condition qui s'empressent de s'associer à leur infame périlleuse destinée.

Bien des religionnaires prétendent que des ministres qui devroient se détacher entièrement du monde ne devroient pas s'y enraciner par le lien du mariage. D'autres pensent qu'ils auroient des maitresses s'ils n'avoient pas de femmes, qu'ils séduiroient peut-être l'évangile à la main et la fleurette à la bouche les filles des maisons où ils sont reçus et cachés, qu'ils ne font que suivre l'exemple des premiers prédicateurs de l'évangile qui avoient à la fois une femme et du zèle, enfin qu'on ne peut sans cruauté oter les plaisirs du mariage à des gens qui se refusent tous les autres plaisirs.

Politiquement parlant, il est également avantageux et desavantageux à l'Etat qu'ils soient mariés. Car si d'un côté une famille les affectionne à la patrie, de l'autre cette famille proscritte en naissant troublera sans cesse l'Etat parce qu'elle ne peut exister que dans le Désert où elle est née. Ces femmes de ministres sont la pluspart connues, mais leur délit est presque impossible à prouver, elles ne suivent point leurs maris dans leurs expéditions ecclésiastiques.

Ce corps des pasteurs a des tribunaux où il juge et où il est jugé ; les consistoires, les colloques, les sinodes provinciaux et les synodes nationaux, en un mot tout le régime des anciennes Eglises prétendues réformées de France[136].

Les consistoires sont aujourdui assez bien composés. C'est un petit conseil démocratique formé de l'élite des zélés de toutes les conditions. Le ministre le préside, on le tient toutes les semaines, on y délibère sur la répartition des aumônes recueillies à l'assemblée. On y dénonce les /489/ pécheurs scandaleux, on y examine si les dénoncés sont dans le cas de l'exhortation particulière ou dans celui de l'excommunication publique. On y arrête les comptes de l'église, on y détermine le lieu de la prière pour le dimanche suivant.

Les colloques s'assemblent tous les trois mois, et sont composés de deux députés de chaque consistoire d'un certain district. On y porte les affaires que le premier conseil n'a pu terminer. On y règle les sommes qui doivent être envoyées aux galériens de Marseille ou aux femmes enfermées dans la Tour de

Constance. On y censure les anciens, les diacres, les proposans, les ministres qui se sont écartés de leurs devoirs. On y casse quelquefois tous les membres d'un consistoire qui a prévariqué.

Les synodes provinciaux s'assemblent tous les ans. Ils sont formés de deux députés de chaque consistoire. On y traite pendant trois ou quatre jours de toutes les affaires de la province. On y fait l'examen des proposans qui veulent être promus au ministère. On y arrête l'état des apointemens des pasteurs d'après celui des sommes qu'on a recueillies dans la collecte générale faite par les consistoires à cet effet. On y assigne à chaque paroisse son ministre. Car si l'on en excepte quelques-uns qui sont attachés au service de certaines églises, parce qu'on ne pourroit les refuser sans mécontentement à leurs prières annuelles, tous les autres roulent dans les diverses paroisses d'une province, et ne restent pas dans chacune au delà de six mois. Usage très remarquable, parce qu'il peut devenir très pernicieux.

Les synodes nationaux ne se convoquent que dans les occasions extraordinaires. Il n'y en a encore eu que quatre, le premier en 1744, le second en 1748, le troisieme en 1756, le dernier en 1758. Ces assemblées sont composées des députés laïques et ecclésiastiques de toutes les provinces du royaume. On y élit le modérateur ou président à la pluralité des voix. On y juge tous les apels des sinodes provinciaux. On y fait des statuts qui ont force de loy dans toutes les /490/ églises. On y délibère sur les moyens d'éviter la persécution, de faire parvenir au roi des remontrances, de desarmer la colère de Dieu et des hommes. On y choisit les missionnaires qu'on envoye aux villes qui en demandent. On y nomme des commissaires pour décider ou pour raporter les affaires qu'on n'a pas eu le loisir de terminer.

Dans le dernier sinode national on ordonna des prières extraordinaires pour la paix. On mit en délibération si l'on ne bâtiroit pas des lieux d'oraison dans toutes les provinces[137], et si l'on ne refuseroit pas desormais de payer la dixme au clergé, comme l'avoient fait leurs ancêtres avant d'avoir obtenu l'edit de Nantes. Ces deux questions produisirent de grands débats et furent renvoyées à un tems plus favorable. On décida unanimement que l'obéissance düe au souverain ne devoit point aller jusqu'à tapisser l'extérieur des maison le jour de la fête-Dieu[138]. Leurs pères firent il y a 200 ans une pareille décision, dont on peut voir la teneur dans les *Mémoires de Condé*[139].

Ces assemblées sont purement ecclésiastiques. Il ne s'y parle d'affaires d'Etat qu'autant qu'elles ont trait à celles de l'église.

Les sinodes n'ont aucune relation avec les puissances protestantes. Ils n'envoyent aucun député en Angleterre. Les religionaires n'ont point de bourse commune. Il est constant qu'ils ne font d'autre levée qu'une collecte de fruits ou de deniers pour les apointemens des ministres. Les anciens et les diacres servent l'église à leurs dépens. Un émissaire de l'ennemi seroit à l'instant déféré au magistrat, preuve évidente qu'ils n'ont aucune intelligence avec l'Anglois. C'est la profonde ignorance où est l'Angleterre sur l'état présent des religionnaires de France.

Ils sont essentiellement attachés au roy. Ils n'imputent leurs malheurs qu'à ses préventions. Leur religion leur /491/ prescrit l'obéissance et nulle autorité ne peut les en dispenser. Ils sont habitués à souffrir. Ils ne pensent qu'à servir Dieu et à vivre tranquiles. Le commerce les occupe, et l'esprit du commerce est la soumission, la crainte, l'amour du repos. S'ils avoient quelque penchant à remuer, ils l'ont affoibli en s'enchainant à la fidélité par tant de protestations de persévérer dans leur devoir.

Il est vrai qu'on les accuse de se réjouir quelquefois des succès du roy de Prusse et du roy d'Angleterre, mais s'ils n'ont pas le cœur tout à fait françois, c'est peut-être parce qu'on a tout fait pour le leur arracher. Forcés à se détacher de leur patrie où l'intérêt peut seul les retenir, ils ont sans cesse les yeux tournés vers les pays qui leur offrent un asile agréable. Les négocians religionnaires ne sont pas ceux qui souffrent le moins des victoires et des conquêtes de la Grande-Bretagne. Cependant ils ne peuvent s'empêcher de faire des vœux secrets pour la prospérité de la nation qui les ruine. C'est qu'il y a dans l'homme des sentimens plus forts et plus puissans que ceux de l'intérêt temporel, je veux dire l'amour de la religion et la haine de la persécution. Du reste il en est qui desirent uniquement le bonheur de la France. Mais en général leur cœur est dans une situation gênée. Partagés entre leur devoir de patriotes et leur devoir de protestans, obligés de prier Dieu pour leurs ennemis et de s'interesser pour leurs frères, ayant deux patries, ils trouvent dans chaque événement un sujet de joye et de tristesse, ils chantent tous les *Te-Deum* de l'Europe, ils ont toujours à se réjouir et à pleurer. Ces sentimens paroissent contradictoires et ne sont pourtant pas incompatibles. Ne voit-on pas des régimens protestans à la solde des puissances catholiques ravager la torche à la main, la larme à l'œil, les pays de leur communion? Paris et la cour ne sont-ils pas pleins de frondeurs qui aiment la France, et qui n'en haïssent pas les ennemis?

Les religionaires ne peuvent avoir les mêmes sentimens que le reste de la nation, parce qu'ils ont d'autres intérêts, d'autres vues, d'autres loix, d'autres espérances. Cela est /492/ si vrai que tout protestant qui se réunit même sans sincérité à l'Eglise nationale, cesse d'être frondeur, parce qu'il cesse de craindre l'oppression. Les mécontens aiment leur patrie mais conditionnellement, les sujets heureux l'aiment sans condition. Il n'est entre les catholiques et les protestans d'autre différence.

Cependant il faut convenir que, depuis ces vingt dernières années où l'état des religionaires est devenu suportable, ils se sont attachés au royaume. Les anciens ministres du Désert ne prêchoient que sur ce texte, *Sortez de Babylone, mon peuple*[140], ceux d'aujourduy exhortent à y rester. Ils flattent leur troupeau de l'espérance d'un édit. Les honnetes gens ne comptent que sur un adoucissement, mais la confiance aux bontés du prince est générale. Ils savent qu'il est bienfaisant et modéré, qu'il hait le sang, qu'il a quelquefois laissé respirer les opprimés, qu'il confia sans peine à un protestant le commandement de ses armées[141], qu'il voudroit admettre les officiers hérétiques aux honneurs de la chevalerie militaire, qu'il a souvent fait grace, et qu'il n'a jamais ordonné de supplice.

Cet espoir est fortifié par la persuasion où ils sont que la politique, d'accord avec le caractère du roy, conseille de les tolérer. De là cette ardeur à se rendre aux assemblées, ces mariages et ces baptêmes du Désert qui vont aujourduy à près de deux cens mille, ces attroupemens si nombreux dans le Béarn qu'on croyoit entièrement converti, et qui a commencé par où les autres provinces ont fini, je veux dire par les bâtêmes et les mariages, ces soixantes oratoires construits en Saintonge et dans le pays d'Aunis, et ces trois temples qu'on essaya l'an passé de bâtir dans les Cevennes[142].

Du reste ce peuple n'est point remuant. Ils ne se mêlent point, commes les jansenistes, de toutes les affaires d'Etat. Ils ne tendent point de pièges au clergé qui les persécute. Dans le tems que tous les parlemens sévissoient contre les refus des sacremens, ils auroient pu porter des plaintes sur les mêmes refus, qu'on auroit surement écoutées, /493/ ils y furent même invités, cependant ils n'en portèrent qu'une seule[143]. Ils n'ont nul écrivain qui deux fois le mois déchire pieusement dans une gazette le pape, le roy, les évêques, les ministres[144]. Un intendant se saoula de leur sang, et ils ne firent pas même un couplet contre lui. Le peu d'écrits qu'ils font sont arrosés de larmes et ne sont point souillés du fiel de la satyre.

Loin d'avoir des relations à la cour, loin de tâcher de s'y faire des protecteurs, à peine en connoissent-ils les ministres. En général ils savent que le ministère n'est point persécuteur. Ils regrettent Mr de Machault qu'on leur a dit être tolérant. Ils font des vœux pour M. le maréchal de Belleisle, sur ce qu'ils ont appris qu'autrefois il avoit proposé d'accorder liberté de conscience à Marseille[145]. Ils s'intéressent vivement à M. de Silhouette qu'ils regardent comme un philosophe incapable d'être emporté par le torrent de la haine théologique[146]. Ils sont persuadés que M. Berrier ne leur feroit pas de mal s'il pouvoit leur en faire, et que le ministre de la marine n'est pas moins enclin à la tolérance que le lieutenant de police[147]. Mais ils se réunissent tous à prier Dieu pour la conservation de M. le comte de St Florentin, auquel ils attribuent en partie le repos dont ils jouissent aujourd'huy. Ils ont vu avec une joye unanime et inexprimable que parmi tous ces changemens de ministres, celui qu'ils aimoient et qu'ils auroient choisi est le seul qui soit resté en place.

Quant aux commandans de province, M. le maréchal de Richelieu est adoré en Guyenne comme il l'étoit en Languedoc. Mais quoique M. le maréchal de Thomond n'ait point apesanti leurs chaînes\ M. le duc de Mirepoix est amerement regretté[148]. Il avoit donné à la ville de Nismes des espérances positives d'une tolérance particulière, il y avoit assemblé deux fois les notables, et leur avoit promis sureté pour leurs pasteurs, exercice dans la ville, redressement de divers griefs, pourvu /494/ que les principaux d'entre eux fussent membres du consistoire, et qu'il y eût moins de licence et de publicité dans les assemblées[149]. Ce sont ses termes. Tant de témoins dignes de foi attestent ces propositions de Mr de Mirepoix, qu'il n'est pas permis d'en douter, mais en même tems ils conviennent que ce projet ne regardoit que Nismes et les Cevennes. Il est aisé d'éclaircir ce fait.

Quoi qu'il en soit les attroupemens ne sont point inquétés. Les amendes d'arrondissement sont rares. En Languedoc les troupes sortent tous les dimanches, et l'officier vient dire au commandant de la place le mot convenu, *il n'y a rien de nouveau*. En Guyenne le calme est revenu, et les trois pouvoirs qui se disputoient la connoissance de ces affaires, se réunissent à punir les délits considérables et à fermer les yeux sur les délits communs.

Je viens d'apprendre en ce moment que dans le comté de Foix il y a eu des mouvemens qui détruisent tout ce que j'ai dit de l'inclination de ces huguenots à l'obéissance[150]. On dit qu'ils se sont assemblés en armes, qu'ils se sont révoltés, que M. de Gudannes a été obligé de marcher contre eux, que Mazeres et le Mas d'Asil lui ont fermé leurs portes. Je n'ai pas le tems d'approfondir ce fait, mais je ne doute pas qu'il ne soit faux dans toutes ses circonstances. Tout se réduira probablement à quelques troupes envoyées avec trop d'eclat, et un appareil de terreur pour dissiper des attroupemens d'herétiques désarmés.

MANUSCRIT

BnF ms fr. 7047, f° 441-494.

NOTES EXPLICATIVES

1. En mai 1759, La Beaumelle avait écrit à Saint-Florentin qu'il se proposait de traiter « un sujet qui est devenu une des plus importantes affaires du royaume & de [son] département » (t. XII, LB 3508).

2. Les dates ou autres indications transcrites entre deux losanges figurent en marge dans le manuscrit.

3. « Pourront au surplus lesdits de la R. P. R., en attendant qu'il plaise à Dieu les éclairer comme les autres, demeurer dans les villes et lieux de notre royaume, pays et terres de notre obéissance, et y continuer leur commerce et jouir de leurs biens sans pouvoir être troublés ni empêchés sous prétexte de ladite R. P. R., à condition, comme dit est, de ne point faire d'exercice, ni de s'assembler sous prétexte de prières ou de culte de ladite religion, de quelque nature qu'il soit, sous les peines ci-dessus, de corps et des biens. » (édit de Fontainebleau, octobre 1685 : Isambert, XIX, p. 534).

4. « Ils voient à la lettre, exécuter contre eux ces ordres sévères de M. de Louvois : "S. M. veut qu'on fasse sentir les dernières rigueurs à ceux qui ne voudront pas se faire de sa religion, et ceux qui auront la sotte gloire de vouloir demeurer les derniers doivent être poussés jusqu'à la dernière extrémité". » Antoine Court, *Le Patriote français et impartial*, VI, VII; éd. Selles, p. 129 (avec un renvoi à Élie Benoist, *Histoire de l'Édit de Nantes*, Leyde, 1693-1695, t. V, liv. XXIII, p. 869).

5. *Déclaration portant que les religionnaires convertis qui dans leurs maladies auront refusé aux curés de recevoir les sacremens et auront déclaré qu'ils veulent persister à mourir dans la R. P. R., soit qu'ils aient fait abjuration, ou non, ou que les actes n'en puissent être rapportés, seront réputés relaps et comme tels sujets aux peines prononcées par la déclaration du 29 avril 1686* – Versailles, 8 mars 1715 (Isambert, XX, p. 640).

6. « L'édit de Nantes fut revoqué en 8bre 1685 ; & dès le mois de 9bre suivant, les assemblées religieuses commencerent sur tout en Cevennes. » Armand Boisbeleau de La Chapelle, *La Nécessité du culte public parmi les chrétiens*, Francfort : Wolfgang Speckius, 1747,

t. II, p. 280. Dans le présent mémoire, La Beaumelle fait de fréquents emprunts à cet ouvrage qu'il avait lu à Genève (voir t. I, LB 307 n. 4 ; t. II, LB 470 n. 22).

7. Jean de La Porte, ancien pasteur des Cévennes réfugié en Suisse (voir Albert Doumergue, *Nos Garrrigues et les assemblées au Désert*, 2ᶜ éd. Montpellier : Presses du Languedoc, 1993, p. 169).

8. Fulcran Rey a été pendu à Beaucaire le 8 juillet 1686.

9. Charles Icard (1636-1715), pasteur à Nîmes de 1668 à 1684, auteur d'un *Avis salutaire aux Eglises réformées de France*, Amsterdam, 1683, condamné à être roué vif, avait pu se réfugier à Neuchâtel en 1684, puis était parti pour Brême où il était mort ; Jacques Peyrol, pasteur à Nîmes de 1672 à 1685, avait été condamné par contumace à être pendu mais il avait réussi à se réfugier à Genève.

10. *Déclaration sur l'édit d'octobre 1685, portant défenses aux ministres protestans de rentrer dans le royaume* (Isambert, XX, p. 2-5).

11. « Le 1ᵉʳ juillet parut une déclaration qui ordonnoit la peine de *mort* pour tous *ministres qui seroient rentrés en France sans permission* ; & celle des *galeres pour les hommes*, & d'être *rasées & renfermées à perpétuité pour les femmes* qui les recevroient & leur donneroient azile : & qui ordonnoit une récompense en faveur de ceux qui les déceleroient. La même déclaration decernoit la peine de mort contre tous ceux qui seroient surpris dans le royaume faisant des assemblées, ou quelqu'acte de la R. P. R. » *Nécessité du culte public*, t. II, p. 274-275.

12. « Suivant l'esprit de cette déclaration, le marquis de La Trousse, qui commandoit en chef en Languedoc, informé que les assemblées religieuses des protestans y continuoient, rendit une ordonnance en forme d'instructions aux officiers des troupes dispersées dans la province, qui leur prescrivoit les mesures qu'ils devoient prendre pour découvrir les assemblées que les religionnaires faisoient, & leur ordonnoit *de tomber dessus, de les écharper, d'en arrêter le plus qu'ils pourroient, d'en faire prendre* sur le champ quelques-uns hommes ou femmes, & d'en conduire en prison le plus grand nombre. » *Nécessité du culte public*, t. II, p. 275.

Le texte du mandement de Philippe Auguste Le Hardy, marquis de La Trousse († 1691), commandant en chef en Languedoc en 1686, est retranscrit en note dans Isambert, XX, p. 2-4 :

« Il y a une chose essentielle à remarquer, c'est que les gens qui composent ces assemblées ont soin de poser des sentinelles une lieue à l'avance de l'endroit où ils les font ; ainsi il y a de la prudence à prendre les précautions nécessaire pour se saisir de ces sentinelles ; et lorsque l'on aura tant fait que de parvenir au lieu de l'assemblée, il ne sera pas mal à propos d'en écharper une partie, et d'en faire arrêter le plus que l'on pourra, du nombre desquels on fera pendre sur-le-champ quelques-uns de ceux qui se trouveront armés et conduire le reste en prison, soit homme ou femme, et principalement le prédicant ; il faut observer de ne point tirer à moins que l'on ne tombe sur l'assemblée ».

13. « Le 7 de juillet de la même année [1686], on surprit une autre assemblée dans un bois près d'Usez. Le chevalier Persan, qui commandoit le détachement, la fit investir de tous les côtés, & par une premiere décharge il en tua un grand nombre : il fit tailler ensuite le reste en piece, à l'exception de quelques-uns qu'il fit pendre sur le champ à des arbres. » *Nécessité du culte public*, t. II, p. 282.

14. « La nuit du 5 au 6 octobre suivant, deux officiers nommés Boisvert du regiment de Fimarcon, en surprirent une autre, convoquée dans un vallon proche du Vigan, sur laquelle ils firent feu : plus de quarante personnes resterent sur la place ; un grand nombre furent blessés & moururent dans les bois de leurs blessures ; d'autres furent faits prisonniers & conduits au Vigan, où ils furent exécutés à mort. » *En note :* « Entre ceux qui furent exécutés à mort, il y avoit un jeune gentilhome appellé de Tomeyrolle de la maison de St Julien, âgé de dix-sept ans : il eut la tête tranchée. Les autres, au nombre de six, trois hommes & trois femmes, furent pendus, dont voici les noms : Anterieu, Hilaire, jeunes hommes âgés de seize à dix sept ans, Coste, la veuve Balzine, la femme d'un tailleur d'habits nommé Delon, & celle d'un nommé Gache, cordonnier du Vigan, qui étoit enceinte. » *Nécessité du culte public*, t. II, p. 282. L'officier est Jacques Pugnet, seigneur de Boisvert († 1737), capitaine de dragons au régiment de Fimarcon (*Armorial général de France*, I-2, Paris : Jacques Collombat, 1738, p. 440).

15. « D'autres éprouverent le même sort quelque temps après à Nîmes, pour avoir assisté à une assemblée qui s'étoit tenue aux environs de cette ville à la fin de decembre. » *En note :* « Il y en avoit six destinés à la mort par Mr de

Basville ; mais il se contenta de les faire tirer au sort, & d'en faire pendre seulement deux : le sort tomba sur un nommé Barbu marchand d'étoffes de soye, & sur Mibassé son compagnon ; ils furent exécutés l'un & l'autre à l'Esplanade.» *Nécessité du culte public*, t. II, p. 283.

16. «Le 19 de fevrier 1688, on surprit une de ces assemblées en un lieu appellé Grand-Ry dans le Poitou proche de Torigny, sur laquelle les dragons firent feu. Plusieurs resterent sur la place, & un grand nombre furent faits prisonniers, dont trois furent exécutés à mort, & 24 condamnés & conduits aux galeres.» *Nécessité du culte public*, t. II, p. 283.

17. «Il y eut dans la même année plusieurs autres condamnations ou exécutions pour cause d'assemblées dans le diocese de Castres, à Libourne & dans le diocese de Meaux.» *En note :* «Il y eut trois hommes d'exécutés dans le diocese de Castres, l'un à Vabres, l'autre à Esperause, & le troisieme à Castelnaud de Bressac.» *Nécessité du culte public*, t. II, p. 284.

18. «Les nommés Louïs & Jaques Cochet freres, & Nicolas Robeline furent condamnés à mort le 25 de juin par Mr de Menard intendant de la généralité de Paris ; mais le roi commua la peine en celle des galeres perpétuelles. Le nommé Cordier y fut conduit avec eux ; & la femme de celui-ci fut fleurdelisée, & exposée au pilori à la place du Marché de Meaux.» *Nécessité du culte public*, t. II, p. 284 (note).

19. Dans la *Réponse au Supplément*, La Beaumelle avait voulu réhabiliter la mémoire de Brousson contre le portrait qu'en brossait Voltaire : «La mort de Brousson produisit les camisards & les convulsions. Brousson, homme éclairé, s'étoit apperçu que les *Lettres pastorales* & prophétiques de Jurieu faisoient de fortes impressions sur l'esprit bouillant de ces montagnards, dont le cerveau étoit affoibli, l'ame roidie par la persécution. Il s'opposoit aux progrès du mal, & donnoit à ce peuple des consolations présentes, pour qu'il n'en cherchât pas dans l'avenir. Son zéle réussit, & pendant sa vie Jurieu prophêtisa en vain. Après la mort de Brousson, qui arracha des larmes à ses bourreaux, les Cevennes n'eurent plus de guide : ceux qui les prêchoient furent effrayés par le supplice de leur pasteur, & se retirérent. Des bergers lûrent dans la Bible qu'il viendroit un tems où les pierres même parleroient : ils s'érigerent en apôtres, & parlérent. Leurs pieuses absurdités furent écoutées, & frapérent

vivement un peuple encore plus pieux & plus absurde qu'eux. On crut en Jurieu, parce qu'on ne voyoit plus Brousson. Les bergers eurent des extases & des visions ; le troupeau en eut aussi, l'abbé du Chailar fit écraser entre deux poutres la tête de cinq ou six enfans de prophêtes. Quelques bandits prirent les armes, & joignirent aux convulsions de la piété les convulsions du désespoir. Voilà l'origine de cette guerre des camisards qui causa une diversion si funeste à la France, si favorable à nos ennemis.» La Beaumelle, *Réponse au Supplément du Siècle de Louis XIV*, 1754, p. 72-73. Il réutilise ici ce passage qu'il développera encore en 1763 dans les *Lettres de M. de La Beaumelle à M. de Voltaire* (voir notes suivantes).

20. «Le projet de 1683 lui tenoit toujours à cœur. Il le regardoit comme l'unique moyen de conserver la religion en France & de démontrer au roi que les convertisseurs l'avoient trompé.» *Lettres de M. de La Beaumelle à M. de Voltaire*, p. 107.

21. François Dubruc. L'erreur de transcription de son nom provient de la source consultée par La Beaumelle : l'article «Brousson» du *Grand Dictionnaire historique* de Moreri, édition revue et corrigée, Paris, 1718.

22. Claude Brousson avait été consacré par le pasteur François Vivens en décembre 1689.

23. «Pour l'exécuter [le projet de 1683] il rentra dans le royaume en 1689 avec Debruc ancien pasteur réfugié. Il y fut consacré ministre dans une assemblée de religionaires tenue sur une montagne des Cevennes. M. de Bâville en fut informé, & mit sa tête à prix. Ce qui n'empêcha pas Brousson de prêcher l'obéissance & d'exhorter les peuples du Dauphiné à la soumission dans un tems critique où ces exhortations pouvoient être utiles au roi.» *Lettres de M. de La Beaumelle à M. de Voltaire* (1763), p. 107.

24. «Au commencement de fevrier 1689, plusieurs assemblées furent surprises & massacrées en Vivarez. Dans une seule il y eut plus de 400 personnes de tuées ou de blessés : Mr Flechier evêque de Nimes a convenu du fait.» *Nécessité du culte public*, t. II, p. 284. (Esprit Fléchier parle en effet d'une assemblée de «près de quatre cents personnes» surprise vers Gluiras, mais dont la plupart prirent la fuite et «il en resta près de quarante sur la place en cette occasion» : *Lettres choisies de Mr Flechier evêque de Nismes : avec une relation des fanatiques du*

Vivarez et des reflexions, Paris: Jacques Estienne, 1715, p. 391-392.)

25. « Dans les mois de février & de mars suivans, on en surprit & massacra plusieurs autres dans le diocese de Castres : il y avoit même des ecclésiastiques qui étoient à la tête des troupes & qui les animoient au massacre. » *En note :* « Le 13 de février, le 23 mars & la nuit du jeudi au vendredi avant le dimanche des Rameaux. Entre les ecclésiastiques, il y avoit Cabrier curé d'Esperause, le curé de L'Habitarelle, celui de Viane, celui de Camaliere de la Caze & celui de La Capelle des Croux. » *Nécessité du culte public*, t. II, p. 284-285.

26. *Ordonnance portant défenses aux nouveaux convertis de tenir des assemblées* – Versailles, 12 mars 1689 (Isambert, XX, p. 73).

27. « On en surprit plusieurs autres en Dauphiné ; & un grand nombre de personnes furent à cette occasion condamnées à mort, & exécutées en divers lieux. » *Nécessité du culte public*, t. II, p. 285 (en note figure la liste de ces « coupables de l'un et l'autre sexe »).

28. « Le 19 de may 1690, Mr de Basville condamna vingt personnes au galeres, accusées d'avoir assisté à une assemblée tenue chez une veuve nommée Sepede, & un notaire nommé Bonjoli à être pendu : ce dernier fut exécuté le 31 de mai à Montpelier, & tous les autres conduits aux galeres. » *Nécessité du culte public*, t. II, p. 285-286.

29. « Ordonnance du 22 mars 1690 portant défenses aux Nouveaux Convertis de publier scandaleusement qu'ils sont encore huguenots et qu'ils se repentent d'avoir changé de religion ; et que comme relaps ils soient condamnés aux galeres. » *Recueil des édits, déclarations, arrests du conseil et des parlemens de Paris et de Toulouse rendus au sujet de la religion prétenduë réformée, depuis 1669 jusqu'à présent*, Toulouse : Jacques Loyau, 1711, p. 322.

30. François Vivens (1664-1692).

31. « En 1691 plusieurs gentilshommes furent condamnés aux galeres ou exilés pour être soupçonnés d'avoir assisté à une assemblée convoquée par Mr Brousson dans les bois de Boucairan. » *En note :* « C'étoient Mrs les barons de Fons & d'Aigremont, Mrs de Sauzet & de Gajans son fils, Mr de Domessargues & Mr Dufesc. » *Nécessité du culte public*, t. II, p. 286 (le baron de Barre – en Vivarais – est mentionné dans la note précédente, à propos d'une

assemblée surprise le 19 mai 1690). Le récit de cette assemblée de Boucoiran et de la suivante est tiré de Brousson, *Relation sommaire des Merveilles que Dieu fait en France, dans les Cévennes & dans le Bas-Languedoc, pour l'instruction & la consolation de son Eglise désolée*, Amsterdam, 1694, p. 54ss. Pierre Rolland, « Les galériens protestants (et condamnés pour aide aux protestants), 1680-1775 », *BSHPF* 158 (2012), p. 45-92 (ici p. 64) a montré que la première grande période d'arrivées de protestants aux galères se situe entre 1685 et 1710, « avec deux pics importants en 1686-1692 et 1698-1706 ».

32. « Dans le mois de février 1693, une assemblée fut surprise du côté de Brignon à trois lieues d'Usez. Elle ne fut point attaquée, mais on fit feu sur ceux qui s'en retiroient. Quelques-uns resterent sur la place ; d'autres furent blessés ; & une quarantaine faits prisonniers, dont les uns furent condamnés aux galeres, & une vingtaine de femmes ou filles renfermées dans la tour de Constance. » *Nécessité du culte public*, t. II, p. 286-287. Brignon se trouve entre Nîmes et Alès.

33. « A l'occasion d'une assemblée tenue dans la Vaunage en 1694, Mr de Basville rendit une ordonnance le 29 de juin, qui condamnoit les protestans de diverses paroisses à nourrir en pure perte trois cens hommes de garnison. » *Nécessité du culte public*, t. II, p. 287.

34. « Le 30 de mars suivant, Mr de Pommeroux intendant de Normandie jugea plusieurs personnes qui avoient assisté à une assemblée tenue à Croicy ; & il condamna les hommes aux galeres. » *Nécessité du culte public*, t. II, p. 288.

35. « Le marquis de Verac fit arrêter à peu près dans le même tems quarante deux personnes en Poitou pour avoir assisté à une asssemblée tenue le jour de Pâques dans sa terre de Couhé : le président de Poitiers en condamna huit à être pendus ; celui de Paris, à qui ils appellerent de la sentence, déclara qu'il seroit plus amplement informé sur leur compte. » *Nécessité du culte public*, t. II, p. 288.

36. « Au congrès de Riswick, il [Louis XIV] entendit sans répugnance les prieres que lui firent les princes protestans pour le retour des réfugiés. Ces instances furent foibles : & ceux qui avoi[en]t profité de nos pertes craignoient d'être exaucés & appauvris. Le bruit avoit couru dans l'Europe que Louis seroit de les rapeller ; & s'en fut assez pour que Louis ne les rappellât pas. Il

n'est plus temps, dit-on ; les réfugiés sont établis. Il est toujours temps de faire le bien.» (M2, t. IV, p. 167 ; voir t. IX, LBD 213) ; «Après la paix de Riswick, voyant que les religionaires n'avoient aucune espérance de rétablissement, il résolut de mettre la dernière main à son ouvrage & de perfectionner l'établissement des assemblées du désert. Il visita de nouveau toutes les provinces, leur donna le plan d'un culte secret & s'associa divers jeunes gens qu'il anima de son zèle. Il crut qu'aucune puissance humaine ne pourroit extirper le calvinisme en France s'il venoit à bout d'établir sourdement une pépinière de pasteurs disposés à être martyrs & intéressés à mettre dans les mêmes dispositions leur troupeau.» *Lettres de M. de La Beaumelle à M. de Voltaire* (1763), p. 109.

37. « Ce que le S. Esprit repete tant de fois la prophetie de la chute de Babylon & de la ruine de son Empire n'est pas seulement pour nous donner une certitude entiere de l'evenement, c'est principalement afin de nous marquer cette chute par diverses circonstances. Or Dieu n'a pas voulu nous donner toutes ces circonstances dans une seule vision afin que la prophetie ne fût pas trop claire. [...] Dieu donc qui vouloit que les circonstances de la chute de l'Empire de l'Antechrist fussent obscures, les a pour cet effet distribuées en plusieurs visions. Et pour la même raison, c'est à dire afin de repandre un voile venerable sur ce qu'il ne vouloit pas qu'on sçût avant le tems, il n'a point arrangé les circonstances précisément dans l'ordre de leur evenement. [...] C'est pourquoy afin de répandre sur ces adorables obscuritez toutes les lumieres necessaires pour les penetrer, il faut que nous remettions les choses dans leur ordre naturel & que nous expliquions les visions selon l'ordre des evenemens qu'elles predisent.» Pierre Jurieu, *L'Accomplissement des propheties ou la Delivrance prochaine de l'Eglise...*, Rotterdam : Abraham Acher, 1686, 2 vol. in-12, chap. IV (voir *Requête des protestants français au roi*, p. /107/).

38. Isabeau Vincent, bergère de Crest en Dauphiné, dont Jurieu parle à plusieurs reprises dans ses *Lettres pastorales aux fidèles qui gémissent sous la captivité de Babylone*.

39. «Jurieu qui, las d'être controversiste, s'étoit érigé en prophète, avoit rempli la France de livres où *j'arrange*, disoit-il, *les événemens que le Saint-Esprit a dérangés dans l'Apocalypse*. Une école de prophétie s'établit en Dauphiné dans la montagne de Peyra. On y recevoit le Saint-Esprit de la bouche d'un homme qui se vantoit de le souffler avec un baiser dans celle de ses crédules adeptes. On racontoit mille prodiges de la belle Isabeau bergère de Cret. Brousson, homme vraiment éclairé, voyoit avec douleur que les Lettres pastorales & prophétiques de Jurieu fesoient de fortes impressions sur l'esprit bouillant de ces montagnards dont l'esprit étoit affoibli par de longs jeûnes & par le souvenir amer de leurs malheurs. Il s'opposoit aux progrès du mal & donnoit à ce peuple des consolations présentes afin qu'il n'en cherchât pas dans l'avenir. Son zèle réussit : & pendant sa vie, Jurieu prophétisa en vain.» *Lettres de M. de La Beaumelle à M. de Voltaire* (1763), p. 113-114.

40. Oloron, en Béarn.

41. «Après la mort de Brousson qui arracha des larmes à ses bourreaux mêmes, les Cevennes n'eurent presque plus de guides. Ceux qui les prêchoient furent effrayés par le supplice de leur chef. Quelques-uns se cachèrent ; la plûpart s'enfuirent.» *Lettres de M. de La Beaumelle à M. de Voltaire* (1763), p. 114.

42. «Déclaration du Roi sur ce qui doit être observé par les Nouveaux Convertis qui iront à Orange pour leur commerce, du 13 janvier 1698». *Recueil des édits, déclarations, arrests du conseil et des parlemens de Paris et de Toulouse rendus au sujet de la religion prétenduë réformée, depuis 1669 jusqu'à présent*, Toulouse : Jacques Loyau, 1711, p. 341.

43. «Le même intendant [Basville] condamna le 26 de septembre suivant à la même peine des galeres perpétuelles soixante & dix hommes pour avoir été à Orange entendre le sermon ; & le 29 du même mois, il condamna pour le même motif dix neuf femmes à tenir prison fermée.» *Nécessité du culte public*, t. II, p. 289. D'après Pierre Rolland, «Les galériens protestants», art. cit. (ici p. 71), «les protestants qui ont profité du retour à Guillaume III de la principauté d'Orange et donc de la réouverture du temple pour tenter d'aller au prêche, et qui se sont fait prendre et condamner, sont au nombre de 134, la plupart en 1688, mais un nombre non négligeable au cours des quatre années suivantes».

44. Lettre et mémoire du roi aux évêques : voir cardinal de Bausset, *Histoire de Bossuet, évêque de Meaux*, t. IV, Versailles : J. A. Lebel, 1821, p. 86.

45. Louis-Antoine de Noailles († 1729).

46. Charles-Maurice Le Tellier († 1710).

47. Hardouin Fortin de la Hoguette († 1715).

48. Jacques-Bénigne Bossuet († 1704).

49. *Déclaration sur l'édit d'octobre 1685, contenant règlement pour l'instruction des nouveaux convertis et de leurs enfans* – Versailles, 13 décembre 1698 (Isambert, XX, p. 314-319).

50. « Mémoire du roy aux intendans et commissaires départis dans les provinces pour leur servir d'instruction ». Voir *Nécessité du culte public*, II, p. 276 ; *BSHPF* 13 (1864), p. 239-250.

51. « S'ils se taisent, les pierres crieront. » (Luc 19, 39). La phrase de Jésus répliquant aux pharisiens qui lui demandaient d'imposer le silence à ses disciples avait été choisie par Brousson comme épigraphe de sa *Relation sommaire des merveilles que Dieu fait en France, dans les Cévennes & dans le Bas-Languedoc, pour l'instruction & la consolation de son Église désolée*, [s. l.], 1694.

52. « Les honnêtes gens sans culte deviennent déistes, le peuple, fanatique. Des bergers lûrent dans la Bible qu'il viendroit un tems où les pierres mêmes parleroient. Ils s'érigèrent en apôtres, & parlèrent. Leurs pieuses absurdités furent écoutées, & frapèrent vivement une populace abandonnée à son ignorance. On crut en Jurieu parce qu'on ne voyoit plus Brousson. Les bergers eurent des visions & des extases ; le troupeau en eut aussi. L'abbé du Cheyla fit écraser entre deux poutres la tête de cinq ou six enfans de prophètes. » *Lettres de M. de La Beaumelle à M. de Voltaire* (1763), p. 114-115.

53. Le brigadier de Julien – surnommé *l'Apostat* par les camisards car il était né protestant –, qualifié de bigot par Court, organisa des enlèvements, des pillages et le Grand Brûlement des Cévennes.

54. Alexandre de Piémarcé de Brueys de Saint-Chaptes, catholique tombé amoureux d'une « prophétesse » et converti, avait combattu un temps aux côtés des camisards. Après la mort de celle qu'il aimait, il revint au catholicisme et dénonça ses anciens compagnons dont 17 furent envoyés aux galères en novembre 1703 et autant de femmes emprisonnées au fort d'Alès (voir A. Court, *Histoire des troubles des Cévennes*, resp. livres III et V : rééd. Montpellier, p. 146s, 251).

55. « Quelques bandits prirent les armes, et joignirent aux convulsions de la piété les convulsions du désespoir. M. de Julien huguenot et brigadier les repoussa. M. de St Chate gentilhomme catholique se mit à leur tête.

Voila l'origine de cette guerre des camisards, où les huguenots donnèrent la preuve la plus signalée de leur fidélité et de leur attachement aux maximes d'une religion qui leur ordonne de souffrir les injures et de n'en point faire. » *Lettres de M. de La Beaumelle à M. de Voltaire* (1763), p. 115. Sur cette interprétation de la guerre des Cévennes, voir C. Lauriol, « Tolérance civile et Lumières : La Beaumelle et les Camisards », in *Études sur La Beaumelle*, Paris : Champion, 2008, p. 81-98.

56. François de Pelet, baron de Salgas († 1717), condamné aux galères en 1703, libéré en 1716 (A. Court, *Histoire des troubles des Cévennes*, Lausanne, 1760, livre V).

57. Le maréchal de Villars avait obtenu la capitulation du camisard Jean Cavalier le 17 mai 1704.

58. La Chapelle fait mention de 145 prisonniers, 80, en juin, du côté de Nîmes, et 65, le 22 août, du côté de Sommières (*Nécessité du culte public*, t. II, p. 291-292).

59. La paix d'Utrecht, qui met fin à la guerre de Succession d'Espagne, est signée les 11 avril et 13 juillet 1713.

60. « Ce fut alors que le duc d'Orléans ordonna au comte de Morville ambassadeur en Hollande, de prier le ministre Basnage d'écrire à ceux dont on vouloit corrompre la fidélité, pour les affermir par ses exhortations à l'obéissance qu'ils devaient au roi ; et que ce ministre écrivit en effet une *Instruction pastorale* qui fut imprimée à Paris par ordre de la cour, distribuée dans les provinces, *et qui eut tout l'effet qu'on s'en était promis*, dit le père Nicéron. » A. Court, *Le Patriote français et impartial*, VI, VII (éd. Selles, p. 137-138). Dans le contexte d'hostilité entre la France du duc d'Orléans et l'Espagne de Philippe V, le premier ministre de ce dernier, le cardinal Alberoni, avait tenté de faire prendre les armes par les protestants pour affaiblir le pouvoir de la régence. Effrayé par la perspective d'une nouvelle guerre des camisards, le Régent avait alors sollicité, par l'intermédiaire du comte de Morville, ambassadeur de France en Hollande, l'intervention des pasteurs Jacques Basnage (La Haye) et Bénédict Pictet (Genève). L'*Instruction et lettre pastorale aux réformés de France sur la persévérance dans la foi et la fidélité pour le souverain* de Basnage, publiée à Rotterdam, avait été largement diffusée en Poitou et en Languedoc, où des prises d'armes avaient eu lieu.

61. Cette « lettre circulaire du Régent » n'a pu être identifiée.

62. Robert Sutton (1671-1746) était ambassadeur de Grande-Bretagne en France en 1720-1721. « La nuit du 14 au 15 janvier 1720, deux cens hommes de la garnison de Nîmes furent détachés contre une assemblée que les protestans de la ville ou des environs tenoient dans une caverne appellée la Baume des Fades. On y fit plusieurs prisonniers qui furent condamnés, les hommes aux galeres, & les femmes à tenir les prisons ; & la caverne à être comblée & murée. » *En note :* « Le jugement fut rendu à Montpellier le 27 de fevrier 1720. Il y eut 20 hommes de condamnés aux galeres ; mais il n'y en eut que trois qui y fussent conduits : les autres, avec nombre de femmes & de filles, furent condamnés ensuite à un exil, & devoient être conduits au Mississipi. Ils avoient été pour cela transferés aux prisons de La Rochelle ; mais aux sollicitations du chevalier Sutton, pour lors ambassadeur de la Grande Bretagne à Paris, S. A. R. le Duc Regent leur accorda la liberté de passer en Angleterre. » *Nécessité du culte public*, t. II, p. 295-296.

63. « On dit figurément *depuis le sceptre jusqu'à la houlette* pour dire : depuis les rois jusqu'aux bergers. » (*Dictionnaire de l'Académie française*, 4ᶜ éd. 1762).

64. *Déclaration concernant la religion* – Versailles, 14 mai 1724 (Isambert, XXI, p. 261-270).

65. Jacques Boyer, que La Beaumelle avait rejoint lors de sa fugue adolescente de l'hiver 1744 et avec lequel, revenu en Languedoc, il a renoué (voir t. I, LB 224, LB 236 et LBD 13 ; t. XII, LB 3526 et LB 3527).

66. « ... En 1728, on divisa la province de Languedoc en 143 arrondissemens, qui contiennent un certain nombre de villes, bourgs, villages & hameaux : & lorsqu'il s'est tenu quelque assemblée dans l'étendue de chacun de ces arrondissemens, on s'en prend à tous les protestans de ce district-là. » *Mémoire historique de ce qui s'est passé de plus remarquable au sujet de la religion réformée en plusieurs provinces de France depuis 1744 jusqu'aux années 1751 & 1752*, p. 94-95 (éd. Selles, p. 343).

67. La Beaumelle universalise l'adage « *sanguis martyrum semen christianorum* » tiré de l'*Apologétique* de Tertullien. Dans la *Requête des protestants français au roi* (p. /115/), l'emprunt est plus évident : « Le sang des martyrs est la semence de leurs opinions ».

68. La guerre de Succession de Pologne (1733-1738) visant, pour Fleury, à libérer les principautés italiennes du joug autrichien.

69. En raison du discours tenu sur eux au cours de leur procès et de l'origine confessionnelle de certains de ses membres, les Multiplians de Montpellier ont longtemps été considérés comme formant une « secte protestante », La Beaumelle s'efforce de laver sa confession religieuse du soupçon d'avoir enfanté une telle dissidence. Contrairement à l'affirmation de La Beaumelle, le caractère « libertin » de leurs assemblées n'est pas non plus établi. Pour une mise en perspective, voir H. Bost, « Remarques historiographiques sur les "Multiplians" de Montpellier », in : Joël Fouilleron – Henri Michel (dir.), *Mélanges Michel Péronnet*, t. II : *La Réforme*, Montpellier : Publications de l'Université Paul-Valéry, 2003, p. 237-251.

70. « Ce fut dans ce tems-là que Mrs les curés des Cevenes écrivirent à Mr le cardinal de Fleury qu'il y avoit dans le païs des prédicans en grand nombre qui assembloient leurs consistoires regulierement à certains tems & tenoient des assemblées très nombreuses & très fréquentes en plein midi, sur les montagnes, dans les bois & souvent dans les maisons particulieres. » *Nécessité du culte public*, t. II, p. 300-301.

71. La guerre de Succession d'Autriche (1740-1748).

72. Ce synode tenu dans le Bas-Languedoc du 18 au 21 août 1744, le quatrième des synodes nationaux « du Désert » après ceux de 1726, 1727 et 1730, est effectivement le premier qui le soit vraiment en raison de sa représentation géographique étendue au-delà du Languedoc. Le « schisme » dont il est question est celui de Jacques Boyer.

73. Voir n. 66.

74. François-Louis Allamand des Marets, *Lettre sur les assemblées des religionnaires en Languedoc, écrite à un gentilhomme protestant de cette province par M. D. L. F. D.*, à Rotterdam [France], datée du 1ᵉʳ octobre 1744 et diffusée au printemps 1745 (voir t. I, LB 289 n. 2).

75. Sur Armand Boisbeleau de La Chapelle (1676-1746), voir Sgard, *DJs*. Sur son ouvrage que La Beaumelle utilise abondamment, voir n. 6.

76. Des détentions de protestants sont bien attestées à Grenoble, Crest, Montpellier, Valence, Die, Montélimar, Nîmes, Ferrières,

Auch, Saint-Hippolyte et Alès. Le donjon du château de Lourdes sert de prison depuis la fin du XVIIe siècle). L'absence de la tour de Constance à Aigues-Mortes dans cette liste est étonnante.

77. Isaac de Grenier de Lastermes, gentilhomme-verrier de Gabre condamné aux galères en février 1746 pour avoir assisté à une assemblée cultuelle interdite. Le *Mémoire historique de ce qui s'est passé ... depuis 1744 jusqu'aux années 1751 & 1752*, p. 26-27 (éd. Selles, p. 353) fait figurer son nom dans une « Liste de CV personnes condamnées aux galéres perpétuelles, entre lesquelles il y a 46 gentils-hommes & 2 chevaliers de St Louis ».

78. Dans la « Liste de CV personnes condamnées aux galéres perpétuelles » figurent bien 45 condamnations prononcées par l'intendant d'Auch les 1er et 5 février 1746 (parmi lesquelles celle d'Isaac de Grenier de Lastermes).

79. Matthieu Majal, dit Desubas, condamné à mort le 1er février 1746 et pendu le jour même (voir t. I, LB 300 n. 8-9).

80. « Dans le dernier interrogatoire qu'il subit par devant M. l'intendant, ce maitre des requêtes l'adjura par le nom de Dieu devant lequel il alloit comparoître de lui dire la vérité sur les demandes qu'il alloit lui faire. Le ministre promet de la dire, & l'intendant lui demande *si les protestans n'ont pas une caisse commune ? S'ils n'ont pas fait un amas d'armes ? S'ils ne sont pas en correspondance avec l'Angleterre ?* "Rien de tout cela n'est vrai, répond le prisonnier, & les ministres ne prêchent que la patience & la fidélité au roi." *Je le sai*, replique M. l'intendant. Le ministre est conduit sur le soir à l'Esplanade, où après avoir fait bruler au pied de l'échelle les papiers & les livres qu'on avoit pris sur lui, il fut exécuté à la vue d'une foule inombrable de personnes qui étoient accourues à ce spectacle, & il fit paroître jusqu'à son dernier moment [...] tant de constance & de religion que tout le monde sans distinction ni de protestans ni de catholiques fondoit en larmes. » *Mémoire historique de ce qui s'est passé ... depuis 1744 jusqu'aux années 1751 & 1752*, p. 130 (éd. Selles, p. 363).

81. Louis François Armand de Vignerot du Plessis, duc et maréchal de Richelieu, est commandant du Languedoc de 1738 à 1755. L'art. 4 de son ban – qui date du 16 février 1754 – prévoit que l'officier informé de la tenue d'une assemblée « prendra ses mesures pour marcher dessus et la surprendre, et pour pouvoir y faire arrêter ceux qui s'y trouveront, surtout les ministres ou prédicants, sur lesquels il fera même tirer en cas qu'ils prissent la fuite à cheval ou qu'ils ne fussent pas à portée de les joindre » (Charles Coquerel, *Histoire des Églises du Désert*, t. II, p. 143-147).

82. Étienne Teissier, dit Lafage, arrêté et pendu à Montpellier le 17 août 1754 (voir t. VII, LB 2074 n. 8).

83. François Bénezet, arrêté et pendu à Montpellier en mars 1752 (voir t. I, LB 299 n. 19).

84. Jean Molines, dit Fléchier, arrêté à Marsillargues le 18 mars 1752 et emprisonné à Montpellier, avait abjuré le 30 avril (voir t. IV, LB 1122 n. 3).

85. Voir *Mémoire historique de ce qui s'est passé ... depuis 1744 jusqu'aux années 1751 & 1752*, p. 56-72 (éd. Selles, p. 324-331 ; Jean-Claude Gaussent, « La Campagne de rebaptisations de 1752 dans les diocèses de Nîmes et de Montpellier », *BSHPF* 145 (1999), p. 729-749).

86. Dans une « Lettre sur l'état présent de la Religion protestante en France » publiée par le *Journal helvétique* de novembre 1745 (voir t. I, LBD 14), La Beaumelle avait déjà donné une description détaillée des assemblées cultuelles du « Désert ».

87. Le *Catéchisme* de Jean-Frédéric Ostervald a supplanté les autres manuels d'enseignement religieux. Des exemplaires en sont envoyés en contrebande depuis la Suisse ou réimprimés clandestinement (voir t. I, LB 250 n. 1).

88. Psaume 72, 1-2.

89. Galates 2, 10.

90. 1 Corinthiens 10, 23-29.

91. Afin de minimiser les divergences doctrinales ou pratiques entre protestants français et catholiques, La Beaumelle rapproche le rituel qu'observent les premiers lors de l'admission des catéchumènes à la sainte cène du sacrement de confirmation, que leur doctrine ne reconnaît pas. En outre, comme le démontre le mémoire suivant, cette « confirmation » fait irrévocablement d'eux des croyants protestants, et en aucun cas des « nouveaux convertis ».

92. Sur l'attention que La Beaumelle accorde à la façon de désigner les « non conformistes », voir H. Bost, « "Cette abusive dénomination de nouveaux-convertis". La Beaumelle face à la dénégation et à la stigmatisation des protestants

français sous Louis XV », in : C. Bernat – H. Bost (éd.), *Énoncer | dénoncer l'autre. Discours et représentations du différend confessionnel à l'époque moderne*, Turnhout : Brepols, 2012, p. 265-279.

93. *Déclaration portant que les enfans des religionnaires pourront se convertir à l'âge de 7 ans, et faisant défenses aux religionnaires de faire élever leurs enfans à l'étranger* – Versailles, 17 juin 1681 (Isambert, XIX, p. 269-271).

94. Allusion au vers de la *Henriade*, « Je ne décide point entre Genève et Rome ».

95. « De sorte qu'en lisant d'un côté tant d'édits qui supposent qu'il n'y a plus de religionaires en France, tant de harangues qui félicitent Louis XIV de les avoir totalement exterminés, & de l'autre voyant au-/111/jourd'hui cent prédicans en Languedoc, cinquante mille baptêmes ou mariages bénis illicitement en Guyenne, des assemblées de vingt mille ames en Poitou, en Dauphiné, en Vivarès, en Béarn, soixante oratoires en Saintonge ou en Aunis, un synode national tenu à Nîmes en 1744 & composé de députés de Normandie, de Brie, du Rouergue, du Gevaudan, du comté de Foix, & d'autres provinces qu'on croyoit totalement converties, on ne peut s'empêcher d'être étonné de ce phénomène moral & de dire des calvinistes ce que Tacite disoit des Germains, *magis triumphati quam victi.* » *Lettres de M. de La Beaumelle à M. de Voltaire* (1763), p. 110-111 (« Dans ces derniers temps on a triomphé d'eux plutôt qu'on ne les a vaincus. » Tacite, *Mœurs des Germains*, 37).

96. « En effet ce qu'il avoit prévu est arrivé. Et je ne fais une si longue digression sur cet homme indifférent, ce semble, à l'histoire, que pour vous rendre compte d'un fait très-intéressant aujourd'hui pour le gouvernement. La secte s'est roidie contre les supplices. Elle a subsisté en paroissant écrasée. Noyée dans des torrens de sang, elle y a conservé sa vie & sa vigueur. Il s'est formé un seminaire de prédicans, sous le nom singulier de *ministres du désert*, qui ont leurs cures, leurs fonctions, leurs appointemens, leurs consistoires, leurs synodes, leurs azyles, leurs cathécumènes, leurs vicaires, leurs écoles de théologie, leur juridiction écclésiastique, & un système suivi qui, s'affermissant & se perfectionnant dans le silence & dans les ténèbres, semble ne pouvoir être désormais ni détruit ni même dérangé. Car plus on a pendu de ces missionnaires, plus il y en a eu à pendre. Poursuivis pendant la paix, ordinairement ils

ont respiré & se sont accrus pendant la guerre. De sorte qu'en lisant d'un côté tant d'édits qui supposent qu'il n'y a plus de religionaires en France, tant de harangues qui félicitent Louis XIV de les avoir totalement exterminés, & de l'autre voyant aujourd'hui cent prédicans en Languedoc, cinquante mille baptêmes ou mariages bénis illicitement en Guyenne, des assemblées de vingt mille ames en Poitou, en Dauphiné, en Vivarès, en Béarn, soixante oratoires en Saintonge ou en Aunis, un synode national tenu à Nîmes en 1744 & composé de députés de Normandie, de Brie, du Rouergue, du Gevaudan, du comté de Foix, & d'autres provinces qu'on croyoit totalement converties, on ne peut s'empêcher d'être étonné de ce phénomène moral & de dire des calvinistes ce que Tacite disoit des Germains, *magis triumphati quam victi.* » (*Lettres de M. de La Beaumelle à M. de Voltaire*, 1763, p. 109-110).

97. Ce chiffre avancé dans le *Mémoire théologico-politique au sujet des mariages clandestins des protestans de France* (2ᵉ éd. 1756, p. 15) sera repris dans la *Requête des protestants français au roi*.

98. « Qu'on ramasse, qu'on calcule tout, et l'on trouvera qu'il n'y a guère moins de protestants dans le royaume, qu'il y en avait peu de temps avant la Révocation de l'Édit de Nantes, et qu'un historien [F. Varillas] faisait monter néanmoins à deux millions. » A. Court, *Le Patriote français et impartial*, XI, III (éd. Selles, p. 214).

99. Henri de Montmorency-Damville (1534-1614) est devenu gouverneur de Languedoc le 12 mai 1563. La chronologie et la référence bibliographique imprécises (voir note suivante) incitent à penser que La Beaumelle travaille sans pouvoir se référer à la source qu'il indique.

100. Cette démarche avait été entreprise par le maréchal de Damville au lendemain de l'édit de Beaulieu (5 mai 1576) : dans une instruction destinée à Henri III, après avoir marqué « qu'il seroit à souhaiter qu'il n'y eût qu'une religion en France », il affirme que la source du mal provient du déréglement des ecclésiastiques et du peu de soin qu'on a pour la justice, et qu'il vaudrait mieux assembler un concile général ou national plutôt que d'avoir recours aux armes. « Il ajoute "qu'il faut par une bonne réformation appaiser l'ire de Dieu, & estimer que sa parole ou son évangile n'a jamais été plantée ni maintenue à coups d'épée" ; que par ailleurs quand on entreprendroit la guerre, on risqueroit

fort de ne pas réussir, que les religionnaires ou les catholiques (politiques) leurs associés étoient maîtres de plus des deux tiers du royaume, que plusieurs princes & seigneurs les soûtenoient, qu'il y avoit 500 000 familles de la religion ouvertement déclarées, & qu'il y en avoit autant de cachées, sans compter les catholiques ; qu'ils fourniroient les uns & les autres cinquante mille combattans, qui se défendroient jusqu'à l'extrémité" [...]. » Claude Devic et Joseph Vaissète, *Histoire générale du Languedoc*, t. V, p. 350.

101. Le jésuite Juan de Mariana est mort en 1624. La Beaumelle se réfère probablement à l'*Histoire générale d'Espagne depuis le commencement de la monarchie jusqu'à présent, tirée de Mariana et des auteurs les plus célèbres...*, 1723 (t. VIII) de l'abbé Morvan de Bellegarde, mais le passage n'a pu être retrouvé.

102. « L'Edit est maintenant regardé par eux [les protestants] comme une digue faite pour leur sûreté. Mais quand ils verront faire à cette digue une si large ouverture, ils ne concevront plus rien qu'une chûte de torrens et une inondation générale. Tellement que dans ce trouble et dans ces appréhensions, chacun d'eux tâchera sans doute à se sauver par la fuite : ce qui dépeupleroit vôtre royaume d'un million de personnes, dont la retraite feroit un insigne préjudice au negoce, aux manufactures, au labourage, aux arts et aux métiers et même en toutes façons au bien de l'Etat. » Discours prononcé par Pierre Du Bosc devant Louis XIV le 27 novembre 1668 : voir [Philippe Le Gendre], *La Vie de Pierre Du Bosc, ministre du Saint Evangile*, Rotterdam : Reinier Leers, 1694, p. 57.

103. Voir Philippe Gardey, « Les négociants de la France méridionale à Bordeaux entre la fin de l'Ancien Régime et la Restauration », *LIAME*, 25, 2012. De nombreux négociants en vin protestants sont d'origine étrangère.

104. Voir Jacques Savary des Brûlons, *Dictionnaire universel du commerce*, 1723 (rééd. en 1759 par Claude Philibert), art. « Serge », « Toile ».

105. « Si le roi n'eût pas été surpris, il est vraisemblable qu'il n'eût jamais révoqué l'édit. On voit dans ses lettres à l'Electeur de Brandebourg & au duc de St-Aignan combien il étoit juste quand il ne consultoit que lui-même. Van Robais dit au Controlleur des finances que la révocation ruineroit absolument l'utile manufacture d'Abbeville. Ces paroles allerent jusqu'au roi. Van Robais eut une chapelle & un ministre, qui furent refusez au maréchal de Schomberg, faute de connoitre le prix d'un homme : "Je veux, dit Louis, que mon royaume soit catolique ; mais je n'entends pas qu'il soit appauvri." » *Mémoires de Maintenon*, Amsterdam, 1756, t. III, p. 28-29.

106. Sur Mazamet, voir Rémy Cazals, *Cinq siècles de travail de la laine : Mazamet 1500-2000*, Midi-Pyrénéennes, 2010 ; sur Sedan, voir Marc Scheidecker – Gérard Gayot, *Les Protestants de Sedan au XVIIIe siècle. Le peuple et les manufacturiers*, Paris : Champion, 2003 ; sur Sommières et ses environs, voir Émile G. Léonard, « Nos villages. Un son de cloche protestant », *Annales ESC* 3, n. 3 (1948), p. 327-329.

107. L'industrie papetière était aux mains des protestants avant 1685, et nombre de ceux-ci ont émigré en Hollande à la Révocation. « Le papier qui se fabrique à Angoulême & dans quelques autres lieux de la province est fort estimé ; il en vient peu à Paris, la plus grande consommation s'en faisant pour les pays étrangers, & particulièrement pour la Hollande ; aussi y met-on ordinairement les armes d'Amsterdam. » Jacques Savary des Brûlons, *Dictionnaire universel du commerce*, 1723, art. « Papier ».

108. Voir par exemple Alain Becchia, *La Draperie d'Elbeuf (des origines à 1870)*, Rouen : Publications de l'Université de Rouen, 2000, p. 30-46 ; J.-D. Mellot, « Libraires et imprimeurs protestants à Rouen sous Louis XIV », colloque *Protestants et minorités religieuses en Normandie*, Rouen, 1987, p. 163-170 ; Gilbert Buti, « Négociants d'expression allemande à Marseille », *Cahiers de la Méditerranée*, 84 (2012), p. 49-64. On songe aussi à la banque Mallet, qui a une succursale à Marseille au XVIIIe siècle. La tannerie protestante de Metz est évoquée dans Ernest Lavisse, *Louis XIV, histoire d'un grand règne 1643-1715*, rééd. Paris : Robert Laffont, 2010.

109. Au XVIIe siècle, la création de la Manufacture royale de glaces de miroirs (Compagnie Du Noyer) avait permis de maîtriser progressivement les techniques vénitiennes de la miroiterie. Le monopole de cette manufacture avait disparu avec la création de la Compagnie Thévart (1688). Les deux entreprises avaient fusionné en 1695 pour former la Compagnie Plastrier (1695), tombée en faillite dès 1702. Des financiers protestants franco-suisses la

relancèrent sous le nom de Compagnie Dagincourt (du nom d'Antoine d'Agincourt) : « C'est celle qui subsiste à present, & qui paroît remettre en réputation & son credit & la fabrique des glaces de France, par les grands fonds qu'elle a faits, par son extrême œconomie, par son application à la regie de ses manufactures & de son commerce, par sa prudence à ne point faire d'emprunts inutiles & ruineux, & par son exactitude à payer ses dettes. » Jacques Savary des Brûlons, *Dictionnaire universel du commerce*, 1723, art. « Glace » – voir aussi « Miroitier ». La Compagnie Dagincourt bénéficiera jusqu'à la Révolution française du monopole de la fabrication du verre.

110. Un prêtre, directeur de conscience.

111. Voir 2ᵉ mémoire.

112. Paul Rabaut (1718-1794), consacré à Lausanne en 1741, pasteur de Nîmes de 1741 à 1794.

113. Surnom de Jean Pradel (1718-1795), consacré à Lausanne en 1742, pasteur d'Uzès de 1742 à 1766 et de Marsillargues de 1766 à 1793.

114. Jean Antoine de Cabot de Dampmartin (voir t. XII, LB 3378 n. 2).

115. Surnom d'Henri Cavalier (1715-1789), consacré en 1748 à Lausanne, pasteur des Hautes-Cévennes (à Alès en 1758, à Anduze en 1762). La Beaumelle l'a connu à Genève (voir t. I, LB 284 n. 17).

116. Jean-Louis Gibert (1722-1773), consacré en Hautes-Cévennes en 1749, pasteur des Hautes-Cévennes, de Saintonge et d'Angoumois jusqu'en 1763.

117. Pierre Puget (1727-1769), consacré à Lausanne en 1756. Il a fondé et dirigé en 1757 une école ambulante pour les futurs pasteurs, dissoute l'année suivante.

118. Sur la prédication à la genevoise, dite aussi « éloquence anglaise », voir t. I, LB 276 n. 1.

119. Surnom de Pierre Redonnel († 1760), pasteur en Bas-Languedoc de 1742 à 1758 et à Bordeaux en 1758-1759.

120. Jean-Pierre Gabriac (1715- ap. 1797), consacré à Lausanne en 1741, pasteur des Hautes-Cévennes de 1741 à 1790 ; Jacques Gabriac (1718-1798), consacré à Lausanne en 1748, pasteur à Sain-André de Valborgne (Cévennes). Seul le cadet a aussi étudié à Bâle. À son arrivée à Genève en octobre 1745, La Beaumelle avait demandé à son père de solliciter

d'eux ainsi que de Jacques Boyer un certificat attestant qu'il avait fait une profession aussi publique que possible de la religion protestante (voir t. I, LB 281 n. 3-4).

121. Surnom de David Vesson (1715-1793), consacré en 1755 en Basses-Cévennes, pasteur de Saint-Hippolyte de 1755 à 1761, à Valleraugue en 1768, à Anduze de 1780 à 1792. Son père était le tonnelier Jean Vesson, souvent associé aux Multiplians de Montpellier.

122. Pierre Corteiz (neveu), né en 1721 ; Jean Ducros, dit Olivier ; Henri Grail, dit La Vernède, né vers 1707 ; Paul Marazel, dit Paul, prédicateur puis pasteur en Basses-Cévennes ; François Noguier, dit Randavel, né vers 1731, pasteur de Basses-Cévennes et Rouergue de 1757 à 1805 ; Pierre Encontre, né en 1724 ; Jean Gal, dit Pomaret, né en 1720 ; Étienne Rolland (1695-1762) ; François Descours, dit Delacour ou Lacour (1720-1787) ; Pierre Rozan, dit Desnoyers (1706-vers 1795) ; Daniel Vouland (1713-1754 ?) ; Jacques Claude Teissier, dit Lafage († 1769). Dubuisson et Paul Faure sont des prédicateurs « exécutés en effigie » à Grenoble en 1746 (« Relevé général des persécutions exercées contre les protestants de France depuis la révocation de l'édit de Nantes jusqu'à la Révolution française », *BSHPF* 6 (1857), p. 87 ; leur noms figurent également dans le *Mémoire historique* (voir note suivante).

123. « Outre ces trois ministres [Louis Ranc, Jacques Roger et Matthieu Majal] qui ont été exécutés à mort réellement, il y en a plusieurs autres qui l'ont été en effigie : tels sont les S. Olivier & Carriere dit Cortez, condamnés le 5 fev. 1746 par M. l'intendant d'Auch ; & tels encore les Srs Vouland, Roland, de La Cour, Des Noyers, Dubuisson, Ranc, Paul Faure, prédicants ou ministres, & condamnés par le parlement de Grenoble le 2 avril de la même année 1746. » *Mémoire historique de ce qui s'est passé ... depuis 1744 jusqu'aux années 1751 & 1752*, p. 132 (éd. Selles, p. 364).

124. Cette mention du séminaire de Lausanne, déjà évoqué plus haut, peut étonner sous la plume d'un écrivain plaidant la cause protestante auprès des autorités puisque cette institution fondée en 1729 est censée rester clandestine (voir aussi ci-dessous n. 130). Elle est connue des autorités françaises, comme le montrent les lettres du marquis de Puysieulx au

comte de Maurepas (30 novembre 1747) et de Saint-Florentin à Puysieulx (4 novembre 1747) (BnF, ms. fr. 7046, f° 209-211). Un mémoire conservé aux archives de l'Hérault atteste aussi de la connaissance que Versailles avait du séminaire tenu par Court en 1751 (*BSHPF* 7 (1858), p. 39-44). On trouve également trace d'un espion en 1751, et des consécrations à Lausanne dès 1750 (C 435, correspondance entre l'intendant et le comte de Saint-Florentin).

125. Sur cette expression courante dans les Églises protestantes clandestines, voir H. Bost, « Les "Églises sous la croix". Sens historique et portée ecclésiologique d'une métaphore du protestantisme français persécuté au XVIIIe siècle », dans J.-M. Prieur (éd.), *La Croix. Représentations théologiques et symboliques*, Genève : Labor et Fides, 2004, p. 117-131.

126. Jean Dumas (1725/27-1799), pasteur de La Rochelle parti pour Amsterdam en 1755, pasteur de Veere de juillet 1757 à juillet 1758.

127. Sur Jean Gavanon, voir t. I, LB 245 n. 5, LB 292.

128. Antoine Maroger (1694-1774), pasteur à Nîmes réfugié en Suisse en 1735 après avoir été déposé pour schisme.

129. Albert Hollard (1720-1800), pasteur d'Erlangen (Johann Georg Meusel, *Lexikon der vom Jahr 1750 bis 1800 verstorbenen teutschen Schriftsteller*, t. VI, Leipzig, 1806, p. 73).

130. Antoine Court (1695-1760), installé à Lausanne depuis 1729 (voir ci-dessus n. 124).

131. François-Michel Janiçon (1674-1730), qui avait étudié à Maastricht, Utrecht et Dublin, a dirigé la *Gazette d'Amsterdam* (1713) et la *Gazette d'Utrecht* (1720), mais n'est jamais devenu pasteur (Haag). C'était le neveu de Michel Janiçon (1705), ancien pasteur de Blois nommé pasteur de l'Église wallonne d'Utrecht.

132. Ami ou Amédée Butini (1718- ap. 1765), ministre genevois en 1743, avait abandonné le pastorat au début des années 1750 pour s'établir comme planteur au Surinam (voir t. I, LB 294 n. 20).

133. Les subsides accordés par la couronne d'Angleterre sont les plus importants que le comité genevois pour le protestantisme français ait reçus pour financer le séminaire de Lausanne. Voir Pauline Duley-Haour, *Désert et Refuge : sociohistoire d'une internationale huguenote. Un réseau européen de soutien aux « Églises sous la Croix » (1715-1752)*, Paris : Champion, 2017, p. 257-281.

134. Voir n. 124, n. 130.

135. « On fit mourir alors en France un grand nombre de gens pour cause de religion. A Lyon Martial Alba, Pierre L'Ecrivain, Bernard Seguin, Charles Favre, Pierre Navilheres, & quelques autres, qui avoient tous étudié à Lausane aux dépens du canton de Berne, & qui avoient été envoyés en France pour y répandre les nouvelles opinions & pour y accréditer la religion que ceux de Berne professoient, furent punis du dernier supplice. Quoiqu'ils eussent été arrêtez avant d'avoir commencé à exécuter leur dessein, ils furent brulez dans la place publique, & le canton de Berne ne put obtenir leur grace. » J.-A. de Thou, *Histoire universelle*, livre XII, Londres, 1734, t. II, p. 383. Arrêtés à Lyon le 1er mai 1552 et condamnés à mort, ils avaient fait appel et Berne intercéda pour eux auprès du cardinal de Tournon. Leur appel ayant été rejeté, ils furent brûlés à Lyon le 16 mai 1553.

136. Voir les *Reglemens qui ont été dressez par ordre du synode provincial du bas Languedoc, tenu le 26e mai 1739, lus et examinés par le même, le 9e juin 1740* (Edmond Hugues (éd.), *Les Synodes du Désert*, supplément au t. I, Paris : Fischbacher 1887, p. 357-405). Ce texte élaboré par Barthélemy Claris reprenait les dispositions de l'ancienne *Discipline des Églises réformées de France*.

137. Le synode provincial des Hautes-Cévennes venait de le décider pour son ressort (voir n. 142 sur J.-L. Gibert), mais les actes du synode national, qui ne mentionnent que les décisions prises, n'en font pas plus état que de la question du paiement de la dîme.

138. « Dans la ferme persuasion où est l'assemblée que les fidèles ne peuvent innocemment décorer les devants de leurs maisons le jour qu'on appelle Fête-Dieu, elle exhorte tous les pasteurs de la province & leur enjoint d'instruire leurs troupeaux à ce sujet & de les porter, autant qu'il leur sera possible, à s'abstenir d'un tel acte. » Synode national tenu dans les Basses-Cévennes du 1er au 9 septembre 1758 : E. Hugues (éd.), *Les Synodes du Désert*, t. II, p. 164. L'article suivant procède à la nomination de commissaires, « les circonstances ne permettant pas à la compagnie d'entrer dans le détail des jugements, appels, & de tous les différends survenus à l'occasion des tentures dans les Eglises d'Alais & de St-André de Valborgne » (voir t. XII, LB 3378 n. 12).

139. « Articles respondus par le roy, en son

Conseil privé, sur la requeste présentée par plusieurs habitans de la ville de Bourdeaux, & sénéchaussée de Guyenne, sur le fait de la religion qu'on dit Réformée», 5 septembre 1564 : « 6. Que nul ne soit contraint parer ou tapisser le devant de sa maison, lors que les processions passeront» (*Mémoires de Condé, servant d'éclaircissement et de preuves à l'Histoire de M. de Thou...*, à Londres & se vend à Paris chez Rollin fils, t. V, 1743, p. 214-215).

140. Apocalypse 18, 4. Dans le livre biblique, Babylone représente Rome, c'est-à-dire l'empire romain. Depuis le XVIᵉ siècle, les écrits polémiques de la Réforme en font la métaphore de l'Église catholique romaine. «Sortir de Babylone» signifie spirituellement refuser l'idolâtrie, mais aussi concrètement s'exiler en quittant le royaume où il n'est pas possible de rendre à Dieu le culte qui lui est dû.

141. Le maréchal Maurice de Saxe (1696-1750).

142. Après avoir fait ériger des «maisons d'oraison» en Poitou, le pasteur Jean-Louis Gibert (voir n. 116) a tenté la même opération dans les Cévennes. Durant l'été 1758, le synode des Hautes-Cévennes décide de «se procurer des maisons dans tous les endroits, afin que les fidèles puissent y rendre à Dieu leur culte public & éviter les assemblées nombreuses & trop éclatantes» pour ne pas porter ombrage à la cour (art. IX). On entreprend de bâtir des temples à Lamelouze, Saint-Paul-Lacoste et Saint-Michel de Dèze, mais aussi dans deux quartiers du Collet-de-Dèze ainsi qu'à Saint-Martin de Boubaux. Trois cents soldats ayant été envoyés sur place, les protestants du Collet détruisent eux-mêmes l'œuvre entamée. Voir AN TT 412 ; E. Hugues (éd.), *Les Synodes du Désert*, t. II, p. 139 ; notice par P. Cabanel dans Félix Buffière (dir.), *Lozériens connus ou à connaître*, Toulouse, 1992.

143. Cette plainte sur le refus des sacrements n'a pu être identifiée.

144. Allusion aux campagnes de presse menées par les jansénistes dans les *Nouvelles ecclésiastiques*.

145. Probablement en 1746, lorsqu'il alla défendre le Dauphiné et la Provence que menaçaient les Autrichiens et les Piémontais en 1746.

146. Étienne de Silhouette (1709-1767), maître des requêtes et chancelier-garde des sceaux de la maison du duc d'Orléans (voir t. VI, LB 1490 n. 38), souscripteur des *Mémoires de Maintenon*

(voir t. IX, LBD 222 n. 471), contrôleur général des finances de mars à novembre 1759.

147. Lieutenant de police depuis 1747, Berryer est devenu ministre de la marine le 31 octobre 1758.

148. Du maréchal duc de Mirepoix, gouverneur du Languedoc mort à Montpellier le 24 septembre 1757, La Beaumelle avait écrit un an auparavant à Maupertuis qu'il était oublié dans la province (voir t. XII, LB 3275 n. 3).

149. Le maréchal de Mirepoix ayant demandé que les assemblées soient moins fréquentes et moins nombreuses, les ministres et anciens lui avaient répondu qu'ils ne pourraient y parvenir qu'avec le temps et à condition qu'on autorise dans chaque communauté protestante un consistoire établi. « M. de Mirepoix a senti le danger qu'il pouvoit y avoir de composer des consistoires de notables. Cependant il croyoit pouvoir le prévenir en exigeant que personne ne fût admis dans les consistoires sans son aveu.» *Mémoire lu et approuvé au conseil, pour servir d'instruction à M. le maréchal de Thomond dans la conduite qu'il doit tenir à l'égard des protestants du Languedoc* (7 janvier 1758), *BSHPF* 18 (1869), p. 430-431.

150. Ayant surpris une assemblée cultuelle protestante à Roquebrune, près du Mas d'Azil, durant l'été 1759, le marquis de Gudanes avait voulu en arrêter les participants, mais les gentilshommes verriers armés l'en empêchèrent et le détachement du marquis dut se retirer. Il cherchera ensuite à prendre sa revanche à Gabre où une autre assemblée lui avait été signalée, mais il sera pris dans une embuscade en 1763 au Pas del Roc et devra promettre de ne plus inquiéter les réformés. Sur ces épisodes, voir Napoléon Peyrat, *Histoire des Pasteurs du Désert*, t. II, p. 432-434, 1ʳᵉ éd. 1842, rééd. par Patrick Cabanel à Montpellier : Presses du Languedoc, 2002 ; Élisée de Robert-Garils, *Monographie d'une famille et d'un village*, Toulouse : Privat, 1899, p. 411-415 (rééd. Gabre : commanderie des Hospitaliers, patrie des verriers, Nîmes : Lacour, 2000, p. 183-185) ; Urbain de Robert-Labarthe, *Histoire du protestantisme dans le haut Languedoc, le bas Quercy et le comté de Foix de 1685 à 1789*, t. II, p. 346-349 ; Charles Garrigues, *Les Co-seigneurs de Château-Verdun, seigneurs d'Aston et les châtelains de Gudanes (XIIᵉ-XXᵉ siècle)*, Nîmes : Lacour, 2003, p. 150.

Un «Extrait d'une lettre de Mr le chevalier de La Pujade à Mr le Président Serres » (titre de la main de La Beaumelle, texte de celle d'un copiste) daté de Foix le 14 août 1759 rapporte ces troubles (ALB 2520) : « Je suis fâché d'etre dans un païs qui ne fournit rien de nouveau, ou de ne pas ressembler au *Courier d'Avignon* qui par quelque mensonge trouve toujours le sécrèt de se désennuier. Ainsi réduit au vray, et à publier des exploits communs, je vous dirai que nous avons fait la guerre dans nos cantons. Les huguenots se sont donné les avis de faire des assemblées du côté de Saverdun et du Mas Dasil, notre commandant attentif à tout a rassemblé des troupes ; les compagnies bourgeoises, des volontaires à pied et à cheval ont formé un corps d'armée qui a marché à l'ennemi sous les ordres de M. de Gudanes. Ce nouveau Machabée pour atteindre plutôt les huguenots marcha à la tête de ses troupes dans un carrosse à 6 chevaux, il dirigea sa course du côté de Mazères avec le gros de l'armée, et l'élite des volontaires ; cette ville effrayée de la terreur de ses armes ne lui donna pas le tems de donner des preuves d'une insigne valeur, elle se rendit tout de suite et promit à Dieu et au général une fidelité éternelle. Le Mas Dasil ne fut pas aussi docile : attaqué par un gros de troupes détaché de l'armée il se réduisit à s'enfermer dans une église où il rèsta 24 heures sans boire ny manger, la prière dans cette crise fut l'unique ressource des soldats ; le ciel leur fut propice. Le général vint à leur secours, l'ennemi s'enfuit et dans l'instant tout fut dans un calme profond : on dit même que beaucoup d'huguenots se convertirent. Je trouve cela d'autant plus beau que l'argent qu'on leur donna n'opéra pas à beaucoup près la conversion des prétendus prosélites. Tout cecy est exactement vrai, vous pouvez y ajouter foy, de même qu'aux sentimens distingués avec les quels je serai toute ma vie ».

Sur Louis Gaspard de Sales, marquis de Gudanes, commandant de la province de Foix (1707-1796), voir Charles Garrigues, *Les Coseigneurs de Château-Verdun*, p. 150. Dans une lettre au marquis de Gudanes datée du 20 juillet 1761, le comte de Saint-Florentin décrit le sieur de La Pujade, poursuivi pour dette envers l'hôpital général de la Grave, comme « un homme violent, cantonné dans un chateau, et chez lequel aucun huissier n'ose paroitre » (AN O¹ 457, fᵒ 155).

◊ *Sixieme mémoire. Etat civil des religionaires* ◊

Les religionaires s'estimeroient trop heureux si quelque loi leur assuroit leur état \actuel\. Mais ils ne peuvent le regarder que comme passager, tant qu'ils voyent subsister la rigueur des ordonnances qui forment leur état permanent. L'autre sera seulement accidentel, tant que la jurisprudence établie contre eux ne changera point.

Cette jurisprudence les met dans une situation continuelle de crainte & de danger. Les citations, les ajournemens, les emprisonnemens, les amandes, les confiscations, les galères, la mort, tout les jette dans les plus vives alarmes. Nulle-part ils ne se croyent en sureté. Ils craignent les délateurs, les faux témoins, la conscience de l'homme en place qui a droit de les juger sans les entendre. Ils craignent pour eux-mêmes, pour leurs parens, pour leurs amis, pour leurs enfans. Ils craignent en jugeant de l'avenir par le passé.

Pour se former une juste idée de ce qu'ils apellent leurs malheurs, il faut les considérer comme hommes, comme pères de famille, comme chrétiens, comme sujets, mettre un moment à l'écart la ~~prevention~~ préjugé qui parle en faveur de la législation établie, & décider avec impartialité si sous ces quatre points de vue ils n'ont pas lieu de se plaindre d'être assujettis à de continuelles vexations.

Premièrement, comme hommes ils sont malheureux. L'instinct de la nature nous porte tous à cette union tendre, légitime, éternelle qui fait la force de la société. C'est un besoin, c'est un bonheur, c'est un devoir, que cette alliance de deux sexes qui par l'attrait du plaisir, perpétue l'espèce humaine & semble prolonger la vie en la communiquant. Les religionaires en sont privés. La loi leur ordonnne de se marier à l'Eglise & par conséquent d'acheter la bénédiction nuptiale par des sacrileges, par des profanations, par une hipocrisie qui les rend criminels devant Dieu & méprisables devant les hommes. La loi leur défend de se marier par-devant leurs ministres sous peine de bâtardise pour leurs enfans & de confiscation de corps & de biens pour eux-mêmes. S'ils suivent les mouvemens de leur conscience, ils s'exposent à la rigueur des peines. S'ils se laissent effrayer par les peines, ils s'exposent aux remords de leur conscience. Il faut absolument qu'ils vivent dans le célibat, \ou qu'ils vivent dans le concubinage,\ ou qu'ils désobéissent à Dieu, ou qu'ils désobéissent au roi. Ils n'ont à choisir qu'entre la débauche, l'hipocrisie & les galères.

Le droit naturel permet à tout homme de changer d'opinion. Des individus raisonables en formant un corps de société, ne purent se dépouiller de ce droit essentiellement inaliénable. Ils soumirent leurs actions aux lois, mais ils ne purent y soumettre leurs opinions. Car le propre de l'esprit est d'être libre : l'entendement humain varie /[2]/

Sixieme Mémoire
Etat civil des religionnaires

[autre format, autre papier]

Les religionaires s'estimeroient trop heureux s'ils pouvoient se flatter de jouir toujours de leur état actuel. Mais ils ne peuvent le regarder que comme passager, tant qu'ils voyent subsister la rigueur des ordonnances qui forment leur état permanent. L'autre sera seulement accidentel, tant que la jurisprudence établie contre eux ne changera point.

Cette jurisprudence les met dans une situation continuelle de crainte & de danger. Les citations, les ajournemens, les emprisonnemens, les amandes, les confiscations, les galères, la mort, voilà les maux dont ils sont sans cesse menacés. Tout les jette dans les plus vives alarmes. Nulle-part ils ne se croyent en sureté. Ils craignent les délateurs ~~encouragés~~ \invités\ par des récompenses, les faux témoins encouragés par l'impunité, la conscience de l'homme en place qui a droit de les juger sans les entendre. Ils craignent pour eux-mêmes, pour leurs parens, pour leurs amis, pour leurs enfans. Ils craignent au milieu même du calme en jugeant de l'avenir par le passé.

Pour se former une juste idée de ce qu'ils appellent leurs malheurs, il faut les considérer comme hommes, comme pères de famille, comme chrétiens, comme sujets. Il faut mettre un moment à l'écart le préjugé qui parle en faveur de la législation établie, & décider avec impartialité si sous ces quatre points de vue ils n'ont pas dignes, sinon d'indulgence, du moins de compassion.

Premièrement, comme hommes ils sont malheureux.

L'instinct de la nature nous porte tous à cette union tendre, légitime, éternelle qui fait la force de la société. C'est un besoin, c'est un bonheur, c'est un devoir, que cette alliance de deux sexes, qui par l'attrait du plaisir /[3]/ perpétue l'espèce humaine & semble prolonger la vie en la communiquant.

Les religionaires en sont privés. La loi leur ordonnne de se marier à l'église & par conséquent d'acheter la bénédiction nuptiale par des sacrileges, par des profanations, par une hipocrisie qui les rend criminels devant Dieu & méprisables devant les hommes. La loi leur défend de se marier par-devant leurs ministres sous peine de bâtardise pour leurs enfans & de confiscation de corps & de biens pour eux-mêmes. Leur conscience, erronnée il est vrai, mais ayant droit à tous les privilèges de la conscience éclairée, leur parle aussi \haut\ que la loi & leur enjoint d'y desobéir. S'ils suivent les mouvemens de leur conscience, ils s'exposent à la rigueur des peines. S'ils se laissent effrayer par les peines, ils s'exposent aux remords de leur conscience. Il faut absolument qu'ils vivent dans le célibat, qu'ils se rendent coupables envers Dieu ou coupables envers le roi. Ils n'ont à opter qu'entre la débauche, l'hipocrisie & les galères.

Le droit naturel permet à tout homme de changer d'opinion. Des individus raisonables, en formant un corps de société, ne purent se dépouiller de ce droit essentiel à la raison. Ils soumirent leurs actions aux lois : mais ils ne purent y soumettre leurs opinions. Car le propre de l'esprit est d'être libre. D'ailleurs l'entendement humain varie dans ses idées comme dans ses sensations. La persuasion est produite en nous par des causes qui ne sont pas toujours les mêmes, qui sont indépendantes de notre volonté & souvent nous sont étrangères. Prétendre que l'opinion sociale doit être l'opinion de chaque associé, c'est prétendre qu'on peut croire par procureur, c'est dire la plus révoltante absurdité.

Voilà pourtant à quoi les religionaires sont condamnés. La loi leur défend d'avoir une certaine opinion, leur ordonne d'en avoir une autre, & leur défend d'en changer. Ils ne peuvent être calvinistes, puisque le roi veut que tous ses sujets soient catholiques. Ils ne peuvent se faire catholiques, parce que incertains de persévérer dans cette créance ils ne /[4]/ doivent pas s'exposer aux peines des relaps. Ils ne peuvent se faire calvinistes, parce qu'un seul acte suffit pour encourir réellement ces peines. Un état de passivité extérieure ne leur est pas même permis, parce qu'on en présumeroit une activité intérieure qui les rendroit suspects à leurs ennemis & odieux à leurs frères.

Ils prétendent avoir bien d'autres sujets de se plaindre que les droits de l'humanité leur sont entièrement ravis. Ils citent la déclaration qui leur ordonne d'être les dénonciateurs de leurs ministres[151], celle qui leur ordonne de n'avoir que des domestiques catholiques & de nourrir leurs délateurs & leurs espions[152], celle qui ordonne sous de grièves peines aux médecins de leur refuser tout secours de leur art, si après la seconde visite le malade ne leur présente un certificat de confession & de catholicité[153].

Deuxiemement, comme chefs de famille ils sont malheureux.

Si Dieu rend leur mariage fécond, la naissance des enfans est pour les pères un moment de douleur. Arrachés de leurs bras dès qu'ils voyent le jour, ils sont livrés à des prêtres d'une religion opposée & consacrés à une église ennemie. La loi est expresse : vingt & quatre heures après leur naissance ils doivent être bâtisés à la paroisse sous peine d'amande arbitraire.

Ce n'est pas tout. Dès-que ces enfans commencent à répondre à la tendresse & aux instructions paternelles, les religionaires sont obligés de les envoyer aux écoles catoliques jusqu'à quatorze ans & aux catéchismes des dimanches & fêtes jusqu'à vingt. S'ils négligent de les \faire\ élever dans une créance qu'ils abhorrent, ils sont condamnés à des amandes considérables, exigées par établissement de garnison effective.

Souvent on enlève de force les enfans, même avant l'âge où les premiers rayons de la raison commencent à luire. On les enferme dans des colleges, dans des couvents, où l'on abuse de la foiblesse de leur esprit pour leur faire embrasser la religion du roi & haïr celle de leurs pères. Par là on jette dans les familles de funestes semences de division. Ces enfans reviennent enfin dans les foyers domestiques, sans amour, sans respect pour leurs parens, ~~pleins~~ \remplis\ de défiance pour tous leurs conseils, pleins de mépris pour leur opiniâtre attachement à l'erreur, /[5]/ & regardant ceux à qui ils doivent le jour comme des hérétiques destinés aux flammes éternelles.

C'est peu d'avoir déchiré les entrailles des pères par ces enlevemens fâcheux & par des instructions détestées. On sappe encore ouvertement les plus sacrés fondemens de leur autorité, quoique elle soit & l'image & la baze de l'autorité monarchique. Des prêtres animés d'un zèle indiscret excitent tous les jours les enfans à se révolter contre leurs pères. Le fils libertin qui veut forcer le sien à payer tous ses déréglemens fait une abjuration simulée, viole impunément les droits les plus saints, ne se borne point à une pension alimentaire, se fait relever de la plus légitime exhérédation, & tourmente toute sa famille à l'aide d'une protection que les dépositaires du pouvoir dans les provinces n'oseroient lui refuser.

Si les enfans apartiennent à leurs pères, si la puissance paternelle est chez les peuples une espèce de royauté, si l'éducation \de l'être produit\ est non seulement ~~le~~ \un\ devoir, mais encore ~~le~~ \un\ droit \particulier\ de l'être producteur, si l'en dépouiller c'est lui ôter une prérogative précieuse, si en suposant que la religion du prince est celle de l'Etat, il s'ensuit nécessairement que la religion du père doit être celle la famille, si c'est détruire l'empire domestique que d'en bannir par la contrariété d'opinions la concorde qui en est l'ame, si par les enlevemens d'enfans on fait frémir à la fois la nature & la religion, certainement les \vives\ plaintes des protestans sur cet objet peuvent être accusées d'amertume, mas ne sçauroient l'être d'injustice.

Ils se plaignent encore qu'on les rende responsables de certaines démarches des mêmes enfans dont on leur a ôté la conduite & l'instruction. Si quelqu'un de ces jeunes prosélytes mal imbu des dogmes catholiques, ou séduit par les mœurs austères des hérétiques, ou persuadé par les sophismes de l'erreur, ~~reprend~~ \rentre dans\ la religion de sa famille, la perversion de l'enfant devient le crime du père, le clergé vigilant accuse l'un d'apostasie, l'autre de séduction, tous les deux ont à craindre une lettre de cachet.

Si un enfant est envoyé ou s'enfuit dans les pays étrangers, le clergé revendique une proye qui lui échape. Et d'après les ordonnances, le père est condamné à une amende annuelle de six mille livres jusqu'à ce qu'il l'ait représenté.

Je ne parle point des jugemens rendus contre les pères dont les enfans ont été accusés d'avoir fait quelques actes de calvinisme dans les pays protestans. J'omets les vexations qu'on essuyées ceux qui ont été convaincus d'avoir envoyé quelques sommes d'argent à leurs enfans réfugiés chez l'étranger. Mais il est évident qu'il est fâcheux pour un huguenot d'être père. En effet c'est peu de compter ses /[6]/ malheurs par ses enfans : il les compte par ses actes de paternité.

Troisièmement, considérés comme chrétiens, les religionaires ne sont pas moins malheureux.

Un principe reçu de toutes les communions, c'est que les chrétiens sont obligés de rendre à Dieu en commun un tribut de louanges, de prières & d'actions de graces, parce que le but de la religion qui est d'unir les hommes, ne sçauroit être autrement rempli. Un autre principe reçu de tous les jurisconsultes, c'est que la puissance civile ne s'étend point sur les dogmes religieux ni sur les actes qui en dépendent. Chaque homme a droit d'honorer l'Etre suprême suivant ses lumières. Hobbes, que tous les téologiens ont percé de mille traits, a seul prétendu que la religion du prince étoit nécessairement celle du sujet.

Or les religionaires, assujétis comme tout le reste des hommes à l'obligation de servir Dieu, sont privés du droit inaliénable de le servir. On a oublié, on a contredit les respectables attributs des deux principes que nous venons d'établir, pour les détacher de leur obligation & de leur droit.

Il leur est défendu sous peine des galères perpétuelles de s'assembler dans les champs ni dans les maisons, soit pour s'édifier par la prière, soit pour s'affermir dans leur foi par la prédication de la parole, soit pour participer aux sacremens[154]. De sorte qu'à s'en tenir aux edits ils n'ont que l'un de ces deux partis à prendre, ou de professer la religion catholique comme des hypocrites ou de vivre sans culte comme des infidèles.

L'exercice domestique ne leur est pas même permis. La loi leur défend en termes formels *de s'assembler pour prier, en aucun lieu, en quelque nombre, & sous quelque prétexte que ce soit*[155]. Leur histoire fournit mille exemples de personnes punies pour avoir prié Dieu chez elles. Voici l'extrait d'un arrêt rendu à Orléans contre Daniel Fleuri de Blois : *Tout considéré, pour avoir par ledit Fleuri chanté des Pseaumes, lu la Bible & fait des prières à la manière des Prétendus-Réformés DANS SA FAMILLE, nous l'avons condamné & condamnons à être banni pour trois années du ressort des baillages d'Orléans & de Blois, lui fesant défenses d'enfreindre son ban sous les peines portées par les déclarations du roi, & à trente livres d'amande*[156].

Une religion pouvant absolument subsister sans culte, & le but du législateur étant d'éteindre entièrement l'hérésie pour me servir de ses propres termes, /[7]/ on a obvié à l'inconvénient ~~du culte~~ \de l'exercice\ domestique qui peut être secret, en défendant sous de grièves peines à tous les protestans de garder chez eux aucun livre de leur religion. Catéchismes, sermons, liturgies, tout fut proscrit par l'ordonnance du 24 avril 1729[157]. On fait de tems en tems dans leurs maisons des recherches exactes. Tout livre suspect est brulé publiquement. On n'excepte pas même l'Ecriture sainte, quoique les catholiques & les protestans conviennent réciproquement que l'essentiel n'est point altéré dans leurs traductions respectives. Dernièrement le parlement de Guyenne fit bruler par le bourreau sept mille exemplaires d'un catéchisme intitulé *Abrégé de l'Ecriture sainte & de la doctrine chrétienne*, comme portant avec son titre, disoit le réquisitoire, un caractère de réprobation[158]. Voilà donc un peuple entier, un peuple chrétien, à qui l'on défend de lire le Testament du père des hommes.

Envain on leur présente des versions catholiques. Ils se défient des plus fidèles & des plus approuvées depuis qu'un jésuite en mit entre leurs mains une où les apôtres disoient la messe, où les fidèles communioient sous une seule espèce, où l'on fesoit invoquer la sainte Vierge par les premiers disciples, où l'on avoit retranché le second commandement, & tenté cent autres fraudes pieuses pour prouver par l'Ecriture ce qui ne se prouve que par la tradition, le tout avec l'aprobation de Nosseigneurs les évêques[159].

Non seulement il n'est pas permis à ces chrétiens de vivre dans leur religion. Mais encore il leur est défendu d'y mourir. S'ils sont dangereusement malades, il est enjoint à leurs parens, à leurs amis, de ne leur donner aucune consolation, de leur refuser les prières dont ils veulent être aidés, de ne pas leur rappeller ces grandes vérités communes à toutes les sectes chrétiennes. De pareils actes de charité, de compassion, sont sévèrement punis. On flétrit également la personne de l'exhortant & la mémoire de l'exhorté. Entre autres exemples, la marquise de Bramady de Tremons, sœur du gouverneur de Neuchâtel, fut condamnée le 20 juillet 1727 par Mr de Bernage à trois ans de prison close dans son château de Beauregard & à six mille livres d'amande, pour avoir adressé quelques paroles de consolation à un agonisant[160].

Bien plus, les médecins, les apoticaires, les chirurgiens, sont obligés d'avertir les curés ou vicaires de la paroisse, si le malade est en danger. Le prêtre vient / [8]/ lui offrir l'eucharistie, le même qui lui a refusé le sacrement du mariage. Il l'exhorte à changer de religion & le persécute jusqu'au dernier soupir. Si le mourant accepte, il commet un sacrilege. S'il refuse, en cas de convalescence il est condamné aux galères perpétuelles, & en cas de mort le procès est fait à sa mémoire, ses biens sont ôtés à ses enfans, son cadavre est traîné sur la claye & jetté à la voirie[161]. Point de province, point de ville, point de paroisse, où l'on n'ait exécuté à la lettre ces effrayantes dispositions.

Après cela il seroit inutile de parler des actes de catholicité qu'on exige tous les jours. Les anciens édits, quoique remplis d'une juste partialité pour l'Eglise dominante, respectoient pourtant les scrupules des consciences errantes. Ils ordonnoient simplement que *les Prétendus-Réformés seroient tenus de souffrir qu'il fût tendu par l'autorité des officiers du lieu au-devant de leurs maisons le jour de fêtes ordonnées pour ce faire, & lorsqu'ils rencontreroient le saint sacrement dans les ruës, qu'ils se retirassent au son de la cloche qui le précède, sinon qu'ils ôtassent leur chapeau, avec défenses de les empêcher de se retirer.* ◇ Déclaration 1669[162] ◇ Les nouveaux réglemens les forcent à rendre au saint sacrement de l'autel un culte qu'ils traitent d'idolatrie, de tapisser \eux mêmes\ le devant de leurs maisons, de conniver à ce culte en rendant à l'hostie des hommages indifférens en eux-mêmes, si l'on n'y avoit attaché une idée d'adoration & d'apostasie. S'ils veulent fuir au son de la cloche, on les en empêche, on les force à ployer le genou, on les traite d'impies, de séditieux, de blasphémateurs, on les punit comme tels. S'ils ne tendent point le jour de la fête-Dieu, on les condamne à des amandes, à une longue prison ou aux galères suivant l'exigence du cas.

Quatriemement, considérés comme sujets, ils sont, s'il est possible, encore plus malheureux.

Le comble du malheur pour des sujets, c'est d'être gouvernés par d'autres lois que leurs concitoyens, d'avoir tous les inconvénients de la sujettion & de ne point participer à ses avantages, d'être traités en esclaves & en ennemis dans le sein de leur propre patrie, de ne voir dans le chef de la société qu'un surveillant rigide, tandis que les autres associés trouvent en lui un père bienfaisant, enfin de ne pouvoir porter leurs plaintes au pié du trône sous prétexte qu'ils n'existent / [9]/ pas. Tout établissement social a pour objet d'assurer la liberté & l'égalité à tous ceux qui le composent, & de leur procurer moyennant la plus petite somme possible de mal la plus grande sommes possible de bien. Dès que la constitution civile s'écarte de ce plan, une partie de la cité est nécessairement sacrifiée à l'autre. Or telle est la position des religionnaires. Ils sont soumis à d'autres lois que les catholiques.

Les catholiques sont libres; les religionaires sont gênés en tout. Les catholiques servent Dieu à leur manière; les religionaires ne jouissent point de cette liberté. Les catholiques sont maitres de leurs enfans; les enfans des religionaires ne leur apartiennent pas. Les uns obéissent à des lois générales, simples, conséquentes, aisées à observer. Les autres en ont de particulières, compliquées, contradictoires, d'une observation impossible. Les premiers sont admis à toutes les charges, les seconds sont exclus de toutes. Ceux-ci sont accablés de l'indignation du prince, ceux-là sont comblés de ses faveurs & de ses bienfaits.

Les catholiques peuvent embrasser toutes les professions : les religionaires ne peuvent être que négocians ou cultivateurs. Les uns vivent dans une profonde sécurité, & n'ont à craindre que la vengeance des lois ; les autres flottent dans des allarmes continuelles, & ont à craindre l'homme en place, qui peut les envoyer aux galères *sans forme ni figure de procès.* Les premiers sont jugés par leurs pairs, les seconds par leurs ennemis. Les uns ne répondent que de leurs propres fautes, les autres répondent de celles de leur parti.

Les catholiques disposent à leur gré de leurs biens ; les religionaires ne peuvent ni vendre ni échanger les leurs sans la permission du roi. Les catholiques sortent librement du royaume ; le religionaire n'en peut sortir sans être censé mort civilement. Les catholiques servent leur patrie de leur épée & de leur courage ; les religionaires ne peuvent répandre leur sang pour leur prince, parce qu'ils seroient exposés à des actes journaliers d'hipocrisie. Les premiers forment l'Etat ; les seconds ne forment qu'un parti, suspect quoique fidèle, odieux quoique infortuné, méprisé quoique puissant, censé détruit quoique nombreux.

Les catholiques supportent les charges de l'état proportionément à leurs facultés ; les religionaires sont taxés non sur leurs biens, mais sur leurs opinions, témoin la note de Nouveau-Converti ~~dans~~ qu'on met à côté de leur nom dans le rôle de la capitation & du vingtieme. Par une contradiction inouïe, ceux d'entre eux qui se /[10]/ marient au Désert sont assujétis à toutes les impositions de l'Etat comme chefs de famille, tandis qu'on les force à tirer au sort pour la milice comme garçons.

Toutes leurs actions sont mal interprétées. Tant qu'ils tinrent leurs assemblées la nuit, ils furent accusés d'y commettre des énormités à la faveur des ténèbres. Dès-qu'ils les tinrent en plein jour, ils le furent de braver l'autorité & d'insulter la religion dominante.

Tant que les délibérations de leurs synodes furent secretes, on les soupçonna d'y cabaler contre l'Etat. Dès-qu'ils les rendirent publiques & qu'ils en envoyèrent les actes aux gens en place, on les traita de rebelles insolens qui se fesoient une gloire de leur desobeissance.

Tant que leurs attroupemens furent peu nombreux, ils furent regardés comme la lie de la nation. Quand par le manque de pasteurs & par la fougue contagieuse du zèle ils devinrent plus considérables, on leur imputa de vouloir intimider le gouvernement.

On leur fit même un crime d'avoir offert au roi trente mille hommes pour repousser l'enemi qui alloit envahir la Provence[163]. Et dans ce moment on donne un tour sinistre à ce nouveau projet de banque protestante conçu par deux particuliers, imprudens à la vérité, mais certainement bien intentionés[164].

Que de pareils hommes soient peu affectionés à l'Etat, rien n'est moins étonnant. Les autres sujets y tiennent par des chaînes, ceux-ci seulement par des fils très déliés. Mais ils sont dociles & soumis en ce qui ne touche pas la conscience. Qu'ils le soient par politique, par nécessité, par devoir, peu importe : ils le sont, & cela suffit. C'est à Dieu seul à sonder les cœurs. L'homme ne peut juger que de l'extériorité : & toutes les aparences d'une fidélité de sentiment sont pour eux. Mais fussent-ils contre eux, un prince est trop heureux d'avoir des sujets qui fassent par vertu ce qu'ils ne peuvent faire par inclination.

Cependant leur fidélité est tous les jours suspectée & noircie. Coup le plus sensible qu'on puisse porter à des sujets. Toutes les calomnies contre eux sont écoutées : & quand elles sont reconnues, elles ne sont pas punies. En voici quelques exemples.

En 1744, on informa le roi que le 7 de mai Roger ministre en Dauphiné[165] avoit lu à son auditoire un édit scellé du sceau de Sa Majesté, portant liberté / [11]/ de conscience & celle se s'assembler. M. le comte d'Argenson écrivit à Mr de Piolenc premier président du parlement de Grenoble[166], de faire contre Roger toutes les poursuites convenables. Le parlement obéit, cita, informa, & ne trouva rien qui ne fut à la décharge de l'accusé. Roger écrivit à M. d'Argenson, protesta de son innocence & lui demanda justice. Cependant on fit courir le prétendu édit. C'étoit la pièce la plus absurde. On y supposoit que le roi malade à Metz confioit la régence à M. le Dauphin, & que le nouveau Régent donnoit liberté de conscience aux huguenots[167].

Au mois d'août de la même année, on fit à la prière du clergé une nouvelle information. On interrogea plus de cent ajournés sur les articles suivans, par lesquels on peut juger du ton des calomniateurs : *Vos ministres ne vous ont-ils pas lu un edit qui leur permet de prêcher publiquement ? Ne vous sollicitent-ils pas à enlever les enfans des couvents & à égorger les religieuses ? Ne vous ordonnent-ils pas de prier pour la reine de Hongrie & pour l'Angleterre ?* Tous répondirent ~~par la~~ négativement. L'année suivante le prédicant Roger fut pris, interrogé, & reconnu innocent, puisque l'arrêt le condamne ~~à mort~~ \au gibet\ uniquement *pour avoir fait les fonctions de ministre dans diverses assemblées de religionaires.* ◇ 22 mars 1745 ◇

En même tems on jouoit en Languedoc une scène encore plus affreuse. On y répandit ce cantique, qu'on accusoit les huguenots de chanter dans leurs assemblées.

> O Dieu le fort ! arbitre de la guerre !
> Fai triompher les armes d'Angleterre.
> Donne puissance & victoire à son roi,
> Le défenseur de la divine foi.
>
> De là dépend la paix de ton Eglise,
> Qu'un roi puissant tourmente & tyrannise.
> De là dépend la douce liberté,
> Que ton cher peuple attend de ta bonté.

Si tu lui fais remporter la victoire,
Nous bâtirons des temples à ta gloire,
Pour célébrer ton nom, ô saint des saints,
Sur les débris des temples des Romains &c.[168] /[12]/

> Attribuer cette pièce aux religionaires, c'étoit les exposer à la boucherie. Aussi leurs ministres la désavouèrent dans une lettre à M. le marquis de La Devèze[169] ◇ 21 aout[170] ◇. Mais quelle fut leur surprise quand ils apprirent que Mr le duc de Richelieu venant aux Etats, y avoit porté une copie de ce cantique? Ils virent que Mr de La Deveze ne les avoit pas justifiés[171]. *Paul Rabaut*, au nom de ses collègues, écrivit au duc une lettre où il prenoit Dieu à témoin de l'innocence des ~~protestans~~ \religionaires\, où il renouvelloit leurs protestations d'obéissance & de fidélité, où il demandoit qu'on nommât un commissaire pour découvrir l'auteur ◇ 2 Xbre ◇. Mr de Richelieu dédaigna d'éclaircir ce fait. L'infame cantique avoit été composé par un catholique. Un prêtre de Nîmes en avoit répandu des copies[172].

Vers ce tems-là le curé de Bouquet, diocèse d'Uzès, fut assassiné[173]. On ne manqua pas d'en accuser les protestans du lieu, & même d'en emprisonner quelques-uns. Mais par la procédure, il fut prouvé que des catholiques étoient les auteurs de l'assassinat.

On écrivit à la cour que les huguenots des Sévennes alloient se revolter & fesoient des amas d'armes & de provisions. Mr le duc de Richelieu fut obligé de partir précipitamment de Paris. Il arrive dans les Sévennes avant la nouvelle de son départ. Il fait les plus exactes perquisitions. On fouille avec soin dans les maisons de gentilshommes dont les enfans mouroient en ce moment pour le service du roi. On ne trouve ni provisions ni armes. ~~L'auteur de~~ Le donneur d'avis ne fut pas même réprimandé[174].

Un prêtre du diocèse d'Alais tire lui-même un coup de fusil à ses bas, & se plaint que ses paroissiens ont voulu l'assassiner. On nomme des commissaires: la fraude est reconnue. On peut voir le raport qu'en fit le Sr Dejean de St Marcel, à qui ses services contre les protestans ont valu la croix de St Louis[175].

Le 4 mars 1744, on logea à discrétion quelques compagnies chez les protestans des environs de Montauban. Deux ~~soldats~~ \dragons\ ivres, se jettèrent sur une jeune fille qui se déroba à leurs brutales caresses en ~~jettant~~ poussant les hauts cris. Le bruit attira quelques paysans sans armes & sans défense. Les deux coupables crient alerte. Le maréchal de logis fait battre la bouteselle[176]. On fait main basse sur ces hérétiques désarmés. On tue un paysan septuagénaire; on sabre les fuyards; on en attache onze à la queuë des chevaux. On les traine en triomphe chez l'intendant. Celui-ci, sur le raport du maréchal des logis, croit que ces paysans sont venus attaquer les dragons, met en prison les onze malheureux, & en écrit la nouvelle à la cour comme de l'affaire la plus sérieuse. De là le bruit qui courut dans toute l'Europe, que les huguenots de cette province s'étoient soulevés. Les prisoniers furent reconnus innocens, & les deux dragons demeurèrent impunis[177]. /[13]/

Mais rien n'est plus remarquable que la partialité avec laquelle on juge les mêmes demarches que font les protestans & les catholiques. Lorsque le prédicant *Desubas* fut arrêté, quelques paysans allèrent prier l'officier de le leur rendre. Pour toute réponse, on tira sur eux, on en tua six, on en arrêta quatre. Le lendemain une multitude d'enfans, de femmes, de vieillards, accourut à Vernoux pour enlever le prisonier. Les \bourgeois\ catholiques de concert avec l'escorte, chargèrent leurs fusils, & de leurs fenêtres tirèrent \à mitraille\ sur cette troupe foible & désarmée. Trente-six protestans furent tués, & deux-cens blessés. Tant de sang répandu convertit le zèle en desespoir. Quelques manants osèrent tenter par la force ce qu'on n'avoit pu obtenir par la prière. Mais ils en furent empêchés par les exhortations de leurs pasteurs & par un billet que Desubas leur écrivit. Le prédicant fut conduit à Montpellier sans opposition ◊ 1^r fév. 1746 ◊[178]. Cependant on représenta cette sédition particulière, comme une rebellion de tout le parti \& l'évêque de Valence en fit une éloquente invective\. Le parlement de Toulouse vient de condamner à l'amande honorable le curé de Cette[179], convaincu de ~~simonie &~~ de viol & de blasphème. Les murmures de sa paroisse ont fait craindre une émeute. Mr le maréchal de Thomond a été obligé d'envoyer à Cette quinze cens hommes avec un appareil de terreur. Cependant personne n'a dit que la fanatique pitié des paroissiens pour leur pasteur fût un commencement de rébellion contre le roi, & encore moins que les catholiques fussent des sujets rebelles. ◊ 10 février[180] ◊

Mais la plus odieuse calomnie dont on ait noirci les religionaires, c'est celle qu'imagina Bouchet, curé de Boffre en Dauphiné.

Le 21 decembre 1745, on entendit un maitre d'école nommé Bioussier crier de toutes ses forces dans les rues de Boffre que les huguenots avoient mis le feu à l'église, que plus de quatrevingt poursuivoient M. le curé, & qu'ils l'avoient déjà peut-être \déjà\ poignardé. Tout le vilage est en alarme : on court à l'église pour éteindre le feu ; on vole à Vernoux pour demander du secours. Les troupes arrivent : l'officier interroge le maître d'école qui continue d'affirmer que le curé est poursuivi par 80 huguenots[181]. On disperse de tous côtés les soldats qui ne trouvent aucun vestige de fuite. L'officier écrit à M. de Chateauneuf, commandant de Tournon, qu'il n'y a nulle aparence que les protestans ayent brulé l'église ni poursuivi le curé[182]. Celui-ci revient de S. Sylvestre où il s'étoit caché, confirme l'exposé du maitre d'école, fait arrêter trois huguenots qui épioient ses démarches, & intimide par ses menaces ceux qui prennent des informations sur l'incendie. Mr de La Devèze se rend à Privas en Vivarès. Les religionaires demandent que le maitre d'école soit interrogé. Il persiste à soutenir que les huguenots sont les auteurs du crime. Les accusés furent assez heureux pour obtenir qu'on enfermât ce témoin & qu'on établît une commission.

Le curé ne sçut pas plutot que son maître d'école étoit prisonier, & que craignant la sagacité des commissaires il courut à Vernoux & se fit donner un détachement /[14]/ pour l'enlever ; mais il le tenta vainement[183]. Le maitre d'école répéta devant la commission ses premiers exposés. Quelques jours après, touché de remords, il demanda d'être mené une seconde fois devant le commissaire. Il déclara que son curé, *le pistolet à la main, l'avoit forcé à mettre le feu à l'église, que le curé lui-même étoit monté sur l'autel avec une hache, qu'il l'avoit mis en pieces, qu'il avoit envelopé les vases sacrés dans une serviette & dans un surplis qu'il avoit percé de plusieurs coups de couteau, que le tout avoit été jetté dans une citerne,* où après bien des recherches on les retrouva en novembre 1746[184].

Ce misérable fut traduit dans les prisons de Tournon aux frais des protestans. Les informations furent envoyées à la cour. Cette affaire étoit oubliée, lorsque le 15 de mai 1746, les cavaliers de la maréchaussée arrêtèrent le curé dans une église, & le conduisirent au fort de Brescou. Il tenta trois fois mais inutilement, d'échaper des mains des archers. Telle ~~est~~ \fut\ la peine infligée à un curé incendiaire & sacrilege, à qui il ne tint pas qu'un grand nombre d'innocens ne périssent par les plus cruels supplices[185].

On usa de la même indulgence envers l'abbé Novi de Caveirac[186]. Il fut convaincu d'avoir suborné des témoins pour perdre quelques protestans[187]. Les subornés furent rigoureusement punis. Le suborneur alloit être condamné aux galères. Une lettre de cachet le ravit à la justice & l'exila à trente lieues de Nîmes. Ce même homme, toujours animé de la plus violente haine contre un parti que sa famille a mille raisons de benir & d'aimer, a publié deux libelles diffamatoires, dont le dernier méprisé à Paris mais trop connu dans les provinces, a sensiblement affligé les religionaires, & mériteroit l'animadversion publique. L'auteur convient qu'il a trempé sa plume dans le fiel. Il calomnie ses concitoyens auprès du roi. Il les accuse de nourrir dans leur cœur par principe & par inclination le crime de lèze-majesté. Sous prétexte de justifier l'édit révocatif, il fait la satyre du catholicisme en fesant l'éloge de l'intolérance. Il feint de vouloir ramener les hérétiques à l'Eglise, & il les en éloigne à jamais en la leur peignant comme la plus impitoyable des marâtres. Il se joue également de la religion qu'il défend & de celle qu'il persécute. Pour renouveller les massacres, il tâche d'affoiblir l'horreur que tout bon François a contre ~~celui de~~ la St Barthelemi.

Qu'un livre si scandaleux, si criminel, si séditieux, ait triomphé, tandis que tant d'autres ont été proscrits, que les évêques & les gens en place en ayent été les les panégiristes & les distributeurs, que les cris de milliers d'innocens contre cet atroce recueil d'impudentes calomnies n'ayent encore pu se faire entendre, non, rien ne prouve mieux combien les religionaires sont malheureux, en qualité d'hommes, de chefs de famille, de chrétiens & de sujets.

MANUSCRIT

ALB 4404.

REMARQUE

Extrait d'un gros cahier entièrement de la main de La Beaumelle. À la suite des brouillons des cinq premiers mémoires figure celui du 6ᵉ, absent de la liasse BnF : il n'a probablement jamais été terminé et expédié. De nombreux points en seront repris dans la Requête des protestants français au roi (1763).

NOTES EXPLICATIVES

151. Déclaration du 14 mai 1724, art. II.

152. *Déclaration portant défenses aux religionnaires de se servir de domestiques de leur religion* – Versailles, 11 janvier 1686 (Isambert, XIX, p. 539-540). Comme ils sont témoins des pratiques clandestines protestantes dans les maisons où ils servent, les domestiques peuvent à tout moment en dénoncer les maîtres.

153. *Déclaration portant que les médecins seront tenus d'avertir leurs malades attaqués de maladies graves de se confesser* – Versailles, 8 mars 1712 (Isambert, XX, p. 572-574).

154. *Ordonnance portant défenses aux nouveaux convertis de tenir des assemblées* – Versailles, 12 mars 1689 (Isambert, XX, p. 73).

155. Édit de Fontainebleau (octobre 1685), art. II.

156. Jugement du 22 mai 1698.

157. « Ces défenses ont été souvent renouvellées. Voici de quelle manière elles sont énoncées dans une ordonnance de S. M. en date du 24 avril 1729 : "Que tous ceux qui ont ci-devant fait profession de la Religion P. R. et se sont convertis depuis l'année 1685 et leurs enfans, ne puissent, sous quelque prétexte que ce soit, garder dans leurs maisons aucuns livres à l'usage de la dite Religion..." » *Nécessité du culte public*, t. II, p. 307-308.

158. [Isaac Lamigue], *Abrégé des veritéz et de la morale de l'Ecriture sainte en forme de catéchisme*, à Lewarde [= Leeuwarden], chez Jaques Halma, 1715, in 8. Isaac Lamigue († 1728) avait été pasteur de l'Église wallonne de Leeuwarden de 1707 à sa mort (W. Meyer, « L'Église wallonne de Leeuwarden », *Bulletin de la Commission d'histoire des églises wallonnes*, 1899). On ne connaît pas d'autre édition que celle de 1715, mais le chiffre de 7000 exemplaires, qui semble exagéré, signifie peut-être que toute une

réédition, arrivée clandestinement par bateau à Bordeaux, a été saisie.

159. La traduction du Nouveau Testament du génovéfain Antoine Girodon (Louvain 1657 – nombreuses rééditions) reprenant la traduction révisée du jésuite François Véron (qui avait introduit la messe en Actes 13, 2).

160. « Madame Marie Besuc de Brueix, veuve de Jean de Bramady de Tremons et sœur de Mr de Besuc, mort gouverneur de Neufchâtel, fut condamnée le 20 juillet 1737 par Mr de Bernage, à tenir prison close dans le château de Beauregard en Vivarez et en six mille livres d'amende pour avoir contrevenu à l'article XI de la Déclaration du roi du 14 mai 1724 et la mémoire de Joseph Martin à qui elle avoit adressé quelques paroles de consolation à demeurer éteinte et supprimée et condamnée à perpétuité. » *Nécessité du culte public* II, p. 368-369 (voir aussi Charles Coquerel, *Histoire des Églises du Désert*, t. I, p. 275 ; sur le baron Philippe de Brueys de Bézuc (1682-1742), colonel puis gouverneur de Neuchâtel, voir *Dictionnaire historique de la Suisse*).

161. La Déclaration royale du 29 avril 1686 prévoit que procès sera fait à la mémoire de ceux qui seront morts en ayant refusé les derniers sacrements et que leur cadavre sera traîné sur la claie et jeté à la voirie. Cette disposition est reprise dans la Déclaration du 8 mars 1715 et dans celle du 14 mai 1724, art. IX (Isambert, XIX, p. 545-546 ; XX, p. 640 ; XXI, p. 265-266).

162. *Déclaration touchant les religionnaires*, art. 33 – Versailles, 1ᵉʳ février 1669 (Isambert, XVIII, p. 203).

163. Voir t. I, LB 350 (n. 7, 35, 38), LB 357, LB 360 (n. 18), LB 365 (n. 23), LB 367 (n. 3) : *Requête des protestants français au roi*, p. 18, n. 28*.

164. Voir t. XII, LBD 279-1.

165. Jacques Roger, né en 1665, pendu à Grenoble le 22 mai 1745.

166. Honoré-Henri de Piolenc de Beauvoisin (1675-1760), président au Parlement de Provence, premier président en 1739.

167. Voir *Mémoire historique de ce qui s'est passé de plus remarquable ... depuis 1744 jusqu'aux années 1751 & 1752*, p. 18-24 (éd. Selles, p. 307-309).

168. Voir *Mémoire historique de ce qui s'est passé de plus remarquable ... depuis 1744 jusqu'aux années 1751 & 1752*, p. 29-30 (éd. Selles, p. 311-312). La Beaumelle transcrit la première et les deux

dernières strophes de ce cantique qui en compte huit.

169. Pierre-Paul de Clerc, marquis de La Devèze († 1748 à 83 ans), lieutenant général des armées du roi, commandant en Languedoc en l'absence du duc de Richelieu (voir t. II, LB 448 n. 28, LB 458 n. 14).

170. La diffusion de ce cantique date d'août 1744. La date du 21 août mentionnée par La Beaumelle est connue par une lettre du 2 décembre citée dans le *Mémoire historique de ce qui s'est passé de plus remarquable ... depuis 1744 jusqu'aux années 1751 & 1752*, p. 32 (éd. Selles, p. 311-314).

171. « Il est aisé de comprendre qu'attribuer cette piéce aux protestans & les accuser d'en faire une partie de leurs dévotions publiques ou particuliéres, c'étoit les rendre excessivement coupables & dignes des plus sévéres châtimens. Ils le comprirent & ne tardérent pas de prévenir le coup en protestant de leur innocence. Ils écrivirent dans ce dessein à M. de La Deveze, qui commandoit dans le Languedoc en l'absence du duc de Richelieu ; mais quelle ne fut pas leur surprise, lorsqu'ils aprirent que ce duc, venant tenir les Etats de la province, y avoit porté une copie de ce cantique. Ils comprirent par-là que leur lettre à M. de La Deveze n'avoit pas produit l'effet qu'ils s'en étoient promis. » *Mémoire historique de ce qui s'est passé de plus remarquable ... depuis 1744 jusqu'aux années 1751 & 1752*, p. 30-31 (éd. Selles, p. 312).

172. « Il ne seroit peut-etre pas difficile de découvrir l'auteur de l'odieux cantique dont il est question ; mais, Mgr, destitués de toute autorité, les protestans ne peuvent faire à ce sujet aucune perquisition. La voix publique le donne à un catholique ; un prêtre de la ville de Nimes en a répandu des copies assez ouvertement. » Le texte de cette lettre du 2 décembre 1744 est transcrit dans le *Mémoire historique de ce qui s'est passé de plus remarquable ... depuis 1744 jusqu'aux années 1751 & 1752*, p. 34-35 (éd. Selles, p. 313-314).

173. « Ce n'est pas la premiere fois que nos ennemis nous noircissent pour nous rendre odieux. Il y a quelques années que le prêtre de Bouquet dans le diocèse d'Usez fut assassiné. On ne manqua pas d'en accuser les protestans du lieu, & même d'en emprisonner quelques-uns : mais par les procédures qu'on fit, il fut prouvé que les auteurs de cet assassinat étoient des catholiques. » Lettre du 2 décembre 1744 citée dans le *Mémoire historique de ce qui s'est passé de plus remarquable ... depuis 1744 jusqu'aux années 1751 & 1752*, p. 33 (éd. Selles, p. 313). Le P. Castanier, curé de Bouquet (près d'Alès), avait été assassiné en octobre 1740.

174. « L'an 1742 on répand le bruit que les huguenots des Cevennes ont pris les armes. La nouvelle arrive en cour. M. le duc de Richelieu a ordre de se rendre en province ; il part, il arrive, il visite tous les lieux suspects, il ne découvre aucun vestige de soulévement : tout est soumis, tout est fidéle. D'où vient l'imposture ? De deux catholiques du lieu des Vans. Quelle est leur punition ? un ou deux mois de prison. » *Mémoire historique de ce qui s'est passé de plus remarquable ... depuis 1744 jusqu'aux années 1751 & 1752*, p. 17 (éd. Selles, p. 306).

175. « Ces calomnies se sont extremement multipliées, & chacun s'est cru en droit d'en fabriquer quelqu'une. Il n'est pas jusqu'à messieurs les curés qui n'ayent voulu avoir leur bonne part dans cet article. [...] L'un d'eux, établi dans les Cevennes, accusa ses paroissiens d'avoir tiré après lui quelques coups de fusil & de l'avoir blessé aux jambes. Ses paroissiens demandérent qu'il fût visité, aussi-bien que les bas qu'il portoit le jour qu'il indiqua. Mr de St Marcel, qui commande pour le roi à St André de Valborgne, voulut bien à leur priére mander le curé. Celui-ci eut la témérité de se produire & de soutenir ce qu'il avoit avancé ; mais, obligé de produire ses jambes nues & les bas qu'il portoit le jour qu'il disoit avoir été blessé, il fut convaincu d'imposture. Ses jambes n'eurent pas reçu une égratignure, & ses bas parurent en entier. Cet événement est de l'an 1744. » *Mémoire historique de ce qui s'est passé de plus remarquable ... depuis 1744 jusqu'aux années 1751 & 1752*, p. 4 (éd. Selles, p. 301).

176. *Boute-selle :* « Terme de guerre. Signal qui se donne avec la trompette pour avertir de monter à cheval. » (*Dictionnaire de l'Académie française*, 4ᶜ éd. 1762).

177. « Le 4 mars 1744 il arriva à Montauban quelques compagnies de dragons du régiment de la Reine. Dés le jour même ils furent logés à discrétion chez les protestans des environs où ils firent beaucoup de désordres. Deux d'entr'eux après avoir largement bu, attaquérent une jeune fille pour la caresser à leur mode : elle se débattit, elle prit la fuite, elle jetta les hauts cris pour apeler du secours. Le bruit attira quelques paysans qui travailloient là autour : en

un moment il en survint un grand nombre, mais tous sans armes & sans aucune défense. La quantité fait peur aux dragons, qui se croient perdus parce qu'ils se sentent coupables, & qui crient alerte. A ces cris leurs camarades s'ameutent : le marechal des logis fait battre la bouteselle : tout monte à cheval & fait main basse sur cette multitude de gens désarmés. Un paysan âgé de 70 ans est étendu sur la place ; plusieurs sont blessés en fuyant ; on en arrête onze, que l'on attache à la queue des chevaux & que l'on traine ainsi comme en triomphe par la ville chés M. l'intendant. Celui-ci sur le simple rapport du marechal des logis & sans autre examen se laisse persuader que ces paysans étoient venus attaquer les dragons, fait mettre en prison les onze malheureux & mande cette nouvelle à la cour, où cette affaire devient un objet. L'innocence des protestants fut enfin reconnue, & les prisonniers élargis ; mais il n'y eut point de peine pour les dragons qui avoient causé le désordre & commis le massacre. » *Mémoire historique de ce qui s'est passé de plus remarquable ... depuis 1744 jusqu'aux années 1751 & 1752*, p. 132-133 (éd. Selles, p. 365).

178. Voir *Mémoire historique de ce qui s'est passé de plus remarquable ... depuis 1744 jusqu'aux années 1751 & 1752*, p. 129-130 (éd. Selles, p. 363). Voir n. 78.

179. Marc-Antoine Causse, curé de Sète, avait été enfermé au fort de Brescou en septembre 1745 à la suite d'un procès pour mœurs. Le soulèvement des Sétois date du 29 juin 1751 : voir Jean-Claude Gaussent, « Les démêlés du curé de Sète avec l'évêque d'Agde au milieu du XVIIIe siècle », *Annales du Midi* 104 (1992), p. 73-81.

180. Cette date est celle d'une lettre pastorale de Mgr Alexandre Mion de Mesme, mais le lien avec le texte n'est pas apparent. « Telles sont les piéces que M. l'évêque de Valence a eu en vuë dans sa Lettre pastorale du 10 fevrier 1746 où, après avoir dit que les ministres des protestans, qu'il appelle des *hommes de ténèbres*, "avoient publié sur les toits ce qu'ils ne disoient auparavant qu'à l'oreille, que par de vaines espérances d'un prochain rétablissement ils en avoient allumé les plus violens desirs, il ajoute : Qu'ils ne rougissoient pas, *pour se donner plus de créance, de fabriquer de fausses lettres & de les répandre avec ostentation sous les noms les plus respectables.*" » *Mémoire historique sur ce qui s'est passé de plus remarquable ... depuis 1744 jusqu'aux années 1751 et 1752*, p. 27-28 (éd. Selles, p. 311).

181. L'histoire est rapportée dans le « Supplément au précédent mémoire historique » (ou « Mémoire historique de ce qui s'est passé de plus remarquable au sujet de la religion réformée dans les provinces méridionales de France en 1744 et 1745 ») par Armand Boisbeleau de La Chapelle, *La Nécessité du culte public*, t. II, p. 320-326, et reprise par A. Court dans le *Mémoire historique sur ce qui s'est passé de plus remarquable ... depuis 1744 jusqu'aux années 1751 et 1752*, p. 7-12 (éd. Selles, p. 302-304).

182. « Le 21 decembre 1745, le curé de Boffre en Vivarais nommé Bouchet, aidé de Bioussier son maître d'école, forma & exécuta le noir projet d'enlever les vases sacrés de son église, d'en déchirer les ornemens, de mettre en piéces l'autel, & ensuite le feu à ce qu'il y avoit de combustible dans un lieu si respectable pour un prêtre ; & d'accuser les protestans de sa paroisse & du voisinage d'être les auteurs de ces sacriléges. Comme tout fut exécuté, le maître d'école commença à crier de toute sa force que les protestans avoient mis le feu à l'église, que plus de quatre vingt poursuivoient le curé pour le tuer, & qu'ils l'avoient peut-être déjà poignardé. A ces cris redoublés auxquels l'horreur des tenèbres prêtoit une nouvelle force, tout le lieu est en allarme ; chacun s'empresse à courir vers l'église pour y éteindre le feu : plusieurs courent à Vernoux pour demander du secours. Les troupes arrivent ; l'officier qui les commande interroge le maître d'école, qui continue d'affirmer que le prêtre est en fuite, & que plus de quatre-vingt huguenots le poursuivent. » *Mémoire historique sur ce qui s'est passé de plus remarquable ... depuis 1744 jusqu'aux années 1751 et 1752*, p. 7 (éd. Selles, p. 302).

183. « Cependant les soupçons que l'un & l'autre sont les véritables auteurs du sacrilége & de l'incendie s'augmentent de plus en plus. C'est par la force de ces soupçons que les protestans de Boffre, aidés de plusieurs gentilshommes catholiques & honnêtes gens, parviennent à ce que le maître d'école soit enfermé & qu'il y ait une commission établie pour informer contre les auteurs du crime. Le curé n'en est pas plutôt informé qu'il met tout en œuvre pour tirer de la prison son maître d'école & pour empêcher que la commission n'aye lieu ; mais ses tentatives sont inutiles. » *Mémoire historique sur ce qui s'est passé de plus remarquable ... depuis 1744 jusqu'aux années 1751 et 1752*, p. 9-10 (éd. Selles, p. 303).

184. « Il persévère dans ses premiers exposés & nie que l'incendie de l'église aie d'autres auteurs que les huguenots ; ainsi il est renvoyé à une autre fois. Enfin, touché de remords, il demande d'être mené une seconde fois devant le commissaire : il veut dire la vérité & tirer son âme de l'état affreux où elle est plongée. C'est alors qu'il déclare que son curé, *le pistolet à la main, l'avoit forcé à mettre le feu à l'église & à faire tout ce qu'il avoit fait dans cette occasion ; que le curé lui-même étoit monté sur l'autel avec une hache ; qu'il l'avoit mis en piéces, & qu'il avoit jetté les vases sacrés dans une citerne*, que ce maître d'école indique & où ils furent trouvés après bien des recherches dans le mois de novembre 1746. » *Mémoire historique sur ce qui s'est passé de plus remarquable ... depuis 1744 jusqu'aux années 1751 et 1752*, p. 11 (éd. Selles, p. 304).

185. « Le maître d'école fut traduit dans les prisons de Tournon aux frais des protestans, par ordre de M. de Châteauneuf, où il fut à peu près une année & où il vécut toujours aux dépends de ceux dont il avoit résolu la perte. Lorsque les informations furent en état de paroître, elles furent envoyées à Paris, & l'affaire tomba dans un si profond oubli que les protestans n'en entendirent plus parler que lorsque le curé fut arrêté 15 de mai 1746 par les cavaliers d'une maréchaussée, dans l'église de St Didier, & conduit à Brescou. Telle fut l'issue de la noire trame ourdie contre les protestans de Boffre &

du voisinage ; & tel fut le doux supplice d'un curé incendiaire & sacrilége, à qui il n'avoit pas tenu qu'un grand nombre d'innocens n'eussent péri par les plus cruels supplices. » *Mémoire historique sur ce qui s'est passé de plus remarquable ... depuis 1744 jusqu'aux années 1751 et 1752*, p. 11-12 (éd. Selles, p. 304).

186. *Mémoire politico-critique où l'on examine s'il est de l'intérêt de l'Etat d'établir une nouvelle forme pour marier les calvinistes*, 1756, in 8 ; *Apologie de Louis XIV et de son conseil, sur la révocation de l'Edit de Nantes, avec une dissertation sur la journée de la St-Barthélemy*, 1758, in 8. Dans la *Requête des protestants français au roi*, p. /108/), La Beaumelle radicalisera cette charge contre l'abbé François Novy de Caveirac (1701-1782), qualifié de « plus horrible des patrons de l'intolérance, [...] qui dans ces derniers tems a vomi contre nous tous ce que la rage peut inspirer ».

187. Deux contentieux avaient éclaté entre Novy de Caveirac et la famille (protestante) Mazoyer, durant l'intendance de Le Nain en 1747 et durant celle de Saint-Priest en 1751 (AD Hérault C 111, C 6810, C 47163 ; Robert Badoin, « L'affaire Mazoyer », et Didier Gatumel, « Controverse religieuse et oppositions idéologiques : l'exemple de l'abbé Novi de Caveirac », in : Jean-Marc Roger (dir.), *La Vaunage au XVIIIᵉ siècle*, t. II, Association Maurice Aliger, 2005, resp. p. 265-274 et 403-413).

LBD 294. *Projet d'une Histoire de l'etat militaire de France depuis Charles IX jusqu'à Louis XV inclusivement*

– I –

[mars 1760]

Mon objet n'est pas d'écrire l'histoire de la milice françoise. Le jésuite Daniel l'a traitée, & son livre n'a besoin que d'un éditeur qui l'augmente de quelques chapitres & le purge de quelques erreurs.

Je me propose encore moins d'écrire l'histoire de l'art militaire. C'est une entreprise que je laisse au rare génie, qui réunissant à l'éloquence de l'homme de lettres l'expérience d'un homme de guerre, osera former des héros en décrivant les progrès que la raison humaine a faits en ce genre.

Mon projet n'a rien de commun avec le travail de M. de Vault, si utilement occupé à mettre en ordre les campagnes de nos généraux & à préparer ainsi les meilleures leçons à nos militaires[1]. Il ne ressemble en rien à l'ouvrage de M. Pinart, dont la chronologie militaire est une nomenclature historique qui peut fournir des matériaux précieux, mais qui fait d'autant plus désirer que ces matériaux soient mis en œuvre dans un édifice regulier[2].

Le but que je me propose, c'est de développer /2/ les vues politiques, qu'ont eues les administrateurs de l'etat militaire dans la confection des règlemens faits pour fixer & perfectionner cet état. C'est proprement l'histoire de notre législation militaire : ouvrage vraiment utile & intéressant, s'il est vrai que la France doive à cette legislation le degré de puissance & de gloire, qui dans le siècle passé la rendit la terreur & le modèle des nations.

Je ne commencerai cette histoire qu'à Charles IX, parce que c'est sous son règne que le système militaire prit quelque consistence. Outre que les documents manquent pour les règnes anterieurs, la police inconstante qui fut successivement introduite, est moins un sujet d'instruction que de curiosité. Ce n'est pas que depuis Charles VII jusqu'à Henri II, il ne se soit formé plusieurs établissemens avantageux & qui même ont influé sur ceux des tems posterieurs. La manière, par exemple, dont Charles VII forma les compagnies d'ordonnance, enchaîna par un triple lien le militaire au point d'honneur. Louis XI disciplina l'infanterie & Louis XII mit sur un bon pié la cavalerie légère. François I & Henri II son fils instituèrent des légions, & ce dernier mit toute l'armée sons l'inspection d'un ministre particulier. Tous ces faits trop remarquables pour ne pas mériter d'être rappellés dans le corps de l'histoire, sont en trop petit nombre pour engager l'historien à remonter au-delà de l'époque qu'il a choisie.

Après avoir donc commencé mon tableau au moment /3/ où commence à se developer le germe des etablissemens actuels, je le continurai jusqu'au tems présent, parce que d'un côté ce règne a produit bien des règlemens qui méritent d'être transmis à la postérité, & que de l'autre il importe de fixer le tems & de demêler les causes de la décadence où l'état militaire paroît être près de tomber.

Il se présente deux manières de traiter ce vaste sujet : l'une, en suivant rigoureusement l'ordre des faits & en les offrant au lecteur à mesure que les annales de la nation les indiquent ; l'autre, en distribuant la matière sous certains chefs différens, & en traitant chaque chef séparément suivant l'ordre chronologique. C'est à cette methode que je prétends m'attacher, comme à la plus lumineuse, à la plus propre à former une histoire suivie de jurisprudence militaire.

Toutes les parties de ce travail ne pourront être traitées avec le même soin. Depuis Charles IX jusqu'à Louis XIV, on n'a pas toûjours des guides bien sûrs. Si vous en exceptez les comptes de l'extraordinaire des guerres, quelques ordonnances imprimées, les rôles de la chambre des comptes, les regîtres de la connétablie, les traités d'un petit nombre d'auteurs contemporains sur la guerre, les provisions, pouvoirs & brévêts consignés dans le dépôt des secretaires d'Etat, toutes les autres sources se reduisent aux histoires générales & aux mémoires particuliers de quelques capitanes. Mais l'on sait combien les historiens sont inéxacts, /4/ fautifs, obscurs sur ces sortes de détails. Et pour peu qu'on ait lû de mémoires écrits par des officiers généraux, on a remarqué qu'ils avoient moins en vue l'instruction publique que leur gloire personnelle, & qu'ils écrivoient comme si les choses n'avoient jamais dû changer. Peu d'entre eux ont écrit pour la postérité.

On ne peut donc se flatter de marcher, le flambeau à la main, que du moment où l'on entre dans les belles années de Louis XIV. Ce prince mit un tel ordre dans toutes les parties de l'administration, que presque tous les monumens de celle-ci se trouvent conservés.

Toutes fois, malgré les ténèbres qui couvrent la prémière époque de cette histoire, on ose espérer d'aquerir à force de recherches une suite de faits intéressans assez considérable, si non pour aprofondir la matière, du moins pour satisfaire la curiosité. On tâchera de ne rien écrire que d'utile, de ne rien avancer que de certain. On puisera dans les sources les plus pures, & l'on citera par-tout ses garants soit manuscrits, soit imprimés, afin que cet ouvrage puisse être cité lui-même comme faisant autorité.

Le plan d'un livre est souvent ce qui en décide le succès & toujours ce qui coute le plus à l'auteur. J'ai long-tems refléchi sur celui que /5/ j'avois à tracer, dans la double persuasion que le plan étant une fois bien conçu, le livre est à moitié fait, & que tout livre mal fait, fut-il excellent d'ailleurs, est très peu utile. Mais parmi cette immensité de choses qui présente une infinité de routes où il est si facile de s'égarer, comment trouver \un fil\ qui me conduise sûrement à travers tous les détours de ce labirinthe ? De tant de parties disparates comment former un tout regulier ? sur tant de sujets qu'il faut traiter & dont chacun semble demander d'être traité le premier, comment choisir celui qui doit être préféré ? comment enchaîner tant de faits divers & qui paroissent incohérens, de façon qu'il en resulte cet ordre lumineux qui satisfait l'esprit & capture l'attention ?

Pour y parvenir, je me suis fait cette question, *qu'est-ce qu'une armée françoise ?* Voici la reponse que je mes suis faite, & dans cette reponse tout mon livre : *C'est un assemblage d'hommes, à pié ou à cheval, nationaux ou étrangers, enrolés armés, vétus, logés, nourris aux dépens de l'état, assujettis à une certaine discipline, exercés à toutes les évolutions, recompensés ou punis d'après certaines lois par leurs pairs, occupés pendant la paix au service des garnisons & aux travaux publics ou particuliers, commandés par des officiers de different grade qui ont puisé des /6/ principes & des sentimens d'honneur dans leur naissance & dans leur education ; que l'étude & l'expérience ont formés à la sience militaire, que l'obéissance a formés au commandement, qui n'envisagent d'autres recompenses de ses travaux & de ses exploits que l'honneur de servir l'état, la gloire de commander & les décorations extérieures par lequelles la patrie est avertie de leur valeur & de leur vertu ; qui soumis par le point d'honneur & pour le jugement de leurs actions, sont jaloux de conserver dans l'armée ce précieux sentiment qu'on appelle esprit de corps ; qui se sont rendus capables de règler & de diriger, chacun suivant son grade, les mouvemens des troupes dans les marches, dans les campemens, dans les sièges, dans les batailles, dans les retraites, & qui placés immédiatement sous les yeux & sous la main du prince dépendent de lui seul, & correspondent avec lui par le ministère d'un secretaire d'état particulier chargé de sa confiance & de ses ordres.*

Par cette description qui renferme tout, on voit que l'histoire de l'état militaire de France doit être divisée en deux parties dont l'une regarde les soldats & l'autre plus particulièrement l'officier, dont la premiere représente l'armée en /7/ tems de paix & la seconde la fait envisager en tems de guerre. Les subdivisions de cette division générale sont faciles à saisir, & toutes les portions de ce vaste sujet viennent se reunir comme d'elles-mêmes sous ces deux points & se rangent naturellement à leur véritable place. On peut s'en convaincre par l'inspection de la table suivante, qui contient en raccourci toute la matière de l'ouvrage.

Histoire de l'etat militaire de France

Premiere partie
L'ARMEE EN TEMS DE PAIX

Livre premier
De l'infanterie françoise & etrangère
Chapitre
1. Des compagnies d'hommes d'armes
2. Des compagnies de 100, de 50 hommes d'ordonnance.
3. Des bandes noires, des argoulets, des enfans perdus.
4. Des régimens & de leurs differens noms.
5. Anecdotes & particularités des divers régimens.
6. Du corps des grenadiers de France.
7. Des milices.
8. Des milices garde-côtes.

Livre second
De la cavalerie françoise et etrangère
Chapitre

1. De la gendarmerie de France.
2. Des régimens de cavalerie.
3. Des dragons.
4. Des troupes légères.
5. Compagnie de la connetablie & maréchaussée de France.
6. Anecdotes & particularités concernant ces différens corps.

Livre troisième
De la Maison du Roi
Chapitre
1. Des gardes du corps.
2. Des Cent Suisses de la garde.
3. Des gens d'armes de la garde.
4. Des chevaux legers de la garde.
5. Des deux compagnies des Mousquetaires du Roi.
6. De la compagnie des grenadiers à cheval.
7. Des Gardes françoises.
8. Des Gardes suisses.

9. Anecdotes & particularités de la Maison du Roi.

Livre quatrième
De l'enrolement & de l'habit militaire
Chapitre
1. Des enrôlemens.
2. Du congé à tems & du congé absolu.
3. Des recrues.
4. De l'uniforme.
5. Loix touchant l'uniforme.
6. Particularités historiques sur ce sujet.

Livre cinquième
Des armes offensives & défensives
Chapitre
1. De l'armure complette.
2. Des lances, des piques, des hallebardes.
3. De l'épée, du sabre.
4. De l'arquebuse, du poitrinal, du mousquet, du fuzil, du pistolet.
5. Des ornemens des armes.

Livre sixième
Des vivres
Chapitre
1. De la solde & de ses variations.
2. De l'ustencile.
3. Des etapes.
4. Des vivres en régie & des vivres en entreprise.
5. D'un directeur général des subsistances & approvisonnemens.

Livre septième
Des logemens des troupes
Chapitre
1. Du logement chez les bourgeois.
2. Des cazernes.
3. Des hopitaux militaires.
4. De l'hotel royal des Invalides.

Livre huitième
De la discipline
Chapitre
1. De l'exercice des troupes.
2. De la tactique necessaire au soldat.
\3. De la subordination.\
4. Des peines & des recompenses du soldat.

Livre neuvième
De la manutention de la discipline
Chapitre
1. Du conseil de guerre.
2. Des commissaires des guerres.
3. Des inspecteurs ordinaires.
4. Des directeurs généraux.

Livre dixième
De la milice en garnison
Chapitre
1. Du service journalier des troupes dans les garnisons.
2. De la manière de monter la garde & de la descendre dans les villes de guerre.
3. Des précautions pour les portes des villes de guerre.
4. Du mot & de l'ordre.
5. Des patrouilles & des rondes.
6. Des travaux publics auxquels les troupes peuvent être employées.
7. Des permissions de vaquer aux travaux des particuliers.

Seconde partie
L'ARMEE EN TEMS DE GUERRE

Livre premier
Des chefs de la milice françoise
Chapitre
1. Du Roi.

2. Du lieutenant general de l'Etat.

3. Du général ou généralissime.

4. Du commandant d'armée.

6. Du connetable.

7. Du maréchal-général des camps & armées du Roi.

8. Du maréchal de France.

9. Des colonels généraux.

10. Des lieutenans généraux & autres officiers généraux.

11. Des honneurs militaires qui leur sont rendus à l'armée, à la cour & ailleurs.

12. Anecdotes & particularités historiques.

Livre second
Des officiers des corps militaires
Chapitre

1. Du colonel & du mestre de camp, du colonel lieutenant.

2. Du lieutenant colonel.

3. Du major & de l'aide-major.

4. Du capitaine.

5. Du lieutenant.

6. De l'enseigne. Du cornette. Des drapeaux & etendards, de la cornette blanche.

7. Des bas officiers.

Livre troisième
Du tribunal militaire
Chapitre

1. Du point d'honneur.

2. Des duels.

3. Des loix touchant les duels.

4. Du tribunal des maréchaux de France.

5. De la jurisdiction du susdit tribunal.

6. De quelques jugements rendus par les maréchaux de France.

Livre quatrième
De l'artillerie
Chapitre

1. Du corps d'artillerie & de sa police.

2. Histoire du régiment royal d'artillerie, de celui des bombardiers & des autres troupes attachées à ce corps.

3. De la charge de grand militaire d'artillerie.

4. De l'école d'artillerie.

5. Des pièces d'artillerie.

Livre cinquième
Des fortifications & du génie
Chapitre

1. Des fortifications des places.

2. De la commission de directeur général des fortifications.

3. Des directeurs des fortifications.

4. Des ingenieurs en chef.

5. Des ingenieurs ordinaires.

6. De l'école du génie.

Livre sixième
De l'éducation militaire
Chapitre

1. Les armées des grands généraux, des Guises, des Colignis, de Henri IV, des Nassau, de Gustave-Adolphe &c les meilleures écoles de la guerre.

2. Des cadets de terre établis par Louis XIV.

3. Des six compagnies de gentilshommes etablies par Louis XV.

4. De l'école royale militaire.

5. De l'école succursale de La Flèche.

Livre septième
De la science militaire
Chapitre

1. En quoi consiste cette science, & en quoi elle diffère de l'art militaire.

2. De l'arrangement des armées dans

les marches, & de la marche d'une armée en colonnes.

3. Manière ordinaire de camper.

4. De la manière ordinaire de ranger aujourd'hui les armées.

5. Ordonnance de Louis XIV sur la disposition des bataillons en un jour de combat.

6. Des retraites.

7. Des partis.

8. Du coup d'œil.

9. De l'attaque & de la défense des places.

10. Des capitulations.

11. Des capitaines qui doivent servir de modèles en fait de science militaire.

12. Des généraux qui ont écrit sur la science militaire, tels que Biron, La Nouë, Rohan, Feuquières, Vauban, Folard, Puységur, Maurice de Saxe.

13. Des parties de la science militaire que nous avons empruntées des étrangers & de celles qu'ils ont empruntées de nous.

14. De l'influence que la corruption des mœurs a eue sur l'état militaire.

15. Des loix somptuaires etablies pour reprimer cette influence.

Livre huitième
Des peines & des recompenses
militaires

Chapitre

1. Des arrets & de la prison.

2. De la cassation & de la degradation.

3. Des pensions. Des gratifications.

4. Du grade accordé prématurement.

5. Des gouvernemens, lieutenances de roi, majorités.

6. Des lettres de noblesse. De l'édit de noblesse militaire.

Livre neuvième
Des distinctions militaires

Chapitre

1. De l'ordre militaire de S. Louis.

2. Des ordres de S. Lazare & du Mont-Carmel.

3. De l'ordre du mérite militaire.

4. Anecdotes & particularités concernant plusieurs chevaliers.

Livre dixieme & dernier
De l'administration de l'etat militaire

Chapitre

1. Ministère de la guerre.

2. Histoire des secretaires d'Etat de la Guerre depuis leur création jusqu'à ce jour.

MANUSCRIT
ALB 5864.

REMARQUE

Ce manuscrit, d'une écriture soignée, est entièrement de la main de La Beaumelle.

NOTES EXPLICATIVES

1. Les travaux de François-Eugène de Vault (1717-1790), qui sera nommé directeur général du Dépôt de la Guerre en 1761, ne seront édités qu'après sa mort: *Mémoires militaires relatifs à la Succession d'Espagne sous Louis XIV*, 1835-1862 ; *Guerre de la successsion d'Autriche*, 1892.

2. Pinard (ancien archiviste du ministère de la guerre), *Chronologie historico-militaire, contenant l'histoire de la création de toutes les charges, dignités et grades militaires supérieurs, de toutes les personnes qui les ont possédés..., des troupes de la maison du Roi*, Paris: C. Hérissant, in 8, t. I, 1760.

– II –

Histoire de l'état militaire depuis Charles IX jusqu'à Louis XV inclusivement

Livre Premier
Introduction
Histoire du secrétariat de la guerre
jusqu'à ce jour
Livre II
Des corps militaires
Livre III
Des armes offensives & défensives
L. IV
Des chefs de la milice
Connetables. Colonels généraux
L. V
De la discipline militaire
L. VI
De la solde & vivres
L. VII
Des recompenses et peines militaires
Livre VIII
Logement des troupes

Livre IX
Ordres de chevalerie militaire
Livre X
Etablissemens pour l'éducation
militaire
Livre X
Maison du Roy
Livre XI
Tribunal militaire
Liv. XII
De l'influence de l'esprit du cabinet
sur les opérations de la campagne
L. XIII
De l'influence de la révocation de
l'edit de Nantes sur le militaire de
toute l'Europe & sur la guerre de la
Succession d'Espagne
L. XIV
Récapitulation. Etat présent

MANUSCRIT
ALB 5864.

REMARQUE
Il existe une autre copie de cette version de la
table des matières.

LBD 295. *Épître de La Beaumelle à M. le duc d'Uzès en lui renvoyant le
livre du docteur Swinden sur les tourmens & le local de l'Enfer*
N.B. Il place l'Enfer dans le soleil[1]

[novembre 1759]

Bon Dieu ! quelle théologie !
Tous les cerveaux sont renversés.
Votre Anglois saintement impie,
Empoisonne avec frénésie
Nos plaisirs futurs & passés.
Helas ! n'est-ce donc pas assés
Des misères de cette vie ?

Qu'un intrépide Duc & Pair,
Qui de lauriers avide, à Parme
Affronta la flamme & le fer,
Qui de sang prodigue & couvert
Sentit sans jetter une larme,
L'Acheron sous ses pas ouvert,
Qu'un si magnanime gendarme

Lise l'histoire de l'enfer.
Quand on sçut boire sans alarme
De la mort le calice amer,
On peut bien braver Lucifer.

Mais moi qui d'erreurs agréables
Fais mon unique amusement,
Moi d'Apollon timide enfant,
Dès le berceau nourri de fables,
Je ne soutiens pas un moment
Ces vérités épouvantables.
L'avouerai-je également
Je crains les femmes & les diables.

Tout système désespérant
Contre le ciel arme le vice :
Et votre Anglois n'est qu'un tyran,
Qui prette à Dieu son injustice.
Quoi ! docteur ! d'après tes caprices
Ce Dieu le père du desir,
D'une éternité de supplices
Punit un instant de plaisir ?

Du grand consolateur de l'homme,
De l'évangile est ce l'esprit ?
Non, cet impitoyable écrit,
En m'offrant un ideux fantôme,
Loin de me convaincre m'assomme,
Loin de me convertir m'aigrit.
D'où cet atrabilaire gnome
Sait-il ce que nul ne comprit ?
Il en sçait plus que St Jerome,
Il en dit plus que Jesus-Christ.

C'est peu de prouver le Tartare :
Il en indique encor le lieu.
Sa plume éloquente & barbare,
Le plaçant au plus haut des cieux,
En trace une carte bizare.
Son œil insolent, curieux,
Parcourt ce globe raideux,

Dont à la fois la forge ignée
Ranime ce foible univers,
Et de ces habitans pervers
Rotit l'engeance infortunée.

C'est dans cet immense foyer,
Dans cette chaudière profonde,
C'est là que le Sauveur du monde
Précipite le monde entier.
Et les rayons qui nous éclaire,
Est l'étincelle du charbon
Qui calcine à la fois Tibère,
Titus, Origène & Caton.

Soleil, ame de la nature
Serois tu fait pour nos tourmens ?
Jadis l'homme offroit son encens
A la chaleur féconde & pure.
Aujourd'huy dans tes élémens
Il place & bourreaux & torture.
Que les mortels sont inconstans !
Les erreurs leur sont nécessaires :
Tu fus le paradis des pères,
Tu deviens l'enfer des enfans.

Bannissons ces noires images,
Et profitons de nos beaux jours.
Heureux le héros & le sage,
Qui loin des orageuses cours,
Sait, tranquile en son hermitage,
De sa vie étendre le cours
En la consacrant aux amours,
Philosopher sans verbiage,
Aimer Dieu, mais avec courage
Des cagots fronder les discours,
Détester leur zèle sauvage,
Haïr l'erreur & ses détours,
Voir la vérité sans nuage,
Craindre, mais espérer toujours,
Et jouïr sans libertinage.

MANUSCRIT

ALB 4507.

DATATION

Par LB 3577 où La Condamine qui a reçu l'épitre indique qu'il va l'envoyer au *Mercure*.

REMARQUE

Seul l'en-tête est de la main de La Beaumelle.

Il en existe deux copies présentant de légères variantes.

NOTE EXPLICATIVE

1. Tobias Swinden (1659-1719), *Recherches sur la nature du feu de l'enfer et du lieu où il est situé... Traduit de l'anglois par M. Bion*, Amsterdam, 1757, in 12.

LB 296. *Poèmes de La Beaumelle et « jeu du secrétaire »*

1. *À Marguerite de Beauvoir du Roure, marquise de La Gorce*

a. Billet laissé à la porte de madame la marquise de La Gorce à Toulouse

> Vous qui savez penser, écrire & plaire,
> Grace à Paphos & muse à l'Helicon,
> Soÿés toujours invisible au vulgaire,
> Mais de tous vos attraits ne faites plus mistere
> A votre frère en Apollon
>
> Aux arts que vous aimés je consacre mes veilles.
> Mais il est des plaisirs bien plus faits pour mon cœur.
> J'ai cherché mille fois ce visage enchanteur,
> Cet esprit lumineux & ces couleurs vermeilles,
> Qu'on ne peut voir en vous sans troubler le bonheur
> D'avoir des yeux & des oreilles.
>
> Fins gourmets en esprit, en talens, en amours,
> Me dizent qu'à la fois philosophe & frivole
> Vous sçavés d'un regard, d'un trait, d'une parole,
> Troubler les plus tranquiles jours.
> De vos refus je me console
> Qui vous voit une fois, voudroit vous voir toujours.

MANUSCRIT

ALB 4096.

b. Réponse de Mme la marquise de La Gorce

> Croyez Mr monsieur qu'on vous abuse
> .... l'on vous dit quelque chose de bon

En vérité je vois sans excuse
De vous laisser dans la prévention
Je ne fus jamais une muse
Je n'en ai l'esprit ni le ton
Mais je conte vous voir et cet espoir m'amuse
~~On voit avec plaisir un des fils d'Apollon~~
Peut-on voir assez tôt un enfant d'Apollon ?

MANUSCRIT
ALB 8860.

c. Réplique de Mr de La Beaumelle

Dieux ! Le joli billet, vous êtes une muse
Vous le prouvés en le niant
Vous ne m'entendrés plus d'un ton de supliant
~~Bouder~~ Gronder le laquai qui refuse
~~L'entrée à votre apartement~~
De m'ouvrir votre apartement.
Des graces, des talens, je redoute l'empire.
Je ne vous verai point : j'en abjure l'espoir ;
Vous êtes dangereuse à lire
~~Et que doit ce être de vous voir~~
Et que devés vous être à voir ?
...... n'a pour dieu que le roi des armées.

MANUSCRIT
ALB 8860.

d. Réponse de madame de La Gorce

Des crédules mortels telle est la destinée
D'encenser des erreurs, et d'en être agités
De votre doctrine erronnée
Dites quelles sont les clartés
Du dieu que vous préchés montrés nous les miracles
Si l'amour fut un dieu c'est celuy des forfaits
\au moins ..\ quels sont ses prêtres ses oracles
parmi ses dévots, ses sujets
Que voit on ! des ames futiles,
Qui respectant la loy des préjugés
Dans des opinions qui paroissent utiles
Vivent sans choix, demeurent engagés.

Convenés en, si votre déité
A nos regards vouloit enfin paraitre
C'est seulement par sa bonté
Qu'elle se montreroit et se feroit conaitre
Jusqu'à ce jour je renonce à sa loy
S'il veut me convertir, qu'il me parle et m'éclaire.
Son pouvoir n'est qu'une chimere.
Vous le pensés ainsi que moy
Par rèspect cependant pour la société
Qui d'abord crut ce culte nécessaire
A révérér ce dieu vous paraissés porté
Mais d'une illusion faite pour le vulgaire
Votre esprit vray ne peut être infecté
Je vous devine donc, soit dit sans vous déplaire
Vous ne crutes jamais à sa réalité.

A monsieur de La Beaumelle / à Toulouse

MANUSCRIT
ALB 5918 et ALB 4096.

REMARQUE
  Lettre sur papier fleuri. Il existe deux états de ce texte qui diffèrent quelque peu.

e. À madame la marquise de La Gorce

O vous que pour l'amour même pêtrit
Vous niés donc ce dieu, si charmant, si terrible !
Tout votre cœur est en esprit,
Vous qui rendés tout cœur sensible !

Je ne veux point ici réfuter vos discours :
A vos yeux j'en laisse la gloire.
Vous ne croyés point aux amours !
Et c'est vous qui m'y faites croîre.

MANUSCRIT
ALB   4096;   Staatsbibliothek   zu   Berlin
Preussischer Kulturbesitz.

2. Quatrain à Mlle de ...

[1759]

ENVOI
de deux pigeons blancs à Mademoiselle de **

Sur un char de duvet, on dit qu'au premier jour
l'himen doit vous conduire aux rives de Cythère :
dans son empressement, permettez à l'Amour
d'envoyer en avant les coursiers de sa mère.

par M. DE LA B****

ÉDITION
Almanach des Muses de l'année 1772, p. 13.

3. À Marie Charlotte de Varagne-Gardouch[1]

À Mlle de Gardouch
a

[août 1759]

Hymne à la Sainte Vierge pour le jour de l'Assomption.
O d'un sèxe enchanteur le modèle & l'appui,
Que Dieu même embellit des traits de sa lumière,
Vierge ! je te salue : exauce la prière,
Que j'ose te faire aujourdui.
Gardouch en est l'objet : Gardouch est ton image :
Qui voudra dessiner tes sublimes attraits,
Peindra ses doux regards, son radieux visage,
Et te formera de ses traits.
L'Eternel te nomma la première des Graces :
On est bien la seconde avec tous ses appas.
Mille & mille dévots s'attachent à tes traces :
Aucun des siens ne suit ses pas.
Quand tu plus à Joseph, tu souriois comme elle :
Comme elle par héros tu comptois tes ayeux.
Ton être en ce beau jour s'éleva jusqu'aux cieux :
Rends la parmi nous immortelle.

MANUSCRIT
ALB 4096.

née en 1741, est la jeune sœur du marquis de Bélesta.

NOTE EXPLICATIVE

1. Marie-Charlotte de Varagne de Gardouch,

b
A mademoiselle de Gardouch
en lui envoyant les *Memoires de Madame de Maintenon*.

A l'âge où la beauté doit faire votre gloire,
Vous pensez à votre raison,
Si vous aviez vécu du tems de Maintenon,
Est-ce de Maintenon qu'on eût écrit l'histoire?

MANUSCRIT
ALB 7179.

c
Vers à Mme G ***. Par M. de La B ***

J'ai de la gloire, & vis dans l'abondance,
J'ai des amis, j'ai même des jaloux;
Et cependant, qu'on est fou, quand j'y pense!
Belle M[arie] je voudrois être vous.
Non pour avoir un air comme le vôtre,
Voix de sirenne & regard de Cypris;
Non pour montrer à l'Univers surpris
La fleur d'un sexe & l'idole de l'autre,
Non pour jouir, les dieux m'en sont témoins,
Des revenus de Lapaupeliniere;
Non pour forcer mon grand ami Voltaire
A me donner son encens et ses soins.
Non pour avoir sans cesse à ma toilette,
Plumets, abbés, beaux esprits, sénateurs,
Me débitant mille propos flatteurs,
Mais pour régner sur le cœur de Lisette.

ÉDITION

Annonces, affiches et avis de Toulouse, 12 août 1760,
p. 188.

4. À Anne-Olympe de Molières[2]

[décembre 1759]

A mademoiselle de Moliere, de Montauban.
Dans le monde pensant on compte deux Molière[3] :
L'un en fit les plaisirs, l'autre en fut la lumière :
L'un père du théâtre & fertile en bons-mots
Joua les charlatans, les fats & les dévots :
L'autre cartésien plus que Descartes même
Osa du grand Neuton combattre le système[4].
Pour moi, j'en compte trois. O vous, qui sous ce nom
Aux Graces, aux amours rendez Anacréon,
Sapho de Montauban, charmants Moliérete,
En qui divers talens aiment à s'allier,
Vous ferez bientot oublier
Le philosophe & le poëte.

MANUSCRIT
ALB 4096.

NOTES EXPLICATIVES

2. Anne-Olympe de Molières (1734-1785) est l'aînée des trois filles de Jacques de Molières, président à la cour des aides de Montauban, et d'Anne de Garrisson. Elle épousera en 1762 Dominique Delbreil, conseiller à la cour des aides de Montauban.

3. Voir LB 3587 n. 34.

4. Joseph Privat de Molières (1677-1742), physicien, mathématicien, membre de l'Académie des Sciences et professeur au Collège royal, avait combattu les théories de Newton sur la gravitation avant de tenter de les concilier avec son cartésianisme.

5. À la comtesse de Brancas

[avril 1760]

A madame la comtesse de Brancas[5] en lui envoyant les
Œuvres du Philosophe de Sans-Souci

Philosophe de Sans-Souci,
Hier ma raison fut convaincue
Que tu peux te nommer ainsi :
je vis Brancas, & tu ne l'as point vue.

MANUSCRIT
ALB 5974.

NOTE EXPLICATIVE

5. Élisabeth Pauline de Gand de Mérode de Montmorency, qui a épousé en 1755 Louis-Léon-Félicité, comte de Lauragais-Brancas (voir t. V, LB 1151 n. 1).

6. À madame de Boissy

[février 1761]

J'ai de la gloire & suis dans l'abondance,
J'ai des plaisirs : j'ai même des jaloux.
Et cependant, qu'on est foû quand j'y pense,
Belle Boisi ! je voudrois être vous.
Non pour avoir un teint comme le vôtre
Un port de reine & les yeux de Cypris.
Non pour offrir à l'univers surpris
L'amour d'un sexe & le soin de l'autre.
Non pour ~~avoir~~ \jouir\ (les dieux m'en sont témoins)
D'un million de jaune numéraire.
Non pour forcer mon bon ami Voltaire
A me chanter, à me rendre des soins.
Non pour voler de conquête en conquête
Non pour avoir de mille & mille cœurs
Les doux soupirs, les hommages flateurs
Mais pour regner sur le cœur de [Lisette.]

MANUSCRIT   REMARQUE
ALB 4101.   Voir LBD 296-3c.

7. À François de Blanquet Amanzé de Rouville[6]

Vers de M. de la Beaumelle à Mr de Rouville en lui envoyant son memoire

[Toulouse, février 1760]

Parcours ce factum, plus triste que le lieu
D'où poëte j'etends le bras vers un poëte ;
Qu'un autre froidement entende ma requête ;
Nous sommes vous & moi prêtres du meme dieu.

Reponse de M. de Rouville

Epargnés à mon cœur cette vaine suplique :
N'avés-vous pas pour vous l'austere vérité ?
Que n'ai-je un pouvoir despotique ?

Je le signalerois par votre liberté.
Irrité plus que vous d'une sentence inique,
Je déplore aujourd'hui mon inutilité.

Pour vous notre senat va déployer ces armes,
Qui sauvent l'innocent des crimes du jaloux.
Ne tendés plus le bras dans le sein des alarmes,
Votre immortalité les tend assés pour vous.

Ovide fut reduit à devenir Sarmate[7] :
Rabutin vit la nuit d'une affreuse prison[8] :
Réveille toi, patrie ingrate !
Volez à son secours, mânes de Maintenon !

MANUSCRIT

ALB 5281.

REMARQUE

Cette copie n'est pas de la main de La Beaumelle.

Le baron de Rouville, conseiller au parlement, signera une attestation pour La Beaumelle le 1er septembre 1762.

NOTES EXPLICATIVES

6. Sur le baron de Rouville, voir LB 3687 n. 17.

7. Relégué par un édit d'Auguste à Tomis au bord du Pont-Euxin, Ovide avait appris la langue des Sarmates.

8. Bussy-Rabutin avait été emprisonné à la Bastille pendant treize mois (avril 1665 – mai 1666).

8. Poème des Hauts-Murats

Vers de Mr de Charlary[9] à Mr de La Beaumelle
Sur l'air, *des yeux du vulgaire stupide*

Toi dont le gout et la science
Emprisonnent nos magistrats,
Leur donner si tard audience
C'est déranger tous nos repas.
Lire leurs vers est agréable :
Mais quand tu voudras les juger,
Que ce soit au sortir de table,
Et non pas quand il faut manger.

Ton versificateur m'enchanté,
J'admire son esprit divin,
Quand je l'entends, je deviens plante,
Mais il faut m'arroser de vin.
Jeune encor, tu vis de la gloire,
Et je t'en fais mon compliment

Mais je préféré l'art de boire
Aux chefs-d'œuvre du Parlement.

Dans le fonds je te félicite
De voir nos graves senateurs
Contre le consul qui t'irrite
Se declarer tes protecteurs.
Mais je répêtrai sans cesse,
Quand mon estomac est chagrin,
Que tous les sages de la Grèce
Ne valent pas deux doigts de vin.

MANUSCRIT
ALB 5281.

NOTE EXPLICATIVE
9. Le neveu du subdélégué.

REMARQUE
Cette copie n'est pas de la main de La Beaumelle.

9. La Beaumelle à Toulouse : Le « jeu du secrétaire » chez Paul-Louis de Mondran[10]

Une compagnie joyeuse se rendoit chez nous[11] après souper : on s'amusoit à mêler des cartes où étoient inscrits séparément tous les noms de la compagnie, puis chacun tiroit au hazard et, à la suite du nom, écrivoit une courte réflexion sur la personne ; ces cartes, ainsi griffonnées, etoient remises dans le chapeau d'où on les tiroit encore à l'aventure, deux autres fois, pour ÿ ajouter des reflexions nouvelles, liées à celles qu'on ÿ trouvoit déposées par soi ou par autrui. Cela s'appelle le jeu du secretaire : jeu si fade avec les sots et souvent bien amer avec ceux qui ne le sont pas. Les plattitudes et les epigrammes en sont les deux ecueils. Nous en etions garantis, aïant mainte dame à celebrer. Il sortoit du chapeau, qu'ils inspiroient les butors et apprivoisoient les malins. On etoit donc reduit aux douceurs. Quelqu'un aïant ecrit sur le billet d'une demoiselle aimable *je brûle pour elle*, un autre ecrivit dessous : *jette toi dans l'eau* ; et moi à qui ce billet tomba en troisieme j'ajoutai : *je m'ÿ jetterai, quand elle deviendra naÿade*. Le mistere des ecritures fait hazarder certaines galanteries qu'on excluroit de la conversation.

Cependant nos rimeurs, car il ÿ en avoit dans notre assemblée, et où n'ÿ en avoit il point ? Nos rimeurs, se croïant avilis par la prose, commençoient de loüer les dames en vers : c'etoit une emulation d'impromptu[12]. L'avocat Balard, ci devant rat d'eglise, et l'historien Labaumelle, firent assaut de gentillesses : aux cartes insuffisantes, ils substituerent le papier. Ils se déceloient, n'importe : leur gloire etoit au grand jour. Trop lent sur le Parnasse, je n'osois me mesurer avec eux : on trouve mieux ses aises aux impromptus de loisir. Je m'en tins à cet expédient ; et le lendemain, notre jeu de secretaire aïant rappellé nos acteurs, j'apportai dans le chapeau, sans pourtant me nommer, les deux madrigaux qui suivent, mais dont le ton simple garantissoit ma ruse.

Madrigal

Perdez, ou gagnez le procès

Iris, l'alternative est pour nous rigoureuse
Et quelque soit votre succès
Nous perdrons toujours la plaideuse.

Autre
Iris, des petits maitres
Je n'ai point le caquet :
Mais j'ai des ÿeux si traitres
Qu'ils disent mon secret.

En vérité j'aurois trop à rougir d'un tel langage si le langage poëtique étoit pris à la lettre. Que les dévots lisent avec indulgence ces fadeurs ; que les malins du moins n'y ajoutent pas : mon ingénuité leur interdit tout autre soupçon.

MANUSCRIT

Paul-Louis Mondran, *Mélanges*, t. I : BHVP, CP 4269, f° 100v°-101.

NOTES EXPLICATIVES

10. Sur ce personnnage dont il sera à nouveau question dans le t. XIV, voir Adriaan Hendrik Van der Weel, *Paul-Louis de Mondran, 1734-1795, un chanoine homme d'esprit du dix-huitième siècle : d'après des documents inédits*, Rotterdam : W.L. et J. Brusse, 1942.

11. À la maison toulousaine que louait Louis de Mondran, père de Paul-Louis et de Marie-Thérèse, qui épouse La Popelinière (voir LB 3549 n. 12).

12. *Impromptu* : « Ce qui se fait sur-le-champ. Il se dit principalement d'une épigramme, d'un madrigal ou d'une autre petite pièce de poésie faite sans préméditation. [...] On appelle par plaisanterie *un impromptu fait à loisir* une petite poésie, un bon mot, une belle pensée qu'on a préméditée, et qu'on donne comme faite, comme venue sur-le-champ. » (*Dictionnaire de l'Académie française*, 5ᶜ éd. 1798).

LBD 297. *Articles de dictionnaire et de périodique*

1. *Article « La Beaumelle » dans le* Freydenker-Lexicon *de J. A. Trinius*

De la Beaumelle
Man hat von ihm :
1) *Mes Pensées.* Sie sind 1751 auf 11 und 1 halben Bog. in gr. 12. Ohne Nennung seines Namens heraus gekommen. Hatte er gleich von der ersten

Ausgabe nur 10 Exemplare verkaufen lassen, und die übgrigen unterdruckt, (S. *Nouvell. Bibl. germ.* t. 10, p. 305) so wurden sie doch 1752 in Berlin wieder aufgelegt. Ao 1754 sah man Beyträge zu diesen Gedanken, nebst einer neuen und verbesserten Uebersetzung derselben, nach der siebenden französischen Auflage, Glogau in 8. In den kritischen Nachrichten des Herrn Dähnerts Bd. 4 S. 185. meldet man, daß Herr Voltaire den Verfasser dieser seiner Schrift wegen an der königl. Tafel zu Berlin verhaßt zu machen gesucht habe. Von dem Innhalt dieser Bogen giebt uns Herr D. Kraft im 8ten Bande seiner *Theol. Bibl.* S. 229 fg. Nachricht, wo es heißt: „Es sind allerhand Gedanken über hunderterley Dinge, die theils ihrer Scharfsinnigkeit, theils eines sinnreichen Ausdrucks wegen, theils auch um deswillen aufgeschrieben worden, weil sie der Verfasser, allem Ansehen nach, für merkwürdig gehalten." Es kommen aber in diesen Gedanken auch einige vor, welche den Verfasser würdig machen, unter den Freygeistern zu stehen. Er schreibt: „Sich weigern, die herrschende Religion anzunehmen, sey nicht nur in der That so viel, als sich weigern, ein Heuchler zu werden; sondern es gehöre auch zur Erhaltung des wesentlichen Vorrechts der Freyheit. Die Landesherren sollen ihre Geistlichen dazu anhalten, daß sie den Leuten eine heilsame Gleichgültigkeit gegen die Glaubenslehren, und einen brennenden Eifer gegen die Sittenlehre predigen; man solle um die Wahrheit einer Religion am sichersten zu erfahren, vier Kinder von gleichem Alter, und gleicher Gemüthsart nehmen, und sie durch einen ganz ungläubigen und vollkommen gleichgültigen Philosophen in der Logik unterrichten, und ihnen die Grundsätze der türkischen, jüdischen, katholischen und protestantischen Religion bekannt machen lassen: Die Religion, welche sie selber erwählen würden, werde die wahre seyn. Eine Gesellschaft der Atheisten könne sehr wohl bestehen. Eine bürgerliche Gesellschaft ohne Laster und Unglücksfälle könne nicht einmal Statt haben." Die Herren Verfasser der Beyträge zu der Vertheidigung der praktischen Religion Jesu, haben in dem dritten Bande S. 173fg. eine schändliche Stelle aus diesem Buche angemerket, und ganz nöthige Erinnerungen dagegen beygebracht. Sie ist diese: Das Christenthum hat die Sitten gemildert, aber es hat zugleich die Triebfedern der Großmuth entkräftet. Die Geistlichen in der Christenheit haben Gehorsam und Sklaverey fast durchgängig mit einander verwechselt und ihre Religion hat eine solche Verwirrung bey ihnen veranlasset. Seit dem Jesus ist auferstanden, sieht die Welt sich mit Erstaunen im Sklavenstande. Ferner: „Das Heydenthum hat dem Volk die Liebe zur Freyheit eingeflößet – das Christenthum – Bringet seinen Anhängern einen Geschmack an der Unterwerfung bey. Die christliche Religion redet uns gar zu viel von dem Himmel vor – zu geschweigen, daß die Unterwerfung, die die christliche Religion erfordert, eben so strenge ist, als der unbedungene Gehorsam, den ein Monarch verlangt, der das Urtheilen über seine Befehle eben so wenig, als die Religion vertragen kann."

2) *Memoires pour servir à l'histoire de Madame de Maintenon, et à celle du Siecle passé.* Haag und Leyden 1757. in 6 Octavbänden, nebst den *Lettres de Madame de Maintenon* aber in 9 Bänden. Man hat schon verschiedene Auflagen davon, auch eine deutsche Übersetzung, welche 1757 zu Leipzig zum Vorschein kam. D. Baumgarten in den *Nachrichten von Merkwürd[igen]. Büch[ern]* St[ück] 57. S. 252 fg. merket bey diesen Memoires an, daß der Verfasser gar häufige Proben auch seiner ungläubigen Freygeisterey, und des Spottgeistes gegen die Religion und Uebung gottesdienstlicher Andacht abgelegt[1].

ÉDITION

Johann Anton Trinius, *Freydenker-Lexicon, oder Einleitung in die Geschichte der neuern Freygeister, ihrer Schriften und deren Widerlegungen : nebst einem Bey- und Nachtrage zu des seligen Herrn Johann Albert Fabricius*, Leipzig : Cörner, 1759, Leipzig, 1759, p. 90-92.

NOTE EXPLICATIVE

1. « De La Beaumelle. On a de lui :

1) *Mes Pensées.* Elles ont paru en 1751 sur 11 feuilles et demie en grand in-12 sans mention d'auteur. N'ayant pu en vendre que 10 exemplaires de la première édition et après avoir supprimé les restants (cf. *Nouvelle Bibliothèque germanique*, t. 10, p. 305), elles ont tout de même été réimprimées en 1752 à Berlin. En 1754 ont paru des *Beyträge zu diesen Gedanken, nebst einer neuen und verbesserten Uebersetzung derselben, nach der siebenden französischen Auflage,* Glogau in 8. [*Contributions à ces Pensées, avec une nouvelle traduction améliorée des mêmes, suivant la septième édition française*]. Les *Kritischen Nachrichten* de M. Dähnert, t. 4, p. 185, signalent que M. Voltaire avait essayé de faire passer l'auteur de cet écrit pour haïssable au cours des dîners royaux à Berlin. Le docteur Kraft nous renseigne sur le contenu de ces feuilles dans le tome 8 de sa *Theologischen Bibliothek* [*Bibliothèque théologique*] p. 229ss : "Ce sont toutes sortes de pensées relatives à un grand nombre de sujets, rédigées en partie pour être subtiles, en partie parce qu'elles sont ingénieuses et en partie parce que selon toute apparence l'auteur les considérait comme remarquables." Pour certaines de ces *Pensées*, l'auteur mérite d'être compté parmi les esprits forts. Il écrit que "refuser de se réunir à la religion dominante c'est non seulement refuser d'être hypocrite, c'est encore conserver le privilège le plus essentiel de la liberté. Les princes doivent

demander aux ecclésiastiques de prêcher aux gens une salutaire indifférence pour les dogmes et un zèle ardent contre la morale ; que dans le but de connaître avec certitude la vérité d'une religion on choisisse quatre enfants de même âge et même tempérament, qu'on laisse instruire en logique par un philosophe tout à fait incroyant et indifférent, qu'on leur fasse connaître les principes de la religion turque, judaique, catholique et protestante : la religion qu'ils choisissent de leur propre mouvement sera la vraie religion. Une société d'athées peut bel et bien exister. Une société bourgeoise sans vices ni accidents ne saurait exister." MM. les auteurs des *Beyträge zu der Vertheidigung der praktischen Religion Jesu* [*Contributions à la défense de la religion pratique de Jésus*] relèvent un endroit ignoble dans leur troisième tome, p. 173ss, et en fournissent la critique nécessaire. Le voici : "La religion chrétienne a adouci les mœurs, mais elle a affaibli en même temps les ressorts de la grandeur d'âme. Les ecclésiastiques de la chrétienté ont presque toujours confondu l'obéissance avec l'esclavage et c'est leur religion qui est à l'origine de cette confusion. Depuis la résurrection de Jésus, le monde s'est retrouvé à son grand étonnement dans un état d'esclavage." Et plus loin : "Le paganisme a inspiré au peuple l'amour de la liberté – la religion chrétienne a donné à ses fidèles le goût de la soumission. La religion chrétienne nous parle trop du Ciel – sans oublier que la soumission exigée par la religion chrétienne est aussi sévère que l'obéissance inconditionnelle exigée par un monarque qui, à l'instar de la religion, ne tolère pas qu'on raisonne sur ses ordres.

2) *Mémoires pour servir à l'histoire de Madame de Maintenon et à celle du siècle passé.* La Haye et Leyde 1757. En 6 volumes in-8°, avec les *Lettres de Madame de Maintenon* mais en 9 volumes. On

en a déjà plusieurs éditions ainsi qu'une traduction allemande parue en 1757 à Leipzig. Le docteur Baumgarten signale, dans ses *Nachrichten von Merkwürdigen Büchern* [*Nouvelles de livres curieux*] livraison 57, p. 252ss, que l'auteur de ces *Mémoires* témoigne souvent de son incroyance et de son esprit de satire contre la religion et l'exercice du culte divin. »

2. *L'Année littéraire : compte rendu du Mémoire de La Beaumelle sur l'affaire Jeanne Pieyre*

Paris, le 10 septembre 1759

J'ai reçu de Nismes, monsieur, une brochure in-4° qui m'a paru très-propre à vous divertir un moment ; elle regarde d'ailleurs un écrivain qui s'est fait une sorte de célébrité par sa compilation des *Mémoires de Madame de Maintenon*. C'est un *Mémoire devant M. le sénéchal de Nismes, pour messire Laurent Angliviel de La Beaumelle, ancien professeur royal en Belles Lettres à l'Université de Copenhague & conseiller au consistoire souverain de Dannemark*. Vous allez être au fait de la question. Je me servirai des phrases mêmes de l'auteur, pour ne pas gâter les idées & le style de cette pièce singulière. « Le sieur de La Beaumelle, déterminé depuis long-temps à fixer son séjour dans sa patrie (le Languedoc) songea sérieusement à s'y faire un établissement *où loin du monde & des orages il pût cultiver les arts dans le sein de l'hymen & de la médiocrité. Il lui étoit aussi difficile de trouver une personne qui lui plût que d'en trouver une à qui il pût plaire ; son choix fut entièrement philosophique...* Il s'attacha à une de ses cousines, dont la figure, dont le maintien, dont la fortune n'avoient rien qui pût tenter...... Ces *légères* imperfections étoient rachetées *par des millions de choses aimables*. Privée des charmes qui séduisent les sens, la demoiselle avoit tous ceux qui tyrannisent les ames sensibles. Elle se montroit *à son adorateur* pleine de délicatesse, de raison, de goût, &c... Sa vertu surtout étoit propre à charmer ; on ne parle point *de cette vertu qui est l'apanage de tout son sexe*, mais de cette vigilance perpétuelle sur soi-même qui ne laisse pas échapper un regard, un soupir, *de cette crainte scrupuleuse d'émotions tendres, de cette divine timidité*, &c. » Je vous laisse faire, monsieur, toutes les réflexions que ce récit peut suggérer. Auriez-vous jamais cru que les désagrémens de la figure, le défaut de maintien & le manque de fortune fussent de *légères imperfections* dans une jeune personne ? Concevez-vous *un choix entièrement philosophique* lorsqu'il s'agit de se marier ? Au reste, ce choix n'étoit pas *entièrement philosophique*, puisque M. de La Beaumelle se déclare l'*adorateur* de cette charmante laide, & que, dans un autre endroit de son Mémoire, il dit qu'il fait *profession de philosophie & d'amour*. Il n'y a que certains esprits privilégiés de ce siècle auxquels il soit donné d'allier l'amour & la philosophie. Connoissez-vous *cette vertu qui est l'appanage de tout le sexe ?* J'ai beau chercher, je ne la puis trouver. Mais poursuivons.

La demoiselle avoit trois frères qui lui proposoient des partis qu'ils croyoient considérables. « *Qu'on imagine trois tigres épuisans à la fois ou tour à tour toutes leurs fureurs pour arracher une tendre génisse au cher objet de ses chastes désirs. Elle en fut malade à la mort.* La demoiselle, *qui ne se regarda jamais comme une lettre de change dans le porte-feuille de ses frères négociable à leur profit,* dit toujours qu'elle étoit libre... Le sieur de La Beaumelle, instruit de ces tracasseries, *en étoit outré, en étoit enchanté ; outré parce qu'il sentoit combien l'excellent cœur de sa maîtresse en devoit souffrir ; enchanté, parce qu'il étoit enfin sûr d'être aimé... Encouragé par les difficultés, il s'enchaîna mille fois plus étroitement à sa conquête ; il en devint si affolé qu'il parvint à la trouver très-jolie......* La demoiselle lui disoit quelquefois en riant qu'au moins elle n'avoit pas d'amour pour lui. En effet, elle n'avoit pas d'amour pour lui, mais *elle le préféroit à tous les mortels ; elle eût voulu avoir des millions à lui donner, des couronnes à lui offrir.* Elle n'avoit pas d'amour pour lui, mais *elle se plaisoit où il étoit, elle languissoit où il n'étoit pas.* Elle n'avoit pas d'amour pour lui, mais &c. »

Le 11 de juin dernier, les deux amans passèrent des pactes qu'un avocat avoit dressés & que les parties signèrent avec une joie égale. Ces pactes étoient *tels que le généreux amour auroit pû les dicter.* La demoiselle fit dire le 1er juillet par un de ses parens à son prétendu (elle l'appelloit ainsi) que ses frères consentoient à son mariage, & que le lendemain on passeroit le contrat. Elle lui écrivit même un billet par lequel elle le prioit de remettre à ce parent les pactes qui devenoient inutiles. Le sieur de La Beaumelle soupçonna quelque piège dans cette demande des pactes. Il ne lui fut plus permis de douter qu'on vouloit le tromper lorsqu'il vit deux des frères de la demoiselle entrer chez lui en furieux, & le sommer de rendre les pactes. Le prétendu ne jugea pas à propos de s'en désaisir. Ce parent de la demoiselle duquel je viens de parler revint, mais pour témoigner au sieur de La Beaumelle combien il étoit indigné d'avoir été compromis & joué. Le sieur de La Beaumelle n'a rien de plus pressé que de lui remettre *un écrit qui anéantit en termes énergiques un des pactes dont il garde la personne.* « Après ces fâcheuses & rapides agitations, le sieur de La Beaumelle rendu à lui-même réfléchit sur les causes d'un changement si subit. Il ne crut point qu'un instant de caprice eût détruit le sentiment d'une année. *Il ne crut point que le samedi sa maîtresse se fût endormie fidelle, & le lendemain se fût éveillée perfide...* Cependant, quelqu'enclin qu'il fût à la plaindre, il ne pouvoit se dissimuler ses torts. Il comparoit avec amertume ce qu'elle avoit été avec ce qu'elle étoit. *Elle* avoit toujours été fidelle à sa parole ; *elle* est infidelle au plus saint engagement. *Elle* avoit été raisonnable & décente ; *elle* brise le plus tendre nœud sans éclaircissement & sans raison. *Elle* avoit promis à son amant de le rendre heureux ; *elle* veut lui faire le plus sensible affront. *Elle* avoit paru pleine de franchise & d'honnêteté ; *elle* ourdit la trame d'une fourberie, ou du moins *elle* s'y prête. *Elle* n'avoit pas écrit une seule lettre à son accordé ; *elle* lui écrit un billet qui est une imposture & duquel les plaisans pourront dire, *Ah, le bon billet qu'a La Beaumelle !* *Elle* n'avoit respiré que la douceur, la bonté, la justice ; *elle* est affamée de sang. »

Le 3 de juillet le sieur de La Beaumelle écrivit à sa maîtresse une lettre par laquelle il lui demandoit un entretien & une décharge des sept mille livres qu'il lui avoit reconnues dans les pactes comme payées comptant. N'ayant point reçu de réponse à cette lettre, il fit contrôler les pactes pour avoir droit de faire assigner la demoiselle en résiliment des pactes & en décharge des sept mille livres. Il lui envoya une assignation le même jour 3 de juillet. « Nul exploit, dit-il, ne fut plus galant. Le sieur de La Beaumelle, *toujours aux pieds de son injuste déesse*, y témoignoit le regret d'être obligé de demander par huissier une décharge qu'il n'avoit pû obtenir à l'amiable. » Le 14 du même mois il la fit assigner de nouveau pour payer les frais du contrôle qui montoient à 199 livres 4 sols. C'est pour être remboursé de cette somme qu'il a fait paroître ce Mémoire. « La Dlle assignée sera peut-être blessée de la publicité de cette pièce. Mais pourquoi est-elle inaccessible ? Pourquoi le sieur de La Beaumelle ne peut-il lui faire parvenir autrement ses plaintes ? S'il avoit pu l'entretenir, il lui auroit dit *combien* il est touché de son état, *combien* son cœur a été affligé de ses larmes *qu'il a devinées*, *combien* il desire d'être oublié d'elle, *combien* il auroit voulu qu'elle fût innocente, *combien* &c, &c. » Tout le Mémoire, qui contient douze pages in-4°, est sur ce ton moitié oratoire, moitié romanesque. Si ce n'est pas le style du genre, c'est du moins un style qui amuse.

ÉDITION

L'Année littéraire, 1759, t. V, p. 289-296.

3. *Journal des sçavans : diffusion des Lettres et de la Vie de Mme Maintenon*

[Paris, novembre 1759]

On trouve à Paris les ouvrages suivants : [...]

2° *Lettres de Madame de Maintenon*. Nouvelle édition, revûe & corrigée. Première & seconde partie, imprimées à Berlin, chez Pierre Erialed[2], libraire, 1754, in-12, petit format[3].

3° *Vie de Madame de Maintenon*, pour servir de suite à ses lettres. Nouvelle édition, revûe, corrigée & augmentée d'un supplément. Imprimé à Genève, chez Antoine Philibert, 1755, in-12 petit format[4].

ÉDITION

Journal des sçavans, novembre 1759, « Nouvelles littéraires », p. 765-766.

NOTES EXPLICATIVES

2. Anagramme de Delaire.
3. Voir t. V, p. 485, ill. 9-11.
4. Voir t. V, p. 490, ill. 10-7.

4-1. *Correspondance littéraire de Karlsruhe*

à Paris, ce 29 novembre 1759

[...] *La Berlue* autre ouvrage anonyme en-12 de 124 pages[5], attribué à La Beaumelle. Ce sont des portraits et une critique outrée des mœurs. Il faudrait une clé pour savoir bien souvent ce que l'auteur a voulu dire. En voici un petit extrait : [...]

En général, cette brochure renferme d'assez bonnes choses : il y a beaucoup de philosophie, et cet ouvrage ressemble assez aux autres du même auteur.

ÉDITION

Pierre de Morand, Antoine Maillet-Duclairon, *Correspondance littéraire de Karlsruhe (15 janvier 1757-15 décembre 1759)*, Paris : Champion, 2015, p. 532-533.

NOTE EXPLICATIVE

5. [Louise Poinsinet de Sivry], *La Berlue*,

Londres : à l'Enseigne du Lynx, 1759, 124 p. in 12. « C'est une satire de tous les peuples, de tous les Etats, de tous les particuliers, mais sans finesse, sans force, sans esprit et sans goût. » (*Correspondance littéraire*, 15 novembre 1759, t. VI, p. 255-256).

4-2. *Correspondance littéraire de Karlsruhe*

[avril 1760]

Le sieur de La Beaumelle, auteur des *Mémoires de Mme de Maintenon*, vient de faire une sottise qui sûrement lui coûtera cher. Étant à jouer il y a quelques mois chez Mme la marquise de Fontenilles, à Toulouse, où les jeux de hasard sont rigoureusement défendus, il y fut surpris jouant au pharaon. Le capitoul commandait lui-même ceux qui faisaient la visite. La Beaumelle dit à la dame de se servir de ses armes, ce qu'elle fit en jetant un chandelier à la tête du capitoul. Elle a été arrêtée et mise dans un couvent par ordre du roi, et le sieur La Beaumelle conduit dans une forteresse pour le reste de ses jours.

ÉDITION

Pierre de Morand, Antoine Maillet-Duclairon, *Correspondance littéraire de Karlsruhe II (2 janvier 1760-20 juin 1766)*, Paris : Champion, 2016, p. 39.

5. *Journal encyclopédique : sur Tacite*

1er septembre 1760

On nous annonce une autre edition[6] en 1 vol. in 8° du même historien. L'editeur, qui à ce qu'il nous assure a tiré tout le parti possible des meilleures editions, les comparera, & mettra en marge les variantes. On trouvera à la tête de chaque page l'année de Jesus-Christ, où se sont passés les faits qui y sont décrits & l'année de l'empire de chaque empereur. Il y a longtems que nous attendons la traduction de Tacite par Mr de La Baumelle. Des personnes très éclairées qui en ont entendu quelques morceaux, nous en ont fait un grand éloge, il nous tarde beaucoup que le traducteur les justifie. [...]

ÉDITION

Journal encyclopédique, 1ᵉʳ septembre 1760, p. 144.

NOTE EXPLICATIVE

6. Une autre que la nouvelle édition latine de J. N. Lallemand.

6. *Correspondance littéraire de Grimm*

15 novembre 1760

Je suis toujours d'avis que M. de Voltaire n'a point de vocation pour écrire l'histoire. Celle de Pierre le Grand vient de me confirmer dans cette idée. [...]

En général, les réflexions sont petites, communes et antithétiques ; et puis je ne saurais souffrir ces fréquentes sorties contre des adversaires obscurs et méprisables. Quelle figure peuvent faire le chapelain Norberg[7], et ce polisson de La Beaumelle, et la truie de Cromyon dans l'histoire du législateur des Russes ?

ÉDITION

Correspondance littéraire, 15 novembre 1760, éd. Sigun Dafgärd Norén, t. VII, 2012, p. 322-324.

NOTE EXPLICATIVE

7. Voir LB 3675 n. 1.

7. *Journal encyclopédique : Compte rendu de L'Observateur littéraire, année 1761*

[février 1761]

[...] L'article des contradictions est encore plus singulier ; les auteurs y sont loués, exaltés, suivant qu'ils sont bien avec ces périodistes, & très souvent, lorsqu'ils viennent à se brouiller, les mêmes auteurs & les mêmes ouvrages sont traînés dans la boue. Un seul exemple suffira : ils ont dit, en parlant de Mr La Beaumelle, que *ce qui frappe en lui est l'accord des idées politiques & des ornemens d'éloquence ; que c'est Montesquieu qui emprunte la voix de Flechier.* Ailleurs on le traite d'*Arlequin Grotius*, & l'on affecte surtout de le ridiculiser sur son style. Au reste il y a ici une erreur qu'il est bon de relever. Le *Discours* qu'on attribuoit à Mr de La Beaumelle, & qu'on louoit tant, étoit de Mr de Mehegan *(Discours sur l'adoption des arts)* mais la contradiction du même journaliste n'en est que plus forte ; car ce même Mr de Mehegan s'étant brouillé avec Mr Fréron, au lieu d'être un Montesquieu, un Fléchier, n'a plus été qu'un Cotin. [...]

ÉDITION

Journal encyclopédique, 15 février 1761, p. 141.

LBD 298. *Certificat de catholicité de La Beaumelle*

Certificat de catholicité de M. Laurent Angliviel de Labaumelle du lieu de
Valleraugue
en Languedoc diocese d'Allais

[Valleraugue, le 20 juillet 1760]

Nous curé de Valleraugue soussigné déclarons que Mr Laurens Angliviel de Labaumelle notre paroissien fait profession de la religion catholique appostolique et romaine pour la luy avoir vû professer. En foy de quoy nous luy avons donné le present certificat pour luy valoir devant qui de droit à Valleraugue le 20^{c} juillet 1760.

Puech curé[1]

Nous Guillaume Albert Finiel magistrat royal bailly général de la ville et baronie de Meyrueix et procurᵮ pour Sa Majesté en sa cour royale et ressortale du Vigan dioceze d'Alais en Languedoc, certifions à tous ceux qu'il appartiendra que le sieur Puech qui a entierement écrit et signé le certificat ci dessus est curé de Valleraugue et que foi doit être ajoutée tant en jugement que dehors. C'est pourquoi nous avons donné le présent signé de notre main contresigné par notre greffier et muni du sceau ordinaire de nos armes à Valleraugue ce vingt six juillet mil sept cent soixante.

Finiel mag. royal
par monsieur Nadal

20 juillet 1760

MANUSCRIT
ALB 3481.

REMARQUE
Voir LB 3576.

NOTE EXPLICATIVE
1. Jean-Vincent Puech, prêtre du diocèse de Nîmes, bachelier en droit canon et curé de

Sumène, a été nommé curé de Valleraugue en 1760 à la mort de Guillaume Roquette (Étienne-Marthe Goiffon, *Monographies paroissiales. Les paroisses de l'archiprêtré du Vigan*, 2^{c} éd. Nîmes : Lacour-Rediviva, 1994).

LBD 299. *Désistement de plainte de Rose Larinière*

[Toulouse, le 1ᵉʳ octobre 1760]

L'an mil sept cent soixante et le premier octobre à Toulouze après midy par devant le notaire royal dudit Toulouze et temoins soussignés furent presens Roze Lariniere habitante de cette ville procedant en la presance et assistance de Jacques Lariniere et de Marguerite Albouy mariés dudit Toulouze d'une part, et messire Laurent Angliviel de La Beaumelle du lieu de Valleraugue dioceze d'Alais d'autre, lesquelles parties comme procedent transigeant sur la plainte portée pour fait de gravidation par ladite Lariniere fille contre le seigneur de La Beaumelle devant Messieurs les capitouls de cette ville information decret et entiere procedure qui en ont ensuivy jusqu'à ce jour ont sous mutuelles stipulations et acceptations conveneu que ladite plainte information decret et entiere procedure seront pour non avenus dont de tout laditte Lariniere plaignante deziste purement et simplement avec promesse de ne plus en faire de poursuite directement ny indirectement sous quelque pretexte que ce soit et consent en conséquence que le dit seigneur de Labaumelle se fasse relaxer de tout quand et comme bon luy semblera toutes fois à ses frais et depens auquel effet ladite Lariniere donne pouvoir au premier avocat requis porteur des presentes de consentir audit relaxe, en consideration de tout quoy ledit seigneur de Labeaumelle promet et s'oblige de payer à ladite Lariniere fille dans le delay de trois mois à compter de ce jour la somme de quatre vingts livres sous les peynes de droit moyenant quoy ladite Lariniere renonce de pouvoir jamais plus rien demander pour quoy que ce soit audit seigneur de Labeaumelle comme d'ailleurs ayant fourny aux fraix des couches de ladite Lariniere même aux fraix du mailhot et hardes de l'enfant venu desdites œuvres, baptizé dans la paroisse de la Dalbade dudit Toulouze sous le nom de pere et mere inconneus et auquel a été donné le nom de Guilhaume le neuf de juillet dernier, et de la nourriture d'icelluy jusqu'au sept du present mois qui est encore au pouvoir de ladite Lariniere mere et duquel ledit seigneur de Labeaumelle demurera chargé ensemble de la nourriture et entretien d'icelluy en consequence auquel effet à sa premiere requisition ladite Lariniere sera tenüe de luy remetre avec les mailhot et hardes qui sont en sa main tout comme ledit seigneur de Labeaumelle sera tenneu recevoir ledit enfant à la premiere requisition verbale de ladite Lariniere, le tout sous les peynes de droit respectivement et pour observer ce dessus lesdites parties obligent mutuellement leurs biens à justice. Fait et passé audit Toulouze dans l'apartement de Mr Bonneau capitaine de la compagnie du guet dans l'hotel de ladite ville presens le sieur Jean Delpech chirurgien et

Dominique Noguez praticien habitants de Toulouze signés au registre avec ledit sieur La Beaumelle, ladite Albouy et nous notaire lesdits Lariniere fille et pere ont dit ne sçavoir signer de ce requis par nous Bernard Corail notaire royal soussigné controllé à Toulouze par le c[apitaine]

Corail

[*au dos :*] 1er octobre 1760

Dezistement de plainte et information moyenant 80 £ consenty par Roze Lariniere en faveur de Messire Laurent Angliviel de La Beaumelle

MANUSCRIT
  ALB 2589.

REMARQUE
  Sur papier timbré à deux sols.

LBD 300. *Affaire des Capitouls*

1. *Procès verbal de François-Raymond David de Beaudrigue*

L'an mille sept cent soixante et le neuvième jour du mois de janvier, nous François Raymond David de Beaudrigue écuyer capitoul, sur les differents avis qui nous avoint été donnés, que la dame comtesse de Fontenille donnoit à jouer le jeu de hazard dans sa maison scise près le puits des Augustins, nous aurions pris des informations et nous serions donné des soins pour nous assurer de la verité du fait et tacher de surprendre les joueurs, mais la ditte dame de Fontenilles, instruite de nos demarches, se seroit transportée dans notre maison d'habitation il y a environ un mois et nous auroit représenté que l'etat de ses affaires la mettoit dans la necessité de donner à joúer chés elle le jeu de hazard et qu'elle esperoit que nous ne ferions pas de dessente dans sa maison, à quoy nous lui representames les devoirs de notre état, qu'elle devoit tout comme les autres citoyens, se conformer aux ordonnances de police aux arrêts de reglement et aux ordres du Roy, qui interdisent le jeu de hazard à toutes sortes de personnes, sans exception d'aucune, que si elle y contrevenoit, elle devoit s'attendre que nous ferions une dessente dans sa maison, et nous étant revenu qu'elle donnoit à jouer au jeu de hazard, nous fimes descente dans la maison de l[adi]te dame il y a environ trois semaines, quy nous devint innutile par les precautions qu'avoint pris les joueurs, qui furent avertis de notre marche s'étant séparés un instant avant nous ne parumes. Cepandant la d[i]te dame de Fontenilles non contente de donner à jouer le jeu de hazard journellement, il nous est revenu qu'elle n'a cessé de tenir de mauvais propos sur notre compte, elle a meme affecté de dire publiquement que sy nous avions la hardiesse de revenir ché elle, elle nous appliqueroit sur la face une payle qu'elle fesoit rougir

L'an mille sept cent soixante, et le
neuvième jour du mois de janvier, nous François
Raymond David de Beaudrigue l'un des
Capitouls sur le[...] avis que nous
avions été cy devant donné, que la dame
[...] de fontenille donnoit à jouer le
jeu de hazard dans sa maison, [...]
[...] des augustins, nous aurions pris des
informations, et nous serions donné des
soins pour nous assurer de la verité ou fait
[...] de surprendre les joueurs, mais
ladite dame de fontenille, instruite de nos
demarches, se seroit transportée d'une
notre maison d'habitation [...] y a [...]
[...] et nous auroit representé que
l'état de ses affaires, la mettoit dans la
necessité de donner à jouer chés elle le
jeu de hazard et qu'elle [...]

4. Procès verbal de François-Raymond David de Beaudrigue (Toulouse, 9 janvier 1760)
(10 pages)

nous ne ferions Parle Desvente d'aun
gamaison, a quoy nous lui Representames
Les Devoirs denotre Etat, quelle devoit
tout Comme Les autres Citoyens, Se
Conformer aux ordonnances dePolice,
aux arrets ee Reglement, et aux ordres
du Roy, quy entendissent Lejeu dehazard
a toutes sortes deperfonnes, Sauns
Exception Daucune, que sy ell... Contrevenoit
elle devoit S'attendre, quenous ferions
vne Descente Dans samaison, et nous
estant Revenu quelle Donnoit a jouer
au jeu dehazard, nous fimes vnedescente
Dansla Maison delad.te Dame Jly a
Environ trois semaines quy nous dirent
jnutille Sur les precautions quavoint
Pris les Joueurs, quy furent avertis de
notre Marché Setant Separés vn

Instant avant nous ne parumes,
Cepend, la dite Dame de fontenett,
non Contente, de donner a jouer le Jeu
de hazard journellement, a nous en
revena quelle n'a Cessé de tenir des
mauvais Propos, sur notre Compte, elle
a meme affecté de dire Publiquement
que sy nous avions la hardiesse de revenir
chés elle, elle nous appliqueroit sur la
face une pate quelle feroit Rougir
et tenoit dans le feu du Salon, oulo
donnoit a jouer, et ayant été Instruit
que la dite Dame de fontenelle, avoit Invité
le Jour d'hier Certains des Joueurs, a souper
sous pretexte de leur donner le gatteau
des Rois, et presumant qu'apres le Souper
les Joueurs ne se Retireroient Pas Sans
jouer, nous nous Sommes Rendus avec

Notre Greffier et Notre Main forte
fers une heure après Minuit, au devant
la porte de la Maison de ladite Dame
que nous avons trouvée fermée à Verrouil,
et prevoyant que sy nous frappions a la d.te
Porte, on ne Manqueroit Point de Cacher
Les Cartes, avant de venir l'ouvrir, et
quelques Joueurs Pourroient Sortir Par
D'autres Issües, nous nous Sommes Rangé
avec notre greffier, et la Main forte, et
Collés le Long du Mur, attendant que
quelque Joueurs Malheureux Sortit apres
avoir Perdu Son argent, et en effet,
fers les deux heures apres Minuit la
Porte ayant été ouverte Pour faire
Sortir un des acteurs, nous avons profité
de ce Moment, et Nous Sommes hatté
D'entrer Brusquement, et nonobstant

Les Grands [...] cris que feroint deux
femmes [...] Une [...] de
la maison [...] en haut et [...] la Rue,
disant a haute voix que le guet montoit
nous sommes parvenu avec notre greffier
et la Main forte dans le salon, ou l'on
jouoit dans lequel nous avons d'abord
vû la ditte Dame de Fontenette assise
sur un Sofa avec Madame de Saint, et
vû M. [...] d'un habit de velours nous
crûsieurs Monsieur assis autour d'une
table avec la ditte [...] Jeverene, quy jouoit
ayant encore des Cartes en leurs mains
comme aussy nous avons veu plusieurs
autres Cartes sur la table, avec des fiches
et des gettons, un corbillon et une bourse,
et Nous étant avancé Deux avec
Diligence, nous leur avons ôté plusieurs

Cartes des Mains, l'army lesquelles ils en
avoir des formées et comme nous
allions prendre les Cartes quy étoint
sur la Natte, ladicte Dame fit lever
avec précipitation après un flambeau
et nous l'a jetté alaface, Duquel Coup,
nous nous sommes garentiz, en portant
notre Main droite sur le visage de
façon que le Coup a porté sur notre
main et nous a occasionné une Meurtrissure
et Coutusion sur le Dessus de Notre main,
et en même temps a pris une partie des d.
Cartes quy étoint sur la Natte, et les a
mises sur Son Sein, ce quy nous a engagé
de la sommée poliment de nous remettre
Lesdittes Cartes, Mais au lieu d'obéir
a nos ordres, elle nous a dit que nous

étions au Marault, on logis, et
que Dampier nous l'alui payerions, —
Jusquay nous avons pris en fait ramené
L'autre partie en cartes, ensemble les
friches, jettons corbillon et Bourse
qui avoint Resté sur la table, et avons
interpellé les Messieurs quy étoint au tour
de ladite table ou dans le Salon, de nous
Déclarer leur nom et Surnom, et leur avons
dit quils ne pouvoient pas contester quils
ne jouoent le Jeu de hazard puisque nous
les surprenions en flagrand delit, Et dans
la Confuzion et dans le trouble où leur cause
personnen ayant trouvé le Moyen de
sevader leur quen ôtant Main fort de
Retenus nous ont Déclaré leurs noms,
et nous ont dit S'appeller, sçavoir le
premier, le Chevalier lamothe, le second

Le S.r Roëis, le troisieme le Baron de
Montlezun, le quatrieme le Sieur
Laroumilliere, le cinquieme le Sieur
augsirielle dela Beaumelle, et le Sixieme
martin Pintre et Vernineux, Mais ilsront
gardé le Silence sur le fait du jeu Ils
ont mesme touté de Servader avant de
nous Declaner leurs noms, ce que nous
avons empeché, et nous etant ensuite
apperçu que la Dem.elle Jevenes s'etoit
Cachée derrier un fossé, tenant des
Cartes en ses mains, nous l'avons faitte
Conduire a l'hotel de ville, elle a eté
Suivie en Sieurs Lamothe et Moultafeu
et avons fait Remettre es eus le greffe
de la police, le Corbillon, les fiches, et
jetton ensemble les Cartes que nous

avoir Compté en y en ayant Cent Cinq
parmy lesquels Jly en a huit en fourneau
cryptique Cartes petits Comme de deux
trois quatre cinq et six, Comme aussy
avons fait porter au Greffe la table
Couverte d'un tapis vert Sur laquelle les
& Joueurs Jouoint, et de ce Desus avons
fait et Dressé le present procés Verbal
pour y estre Statué Sur le Bureau qu'il
appartiendra, et nous Sommes Signé avec
notre greffier David Debeaudvigue

Capitoul

Soit Communiqué au Sindic de la ville
ce 9.e Janv.r 1760 Chauliac Ca.t

Le Sindic de la ville qui a vû le present procés verbal
Lors'il Jsoit Communiqué, La Declaration de le cuisinier
Lieutenant des chevaux, du Roy de a paroi des, les Interrogatoires
Doffice, de la dite Seure, Des p.rs nommés Dalmothe, Baron
de marbeau, Laurcis angleville de la Bataille, aussi de ce jour Jla

Requiert que du Contenu au greffial verbal Jes circonstances
ce dejournées, Jl en sera enquis pour bien Informatios rapportés, chez
pris telles conclutions qu'il appartiendra au parquet de l'hôtel
de ville ce 9 Janvier mil Sept cens Soixante

Filhol

Nous Capitouls Vu le verbal Lordonnance du Soit

communiqué a [...] en la ville de Thoulouse
que ensuivre avec les pieces y ennoncées, le
tout devant nous Rapporté, ordonnons
que le Contenu dans le verbal, il en sera
imprimé a la teste de [...] feuille de ville, au
bout de l'année mil sept cent
soixante.

Taverne capitoul   Gausse Capitoul

Delbure Capitoul
                    Poulet Capitoul

Laurier capitoul chef de conseil

Brullia capitoul   Alaban capitoul
              [...] de Figere Capitoul

& tenoit dans le feû du salon où l'on donnoit à jouer, et ayant eté instruit que la d[i]te dame de Fontenille avoit invité le jour d'hier certains des joueurs à souper sous pretexte de leur donner le gatteau des Roix et presumant qu'après le souper les d. joueurs ne se retireront pas sans jouer, nous nous sommes rendu avec notre greffier et notre main forte vers une heure après minuit au devant la porte de la maison de la ditte dame que nous avons trouvée fermée à verrouil et prevoyant que sy nous frappions à la dte porte, on ne manqueroit pas de cacher les cartes avant de venir l'ouvrir et que les d. joueurs pouvoint sortir par d'autres issues, nous nous sommes rangé avec notre greffier et la main forte et collés le long du mur, attendant que quelque joueur malheureux sortît après avoir perdu son argent, et en effet vers les deux heures après minuit, la porte ayant été ouverte pour faire sortir un des acteurs, nous avons profité de ce moment et nous sommes hattés d'entrer brusquement, ce nonobstant les grands cris que fesoint les deux femmes, l'une dans l'alée de la maison et l'autre dans la rue disant à haute voix que le guet montoit. Nous sommes parvenu avec notre greffier dans le salon où l'on jouoit dans lequel nous avons d'abord vu la ditte dame de Fontenilles assise sur un soffa avec la dame de Fraisse[1] et un monsieur vétu d'un habit de velours noir et plusieurs messieurs assis autour d'une table avec la delle Sevenes[2], qui jouoit ayant encore des cartes en leurs mains, comme aussy nous avons vu plusieurs autres cartes sur la table, avec des fiches et des gettons un corbillon et une bourse et nous étant avancés deux avec diligence, nous leur avons oté plusieurs cartes des mains parmi lesquelles il y en avoit des cornées et comme nous allions prendre les cartes quy étoit sur la table, la ditte dame s'est levée avec précipitation a pris un flambeau et nous la jetté à la face, duquel coup nous nous sommes garanty en portant notre main droite sur sur le vizage de façon que le coup a porté sur notre main et nous a occasionné une murtrisseure et contuzion sur le dessus de notre main, et en meme tems a pris une partie desd. cartes quy etoint sur la table et les a mises sur son sein, ce qui nous a engagé de la sommer poliment de nous remettre les dittes cartes, mais au lieu d'obéir à nos ordres, elle nous a dit que nous étions un maraut un coquin et que dans peu nous la lui payerions, sur quoy nous avons pris et fait ramasser l'autre partie des cartes, ensemble les fiches, gettons, corbillon et bourse qui avoint resté sur la table et avons interpellé les messieurs qui étoint autour de la ditte taple ou dans le salon de nous déclarer leur nom et surnom, et leur avons dit qu'ils ne pouvoint contester qu'ils ne jouassent le jeu de hazard puisque nous les surprenions en flagrant délit et dans la confuzion et dans le trouble plusieurs personnes ayant trouvé le moyen de s'evader ceux que notre main forte a retenus nous ont déclaré leur nom et nous ont dit s'appeller, sçavoir le premier le chevalier Lamothe[3], le second le s[r] Roéfé[4], le troisième le baron de Montlezun[5], le quatrième le sieur Laroumillière[6], le cinquième le sieur Angleirelle de La Beaumelle, et le sixième Martin pintre et vernisseur, mais ils ont gardé le silence sur le fait du jeu, ils ont même tanté de s'evader avant de nous déclarer leur nom, ce que nous avons voulu empêché, et nous étant ensuite aperçeu que la demelle Sevenes s'etoit cachée derrière un soffa, tenant des cartes en ses mains, nous l'avons faitte conduire à l'hotel de ville, elle a été suivie des sieurs Lamothe et Montlezun et avons fait remettre devers le greffe de la police le corbilon, fiches et jettons ensemble les cartes que nous avons comptées y en ayant cent cinq parmy lesquelles il y en a huit encornées et plusieurs cartes petites comme des deux trois quatre cinq et six, comme aussy avons fait porter au greffe la table couverte d'un tapis verd sur laquelle les d. joueurs jouoient et de ce dessus avons fait et dressé le present procès verbal pour y etre statué sur le bureau ce qu'il appartiendra et nous sommes signé avec notre greffier.

David de Beaudrigue
Savanié, gref.

[d'une autre main :]
Soit communiqué au sindic de la ville ce 9 janvier 1760

Chauliac[7] cap[l]

[d'une autre main :]
Le sindic de la ville qui a vû le present procès verbal, l'ord[ce] de soit communiqué, la relation du Sr Commeine lieutenant du 1er chevaux du Roy de ce jourd'huy, les interrogatoires d'office de la d[lle] Sevenne, des Srs Maurice de Lamothe, baron de Monlezun, Laurent Anglevielle de La Baumelle aussy de ce jourd'huy

Requiert que du contenu du procès verbal ses circonstances et dependences il en sera enquis pour l'information raportée < *illisible* > pris telles conclusions qu'il appartiendra au parquet de l'hotel de ville ce 9 janvier milneuf cent soixante.

Filhol

Nous capitouls vu le verbal l'ordonnance de soit communiqué au sindic de la ville, les conclusions dud. sindic avec les pieces y ennoncées, le tout devant nous rapporté, ordonnons que du contenu dud. verbal il en sera enquis à la req[te] du sindic de la ville au con[re] le 9 janvier mil sept cents soixante

Taverne[8] capitoul
Cesse Debussy[9] capitoul   Gaussy[10] capitoul
Pouliez[11] capitoul
Daurier[12] capitoul
Chauliac[13] capitoul   Lascaban[14] capitoul
Niocel de Tegra[15] capitoul

MANUSCRITS
 AM Toulouse FF 804/1.

ÉDITION
 A. Feugère, « Un scandale toulousain au XVIII[c] siècle », p. 316-319. « C'est la maison qui porte actuellement le n° 21, rue Antonin Mercié ».

NOTES EXPLICATIVES

1. « Dame Jeanne Marie de Gilede, agée de vingt sept ans ou environ, epouze de monsieur Dominique de Fraisse, ecuyer, logée rue des Augustins » (interrogatoire à la barre, 22 mars 1760).

2. « Dem^{lle} Guillaumette Sevenes, agée de vingt huit ans ou environ, fille au Sr Guillaume Sevenes, bourgeois de cette ville, logée rue Ste Ursule » (audition d'office du 9 janvier 1760, AM Toulouse FF 696).

3. « Le sieur Maurice de La Mothe, agé de vingt ans ou environ, mousquetaire noir, fils du sieur de La Mothe ecuyer natif du lieu du Mur de Barrés en Rouergue, logé chez Chambon perruquier à la place de la Perchepinte de cette ville » (audition d'office du 9 janvier 1760, AM Toulouse FF 804/1).

4. « Maurice Jean Baptiste de Roissé, agé de cinquante six ans, ecuyer, habitant de cette ville logé place St George » (interrogatoire du 19 janvier 1760, AM Toulouse 804/1).

5. « Le sieur Charles Philibert Antoine de Montlesun, âgé de 43 ans environ, fils à feu messire François de Montlesun Mauleon, habitant de la presente ville, logé chez le sieur Serre à la rue de la Pome » (audition d'office du 9 janvier 1760, AM Toulouse FF 804/1).

6. « Le sieur Martin de La Romiliere, citoyen habitant de Narbonne, agé de quarante ans ou environ, logé à la place St George chez la Dlle Fabré » (interrogatoire du 18 janvier 1760, AM Toulouse 804/1). Il signe de La Romiguiere.

7. Antoine Chauliac, procureur au parlement, capitoul en 1759 (Tableau des capitouls, p. 173).

8. Jérôme Taverne, avocat, capitoul en 1760 (Tableau des capitouls, p. 173).

9. Antoine Cesse de Bussy, écuyer, capitoul en 1760 (Tableau des capitouls, p. 173).

10. Pierre Gausy, écuyer capitoul en 1760 (Tableau des capitouls, p. 173).

11. Antoine-Claude Pouliez, procureur au parlement, capitoul en 1760 (Tableau des capitouls, p. 173).

12. Louis Daurier, avocat, chef du consistoire, capitoul en 1760 (Tableau des capitouls, p. 173).

13. Antoine Chauliac : voir n. 7.

14. Jean-Baptiste Chollet de Lascabanes, écuyer (Tableau des capitouls, p. 173 ; voir A. Feugère, « Un scandale toulousain au XVIII^c siècle », p. 328).

15. François Niocel, seigneur de Tegra, capitoul en 1759 (Tableau des capitouls, p. 173).

2. Audition d'office de La Beaumelle

[en haut et à gauche :] aud^{on} d'office

Du neuvieme janvier mil sept cent soixante

Le sieur Laurent Anglevielle de La Beaumelle agé de trente un ans ou environ, fils de feu Mc Jean Anglevielle ad^t natif de Valaraugue diocèse d'Alés à present habitant à Toulouse, logé chés Chambon perruquier à la place Perchepinte, ouy d'office moyenant serement par lui preté sa main mise sur les saints evangilles, a promis et juré de dire la verité.

Interrogé s'il n'est dans l'uzage d'aller journellement chés la dame de Fontenilles, sy on n'y joue le jeû de hazard et s'il n'y a pas joué plusieurs fois et nottament la nuit derniere,

A repondu qu'il va journellement chés ladite dame de Fontenilles, qu'il n'y a point vu jouer le jeu de hazard, qu'il n'y a point joué, mais que la nuit derniere laditte dame de Fontenilles l'ayant prié à un grand soupér après avoir refusé pendent deux heures de jouér aucun jeu il se mit à jouér le jeu de hazard comme les autres à douse sols la fiche.

Interrogé quel est le jeu de hazard qu'on jouoit,

A repondu qu'on joua le pharaon dont on ne fit que deux mains, et que le jeu etoit absolumant fixé à douse sols.

Interrogé de nous dire à quelle heure le soupé fut finy, et sy on commença tout de suite la partie au jeu de pharaon,

A repondu que le soupé finit vers les onse heures et demy, qu'on fit ensuite la conversation pendent près de deux heures pendent lesquelles le repondant refuza toujours de jouer.

Interrogé sy on ne joua au jeu du berlan avant soupé, et s'il n'etoit de la partie,

A repondu qu'il se rendit à huit heures chés la dame comtesse de Fontenilles, qu'il n'y trouva ny berlan ny autre partie de jeu.

Interrogé s'il n'est vray qu'il tailloit au pharaon[16],

A repondu qu'il tailloit à son tour, mais une seule fois.

Interrogé s'il ne tailloit lorsque M. David capitoul entra dans le salon, et s'il ne le surprit luy et les autres joueurs les cartes à la main,

A repondu qu'il tailloit en ce moment.

Interrogé s'il n'est vray qu'on avoit fait fermér à clé et au verouil la porte d'entrée de la maison de la dame de Fontenilles,

A repondu que dans le temps qu'on lui proposoit de jouer on avoit pris des precautions pour fermér la porte de la rue.

Interrogé sy dans l'instant que M. David capitoul a paru en presence des joueurs, la dame de Fontenilles ne s'est saisie de partie des cartes qui etoint sur la table où l'on jouoit,

A repondu qu'il luy semble l'avoir vu ainsy mais qu'il n'en est pas sûr.

Interrogé s'il ne s'apperçut que la dame de Fontenille cacha les cartes dans son sein et que M. David capitoul luy dit que par respect pour elle il ne la feroit pas fouillér mais qu'elle devoit luy remettre les cartes ce qu'elle refusa de faire,

A repondu n'avoir point remarqué le premier chef de l'interrogat mais avoir bien entendu le second et le refus de ladite dame.

Interrogé s'il n'est vray qu'on marquoit avec des gettons et des fiches et s'il n'etoit present lorsque M. David capitoul fit prendre sur la table les cartes, les jéttons et les fiches avec une bourse et un corbillon,

A repondu que chaque getton ou fiche representoit douze sols, que la bource à jettons n'etoit point du jeu, qu'il a vu M. David enlever les cartes et la table, ne s'etant pas apperçu des jéttons ny des fiches.

Interrogé s'il n'a eté present à d'autres ~~personnes~~ \parties\ de pharaon ou de lansquenet ou dupe qu'on a joué frequamant dans la maison de la dame Fontenilles,

A repondu n'avoir vu que deux ou trois parties de quinze et d'autres parties de jeu de commerce.

Interrogé sy lorsque M. David capitoul est entré vers les deux heures du matin dans le salon où la dame de Fontenilles donne à jouer elle ne s'est saisie d'un flambeau qu'elle a jetté avec la bougie alumée sur la face de M. David, et s'il n'a vû que led. flambeau a porté sur la main de M. David qui l'avoit elevée pour parér le coup, où il a reçu une murtrissure ou contusion, traitant alors M. David de maraut, de cocquin, et autres termes indessans en le menaçant et le tutoyant, ajoutant que dans peu il la luy payeroit,

A repondu que dans ce premier momant de trouble et de vaquarme, il n'a vu autre chose sy non que la dame de Fontenilles se baissa, se saisit d'un flambeau, que M. David etoit fort près d'elle, que la bougie fut etteinte et que la chute du flambeau fut assés forte, que M. David se plaignit d'avoir reçu un coup ~~de flambeau~~ \rayé\ que la dite dame comtesse le traitta de maraud, coquin, luy disant je ne te connois pas en le tutoyant, ajoutant que dans peu il l'en feroit repentir, sur quoy M. David repondit, on se moque de tout le monde quand on fait son devoir.

Luy avons représenté la table que M. David capitoul a faitte porter dans le Consistoire et l'avons interpellé de nous declarér sy ce n'est la meme table où l'on jouoit ce matin chez la dame de Fontenilles,

A repondu qu'il reconnoit laditte table pour etre la meme sur laquelle on jouoit, mais que sa petitesse prouve qu'on ne jouoit pas un pharaon reglé.

Mieux exhorté de dire la verité a dit l'avoir ditte.

Lecteure à luy faitte de son audition il y a persisté, requis de signer s'est signé avec nous et notre greffier.

La Beaumelle
Chauliac capitoul
Savanier greffier

MANUSCRIT

AM Toulouse FF 804/1.

REMARQUES

Les corrections sont approuvées en marge par La Beaumelle.

L'*audition d'office* (synonyme d'interrogatoire) est pratiquée après un délit flagrant et avant la plainte formelle déposée par la partie publique (J. Maurel, *L'Art de juger*, p. 204).

NOTE EXPLICATIVE

16. « *Tailler* se dit aussi, en parlant de certains jeux de cartes comme la bassette ou le pharaon, où un seul, qu'on nomme le banquier, tient les cartes & joue contre plusieurs. » (*Dictionnaire de l'Académie française*, 4ᶜ éd. 1762).

3. *Décret de prise au corps de la comtesse de Fontenille et de La Beaumelle*

[11 janvier 1760]

Nous capitouls gouverneurs de la ville de Toulouse, chefs des nobles juges en causes civiles et criminelles et de la police et voyrie en la ditte ville et gardiage d'icelle, au premier de nos huissiers sergent ou autre sur ce requis, vous mandons à la requette de monsieur le sindic de la ville prendre et saizir au corps à la part où pourrés trouver la dame comtesse de Fontenilles et le S. Angleville de La Baumelle, habitants de cette ville, les amenés et conduisés sous bonne et seure garde dans les prisons de l'hotel de ville où nous voulons qu'ils soient detenus pour y ester à droit et si pris ne peuvent etre après exacte perquisition faitte de leurs personnes dans leurs derniers domicilles ou lieu de leur rezidance actuelle les assignér à la quinzaine et ensuitte à la huitaine par un seul cry public à l'effet de se remettre effectivements prisonnier. Procedér en outre à la saisie et annottation de leurs biens meubles et effets suivant l'ordonnance car veû les charges et informations faittes de notre autoritté à la requette dud. sindic, ensemble ses conclusions et autres pieces y ennoncées le tout devant nous rapporté ainsi lad. dame comtesse de Fontenilles et le Sr Angleville de La Baumelle ont eté decrettés de prise de corps par notre ordonnance deliberée de ce jour d'huy pour fait de jeu de hazard, et incidament pour exés réels commis en la personne du magistrat, deliberé expedié à Toulouse ce onzième janvier mil sept cent soixante

Collationné

Savanier greffier

MANUSCRIT

AM Toulouse FF 804/1.

4. *Verbal de perquisition et annotation des meubles et effets appartenant au s. Labaumelle*

[12 janvier 1760]

L'an mil sept cents soixante et le douzième jour du mois de janvier aprés midy, par nous Matthieu Laborie huissier de Mrs les capitouls de Toulouse y residant rue des Mathezes parroisse Saint Nicolas soussigné, à la requette de monsieur le sindic de la ville de Toulouse qui fait ellection de domicille au greffe de la police de l'hotel de ville dudit Toulouse, en vertu du decret de prise de corps obtenu par ledit requerant d'authorité de messieurs les capitouls en datte du jour d'hier cy a laché contre le Sr Angleville de La Baumelle, certiffions nous etre exprès transporté avec nos temoins et main forte bas nommés à la maison et domicille dudit Sr Angleville siz audit Toulouse place de la Perche Pinte parroisse Saint Etienne, et etant entrés dans la maison appartenant au sieur Chambon maitre perruquier de cette ville et montés au premier appartement de la ditte maison qui donne sur la ditte place où etant aurions trouvé la porte de cet appartement que ledit Sr Angleville occupe fermée à clef et aurions urthé plusieurs fois à laditte porte, le sieur Chambon fils maitre perruquier se seroit présenté tout de suitte donné connoissance de notre commission lequel tout de suitte nous auroit fait l'ouverture de la porte de cet appartement et sommes entrés avec ledit sieur Chambon et notre main forte entrant en vertu de ce decret de prise de corps afin d'arretter et de constituer ledit sieur Angleville de La Bomelle notre prisonnier, ce qui nous a eté impossible de faire pour ne l'avoir peu trouver dans aucun endroit de son dom^lle après exacte perquisition que nous avons faitte dans son appartement et reduits de son dit domicille, c'est pourquoy et en vertu de tout ce dessus luy avons donné assignation au quinzieme jour après ledit exploit à l'effet de se remettre effectivement prisonnier dans les prisons de l'hotel de ville dudit Toulouse, luy declarant que faute de ce faire le procès luy sera fait et parfait par contumace suivant l'ordonnance et de suitte sommes sortis avons requis et appelé deux des plus proches voizins pour venir etre presens à la saizie et annotations qu'il convient faire seur les meubles et effets dudit Sr Angleville, lesquels n'ont voulu venir dire leurs noms surnoms ny signés de ce requis et seur leur reffus sommes rentrés dans le domicille dudit Sr Angleville et avons en vertu de tout ce dessus en presence du Sr Chambon et de notre main forte pris saizi banny et annoté mis sous la main du Roy et de justice tous les meubles et effets suivants appartenant audit sieur Angleville, sçavoir dix sept chemises fines toiles de Rouan garnies, six tours de cols toillé mousseline fine, autres trois chemises fines toillées de Roman presque neuves, autre chemise toillé de Roaan uzée, plus trois tours de cols toillé mousseline, presque neuf onze mouchoirs de nais presque neuf, trois peres bas de soye blancs uzés, deux autres peres bas laine uzés, deux peres calsons toille, un bonnet de nuit toile de maison, autres quatre pere bas de soye de differentes couleurs uzés, deux peres chausons, un peignoir toillé, un bonnet toillé de couton, une vieille robbe de chambre avec sa veste satin couleur vert, un serre tete toillé de maison, deux peres escarpins neuf, une autre pere souliers demy uzés, une pere pistollet de poche neuf, un habit avec sa veste et culotte de messine doublé d'une serge en soye blanche autre habit avec sa veste et calotte de flanelle couleur vert doublé d'une sargette meme couleur, autre habit de flanelle avec sa veste de meme à petit carreaux mor dauré avec ses boutons fil d'argent avec un petit cordonet en argent autour, doublé de toille de conton, un habit veste et deux culottes de taffetas vert uzé doublé de meme, une veste presque neuve de drap glacé en argent avec des fleurs vertes doublée d'une serge, un chapeau de voyage avec son plumet, une petite malle avec serrure et clefs dans laquelle n'y avons rien trouvé, un paquet de livres de brochures pouvant y avoir la quantité de cent trente que nous avons mis dans une robbe de chambre et finalement une caisse bois sapin remplie de livres, laditte caisse avons trouvé le couvert cloué et attaché avec une corde qui entoure laditte caisse dont nous y avons mis seur le nom d'icelle l'empreinte de notre cachet avec de scire rouge ardente et seur une des dittes cordes quy est seur la caisse et quy l'entoure y avons mis un papier contenant ne varieteur à Toulouse ce douze janvier 1760 Laborie signé, et avons au bout d'icelluy mis l'empreinte de notre

363

cachet avec sire rouge ardente, tous lesquels susdits meubles et effet cy dessus saizis et annottés les avons laissés au meme etat qu'ils etoint dont le sieur Chambon fils s'en est chargé et rendeu depozitaire volontaire de justice après avoir le tout reconu avec promesse le tout remettre et representer lhors que par justice il en sera requis à peine d'en repondre audit sieur requerant en son propre et privé nom et pour la remise de tout contraint par corps et luy avons baillé copie tant dudit decret que presente saizie et annotation en parlant à la personne dudit Sr Chambon dans le domicille dudit s^r Dangleville de La Beaumelle, et de suitte avons mis et affiché copie tant dudit decret de prise de corps, perquisition, assignation à la quinzaine que presente saizie et annotation seur la porte du domicille dudit s^r Dangleville affin ne l'ignorre et en avons averty ledit s^r Chambon comme n'ayant point trouvé personne appartenant audit s^r Dangleville de Lamaumelle le tout fait en presence et assistance du s^r Jean Pierre Sempé huissier de Mrs les Capitouls, et des nommés Pierre Boyé, Pierre Franc et Jean Barraigné et Pierre Luc soldats de la compagnie du guet de Toulouse tous y habitans pris pour nos temoins et main forte signé avec nous ceux quy ont < *illisible* > et requis ledit s^r Chambon fils depozitaire volontaire de signer a signé Chambon fils depositaire volontaire

Franc   Boyé   Sempé   Laborie

MANUSCRIT

AM Toulouse FF 804/1.

REMARQUES

« Les biens d'un prévenu sont *saisis* et *annotés* quand, après perquisition et *cry* d'usage, il échappe à la justice alors qu'il a été décrété de prise de corps » (J. Maurel, *L'Art de juger*, p. 201).

La « caisse bois sapin remplie de livres » fait l'objet d'une quittance signée Laporte le jeune, commissionaire à la rue de La Paume, datée de Toulouse le 5 janvier 1760 : « J'ay reçu de monsieur de Labaumelle la somme de quarante cinq livres treze sols pour le montant de la voiture de remb^t. et chambre sindicalle de cette ville » (ALB 3751).

---

5. *Brief intendit que baille devant vous messieurs les capitouls le procureur du roi de la ville et de la senechaussée*

[14 janvier 1760]

Interroger les temoins

Si la dame de Fontenilles donnoit à jouer les jeux de hazard, quels jeux et depuis quel temps, et si c'etoit journellement.

Si elle s'etoit vantée que dans le cas que M. David capitoul se transportât chez elle, elle le maltraiteroit en injures ou à coups de pelles, ou avec une pelle qu'elle faisoit rougir au feu.

Si M. David s'etant transporté chés laditte dame la nuit du huit au neuf du courant il y surprit la dem^{lle} Sevennes avec plusieurs personnes autour d'une table jouant le pharaon, et ayant plusieurs cartes cornées, quelles etoint les personnes qui jouoint le jeu avec des jettons et des fiches.

Si la dame de Fontenille insulta M. David lorsqu'il entra dans le salon, le traitant de coquin, de maraud, qu'il la luy payeroit, que dans peu il ne seroit rien, si elle le traita aussi de voleur, si s'étant levée de dessus un sopha elle lui jetta un flambeau allumé au visage qu'il para avec sa main droite où il reçut une meurtrissure.

Si elle prit un second flambeau qu'elle vouloit jetter aussi au visage de M. David mais \elle\ en fut empechée.

Si ladite dame ayant pris une partie des cartes de dessus la table du jeu, et les ayant mises dans son sein, M. David les lui demanda, et au lieu d'obeir, elle repeta les memes insultes que dessus contre lui.

Si le Sr Angliviel de Labaumelle a eu dit que si M. David s'avisoit d'entrer dans la maison de lad. dame pour le troubler dans le jeu il vouloit luy jetter les flambeaux et la table sur le visage, et le faire voler par la fenetre.

Si la dame de Fontenille a tenu par ecrit ou verbalement des propos injurieux envers M. David aprés le transport du neuf du courant, si les autres personnes quy se rendoint \chés elle\ ont aussi tenu des propos semblables contre M. David avant ou aprés ledit transport. Ce quatorze janvier 1760

Lagane proc^r du roi

MANUSCRIT

AM Toulouse FF 804/1.

REMARQUE

« Guide d'interrogatoire, fourni par le plaignant (public ou privé) au magistrat qui fait les informations, pour questionner les témoins et l'inculpé » (J. Maurel, *L'Art de juger*, p. 209).

6. *Interrogatoire de Jean Michel Dorliac*

[15 janvier 1760]

6. Le sieur Jean Michel Dorliac agé de vingt huit ans ou environs employé dans les droits de quart habitant de cette ville logé rue des Augustins temoin assigné à la requette et par le meme exploit que dessus comme il nous a fait apparoir de sa coppie ouy moyennant serment par lui pretté sa main mise sur les Saints Evangilles a promis de juré dire verité.

Interrogé s'il est parent allié à quel degré serviteur ou domestique d'aucune des parties le denie,

Et sur le contenu aud. verbal arret du parlement et brief intendit à lui leu mot à mot et donné à entendre,

Depose que mardy dernier huitieme du courant la dame de Fontenille l'envoya chercher vers les sept heures du soir et s'etant rendû chés elle lad. dame le pria à souper et lui dit de lui aller chercher un sizain de cartes entieres ce qu'il fit, et vers les neuf heures on se mit à table et on n'en sortit qu'à onze heures, que M. Roissé, Labomelle, le chevallier Lamothe, M. de La Caze, le Sr de Saissans Martin pintre les dames d'Aussonne, de Fraisse, la dame de Fontenille la dem^{lle} Sevennes et autres inconnus au deposant etoient de ce souper, que pendant le souper le baron de Montlezun le Sr Laborde et un autre y arriverent et le deposant se retira vers minuit ne sachant point si l'on jouoit pour lors parce qu'il n'entra point dans le sallon où l'on avoit soupé ayant soupé dans une autre chambre en particulier avec la nommée Marriane et le Sr Dugaillion ancien sergent avec lesquels il se retira la fille de chambre de la dame de Fontenille ayant eté leur ouvrir la porte qu'elle ferma en suitte.

Depoze de plus que dans le cours du mois de decembre dernier il a veû quatre à cinq fois qu'on a joué au pharaon dans la maison de lad. dame de Fontenille et dans le meme sallon où l'on soupa mardy soir tantôt pendant le jour et tantôt pandent la nuit; qu'un jour la partie commança avant le souper dura toute la nuit et ne finit que le lendemain vers midy, que toutes les fois qu'il a veû jouer dans lad. maison le Sr Labomelle a toujours taillé seul au pharaon, les sieurs de Roissé M. de Lacaze le chevalier Lamothe le Sr Vignes le Sr de Saissans, l'abbé Dulor[17] et plusieurs autres à lui inconnûs ne faisant que ponter de même que la dame marquise d'Aussonne et la dem^{lle} Sevenne, mais que toutes les fois qu'il a eté present à lad. partie il a toujours veu que led. Labomelle a gagné tantôt trente louis tantôt vingt ce que disoit led. Labomelle, ceux qui pontoit soutenant au contraire qu'il avoit gagné beaucoup plus, qu'il a veû dans cette partie l'abbé Dulor perdre beaucoup d'argent lequel juroit beaucoup et arrachoit ses cheveux et voulût même un soir en venir aux mains avec led. Labomelle qui lui avoit gagné tout son argent, ce qu'il auroit fait si on ne l'en avoit empeché, et l'un et à l'autre dirent mille abominations.

Depoze encore qu'il entendit une fois pendant qu'on jouoit que la dame de Fontenille et led. Labomelle dirent que si monsieur David s'avisoit d'entrer dans la maison pour les troubler ils vouloient lui jetter les flambeaux et la table sur le visage et le faire voler par la fenetre et plus n'a dit savoir.

Lecture à lui faitte de sa deposition il y a persisté requis de signer et s'il veut taxe a signé et a dit ne vouloir taxe.

Dorlhac   Dupuy assesseur

MANUSCRIT

AM Toulouse FF 804/1.

NOTE EXPLICATIVE

17. Abbé Du Laur (A. Feugère, « Un scandale toulousain au XVIIIe siècle », p. 306).

7. *Premières réquisitions de Charles Lagane*

[15 janvier 1760]

Le procureur du roi

Vu le verbal dressé par M. David capitoul, les interrogatoires du chevalier de Lamothe, Monlezun, Angliviel de Labaumelle, et de la dem^lle Sevenne, la relation de convive des 9 et 10e du courant, son requisitoire du 12, l'arret de la cour du jour d'hier portant qu'il sera enquis sur les faits contenus audit requisitoire, le brief intendit, les exploits à temoins, et la presente information,

Requiert que la dame de Fontenille soit decretée de prise de corps et que les S^rs baron de Monlezun, chevalier de Lamothe, Roissé, La Roumilliere, Martin vernisseur, Angliviel de La Baumelle et la dem^lle Sevennes, et la dame Fraisse doivent ettre decretés d'ajournement personnel ce quinze janvier 1760.

Lagane pro^r du roi

MANUSCRIT

AM Toulouse FF 804/1.

8. *Interrogatoire de Julie Latière*

[15 janvier 1760]

Julie Latiere agée de dix huit ans ou environ fille du Sr Latiere lieutenant colonel d'artillerie native du Port Ste Marie logée à la Providence temoin assignée à la requette et par le meme exploit que dessus comme elle nous a fait apparoir de sa coppie ouÿe moyenant serment par elle pretté sa main mise sur les Saints Evangilles a promis et juré dire verité.

Interrogée si elle est parente alliée à quel degré servante ou domestique d'aucune des parties, le denie,

Et sur le contenu dud. verbal arret du parlement et brief intendit à elle lus mot à mot et donné à entendre,

Depoze qu'elle a resté au service de la dame de Fontenille en qualité de femme de chambre pendent deux mois d'où elle sortit il y a environ quinze jours, que pendant le tems qu'elle a resté au service de lad. dame elle a veû qu'on a joué presque tous les jours au lansquenet et à la dupe et que les acteurs etoient le S. Roissé, le S. Saissans officier, l'abbé Dulor, le chevalier de Najac[18] et le baron son frere, le Sr de Charlary, le baron de Montlezun, Martin vernisseur, l'abbé de Panat[19], le chevalier de La Roque, le Sr Vignes, Mme la marquise d'Aussonne[20], la dame de Clermont, la dem^lle Sevenne et le Sr Labomelle quy tenoit toujours les cartes donnant la dupe ou le lansquenet et qui gagnoit toujours considerablement, ce qui faisoit depiter les autres joueurs, qu'un soir pendant qu'on jouoit elle entendit que la dame de Fontenille dit que

367

si monsieur David capitoul alloit le troubler elle vouloit lui jetter le flambeau sur le visage et le faire voler par la fenetre, à quoy Labomelle repondit qu'il ne seroit pas assés maraud pour y aller dans une maison comme la sienne. Elle entendit encore que tous les joueurs se plaignoient de ce que led. Labomelle leur gagnoit toujours leur argent; dit encore qu'une autre fois ayant accompagné jusqu'à la porte la dem^lle Sevenne qui se retiroit vers minuit quand elle fut dans la rue elle entendit qu'elle dit au sieur Dorlhiac qui la menoit chés elle, voila monsieur David avec le guet, mais il est venû trop tard s'il etoit venû plus tôt Labomelle n'auroit pas gagné cinquante louis d'or et plus n'a dit savoir.

Lecture a elle faitte de sa deposition elle y a persisté requise de signer et si elle veut taxe a dit ne savoir signer et ne vouloir taxe.

Dupuy assesseur
Michel Dieulafoy greffier

MANUSCRIT

AM Toulouse FF 804/1.

NOTES EXPLICATIVES

18. Probablement Jean-Pierre de Najac.

19. François-René d'Adhémar de Panat, abbé de Conques, dit l'abbé de Panat (1719-1797).
20. Marquise d'Aussonne : voir LB 3607 n. 10.

9. *Secondes réquisitions de Charles Lagane*

[15 janvier 1760]

Le procureur du roi qui a vu la deposition cy dessus de Julie Latiere retractant ses precedentes conclusions en ce qui concerne Angliviel de Labaumelle requiert qu'il soit decreté de prise de corps, et persiste au surplus des dites requisitions. Ce 15 janvier 1760.

Lagane

MANUSCRIT

AM Toulouse FF 804/1.

10. *Décret de prise au corps de La Beaumelle*

[15 janvier 1760]

Nous capitouls, vu les conclusions du procureur du Roy cy dessus ecrittes, avec les pieces ennoncées, le tout devant nous rapporté, demeurant les protestations par nous cy devant faittes, ordonnons que la dame de Fontenille et le sieur Anglivielle de la Beaumelle seront pris au corps, et que la d^lle Sevenes[21], le sieur chevalier de La Mothe, le sieur Roissé, le sieur Montlesun, la dame

Fraisse, le sieur Laroumilliere et le sieur Martin seront tenus personnellement à comparoitre devant nous dans le delay de trois jours, pour etre ouys et interrogés sur le contenu aux charges et informations, faittes de notre authorité à la requette du procureur du Roy, delibéré au consistoire le quinzieme janvier mil sept cent soixante

Chauliac capitoul   Niocel de Tegra capitoul

Lascaban capitoul

Daurier, cap. chef de consistoire

Pouliez capitoul   Cesse Debussy capitoul

Gausy capitoul   Taverne capitoul

Dupuy assesseur rapporteur

MANUSCRIT

AM Toulouse FF 804/1.

NOTE EXPLICATIVE

21. Voir son interrogatoire en LBD 300-13.

11. *Expédié du décret au corps contre la dame de Fontenille et le S. Labaumelle*

[15 janvier 1760]

Nous capitouls gouverneurs de la ville de Toulouse, chefs des nobles juges en causes civiles et criminelles et de la police et voyerie en la ditte ville et gardiage d'icelle, au premier de nos huissiers sergent ou autre sur ce requis vous mandons prendre et saisir au corps à la part où pourrés trouver la dame comtesse de Fontenille et le S. Angleville de La Baumelle, habitants de cette ville les amenés et conduisés sous bonne et seure garde dans les prisons du present hotel de ville où nous voulons qu'ils soint detenus pour y ester à droit et si pris ne peuvent etre après exacte perquisition faitte de leurs personnes les assigner à la quinzaine et ensuitte à la huitaine par un seul cry public à l'effet de se remettre effectivements prisonnier. Procedés en outre à la saisie et annottation de leurs biens meubles et effets suivant l'ordonnance car veû les charges et informations de notre autoritté à la requette dudit sindic, ensemble ses conclusions et autres pieces y ennoncées le tout devant nous rapporté ainsi la dite dame comtesse de Fontenille et ledit Labomelle ont eté decrettés de prise de corps par notre ordonnance deliberée de ce jour d'huy pour fait de jeu de hazard, et incidament pour exés réels commis en la personne du magistrat, donné expedié à Toulouse ce quinze janvier mil sept cent soixante à la requete du procureur du roy en la ville et senechaussée

Michel Dieulafoy greffier

MANUSCRIT

AM Toulouse FF 804/1.

12. *Verbal de perquisition et annotation des meubles et effets appartenant au s. Labaumelle*

[16 janvier 1760]

L'an mil sept cent soixante et le seizieme jour du mois de janvier aprés midy, par nous Mathieu Laborie huissier de Mrs les capitouls de Toulouse y residant rue des Mathezes parroisse Saint Nicolas soussigné, à la requette de monsieur le procureur du Roy de cette ville et senechaussée de Toulouse qui fait ellection de domicille en son hotel siz rue de Canard parroisse Saint Etienne, en vertu du decret de prise de corps cy attaché obtenu par ledit Sr requerant d'authorité de messieurs les capitouls en datte du jour d'hier contre le Sr de La Bomelle habitant de cette ville, certiffions nous etre exprés transporté avec nos temoins et main forte bas nommés à la maison et domicille dudit Sr La Bomelle scize audit Toulouse place de la Perche Pinte parroisse Saint Etienne, et etant entrés dans la maison appartenant au sieur Chambon \fils\ maitre perruquier de cette ville et montés au premier appartement quy donne sur la ditte place où etant aurions trouvé la porte dudit appartement que ledit Sr La Bomelle occupe fermée à clef et aurions hurté plusieurs fois à laditte porte, le sieur Chambon fils maitre perruquier se seroit présenté tout de suitte luy aurions donné connoissance de notre commission lequel tout de suitte nous auroit fait l'ouverture de la porte de cet appartement et sommes entrés avec ledit sieur Chambon et notre main forte où entrant en vertu dudit decret de prise de corps à l'effet d'arretter et de constituer ledit sieur La Bomelle notre prisonnier, ce quy nous a esté impossible de faire pour ne l'avoir peu trouver dans aucun endroit de son dit dom^{lle} après exacte perquisition que nous avons faitte dans son appartement et reduits de son dit domicille, c'est pourquoy et en vertu de tout ce dessus luy avons requis et appellé deux de ses plus proches voizins pour estre presens à la saizie et annotation qu'il nous convient de faire seur les meubles et effets dudit sieur La Bomelle, lesquels n'ont voulu venir dire leurs noms surnoms ny signés de ce requis et seur leur reffus sommes rentrés dans le domicille dudit Sr La Bomelle et avons en vertu de tout ce dessus et en presence du Sr Chambon et de notre main forte pris saizi et annoté mis sous la main du Roy et de justice tous les meubles et effets suivants appartenant audit Sr La Bomelle, sçavoir dix sept chemises fines toiles de Rouan garnies presque neuves, neuf tours de cols toillé messine fine, autre chemise fines toille de Rouan uzée, onze mouchoirs de nais presque neuf, sept peres bas de soye de differentes couleurs uzés, deux peres bas laine uzés, deux peres calsons toille, un bonnet de nuit toille, deux autres peres calsons, un peignoir toille, un bonnet toille de couton, une vieille robbe de chambre avec sa veste satin couleur vert, un serre tette toille, deux peres escarpins neuf, une autre pere souliers demy uzés, une pere de pistollet de poche neuf, un habit avec sa veste et culotte velours de messine doublé d'une sargette meme couleur, autre habit de flanelle couleur vert doublé d'une sargette meme couleur, autre habit de flanelle à petit carreaux mordauré avec ses boutons fil d'argent avec un petit cordonet en argent autour doublé de toille de couton, un habit veste et \deux\ culottes de taffetas vert uzé doublé de meme, une veste presque neuve de drap glassé en argent avec des fleurs vertes doublé d'une serge, un chapeau de voyage avec son plumet, une petite malle avec serrure et clefs dans laquelle n'avons rien trouvé, un paquet de livres de brochures pouvant y avoir la quantité de cent trente que nous avons mis dans une robbe de chambre et finallement une caisse bois sapin remplie de livres, laditte caisse avons trouvé le couvert cloué et ataché avec une corde quy entoure laditte caisse dont nous y avons mis seur le nom d'icelle l'empreinte de notre cachet avec de scire rouge ardente et seur une des dittes cordes quy est seur la caisse et quy l'entoure y avons mis un papier contenant ne varietur à Toulouse ce 16 janvier 1760 Laborie signé, et avons au bout d'icelluy mis l'emprinte de notre cachet avec scire rouge ardente, tous lesquels susdits meubles et effet cy dessus saizis et annottés les avons laissés au meme etat qu'ils etoint dont le sieur Chambon fils s'en est chargé et rendeu depozitaire volontaire de justice après avoir le tout reconu avec promesse le tout remettre et representer lhors que par justice il en sera requis à peine d'en repondre audit sieur requerant en son propre et privé nom et pour la remise de tout contraint par corps et luy avons baillé copie tant dudit decret que presente saizie et annotation en parlant à la personne dudit Sr Chambon fils dans le domicille et apppartement dudit s[r] La Bomelle, et de suitte avons mis et affiché copie tant dudit decret de prise de corps, perquisition, assignation à la quinzaine que presente saizie et annotation seur la porte du domicille dudit s[r] La Bomelle affin ne l'ignorre et en avons averty ledit sr Chambon comme n'ayant point trouvé personne appartenant audit s[r] de La Bomelle le tout fait en presence et assistance du s[r] Jean Pierre Sempé huissier de Mrs les Capitouls, et des nommés Jean Expitalié, Bernard Lacombe, François Grenouillad et Raimon Daumon, soldats de la compagnie du guet de Toulouse tous y habitans pris pour nos temoins et main forte signés avec nous tant aux copies que present requis ledit Sr Chambon fils depozitaire de signé a signé Chambon fils depositaire

Daumon	Lacombe	Granolliat
		Espitalié
	Sempé	Laborie

MANUSCRIT

AM Toulouse FF 804/1.

13. *Interrogatoire de la dem^{lle} Guillemette Sevenes*

vingt deuxieme janvier
mil sept cent soixante

D^{lle} Guillemette Sevenes agée de vingt huit ans ou environ fille du sieur Sevenne bourgeois de cette ville logée rue Ste Ursule decretée d'ajournement personnel à la requette du procureur du Roy ouye moyennant serment par elle pretté sa main mise sur les Saints Evangilles a promis et juré dire verité.

Interrogée si pandant le cours du mois de decembre dernier elle ne s'est plusieurs fois rendëe dans la maison de la dame de Fontenille et sy elle n'y a vû jouer tantot le lansquenet tantot le pharaon et tantot la duppe,

Repond et accorde l'interrogatoire.

Interrogée si un soir la partie ne commença avant le souper et ne finit que le lendemain vers midy,

Repond qu'un soir la partie dura toute la nuit et finit vers les sept heures du matin.

L'avons interpellée de nous declarer qui fournissoit les cartes et si l'on jouoit gros jeû,

Repond que Dorlhac alloit chercher les cartes ou la femme de chambre lesquelles cartes la dame de Fontenille fournissoit et qu'on jouoit petit jeû.

L'avons interpellée encore de nous declarer s'il n'est vray que le Sr Labaumelle etoit le seul qui tailloit auxd. jeux de la duppe, lansquenet et le pharaon et qu'il gagnoit toujours ce qui faisoit depiter les joueurs qui soubconnoient meme led. Labaumelle de leur voller leur argent

Repond et dit que le Sr Labaumelle n'a jamais taillé qu'au pharaon qu'elle l'a veû tantot gagner et tantot perdre mais que l'on ne l'a jamais soubconné de friponerie au jeu.

L'avons encore interpellée de nous declarer quels etoint ceux qui tailloient à la duppe et au lansquenet,

Repond qu'elle ne le rappelle pas et qu'elle n'y a veû jouer la duppe ou le lansquenet qu'un ou deux fois.

Interrogée sy un jour l'abé Dulaur qui avoit perdu son argent au jeu du pharaon soubçonnant Labaumelle de l'avoir trompé aud. jeu ne prit querelle avec lui avec lequel il en seroit venû aux mains si on ne l'en avoit empeché et si l'un et l'autre ne tinrent pour lors des propos tres indecents et vomirent mille abominations,

Repond qu'elle n'y etoit pas led. jour.

Interrogée s'il n'est vray qu'elle a plusieurs fois joué à cette partie et qu'elle a plusieurs fois entendû dire à la dame de Fontenille et aud. Labaumelle que monsieur David capitoul etoit un coquin, un maraud, que s'il s'avizoit d'entrer dans la maison pour le troubler ils vouloient lui jetter sur le visage les flambeaux et la table et le faire ensuitte voler par la fenettre,

Repond n'avoir rien entendû du contenu aud. interrogatoire et qu'elle y a joué.

Interrogée si elle n'a ouy dire encore à lad. dame de Fontenille que si led. monsieur David entroit chés elle, elle vouloit lui appliquer sur le visage une pelle qu'elle fairoit rougir dans le feû,

Repond et dit qu'elle a veû faire rougir une pelle au feu mais que c'etoit pour faire secher du sel, et qu'elle a entendû dire à lad. dame par maniere de badinage qu'elle fairoit rougir lad. pelle pour recevoir led. monsieur David.

Interrogée si un soir se retirant chés elle vers minuit accompagnée du sieur Dorlhiac elle n'apperçût dans la rue monsieur David avec sa main forte, et si elle qui repond ne dit aud. Dorlhiac voila monsieur David qui vient, s'il etoit arrivé plutôt Labaumelle n'auroit pas gagné cinquante louis d'or,

Repond et dit qu'il est vray qu'un soir en se retirant elle apperçût tout le guet, mais que led. soir on n'avoit pas joué ayant laissé tout le monde à table, etant faux qu'elle ait dit que Labeaumelle avoit gagné cinquante louis.

Interrogée s'il n'est vray qu'on auroit joué led. soir si la dame de Fontenille ou quelqu'un des joueurs n'avoit été prévenû que monsieur David capitoul devoitt faire une dessente chés elle led. soir,

Repond qu'elle ne sçait pas si l'on auroit joué, mais qu'elle ouit dire que monsieur David devoit y aller.

Interrogée si toutes les fois que l'on jouoit, la dame de Fontenille n'avoit l'attention de faire fermer la porte de la rue à verrouil, et si lorsque monsieur David les surprit en flagrant delit Labaumelle ne tint ces propos à la dame de Fontenille, hé bien madame voila monsieur David malgré vos serrures et vos verrouils,

Repond qu'elle ne l'entendit point que Labeaumelle tint ce propos, qu'elle ne sçait pas non plus si l'on fermoit la porte à verrouil, mais qu'elle sçait que Dorlhiac dit à la dame de Fontenille qu'il iroit fermer la porte à clef qu'il garderoit la clef et que la dame de Fontenille lui repondit que cela n'etoit pas necessaire.

Interrogée s'il n'est vray que led. monsieur David les surprit les cartes à la main jouant au pharaon, que la dame de Fontenille se leva prit plusieurs cartes sur la table qu'elle cacha dans son sein et s'il n'est vray encore qu'elle lui jetta un flambeau avec une bougie alumée sur le visage, en le traitant de coquin et de maraud, duquel coup il se garantit avec sa main qu'il eût dans l'instant murtrie,

Repond qu'il est vray que l'on jouoit au pharaon lorsque monsieur David entra mais que c'etoit avec de vieilles cartes et avec des fiches et des jettons n'y ayant point de banque, que lors que M. David fut entré il dit Messieurs je vous y surprends qu'on fouille tout le monde et qu'on commence par la dame de Fontenille, et que pour lors elle vit voler un chandellier ne sachant si le coup porta sur monsieur David qui s'etoit approché de lad. dame pour la fouiller, n'ayant pas entendu que lad. dame traitta led. monsieur David de coquin et de maraud.

Interrogée s'il n'est vray que le Sʳ de Roissé pontoit au pharaon led. soir avec des jettons qui valoit douze sols et si elle ne l'a veû jouer aud. jeû plusieurs autres fois,

Repond qu'elle a veû led. sieur Roissé jouer aud. jeû dans lad. maison, mais que le soir que M. David les surprit en flagrant delit il ne joua pas, ajoutant qu'on n'auroit pas joué led. soir si Dorlhac n'avoit renvoyé les porteurs des messieurs que M. David surprit dans lad. maison, ajoutant que le chevalier Lamothe n'y a jamais joué à aucune espece de jeû de hazard et que Martin ne joua pas le soir que M. David les surprit.

Interrogée si après que la dame de Fontenille eut jetté le flambeau aud. monsieur David elle qui repond ne vit que lad. dame prit un autre flambeau pour le jetter sur led. monsieur David qu'on lui fit laisser,

Repond qu'elle ne le vit point.

Interrogée si elle n'entendit que led. monsieur David representa à lad. dame qu'elle avoit tort de maltraitter un magistrat en ses fonctions et qui ne faisoit que son devoir, et si elle n'entendit encore que led. monsieur David somma fort poliment lad. dame de lu remettre les cartes qu'elle avoit cachées dans son sein ce qu'elle refusa de faire en lui disant coquin maraud tu ne seras pas aussy fier dans peu de temps et tu me la payeras,

Repond qu'il lui semble avoir entendu tenir ces propos aud. monsieur David et à lad. dame, mais qu'elle ne peut pas l'affirmer.

Mieux exhortée à dire la verité a dit l'avoir ditte. Lecture à elle faitte de son present interrogatoire elle y a persisté requise de signer a signé

Dupuy assesseur
Sevene
Michel Dieulafoy greffier

MANUSCRIT
AM Toulouse FF 804/1.

14. *Cri public contre La Beaumelle*

[1ᵉʳ février 1760]

L'an mil sept cens soixante et le premier jour du mois de fevrier avant midy nous Mathieu Laborie huissier de messieurs les capitouls de Toulouse y residant rue des Maltheses parroisse Sᵗ Nicolas soussigné à la reqᵗᵗᵉ de monsieur le procureur du Roy de la ville qui fait election de domicille dans son hotel sis rue du Canard parroisse Sᵗ Estienne en vertu du decret de prise de corps obtenu par ledit sieur requerant d'authorité de messieurs les capitouls de Toulouse en date du quinze janvier dernier contre le Sʳ Delabaumelle et assignation à luy donnée le saixe janvier dernier [e]n conséquance à la quinzaine à le fait de se remetre effectivement prisonnier dans les prisons de l'hotel de ville dudit Toulouse et à faute par ledit Sr Delabaumelle d'avoir satisfait certiffions nous etre exprès transporté en compagnie de David Canazille trompette de la ville au devant la porte du domicile dud. Sr Labaumelle sis place de la Pergepinte parroisse St Estienne à la place des Carbes et audevant, la porte de l'auditoire dudit hotel de ville auxquels susdits endroits par un seul cri public de trompette donné par ledit Canazille avons en vertu de l'arret cidessus à hautte et intelligible voix donné assignation audit Sr Delabeaumelle au huitieme jour après cet exploit au fait de se remetre effectivement prisonnier dans les dittes prisons de l'hotel de ville dudit Toulouse avec declaration que faute de ce faire le procès lui sera fait et parfait par contumace suivant l'ordonnance. Et afin que personne n'en ignore et qui en soit plus notoire avons afiché coppie du presant seur la porte du grand consistoire de l'hotel de ville dudit Toulouse presant led. David Canazille trompette qui a signé avec nous tant à la coppie que presant

David Canazille   Laborie

MANUSCRIT

   AM Toulouse FF 804/1.

REMARQUE

   Le *cri public* est la « proclamation solennelle de la recherche d'un fuyard » (J. Maurel, *L'Art de juger*, p. 216).

15. *Dictum de sentence sur la forme de proceder pour Mr le procureur du Roy contre la dame Fontenille et le Sr Labaumelle et autres*

[en haut et à gauche :] Jugé le 11 feuvrier 1760

Entre le Procureur du Roy en la ville et senechaussée plaignant et demendeur à suitte du verbal dressé par M. David capitoul le 9 janvier dernier pour fait de jeu de hazard et incidament pour cas d'excès réels commis en sa personne d'une part, et dame comtesse de Fontenille et le Sr Angleville de Labaumelle accusés decrettés de prise de corps deffaillant, contre les sieurs Roissé, Montlezun, le chevalier Lamothe, Martin vernisseur, Delaromiliere, dame Gilede de Fraisse[22] et d^{lle} Sevennes aussy accusés decrettés d'ajournement personnel ouys et deffendeurs d'autre,

Nous Capitouls veu le procès verbal dressé par M. David de Beaudrigue capitoul le 9 janvier dernier, la relation faite par Me Camoire chirurgien juré ledit jour, les auditions d'office de d^{lle} Guillemette Sevenne, baron de Montlezun, La Beaumelle, le Sr Maurice Lamothe, en datte dudit jour, la coppie de l'arret de la cour du parlement qui enjoint à MM. les capitouls de communiquer au procureur du Roy sur l'heure du commendement led. verbal et autres actes du 12 dud. Le requisitoire fait par led. procureur du Roy à suitte duquel est une ordonnance par nous rendue en datte du 12 dud. autre arret rendu par le parlement en datte du 14 dud. qui ordonne l'enquis à la req^{te} dud. procureur du Roy sur le verbal dressé par led. monsieur David. Le brief intendit par lui donné de l'exploit à temoins et le cayer d'information fait en consequence le tout en datte du 15 dud. à suitte duquel sont les conclusions dud. procureur du Roy avec notre ordonnance de decret en datte dud. jour, L'expedié du decret au corps contre la dame de Fontenille et le S. Labaumelle dud. jour, celuy du decret d'ajournement personnel contre les sieurs Roissé, Martin, le baron de Montlezun, Lamothe, Laroumilliere, dame de Fraisse, et Sevenne en datte des 16 18 19 et 22 janvier dernier, les verbeaux de cry public contre la dame Fontenille et le S. de Labaumelle en date du 1er feuvrier courant, ensemble les conclusions requisitions dud. procureur du Roy du 11e du courant et tout ce que fairoit avoir,

Par notre presente sentence eüe sur ce deliberation du conseil avant dire droit et deffinitivement aux parties ordonnons qu'à la diligence du procureur du Roy il sera extraordinairement procédé tant contre lad. dame de Fontenille et le S. de Labaumelle que contre les sieurs Roissé, Martin, Lamothe, le baron de Montlezun, Laroumiliere, dame de Fraisse et d^{lle} Sevennes accusés, auquel effet que les temoins ouis en l'information et autres qui pourront l'ettre de nouveau seront recollés en leurs depositions pour leur recolement valoir confrontation contre lad. dame de Fontenille et Labaumelle deffaillants suivant l'ordonnance comme aussy que lesd. temoins seront confrontés aux autres accusés si besoin est, auquel effet ordonnons que les d. sieur Roissé, Martin, le chevalier Lamothe, le baron de Montlezun, Laromilliere, dame de Fraisse et d^{lle} Sevennes seront tenus se trouver dans notre hotel de ville à nos entrées et issues pour subir led. confrontement lors du jugement deffinitif du procès depens reservé

Daurier cap. chef du consistoire   Pouliez capitoul

Gausy capitoul   Belmon du Malcor[23] capitoul

MANUSCRIT

AM Toulouse FF 804/1.

REMARQUE

« *Dictum* : terme utilisé pour désigner l'écrit explicitant une sentence » (J. Maurel, *L'Art de juger*, p. 219). « *Recollement* : acte par lequel on fait réitérer une déposition. Un témoin ne peut plus, ensuite, changer d'avis, au risque d'être poursuivi pour faux témoignage. Ces recolements, précédant la confrontation de l'accusé et des témoins, sont caractéristiques de la forme de procéder *à l'extraordinaire* » (*ibid.*, p. 243).

NOTES EXPLICATIVES

22. Voir n. 1.

23. Jacques de Belmon, seigneur de Malcor, écuyer, capitoul en 1760 (*Tableau des capitouls*, p. 173).

16. *Conclusions en définitive du procureur du Roy*

[15 mars 1760]

[...] Requiert que jugeant deffinitivement, et declarant la contumace bien instruite, vu ce qui resulte des charges et interrogatoires rejettant les qualiffications il doit ettre ordonné que la dame de Fontenilles s'abstiendra de la ville et banlieue durant l'espace de deux ans, et le Sr Angliviel de Labaumelle pendant trois mois avec deffenses d'y rentrer, ou de reciduver à l'avenir sous des peines plus grieves ; au surplus requiert que pour les contraventions aux ordonnances de police et arrets de reglement sur le fait du jeu de hazard tant la dame de Fontenilles que ledit Labaumelle et les autres accusés doivent ettre condamnés savoir laditte dame de Fontenilles en trois cens livres d'amende, ledit Labaumelle en deux cens livres, \et la dame de Fraisse en vingt et cinq livres\ la dem^{lle} Sevenne, les Srs Montlezun, de Lamothe, Roissé, La Roumilliere et Martin en cent livres aussi d'amende chacun, lesquelles amendes ils seront contraints du payer par toutes les voyes de droit, meme par corps pour icelles ettre appliquées au profit de la ville. Ce quinze mars mille sept cent soixante

Lagane procureur du roi

MANUSCRIT

AM Toulouse FF 804/1.

17. *Interrogatoire à la barre de Joachim de Martin*[24] *ecuyer*

[18-22 mars 1760]

Le sieur Jacques d'Heliorum Joachim de Martin, ecuyer, habitant de cette ville, agé de trente sept ans ou environ, logé au faubourg St Michel, decretté d'ajournement personnel à la requette du procureur du roy, ouy à la barre moyenant serment par lui pretté sa main levée à la passion figurée de notre seigneur Jesus Christ, a promis et juré dire verité. [...]

Interrogé si d'abord après ledit soupé on ne proposa de jouer au pharaon, si on ne presenta des cartes, qui fit la proposition de jouer, si on la fit à lui qui repond et si lesdittes cartes etoint vieilles ou neuves,

Repond qu'on ne lui proposa point de jouer, que ce fut le sieur Labaumelle qui fit la proposition au S. baron de Montlezun, à la d^{lle} Sevenne et à quelque autre que lui qui repond ne reconnoit pas, ne sachant pas si les cartes qu'on presenta etoient vieilles ou neuves.

Interrogé dans quel endroit de la chambre il etoit lorsque ledit sieur Labaumelle fit la proposition de jouer au pharaon,

Repond qu'il etoit auprès de la cheminée, et que ledit sieur Labaumelle etoit contre la porte de laditte chambre. [...]

377

Interrogé celui qui donnoit la banque,

Repond que c'etoit le s. Labaumelle dont il n'a apris le nom que depuis le jour de l'action. [...]

Interrogé quels etoient ceux qui jouoient au pharaon chés la dame de Fontenille la nuit du huit au neuf janvier dernier et si le sieur Labaumelle n'etoit celui qui tailloit,

Repond que le sieur Labaumelle etoit celui qui tailloit au pharaon dans la nuit du huit au neuf janvier dernier, mais qu'il n'étoit pas du nombre des joueurs [...]

MANUSCRIT

AM Toulouse FF 804/1.

NOTE EXPLICATIVE

24. « Le sieur Jacques Delhivron Joachim de Martin, ecuyer » (confrontation du 15 février 1760, AM Toulouse 804/1).

18. *Dictum de sentence en définitive*

[en haut et à gauche :] jugé le 22ᵉ mars 1760

Mᵉ Dupuy assesseur rappʳ

Entre le sieur Procureur du Roy en la ville et senechaussée plaignant et demandeur à suitte de notre sentence rendue sur la forme de proceder le onze feuvrier dernier pour cas d'excés réels commis sur la personne du magistrat faisant ses fonctions et pour fait de jeu de hazard d'une part, et la dame de Fontenilles et le sieur Labaumelle accusés decrettés de prise au corps contumax, et dᶦᶦᵉ Sevennes, dame Gilette Defraisse, les sieurs Roissé, baron de Montlezun, Martin ecuyer, Martin de Larroumiliere et chevalier Lamothe aussy accusés decrettés d'ajournement personnel ouys, et le dit Lamothe deffaillant d'autre,

Nous Capitouls veû le procés notre sentence rendue le onze feuvrier dernier sur la forme de proceder tant contre la dame de Fontenille, le sieur Labaumelle, que contre le sieur Roissé, baron de Montlezun, le chevalier Lamothe, de Laroumilliere, Martin ecuyer, dame Defraisse, Mᶦᶦᵉ Sevenne, l'expedié de la ditte sentence avec l'exploit de signification aux sus nommés et par affiche aux derniers domiciles des dittes dame de Fontenille, Labaumelle, et chevalier Lamothe en datte des 15, 16, 22 et 29 feuvrier dernier faits par Laborie huissier, le cayer des recolements fait en consequence en datte des dits jours. Le cayer des confrontations faittes à dame Defraisse en datte des 15 et 16 feuvrier dernier, 1er et 3 mars courant, celui des confrontations faittes à dᶦᶦᵉ Guillemette Sevennes des 15 et 16 feuvrier dernier, 3 et 5 mars courant, celui des confrontations faittes au sieur de Roissé en datte du 15, 16, 26 et 29 feuvier dernier, celui des confrontations faittes au sieur Martin de Laroumilliere en datte des 15, 16 feuvrier dernier 3 et 8 mars courant, celui des confrontations faittes au sieur

Joachim de Martin en datte des 15, 16 et 22 feuvrier dernier et 12 mars courant, celui des confrontations faittes au sieur baron de Montlezun en datte des 15, 22 feuvrier dernier 13 et 14 mars courant, l'acte de protestation fait à la requette dudit procureur du Roy par Laborie huissier contre ledit sieur de Montlezun du 10 mars courant, le verbal dressé le quatorzieme du courant par Mᶜ Dupuy assesseur sur les requisitions dudit procureur du Roy de la noncomparaison dudit chevalier Lamothe, les conclusions et requisitions dudit procureur du Roy contre ledit sieur Lamothe. La sentence rendue ledit jour contre ledit Lamothe qui ordonne que le recollement des temoins vaudront confrontation contre ledit Lamothe. L'expedié de laditte sentence avec l'exploit de signiffication pour afficher des 14 et 15 dudit les conclusions en deffinitive dudit Procureur du Roy du 15 dudit. les actes de sommation et de cry public en datte des 16 et 18 dudit les interrogatoires à la barre du sieur Martin ecuyer et Roissé ecuyer du 18 dudit l'acte reiteré de sommation fait aux accusés à la requette dudit Procureur du Roy en datte du 21 dudit le verbal de cry public fait à la porte de l'auditoire en datte de cejourd'huy contre la dame de Fontenilles, le sieur Labaumelle, le sieur baron de Montlezun, le chevalier Lamothe, les interrogatoires à la barre de dame Defraisse, dˡˡᵉ Sevennes le sieur Roissé et le sieur Martin ecuyer aussi en datte de ce jourd'huy et tout ce qui faisoit avoir une seule deliberation du conseil.

Par notre presente sentence disant droit deffinitivement aux parties veu ce qui resulte des charges et de l'entiere procedure prenant droit d'icelle et des aveux consignés dans les interrogatoires des accusés rejettant les qualiffications sans avoir egard à l'objet et reproche proposé par ledit de Montlezun contre le nommé Dorlhiac temoin et le rejettant, declarons la contumace bien et düement instruitte contre laditte Fontenille et le nommé Anglevielle de Labaumelle avons condamné et condamnons laditte de Fontenille et ledit Labaumelle à venir dans le grand consistoire du present hotel de ville l'audiance tenant conduits par le concierge, où l'un et l'autre à genoux et ledit Labaumelle tette nüe, la ditte de Fontenille declarera que mechament et temerairement elle a commis des excés réels sur la personne du sieur David capitoul dans l'exercice de ses fonctions et profferé contre lui des termes injurieux qu'elle s'en repent et demande pardon à Dieu au Roy et à la Justice, comme aussy condamnons laditte Sevennes et ledit de Montlezun à se rendre dans ledit consistoire pour debout à la barre assister à la ditte reparation, et en outre condamnons la ditte de Fontenilles au banissement perpetuel et le dit Labaumelle au banissement pour le tems et terme de dix années de la presente ville et banlieüe, leur faisons deffense de rompre leur ban sous peyne de la vie, condamnons chacun d'eux en cent sols d'amande envers le Roy, declarons les biens de la ditte de Fontenille acquis et confisqués au proffit du Roy distrait la troisieme partie d'iceux pour ses enfants si elle en a, et pour la contravention commise aux arrets de reglement et ordonnances de police concernant les jeux de hazard condamnons

la ditte de Fontenilles en l'amande de mille livres, le dit Labaumelle en celle de
cinq cents livres, le dit Roissé chevalier Lamothe, Laroumilliere, de Montlezun,
Martin peintre et la dite Sevenne en celle de trois cents livres chacun, et la dite
de Fraisse en celle de vingt cinq livres, au payement desquelles amandes, qui
cederont au proffit de la ville ils seront contraints par toutes voyes duës et
raisonnables meme par corps, et au surplus avons confisqué et confisquons au
proffit des prisonniers de la misericorde du present hotel de ville la table bourse
fiches jettons et corbillon esnoncées au verbal dressé par le sieur David capitoul
le neuf janvier dernnier, et condamnons les dits de Fontenilles, Labaumelle,
Roissé, de Montlezun, chevalier Lamothe, Martin peintre, Larroumilliere et les
dittes Sevennes et de Fraisse solidairement aux depends envers ceux qui les ont
exposés liquidés à la somme de cent vingt six huit sols et six deniers

Daurier, cap. chef du consistoire

Pouliez capitoul   Taverne cap^1 Gausy capitoul

Belmon de Malcor capitoul

Cesse de Bussy capitoul

jugé le 22e mars 1760

Dupuy assesseur rapporteur

MANUSCRIT
AM Toulouse FF 804/1.

19. *Interrogatoire de La Beaumelle*

[22 septembre 1760]

[en haut à gauche:] interrogatoire sur l'écroué

Du vingt deuxieme septembre mil sept cent soixante

Le sieur Laurent Angleozelle de la Baumelle agé de trente trois ans, ancien
professeur Royal en langue et Belles Lettres françoises dans l'Université de
Copenhague et conseiller au grand Consistoire de Danemark, decrété de prise
au corps prisonnier dans les prisons de l'Hotel de ville y écroué où il s'est
volontairement remis à la requette du procureur du Roy, ouï sur l'ecroué
moyennant serment par luy pretté sa main mise sur les Saints Evangiles a
promis et juré de dire la verité.

Interrogé, s'il n'est vray qu'il étoit dans l'usage d'aller jouer le jeu du
pharaon dans la maison de la dame comtesse de Fontenilles et qu'il tailloit
toujours au dit jeu,

Répond qu'il alloit de tems en tems chés la dame comtesse de Fontenilles pour lui faire sa cour et non pour tailler au pharaon, chose dont la foiblesse de sa vue le rend incapable.

Interrogé d'où vient qu'il denie n'avoir pas taillé au pharaon dans la maison de lad. dame tandis que toutes les fois qu'il y a taillé, il y a gagné beaucoup d'argent, ce qui fesoit depiter les acteurs qui pontoient et qui soupçonnoient meme qu'il ne jouoit pas ledit jeu en honnette homme,

~~Interrogé~~ \Repond\ qu'il n'a point gagné d'argent au pharaon puisqu'il n'y a point taillé, que par consequent aucun joueur ne s'est depité contre luy et qu'il defie qui que ce soit de nommer quelque personne croyable qui l'ait jamais accusé de jouer quelque jeu que ce soit en malhonnette homme.

Interrogé comment peut-il soutenir maintenant n'avoir pas taillé au jeu de pharaon dans la maison de lad. dame tandis que dans le precedent interrogatoire il a convenu que lorsque Mr David entra dans le sallon de lad. dame de Fontenilles la nuit du huit janvier dernier il tailloit audit jeu, repond qu'il ne faut pas faire d'equivoque, que dans sa reponce aux deux precedents interrogatoires il n'a été question que de faits anterieurs à l'evenement du huit janvier et qu'il n'a point pretendu denier qu'il n'ait taillé ou pour mieux dire commencé à tailler à son tour dans cette partie de douze sols que se lia chés la dame de Fontenilles entre luy une dame et une autre personne dans laquelle on tailloit alternativement,

Interrogé comment peut il encore soutenir n'avoir pas gagné beaucoup d'argent audit jeu de pharaon dans la maison de laditte dame et que le bonheur avec lequel il jouoit ne fit depiter les autres qui pontoient dans le tems qu'il ne sauroit contester sans donner atteinte à la verité, qu'il faillit un jour en venir aux mains avec l'abbé Dulaur auquel il avoit gagné tout son argent aud. jeu l'un et l'autre ayant dit dans cette occasion milles abominations,

Repond qu'il n'a pas coutume d'en venir aux mains avec des eccclesiastiques, qu'il est vray que le sieur abbé Dulaur ayant perdu son argent, non contre lui mais contre quelque autre et en outre un louis que le sieur Lacassagne lui preta, led. abbé demanda au repondant un louis à emprunter, que le repondant le luy refusa en luy disant qu'il étoit fort etonné qu'après des couplets dont on l'avoit accusé contre le repondant il lui demanda de l'argent à emprunter, à quoi le sieur abbé Dulaur repliqua par des propos indecens auxquels le repondant ne daigna pas repartir, faits dont il a pour témoins Mme la marquise d'Aussonne, Mr de La Caze, Mr La Cassagne et autres qui prierent le lendemain la dame comtesse de Fontenille de deffendre sa maison au sieur abbé Dulaur comme ayant seul dit des abominations, priere à laquelle la dame comtesse de Fontenille deferra en ecrivant aud. sieur abbé une lettre qui feut composée à ce qu'on luy a dit par Mr de Lagane procureur du Roy à l'hotel de ville et à la senechaussée.

Interrogé s'il n'est vray que craignant que Mr David capitoul ne feut troubler une partie de jeu lui qui repond et lad. dame de Fontenille ne formerent le dessein de lui jetter les flambeaux et la table sur la figure s'il entroit dans laditte maison,

Repond qu'il demande une plus ample explication de cet interrogat etrange à moins qu'on ne veuille qu'il reponde de ses desseins secrets qui n'etoient pas assurement contre Mr David qu'il estime et qu'il honore egalement et dont il admire la vigilance quoiqu'il en ait été la victime.

Luy avons representé qu'il a tort de demander une plus ample explication sur l'interrogat que nous venons de lui faire, ne pouvant contester qu'un soir étant à jouer cher lad. dame et quelque acteur ayant dit qu'il etoit instruit que Mr David capitoul devoit se rendre dans lad. maison, lui qui repond et lad. dame de Fontenilles dirent que si Mr David s'avisoit d'entrer dans lad. maison pour les troubler ils vouloient lui jetter les flambeaux et la table sur le visage et le faire ensuitte voler par la fenestre.

Repond qu'à present que cette explication quoique traittée d'inutile est donnée il affirme que jamais pareil propos n'est sorti de sa bouche, qu'il connoit et les bienseances et les droits des magistrats et les devoirs du citoyen, qu'il respecte trop les gens en place, et surtout les magistrats municipaux pour leur avoir manqué sy essentiellement, que cette imputation est contraire à son caractere de moderation, lequel doit etre constaté par le verbal de Mr David qui sans doute le represente docile soumis respectueux loin de la table gardant un profond silence, et ne le rompant que pour dire son nom lorsqu'il en est requis, que cette imputation manque non seulement de verité mais encore de vraysemblance puisqu'il n'est pas croyable qu'un homme un peu sensé dise qu'il a formé le projet d'assassiner un magistrat qui entre toujours dans une maison avec une nombreuse escorte, que ces sortes de crimes peuvent se commettre dans la vivacité, mais non se projétter de sang froid, que d'ailleurs on suppose ici que le repondant parle de Mr David qu'il n'avoit point l'honneur de connoitre et qui ne lui avoit \fait\ ny bien ny mal comme on pourroit parler du plus implacable ennemi, qu'il defie qui que ce soit d'un peu croyable d'oser lui ~~sub~~ soutenir en face qu'il a tenu un pareil propos, que cette calomnie part sans doute de quelque ame vile qui après avoir fait l'office de faux delateur aura fait celui de faux temoin ; interrogé si un autre soir la dame de Fontenille instruite que Mr David devoit se rendre chez elle pour faire cesser leur partie elle ne fit rougir une pele au feu pour l'appliquer sur le visage dud. Mr David, si pour lors elle ne dit encor qu'elle vouloit lui jetter le flambeau sur le visage et le faire voler par la fenettre à quoy lui qui repond dit que Mr David ne seroit pas assés maraud pour aler dans une maison comme la sienne, repond qu'il n'a jamais veu faire rougir de pele, qu'il n'a jamais entendu la menace attribuée à la dame de Fontenille et qu'il n'a jamais fait la reponse qu'on lui prete, qu'ayant eu l'honneur d'etre conseiller en cour souveraine il seroit bien etonnant qu'il se feut oublé à ce point envers la magistrature, que cette imputation paroit tres evidemment contraire au pretendu complot d'assassinat ennoncé dans l'interrogatoire precedent, que cette contradiction met l'innocence du repondant à couvert de la calomnie puisque nulle espece de certitude ne peut sortir du sein de deux propositions contradictoires ; de plus il ajoute que quelque miserable lui aura sans doutte pretté toute la bassesse de son ame, ce qui parait par ce mot de maraud qui etant le sinonime de coquin et de fripon n'etoit point tres certainement le terme propre, que l'accusateur a calomnié un homme qui passe pour savoir la valeur des termes ; interrogé si lorsque Mr David entra dans le sallon de la maison de la dame de Fontenilles la nuit du huit janvier dernier lad. dame ne feut prendre les cartes avec lesquelles luy qui repond tailloit au pharaon, si elle n'en cacha une partie dans son sein, et si Mr David luy ayant demandé lesd. cartes lad. dame \ne\ refusa de les remettre en tutoyant led. Mr David et le traittant de coquin et de maraut.

Repond n'avoir point veu la dame de Fontennille cacher de cartes dans son sein, ajoute qu'il n'en avoit point lorsque Mr David entra et qu'il s'en rapporte là dessus au verbal, que du reste il entendit la dame de Fontenille tutoyer Mr David et lui dire des paroles tres indecentes.

Interrogé s'il n'est vray que lad. dame non contente d'avoir proféré des injures contre Mr David prit un flambeau et le jetta sur le visage dud. Mr David qui se garantit du coup avec sa main.

Repond que Mr David entrant ne trouvant aucune carte sur la table de piquet dit qu'on < déchirure > le, que la dame de Fontenille < déchirure > [D]avid ajouta à commencer par < déchirure > qu'ensuitte il prit des mains de < déchirure > du sieur baron de Montlezun des c[artes] qu'on montra à la compagnie, que s'etant avancé vers la dame comtesse lad. dame saisit un flambeau et que le repondant vit la fumée et entendit la chute dud. flambeau.

Interrogé s'il n'est vray encore que toutes les fois qu'on jouoit au jeu de pharaon ou lansquenet dans la maison de lad. dame, laditte dame et les acteurs avoient l'attention de faire fermer les portes de la maison,

Répond que n'ayant veu jouer au pharaon ou lansquenet chés la dame de Fontenilles que deux ou trois fois il ne s'est point appercu qu'on y ait pris ses precautions.

L'avons interpellé de nous declarer si lorsqu'il a joué chés lad. dame aux jeux de lansquenet ou de pharaon il ignoroit que ces jeux etoient prohibés et deffendeus par les ordonnances et les arrets du parlement.

Repond n'avoir jamais joué au lansquenet, n'avoir < déchirure > au pharaon ? < déchirure > ne que proposa à deux < déchirure > de jouer à la mort d'un petit ecu < déchirure > fut absolument fixé à douze sols et que le petit ecu fut representé par cinq petits jettons, qu'il etoit instruit des ordonnances du Roy contre \les\ jeux de pharaon mais qu'il ne crut pas violer lesd. ordonnances en s'amusant à perdre ou gagner un petit ecu, que ces sortes d'ordonnances ne sont pas toujours prises à la rigueur puisqu'il est tres notoire qu'on joue dans cette ville publiquement le cavaignol qui est un jeu de hazard quoique led. jeu de

383

cavaignol soit nommement defendu par un arret de reglement du parlement de Toulouse.

Mieux exhorté à dire la verité a dit l'avoir ditte.

Lecture a lui faitte de son present interrogatoire il y a persisté requis de signer a signé.

La Beaumelle signé Dupuy assesseur signé Michel Dieulafoy greffier

MANUSCRIT

ALB 6669.

REMARQUE

La ponctuation, absente de ce manuscrit, a été partiellement rétablie pour en faciliter la compréhension.

20. *Dictum de sentence sur la forme de procedure pour Mr le procureur du Roy contre le s. Labaumelle*

1er octobre 1760

[en haut à gauche :] Jugé le 4e 8e 1760

Me Dupuy ass^r rapp^r

Entre le procureur du Roy en la ville et senechaussée plaignant et demandeur pour fait de jeu de hazard et pour cas d'excès réels commis en la personne du magistrat dans ses fonctions d'une part, et le S. Labaumelle acusé decretté de prise au corps cy devant contumax et actuellement prisonnier dans la prison de l'hotel de ville où il s'est volontairement remis y ecroué ouy sur l'écroué et deffendeur d'autre et supliant par requette repondue de notre ordonnance de joint aux charges et signifié du 27 7bre dernier tendant à ce qu'il nous plaise veu ce qui resulte de l'interrogatoire du supliant dans lequel il a dit ingeneuement la vérité casser la plainte information decret obtenu par led. sieur Procureur du Roy pour ce qui peut competter le supliant, ce faisant le relaxer de l'acusation contre lui intentée, subsidiairement, en cas que nous ne trouverions pas la procedeure en etat de recevoir jugement deffinitif, elargir par provision le supliant de nos prisons avec injonction au concierge de le mettre en liberté sur l'offre du supliant de se representer toutes les fois qu'il nous plaira avec la meme injonction au concierge avec depends d'une part, et led. Procureur du Roy intimé deffendeur d'autre part,

Nous Capitouls veu le procès la sentence par nous rendue le onzieme feuvrier dernier avec toutes les pièces énoncées au vue d'icelle portant qu'il sera extraordinairement procedé contre led. Labaumelle et dame de Fontenille et autres et que les temoins ouïs en l'information seront recolés en leurs depositions pour leur recolement valoir confrontation contre led Labaumelle et dame de Fontenille, l'expédié de lad. sentence avec l'exploit de signiffication au dernier domicille dud. Labaumelle en datte des 15 et 16 dud. l'exploit à temoins pour

etre recolés et confrontés aux autres acusés le cayer de recolement fait en
consequence en datte des 13. 16. 22. et 29 dud. L'extrait de l'ecroue dud.
Labaumelle dans les prisons de l'Hotel de ville en date du 21 7bre dernier,
l'interrogatoire sur l'ecrout dud. Labaumelle dud. jour, ensemble la requette
dud. Labaumelle tendante aux fins susdittes avec les conclusions du Procureur
du Roy du 1er octobre courant et tout ce que faisoit avoir le deffaillant.

Par notre presente sentence eue sur ce deliberation du conseil, avant dire
droit deffinitivement aux parties, ordonnons que dans le delay de l'ordonnance
il sera extraordinairement procédé contre led. Labaumelle à la diligence du
procureur du Roy auquel effet les temoins dejà ouïs et recolés seront confrontés
aud. Labaumelle depens reservés

Taverne capitoul   Gaussy capitoul
Belmon sgr de Malcor capitoul
Cesse Debussy capitoul

jugé le 4e 8bre 1760

Dupuy assr rapporteur

MANUSCRIT
AM Toulouse FF 804/1.

21. *Jugement des capitouls de Toulouse*

[Toulouse, le 4 octobre 1760]

Les capitouls gouverneurs de la ville de Toulouse chef des nobles juges es
causes civiles criminelles de la voyrie et de la police en ladite ville et gardiage
d'icelle au premier de nos huissiers ou sergent requis, comme en l'instance
devant nous introduitte et pendante, a été rendue la sentence dont la teneur
s'en suit, entre le procureur du roÿ en la ville et sénéchaussée plaignant et
demandeur pour fait de jeu de hazar et pour cas d'exès réels commis en la
personne du magistrat dans ses fonctions d'une part, et le sieur La Bommelle
accusé décrétté de prise au corps cy devant contumax et actuellement
prisonnier dans les prisons de l'hôtel de ville où il s'est volountérement remis
y ecroué ouÿ sur l'écrou et deffendeur d'autre et supliant par requette répandue
de notre ordonnance de joint aux charges et signiffié du vingt sept septembre
dernier tendante à ce qu'il nous plaise, veu ce qu'il résulte de l'intérogattoire du
supliant dans lequel il a dit ingénument la véritté, casser la plainte information
décret obtenu par le dit sieur procureur du roÿ pour ce qui peut compéller le
supliant, ce faisant le relaxer de l'accusation contre lui intentée subsidiairement
en cas nous ne trouverions pas la procédeure en état de recevoir jugement
deffinitif, elargir par provision le supliant de nos prisons avec les mêmes

ingonctions au consierge de le metre en liverté sur l'offre du supliant de se representer toutes les fois qu'il nous plaira avec les mêmes ingonctions au concierge avec depens d'une part, nous capitouls gouverneurs veu le procès la sentance par nous rendue le onzieme fevrier dernier avec toutes les piéces ennoncees au jeu d'icelles portent qu'il sera extraordinerement procedé contre les dits La Bommelle et dame de Fontenilles déffaillants et autres et que et que les témoins ouys en l'information seront recollés en leurs déposition pour leur recollement valoir confrontation contre les dits Labom La Baumelle et dame de Fontenilles l'expédié de la sentance avec l'exploit de signiffication par affiche au dernier domicille du dit Labaumelle en datte des quinze et saize dudit l'exploit à témoins l'exploit à témoins pour être recollés et confrontés aux autres accusés le cayer des dits recollements fait en conséquence en datte des treize seize vingt deux et vingt neuf dudit l'extrait de l'ecrou dudit Labommelle dans les prisons de l'hôtel de ville en datte du vingt un septembre dernier l'interogatoire sur l'ecrou dudit Labaumèle tendant aux fins susdittes dudit jour ensemble la réquette du dit La Baumelle tendant aux fins susdittes avec les conclusions du procureur du roÿ du premier octobre courant et tout ce que faisoit avoir par notre présente sentance eue sur ce délivération du conseil avand dire droit deffinitivement aux parties ordonnons que dans le delay de l'ordonnance il sera extraordinairement procédé contre le dit La Baumelle à la diligence du procureur du roÿ, auquel effet les témoins déjà ouïs et récollés seront confrontés audit Labaummelle dépens reservés. Saverne capitoul Gaussy Belmond de Malcor Cesse Debussy ~~eat~~ capitouls jugé le quatre octobre mil sept cens soixante, Dupuy assesseur rapporteur ainsy signés audictoum de la presente sentance à ces causes vous mandons à la requette du procureur du roy faire pour l'intimation et exécution de la présente sentance tous exploits requis et necessaires donné et expédié à Toulouse le quatrième jour du mois d'octobre mil sept cent soixante collationné Michel Dieu Laffoy greffier signé.

L'an mil sept cent soixante et le cinquième jour du mois du d'octobre nous Joseph Roziès huissier de messieurs les capitouls de Toulouse y résident rue Darnaud Bernard parroisse St Sernin soussigné à la requette de monsieur le procureur du roy de la ville et sénéchaussée de Toulouse qui fait élection de domicile dans son hôtel sis ruë du Canard parroisse St Etiène la sentence de recollement et confrontement cy dernier écrit dont c'est la copie a été intimé et signiffié suivant sa forme et tenure au sieur La Beaumelle, affin qu'il n'en prétende cause d'ignorance en parlant à la personne dudit sieur La Beaumelle trouvé dans les prisons de l'hôtel de ville à qui nous avons baillé cette copie, tant de ladite sentence que présent exploit.

Roziès

MANUSCRIT

ALB 3877.

386

22. *Cahier des confrontations faites à La Beaumelle*

[en haut et à gauche :] Confrontations faittes au s. Labaumelle
Du six octobre mil sept cent soixante

1. Mandé venir des prisons du present hotel de ville le sieur Labaumelle acusé dans le greffe criminel dudit hotel pour il en execution de la sentence rendue par Messieurs les capitouls le quatrieme octobre courant lui etre accarié[25] et confronté la nommé Julie Lattiere native du Port Ste Marie habitante en cette ville logée place Royalle temoin à ces fins assignée à la requette du procureur du Roy et par exploit de cejourd'hui fait par Rozies huissier comme elle nous a fait apparoir de sa coppie suivant sa deposition la septieme au cayer d'information faitte à la requette dud. procureur du Roy en datte du quinze janvier dernier et sur recolement le troisième au cayer des recolements de teneur < *rature* > .

Lesquels etant en presence l'un de l'autre interpellés moyenant serment par eux separement pretté leurs mains unies sur les Saints Evangiles s'ils se connoissent si ledit accusé veut s'en tenir à la depozition et recolement de la ditte temoin que s'il a des objets ou reproches à proposer contre laditte temoin qu'il les propose tout presentement et avant d'entendre la lecture de la depozition et recolement de laditte temoin d'autant qu'après il n'y seroit point reçû suivant l'ordonnance que nous lui avons expliquée et donnée à entendre, lui ayant fait faire lecteure des premiers articles de sa depozition et recolement de laditte temoin contenant son nom surnom age qualité et demeure et comme elle n'est parente alliée servante ny domestique d'aucune des parties.

Le sieur Labaumelle acusé a dit croire avoir veu quelque part laditte temoin et propose contre elle pour objet qu'elle ne se donne aucune qualité et qu'il la recuse comme fille sans aveû.

Laditte Julie Lattière temoin a dit connoitre ledit sieur acusé.

Lu en presence l'un de l'autre lecteure faitte de la deposition et recolement de laditte Julie Lattiere temoin l'avons interpellée de nous declarer si elle a dit la verité et si elle a entendu parler d'un jeu dud. Labaumelle acusé, laquelle a dit sa depozition et recolement etre veritables ce qu'elle a soutenu face à face aud. Labaumelle acusé present, dit que ledit sieur Labeaumelle acusé est le meme dont elle a entendu parler dans sa deposition et recolement et y persiste.

Le dit sieur Labaumelle acusé a dit que la deposition dudit temoin est fausse dans tous ses chefs.

Ledit sieur Labaumelle acusé nous a requis d'interpeller laditte temoin de declarer 1° si sa mere n'est juive 2° si elle n'est battarde du S. Lattier 3° si elle ne fut pas enlevée au Port Ste Marie par le S. de Guiral d'Agen 4° si elle n'a eté baptisée à Montauban depuis peu 5° si elle ne quitta la ville de Montauban crainte d'etre enfermée au quartier des repanties.

Laditte temoin repondant à l'interpellation a convenu qu'elle fut enlevée par ledit sieur de Guiral au Port de Ste Marie et nie tout le surplus de l'interpellation convenant neantmoins avoir eté à Montauban.

Ledit sieur Labaumelle acusé nous a encore prié d'interpeller laditte temoin s'il n'est vray qu'elle a convenu de tous les faits contenus dans laditte interpellation avec le S. Sicard relieur et son epouze[26] auxquels elle les a dits mot à mot.

Laditte Lattiere temoin repondant à l'interpellation a dit qu'elle ne s'en souvient point qu'elle ne croit pas meme l'avoir dit et que pour plus grande securité elle les nie.

Ledit sieur acusé nous a requis d'interpeller laditte temoin de nous declarer pour quelle raison elle quitta la ville de Montauban et le sieur Guiral son ravisseur.

Laditte temoin repondant à l'interpellation a dit qu'elle quitta la ville de Montauban pour ne plus vivre avec le S. Guiral.

Ledit sieur acusé nous a requis d'interpeller laditte temoin de nous declarer si elle ne vint en cette ville au sortir de Montauban et où elle fut logée en cette ville.

Laditte temoin repondant à l'interpellation a dit qu'il y a un an passé qu'elle vint de Montauban en cette ville, et qu'elle fut logée comme amie chez la dame marquise de Boissé où elle fut envoyée par sa fille d'où elle sortit ne voulant pas rester sur la croute de laditte dame et voulant se placer en condition.

Ledit sieur acusé nous a requis d'interpeller laditte temoin de declarer s'il n'est vray qu'elle fut logée pendant les mois de septembre octobre et partie de novembre de l'année derniere chez la nommée Dorlhiac femme poursuivie et meme punie par justice pour fait de maquerellage.

Laditte temoin repondant à l'interpellation a dit qu'elle logea en sortant de chez la dame de Boissé chez la Dorlhiac environ un mois.

Le dit acusé nous a requis d'interpeller laditte temoin de nous declarer si pendant le sejour qu'elle fit chez laditte Dorlhiac la ditte Dorlhiac ne lui fit pas voir mauvaise compagnie et si en se prostituant elle n'eut pas le malheur de prendre du mal venerien.

Laditte temoin repondant à l'interpellation denie avoir eu commerce avec aucun homme chez laditte Dorlhiac, mais bien chez la dame de Fontenille où elle prit du mal.

Ledit sieur acusé nous a requis d'interpeller laditte temoin de nous declarer s'il n'est vray qu'elle a dit à la Sicard relieur et à la d^{lle} Henry femme d'un perruquier que c'etoit chez la Dorlhiac qu'elle a pris son mal.

Laditte temoin repondant à l'interpellation nie le fait mais convient que la Dorlhiac lui proposa souvant de se prostituer avec des hommes qu'elle lui presentoit mais qu'elle a toujours refusé.

Ledit sieur acusé nous a encore requis d'interpeller laditte temoin de nous declarer s'il n'est vray qu'elle a conceû de l'inimitié contre lui par une equivoque ou meprise qui arriva chez la dame de Fontenille en ce qu'au lieu de porter un verre d'eau à lui acusé et à la dame d'Aussonne on leur porta de la tisane faite pour la ditte temoin ce qui fut trouvé veritable, et encore parce que la ditte temoin vint lui prunter à lui acusé une piece de vingt quatre sols au nom de la dame de Fontenilles. Ce qui etoit faux de quoy la dame de Fontenilles ayant eté instruite par lui acusé gronda fort la ditte temoin et encore parce que lui acusé refusa de donner six livres à la ditte temoin pour la faire guerir par la dame de Sicre veuve d'un chirurgien major et si elle n'a dit à Sicard relieur à sa fille à sa femme et à la ditte d'Henry que si elle tenoit lui acusé elle l'etrangleroit.

La ditte temoin repondant à l'interpellation dit convenir de la meprise de la tisanne mais nie en avoir bû ny jamais fait porter chez la dame de Fontenilles, comme ausy qu'elle nie avoir jamais emprunté les vingt quatre sols au dit sieur acusé au nom de sa maitresse et convient de l'ecu de six livres qu'elle pria le dit sieur acusé de donner à la dame de Sicre et denie avoir fait aucune menace contre l'acusé.

Ledit sieur acusé nous a requis d'interpeller la ditte temoin de nous declarer où elle fut au sortir de chez la dame de Fontenilles.

Ladite temoin repondant à l'interpellation dit qu'elle fut logée chez la Dauphiné à la rue Nazareth laquelle ne connoissant pas la ditte temoin s'adressa à M. David pour s'asseurer de son payment et que M. David repondit à ladite femme de son payment et de plus elle a dit expliquant tout ce qui se passa qu'elle s'adressa au sieur Savanié greffier de l'hotel de ville auquel elle dit son etat et le pria de parler à M. David pour lui faire une charité, qu'en consequence elle parla à M. David qui lui dit qu'il sortoit de charge et qu'il falloit s'adresser à M. Pouilhès ce qu'elle fit et M. Poulliés lui repondit qu'il confereroit avec messieurs les autres capitouls lesquels s'etant assemblés et M. David s'etant trouvé dit qu'il falloit donner quelque chose à cette pauvre miserable et il fut donné par le S. Savanié de l'argent jusqu'à trente livres au S. Sicre qui l'avoit soignée.

Ledit sieur acusé nous a requis d'interpeller la ditte temoin de nous declarer en quel tems elle fut se loger chez la ditte Dauphiné et d'où elle tira l'argent pour lui payer son logement et sa nourriture.

La ditte temoin repond qu'elle fut chez la ditte Dauphiné trois ou quatre jours après la fette de la Noel derniere et qu'elle la paya au moyen de trois livres que lui donna le S. Meynard et trois livres d'ouvrage qu'elle avoit fait pour lui et six livres qu'elle retira de la fille de Sicard relieur en lui remettant une juppe.

Ledit sieur acusé nous a requis d'interpeller la ditte temoin de nous declarer si avant sa deposition elle ne fut enlevée dans une chaise à porteurs accompagnée de soldats et portée tout de suitte à l'hotel de ville.

Repond laditte temoin à ladite interpellation qu'elle fut à la verité arretée par trois hommes habillés en soldats qui la mirent dans une chaise à porteurs et la conduisirent dans une chambre de la ditte rue Boulborne où elle resta environ deux heures, pendant lesquelles il se presenta à elle un monsieur bien mis qui lui dit connoitre son pere et qui lui proposa de la mener en son chateau où rien ne lui manqueroit pourveu qu'elle voulut se donner à lui ce qu'elle refusa et est bien fachée d'avoir refusé après lesquelles deux heures on la laissa aller.

Ledit sieur acusé nous a requis d'interpeller laditte temoin si lorsqu'elle comparût le quinze janvier dernier pour deposer elle narra sa depozition et l'expliqua de sa bouche.

Repond qu'elle ne comprend pas l'interrogat et est hors d'etat d'y repondre.

Ledit sieur acusé nous a requis d'interpeller la ditte temoin de nous declarer si elle connoit la difference des jeux de hazard avec les jeux de commerce.

Laditte temoin repondant à l'interpellation a dit qu'elle n'est point en etat de connoitre les differences des jeux qu'elle voit jouer et lui avons demandé si elle connoit du moins le jeu de la duppe ou de lansquenet.

Laditte temoin nous a repondu qu'elle ne sçauroit les designer, mais qu'elle a veû donner trois cartes à chacun des joueurs par la dame d'Aussonne qu'elle en prenoit une pour elle et que si elle trouvoit une dame elle tiroit tout l'argent, qu'elle a veu aussi jouer avec des petits morceaux de parchemin roulés et enfermés dans des boules et qu'elle ne scait pas si c'est le lansquenet ou la duppe et voyoit seulement tourner des cartes et jetter de l'argent au milieu sur la table, qu'elle a veu encore quatre personnes en table carrée et aussi à une table pointue.

Le dit sieur acusé nous a prié d'interpeller la ditte temoin de nous declarer à quelle distance elle etoit de lui accusé lorsqu'elle entendit comme elle l'a dit dans sa depozition que lui acusé dit que M. David n'etoit pas assés maraud pour aller dans une maison comme celle de la dame de Fontenilles et si elle distingua parfaitement la voix de lui acusé.

La ditte temoin repondant à la ditte interpellation a dit qu'elle etoit assize sur une chaize derriere le sopha où etoit assis ledit sieur acusé et qu'elle distingua parfaitement sa voix.

Ledit sieur acusé nous a requis d'interpeller la ditte temoin de nous declarer s'il n'est vray qu'elle a entendu plusieurs fois lui acusé faire des vifs reproches à la dame de Fontenilles de ce qu'elle declamoit contre M. David et qu'elle l'avoit eté aigrie et l'irritée chez lui.

Repond et accorde l'interpellation.

Ledit sieur acusé nous a requis d'interpeller la ditte temoin de nous declarer quand est ce qu'elle entendit le terme de maraud dont elle a parlé dans sa deposition et si c'etoit avant ou après la dessente faitte par M. David.

La ditte temoin repond que ce fut après la première dessente faitte par M. David.

Et ainsi se sont separés persistant l'un et l'autre en leurs soutenements après lecture à eux faittes de leur presente confrontation à laquelle ils ont persisté.

Requis l'un et l'autre de signer et si ladite temoin veut taxe, led. assuré a signé et lad. temoin a dit ne savoir signer et ne vouloir taxe.

La Beaumelle   Dupuy assesseur

Michel Dieulafoy greff.

Du huitieme dud.

2. Mandé venir des dittes prisons dans le susdit greffe ledit sieur Labeaumelle acusé pour et en execution de la susditte sentence lui etre accarié et confronté le sieur Olivier Benech[27] lieutenant de la comp^e militaire du guet logé dans l'hotel de ville temoin à ces fins assigné à la requette du procureur du Roy et par exploit de ce jourd'huy fait par Roziès huissier comme nous a fait apparoir de sa coppie suivant sa deposition la deuxieme au cayer d'information faitte à la requette dudit procureur du Roy en datte du quinze janvier dernier et son recolement le deuxieme au cayer des recolements deteneu?

Laquelle deposition à lui leue et par lui entendue etant en presence l'un de l'autre interpellés moyenant serment par eux separement pretté leurs mains unies sur les Saints Evangiles s'ils se connoissent si ledit acusé veut s'en tenir à la deposition et recolement dudit temoin que s'il a des objets ou reproches à proposer contre ledit temoin qu'il les propose tout presentement et avant d'entendre la lecteure de la deposition et recolement dudit temoin d'autant qu'après il n'y seroit point receû suivant l'ordonnance que nous lui avons expliquée et donnée à entendre lui ayant fait faire lecture des premiers articles de la deposition et recolement dudit temoin contenant son nom surnom age qualité et demeure et comme il n'est parent allié serviteur ny domestique d'aucune des parties.

Le sieur Labaumelle acusé a dit que quoyqu'il lui paroisse qu'il ne comparoit point devant le meme commissaire qu'avant hier et quoyqu'il crût que ce meme commissaire lui etoit acquis cependant n'etant point à portée de prendre consel de la loy et devant le prendre de son respect pour la justice il commance et dit qu'il connoit ledit sieur Benech temoin de nom depuis le commencement de ce procès cy et qu'il le connnoit de visage seulement depuis ce matin et qu'il n'a aucun objet ny reproche à proposer contre lui.

Ledit sieur Benech temoin a dit reconnoitre ledit sieur de Labaumelle acusé.

Lus en presence l'un de l'autre lecture faitte de la deposition et recolement dudit sieur Benech temoin l'avons interpellé de nous declarer s'il a dit la vérité et s'il a entendu parler dans ceux dudit sieur Labaumelle acusé present lequel a dit sa deposition et recolement etre veritable ce qu'il a soutenu face à face audit sieur Labaumelle accusé present et dit que ledit sieur Labaumelle acusé present est un de ceux qui etoient dans la salle de la dame de Fontenille et qu'il ne connoissoit pas allors et dont il a entendu parler dans sa deposition et recolement et y persiste.

Ledit sieur Labaumelle acusé a dit que la deposition et recolement dudit sieur Benech temoin contient verité pour ce qui le concerne.

Ledit sieur Labaumelle acusé nous a prié d'interpeller ledit sieur Benech témoin de declarer s'il n'est vray qu'en entrant dans la chambre monsieur David capitoul dit qu'on fouille tout le monde, et que lui acusé ne dit mot.

Ledit sieur Benech temoin repondant à l'interpellation a dit qu'il rappelle que M. David dit qu'on fouille tout le monde et il convient que lui accusé ne dit mot.

Et ainsi se sont separés persistant l'un et l'autre en leurs soutenement après lecture à eux faittes de leur presente confrontation à laquelle il ont persisté requis l'un et l'autre de signer et si ledit temoin veut taxe le dit acusé et ledit temoin ont signé et ledit temoin a dit ne vouloir taxe.

La Beaumelle   Benech

Dupuy assesseur   Michel Dieulafoy greff.

dud. jour

3. Mandé venir des dittes prisons dans le susdit greffe ledit sieur Labaumelle acusé pour et en executé de la susditte sentence lui etre accarié et confronté le sieur Laporte maître serrurier habitant de cette ville logé rue Peyrolieres. [...]

dud. jour

4. Mandé venir des dittes prisons dans le susdit greffe ledit sieur Labaumelle acusé pour et en executé de la susditte sentence lui etre accarié et confronté le nommé Antoine Debas, sergent de la compagnie du guet logé rue des Moulins. [...]

dud. jour

5. Mandé venir des dittes prisons du présent hotel de ville dans le susdit greffe ledit sieur Labaumelle acusé pour et en execution de la susditte sentence lui etre accarié et confronté le sieur Jean Michel Dorliac, employé logé rue de Guillorme, temoin à ces fins assigné à la requette [...]

Ledit sieur Labaumelle acusé a dit connoitre ledit Dorlhiac temoin, et propose pour objet et reproche contre lui qu'il l'a veû mandier journellement son pain de porte en porte que d'un autre cotté il a eté induit par mauvaise sugestion à deposer et que d'ailleurs il est instruit que ledit Dorlhiac a plusieurs decrets sur le corps lesquels il n'a pas purgé.

Ledit sieur Dorlhiac temoin a dit connoitre ledit sieur de Labaumelle acusé et repondant aux objects et reproches contre lui proposés a dit que tout est faux et suposé.

Ledit sieur de Labaumelle acusé propose pour objet et reproche contre ledit Dorlhiac temoin que c'est par haine et par inimitié qu'il a deposé contre lui sur ce que lui acusé dit deux differentes fois à la dame de Fontenilles et en presence dudit temoin que ledit Dorlhiac temoin etoit l'espion de la police.

Ledit Dorlhiac temoin repondant à l'objet et reproche contre lui proposé dit que ce n'est pas par haine ny par inimitié qu'il a deposé et qu'au surplus il n'a jamais entendu que led. sieur Labaumelle accusé ayt dit ~~que lui tem~~ à la dame de Fontenille que lui temoin etoit l'espion de la police et qu'il n'a jamais pris cette qualité.

Ledit sieur Labaumelle acusé propose encore pour objet et reproche contre lui qu'il a dit plusieurs fois que lui acusé la lui payeroit.

Ledit sieur Dorlhiac temoin repondant à l'objet et reproche contre lui proposé dit que ce que ledit sieur Labaumelle acusé allegue est encore faux et suposé.

En presence l'un de l'autre lecture faite de la deposition et recolement dudit Dorhiac temoin l'avons interpellé de nous declarer s'il y a dit la verité et s'il a entendu parler dans iceux dudit sieur Labaumelle acusé present, lequel a dit sa deposition et recolement etre veritable ce qu'il a soutenu face à face audit sieur Labaumelle acusé present et dit que le meme Labaumelle dont il a entendu parler dans sa deposition et le recolement et y persiste.

Ledit sieur Labaumelle acusé a dit que la deposition et recolement dudit Dorlhiac temoin mandiant est fausse en tous points et que la fausseté paroit evidament en ce que ledit temoin mandiant se jacte d'abord d'avoir eté prié à souper par une comtesse, et convient ensuitte qu'il a soupé où un mandiant doit souper, non avec les domestiques de ladite dame comtesse mais avec la nommée Marianne apparament autre mandiante, et qu'il n'est pas possible que ledit temoin des faits qui ~~se sont~~ \devoient s'ettre\ passées dans le sallon de la dame comtesse de Fontenilles attendu qu'il ne pouvoit y etre reçû etant un mandiant affectionné à une porte charitable et frequentée, qu'en deniant qu'il ayt eté chez la dame comtesse de Fontenilles en \qualité de\ mandiant auxquels tous les venants donnoient l'aumone et en soutenant en meme tems qu'il a veû des choses qui se sont passées dans le secret il a l'audace de se donner pour un joueur ou pour un croupier, et qu'en un mot dans toute sa deposition il ne se presente que comme un emphibie[28] indigne de toute créance.

Ledit Dorlhiac temoin a dit avoir dit la verité dans sa déposition et recolement et y persiste, ajoutant que laditte Marianne avec laquelle il soupa etoit fort amie de la dame de Fontenille et prenoit ses interets tout comme lui.

Ledit sieur Labaumelle accusé nous a prié d'interpeller ledit Dorlhiac temoin de declarer si c'est la dame comtesse de Fontenilles ou bien lui acusé qui tint le premier le pretendu propos de jetter le flambeau et la table sur le visage de M. David et de le faire voler par la fenetre s'il venoit les troubler, si ce fut le soir ou le matin que le pretendu propos fut laché si lui acusé etoit allors assis debout ou promenant, quel fut le jour où se tint ce pretendu propos, si lui acusé n'etoit pas allors seul avec madame de Fontenilles et la femme de chambre presente, et si lui acusé ne fit pas plusieurs fois les plus vifs reproches à la dame comtesse de Fontenilles de ses dechenements contre M. David.

Ledit Dorhiac temoin repondant à laditte interpellation a dit que la dame de Fontenilles fut la premiere à en parler à lui acusé et que lui acusé lui repondit quelque chose de meme, que lui acusé dit que M. David ne seroit pas assés hardy de venir les troubler et que s'il venoit on lui jetteroit la table et le flambeau par le visage et lui par la fenettre, que c'etoit le soir dans la nuit ne rappellant l'heure qu'il etoit, que lui acusé etoit assis, qu'il ne rappelle pas le jour, qu'il y avoit plusieurs personnes et qu'il ne rappelle pas qu'elles etoient, et qu'il n'entendit point que lui acusé fit des reproches à la dame de Fontenilles de ses dechenements.

Ledit sieur Labaumelle acusé a dit que les reponses dudit temoin à ses interpellations sont totalement fausses et suggerées, et d'un homme qui depoze de ce qu'il n'a veu ny peu voir à cause de sa qualité de mandiant journellement son pain de porte en porte. [...]

La Beaumelle   Dorlhac   Dupuy assesseur
Michel Dieulafoy greffier

Du neuvieme dud.

6. Mandé venir des dittes prisons dans ledit greffe ledit sieur Labaumelle acusé pour et en execution de la susditte sentence lui etre accarié et confronté le nommé Franc, soldat du guet logé au rempart, témoin [...].

Du neuvieme dud.

7. Mandé venir des dittes prisons dans ledit greffe ledit sieur Labaumelle acusé pour et en execution de la susditte sentence lui etre accarié et confronté le nommé Jean Soulé, soldat du guet logé sous la porte St Cyprien, témoin [...].

MANUSCRIT

AM Toulouse FF 804/1.

REMARQUE

La signature de La Beaumelle figure au bas de chaque page et parfois en marge des ratures.

NOTES EXPLICATIVES

25. *Accariation*: « Terme de palais usité dans quelques provinces de France, sur-tout dans les méridionales les plus voisines d'Espagne : il est synonyme à *confrontation*. » (*Encyclopédie*).

26. Jean Sicard (1696-1773), maître relieur en 1739, marié en 1723 avec Lucie-Blanche Dupoux (1709-1764). En 1760 il a trois filles non encore mariées : Louise-Yves née en 1736, Jeanne-Paule née en 1740 et Marie-Josèphe née en 1742 (voir Jacqueline et Jean Faure, *Les Sicard : relieurs-doreurs toulousains au XVIIIᵉ siècle : histoire et fleurons*, Toulouse : Amis des archives de la Haute-Garonne, 2013).

27. « Le sieur Olivier Benech, agé de quarante six ans, lieutenant de la compagnie militaire du guet » (AM Toulouse 804/1).

28. « On dit figurément d'un homme qui se mêle de différentes professions opposées l'une à l'autre que *c'est un amphibie*. » (*Dictionnaire de l'Académie française*, 4ᶜ éd. 1762).

23. *Mémoire pour les sieurs baron de Montlezun, chevalier de Roissé écuyer, avocat au parlement de Paris, Angleviel de La Beaumelle ancien professeur de langue & belles-lettres françoises & conseiller au Consistoire souverain de Dannemarc, chevalier de La Mothe, mousquetaire, La Romillière, bourgeois, & Martin peintre, appellans contre les Capitouls de Toulouse.*

[octobre 1760]

Le 9 de janvier 1760, à deux heures du matin, le s^r David se transporta chez madame la comtesse de Fontenille, avec un serrurier, un greffier, un assesseur, & une nombreuse escorte du guet. Il insulta cette dame qui lui jetta un flambeau à la tête.

La même nuit il porta plainte : & cet événement produisit le verbal le plus faux, le brief *intendit* le plus passionné, la procédure la plus irrégulière & la sentence la plus injuste, dont les sieurs de Montlezun, de Roissé, de La Beaumelle, de La Mothe, de La Romillière, Martin, & la demoiselle Sevennes demandent la cassation.

Toutes les qualifications qu'on vient de donner aux pièces de ce procès seront prouvées par le développement des faits.

Verbal

Le verbal n'est point fait par une personne légitime. Le s^r David n'étoit point magistrat quand il fit descente chez madame de Fontenille. Son verbal est du 9 de janvier : & il étoit sorti de charge le 31 décembre.

Il commit donc un acte de violence, condamné par toutes les lois, par l'arrêt du conseil de l'an 1751 & par ses provisions mêmes qui portent qu'il entrera en place le 1 janvier de chaque quatrième année & qu'il en sortira le 31 décembre.

Ainsi bien loin d'être reçu à demander qu'une prétendue injure qu'il essuya comme particulier soit vengée comme s'il l'avoit essuyée en qualité de magistrat, il mérite l'animadversion pour avoir attenté aux droits de ses confrères, pour avoir étendu au-delà des volontés du prince l'exercice de sa charge quadriennale, pour avoir fait servir l'autorité publique à insulter, à opprimer, à deshonorer une femme respectable par sa qualité, par son âge, par ses alliances et par ses vertus ?

Il ne sçauroit se dérober à la peine qu'il a encourue par cet attentat, en disant que s'il a violé la loi il s'est du moins conformé à l'usage, ni en alléguant que les magistrats municipaux de Toulouse ne sortent de place & n'y entrent que le 20 de janvier, ni en soutenant qu'il étendit le terme de son administration pour faire un acte de police nécessaire.

Car on lui demandera sur quelle possession, sur quel titre, sur quel arrêt cet usage est fondé. On lui diroit qu'il ne peut se prévaloir de la coutume \ou pour mieux dire de l'abus\ des capitouls électifs, parce qu'il n'est que capitoul titulaire. Ils ont une place : il a une charge. La communauté que les élit ne les destitue \environ le jour ?\ que le 20 de janvier, au lieu que les provissions qui lui confèrent son office quadriennal, le destituent expressément le 31 décembre. Quel est l'abus qui peut prescrire contre une loi si formelle ? Le silence gardé peut-être sur cette usurpation, suffit-ille pour la légitimer ? Une grande ville, il est vrai, a besoin que l'exercice de la police n'y soit pas un moment interrompu. Mais les ordonnances n'avoient rien laissé à faire au zèle entreprenant du s^r David. Dès le 1 de janvier, elle lui avoient donné un successeur parmi ses confrères quadriennaux : ce successeur étoit en place, & les capitoul électifs n'en étoient pas encore sortis.

Ce n'étoit point un acte de police que ledit David vouloit exercer : c'étoit uniquement un acte de vengeance. Il en convient lui-même avec une ingénuité qui étonneroit si l'on ne sçavoit que l'art de faire le mal est très différent de l'art de le bien faire. Dans son verbal il se représente aigri, ulcéré des bruits populaires qui lui raportoient des propos menaçans de la part de madame la comtesse de Fontenille. Il y rappelle avec chagrin la première descente que trois semaines auparavant il avoit faite inutilement chez elle. Et quoiqu'il supprime les justes plaintes qu'elle porta à M. le maréchal de Thomond & les reproches qu'il en reçut, on voit évidemment combien il étoit piqué d'avoir fait à madame de Fontenille un outrage infructueux & blâmé. Aveuglé par sa passion ou entrainé par la force du vrai, il ose présenter ces motifs de ressentiment comme les seuls qui le déterminèrent à faire ce qu'il appelle son devoir.

Quel devoir, qu'une action qui porte les plus odieux caractères d'une vengeance réfléchie ! Le s^r David mène à sa suite un serrurier qu'il a éveillé à minuit, pour ouvrir, pour décrocheter la porte d'une maison respectable \de qualité\, & cela, sur le simple soupçon qu'un soupé prié sera suivi d'une partie de jeu. S'il étoit si bien instruit, il devoit sçavoir aussi que le chef actuel du parlement étoit invité à ce même soupé : invitation qui écartoit toute suspicion de projet de jeu. Un vrai magistrat se seroit-il ainsi conduit ? eut-il voulu entrer comme un larron dans une maison paisible ? Se seroit-il porté à cet excès de violence & de fraude, avant de s'être assuré du fait ? La haine implacable que l'ex-capitoul avoit vouée à Mme de Fontenille, lui suggéra seule cet expedient, que les plus fortes preuves du plus énorme crime pouvoient seules justifier.

Peu content de cette étrange manière de pénétrer dans l'intérieur de la maison, assuré des effets de son ressentiment, résolu d'intenter à tout prix cette même nuit un procès criminel, il fait éveiller l'assesseur du Puy, sa creature, & le mène à sa suite pour commencer une procédure qui peut être n'aura pas lieu. Fort de ce secours & de son escorte, il entre brusquement dans le salon de Mme de Fontenille, le chapeau sur la tête, l'œil en feu, la main menaçante, l'imprécation à la bouche, vêtu d'une redingote blanchâtre & boutonée, sans aucune marque de magistrature. Il ne voit que trois personnes autour d'une petite table de piquet, point d'argent, point de cartes, rien qui puisse former un bon verbal. Il veut en chercher les matériaux dans les proches des assistans, & dit [à] ses soldats, *Qu'on fouille tout le monde & qu'on commence par Mme la comtesse*. Les soldats sont contenus par un coup d'œil de leur lieutenant. Le s^r David desobéi se jette sur une jeune dame, la fouille, & ne lui trouve qu'un six de carreau. Le s^r de Montlézun lui présente des cartes de piquet qu'il avoit en main. Désolé de l'innocence de l'assemblée & des nouveaux reproches qu'il recevra de M. le maréchal de Thomond, il tâche d'irriter les assistans par des menaces sur lesquelles il puisse verbaliser. Consterné de leur silence, il s'avance vers la comtesse, étend une main téméraire & veut la fouiller lui-même. Madame de Fontenille le voyant sans chaperon, sçachant qu'il n'avoit plus le droit de le porter, lui reproche en ces mots sa témérité, *Retire toi, coquin, je ne te connois pas*. Le s^r David enchanté de cette première insulte en mendie une seconde & fait de nouveaux efforts pour fouiller la comtesse qu'il prétend avoir caché les cartes dans son sein. Dès-lors ramassant tout ce qu'il lui reste de force, elle se saisit d'un flambeau, & en repousse l'ex-capitoul. L'objet du s^r David est rempli, il ne songe plus à faire exécuter son premier ordre de fouiller tout le monde. Il tient en main un heureux corps de délit : il sort avec la joye d'avoir de quoi poursuivre criminellement son ennemie & de quoi se justifier auprès de M. de Thomond.

Ce qui prouve que l'esprit de vengeance l'inspiroit uniquement, c'est qu'il fit avec une lâche partialité les plus iniques exceptions. Il laissa sortir diverses personnes. Le fait est constant : il dit lui-même dans son verbal, que *plusieurs trouvèrent moyen de s'évader*. Mais ceux qui connoissent l'apartement du Mme de Fontenille, demanderont comment on pouvoit sans la connivence ou l'ordre dudit David franchir une porte hérissée de vingt bayonetes & l'assemblée n'a point oublié ces paroles empressées du sr David aux soldats qui retenoient une dame, *laissez \donc\ passer Mme la ~~marquise~~**.
*elle jouoit & s'avouoit coupable\

C'étoit peu de retenir les uns & d'élargir les autres. Le s^r David choisit parmi ceux qui restèrent ceux qu'il vouloit comprendre dans son verbal. Oseroit-il nier qu'après avoit fait crayonner les noms, il serra la main à un officier de la cour ? et s'il le nioit, cet officier ne s'empresseroit-il pas à l'avouer, lui qui doit voir avec horreur la demoiselle Sevennes & les sieurs de Montlezun & de La Beaumelle condamnés à une peine presque déshonorante pour avoir joué avec lui à la mort d'une petit écu. Son nom paroit dans les dépositions & ne paroit point dans le verbal. De quel œil ce magistrat doit-il regarder cette prévarication ? Le s^r David oseroit-il nier, que la dame de Fraysse donna son nom, qu'elle ne bougea de sa place, & qu'elle lui dit le mot qu'un des témoins raporte & qu'elle répète elle-même dans son interrogatoire. Y eut-il jamais de partialité plus marquée ? Non, le s^r David lui-même n'auroit osé prévariquer ainsi, s'il avoit cru être magistrat. Sa charge lui eut rappellé ses devoirs : & ce souvenir l'auroit garanti des imprudences de son ressentiment.

Ce verbal pouvoit & devoit être fait sur les lieux. L'utile greffier étoit présent :

le complaisant Dupuy l'auroit arrangé. Mais l'assemblée auroit demandé à le signer : & dès lors on n'auroit pu s'écarter du vrai. On voulut se conserver la liberté de le faire & de le refaire. L'ex-capitoul va donc le composer à l'hôtel de ville, transpose les événemens, & ne raconte qu'une partie des faits. Le lendemain il l'élague, il le perfectionne, il y fait divers changemens qui indignent le s^r de Tégra capitoul au point d'arracher de lui la protestation qu'il ne participera point à cette iniquité. Ces changemens ne furent point inconnus aux gens du roi, puisque le s^r Pijon avocat du roi à l'hotel de ville dit en plein Sénéchal que le verbal avoit été refait trois fois. Ces changemens sont indiqués aux yeux clairvoyans par une contradiction sensible de la pièce même, qui dit que *plusieurs personnes s'evadèrent* & qui ajoute trois lignes plus bas, que *la main forte empécha de s'évader ceux qui le tentoient.*

Les sieurs Appellans se croyent dispensés de s'inscrire en faux contre un verbal dont la fausseté est déjà prononcée par la loi qui le casse comme l'ouvrage, comme l'attentat d'un homme sans pouvoir. Et comment a-t-on osé produire au Parlement une pièce dont les juges eux-mêmes connoissent la fausseté ? fausseté dont peut-être quelques-uns de ces mêmes juges sont les objets ? Si celle pièce n'étoit pa rejettée, il pourroit arriver que les Appellans seroient condamnés par un de leurs corrées : & un pareil arrêt ne seroit-il pas le scandale de la justice ?

Le s^r David redoutant les regards du ministère public, qui jusqu'ici lui ont été si funestes, présenta ce verbal au Syndic de la ville, qui ordonna un enquis.

Le parlement cassa sur le champ la procédure faite à la requête d'un officier purement économique. Ne doit-on pas espérer de sa justice qu'il cassera de même le verbal d'un homme qui n'étoit plus capitoul.

Les argumens qui militoient contre le Syndic, militent contre le s^r David. L'un & l'autre étoient sans pouvoir. L'un & l'autre s'étayoient d'un usage reconnu, avec cette différence que la possession du Syndic étoit immémoriale & certaine, au lieu que celle de l'ex-capitoul est incertaine & ne datte tout au plus que de la création de son office. L'un & l'autre exercoient une autorité désavouée par les ordonnances. Tous les deux se jouoient de l'ordre judiciaire, l'un en agissant indépendamment de la puissance qui est la source de tout acte de justice, l'autre en étendant son pouvoir au-delà du tems marqué par le prince.

Le s^r David ne peut alléguer à l'appui de son verbal aucun prétexte de bien public. Qu'il dise que par sa descente chez Mme de Fontenille il a contribué au maintien de la loi qui défend les jeux de hazard, on lui répondra qu'avant de maintenir les lois il avoit commencé par les violer. Et on laissera à la prudence & à la justice de la cour ~~cette~~ \ces\ questions à décider : *Quel est le délit le plus considérable & le plus digne d'être réprimé, celui de quelques particuliers qui s'amusent à perdre ou à gagner un petit écu sans mépris pour les ordonnances, ou celui d'un particulier qui au mépris des ordonnances prolonge le terme de sa magistrature pour nuire ou pour opprimer. Lequel est le plus digne d'un corps conservateur & dépositaire des lois, de reconnoitre un verbal fait par un homme incompétent & de valider par là l'usurpation de cet homme, ou bien de le rejetter & de laisser impunie une légère faute contre la poli[ce.]*

La solution de ce problème sera d'autant plus aisée, que la cour se souviendra que le s[r] David ne sçauroit être trop réprimé. On connoit son excessive témérité, on sçait avec quelle impatience il suporte la subalternité à laquelle la Providence l'a condamné. On n'ignore pas quelle extension il donne tous les jours au petit empire qu'il a dans les lieux publics. Dernièrement il avilit sa propre magistrature en arrêtant lui-même un décrété : & son chaperon fut la chaine dont il le lia. On ne peut avoir oublié, que l'homme qui ose aujourdui affirmer un verbal en qualité de magistrat, est le même qui osa il y a dix ans remettre en prison un citoyen qu'un arrêt avoit provisoirement élargi.

La pièce matrice de la procédure étant fausse, nulle & vicieuse en tous ses chefs, il est inutile d'examiner toutes les parties de cette même procédure. Mais il est bon de dévoiler tout ce mistère d'iniquité, & de montrer par quelles voyes le projet d'opprimer l'innocence a été consommé. Les juges subalternes apprendront à ne pas employer à leurs vues particulières la portion de puissance publique dont ils sont revêtus. Le s[r] David verra enfin que l'habitude de pécher avec succès ne garantit pas toujours de la peine d'avoir péché.

Brief intendit

Le s[r] David joignit à son verbal un brief très passionné. Il le forma des bruits qu'il avoit ramassés dans les rues contre sa personne & qu'il croyoit partir de la maison de madame de Fontenille.

Il ne se borna point, comme il le devoit, à des faits rélatifs au verbal. Il y en joignit d'étrangers : il exigea même que les témoins fussent interrogés sur les écrits secrets de madame de Fontenille & de ses amis.

Mais le sixième article de ce brief est le plus étonnant. Il met en cause le s[r] de La Beaumelle. L'excapitoul veut qu'on demande aux témoins, *si ledit sieur a eu dit que si M. David s'avisoit de venir le troubler, il vouloit lui jetter le flambeau & la table sur le visage & le faire voler par la fenêtre.*

Cet étrange interrogat n'étoit point afférent au procès-verbal, qui représente le s[r] de La Beaumelle, soumis, respectueux, ne jouant point, gardant un profond silence, & ne le rompant que pour dire son nom lorsqu'il en est réquis par un homme qu'il ne connoit pas, qu'il n'avoit jamais vu & qu'il se flatte de ne revoir jamais.

De plus, ce prétendu propos étoit incroyable à force d'être absurde. Il n'étoit pa vraisemblable qu'un homme sensé eut projetté une pareille violence envers un homme dont il n'avoit reçu aucune offense, dont il n'avoit rien à craindre, & qui n'entre dans une maison qu'avec un escorte de vingt soldats. De pareils crimes envers la magistrature peuvent se commettre dans la vivacité par un libertin étourdi, mais ne peuvent guère se projetter de sang-froid.

Mais le s^r David avoit résolu de noircir le s^r de La Beaumelle, qu'il haïssoit d'autant plus qu'il le haïssoit injustement. Il lui avoit attribué la lettre de plaintes de Mme de Fontenille à M. le maréchal de Thomond, comme si cette dame avoit besoin d'une main étrangère pour se plaindre d'une insulte personnelle. En conséquence de cette imputation, il avoit fait envahir son apartement par six soldats dès six heures du matin. Il avoit exposé ses effets au pillage, & l'avoit désigné au public comme un criminel.

Il étoit donc essentiel au s^r David de comprendre le s^r de La Beaumelle dans le *brief*, de le faire charger par des témoins, de lui inspirer de la frayeur, de l'empêcher de lui demander compte de sa violence, en un mot de commencer une procédure qui s'accordât avec la garnison qu'il avoit logée chez lui & avec les accusations calomnieuses dont il l'avoit noirci auprès de M. de Thomond.

Ce n'est pas tout : il cherche des témoins qui puissent être aisément induits à déposer des faits sur lesquels les soldats ne peuvent déposer. Il en trouve deux de la plus vile espèce, une prostituée, chassée depuis quinze jours de chez Mme Fontenille, & placée par lui chez une de ses créatures, & le nommé Dorliac, mendiant affectionné à une porte charitable & fréquentée, fils de cette fameuse maquerelle flétrie par la justice, flétri lui-même de plusieurs décrets & de divers crimes qui le mettent dans la dépendance de la police. A l'ombre de la nuit il fait venir dans sa maison diverses personnes qu'il croit propres à déposer, la Marianne, la d'Henri, la Dorliac fille, &c. Mais l'une a été bannie pour vol, l'autre n'est jamais entrée chez Mme de Fontenille. Celle-ci est sa servante, celle-là est saisie d'horreur en entendant le parjure qu'on lui propose. Le sieur David se trouve réduit à se contenter de deux témoins, à ne présenter qu'une prostituée & un mendiant, & à gémir sur le malheur des tems.

Dépositions

Les témoins furent ouis le 10 de janvier. Le serrurier, le lieutenant du guet, un sergent & deux soldats déposèrent du fait du flambeau jetté par Mme de Fontenille. Leurs dépositions furent conformes au verbal & dans les circonstances & dans l'expression. Dorliac & Julie Latier ne parlèrent que du jeu ; mais le premier raporta une jactance contre le s^r David, qu'il attribua conjointement à la comtesse de Fontenille & au s^r de la Beaumelle.

Le syndic de la ville conclut au décret de prise de corps contre ladite dame & contre ledit sieur, & au décret d'ajournement personel contre les sieurs de Roissé, de Montlezun, de La Mothe, de La Romillière, Martin, la dame de Fraysse & la demoiselles Sevennes.

Le ... les décrets furent signifiés. On annota les effets de la comtesse de Fontenille & du s^r de La Beaumelle. Après l'annotation les soldats sortirent de leur appartemens.

Le parlement cassa cette procédure faite à la requête du Syndic de la ville, & ordonna qu'elle se feroit à la requête du procureur du roi.

Cet arrêt ne fut point exécuté. L'information ne fut point refaite. A la vérité les mêmes témoins furent réassignés à la requête du procureur du roi. Mais ils ne furent point ouis. On se contenta de recopier leur déposition, de la leur lire peut-être & de la leur faire signer. Ce fut une espèce de recollement.

Cette incroyable prévarication est prouvée par l'identité des deux informations. Qu'on les compare : pas un mot de changé. Or est-il concevable qu'un serrurier, un lieutenant, un sergent, deux soldats, une servante & un valet, ayent tous la mémoire assez fidèle pour répéter leur premier témoignage, sans changer, je ne dis pas la moindre chose dans les circonstances, mais une seule sillabe \virgule\. dans l'expression. Il faut nécessairement avouer, ou que le commissaire s'est contenté d'une simple recolement, ou bien qu'on avoit fait apprendre à chaque témoin sa leçon.

Ainsi le vœu de l'arrêt n'a point été rempli : ainsi les intentions de la cour furent éludées : ainsi l'on osa sous ses yeux se jouer de son autorité.

La déposition de Julie Latier est la seule, à laquelle on ait ajouté quatre lignes. Mais le motif de cette addition est évident. Les dépositions précédentes ne chargeoient point le s^r de La Beaumelle autant qu'on l'auroit souhaité. Le procureur du roi n'avoit conclu contre lui qu'un décret d'ajournement personnel. Il falloit absolument le décréter au corps. Il le falloit pour satisfaire le s^r David, il le falloit pour l'éloigner par la crainte d'être jugé par ses parties, il le falloit pour l'empêcher de demander justice de la garnison mise arbitrairement chez lui & de redemander ses papiers, ses effets, son argent, son porte-feuille qui n'étoient point compris dans l'Annotation qu'on lui avoit signifiée. De sorte que pour l'honneur du Capitole, il fut ajouté à la seconde déposition de Julie Latier quatre lignes qui n'étoient pas dans la première. Ces quatre lignes contredisoient un autre témoin. Mais les capitouls ne virent point qu'elles alloient à la décharge de l'accusé, & s'en servirent promtement auprès du procureur du roi pour lui faire rétracter ses conclusions en ce qui concernoit le s^r de La Beaumelle.

Et que dira-t'on, quand on sçaura que ce dernier témoin ne fut point assigné à la requête du procureur du roi. Ce magistrat méprisoit trop le témoignange d'une fille dont la prostitution étoit ~~eo~~public. Il la connoissoit sous son vrai nom de Julie Médard : on lui présenta sa déposition sous le faux nom de Julie Latier. Elle est native de Lauzerte : on lui donne pour patrie le Port de Ste Marie ; elle est fille d'un mendiant : on la métamorphose en fille de lieutenant colonel d'artillerie.

Trompé par cet artifice, le procureur du roi reçut cette déposition. Mais depuis il a souvent répété qu'il n'avoit point réquis qu'elle fut assignée. L'exploit est sans doute en son nom. Mais tous les jours il est obligé de désavouer des exploits qui partent de cette juridiction précipitée, témoin celui de la procédure extraordinaire ordonnée contre le s^r Barrau[29]. L'on s'en rapporte sur celui-ci à son serment.

Dorliac & Julie Latier sont deux témoins qu'on est allé chercher pour déposer de fait étrangers au verbal. Dorliac n'étoit point présent à la scène du 9. Dailleurs il se représente lui-même comme corée : & Julie Latier chassée depuis quinze jours, ne pouvoit fournir aucun éclaircissement sur les faits du verbal.

On ne dit rien de la déposition du serrurier : les juges seront assez étonnés que le s^r David ait fourni un témoin qui le condamne. On dédaigne d'observer que l'officier & les soldats du guet, quoique témoins nécessaires, sont trop dévoués aux volontés d'un de leurs colonels pour être entièrement crus. Mais on ne peut se dispenser d'ajouter que la nommée Dorliac fille & la nommée Marianne furent assignées, & qu'ayant été crues, elles furent renvoyées sans qu'on écrivit leurs dépositions, apparemment parce qu'elles tendoient à la décharge des accusés.

Décret

Les témoins ouis ou pour mieux dire récollés, on laxa un décret de prise de corps contre la dame comtesse de Fontenille & le s^r de La Beaumelle, & un décret d'ajournement personnel contre les sieurs de Roissé, de Montlezun, de La Motte, Martin, La Romillière, la demoiselle Sevennes & la dame de Fraysse.

On ne voit pas le motif du décret contre le s^r de La Beaumelle, qui n'est chargé que par deux témoins qui non seulement se contredisent, mais encore qui déposent chacun un fait différent. Il n'appella point de la rigueur de ce décret, parce que le s^r David, attentif à lui fermer toutes les voyes de la justice, lui avoit suscité dans le même tems une persécution qui le tenoit dans une défiance continuelle.

On voit encore moins pourquoi Mme la marquise d'Aussonne n'est pas décrétée d'ajournement. Elle est nommée par autant de témoins & de corrées que la dame de Fraysse. Elle est nommée comme ayant soupé & joué, au lieu que la dame de Fraysse n'est accusée que d'avoir soupé. Dira-t'on que la dame d'Aussonne ne paroit point dans le verbal ? La dame de Fraysse n'y paroit pas non plus.

On demande encore pourquoi cette foule d'amis de la comtesse de Fontenille, les s^rs de Charlari, de Vignes, de Saissans, de Najac, la dame de Clermont, l'abbé Panart[30], nommés par Dorliac & par Julie, n'ont pas été décrétés, du moins d'un assigné pour être ouï ?

On demande pourquoi un conseiller au Parlement nommé par les témoins & par les corrées, n'a point été déféré à sa compagnie.

On demande enfin pourquoi le Monsieur que le verbal représente vétu d'un habit noir, n'a point été décrété, du moins sous le nom d'un *Quidam* : précaution ordonnée par la loi, & d'autant plus nécessaire ici que les soldats avoient parlé dans leur déposition de divers inconnus, qu'ils auroient pu reconnoitre à la confrontation ?

Interrogatoires

Les décrétés furent promtement interrogés. Les s^rs de Roissé, Martin, Montlezun, La Romillière, La Mothe & la dame de Fraysse nièrent avoir joué chez Mme de Fontenille. La d^lle Sevenne & les sieurs de Montlezun & de La Beaumelle avouèrent y avoir joué le pharaon à la mort d'un petit écu. Tous racontèrent unanimement la brusque irruption de s^r David dans le salon de Mme de Fontenille, ses menaces, ses provocations, ses entreprises & la manière dont le flambeau avoit été jetté.

Dans ces interrogatoires la passion & l'animosité paroissent à découvert.

1°. Les interrogats devoient être à peu près uniformes. Il y a autant de différences entre eux, qu'il y a d'interrogés différens.

2°. on fait les questions les plus indécentes & les plus étrangères au verbal, au brief, aux dépositions des témoins, aux auditions des corrées, pour pour parvenir à noircir le s^r de La Beaumelle. Et sur ce qu'on reçoit des réponses décisives pour son innocence, on ne fait plus les mêmes interrogats aux autres accusés, pourquoi? de peur que l'unanimité de leurs réponses ne lui soit avantageuse.

3°. En même tems qu'on interroge sur des faits étrangers, on oublie avec affectation d'interroger sur des faits résultans de l'information. C'est qu'on craint que les réponses des coaccusés sur le sixième article du brief, n'invalident les mensonges des témoins.

4°. Ce qu'il y a de plus étrange, c'est qu'on fait à un des accusés un interrogat ignominieux sur sa probité, & que pour aquérir le droit de le lui faire, on lui dit que l'information contient un fait que ladite information ne contient pas. La justice ne tend point de pièges mais la passion connoit-elle les règles?

5°. En interrogeant le s^r de La Beaumelle, on dénature une déposition. On lui demande si *un autre soir* il n'a pas dit telle chose, tandis que le témoin parle évidemment du *même soir*. On lui fabrique l'histoire d'une pêle rougie au feu, comme un fait déposé par ledit témoin, tandis que ce témoin ni aucun autre n'en dit un mot. Y eut-il jamais d'animosité plus marquée?

MANUSCRIT

ALB 6664.

REMARQUE

Brouillon au propre de la main de La Beaumelle interrompu après la p. 12.

DATATION

D'après LB 3668 (voir n. 7).

NOTES EXPLICATIVES

29. Le frère de Marie Barreau, que David poursuit de ses assiduités et sur laquelle il exerce un chantage en lui promettant d'« accommoder l'affaire de son frère » (voir A. Feugère, « Un scandale toulousain au XVIIIe siècle », p. 432-434, et LB 3592 n. 3).

30. Lire *Panat* (voir LBD 300-8 n. 19).

24. *Requête de La Beaumelle au Parlement*
Requete de monsieur Laurent Angliviel de La Baumelle à Nosseigneurs du Parlement

[décembre 1760]

Supplie humblement Laurent Angliviel de La Baumelle du diocese d'Alais, ancien professeur royal en belles lettres à l'Université de Copenhague & conseiller au grand consistoire de Dannemarc, disant, que le 9 janvier 1760 à deux heures après minuit, le sieur David fit une descente chés la dame contesse de Fontenilles, prétandit en avoir reçu un coup de flambeau, & nomma dans son verbal le S^r de La Baumelle comme un des spectateurs. L'enquis fut ordonné sur la plainte du Syndic de la ville, les temoins ouïs à sa requête, les décrets laxés. La Cour ordonna que cette procedure seroit continuée à la diliganse des gens du roi; elle fut refete, on ne sait pour quelle raison le suppliant fut decreté au corps le 15 janvier; il se remit volontairement le 20 de septembre, porta son interrogatoire, fut confronté aux témoins, se vit condamné le 16 octobre à 500 £ d'amande, à trois ans d'abstention de la ville & à une admonition. Ses crimes sont 1° de s'être trouvé chez une femme de qualité accusée d'avoir frapé le Sr David : il en convient. 2° d'avoir joué au pharaon alternatif à la mort d'un petit écu : il en convient aussi, & ce fait n'est même prouvé que par son aveu. 3° d'avoir dit un soir pendant qu'on jouoit conjointement avec la dame de Fontenille que si le Sr David venoit dans la maison pour les troubler ils vouloient lui jetter le flambeau & la table sur le visage & le faire voler par la fenêtre : il le nie, & un seul témoin le dépose. 4° de ne l'avoir point dit, mais d'avoir répondu à la dame de Fontenilles qui le disoit, que le Sr David ne seroit pas assez maraud pour aller dans une maison comme la sienne. C'est ce que depose un autre témoin.

Voilà sur quelles preuves le suppliant a eté designé au public & aux puissants comme un criminel, depouillé de ses effets & de son bien, en un mot frapé de la foudre decret qui pour les gens d'honneteté est la derniere de la justice.

Cet exposé suffiroit sans doute pour le justifier. Mais il est bon de montrer par quelles voyes le projet d'opprimer l'innocence a été consomé. Le supliant se tait sur l'article du jeu. C'est à la cour à voir quelle peine méritoit un jeu d'amusement & d'occasion absolument fixé à cinq pièces de 12 sols représentées par cinq jettons, un tri pharaonique sans banque sans argent joué avec de vieilles cartes sur une petite table de piquet qu'on a osé présenter comme l'autel d'un banquier de phararon. Quant aux menaces contre le Sr David absent, elles n'etoient point punissables par elles mêmes, les volontés ne sont point des crimes, une volonté n'est point un conseil, une volonté sans execution sans projets, sans reflexion n'est pas même une volonté. L'alibi de la volonté supliant etoit demontrée par sa parfaite inaction avant pendant après que le flambau fut jetté. Il y avoit un delit & l'auteur unique en etoit connu. Le verbal demantoit ces absurdes jactances. Il représentoit le suppliant loin du Sr David, loin de la table, soumis, modéré, respectueux, ne riant pas même, gardant un profond silence, ne le rompant que pour dire son nom lorsqu'il en est requis par ce même Sr David dont il n'avoit reçu aucune offense, dont il avoit lieu de n'en craindre aucune, qu'il ne connoissoit pas, qu'il n'a jamais vu & qu'apparemment il ne reverra jamais. Les deux témoins qu'on fournissoit contre lui se contredisoient en tout point. L'un le chargeoit de n'avoir joué qu'au pharaon, l'autre n'avoir taillé qu'au lansquenet. L'un l'accusoit d'avoir tenu un mauvais propos, l'autre de l'avoir réfuté. Tous les deux mentoient & se contredisoient en mentant car ils articuloient le meme fait, c'etoit le même soir, les mêmes circonstances, les mêmes paroles, & paroles si etranges qu'on pouvoit tout au plus croire qu'elles avoient été dites une fois.

Mais quand ces deux témoins n'auroient pas été combattus l'un par l'autre, le suppliant ne devoit pas moins être relaxé par les capitouls. En effet l'un raportoit une vaine jactance, l'autre un mot injurieux. Que conclure de ces ceux raports différens ? Rien abolument, si non que le suppliant se trouvoit précisément dans le cas où la loi, la loi la plus ancienne & la plus sainte déclare un homme innocent : *Testis unus, testis nullus*[31].

Les capitouls diront-ils qu'un seul temoin fait une demi preuve ? Mais que peut-on statuer sur ce qui est incertain ? D'ailleurs si le temoin unique fait demi preuve lors de l'information, il ne fait pas un millième preuve lors du jugement. Dans l'information tout est de rigueur : dans le jugement tout est de faveur ; c'est là que le *testis unus testis nullus*. Les capitouls raisonnerent : nos deux temoins dirent-ils déposant chacun un fait different, aucun des deux n'est certain ; mais de cette incertitude il resulte que l'accusé est coupable d'un fait quelconque qui merite une condamnation plus forte que ne meriteroient les deux autres faits s'ils etoient prouvés. Et que les capitouls ne se defendent point de ce ridicule sophisme. Le suppliant va demontrer qu'ils ne purent pas même y tomber : en effet les témoins ne laisserent point des juges dans l'incertitude, les temoins attesterent son innocence. On avoit choisi pour decider de l'honneur d'un citoyen deux personnes qui en ont à peine la qualité. On avoit choisi un Dorliac mendiant de la plus vile espèce, le fils d'une maquerelle que la justice a puni, noirci lui-même de quantité d'actions qui le mettent dans la dépendance de la police, imposteur qui prend la qualité d'employé dans les droits du quart qu'il n'avoit point, impudent mal-adroit qui dans la première ligne de sa déposition se dit prié à souper par une comtesse & avoue dans la dernière qu'il avoit soupé non avec les valets, mais avec la mendiante, un animal amphibie qui dans sa déposition eut l'audace de se donner à la fois pour compagnie puisqu'on le prioit à souper, pour croupier puisqu'il fournissoit les cartes, pour domestique puisqu'il alloit les chercher, pour espion puisque deniant ensouite ces trois qualités il demeuroit certain qu'il ne pouvet avoir scu que sous cette dernière ce qui se passoit chés la dame de Fontenille. On lui avoit associé une catin publique, avec laquelle il avoit cohabité un mois, servante chassée par sa maîtresse, le rebut de la plus vile canaille, se disant au procès l'intime amie de dame marquise de Boesse & la femme de chambre de la dame comtesse de Fontenille, fille d'un lieutenant colonel & logée à la Providence, en un mot un de ces personnages sans mœurs, sans feu ni lieu, que la justice sévère n'admet qu'avec une extrême répugnance, même dans un extrême besoin.

Ces deux témoins déposerent & varierent avec la même facilité, soit qu'ils fussent pressés par les remords, la derniere vertu des scelerats, soit qu'ils eussent été mal instruits car on ne prit pas meme la peine d'opprimer le suppliant avec quelque bien seance. Dorliac avoit déposé *qu'en décembre il avoit entendu le S^r de La Baumelle & la dame comtesse de Fontenille dire si le Sr David s'avisoit entrer dans la maison pour les troubler, ils vouloient lui jetter le flambeau & la table sur le visage & le faire voler par la fenêtre.* A la confrontation il declara que la dame de Fontenille avoit tenu ce discours, & que ledit S^r de La Baumelle avoit seulement *répondu quelque chose de même* et variant encore il ajouta que ledit S^r de La Baumelle avoit dit qu'on lui jetteroit le flambeau & la table au visage & lui *par la fenêtre*. D'où résultoit une contradiction manifeste. Dorliac etoit combattu par Dorliac. Suivant Dorliac deposant le S^r de La Baumelle avoit fait part à l'assemblée d'une absurde velleité qu'il avoit contre l'entrée d'un homme toujours bien escorté : avoit dit *je veux*. Suivant Dorliac confronté le S^r de La Baumelle etoit simplement historien : la dame avoit parlé, & le S^r de La Baumelle répété son radotage : on jettera. Mais l'avoit-il approuvé en le relatant ? ou l'avoit-il réppété seulement par la seule répétition ? Etoit évident que Dorliac avoit detruit son texte par son commentaire, qu'il avoit voulu se rétracter, & que craignant ou peut-être menacé d'être pendu, il s'etoit contenté d'anéantir sa déposition en variant. Mais il ne plut point aux capitouls d'ouvrir les yeux à l'evidence.

La servante n'avoit pas été plus ferme. Dans la déposition elle avoit dit que la dame de Fontenille seule ayant tenu le propos ci dessus le S^r de La Baumelle avoit repondu que le Sr David *ne seroit pas assés maraud pour aler dans une maison comme la sienne* ; à la confrontation elle assura que le S^r de La Baumelle ne dit que le Sr David n'oseroit aller dans cette maison qu'apres qu'il y fut allé en décembre, ce qui est le comble de l'absurdité. Dans sa deposition elle avoit assuré que le S^r de La Baumelle tenoit toujours les cartes, à la confrontation elle lui a associé la dame marquise d'Aussonne. Dans sa déposition elle avoit asssuré que le S^r de La Baumelle gagnoit toujours, à la confrontation elle lui associa la dame marquise d'Aussonne. Dans sa deposition elle avoit parlé de jeu de cartes : à la confrontation elle ne parla que d'un jeu qu'on joue sans cartes. Dans sa deposition elle s'etoit expliquée du ton le plus capable : à la confrontation elle déclara qu'elle ne connoissoit ni jeu de commerce ni jeu de hazard, que quand elle voyoit jouer elle etoit hors d'etat de discerner quel jeu l'on jouoit, & que par le lansquenet ou la dupe que le S^r de La Baumelle donnoit tous les soirs elle avoit entendu un jeu où chacun avoit des images devant soi & un des joueurs un sac duquel on tiroit des olives de bois où il y avoit un parchemin numéroté.

Le S^r de La Baumelle ne pouvoit disconvenir qu'il n'eut souvent joué au cavagnol, que cette fille appeloit le lansquenet d'apres ses suborneurs et c'est le seul reproche qu'on put lui faire car un pharaon alternatif entre *trois personnes à la mort d'un petit ecu etoit un delit indigne je ne dis pas de l'attention de la cour mais de celle des capitouls mêmes.* Mais quand il perdoit tant d'heures précieuses à ce cavagnol défendu par un arrêt de règlement & joué partout, malgré cet arret pouvoit-il scavoir que les capitouls s'arrogeoient le droit de décréter au corps pour le cavagnol travesti en lansquenet & de faire expier par un étranger le crime de toute une ville.

Quoi qu'il en soit apres une pareille confrontation la vérité frapoit assé vivement les yeux des capitouls pour les eclairer sur la parfaite innonence du supliant. Mais comment auroient ils obei à ces lumières? ils venoient de ressister à des lumières plus grandes. Cette fille repprochée par l'accusé avant la lecture de la deposition comme fille sans aveu avoit déclaré qu'elle avoit passé un mois chez la maquerelle Dorliac, qu'elle avoit été salie d'une maladie honteuse, qu'on lui avoit proposé prostitution, & qu'elle étoit bien fâchée d'avoir refusé, qu'elle ne se souvenoit pas de certain fait, mais qu'elle le *nioit pour plus grande sureté,* enfin que LE SIEUR DAVID LUI AVOIT DONNÉ ET FAIT DONNER DE L'ARGENT AVANT, PENDANT ET APRÈS SA DÉPOSITION.

Ces objects accueillis par les gens du roy, furent rejettés par les capitouls, sous le vain prétexte qu'ils n'etoient que le resultat des interpellations faites apres lecture de la deposition, comme si le reproche de fille sans aveu qui ranferme tout n'avoit pas eté avoué par le temoin, comme si des objects existoient moins pour etre deplacés, comme si le prevenu etoit le manutenteur des formes, comme s'il étoit permis aux juges de prononcer contre les lumières de leur conscience, comme si un témoin qui atteste sa propre infamie ne devoit pas être cru, comme s'il devoit être cru sur le fait d'autrui lorsqu'il n'est pas cru sur son propre fait. Quoique un temoin si bien payé doit etre precieux au suborneur le S^r de La Baumelle esperoit que les capitouls rejetteroient un temoignage que deja les variations rendoient inutile, il se flattoit qu'ils ne le forceroient point à exposer aux yeux de la cour un amas d'ordure & de boue que le supliant ne remue aujourdui qu'avec horreur. Mais il faut le dire hautement : cette fille subornée s'est jouée de la justice. Elle est de Lauzerte : elle jura qu'elle etoit native du Port Ste Marie. Elle se nomme Marion Guéral : elle jura qu'elle s'apelloit Julie Latière. Elle est fille d'un porte-faix : elle jura qu'elle etoit de fille de lieutentant-colonel d'artillerie. Les preuves en sont au procès. A l'aide de cette metamorphose qui donnoit du poids à sa deposition on parvint à faire recevoir par le procureur du roi un témoin qui n'avoit pas été assigné sur son indication, un temoin qu'il connnoissoit sans doute sous son vrai nom, un temoin qui manquoit à la charge du S^r de La Baumelle, un temoin dont on se servit pour faire retracter par le Sr Lagane des conclusion trop favorables à l'accusé trop innocent.

Après tout ce qu'on vient d'exposer le S^r de La Baumelle defandu par les faits se batroit contre un fantome s'il repoussoit une accusation qui n'est rien en elle meme & qui fut elle quelque chose, seroit desormais aneanti par les reproches contre l'un des temoins & par la variation essentielle de l'autre. Il est impossible que la cour ne soit pas unanimement indignée d'une santanse dont le but semble avoir été de le fraper par les deux endroits les plus sansible. Il prefere le séjour de Toulouse à tout autre séjour : on veut qu'il s'en abstienne trois ans ; on veut l'éloigner de ses amis & le priver des agrémens d'une société qu'il a choisie. Il prefere l'honneur à la vie : on veut qu'une admonition fletrissante à ses yeux l'avilisse à ceux de ses concitoyens. Sans doute les capitouls n'ont pas senti qu'un homme qui sacrifia sa vie à la gloire ne sçauroit survivre à une pareille disgrace et dans quelle ville le suppliant oseroit-il porter ses pas, lorsqu'il se diroit à lui même qu'il en est une dont l'entrée lui est défendue par un jugement ? A quels amis, à quels parens, à quels hommes oseroit-il se presanter lorsqu'il n'auroit à leur montrer qu'un ami un parent un homme taché d'une admonition ? Quels ouvrages de morale d'imagination d'histoire oseroit-il ofrir au public lorsqu'il penseroit qu'ils seroient deja discredités par le nom seul d'un ecrivain repris de justice. Qu'un autre leve un front audacieux après avoir merité & subi l'admonition d'un parlement. Le S^r La Baumelle avoue qu'il professe une philosophie trop depandante de l'opinion publique pour endurer stoiquement la plus legere reprimande de la plus inferieure des cours. Aussi s'empressa-t-il d'appeller. Monsieur de Puget alors président des vacations peut attester à quels exces cet appel porta soudain le Sr David. Il sait, il vit presque avec quelle violence quinze soldats vinrent arracher l'appellant de son lit pour le transferer d'une prison desante dans un repaire de bandits, avec quelle inhumanité l'appellant quoique sous les yeux du concierge fut livré à la garde d'un soldat avec defanses de laisser parler à personne. Ce magistrat receu les plaintes du supplient puni de son appel, plaintes auxquelles le Sr David n'auroit pas donné lieu s'il avoit sçu combien il est naturel d'appeller d'une admonition quand on le peut, s'il s'etoit souvenu combien il est facheux de ne le pouvoir pas, s'il avoit reflechi que ce recentiment pueril n'otoit rien à la force d'un appel qui alloit montrer au grand jour l'affreuse verité.

En effet cette monstrueuse procedure ne sçauroit soutenir un instant les regards d'un tribunal superieur ou meme seulement impartial. Qu'on la decompose : elle n'est qu'un tissu d'irregularités qui sont autant de moyens de cassation.

1° le brief est violant & passionné. Le Sr David le forma des bruits qu'il avoit ramassés dans les rues contre sa personne & qu'il croyoit partir de la maison de la dame de Fontanille. Il ne se borna point comme il le devoit à des faits relatifs au verbal, il y en joignit d'etrangers : il vouloit même que les temoins fussent interrogés sur les ecrits secrets de la dame de Fontanille & de ses amis. Il mit en cause le supplient, dressa un article esprès pour lui sur de vaines jactances qu'il avoit imaginées ou qu'il tenoit de quelque espion qu'il n'oseroit nommer & qui apres tout seroient tres indifferentes quand elle seroient aussi vrayes qu'elles sont peu vraisemblables. *Facta arguebantur dicta impune erant.* Tacite Annal. Liv. I c 72[32].

2° l'information ressemble au brief, on l'a fait, on l'a refait ou feint de la refaire. On appelle des témoins etrangers : on affecte de negliger les necessaires & les domestiques. On va chercher Dorléac qui n'étoit point present à la sene du 9 & une servante chassée depuis 15 jours, mais que le Sr David avoit placée rue Nazareth chés la Dauphiné à laquelle il en avoit répondu. On n'assigne aucun domestique de la dame de Fontenille, on assigne la Dorliac fille & la nommée Mariane, on les entend, & on n'écrit point leurs depositions aparemment parce qu'elles vont à la decharge du S^r de La Baumelle. On admet le temoignage de Benech, quoiqu'il soit de notoriété publique qu'il est banny à perpetuité par arrêt du parlement.

3° Les decrets ressemblent à l'information. ~~Les interrogats devoient être à peu près uniformes.~~ On decrete d'ajournement les sieurs de Roëssé, baron de Montlezun, chevalier de Lamotte, La Romillière, Martin, et la demoiselle Sevenes, qu'on pouvoit à peine décréter d'un assigné pour être ouïs. On decrete au corps le S^r de La Baumelle qu'on devoit tout au plus decréter d'ajournement ; on ne saisit point contre un *quidam* designé dans le verbal. On laisse en paix diverses personnes nommées par les témoins, les Srs de Charlary, Devignes, de Saissans, de La Roque, de Panat, la dame marquise de Clermont, qu'on devoit assigner en temoins si l'on vouloit former une preuve \à pour ou\ contre le S^r de La Baumelle, ou plutot decreter au moins d'un assigné pour etre ouÿs, si l'on vouloit etre consequents et montrer quelque impartialité. On decrète la dame de Fraisse : on ne decrète point la dame marquise d'Aussonne et \qui l'avoit mené chez la comtesse\, nommée par plus de témoins chargée d'avoir soupé et joué, au lieu que la dame de Fraisse n'est accusée que d'avoir soupé. Prétendra-t'on que le nom de la dame marquise d'Aussonne ne paroit point dans le verbal ; on répondroit qu'on pretend que celuy de la dame de Fraisse n'y paroit pas plus. Le même délit ne méritoit-il pas la même peine ? Le supliant supprime les réflections que se présentent en foule sur cette manière de distribuer la justice.

4° Les interrogatoires ressemblent aux decrets. Les interrogats devoient être à peu près uniformes. Il y a autant de différences entre eux qu'il y a d'interrogés différents. On fait à une dame les questions les plus indécentes et les plus étrangères au verbal, au brief, aux dépositions, aux auditions d'office, pour parvenir à noircir le S^r de La Baumelle, et sur ce qu'on reçoit des réponses décisives pour son innocence, on s'abstient de faire les mêmes interrogats aux autres accusés de peur que l'unanimité de leurs réponses ne lui soit avantageuse. En même temps qu'on interroge sur des faits étrangers, on oublie avec affectation d'interroger sur des faits résultants de l'information tels que la jactance et le mot injurieux imputé au S^r de La Baumelle. C'est qu'on craint que les réponses des ~~quo accusés~~ \coaccusés\ n'invalident les mensonges des témoins, mais l'indécence et l'animosité se manifestent à découvert dans l'interrogatoire du supliant. On lui fait un interrogat ignominieux, l'interrogat qu'on avoit fait à une dame, qu'on avoit dédaigné de faire aux autres accusés, et qu'on n'avoit droit de faire à aucun : et pour colorer cette partialité on luy dit en termes exprès et écrits que l'information contient un fait que la dite information ne contient pas. N'étoit-ce pas le provoquer à la défiance, au déchainement, l'insulter en face et lui tendre un de ces pièges que la justice ne tendit jamais ? De plus en interrogeant le S^r de La Baumelle on dénature une déposition, on lui demande si *un autre soir* il ne tint pas un tel propos, tandis que les deux témoins parlent évidemment *du même soir*. On lui fabrique l'histoire d'une pèle rougie au feu, dont la dame de Fontenilles devoit souffleter le Sr David, comme un fait déposé par un témoin, tandis que ce témoin, ny aucun autre, n'en dise un mot, tandis que cette calomnie est restée sans preuve dans le verbal et dans le brief, où elle etoit bien digne d'entrer. Enfin lors de l'interrogatoire du S^r de La Baumelle à la barre on tâche de sauver la contradiction des deux temoins en répétant la faute du premier interrogateur, en parlant *d'un autre soir*, en altérant le texte sacré d'une déposition, en substituant le mot *ajouta* au mot *répondit* qui forme un sens tout à fait différent, quoique le S^r de La Baumelle eut alors pleine connoissance de la déposition, quoiqu'on dût craindre qu'il ne relevât cette altération indécente, quoiqu'on s'exposât à rougir sur le tribunal.

5° Les confrontations ressemblent aux interrogatoires. L'assesseur Monier est commis au confrontement, mais quand on voit que le premier \acte\ a débarrassé d'un témoin le S^r de La Baumelle, on suspend les suivantes pendant deux jours, on attend que l'assesseur Dupuy vienne de la campagne. Le supliant n'aprofondit point les raisons de ce changement inusité.

6° Les sentences répondent à tout le reste. Elles sont d'une atrocité qui révolte encore toute la ville. ~~Par la première la dame comtesse douairière de Fontenille sans égard pour sa qualité, son sexe, son age de 88 ans est condamnée à la confiscation de ses biens, au bannissement perpétuel, une amande de cent sols envers le Roy, en mille livres d'amendes envers la ville, et à une espèce d'amende honorable au grand consistoire, où le plaids tenantes, conduite par un huissier, accompagnée du Sr de La Baumelle à genoux et de la d^{lle} Sevenes et du S^r baron de Montlezun debout, elle demandera pardon à Dieu, au roy et à la justice d'avoir méchamment jeté un flambeau à la tête du Sr David. Le S^r de La Baumelle alors contumax est aussi condamné par la même sentence à un bannissement de dix ans de la ville et gardiage de Toulouse, à une amende de~~

~~cent sols envers le Roy, et à cinq cens livres d'amende envers la ville. Les Srs de Roessé, Monlezun, de Lamothe, La Romilliere, Martin et la delle Sevenes sont condamnés à cinq écus, et la dame de Fraisse à vingt cinq livres. Par la seconde les peines infamantes contre le S^r de La Baumelle ont été reduites à des peines purement civiles.~~

Ces deux sentences ne sont point d'accord entre elles. Pour quoi la d^{lle} Sevenes et le S^r baron de Monlezun sont-ils flétris par cette association honteuse à l'amende honorable de madame de Fontenille ? ~~Pour quoy le Sr de Baumelle plus chargé qu'eux dès que les témoins ne sont pas rejettés a-t'il une punition moins cruelle. Dailleurs~~ On ne voit pas quel rapport on fait peine avec les délits imputés. Le Sr de Monlezun et la d^{lle} Sevenes ne sont pas même soupçonnés d'être complices l'un de sa tante, l'autre de son amie. Pour quoy donc leur inflige-t'on une peine, un oprobe qui dénote la complicité ? Le S^r de La Baumelle n'a troublé ni directement ni indirectement le repos d'aucun citoyen. Pour quoy donc veut-on qu'il s'abstienne de la cité ? Il n'a jamais manqué à aucun magistrat ; il les honore tous, il n'a point excepté le Sr David de ce respect universel : il l'a même compris nommément dans les protestations qu'il en a faites lors de ses pretendus interrogatoires. Pour quoy donc l'admonêter ? Sera-t'il admonêter sur le fait du jeu ? L'usage et le bon sens y répugnent. Sur le respect dû à la magistrature ? C'est un devoir qu'il connoit et rempli au moins aussi bien que ses admoniteurs. Sur la compagnie où il se trouva ? Il n'en connoit pas de meilleure que celle qui se rassembla chez la dame comtesse de Fontenille pour un soupé auquel étoit invité Mr le président de Niquet, Mme la marquise d'Aussonne, M. de La Caze, et beaucoup d'autres personnes considérables.

La partialité du premier juge paroit encore dans la différence qu'il a mise entre la dame de Fraisse condamnée à vingt cinq livres et les autres spectateurs condamnés à cent écus. Elle étoit aussi coupable qu'eux puisque elle avoit été présentée comme eux : un témoin la désigne, deux autres la nomme et elle en convient dans son interrogatoire ; mais n'est-ce pas avoir double poids et double mesure ?

N'est-ce pas encore double poids et double mesure que d'informer le S^r de La Baumelle par la sentence générale et de le décharger de cette infamie par la sentence particulière ? D'un coté le contumax devant être jugé comme présent, et de l'autre les témoins reprochés ayant été déclarés bons et valables, les mêmes preuves subsistoient également contre le S^r de La Baumelle défaillant et contre le S^r de La Baumelle écroué. Il falloit donc confirmer la première sentence et prononcer les premières peines, mais la passion ne sait pas être semblable à elle-même : et les Capitouls n'ont pu diminuer leur injustice qu'en commettant une nouvelle. Tant est vrai le mot d'un de nos plus grands rois* * Louis XIV\ : *Quand une fois on s'est écarté des règles, on ne sait plus où l'on en est.*

Tant d'oublis de la justice devoient être marqués par quelques-unes de ces nullités qui sont les symptomes du mépris qu'on a pour elle. Aussi toute la procédure en est-elle remplie.

Premiere nullité. Le verbal est fait par un homme qui depuis huit jours n'étoit plus capitoul. Point de plus grand défaut que le défaut de puissance. Le Sr David étoit sorti de charge le 31 Xbre et son verbal est du 9 janvier, l'édit de création des capitouls mi-triennaux de 1733 et l'arrêt du conseil du mois de novembre de la même année portent expressément que ces officiers entreront en charge d'année en année. Le Sr David reçu le 4 juin 1745, entra pour la première fois en exercice au commencement de 1747. Un de ses confrères dut le remplacer le 1er de janvier de l'anne suivante et ainsi de suite jusqu'au 1er janvier de l'année 1760.

Ainsi loin d'être reçu à demander qu'une prétendue injure qu'il essuya comme particulier perturbateur soit vengée comme s'il l'avoit essuyée en qualité de magistrat, il merite l'animadversion de la cour, pour avoir empiété sur les fonctions de ses confrères, pour avoir étendu au delà des volontés du prince l'exercice de sa charge mi-triennal, pour avoir employé l'autorité publique à la violence et à la persécution.

Dira-t'il que s'il a violé la loi, il s'est du moins conformé à l'usage? On lui demanderoit des preuves de cet usage prétendu; on lui demanderoit sur quelle possession, sur quel titre, sur quel arrêt cet usage est fondé. Tout usage qui n'a pas ces appuis, est un abus.

Dira-t'il qu'il y a dans les registres du capitoulat des délibérations signées de lui comme capitoul après l'année de son exercice? Ces actes ne prouvent rien qu'un abus introduit à l'hotel de ville.

Le silence gardé peut-être sur cette usurpation ne suffit pas pour la légitimer. Est-il surprenant qu'un ex-capitoul délibérant obscurément dans un consistoire échappe quelques jours au parlement parmi cette immensité d'affaire qui l'occupe. C'est un ciron que l'aigle n'a point aperçu.

Dira-t'il que les magistrats municipaux de Toulouse ne sortent de place & n'y entrent que le jour du festin? Il ne peut se prévaloir de la coutume des capitouls électifs, parce qu'il n'est que capitoul titulaire, parce qu'il n'est pas du festin, parce qu'il ne saura en être. Ils ont une place : il a une charge. La commune qui les élit ne les destitue que le jour du festin, au lieu que les provisions qui lui confèrent son office mi-triennal le destituent expressément le 31 décembre. L'édit est formel : ils entreront en charge d'année en année. Depuis l'édit de Charles IX, l'année françoise commence le 1er de janvier. Son successeur l'avoit remplacé de plein droit. Les capitouls électifs remplacent plus tard leurs prédécesseurs à cause du serment quelquefois différé. Les mi-triennaux ne font point de nouveau serment : ils l'ont prêté une fois pour toutes. Leur pouvoir commence avec l'année.

Dira-t'il que la loi Barbarius Philippus[33] couvre son défaut de puissance. Il diroit une grande absurdité. Les actes judiciaires de l'esclave-magistrat furent validés, parce que les particuliers étoient dans la bonne foi sur la légitimité de son pouvoir. Les actes d'un ex-capitoul, le verbal du Sr David ne peuvent être que rejetés, parce qu'ils sont préjudiciables aux parties, parce que la dame protesta sur le champ contre cette fiction, par ces mots répétés dans toutes les dépositions, *retire toi, je ne te reconnois pas*, & parce que sieur de Baumelle proteste contre cette entreprise dès l'instant qu'il peut s'en plaindre au tribunal fait pour la réprimer. Dans l'espèce de Barbarius Philippus les choses etoient faites, dans l'espèce présente elles sont à faire. On valida des actes nuls par eux-mêmes pour ne pas porter la désolation dans des milliers de famille. N'auroit-on pas infirmer les actes d'un ex-décurion pour arracher une maison illustre à un opprobre qui auroit rejailli sur toute la noblesse ?

Dira-t'il qu'il envahit les droits de son successeur pour faire un acte de police essentiel ? Les ordonnances n'avoient rien laissé à faire au zèle du Sr David. La vigilance des gens du roi pourvoiroit à la police dans le besoin. L'édit de création y avoit pourvu : cet édit lui avoit donné un successeur parmi ses confrères mi-triennaux, qui étoit entré en charge dès le premier janvier : & d'ailleurs les capitouls électifs n'en étoient point encore sortis.

Mais encore étoit-ce un acte de police que le Sr David vouloit exercer ? C'étoit uniquement un acte de vengeance. Il en convient lui-même avec une ingénuité qui étonneroit, si l'on ne sçavoit que l'art de faire le mal est très différent de l'art de le bien faire. Dans son verbal il se représente, dit-on, aigri, ulcéré *des mauvais propos qui lui étoit revenu que la dame comtesse de Fontenille ne cessoit de tenir sur son compte*. Il y rappelle avec chagrin la première descente que trois semaines auparavant il avoit faite chez elle sans succès. Et quoiqu'il supprime les justes plaintes qu'elle porta à M. le maréchal de Thomond & les reproches qu'il en reçut, on voit évidemment une âme encore outrée d'avoir fait à la dame de Fontenille un outrage infructueux & blamé. Aveuglé par la passion ou entrainé par la force du vrai, il ose présenter ces motifs de ressentiment comme les seuls qui l'ayent déterminé à faire ce qu'il appelle son devoir.

Mais quel devoir qu'une action qui porte tous les caractères d'une vengeance réfléchie ! Le Sr David mène à sa suite un serrurier qu'il a éveillé à minuit pour ouvrir, pour décrocheter la porte d'une maison de qualité, & cela, parce qu'il présumoit que les convives de la dame de Fontenille ne se sépareroient pas sans jouer. S'il étoit si bien instruit, il sçavoit sans doute, que le chef actuel du Parlement étoit invité à ce même soupé, invitation qui écartoit toute suspicion de projet de jeu. Un vrai magistrat se seroit-il ainsi conduit ? eut-il voulu entrer comme un larron, en décrochetant une porte, dans une maison paisible ? Se seroit-il porté à cet excès de violence & de fraude, avant de s'être assuré du fait ? Quoi ! un capitoul ou un excapitoul a le droit affreux de pénétrer dans nos tranquiles foyers, de violer les plus sacrés aziles, sur le simple soupçon d'un délit de police ! & il ose le prétendre ! & il fait entendre pour témoin ce serrurier, comme pour faire trophée de sa témérité ! La haine que l'excapitoul avoit vouée

413

à la dame de Fontenille lui suggéra seule un expédient, que les plus fortes preuves du plus énorme crime pouvoient seules justifier. Après avoir mené un serrurier avec ses outils à la porte d'une telle maison, il falloit absolument y trouver un scélérat.

Peu content de cette étrange manière de pénétrer dans l'intérieur, assuré des effets de son ressentiment, instruit peut-être que Dorliac son espion avoit renvoyé de son chef tous les porteurs pour mettre les convives dans la nécessité de jouer, et certainement résolu de commencer à tout prix cette même nuit un procès criminel, puisqu'il menoit avec lui le S~~r~~ ~~Dupuy assesseur~~ \le greffier Savanier\ et qu'il avoit fait éveiller le Sr Chauliac capitoul. Il entre brusquement avec une nombreuse escorte dans le salon de la dame de Fontenille, le chapeau sur la tête, la main menaçante, vétu d'une redingote blanchâtre & boutonnée, sans aucune marque de magistrature. Il ne voit que trois personnes autour d'une petite table de piquet, point de banque, peu de cartes, rien qui puisse former un bon verbal. Il veut en chercher les matériaux dans les poches des assistans, & dit à ses soldats, *qu'on fouille tout le monde & qu'on commence par Mme la comtesse.* Les soldats n'osent obéir. Le Sr David fouille lui-même une jeune dame & ne trouve sur elle qu'un six de carreau. Désolé de l'innocence de l'assemblée & des nouveaux reproches qu'il recevra de M. le maréchal de Thomond, il veut fouiller la dame de Fontenille qu'il croit ou qu'il suppose avoir caché des cartes dans son sein. La dame de Fontenille le voyant trop près d'elle, le voyant sans chaperon, sçachant qu'il n'avoit plus le droit de le porter, lui reproche en ces mots son défaut de puissance et sa témérité, *retire toi, ~~coquin~~, je ne te reconnois pas.* Elle le menace même de porter plainte au parlement, en lui disant qu'il ne sera pas toujours si fier, en lui répétant *je ne te connois pas.* L'ex-capitoul s'avance alors de plus près vers la dame qui ramassa tout ce qui lui reste de force, se saisit d'un flambeau et en repousse la main dont elle craignoit les témérités. Le Sr David prend à témoin l'assemblée, et se radoucissant prie avec assez d'honnêté la dame de Fontenille de lui remettre les cartes qu'elle a cachées dans son sein, mais son objet est rempli : il ne songe plus à faire exécuter son premier ordre de fouiller tout le monde. Il tient en main un heureux corps de délit ; il enlève la d^{lle} Sevenes et sort avec la joye d'avoir de quoi poursuivre criminellement son ennemie & de quoi se justifier auprès de M. le marechal de Thomond.

Ce qui démontre que l'esprit de vengeance l'inspiroit uniquement, c'est qu'il laissa sortir diverses personnes ; le fait est constant : il dit lui-même, à ce qu'on prétend, dans son verbal, que plusieurs trouvèrent moyen de s'évader. Mais ceux qui connoissent l'apartement demanderont comment on pouvoit sans sa connivence ou son ordre franchir une porte hérissée de vingt bayonettes : & ceux qui liront dans le verbal que *la main-forte empêcha de s'évader ceux qui le tentoient,* demanderont pourquoi elle n'avoit pas empêché l'évasion des premiers.

C'étoit peu de retenir les uns & de donner le large aux autres. L'ex-capitoul choisit parmi ceux qui restèrent ceux qu'il vouloit comprendre dans son verbal. Oseroit-il nier qu'après avoir fait crayonner quelques noms par le Sr Benech, là présent quoique banni à perpétuité par arrêt, il serra la main à un homme dont le nom n'est point dans le verbal? Et s'il le nioit, cet homme respectable ne s'empresseroit-il pas à l'avouer, lui qui doit voir avec une secrette horreur une exception que la probité réprouve, lui dont le nom paroit dans toutes les dépositions, lui qui s'il étoit moins religieux pourroit être le juge de ses corrées? Le Sr David oseroit-il nier que la dame de Fraysse, dont le nom n'est point dans le verbal, le donna pourtant, ne bougea de sa place & lui dit guayment le mot qu'un des témoins raporte, *je ne jouois pas : vous voyés que je faisois l'amour.* Y eut-il jamais de partialité plus marquée? Non, le Sr David ne se seroit pas ainsi conduit, s'il avoit cru être magistrat : sa charge lui eut rappellé ses devoirs : & ce souvenir l'auroit garanti des imprudences de son ressentiment.

Quelque liberté que le défaut de puissance donne au S^r de La Baumelle de s'expliquer sur le verbal du Sr David, cependant il respectera jusqu'à l'ombre de magistrature dont le Sr David s'est enveloppé, & n'insistera point sur les bruits qui ont couru de falsification de cette pièce. Il ne sçauroit croire que l'ex-capitoul l'ait élaguée, perfectionnée, refaite trois fois, quoique le Sr Pijon[34] avocat du roi à l'hotel de ville l'ait dit en plein sénéchal. Il ne sçauroit se persuader que le Sr de Tégra capitoul ait eu des preuves si fortes de faux, qu'il ait déclaré en plein consistoire qu'il ne participeroit point à cette iniquité. Ainsi le S^r de La Baumelle n'accuse point le verbal d'être faux ni falsifié, mais il l'accuse d'être incomplet, & il offre de le prouver.

DEUXIÈME NULLITÉ. Outre le défaut de puissance le verbal a encore un défaut de forme. Que le Sr David soit capitoul, son verbal n'est pas moins nul. Aucun de ses confrères, aucun assesseur ne l'a signé. Il ne peut faire foi en jugement, parce qu'il manque d'une qualité essentiellement requise par la loi : & cette omission est d'autant plus criminelle, que le Sr David avoit ~~mené à sa suite l'assesseur Du Puy,~~ \résolu de faire cette même nuit un procès puisqu'il avoit mené le greffier\.

La loi ne donne qu'à regret à l'affirmation d'un seul homme la force de l'affirmation de plusieurs, surtout dans le cas où le verbalisant est tout à la fois témoin, juge et partie. Pour diminuer les inconvénients de ce nécessaire mais dangereux privilège, elle soumet les verbaux à certaines formalités qu'on ne peut négliger sans être déchu du privilège même qui ne seroit plus qu'une tirannie.

Ce défaut de forme est une preuve bien frappante du penchant qu'a le Sr David à s'élever au dessus des règles. Il n'est plus capitoul, & quand il le seroit encore, il n'est qu'officier de robe-courte : il a besoin d'être assisté d'un autre capitoul ou d'un assesseur. Il le sçait : la loi, l'usage le lui ont appris. Mais un homme qui a commencé par violer les lois en s'immisçant de fonctions qui ne lui apartiennent pas, les observera-t'il en exerçant ces fonctions avec ces formalités qui gênent si sagement sa téméraire indépendance. Le Sr David continua comme il avoit commencé, par un profond mépris pour les ordonnances.

Et la cour en délibérant sur ce verbal se souviendra sans doute que ces deux nullités ont une autre source que l'ignorance. Elle se souviendra que l'homme qui certifie aujourd'hui comme magistrat un verbal qu'un magistrat n'a point fait, est le même homme qui osa remettre en prison il y a dix ans un innocent qu'un arrêt venoit d'élargir, le même qui dernièrement fit exécuter une ordonnance de police nonobstant l'appel et le prononcé de cette ordonnance, le même qui en octobre fit battre deux bans qui suspendirent l'exécution des jugements d'une juridiction royale, le même enfin qui voudroit se rendre maitre de toutes les fortunes, de toutes les procédures et assujétir le parlement à lui dire la destination de la main forte que les huissiers demandent et à n'exécuter les arrêts que sous son bon plaisir.

Troisième nullité. La plainte fut portée par le syndic de la ville, officier purement économique, usurpateur en ce moment des droits de M. le procureur général dont il n'est point le substitut. C'est sur cette plainte qu'il a été enquis, informé, décrété, jugé. Dès que la cour eut écarté de cette procédure le syndic par son arrêt du 10 janvier, les gens du roi devoient requérir la cassation de tout ce qui s'étoit fait jusqu'alors. Ils ne le réquirent point, & laissèrent subsister cette plainte, vicieuse en ce qu'il n'appartenoit qu'au ministère public de la porter.

Un seul défaut de puissance suffit pour faire casser une procédure. Ici le verbalisant est sans pouvoir: l'officier de robe-courte est sans pouvoir: le plaignant est sans pouvoir.

Quatrième nullité. Quand le verbal ne seroit pas nul, quand la plainte ne seroit pas nulle, la procédure le seroit toujours, parce que la cour ayant ordonné que la procédure faite à la requête du syndic de la ville seroit continuée à la digligence du procureur du roi, les capitouls en firent une seconde, au lieu de se borner à continuer & à réformer la première. Cette première n'étoit point cassée: l'arrêt la laissoit subsister, & cela est si vrai, que la dame de Fontenille & le S^r de La Baumelle ayant demandé dans l'intervalle des deux décrets la recréance de leurs effets annotés, leur requête fut rejettée par la chambre. Ainsi il y a eu deux informations, deux décrets, deux perquisitions, deux exploits d'annotation d'effets, dans une seule & même procédure. Voilà comment les capitouls remplirent le vœu de l'arrêt. Le S^r de La Baumelle demande sur laquelle de ces deux procédures il doit être jugé.

Cinquième nullité. Après que la cour eut rejeté les diligences d'un intrus qui agissoit indépendamment de la puissance suprême, après qu'elle eut rétabli dans ses droits le substitut de Mr le procureur général, les Capitouls obéissant sous la protestation de se pourvoir au conseil, feignirent de recommencer l'information et ne la recommencèrent point. Ils réassignèrent les mêmes témoins, mais ils ne les ouïrent pas: ils se contentèrent de recopier mot à mot les premières dépositions ; ce fut un espèce de recolement. Cette nullité révoltera les juges. Mais que sera-ce quand ils verront que les capitouls tournèrent contre le S^r de La Baumelle les mêmes armes dont le Parlement venoit de foudroyer les prétentions du syndic. Le S^r de La Baumelle étoit trop innocent dans la première procédure. Dans la seconde dans cette copie de la première il fut fait une addition de six lignes à une déposition ; à laquelle ? à celle de cette fille de lieutenant-colonel qui ne sait ni lire ni écrire. Dans quel temps ? Après que les gens du roi eurent donné des conclusions trop favorables au S^r de La Baumelle. En quels termes ? en termes propres à augmenter les charges contre luy. Dans quelles vues ? pour le faire décréter au corps.

Cette incroyable prévarication est démontrée par la seule inspection des deux procédures ; elles sont parfaitement identiques, à la frauduleuse addition près, sur laquelle la cour est suppliée d'arrêter ses regards.

Ou les témoins réassignés ont été ouïs, ou bien ils n'ont pas été ouïs. S'ils ont été ouïs, comment est-il arrivé que sept témoins ayent répété leur première déposition sans y changer un mot, une syllabe, une lettre ? Un témoin univoque avec un autre témoin est suspect. Sept témoins univoques avec eux sont évidemment subornés. ~~Et cette subornation, cette leçon qu'on leur a fait si bien apprendre, de qui sont-elles l'ouvrage ?~~ S'ils n'ont point été ouïs, pourquoi l'assesseur certifie-t-il les avoir ouïs ? Pourquoi on ajouté ces six lignes à la déposition de Julie Latière en la recopiant ? Julie Latière n'a point été ouïe. A la confrontation, interpellée de déclarer si le 15 janvier elle narra et expliqua sa déposition par sa bouche, elle déclare qu'elle ne sait ce qu'on veut lui dire et qu'elle est hors d'état de répondre.

Si l'on soutenoit que Julie Latiere a été ouïe seule, le dilemne n'auroit pas moins de force. En effet Julie Latiere a été ouïe ou bien elle ne l'a pas été ; si elle l'a été, comment une fille dont l'extrême bêtise est prouvée par la confrontation a-t-elle pu répéter mot à mot une déposition de plusieurs pages, elle qui ne sait ni lire ny écrire, elle qui n'entend pas le françois, elle qui n'avoit point d'idée distincte des chefs d'accusation qu'elle avoit articulés ? Elle a donc été subornée par l'homme qui la soudoyoit. Si elle n'a pas été ouïe, pourquoi cette addition de six lignes, addition qui suppose qu'elle l'a été, puisque elle est non à la fin, mais dans le corps de la déposition ? On se flattoit sans doute que cette prévarication échapperoit à l'ombre du secret de la procédure. Mais les iniquités sont tout ou tard découvertes : et celle-ci ne laisse à ses auteurs d'autre option que de s'avouer coupable de fraude ou coupable de subornation. Qu'ils choisissent. ~~Lequel des deux qu'ils préfèrent, le S^r de La Baumelle est fondé à leur demander des dommages et intérêts puisqu'il a été la victime de l'un ou de l'autre de ces deux crimes.~~

Sixième nullité. Dans la plupart des actes de la procédure l'assesseur a procédé sans capitoul \et le capitoul sans assesseur\, quoiqu'il soit de principe que le capitoul est officier de robe courte et que l'assesseur n'a aucune juridiction sur sa tête et a besoin d'être délégué par le juge. Divers arrests l'ont ainsi décidé et l'édit de création des assesseurs est formel là dessus. Ainsi il n'y a plus matière à un jugement. Le S^r de La Baumelle n'a point été ouï d'office, puisque allant à l'hotel de ville pour réclamer auprès des capitouls ses effets livrés dès le matin en son absence au pillage, il fut retenu au greffe et contraint de répondre au Sr Chauliac capitoul non gradué qui n'avoit nul droit de le questionner. Il n'a point été interrogé puisqu'il l'a été par le Sr Dupuy assesseur interrogeant sans assistance et sans commission. Il n'a point été confronté puisqu'il l'a été par devant deux hommes tous les deux sans pouvoir. Il n'a rien avoué, puisque ses prétendus aveus sur le jeu de hasard à la mort d'un petit écu n'ont aucune légalité. En un mot presque toutes les pièces du procès sont nulles de toute nullité : il n'y a d'effectif, de réel, de bien prouvé que l'oppression qu'il a soufferte et qu'il souffre encore.

SEPTIÈME NULLITÉ. L'exploit d'annotation des effets du S^r de La Baumelle n'a point été paraphé par le juge, ce qui est contraire à l'ordonnance des *saisies et exécutions* art. IV. De plus, dans la copie qui lui a ét signifiée il manque à l'inventaire quantité d'effets précieux, des papiers et de l'argent. L'ordonnance veut que les effets du contumax soient annotés en détail : les livres du S^r de La Baumelle sont annotés en gros, on se contente de marquer *qu'il y a environ 130 volumes ou brochures.*

HUITIÈME NULLITÉ. Il n'est pas jusqu'au confrontement où l'on ne voye des vices de forme. Il en est un où l'on a ajouté à la marge ces mots *dans les circonstances.* Cette addition n'a point été paraphée par l'accusé, ce qui est encore contraire à l'ordonnance.

De tout ce qu'on vient de dire il s'ensuit qu'il ne reste pas même une ombre d'accusation contre le S^r de La Baumelle et qu'on a entassé injustice sur injustice pour le perdre et pour le diffamer. Qu'on donne à la pièce dont il se plaint le nom qu'on voudra, on ne peut lui donner celui de procédure. Le verbal en particulier est un monstrueux assemblage de déguisements et d'animosités, aux quels l'usurpation a donné la naissance, que la haine a nourri et animé, auquel l'inattention du premier juge a conservé la vie, et que la cour va faire rentrer dans le néant.

Les formes sont l'essence de tout acte judiciaire. Un procès criminel n'est plus un procès, dès que l'essence qui devoit l'animer ne subsiste plus elle-même. Ce n'est qu'une entreprise et une violence, d'autant plus punissables qu'elles sont à demi couvertes du voile respectable de la justice. Le S^r de La Baumelle n'a pas besoin de réclamer ces formalités puisqu'il n'est chargé que par deux témoins, dont l'un est victorieusement reproché, dont l'autre a essentiellement varié à la confrontation. Il les invoque pourtant, moins comme accusé que comme citoyen. Les parlements les réclament tous les jours avec zèle, et quelquefois avec succès. Celui de Toulouse permettra-t-il à des capitouls *de substituer l'arbitraire aux formes essentielles sans lesquelles la punition même ne donne aucune certitude* *du crime**. Le suppliant lit avec confiance l'arrêt de son relaxe dans ce dernier oracle d'une compagnie toujours semblable à elle-même.

Ce considéré Nosseigneurs, qu'il plaise à vos grâces...

* Object des remontrances du parlement de Toulouse sur les exilés du Parlement de Besançon

[sur la dernière page de ce document, de la main de La Beaumelle :]

Précis de mon mémoire

La procédure est nulle.

Quand elle ne seroit pas nulle, peu m'importeroit, attendu qu'il n'y a que deux témoins qui se contredisent mutuellement sur le même fait.

Quand ces deux témoins ne se contrediroient pas, peu m'importeroit, parce qu'ils déposent chacun un fait différent.

Quand ils déposeroient chacun du même fait, peu m'importeroit, parce l'un a été victorieusement reproché, et que l'autre a essentiellement varié à la confrontation.

Quand ils n'auroient point été reprochés valablement et qu'ils auroient persisté, peu m'importeroit encore, puisqu'ils ne déposent que de jactance et de propos qui ne sont pas punissables.

> *plura recognis, pauca docenda er*
> *Credite dicendi. Mira, sed acta, loquor*[35]
>
> *Tolite index*
> *Quum semel ita [in] partem criminis ille venit*[36]

MANUSCRIT

ALB 6660.

REMARQUES

De la main d'un copiste. Les anomalies de cette copie n'ont pas été saisies et la ponctuation en a été en partie modernisée.

Il en existe deux brouillons plus courts de la main de La Beaumelle (ALB 6685 et ALB 6659).

DATATION

Dans LB 3687, La Beaumelle fait état d'une cinquième version de son mémoire.

NOTES EXPLICATIVES

31. « Témoin unique, témoin nul ». Adage juridique provenant de Deutéronome 19, 15 dans la Vulgate.

32. « On condamnait les actions, les paroles restaient impunies » (Tacite, *Annales*, I, 72).

33. « La loi *Barbarius Philippus*, qui est la troisième du Digeste, au titre de *Officio Prætorum*, est relative à un esclave qui, vu sa qualité, étoit incapable de toute fonction publique, et qui, cependant, sous le Triumvirat de Marc-Antoine, avoit été nommé prêteur. La loi décide que cet esclave ne pouvoit être considéré que comme un intrus, mais que ses ordonnances et jugemens devoient subsister et être exécutés. » *Recueil de toutes les délibérations importantes prises depuis 1763 par le bureau d'administration du collège Louis-le-Grand et des collèges y réunis*, Paris : Pierre-Guillaume Simon, 1781, p. 34 (note).

34. Bernard Pijon, avocat du roi (*Almanach historique et chronologique de Languedoc, et des provinces du ressort du parlement de Toulouse*, Toulouse : Jean-François Crozat, 1755, p. 231 ; voir LB 3673 n. 18).

35. « Croyez ce que je dis ; ce sont des prodiges, mais ce sont des faits. » (Ovide, *Fastes*, livre III).

36. Voir LBD 300-28 n. 55.

25. *Mémoire pour le sieur de La Beaumelle, appellant, contre M. le procureur général du roi, prenant la cause de son substitut à l'hôtel de ville, défendeur*

[février 1761]

Fait.

Le 8 janvier 1760, l'appellant fut prié à souper par la dame comtesse de Fontenille avec plusieurs personnes, dont la conduite n'avoit pas besoin d'être éclairée,

Le 9, à deux heures du matin, le sieur David capitoul, ennemi particulier de cette dame, comme il résulte du verbal, présumant d'après de faux avis qu'on contreviendroit chez elle aux ordonnances de police sur les jeux du hazard, y fit une descente avec le guet, ne trouva point de preuves de jeu défendu, voulut en chercher dans les poches des assistans & même dans le sein de la dame, en reçut un coup de flambeau, prit les noms de quelques-uns des convives, se retira, composa un verbal, & y nomma l'appellant comme spectateur involontaire.

Le même jour, on mit garnison chez l'appellant en son absence ; il ne sçait encor pourquoi. Tous ses effets, tous ses papiers, furent livrés au pillage.

Il alloit se plaindre à la cour de cette violence. Sur le champ on suborna contre lui deux témoins, que leurs vices & leurs crimes mettoient dans une étroite dépendance du juge de police. La chose pressoit : on n'eut pas le tems de les bien instruire. On fit déposer à l'un, que l'appellant avoit un mois auparavant parlé d'un capitoul avec peu de révérence ; l'autre déposa qu'il avoit réfuté trop cavaliérement le mauvais propos que le premier lui prêtoit.

Le 11, l'appellant fut décrété au corps à la requête & sur les conclusions du sindic de la ville. On annota le reste de ses effets pillés pendant trois jours par des soldats.

Le 12 & le 14, la cour écarta le sindic de cette espèce de procédure par deux arrêts, qui ne cassèrent ni l'information ni le decret.

Le 15, les capitouls laxèrent un second décret contre l'appellant à la requête des gens du roi, quoique le premier fut tellement existant, que la veille la cour lui avoit refusé la recréance de ses Effets.

Le 22 mars, ils rendirent contre lui une sentence de contumace, à laquelle on ne peut penser de sang-froid[37].

Le 20 septembre, il vint à Toulouse purger son décret.

Les 6 & 9 octobre, il fut confronté avec un maq... & une p.... Il rougiroit d'écrire les qualités impures des deux témoins qu'on n'a pas rougi de fournir, d'entendre & d'admettre contre lui. Il les reprocha très-pertinemment & les confondit.

Le 16 octobre, il fut condamné à 500 livres d'amende envers la ville, à s'abstenir trois ans de Toulouse & à être admonêté.

Le 17, il appella de cette sentence, & sur le champ fut puni de son appel par le premier juge, sans doute mécontent d'un acte qui alloit dévoiler l'affreuse vérité.

Le fonds.

I. Le fonds n'est rien : des paroles sont le corps du délit. L'appellant est accusé de deux mauvais propos contre un capitoul absent, antérieurs d'un mois à la scène du 9 janvier. Ces deux propos sont assez indifférens. *Facta arguebantur, dicta impunè erant*[38].

II. Quand ces deux propos ne seroient pas indifférens, ils ne sont déposés que par deux témoins qui se contredisent mutuellement. *Quæ inter se pugnant, sibi invicem demunt fidem*[39].

III. Quand ces deux témoins ne se contrediroient pas, chacun d'eux dépose du moins un fait différent. *Testis unus, nullus testis.*

IV. Quand ils déposeroient le même fait, ils ont essentiellement varié à la confrontation. *Qui circa fidem testationis vacillant, non sunt audiendi*[40]. L'appellant ne se défend que par des proverbes de droit, parce que son juge n'a oublié que les premières loix de la justice.

V. Quand les deux témoins n'auroient point essentiellement varié, ils sont victorieusement reprochés, la *demoiselle* comme une vagabonde & une prostituée, le *monsieur* (car on les avoit métamorphosés) comme le marchand de ses faveurs, & comme actuellement décrété. *In reum testimonium dicere non licet ei, qui Judicio publico damnatus erit... Quæque palam quæstum faciat feceritve*[41].

VI. Quand ils n'auroient pas été victorieusement reprochés, ils étoient parfaitement connus du premier juge comme reprochables, puisque l'un avoit été décrété par lui pour crime de maquerellage, puisque l'autre, à la confrontation, avoit dit & soutenu au premier juge, que lui premier juge lui avoit donné par les mains du greffier de la procédure, durant la procédure même, en vertu d'une délibération, à la prière de la partie secrette, dix écus pour se guérir d'un Mal, que le respect de l'appellant pour la cour lui défend de nommer. *Fidem testium elevat vitæ turpitudo, paupertas, quæ jubet quidvis & facere & pati*[42].

VII. Quand le premier juge ne les auroit pas connus pour reprochables, de bons certificats produits au procès, démontrent que ce sont deux imposteurs. *Semel malus, semper malus in eodem genere mali*[43].

VIII. Quand il ne seroit pas démontré que ce sont deux imposteurs, peu importeroit à l'appellant. Toute la procédure n'est qu'une violation de l'ordre judiciaire : tout est nul : le verbal, parce qu'il n'est certifié que par le verbalisant, la plainte du sindic par le défaut de puissance, les auditions d'office parce que le capitoul a procédé sans asséseur, les dépositions, les interrogatoires, les recollemens, les confrontations, parce que l'assesseur s'est ingéré à procéder sans capitoul ; les deux informations parce que dans la première il n'y avoit point de partie, & que par une bien étrange fiction la seconde fut faite ou pour mieux dire copiée d'après la première, quoique cette première n'eut pas été cassée ; les deux décrets, parce qu'il y en a deux subsistans dans une seule & même procédure, & qu'ils sont tous les deux contraires aux articles I & XIX du titre X de l'ordonnance criminelle ; l'exploit de l'annotation des effets, parce qu'il n'est point paraphé par le juge. On s'est plu, ce semble, à épuiser les nullités.

IX. Quand ces nullités ne seroient pas aussi évidentes qu'elles le sont, la sentence ne seroit pas moins injuste. Elle condamne un citoyen contre lequel il n'y a ni preuve ni corps de délit : elle déclare qu'une prostituée & un appareilleur décrété sont des témoins irréprochables. Le juge fut très conséquent dans son prononcé. L'innocent devoit paroitre bien coupable à qui trouvoit le coupable innocent : la sentence passa tout d'une voix : on supprime les réflexions.

X. Quant à l'aveu fait par l'appellant d'avoir joüé une fois, cet aveu ne sçauroit lui préjudicier. Le capitoul en a fait un crime : un principal de collège n'en auroit pas fait le sujet d'une réprimande. Une partie de jeu de hazard, quelle qu'elle soit, ne peut être le prétexte d'un décret au corps, & celle-ci encore moins. C'étoit un jeu d'amusement & d'occasion, un Jeu qui n'étoit point prémédité, joué par complaisance pour une dame, sur une petite table de piquet, fixé à la mort d'un petit écu, équivalent à un jeu de commerce.

Il a plu au capitoul de joindre la plainte du délit de police à la plainte effrayante en excès. La cour sçaura séparer deux objets si différens. L'appellant n'est coupable d'aucun excès : il l'a démontré. Il ne l'est point d'un délit de police : le verbal fait foi qu'il n'y avoit point de banque, ni d'argent. L'appellant n'a donc contrevenu ni aux ordonnances ni aux arrêts. L'esprit de la loi n'est, ni d'empêcher, ni de punir de pareils amusemens.

Le verbalisant crut si peu avoir surpris de vrais délinquans, qu'il ne comprit point dans son verbal un homme respectable avec qui l'appellant s'amusoit alors. Un arrêt de réglement proscrit le quinze & le cavagnol : & le quinze & le cavagnol se jouent par-tout publiquement. Seroit-il juste de faire expier par un etranger le délit de toute une ville ?

Si l'appellant qui n'aime & ne sçait aucun jeu, étoit convaincu d'avoir joüé journellement le quinze & le cavagnol, il se flâteroit pourtant que des juges mêmes qui voudroient foudroyer ce délit de police, seroient désarmés par le souvenir frissonant de l'oppression qu'il a soufferte sur l'accusation criminelle.

Que si par impossible on prétendoit que malgré la longue vexation qu'il a essuyée sur la plainte en excès, il doit être encore puni d'avoir joüé le jeu le plus innocent par égard pour les arrêts, & que ce prétendu délit n'est pas encore expié, il demanderoit quelle peine mériteroient donc ceux, qui lui ont intenté si mal-à-propos un procès criminel, qui l'ont décrété au corps avec tant d'injustice, & qui ont dressé une procédure si vicieuse, en oubliant les arrêts de la cour, qui défendent sous de si grosses peines au capitoul de procéder sans assesseur, & par conséquent à l'assesseur de procéder sans capitoul, puisqu'il faut que dans tout procès ils prêtent conjointement à la justice, l'un son autorité & l'autre ses lumières.

La cour pourroit-elle refuser le relaxe à un citoyen irréprochable, que tout autre arrêt tacheroit bien plus, que ne l'auroit fait la sentence des capitouls ?

Conclut comme au procès.

Monsieur DE BOISSY, rapporteur,

M^e DE PIGERON DE MILHET, avocat

SAREMEJANE, procureur.

MANUSCRIT

ALB 3858.

REMARQUE

C'est sur ce mémoire qu'est rendu le jugement du Parlement du 17 février 1761.

NOTES EXPLICATIVES

37. Voir LBD 300-18.

38. Citation des *Annales* de Tacite (voir LBD 300-24 n. 32).

39. « Les témoignages qui se contredisent s'affaiblissent mutuellement. » « Les témoins qui font douter de la fidélité de leur témoignage ne doivent pas être écoutés. » (Justinien, *Pandectes, De regulis juris*, XVII, III, 1567).

40. « Les témoins qui font douter de la fidélité de leur témoignage ne doivent pas être écoutés. » (Justinien, *Pandectes, De regulis juris*, XVII, III, 1567).

41. « Il n'est pas permis de laisser témoigner contre un accusé quelqu'un condamné par un jugement public... ou une femme qui fait ou a fait commerce de son corps » (*Lex Iulia de vi publica et privata*) ; voir Domat, *Des lois civiles dans leur ordre naturel*, Paris : Michel Brunet, 1713, livre III, titre VI, section III).

42. « La dépravation, la pauvreté diminuent la confiance qu'on peut faire aux témoins, elles obligent à faire et à supporter n'importe quoi. » (*Pandectes*, livre XXII, titre IV, CXXXVI).

43. « Criminel une fois, criminel toujours dans le même genre de crime » (*Décrétales*, VI, *De regulis juris*, Regula VIII).

26. *Brevet*[44] *pour le sieur de La Beaumelle*

[9 février 1761]

Le Suppliant a été décrété, diffamé, condamné à des peines ignominieuses, excédé de frais, arraché à ses occupations, détenu cinq mois en prison, pour avoir été chargé par un maq... décrété, d'un mauvais propos contredit par une catin publique. C'est le procès.

Il y a deux informations contre lui.

Ces informations ont des nullités qui leur sont communes : elles en ont qui leur sont particulières.

Les nullités communes aux deux informations, sont 1° qu'elles portent sur une espèce de verbal qui n'étant signé que du verbalisant ne peut faire foi en jugement, 2° que le capitoul a toujours procédé sans assesseur & l'assesseur sans capitoul, contre le vœu de l'ordonnance & des arrêts.

423

La nullité particulière à la première information, est prise de ce que l'enquis a été ordonné & les décrets décernés à la requête & sur les conclusions d'un simple particulier.

La nullité particulière à la seconde information, est prise de ce qu'elle n'est qu'une réitération des dépositions de la première : réitération textuellement contraire à l'ordonnance, qui exige deux conditions pour que les dépositions puissent être réitérées, la 1e, qu'elles ayent été déclarées nulles, la 2e que leur réitération ait été ordonnée par le juge.

Le suppliant ne se plaint point de stériles nullités. Il se plaint de nullités, évidemment fécondes en injustices scandaleuses.

En effet si le verbal n'eut pas été nul par défaut de forme, on n'eut pas été réduit à recourir à un maq... & à une p... pour en constater le contenu. Si le capitoul & l'assesseur eussent procédé ensemble, on n'auroit peut-être point osé ajouter dans le corps d'une déposition copiée six lignes à la charge du suppliant. Si les dépositions n'eussent pas été réitérées en dépit de l'ordonnance, on n'eût pu faire cette addition. Si l'on n'eût point érigé en vengeur public un simple particulier au mépris des arrêts de la cour, on n'auroit point, sur une seule déposition, sur une niaiserie, laxé ce premier décret au corps, qu'on se vit ensuite obligé d'étayer d'un second décret, peut-être un peu moins irregulier, grace aux six lignes postiches.

Sur laquelle des deux informations, l'appelant sera-t'il jugé ? Sur le première ? Elle est nulle par défaut de puissance. Sur la seconde ? Elle n'existe point, puisque le Juge n'ordonna point qu'elle existât.

On parcourroit envain les régistres : on n'y trouveroit point d'exemple d'une vexation, contre laquelle il est inutile d'exciter l'indignation de la cour.

IMPRIMÉ

ALB 3857.

REMARQUES

« Au grand criminel, les condamnés sont dits appelants en la souveraine cour de parlement ». Le ministère public peut aussi être appelant (appel *a minima*). L'*appelant* ou *demandeur* est l'opposé du *défendeur* ou de *l'intimé* (J. Maurel, *L'Art de juger*, p. 202).

Il existe une copie de ce brevet (ALB 3858).

NOTE EXPLICATIVE

44. *Brevet* : bref résumé d'une affaire en cours.

27. *Jugement du Parlement du 17 février 1761*

Du dix septieme fevrier mil sept cent soixante un, en la Chambre Tournelle presants Messieurs du Puget et Sauveterre presidents, Cassand, Darbou, Cambon, Lacarry, Bousquet, Lespinasse, Fajole et Boissy rap^r.

[*en marge :* Boissy] Entre le sieur Laurens Angleviel de Labaumelle ~~appellant~~ empetrant lettre du 17 8bre 1760 en appel de la sentence rendue par les Capitouls de Toulouse le 16 dud. mois d'8bre et suppliant par requette d'en jugement du landemain pour etre reçu de plus fort appellant de lad. sentence, ensemble du decret et de l'entiere procedure et le tout cassant par les voyes et moyens de droit, le relaxer de l'accusation contre luy intentée avec depens domages et intérets contre qui il appartiendra d'une part ; et M. le Procureur general prenant la cause de son substitut à l'hotel de ville deffendeur d'autre. Et encore led. sieur de Labaumelle suppliant par requette de joint du 31 janvier dernier pour demander que disant droit en son appel et en sa precedante requette, et luy en adjugeant les fins il plaise à la cour casser tant le verbal et les auditions d'office du 9 janvier 1760, que l'ordonnance d'enquis rendue par les d. Capitouls sur les conclusions du sindic de la ville. L'information faitte en consequence du 10e et le decret decerné contre le suppliant le 11 du meme mois, ensemble le verbal de saisie et annotation de ses effets du landemain, comme aussy casser la seconde information faitte par les d. Capitouls pour raison du meme fait. Le 15 dud. mois à la requette du substitut de Mons. le procureur general, le second decret decerné contre le suppliant le meme jour, et le verbal de seconde saisie et annotation de ses effets du landemain, ensemble l'entiere procedure par toutes voyes et moyens de droit, ce faisant relaxer de plus fort le suppliant de l'injuste accusation contre luy intentée et luy accorder la recreance pure et simple de ses effets, saisis et annotés, à la remise des quels les depositaires et autres detempteurs seront contraints par toutes voyes dues et raisonnables et par corps, sans prejudice au suppl^t de poursuivre ainsi et et contre qui il appartiendra la reparation de la calomnieuse accusation, et la condamnation de tous ses depens domages et interets tant en raison de la d. accusation et de sa longue detemption dans les prisons qu'à raison de l'enlevement saisie et arrestation de ses effets, de quoi il proteste par exprés d'une part, et M. le procureur general pernant la cause de son substitut à l'hotel de ville deffendeur d'autre

Vu le proces plaidé du 12 Xbre 1760 les d. lettres d'appel, les d. requettes et ordonnances en jugement et de joint des d. jours, la sentence dont est (?) appel du 16 8bre 1760 la procedeure et pieces y induites et sur laquelle elle a eté rendue et visée dans la d. sentence, les auditions d'office de dem^{lle} Sevenes, baron de Monlezun du chevalier de Lamothe et dud. Labaumelle du 9 janvier 1760 ensemble la procedeure commencée sur le verbal dressé par le s^r David à la requette et sur les conclusions du sindic de la ville, arrets de la Cour des 12 et 14 juin 1760 original de requette presantée devant les Capitouls par le substitut du Procureur general à l'hotel de ville le 10e du meme mois portant requisition du dit substitut de la communication des verbaux et auditions d'office, en enquis et visée dans l'arrêt du 12 jan^v 1760 plusieurs certifficats et autres pieces remises dans la production et continuation fournie en la cour par ledit Labaumelle, ensemble les dire et conclusions du procureur general du Roy, et le dit Labaumelle ouï derriere le bureau

La Cour a demis et demet le dit de Labaumelle de sa demande en cassation du verbal de David Capitoul du neuvieme janvier mil sept cent soixante, et sur celle en cassation de l'interrogatoire d'office dud. Labaumelle fait par Chauliac aussi Capitoul le meme jour, met les parties hors de cour, declare n'y avoir lieu de prononcer quant à presant sur la cassation des autres trois interrogatoires d'office du meme jour et rejettant la procedure faitte à la requette du sindic de la ville et tout ce qui a eté fait en consequence, a demis et demet led. Labaumelle de sa demande en cassation de celle faitte à la requette du substitut du Procureur General du Roy, et au surplus faisant droit sur l'appel et quant à ce sur les d. requettes dud. Labaumelle, a mis et met l'appellation et ce dont a eté appellé au neant et reformant, a relaxé et relaxe led. Labaumelle de l'accusation contre luy intentée à raison des injures et excés, et luy accorde la recreance pure et simple de ses effets saisis et annottés à la remise desquels ordonne lad. Cour, que les depositaires et detempteurs seront contraints par toutes voyes dues et raisonnables et par corps, et moyenant ce ils en seront valablement dechargés et neanmoins pour le fait du jeu et pour certaines causes et considerations à ce mouvant la Cour condamne led. Labaumelle en la somme de cinquante livres applicable en faveur des pauvres prisoniers de la consiergerie, et sur les domages et autres demandes dud. Labaumelle, a mis et met les parties hors de cour sans depens, et sera l'amande de l'appel restituée.

Du Puget
Boissy

[en marge :] jugé le dix et sept feuvrier mille sept cent soixante un.

MANUSCRIT

AD Haute-Garonne 1B 3849.

28. *Mémoire pour le sieur Angliviel de La Beaumelle, appellant, contre M. le procureur-général du roi, prenant la cause de son substitut à l'hôtel de ville de Toulouse, défendeur.*

[mi-février 1761]

L'objet de ce Mémoire est d'instruire à fond les juges d'une vexation dont ils savent déjà par la voix publique les principales particularités. Pour cela il suffiroit d'exposer simplement le fait, et le défenseur de cette cause pourroit n'en être que l'historien. /2/ Mais on croit devoir s'étendre un peu sur les moyens de cassation, pour ne laisser aucune ressource à l'injustice.

Fait.

Le 8 janvier 1760, l'Appellant arrivé depuis peu de temps à Toulouse, fut prié à souper par la dame comtesse-douairière de Fontenille. Il s'y rendit avec l'empressement que méritoit la compagnie distinguée qu'il comptoit y trouver.

Il faut sçavoir que vers la fin de décembre, le Sr David Capitoul, trompé par de faux espions, avoit fait une descente chez la dame de Fontenille, où il avoit tout trouvé dans l'ordre & dans le repos. Il cherchoit une occasion d'en faire une plus prudente. Mais la présence de divers officiers du Parlement invités à ce soupé, sembloit mettre cette journée à l'abri de tout délit de police & même de tout soupçon.

On soupa donc sans inquiétude. On /3/ se leva de table à minuit. L'Appellant voulut se retirer. Mais il ne trouva point ses porteurs. Ils avoient été malicieusement renvoyés par le nommé Dorlhac, qui après avoir soupé à la cuisine, courut donner avis au sieur David des mesures qu'il avoit prises pour mettre les convives dans la nécessité de jouer, & pour lui ménager par le renvoi de tous les porteurs une descente plus heureuse que la première.

Le Sr David qui veilla toujours pour le bien public, *présuma* qu'en effet le soupé pourroit bien être suivi d'une partie de jeu. D'après cette présomption, son zèle se déploya. Il alla éveiller à une heure après minuit un serrurier, pour ouvrir, pour décrocher la porte d'une maison de qualité. Cependant à la sollicitation d'une dame, deux convives désœuvrés se mirent à jouer un pharaon alternatif à la mort d'un petit écu représenté par cinq jetons, sur une petite table de piquet, avec de vieilles cartes, en attendant leurs porteurs. /4/

A deux heures du matin le sieur David parut dans le salon, suivi d'une nombreuse escorte du guet. A l'instant, l'Appellant voulut se retirer. Mais il ne put franchir une porte hérissée de quinze bayonetes : de sorte qu'il se vit doublement forcé & par le renvoi de ses porteurs & par l'opposition des soldats, d'être spectateur & témoin d'une altercation très indécente qui s'éleva peu après, entre le Sr David qui ne trouvoit pas assez de preuves de jeu & la dame de Fontenille qui soûtenoit qu'il n'y en avoit point.

Le sieur David, quoique assisté du greffier Savanier, ne dressa point son verbal sans déplacer : il le fit à loisir, & prétendit avoir reçu un coup de flambeau de la part de la dame de Fontenille, & y nomma l'Appellant comme un des spectateurs.

Ce verbal devoit être certifié par un assesseur ou par un autre capitoul, & ne fut signé que par le sieur David /5/ qui oublia qu'il n'étoit qu'officier de robe-courte.

Une jeune demoiselle fut conduite à l'hôtel-de-ville, & suivie de deux messieurs, qui furent obligés comme elle de rendre leur audition d'office. Le sieur Chauliac, capitoul & procureur non gradué, y proceda & négligea de se faire assister d'un assesseur.

427

A six heures du matin, l'appartement de l'Appellant fut envahi en son absence par six soldats, & tous ses effets exposés au pillage.

A quatre heures du soir, il se rendit à l'hôtel-de-ville pour se plaindre aux capitouls de cette violence. Mais il fut retenu au greffe, & obligé de présenter une audition d'office devant le sieur Chauliac, qui n'étant point assisté n'avoit nul droit de le recevoir. Ce capitoul lui promit que les soldats vuideroient son appartement. Mais à sept heures ils furent remplacés par six autres, avec ordre de l'arrêter.

L'Appellant ne comprenoit rien à /6/ ce procédé. Il alloit invoquer le secours des loix contre ceux en étoient les auteurs, lors qu'il apprit qu'on l'impliquoit dans un procès-criminel qu'on intentoit à la dame de Fontenille.

Il ne pouvoit concevoir que pour justifier ou pallier l'invasion de son appartement & le pillage de ses effets, on se portât à ce nouvel excès. Il étoit notoire que loin d'être un joueur de profession il étoit très inepte à toutes sortes de jeux. Il se disoit qu'en conscience le sieur David qui en a tant, ne pouvoit avancer dans son verbal qu'il l'eut vu jouer. Le public lui connoissoit d'autres goûts, d'autres occupations que le jeu. En un mot il n'avoit à se reprocher que d'avoir soupé en bonne maison.

Cependant, le 10 janvier, l'enquis contre la dame de Fontenille & ses convives fut ordonné sur la plainte du syndic de la ville, officier purement économique, en ce moment usurpateur des droits de M. le procureur-/7/ général, dont il ne peut être censé le substitut.

Les témoins furent assignés à sa requête. On en ouït sept.

L'Appellant ne fut pas même nommé par les cinq premiers, qui étoient le lieutenant du guet, le serrurier, un sergent & deux soldats.

Le sixième l'accusa d'avoir tenu conjointement avec la dame de Fontenille au mois de décembre un absurde propos contre le sieur David. Le septième l'accusa seulement d'avoir joué au mois de décembre.

Le 11 janvier, la dame de Fontenille & l'Appellant furent pourtant décrétés au corps, et les sieurs de Roissé, Baron de Montlezun, chevalier de La Motte, La Romillière, Martin, la dame de Fraysse & la demoiselle Sevennes furent décrétés d'ajournement personnel. La simple présence chez la dame de Fontenille fut érigée en crime, faute d'attention au verbal, qui sans doute disoit que cette présence avoit été con-/8/trainte, & que la force majeure avoit empêché les assistans de se retirer au premier instant de l'arrivée du sieur David.

L'Appellant se seroit hâté de purger ce décret, s'il eût pû se persuader qu'on n'avoit fourni qu'un seul témoin contre lui. Mais qui auroit cru qu'on n'avoit pas même pris la peine de l'opprimer avec quelque bienséance, & que sur une déposition unique, sur une misère, on l'eût frappé de la foudre du décret au corps, qui pour les gens d'honneur est la dernière de la justice ?

Le 12 janvier, on feignit de faire perquisition de sa personne dans son apartement, où il n'avoit pu aborder à cause des soldats qui s'en étoient emparés. On fit l'annotation de ses effets. Mais on n'y comprit ni son argent, ni ses papiers, ni son linge de table &c, & l'on ne daigna pas inventorier ses livres en détail. Aussi l'exploit d'annotation ne fut-il point paraphé par le juge, conformément à la loi. /9/

Le même jour, arrêt de la cour sur les réquisitions de M. le procureur général, par lequel il fut enjoint aux capitouls de communiquer sans délai à son substitut à l'hôtel-de-ville le verbal & la procédure.

Même jour, réquisitoire du substitut aux capitouls à ce qu'il fût ordonné qu'il seroit enquis à sa requête.

Même jour encore, ordonnance des capitouls qui déclarèrent n'y avoir lieu d'ordonner un nouvel enquis, & ordonnèrent néanmois que la procédure commencée & suivie de l'exécution des décrets décernés seroit continuée à la requête du substitut.

Le 13 janvier, l'Appellant supplia la chambre de lui accorder la récréance de ses effets annotés. Sa requête fut rejettée parce que l'arrêt du 12, en rétablissant dans ses droits M. le procureur-général, n'avoit point cassé l'information.

Le 14 janvier, M. le procureur-/10/général mécontent de l'ordonnance des capitouls à cause de certaines réservations & protestations en faveur de leur syndic, poursuivi[t] & obtint un second arrêt, qui la réformant ordonnoit qu'il seroit enquis à la requête du substitut, & renvoyoit par devant les capitouls pour en faire ledit enquis & continuer la procédure.

Le substitut auroit dû commencer par requerir la cassation de tout ce qui s'étoit fait & notamment de la plainte de l'intrus qui avoit envahi ses fonctions. Il ne la réquit point, & laissa subsister cette première pièce, dont le vice se répandit sur tous les actes subséquens.

D'après les deux arrêts, les capitouls devoient continuer purement & simplement l'information que ces arrêts laissoient subsister. Il étoit évident que la cour n'avoit rien cassé. Il étoit loisible aux capitouls de faire ouir de nouveaux témoins. Mais l'ordon-/11/nance leur defendoit de faire entendre les mêmes, tant que leur déposition n'avoit pas été cassée.

Cependant ils réassignèrent les mêmes témoins. Le sieur Dupui prétendit les avoir ouis. Cet assesseur ne jugea point à propos de se faire assister par un capitoul, quoique l'édit de création des assesseurs & une longue expérience lui eussent appris, que l'assesseur n'a point de juridiction sur sa tête & a besoin d'être délégué par le juge.

Le 15 janvier, on présenta la nouvelle information au sieur Lagane substitut de M. le procureur-général. C'étoit une copie de la première : on l'avoit transcrite mot à mot, sans y changer une syllabe, une lettre, une virgule : de sorte qu'il se trouvoit que les témoins avoient signé comme répétées par leur propre bouche, des longues dépositions recopiées simplement par un greffier.

Le sieur Lagane n'ayant pas appa-/12/remment sous les yeux les deux informations, n'en vit pas la parfaite identité, qui n'échapera point à M. le procureur général. Il donna ses conclusions de prise de corps contre la dame comtesse de Fontenilles, & d'ajournement personnel contre l'Appellant & la plupart des autres convives.

Les capitouls voyant les conclusions des gens du roi & l'insuffisance des charges contre l'Appellant, se souvinrent qu'il y avoit un septième témoin. Sans attendre l'indication du sieur Lagane, on rédigea sa déposition.

Il y eut alors à l'hôtel de ville un homme assez abandonné de Dieu pour ajouter six lignes à la charge de l'Appellant dans le corps de la déposition copiée de ce septième témoin, qui ne sçavoit ni lire ni écrire.

Cette pièce portée au sieur Lagane & aux juges, produisit l'effet qu'on s'en étoit promis. Le sieur Lagane retrac-/13/ta ses conclusions en ce qui concernoit l'Appellant, réquit le décret de prise de corps contre lui, & n'eut pas de peine à l'obtenir, quoique le sieur David eût eu la générosité (rendons justice à tout le monde) de ne vouloir point être juge dans une cause où il étoit partie par l'injure reçue & témoin par son verbal.

Le 16 de janvier, les décrets furent signifiés. On recopia l'exploit d'annotation des effets de l'Appellant, comme on avoit recopié le reste de la procédure.

On vit alors ce qu'on voit rarement, ce qu'on ne devroit jamais voir, deux décrets, deux informations également subsistans dans une même & unique procédure. Voilà comment le vœu d'un Parlement fut rempli sous ses yeux.

L'Appellant jugea bien que la calomnie & la subornation avoient seules produit ce décret, si cruellement laxé contre un citoyen irréprochable, si difficile à justifier quant il seroit tom-/14/bé sur le plus vil des inconnus. Sûr d'en triompher, il alloit se remettre, quand il apprit que sa partie secrette peu contente de l'opprimer ouvertement par la justice l'avoit diffamé sourdement, soit qu'il se défiât de l'équité du Parlement, ou de la force des preuves, soit qu'il craignît que l'Appellant ne demandât raison de la garnison mise arbitrairement chez lui & de ses effets livrés au pillage. Dans cette situation l'Appellant prit le seul parti que la prudence lui conseilloit. Il se retira ; il attendit que l'orage fut calmé ; il espéra d'offrir enfin librement au Parlement son justiciable.

Cependant le 22 janvier, les décrétés d'ajournement furent interrogés, toujours par le sieur Dupui seul, qui durant toute la procédure oublia que n'ayant point de commission expresse du juge il entassoit nullité sur nullité.

Une jeune dame eut à essuyer les interrogats les plus ignominieux, les /15/ plus étrangers à tout le procès, tous tendans à noircir l'Appellant. On s'en abstint vis à vis des autres accusés, apparemment de peur que les traces de l'animosité ne fussent trop marquées ou que l'unanimité de leurs réponses ne fût trop avantageuse à l'Appellant. On affecta même de ne point les interroger sur des faits résultans de l'information : on craignit que l'assertion de tant d'honnêtes-gens n'infirmât les mensonges des deux témoins.

Le 22 mars, l'Appellant fut jugé par contumace. Ce jugement, que la cour qualifiera mieux que lui, n'étoit pas propre à l'engager à purger son décret. Mais d'un coté opposant le témoignage de sa conscience aux allarmes que donne une procédure secrète, & de l'autre espérant que si les premiers juges n'étoient pas justes, les derniers seroient ses vengeurs, il vint s'écrouer lui-même à l'hôtel de ville le 20 septembre. /16/

Le 22 du même mois, il rendit son interrogatoire devant le sieur Dupui, qui se constituoit toujours commissaire sans commission. Il y protesta de son respect pour toute la magistrature. Il comprit nommément le sieur David Capitoul dans ce respect universel. Il réfuta les mauvais propos qu'on lui prêtoit. Il en fit sentir les contradictions & l'absurdité. Il répondit avec modération à un interrogat qui sans doute fit bouillir tout son sang. En un mot il dit la vérité aussi ingénument que si le sieur Dupui avoit eu droit de l'exiger de lui.

Le 5 octobre, la procédure extraordinaire fut ordonnée. Les jours suivans furent consacrés à la confrontation des témoins.

Quelle ne fut pas la surprise de l'Appellant, quand il se vit consécutivement en présence de deux personnages sans mœurs, sans aveu, sans feu ni lieu, que la justice sévère n'admet pas même dans un extrême besoin, quand il /17/ vit que pour décider de l'honneur d'un citoyen, on avoit choisi deux misérables dont aucun n'en avoit la qualité, un *maquereau* avéré & une *putain* publique!

Celle-ci, nommée Julie Latière, fut confrontée la première. L'Appellant la reprocha sur le champ comme une fille sans aveu. Elle convint franchement de la vérité du reproche. Pressée par les interpellations, elle déclara qu'elle avoit passé un mois chez la fameuse maquerelle Dorlhac, qu'elle avoit été salie d'une maladie honteuse, qu'on lui avoit proposée prostitution & qu'elle étoit bien fâchée d'avoir refusé, qu'elle ne se souvenoit pas de certain fait, mais qu'elle le nioit pour plus grande sûreté, enfin qu'un homme LUI AVOIT DONNÉ ET FAIT DONNER DE L'ARGENT AVANT, PENDANT ET APRÈS SA DÉPOSITION. On ne dira pas ici le nom de cet homme. Mais les juges le liront & l'entendront dans la procédure: /18/ ils le liront, ils l'entendront, & ces hommes intègres n'en croiront ni leurs oreilles ni leurs yeux.

Lecture faite de la déposition, l'Appellant s'y vit accusé d'avoir taillé en décembre à la dupe & au lansquenet & d'avoir dit le même moins à la dame comtesse de Fontenilles, que *le sieur David ne seroit pas assez maraud pour aller dans une maison comme la sienne.*

Cette fille, interpellée, varia avec la même facilité qu'elle avoit déposé.

Dans sa déposition elle avoit assurée que l'Appellant *tenoit toujours les cartes*: à la confrontation elle lui associa une dame. Dans la déposition elle avoit assuré que l'Appellant gagnoit toujours: à la confrontation elle lui associa la même dame. Dans sa déposition elle n'avoit parlé que de jeu de cartes: à la confrontation elle parla d'un jeu qu'on joue sans cartes. Dans sa déposition elle s'étoit expliquée du ton le plus capable: à la con-/19/frontation elle déclara qu'elle ne connoissoit ni jeu de commerce ni jeu de hazard, que quand elle voyoit jouer elle étoit hors d'état de discerner quel jeu l'on jouoit, & que par le lansquenet ou la dupe que l'Appellant *donnoit seul* tous les soirs, elle avoit entendu un jeu où chacun avoit des images devant soi & un des joueurs un sac d'où l'on tiroit une olive de bois où il y avoit un parchemin numéroté, le *cavagnol.*

Sur le fait du propos, elle déclara, que l'Appellant n'avoit dit que le sieur David n'oseroit aller chez la dame comtesse de Fontenille, qu'après que le sieur David y fut allé en décembre : ce qui auroit été le comble de l'absurdité.

L'autre témoin nommé Dorlhac, fut également confondu. L'Appellant le reprocha 1° comme un mendiant affectionné à une porte charitable & fréquentée, 2° comme flétri de divers décrets qu'il n'avoit pas purgés, 3° /20/ comme l'espion de la police. Dorlhac nia les deux premiers objects, & dit sur le troisème, *qu'il n'avoit jamais pris la qualité d'espion.*

Sa déposition luë, l'Appellant en prit avantage, & fit remarquer que ce Dorlhac étoit un imposteur mal-adroit, qui à la première ligne se disoit *prié à souper par une comtesse* & dans la dernière avouoit qu'il avoit soupé à la cuisine non avec les valets, mais avec la mendiante d'Henri, un animal amphibie qui dans sa déposition avoit l'audace de se donner à la fois pour compagnie puisqu'*on le prioit à souper,* pour complice puisqu'*il fournissoit les cartes,* pour domestique puisqu'il *alloit les chercher,* pour espion puisque déniant ces trois qualités il demeuroit certain qu'il ne pouvoit avoir vu que sous cette dernière ce qui se passoit chez la dame de Fontenille.

Sur le fonds de la déposition, Dorlhac varia essentiellement. /21/

Il voit déposé qu'*en décembre un soir pendant qu'on jouoit io avoit entendu la dame comtesse de Fontenille & l'Appellant dire que si le sieur David s'avisoit d'entrer dans la maison pour les troubler ils vouloient lui jetter le flambeau & la table sur le visage & le faire voler par la fenêtre.* A la confrontation il déclara, que la dame de Fontenille avoit tenu ce discours, & que l'Appellant avoit seulement *répondu quelque chose de même.* Et variant encore, il ajouta que l'Appellant avoit dit *qu'on lui jetteroit le flambeau & la table au visage & lui par la fenêtre.*

Il résultoit de-là une contradiction manifeste. Dorlhac étoit combattu par Dorlhac. Suivant Dorlhac déposant, l'Appellant avoit fait part à l'assemblée d'une impertinente velléité, il avoit dit, *je veux.* Suivant Dorlhac confronté, l'Appellant étoit simplement historien : la dame âgée de 88 ans avoit parlé, & l'Appellant avoit répété son radotage : *on jettera,* & il /22/ l'auroit pu sans doute répéter, par dérision, en haussant les épaules, pour le réfuter par la seule répétition. Il étoit évident que Dorlhac avoit détruit son texte par son commentaire, qu'il avoit voulu se rétracter & que craignant ou peut-être menacé d'être pendu, il s'étoit contenté d'anéantir sa déposition en variant.

Les cinq autres témoins, ou ne connurent point l'Appellant, ou ne le reconnurent pas, ou dirent des choses qui lui étoient favorables.

Ces confrontemens si avantageux, eurent le défaut de tous les actes de la procédure : ils furent reçus par un assesseur qui n'avoit point été délégué pour les recevoir.

Dès-que cette opération fut finie, l'Appellant étonné la croyoit à peine commencée. Il attendoit qu'on lui présentât d'autres témoins. Il ne concevoit pas qu'on l'eût décrété au corps sur de pareilles preuves & pour une pareille accusation. Il croyoit que la calomnie /23/ avoit imaginé quelque autre fait plus grave ou plus vraisemblable. On le désabusa ; on lui dit qu'il n'y avoit pas d'autres charges contre lui : on lui apprit que l'art de faire le mal est fort différent de l'art de le bien faire.

Il ne douta point que les capitouls ne se hâtassent de le relaxer. Mais malheureusement leur sentence de contumace du 22 mars étoit une espèce d'engagement qu'il[s] avoient pris de persévérer dans l'injustice. Ce ne fut même que dix jours après la confrontation, qu'ils se déterminèrent à juger.

Le 17 octobre, ils s'assemblèrent, renforcés de leur quatre assesseurs, présidés par maître Taverne & par conséquent éclairés de toutes les lumières de la jurisprudence.

Les objects proposés contre Julie Latière furent accueillis par le sieur Lagane qui conclut au rejet de son témoignage. Il ne fit point le même honneur aux objects proposés contre Dorlhac. Sans doute il ne se rappella /24/ point que sous son consulat la mère du témoin avoit été bannie pour fait de maquerellage, & le témoin décrété pour le même fait & défaillant.

Les capitouls & assesseurs auroient pu se souvenir aussi de ce décret contre Dorlhac laxé par eux dans un procès qu'ils avoient fait & parfait deux fois. Ils l'oublièrent, & n'eurent aucun égard à ce reproche contre Dorlhac.

Ils dûrent être plus embarrassés du reproche de vagabondage proposé contre Julie Latière. Cette fille convenoit qu'elle étoit une aventurière. L'Appellant, à force d'interpellations, lui avoit arraché bien d'autres aveus encore plus étonnans. Mais les capitouls n'eurent pas plus d'équité que de mémoire. Ils tournèrent les interpellations mêmes contre l'Appellant, sous prétexte qu'elles étoient postérieures à la lecture de la déposition, comme si le reproche de fille sans aveu qui comprend tout, n'avoit pas été proposé par l'accusé & avoué par le témoin /25/ antérieurement à cette lecture, comme s'il n'étoit pas permis au prévenu de requérir avant ou après la lecture les interpellations qu'il jugeoit convenables, comme si des objects existoient moins quand même ils seroient déplacés, comme si en aucun cas il étoit permis aux juges de prononcer contre les lumières de leur conscience, comme si un témoin qui atteste sa propre infâmie ne devoit pas être cru, comme s'il devoit être cru sur le fait d'autrui, lors qu'il n'est pas cru sur son propre fait.

Enfin, les capitouls prononcèrent, & rejetant les objects proposés contre les témoins, condamnèrent (tous d'une voix) l'Appellant à payer cinq cens livres d'amende, à s'abstenir trois ans de Toulouse, & à être amonêté.

Cette sentence le frappoit par les deux endroits les plus sensibles. Il préfère le séjour de Toulouse à tout autre séjour : on voulut qu'il s'en abstînt trois ans, on voulut l'éloigner de ses /26/ amis & le priver des agrémens d'une société qu'il a choisie. Il préfère l'honneur à la vie : on voulut qu'une admonition flétrissante à ses yeux l'avilit à ceux de ses concitoyens.

Aussi s'empressa-t-il d'appeller. Et dans quelle ville auroit-il osé porter ses pas, lorsqu'il se seroit dit qu'il en étoit une, dont l'entrée lui étoit défendue par un jugement ? A quels amis, à quels parens, à quels hommes auroit-il osé se montrer, lorsqu'il n'auroit eu à leur présenter qu'un ami, un parent, un homme taché d'une admonition ? Quels ouvrages de morale, d'imagination, d'histoire, auroit-il osé offrir au public, quand il auroit pensé qu'ils seroient discrédités par le nom seul d'un écrivain repris de justice ?

Mais à peine l'appel fût-il signifié qu'il fut puni. L'Appellant dormoit tranquilement sur la foi de cet acte. Quatre soldats viennent l'arracher de son lit, & lui apprendre que pour avoir /27/ osé changer de juge, il doit changer de demeure. Sept ou huit autres accourent, la bayonette au bout du fusil, le blasphème à la bouche. Le caporal, un peu plus honnête, veut pourtant lui donner le temps de s'habiller. Mais il entend dans la cour une voix tonnante qui crie, *s'il n'est pas prêt, il n'y a qu'à le traîner*. Soudain l'Appellant est violemment transféré d'une prison décente dans un repaire de bandits. Pour lui faire expier le crime de s'être confié en l'équité bienfesante du Parlement, on le livre à la vigilance d'une sentinelle, quoiqu'il soit sous les yeux du geolier. Un moment après, cette sentinelle reçoit l'ordre de ne le laisser parler à qui que ce soit. Les scélérats parmi lesquels on l'a placé, se regardent, s'étonnent de voir un homme encore plus scélérat qu'eux-mêmes, & ne doutent point que l'Appellant ne soit bien-tôt conduit au dernier supplice. Mr de Puget, alors Président de la chambre des vacations, peut attes-/28/ter une partie de ces violences. Invoqué par une lettre furtive de l'Appellant, il en fut le témoin, & eut la bonté de recevoir ses plaintes détaillées : plaintes auxquelles on n'auroit pas donné lieu, si l'on avoit sçu combien il est naturel d'appeller d'une admonition quand on le peut, si l'on s'étoit souvenu combien il est fâcheux de ne le pouvoir pas.

Après tout ce qu'on vient d'exposer, l'Appellant se battroit contre un fantôme, s'il repoussoit une accusation qui n'est rien en elle-même, & qui fut-elle quelque chose seroit desormais anéantie. Mais il ne sera pas inutile de mettre sous les yeux de la Cour & du public les divers moyens de cassation qu'il employe contre cette étrange procédure. On verra que ce n'est qu'à force d'irrégularités, d'injustices, de nullités, qu'on est parvenu à l'opprimer.

MOYENS *de Cassation*
Premier moyen

La plainte a été portée aux capi-/29/touls : elle auroit dû être portée par eux au Parlement.

Les cours inférieures ont peut-être le droit de se faire justice elles-mêmes. Mais quand elles ont le bonheur d'être à portée de l'équité suprême & présente d'un parlement, elles doivent lui demander la vengeance des outrages qu'on leur fait & s'abstenir d'un jugement, rarement équitable, souvent partial, toujours odieux. *Un rien dérange l'équilibre du cœur*, dit l'illustre Daguesseau[45]. Combien le flambeau jetté par la dame de Fontenille dût-il déranger l'ame des capitouls ? Ils se crurent tous personnellement frappés. Leur ressentiment fut en raison proportionnelle de l'estime qu'ils avoient pour les privilèges de leur place. De là, ces déclamations sur le crime de lèze-majesté au second chef, ces avis de mort contre la dame de Fontenille, & cet acharnement à rassembler des preuves d'un complot imaginaire pour avoir droit de déployer rapidement toute la force de l'autorité d'une année. /30/

Les magistrats inférieurs, attaqués ou troublés dans leurs fonctions, sont encore plus obligés de porter leurs premières plaintes aux cours souveraines, quand ces plaintes tombent sur des personnes respectables. Le grand âge de la dame comtesse de Fontenille, la haute noblesse du nom qu'elle porte, l'avantage qu'a cette maison de tenir par les alliances aux premières races du royaume, tout devoit engager les capitouls à s'abstenir de la gloire de juger la dame de Fontenille accusée d'avoir maltraité un de leurs confrères fesant ses fonctions. Dans nos loix, dans nos mœurs, rien n'est plus révoltant que d'être juge dans sa propre cause, sur-tout quand on est juge inférieur & qu'on juge des personnes de première qualité.

L'Appellant prouve ce moyen 1° par la Loi éternelle, *nemo in propria causa judicet*[46].

2° Par l'usage de toutes les cours inférieures qui siègent dans les villes de /31/ Parlement. 3° Par l'ancien usage du Parlement de Languedoc, attesté par La Faille historien des capitouls & capitoul lui-même, qui raporte dans ses *Annales* qu'en 1582 un grand nombre d'écoliers s'étant attroupés, deux Capitouls y accoururent avec leur main-forte, qu'il y eut rébellion & deux soldats blessés à mort, que *le lendemain* les Capitouls *portèrent les plaintes* les plus amères *au Parlement*, qui donna un arrêt portant défenses aux écoliers de s'attrouper[47]. 4° Par tous les actes de la procédure, dont les vices imputables à l'homme plutôt qu'au juge, prouvent qu'on ne peut à la fois se venger soi-même & se venger conformément aux ordonnances.

SECOND MOYEN

Une procédure qui ne seroit qu'un tissu d'irrégularités, d'animosités, de partialités, de contradictions, meriteroit d'être cassée, parce que le pro-/32/pre de la justice est d'être sans passion & sans colère & sans acception de personnes. Or tous ces caractères conviennent éminemment à celle dont est apel.

Pour prouver ce moyen, l'Appellant produit 1° le verbal du sieur David, écrit où l'on cherche le magistrat, où l'on ne trouve que l'ennemi, où il se représente aigri, ulcéré *des mauvais propos qu'il lui étoit revenu que la dame de Fontenille ne cessoit de tenir sur son compte*, où il paroit piqué de la descente infructueuse qu'il avoit faite chez elle en décembre, où il présente ces motifs de ressentiment comme les seuls qui l'ayent engagé à faire ce qu'il appelle son devoir, où il avouë que plusieurs personnes sortirent quoiqu'elles ne pussent sortir que de son consentement, où il n'a pas compris tous ceux qui étoient restés dans le salon. 2° la déposition du serrurier Laporte[48], qui déclare qu'il fut éveillé à une heure après minuit /33/ par le sieur David pour ouvrir la porte de la dame de Fontenille où le capitoul se rendoit avec le guet, PRÉSUMANT, dit le verbal, *que les convives ne se sépareroient pas sans jouer*. 3° Le brief formé des bruits impertinens que le Sr David ou quelqu'autre avoit rassemblés dans les rues contre sa personne, & chargé d'une accusation expresse contre l'Appellant nommé dans le verbal seulement comme spectateur involontaire. 4° L'information, qui à l'égard de l'Appellant n'est composée que d'un garçon qui n'étoit point présent à la scène du 9 janvier & d'une fille chassée par sa maitresse depuis quinze jours. 5° Les décrets du 10 & du 15 janvier laxés arbitrairement, puisqu'on prend les uns, qu'on laisse les autres, qu'on sévit contre la dame de Fraysse chargée par les témoins d'avoir soupé & qu'on ne décrète point une autre dame chargé d'avoir soupé & joué : toutes les deux également absentes du verbal. 6° L'interrogatoire de la demoi-/34/selle Sevennes sali de l'interrogat le plus ignominieux contre l'Appellant. 7° Celui de l'Appellant même, où on le provoque à la défiance, au déchainement, où on l'insulte en face, où on lui tend des pièges que la Justice ne tendit jamais. 8° Les confrontemens qu'en assesseur commence, qu'on suspend non sans raison, & qu'un autre assesseur vient achever. 9° La sentence du 22 mars, qui condamne à 25 livres la dame de Fraysse & à cent écus tous les autres décrétés d'ajournement, quoique le délit, la preuve, l'aveu, fussent les mêmes, & qui inflige à deux des accusés une peine, un oprobre qui dénotent la complicité, en les associant à l'amande honorable de la dame de Fontenille, quoiqu'ils ne soient pas même soupçonnés d'être complices, l'un de sa tante, l'autre de son amie. 10° La sentence du 17 octobre, singulièrement contraire à celle du 22 mars : d'un coté le contumax devant être jugé /35/ comme présent, & de l'autre les témoins reprochés ayant été déclarés bons & valables, les mêmes preuves subsistoient également contre l'Appellant défaillant & l'Appellant ecroué : les capitouls, pour être conséquens, auroient donc dû confirmer la première sentence & prononcer les premières peines. Mais la passion sçait-elle se ressembler ?

TROISIÈME MOYEN

Les décrets de prise de corps contre l'Appellant des 12 & 15 janvier sont contraires à l'ordonnance.

Le législateur a voulu que les tribunaux fussent avares des décrets au corps. Pour cela il a exigé certaines conditions propres à réprimer la témérité du juge subalterne. Il a voulu qu'ils fussent rendus sur les conclusions de ses procureurs ou de ceux des seigneurs, & qu'ils ne fussent décernés que pour de grands crimes. /36/

Les capitouls dédaignèrent ces formes & décrétèrent le 12 janvier l'Appellant sur les conclusion du sindic de la ville. Le 15, ils le décrétèrent au corps une seconde fois pour fait de jeu pour le plus léger délit de police, & pour un mauvais propos attesté par un seul témoin & qui ne méritoit ni peine afflictive ni peine infamante.

C'étoient des menaces contre un capitoul absent, des misères, des paroles qui n'étoient point punissables par elles-mêmes. *Facta*, dit Tacite, *arguebantur : dicta impunè erant*[49]. Ann. I, 2. C. 75. Les volontés ne sont point de crimes. C'est une maxime, qu'elles ne sont point punies en France. Une volonté n'est ni un complot ni un conseil. Une volonté sans exécution, sans projets, sans réflexion, n'est pas même une volonté. *L'alibi* de la volonté de l'Appellant étoit constaté par sa parfaite inaction, avant, pendant & après que le flambeau fut jetté, & par les efforts qu'il avoit faits pour sortir dès l'instant que le capitoul avoit paru. /37/

Suivant le faux témoin Dorlhac, l'Appellant avoit dit en décembre chez la dame de Fontenille, *si M. David vient me troubler, je veux le faire voler par la fenêtre*. Suivant le faux témoin Julie, il ne l'avoit pas dit, mais il avoit répondu à la dame comtesse de Fontenille qui *le disoit, Madame, Mr David ne sera pas assez maraud pour entrer dans une maison comme la vôtre*. Quand ces deux propos contradictoires auroient été aussi vrais qu'ils étoient peu vraisemblables, quand ils auroient été déposés chacun par deux témoins, quand ces deux témoins auroient été irréprochables, quand la preuve auroit été complette, l'Appellant n'auroit point dû être décrété au corps, parce qu'une indiscrétion n'est point un crime, parce qu'une vaine jactance d'une humeur bilieuse n'est point un fait, parce que celle-ci surtout étoit excusable comme ayant été dite non en public, mais en particulier, non séditieusement mais dans l'intérieur d'une maison. L'accusation /38/ ne tendant point à peine afflictive ni infamante, il n'y avoit pas lieu de laxer le décret au corps. D'ailleurs s'il y avoit un délit, l'auteur unique en étoit connu : & les prétendus propos secrets de l'Appellant chez la dame comtesse de Fontenille au mois de décembre, n'avoient aucun trait à ce délit.

Les législateurs, les empereurs n'auroient point aprouvé une pareille conduite dans les manutenteurs de leurs constitutions. Tous les gens de bien sçavent par cœur cette immortelle loi d'Arcade & d'Honorius, si mal à propos oubliée par les capitouls, "si quelqu'un a mal parlé de l'Empereur, il l'a fait ou par légéreté & il est digne de mépris : ou par folie, & alors il est très digne de pitié : ou par ressentiment d'une injure reçue, & alors il est digne de pardon !" *si quis*

Imperatori male dixerit, si ex levitate processerit contemnendum est, si ex insaniâ miseratione dignissimum, si ab injuria remittendum[50]. /39/

Dira-t'on que l'Appellant pouvoit être légèrement décrété, parce qu'il n'étoit pas domicilié ? Il répondroit qu'il étoit domicilié, & que les capitouls en conviennent, puisqu'ils signifient dans la procédure tous les actes qu'ils ont à lui faire signifier, non à la porte de l'auditoire, mais à son *domicile*. Il ajouteroit, qu'il est François, qu'il est Languedocien, qu'il est connu & qu'il ne sçauroit être mis dans la classe de ces avanturiers qu'on peut décréter témérairement. Il observeroit encore que la loi veut que les diverses espèces de décrets soient dispensées selon la qualité des crimes, des preuves & des personnes, & qu'ici ni le crime, ni la preuve, ni la personne ne pouvoient être sujets au décret de prise de corps : que son crime n'étoit rien, *dicta impunè erant*, que la preuve n'étoit rien, *testis unus, testis nullus*, & que quant à sa personne il ne pouvoit paroître avantageux en se flâtant qu'elle seroit traitée com-/40/me celle d'un cuisinier, d'un faiseur de chandelles, d'un cordonnier domiciliés, que les capitouls ne peuvent décréter au corps pour un fait semblable au sien.

Corras, cet illustre si cher aux sçavans, si odieux aux capitouls, peignit dans ses *Miscellanea juris*[51] ces officiers municipaux avec les plus fortes couleurs. Les capitouls se pourvurent contre lui au Parlement & demandèrent réparation des injures dont un homme de lettres avoit flétri leurs personnes & leur magistrature. Mais il se désistèrent promtement de cette accusation, persuadés qu'ils ne pourroient obtenir un arrêt infamant contre Corras. Et l'Appellant est décrété au corps, spolié de ses effets & de son bien, désigné aux puissances comme coupable, au public comme malfaiteur, à lui-même comme chargé d'accusations qui méritoient peine afflictive ou infamante, à ses amis, à ses ennemis comme un hom-/41/me deshonoré, non pour avoir écrit contre tous les capitouls une satyre publique, mais pour avoir proféré contre un seul une parole secrete, non pour avoir couvert d'une éternelle ignominie les capitouls du seizième siècle, mais pour avoir eu un moment d'humeur, à ce que disoit un misérable, contre un capitoul du dix-huitième !

Que dans une contrée barbare, des sauvages exercent arbitrairement le droit du plus fort, personne n'en est étonné. Mais qu'à Toulouse, sous les yeux d'un Parlement, dans une ville où tant d'académies cultivent les arts & les sciences, on traite avec cette indignité un homme de lettres, un citoyen connu, un compatriote, c'est ce qui ne sçauroit être cru, ou du moins c'est ce qui sera réparé.

Les capitouls diront-ils que l'Appellant n'étant qu'habitant de Toulouse & non capité, leur parut suspect de fuite ? Mais quand il auroit été étranger, en devoit-il moins être /42/ sous la protection des loix ? N'est-ce pas violer l'hospitalité, n'est-ce pas fouler aux pieds le droit des gens, que de décréter, criminaliser trainer en prison un homme, sous prétexte qu'il est étranger ? Eh ! quel étranger voudroit mettre les pieds dans une ville où ces iniquités seroient tolérées ?

Mais dès le matin du premier jour, les capitouls avoient fait saisie des effets de l'Appellant. Ces effets dont ils étoient nantis, équivaloient bien apparemment à la capitation d'un savetier. Ils s'étoient déjà assurés du payement de l'amende pour fait de jeu, avant que cette amande fut prononcée. Ne le dissimulons point : l'Appellant ne fut décrété que pour l'engager à prendre la fuite : & l'on ne voulut l'engager à fuir que pour l'empêcher d'élever la voix contre la garnison qu'on se repentoit peut-être d'avoir mise dans son domicile, sans scellé, sans inventaire, sans raison, sans plainte, sans décret, /43/ sans ordonnance de juge. Et voilà comment les fautes s'enchaînent les unes aux autres.

Pour l'utilité de ce moyen de cassation contre les deux décrets, l'Appellant produit 1° le verbal qui le représente comme spectateur involontaire ; 2° l'information qui ne le charge que de faits presque indifférens & très mal prouvés ; 3° les exploits de signification des décrets & d'annotation de ses effets qui prouvent que les capitouls ont sçu qu'il étoit domicilié ; 4° l'extrait des *Miscellanea juris* de Coras contre les capitouls & du procès des capitouls à ce sujet rapporté par l'annaliste La Faille, t. 2, p. 260, année 1562[52]. 5° le titre X article I de l'ordonnance criminelle, *Tous décrets seront rendus sur les conclusions de nos procureurs ou de ceux des seigneurs* ; 6° l'article II du même titre, *Selon la qualité des crimes, des preuves & des personnes, sera ordonné, que la partie sera assignée* /44/ *pour être ouie, ajournée à comparoir en personne, ou prise au corps* ; 7° l'article 19 du même titre, *Ne sera décernée prise de corps contre les domiciliés, si ce n'est pour crime qui doive être puni de peine afflictive ou infamante* ; 8° la sentence du 16 octobre, qui retenant toutes les charges & rejettant tous les objects, ne prononce pourtant ni peine infamante ni peine afflictive, pas même le blâme, pas seulement une réparation contre l'Appellant.

QUATRIÈME MOYEN

Le verbal du Sieur David est nul.

L'Appellant rejette avec horreur les bruits qui ont couru sur cette pièce. Il ne sçauroit croire que le capitoul l'ait élaguée perfectionnée, refaite trois fois, quoique le sieur de Pijon avocat du roi à l'hôtel-de-ville l'ait affirmé en plein sénéchal. Il ne sçauroit se persuader que le Sr /45/ de Tégra capitoul, ait eu des preuves assez fortes de faux pour déclarer en plein consistoire qu'il ne participeroit point à cette affaire ; on modère ses énergiques expressions. Ainsi l'Appellant n'argue point le verbal de faux par respect pour toute la magistrature : & il s'abstient de l'accuser d'être incomplet, par respect pour la cour. Mais cette pièce a un défaut de forme, qui la rend indigne de créance.

La loi ne donne qu'à regret à l'affirmation d'un seul homme la force de l'affirmation de plusieurs, surtout dans les cas où le verbalisant est tout à la fois témoin, juge & partie. Pour diminuer les inconvéniens de ce nécessaire mais dangereux privilège, elle soumet les verbaux à certaines formalités, qu'on ne

439

peut négliger sans être déchu du privilège même qui ne seroit plus qu'une tyrannie. Le violateur des formes est censé s'être joué de la vérité. Quicon-/46/ que redoute la présence des collegues, à laquelle il est assujetti, devient plus que suspect de mensonge.

D'après les sages dispositions de la loi, le sieur David qui n'est qu'officier de robe-courte, devoit faire certifier son verbal par un autre capitoul ou par un assesseur. Il le sçavoit : la loi, l'usage le lui avoient appris : la bienséance le lui rappelloit. Il l'oublia pourtant, & présenta une pièce qu'aucun de ses confrères, qu'aucun assesseur n'avoit signée, & qui ne peut faire foi en jugement parce qu'elle manque d'une qualité requise par la loi. C'est contre cette pièce qu'il s'est élevé des bruits scandaleux. L'omission ou l'oubli du sieur David est d'autant plus étrange, que, sur une simple *présomption* qu'on jouoit, il avoit mené à sa suite le greffier Savanier pour commencer cette même nuit un procès-criminel.

Les pièces que l'Appellant allegue à l'appui de ce moyen, sont 1° le pro-/47/ cès-verbal du sieur David du 9 janvier, qui est signé de lui seul ; 2° le même procès-verbal par lequel il doit conster de la présence du greffier.

CINQUIÈME MOYEN

La plainte est nulle.

Elle fut portée par le syndic de la ville, officier purement économique, comme nous l'avons dit, & réprouvé depuis long-tems par la cour comme agissant indépendamment de la puissance d'où dérive toute autorité subalterne. Il n'appartient qu'au ministère public de poursuivre les crimes. C'est pourtant sur cette plainte vicieuse qu'il a été enquis, informé, décrété, jugé. Le substitut de Mr le procureur-général, rendu à ses fonctions, négligea d'en demander la cassation. De là, ces nullités multipliées qui gangrenèrent tous les actes de cette procédure.

L'Appellant justifie ce moyen 1° par /48/ la plainte du syndic en datte du 9 janvier ; 2° par l'article VIII du titre III des Plaintes, Dénonciations & Accusations, *S'il n'y a point de partie civile, les procès seront poursuivis à la diligence & sous le nom de nos procureurs ou des procureurs des Justices seigneuriales* ; 3° par l'arrêt du Conseil du mois de ... qui deboute la ville de ses appels de divers arrêts de la cour, destructifs des prétentions du syndic ; 4° par l'axiome de droit, *nullus major defectus quam defectus potestatis*.

SIXIÈME MOYEN

L'entière information est nulle, non-seulement parce que le verbal & la plainte le sont, mais encore par elle-même. A ces nullités contagieuses elle en joint d'intrinséques.

La loi ne donne aucune juridiction à l'assesseur : elle n'en donne aucune au magistrat non gradué. Elle veut que l'officier de robe-courte ne procède /49/ point sans assesseur, & que l'assesseur ne procède point sans l'officier municipal, *non divisim, sed conjunctim*[53]. Elle exige que l'assesseur soit ou assisté ou commis par le Juge : & l'on verra bientôt combien il y a de sagesse dans cette défiance du législateur.

D'après ces maximes, toutes les pièces de l'information sont nulles. Le capitoul a toujours procédé sans assesseur, & l'assesseur sans capitoul. Les auditions d'office ont été reçues par le sieur Chauliac capitoul non gradué. Les témoins ont été ouïs par le sieur Dupui assesseur qui n'étoit ni commis ni assisté. Les interrogatoires des accusés, les recollemens, les confrontations, ont le même vice : de sorte qu'il n'y a plus ni déposition, ni aveus, rien qui ait la moindre légalité, plus de matière à un jugement. Et qu'on ne dise point que ces nullités sont familières au tribunal de l'hôtel-de-ville. Nul abus ne peut prescrire une loi. /50/

Pour prouver ce moyen, l'Appellant produit 1° les auditions d'office du 9 janvier ; 2° les dépositions du 10 & du 15 du même mois ; 3° les interrogatoires du 22 janvier & du 22 septembre ; 4° les recollemens & les confrontations ; 5° l'édit de création des assesseurs, du mois d'août 1692 confirmé par tous les édits rendus depuis ; 6° les arrêts de 1686 & 1691 & l'arrêt de 1741 portant injonction à tous les officiers municipaux du ressort, de se faire assister dans tous actes de justice des officiers royaux ou des gradués, à peine de nullité, de 500 liv. d'amande, & d'interdiction : peines encourues par le seul fait.

Septième moyen

Les témoins de l'information du 10 janvier n'ont point été fournis par une personne légitime.

Ce moyen est d'autant plus solide, que l'Appellant fut décrété au corps sur cette première information, dont celle du /51/ janvier n'est qu'une copie exacte.

Ce fut le sindic de la ville, qui s'érigeant en partie publique, s'avisa de fournir les témoins, malgré le texte de l'ordonnance.

Ce septième moyen est démontré 1° par la signature du syndic au bas de l'enquis du 9 ou 10 janvier ; 2° par l'article I du titre VI° des informations, *les témoins seront administrés par nos procureurs ou ceux des seigneurs, comme aussi par les parties civiles.*

Huitième moyen

La procédure est nulle, parce qu'elle est composée de deux informations & de deux décrets.

La cour écarta de cette procédure le sindic de la ville par son arrêt du 12 janvier. Par autre arrêt du 14, elle ordonna que l'enquis seroit fait à la requête des gens du roi & la procédure *continuée* par les capitouls.

Quelle étoit son intention ? De rétablir l'ordre judiciaire violé par le sin-/52/ dic, & de continuer la procédure à la requête du procureur du roi. Rien n'étoit cassé : tout subsistoit ; & ce qui le prouve invinciblement, c'est le refus fait par la chambre à l'Appellant de lui accorder la recréance de ses effets annotés en vertu du premier décret.

Au lieu de reprendre l'information d'après un nouvel enquis, les capitouls en firent rapidement une seconde, & laxèrent de seconds décrets le 15 janvier, malgré la loi qui veut que les dépositions ne soient pas réitérées à moins qu'elles n'ayent été déclarées nulles.

L'Appellant demande aujourd'hui sur laquelle de ces deux informations il doit être jugé. Quoiqu'elles soient nulles toutes les deux, la première parce qu'il n'y avoit point de partie, & que les capitouls & assesseurs ont procédé l'un sans l'autre, la seconde parce que les capitouls ont procédé sans assesseur & l'assesseur sans capitoul, y ayant toutefois une partie, ce problème n'est /53/ pas indifférent. Dans la première il n'étoit chargé que par un témoin : dans la seconde il fut chargé par deux. Il fut jugé sur la seconde : il devoit l'être sur la première, quoique faite par un juge incompétent, les témoignages étant conservés suivant l'usage, afin que le crime ne reste pas impuni.

Quoiqu'il en soit, on l'a réduit à appeller de deux décrets, tous les deux décernés par le même juge, tous les deux signifiés, tous les deux pour le même fait.

L'Appellant pour prouver ce moyen employe 1° Les deux informations, les deux décrets, les deux verbaux d'annotation ; 2° Les deux arrêts de la cour des 12 & 14 janvier ; 3° L'article XIV du titre VI des informations, *Les dépositions qui auront été déclarées nulles par défaut de formalité, pourront être réitérées, s'il est ainsi ordonné par le juge.* /54/

Neuvième moyen

La seconde information est nulle.

On feignit de la refaire, & l'on ne la refit point. Les mêmes témoins furent réassignés. Mais on se contenta de recopier mot à mot leur premier dire. On eut même assez d'ascendant sur eux pour les rendre complices de cette fiction, en les engageant à signer qu'ils avoient répété des choses que réellement ils n'avoient pas répétées : de sorte qu'avant la procédure extraordinaire on fit une espèce de recollement, qu'on qualifia d'information & qui n'étoit ni l'un ni l'autre.

La cour est suppliée d'arrêter un moment ses regards sur la parfaite identité de ces deux informations. Ou les témoins réassignés ont été ouis le 15 janvier, ou ils n'ont pas été ouis. S'ils ont été ouis, comment est-il arrivé que sept témoins ayent répété mot à mot leur première déposition ? Un témoin univoque avec un autre témoin, est /55/ très suspect. Sept témoins univoques avec eux-mêmes sont évidemment subornés. S'ils n'ont pas été ouis, par quel hazard leur déposition reparoit-elle comme nouvelle? pourquoi le juge certifie-t'il les avoir ouis? comment ont-ils pu signer eux-mêmes qu'ils l'ont été? On s'est donc borné à recopier leur déposition.

On se flattoit sans doute, que cette identité échaperoit aux prévenus, à l'ombre du secret des procédures. Mais comment avoit-on pu espérer qu'elle échaperoit à la cour & surtout à la vigilance du ministère public?

Quels nuages cette découverte ne repand-elle point sur tous les actes de ce procès? quelle carrière n'ouvre-t'elle pas aux conjectures? Supprimons les: la cour ne peut voir un objet, sans le voir sous toutes ses faces.

Les pièces que l'Appellant employe pour démontrer ce moyen de cassation, sont 1° l'information du 11 janvier remise par extrait à Mr le procureur /56/ général, lors de l'arrêt du 12 janvier; 2° l'information du 15 janvier qu'elle a présentement sous les yeux.

DIXIÈME MOYEN

L'Appellant a donné le doux nom de nullité au moyen précédent: il ne sçait quel nom donner à celui-ci. Il ne voudroit pas s'abandonner lui même: il ne voudroit pas dire qu'il croit devoir se plaindre d'une bien étrange fiction.

Quoi qu'il en soit, les capitouls s'étant déterminés à refaire l'information, quelqu'un, dit-on, se mit en tête de tourner contre l'Appellant les mêmes armes dont le Parlement venoit de foudroyer les prétentions du syndic. L'Appellant étoit trop innocent dans la première procédure. Dans la seconde, dans cette copie de la première, on prétend qu'il fut fait proprement une addition de six lignes à une déposition: à laquelle? à celle de la prétendue fille de lieutenant-colonel qui ne sçait /57/ ni lire ni écrire. Dans quel tems? après que le sieur Lagane eut donné ses conclusions trop favorables à l'Appellant. En quels termes? en termes propres à augmenter les charges contre lui auprès de juges prévenus. Dans quelle vue? pour le faire décréter au corps. Avec quel succès? avec le plus heureux, puisque le sieur Lagane retracta des conclusions trop avantageuses à l'accusé trop innocent.

L'Appellant n'affirme point ce fait: mais il supplie la cour de le verifier. S'il est conforme au raport qu'on lui a fait, armé du même dilemne, il demande si Julie Latiere a été, ou si elle n'a pas été ouïe le 15 janvier. Si elle a été ouïe, comme une fille dont l'extrême bêtise est prouvée par la confrontation a-t'elle pu répéter mot à mot une déposition de plusieurs pages, elle qui n'entend presque pas le françois, elle qui ne sçait ni lire ni écrire, elle qui n'avoit point d'idée distincte des chefs d'accu-/58/sation qu'elle avoit articulés? Si elle n'a pas été ouïe, d'où vient cette addition, cette addition de six lignes qui suppose qu'elle l'a été, puisqu'elle est non à la fin, mais dans le corps de la déposition? Comment le juge a-t'il pu certifier qu'il avoit reçu une déposition qu'il n'avoit pas reçue? Ces six lignes ont donc été ajoutées en la recopiant.

L'acte de confrontation fortifieroit cet argument, s'il avoit besoin d'apui. Interpellée de déclarer si le 15 janvier elle *expliqua & narra sa déposition de sa propre bouche*, cette fille déclare qu'*elle ne sçait ce qu'on veut lui dire, & qu'elle est hors d'état de répondre*. L'assesseur qui procéda à ce confrontement n'est pas celui qui entendit les témoins.

L'Appellant, pour mettre ce moyen en évidence, employe 1° La déposition de Julie Latiere du 10 janvier ; 2° La déposition de la même Julie du 15 de ce mois ; 3° Le confrontement du 6 octobre. /59/

Onzième moyen

L'annotation & la saisie des effets de l'Appellant est contraire à l'ordonnance.

L'ordonnance veut que les effets d'un citoyen ne soient saisis qu'en vertu d'une ordonnance de juge ou d'un décret. Les capitouls firent saisir les effets de l'Appellant trois jours avant le décret.

L'ordonnance veut que les saisies se fassent par un huissier ou sergent. Les capitouls firent saisir les effets de l'Appellant par six soldats.

L'ordonnance veut qu'avant d'entrer dans une maison pour faire saisie, l'huissier soit tenu d'appeller deux voisins au moins pour être présens. Les capitouls jugèrent à propos d'avoir en des soldats une confiance, que le législateur n'a point pour des huissiers quoique liés par le serment. Les soldats se répandirent dans la cuisine, /60/ dans la chambre, dans les cabinets, ouvrirent les portes, s'emparèrent de tout sans formalités, sans témoins, sans inventaire.

L'ordonnance veut que l'exploit d'annotation soit paraphé par le juge. Dès que les capitouls eurent déterminé une saisie plus régulière, le 12 janvier, un huissier vint annoter la portion d'effets que les soldats n'avoient point emportée : mais le juge ne parapha point l'exploit. On avoit commencé par la violence : on continua comme on avoit commencé.

L'ordonnance veut que les exploits des saisies contiennent par le menu & en détail tous les meubles saisis. L'exploit d'annotation des effets de l'Appellant est infidèle, en ce qu'il ne contient point une quantité d'effets qu'il avoit chez lui, lorsque les soldats y entrèrent en son absence ; il est incomplet, en ce que ses livres ne sont point annotés par le menu & en détail : on se contente de dire *environ* /61/ *cent-trente livres ou brochures*, comme s'il étoit indifférent de retrouver des livres précieux, ou des almanacs, de bonnes ou de mauvaises éditions.

On doit d'autant plus se défier de cette annotation faite trois jours après la saisie, qu'on fit une nouvelle annotaion le 16 janvier, qui n'est qu'une copie de celle du 12, comme il apert par leur parfaite identité. Toutes ces fictions étoient devenues nécessaires.

Pour le profit de ce moyen, l'Appellant employe 1° la notoriété publique, que dès le matin du 9 janvier son appartement fut envahi par une garnison ; 2° les articles IV, VI, XIX du titre XXXIII des saisies & exécutions, & l'article IV du titre XVII de l'ordonnance criminelle; 3° l'exploit de perquisition de l'Appellant & annotation de ses effets du 12 janvier; 4° l'exploit de perquisition & d'annotation du 16 du même mois. /62/

La senttence est injuste.

Elle condamne un homme contre lequel il n'y a point de preuves, pas même de présomtions. Elle rejette des reproches que la loi ordonne d'accueillir & qui étoient suffisamment justifiés.

1° Il n'y avoit pas le moindre degré de preuve contre l'Appellant. Son seul crime étoit le crime du hazard, le crime d'avoir été spectateur involontaire d'une scène scandaleuse entre une femme de qualité & un capitoul. Le verbal le représentoit tranquille, gardant un profond silence, ne le rompant que pour dire son nom, lorsqu'il en fut requis par ce même Sr David, dont il n'avoit reçu aucune offense, dont il avoit lieu de n'en craindre aucune, qu'il ne connoissoit pas & qu'il n'avoit jamais vu. Les deux témoins fournis contre lui se contredisoient en tout point. L'un le chargeoit de n'avoir joué qu'au phara-/63/on, l'autre de n'avoir taillé qu'au lansquenet. L'un disoit qu'il s'étoit déchaîné puérilement contre un capitoul, l'autre déclaroit à la confrontation qu'il avoit souvent blâmé la dame de Fontenille de ses déchaînemens contre le même homme. L'un l'accusoit d'avoir tenu un mauvais propos, l'autre de l'avoir réfuté. Tous les deux mentoient & se contredisoient en mentant, car ils articuloient le même fait : c'étoit le même soir, les mêmes circonstances, les mêmes paroles, & paroles si étranges qu'on pouvoit tout au plus croire qu'elles étoient parties une seule fois d'une seule bouche. Mais quand ces deux témoins n'auroient pas été contredits l'un par l'autre, peu importoit à l'Appellant. En effet l'un raportoit une vaine jactance, l'autre un terme injurieux. Que pouvoit-on conclure de ces deux rapports différens ? rien absolument, sinon que l'accusé se trouvoit précisément dans le cas où la loi la plus ancienne & la plus sainte /64/ déclare un homme innocent : *testis unus, testis nullus*. Lors de l'information où tout est de rigueur, un témoin unique forme une présomtion. Lors du jugement où tout est de faveur, cette présomtion se réduit à zéro, *testis nullus*, parce que l'affirmation de l'accusé étant opposée à l'affirmation du témoin, remet dans un parfait équilibre la balance de la justice : *testis unus, testis nullus*. La sagesse eternelle l'a dit, les raports de paroles sont sans consistance s'ils ne sont apuyés de deux ou trois témoins : *In ore duorum vel trium testium stabit omne verbum*[54].

2° Mais ces deux témoins n'existoient plus. Ils n'existoient plus, depuis que l'Appellant les avoit reprochés. Dorlhac avoit été objecté comme taché de plusieurs décrets auxquels il n'avoit pas obéi. Il les nia : mais le juge sçavoit que la preuve de ce reproche étoit dans son greffe-criminel. Il avoit été objecté comme espion de la Police ; il ne le nia point ; il dit seulement qu'il n'avoit /65/

jamais pris cette qualité-là. Il l'étoit pourtant ; il étoit notamment le dénonciateur du soupé ; sa qualité de décrété & de desobéissant le mettoit dans la dépendance immédiate de l'ennemi de la dame de Fontenille. Que fesoit-il chez cette dame ? il n'étoit point compagnie, il n'étoit point domestique, il n'étoit point croupier. Qu'étoit-il donc ? il étoit espion : il sçavoit qu'un arrêt de règlement sur les jeux de hazard donne une partie de l'amande au délateur & pour la gagner, ce misérable renvoya les porteurs de tous les convives, sortit & alla avertir le capitoul : *Tollitur index, quum semel in partem criminis ille venit*[55].

Julie Latière avoit été reprochée comme une fille sans aveu. L'object étoit pertinent, net & laconique. Cette fille en avoit convenu : & quand elle l'auroit nié, ses réponses aux interpellations l'auroient démontré. Dans toute la confrontation elle parla comme un faux témoin. De plus, les ex-/66/ploits d'assignation qu'on lui avoit donnés pour la déposition, pour le recollement, pour la confrontation, montroient qu'elle n'étoit qu'une vagabonde : dans l'un elle est logée à la rue, dans l'autre à la place, dans l'autre à la Providence, jamais dans un domicile.

Les capitouls jugèrent que de pareils témoins étoient excellens, & que des reproches connus, avoués & prouvés, n'étoient pas suffisans pour faire rejetter leurs dépositions. Ces témoins avoient varié essentiellement : ils n'en devinrent que meilleurs.

C'est sur ces deux pièces que les capitouls condamnèrent l'Appellant à s'abstenir de la cité, comme s'il avoit troublé le repos de quelque citoyen, & à être admonêté *devant Mrs les capitouls*, disent-ils, en parlant d'eux-mêmes, sans doute pour lui apprendre à vivre. Mais sur quoi l'admonêter ? sur le fait de jeu ? l'usage, la loi & le bon-sens y repugnent. Sur le respect dû aux /67/ Magistrats ? c'est un devoir qu'il connoit & qu'il remplit du moins aussi bien que ses admoniteurs. Sur la compagnie où il se trouva ? il n'en connoît pas de meilleure, que celle que la dame comtesse de Fontenille avoit invitée à son soupé.

Pour l'utilité de ce moyen, l'Appellant employe 1° toute l'information ; 2° tous les confrontemens ; 3° l'article V du titre 23 de l'ordonnance des reproches des témoins, *Les reproches des témoins seront jugés avant le procès, & s'ils sont trouvés pertinens & qu'ils soient suffisamment justifiés, les dépositions n'en seront levées.* 4° La sentence du 16 octobre. 5° Toutes les nullités de la procédure.

TREIZIÈME MOYEN

Les nouveaux reproches par écrit que l'Appellant a fournis contre les deux témoins, suffiroient pour les faire rejetter & pour faire casser la senten-/68/ce, quand même elle pourroit tenir contre tout ce qui vient d'être dit.

Dorlhac est fils d'une maquerelle bannie par arrêt pour crime de maquerellage.

Dorlhac est un maquereau lui-même. Le substitut de M. le procureur général porta plainte contre lui en 1748 pour ce crime.

Dorlhac est décrété d'ajournement personnel : il n'a point purgé son décret, de sorte qu'il est encore en prévention.

Dorlhac est menteur à justice : il dit dans sa déposition qu'il est employé dans les droits du quart, & il n'y a jamais eu d'emploi.

Pour Julie Latière, c'est la plus impudente menteuse à justice, que la justice ait eue à punir. Cette fille jura qu'elle se nommoit Julie Latière, qu'elle étoit fille du sieur Latière lieutenant-colonel d'artillerie, qu'elle étoit native du Port Sainte-Marie, qu'elle étoit logée à la Providence. Qui croiroit /69/ que ces affirmations sont 4 impostures ? Qui croiroit que ce témoin ait menti sur son nom, sur sa qualité, sur sa famille, sur sa patrie, sur son domicile ? Qui croiroit que c'est d'après ce témoin qu'on a condamné l'Appellant.

L'Appellant n'aprofondit point ce mistère d'iniquité, & ne le dévoile même qu'à regret. Mais il supplie la cour d'observer combien cette métamorphose lui a été funeste.

Pour justifier de moyen, l'Appellant produit 1° l'arrêt de bannissement contre la mère Dorlhac ; 2° la plainte contre Dorlhac fils pour crime de maquerellage ; 3° l'exploit de signification du décret ; 4° l'entière procédure contre les Dorlhacs où l'on ne trouve point de vestige que le décrété ait obéi ; 5° les certificats du sieur Campmas directeur général de la ferme des octrois où sont compris les droits du quart, & du sieur Guittou controlleur de l'équivalent de la ville de Toulouse, l'un & l'autre du 30 décembre 1760 ; 6° les /70/ certificats des deux curés du Port Sainte Marie, du 31 octobre ; 7° le certificat des maire & consuls de la même ville ; 8° le certificat de la prieure de la Providence.

Voilà ce que l'Appellant produit pour sa défense. Il eût pu renfermer sa cause en moins de mots. En effet rien n'est plus simple. Il n'est accusé que de deux propos assez indifférens en eux-mêmes. Quand ces deux propos ne seroient pas indifférens, chacun des deux n'est attesté que par un seul témoin. Quand ils seroient attestés par deux témoins, ces deux témoins ont essentiellement varié à la confrontation. Quand ils n'auroient pas essentiellement variés, ils sont victorieusement reprochés. Quand ils ne seroient pas victorieusement reprochés, toute la procédure n'est qu'une violation de l'ordre judiciaire, toute la procédure n'est qu'un tissu de nullités. Nullité dans le verbal, nullité dans la plainte, nullité dans les deux in-/71/formations, nullité dans les décrets, nullité dans les interrogatoires, nullité dans les annotations d'effets. Tout est nul. Il n'y a d'effectif, de réel, de bien prouvé, que la longue oppression que l'Appellant a soufferte & souffre encore.

Qu'on donne à la pièce dont il se plaint le nom qu'on voudra. On ne peut lui donner celui de procédure. Un procès criminel n'est plus un procès, dès que les formes qui en sont l'essence, ne l'animent point : ce n'est qu'une entreprise & une violence d'autant plus punissables, qu'elles sont à demi couvertes du voile respectable de la Justice.

L'Appellant n'a pas besoin d'invoquer ces formalités tutelaires des citoyens, puisque les reproches une fois jugés, son nom ne paroitra plus dans toute l'information. Il les invoque pourtant, mais moins comme accusé que comme patriote. Les parlemens les réclament tous les jours avec zèle & /72/ souvent avec succès. Celui de Languedoc permettroit-il à des juges inférieurs de *substituer l'arbitraire à ces formes essentielles sans lesquelles la punition même ne donne aucune certitude du crime**. L'Appellant lit avec confiance l'arrêt de son relaxe dans ce dernier oracle d'une compagnie toujours semblable à elle-même.

Conclut comme au procès.

* Remontrances du Parlement séant à Toulouse sur le Parlement séant à Bezançon[56].

Monsieur DE BOISSY, Rapporteur,
M^e DE PIGERON DE MILHET, Avocat
SARREMEJANE, Procureur. /73/

PIECES ET ACTES
pour servir de preuves ou d'eclaircissement au Mémoire précédent

VERBAL DU SIEUR DAVID

On donne cette pièce dont les copies sont fort communes, d'après la plus exacte qu'on ait pu trouver.

Verbal de M. David capitoul[57]

L'an 1760 & le 9e janvier, Nous François Raymond David de Beaudrigue &c sur les differens avis qui nous avoient eté donnés que la dame comtesse de Fontenille donnoit à jouer le jeu de hazard dans sa maison size près le puits des Augustins, nous aurions pris des informations et nous serions donnés des soins pour nous assurer de la verité du fait & tâcher de surprendre les joueurs. Mais la dite dame de Fontenille instruite de nos démarches, se seroit transportée dans notre maison d'habi-/74/tation, il y a environ un mois, & nous auroit représenté que l'état de ses affaires la mettoit dans la necessité de donner à jouer chez elle le jeu de hazard & qu'elle esperoit que nous ne ferions pas de descente dans sa maison. A quoy nous lui representâmes les devoirs de notre etat, qu'elle devoit tout comme les autres citoyens se conformer aux ordonnances de police, aux arrêts de réglemens & aux ordres du roi, qui interdisent le jeu de hazard à toutes personnes sans exception d'aucune, que si elle y contrevenoit elle devoit s'attendre, que nous ferions une descente dans sa maison. Et nous étant revenu, qu'elle donnoit à jouer au jeu de hazard, nous fimes une descente dans la maison de ladite dame il y a environ trois semaines, *qui nous devint inutile* par les précautions qu'avoient pris les joueurs qui furent avertis de notre marche, s'étant séparés un instant avant nous ne parumes. Cepandant la dite dame de Fontenille non contente de donner à jouer journelle-/75/ment le jeu de hazard, *il nous est revenu qu'elle n'a cessé de tenir de mauvais propos sur notre compte. Elle a même affecté de dire* PUBLIQUEMENT *que si nous avions la hardiesse de revenir chez elle, elle nous apliqueroit sur la face une pele qu'elle fesoit rougir & tenoit dans le feu du salon où l'on donnoit à jouer, & ayant eté instruits* que ladite dame avoit invité le jour d'hier certains des joueurs à souper sous prétexte de leur donner le gâteau des Rois, & PRÉSUMANT qu'après le soupé lesdits joueurs ne se retireroient pas sans jouer, nous nous sommes rendus avec notre greffier & notre main-forte vers une heure après minuit au devant la porte de la maison de la dite dame que nous avons trouvée fermée à verrouil, & prévoyant que si nous frapions à ladite porte on ne manqueroit pas de cacher les cartes avant de venir l'ouvrir & que les joueurs pourroient sortir par d'autres issuës, nous nous sommes rangés avec notre greffier & la main-forte & /76/ collés le long du mur, attendant que quelque joueur malheureux sortît après avoir perdu son argent. Et en effet vers les deux heures après minuit la porte ayant été ouverte pour faire sortir un des acteurs, nous avons profité de ce moment, & nous sommes hâtés d'entrer brusquement non obstant les grands cris que fesoient deux femmes, l'une dans l'allée de la maison & l'autre dans la rue, disant à haute voix que le guet montoit. Nous sommes parvenus avec notre greffier et notre main-forte dans le sallon où l'on jouoit dans lequel nous avons veû ladite dame de Fontenilles assise sur un sopha avec la dame de Fraysse & *un monsieur vétu d'un habit noir*, & plusieurs messieurs assis autour d'une table avec la demoiselle Sevennes qui jouoient, ayant encore des cartes en leurs mains, comme aussi nous avons vu plusieurs autres cartes sur la table avec des fiches & des jettons, un corbillon & une bourse. *Nous étant avancés avec diligence, nous leur* /77/ *avons ôté plusieurs cartes des mains*, parmi lesquelles il y en avoit de cornées : & comme nous allions prendre les cartes qui étoient sur la table, ladite dame s'est levée avec précipitation, a pris un flambeau, & nous l'a jetté à la face, duquel coup nous nous sommes garantis en portant notre main droite sur sur le visage ; de façon que le coup a porté sur notre main, & *en meme tems* a pris une partie desdites cartes qui étoient sur ladite table & les a mises *sur* son sein : ce qui nous a engagés de la sommer *poliment* de nous remettre lesdites cartes. Mais au lieu d'obéir à *nos ordres*, elle nous a dit que nous étions un maraud, un coquin, & que dans peu nous la lui payerions. Sur quoi nous avons pris & ramassé l'autre partie des cartes, ensemble les fiches, jettons, corbillon & bourse qui avoit resté sur la table, & avons interpellé les messieurs qui étoient autour de ladite table ou dans le salon de nous déclarer leur nom & surnom, & leur avons dit qu'ils ne /78/ pouvoient pas contester qu'ils ne jouassent le jeu de hazard, puisque nous les surprenions en flagrant délit : *dans la confusion & dans le trouble plusieurs personnes ayant trouvé le moyen de s'evader,* CEUX QUE NOTRE MAIN FORTE A RETENUS nous ont déclaré leur nom, & nous ont dit s'appeller, sçavoir le premier le chevalier de La Motte, le second le sieur

449

de Roissé, le troisième le baron de Montlezun, le quatrième le sieur de La Romillière, le cinquième le sieur Angleville de La Beaumelle, & le sixième Martin. Mais ils ont gardé le silence sur le fait du jeu, *Ils ont même tenté de s'evader* avant de nous déclarer leur nom, *ce que nous avons empêché*. Nous étant ensuite aperçus que la demoiselle Sevennes s'etoit cachée derrière un sopha tenant des cartes en ses mains, nous l'avons faite conduire à l'Hotel de ville. Elle a été suivie des sieurs La Motte & Montlezun, & avons fait remettre devers le greffe de la police le corbillon, fiches /79/ & jettons, ensemble les cartes que nous avons comptées, y en ayant cent cinq, parmi lesquelles il y en a huit de cornées & plusieurs cartes petites, comme de 2. 3. 4. 5. & 6. Avons pareillement fait porter au greffe la table couverte d'un tapis verd sur laquelle les joueurs jouoient : & de ce dessus &c

OBSERVATIONS

Voilà la pièce-matrice du procès criminel intenté à la dame comtesse de Fontenille.

1° On n'auroit pas du comprendre dans ce procès les assistans, du moins quant à l'accusation *en excès* : leur crime n'étoit que d'être présens malgré eux. Lorsqu'on surprit à Paris l'année passée *les crucifieurs & les crucifiées*, on ne fit point le procès aux assemblés : on n'en arrêta aucun : on prit leur nom, & on les assigna comme témoins. Mais le capitoul avoit un grand intérêt à comprendre les convives de la dame de Fontenille dans le procès, parce que s'ils n'avoient été coaccusés ils auroint été témoins, & que leur déposition auroit donné de fréquens démentis à ce verbal. En quoi étoient-ils coupables d'excès réels ? Aucun d'eux n'avoit dit un mot, n'avoit fait un geste. Ils étoient présens ! il falloit donc décréter aussi le *monsieur vêtu d'un habit noir*. Ils n'avoient point empêché le jet du flam-/80/beau. Mais l'avoient-ils pu ? Les soldats qui ne l'avoient pas empêché auroient donc du être décrétés pour avoir laissé fraper leurs colonels. Quand le sieur David prenoit l'assemblée à témoin de ce qui se passoit, croyoit-il alors que les convives fussent corées.

2° Ce verbal est plein d'aigreur. Le capitoul y convient qu'en faisant descente chez la dame de Fontenille il fit plutôt un acte de vengeance qu'un acte de police.

3° D'après la simple *présomtion* qu'on jouoit chez la dame de Fontenille, le capitoul mène à sa suite le serrurier La Porte, qu'il va eveiller à minuit. Ne falloit-il pas s'assurer du fait, avant d'en venir à cette extrémité ? Les officiers municipaux de Toulouse ont donc le droit d'entrer à toute heure par des voyes illicites dans les maisons les plus paisibles ! D'habiles gens disent pourtant, qu'après avoir mené un serrurier avec ses outils, à cette heure-là, à la porte d'une telle maison, il falloit absolument y trouver un scélérat. Il est évident que la haine implacable que le capitoul avoit voué à la dame de Fontenille, lui suggéra seule un expédient que les plus fortes preuves du plus énorme crime pouvoient seules justifier. Dans le verbal il n'est point parlé de ce serrurier : mais sa déposition existe & prouve que le verbal est incomplet.

4° Le capitoul qualifie de *joueurs* une assemblée de personnes dont les unes ne jouoient pas alors, dont les autres ne jouoient jamais. C'est une injure contre ces personnes, puisque les objets jugés, on ne trouvera pas /81/ un seul témoin qui la donne comme une vérité.

[5]° Tout le préambule du verbal n'est qu'un pure allégation imbibée de fiel. Le conte de la pêle rougie au feu est resté sans preuve dans le verbal & dans le brief où il n'auroit jamais dû entrer. Le *maquereau* & la *prostituée* n'ont pas même déposé ce mensonge.

6° Le fait du flambeau est affoibli par l'assertion des sieurs de Roissé, de Montlezun, de La Mothe, de La Romilliere, de Benech & de l'Appellant, qui ont déclaré qu'en entrant le capitoul avoit dit à ses soldats, *Qu'on fouille tout le monde, & qu'on commence par madame la comtesse*. Ce qui étoit provoquer cette dame. Elle le fut encore plus, quand le sieur David ne trouvant point sur la table de piquet de quoi dresser un bon verbal, voulut en chercher les matériaux dans le sein de la dame de Fontenille, où il prétendoit qu'elle avoit caché les cartes.

7° Le sieur David [n'-]avoit plus qu'une simple *présomtion* qu'on joueroit chez la dame de Fontenilles. Toutes les mesures qu'il avoit prises, l'éveil du serrurier, du greffier, du sieur Dupuy, du sieur Chauliac, tous les apprêts d'un procès-criminel, montrent qu'il avoit une parfaite certitude. Et cette certitude, à qui la devoit-il ? Au nommé Dorlhac, espion & témoin. Ce Dorlhac étoit allé avertir le Capitoul qu'il avoit renvoyé de son chef tous les porteurs jusqu'à sept heures du matin. Il n'y en avoit pas un seul dans la cour, quand le guet parut ; aucun ne parut ; & si cela est si vrai, que la demoislle Sevennes fut portée & non *conduite*, par des /82/ soldats à l'hôtel de ville : de sorte que Dorlhac ce dénonciateur qui auroit été puni comme calomniateur de l'Appellant, s'il avoit paru en sa vraye qualité, jouit non seulement de l'impunité comme témoin, mais encore expose à la punition un honnête citoyen.

8° Le capitoul avoue que plusieurs personnes sortirent & que tous les autres voulurent sortir & en furent empêchés. On se taît là-dessus : il ne faut pas tout dire.

9° Si l'on compare les dépositions des soldats, du sergent, du lieutenant du guet, du serrurier avec le verbal, on verra que le verbal n'est point ce qu'il devroit être, une image naïve d'un fait présent. Les témoins déposent que la demoiselle Sevennes fut fouillée : le verbal ne le dit pas. Les témoins déposent que le capitoul l'aperçut derrière le sopha dès le commencement de l'action : le verbal place cette circonstance à la fin &c. Ce sont des bagatelles, dira-t'on. Oui, en tout autre rapport : mais dans un procès-verbal, où tout doit être rigoureusement vrai, parce que tout est cru, où la transposition d'un événement est essentielle, parce que l'événement en est altéré, où une omission, une légère addition est considérable, parce que dès lors le juge n'entend point le premier [cri] de la vérité qu'il croit entendre, enfin où chaque parole condamne ou justifie, ces riens sont importans. « Un acte qui peut devenir si contraire à la sureté & à la liberté des citoyens, dit un auteur qu'on ne peut trop citer*, doit être exécuté /83/ dans la présence des citoyens[58] ». Aussi l'ordonnance veut elle qu'il soit fait sans déplacement. Le Sr David qui osa compter assez sur sa mémoire pour le dreser ailleurs que chez la dame de Fontenille, s'exposa à n'être cru sur rien, dès qu'on lui auroit prouvé qu'il ne devoit pas être cru sur tout.

10° Les actes de justice doivent être pleins de candeur. Faits pour réprimer la méchanceté humaine, ils doivent avoir eux-mêmes le caractère de l'innocence. Le verbal du sieur David a-t'il ce caractère repectable ? Est-ce la bonne-foi qui lui suggéra la négligence de le faire signer par un Capitoul ou par un assesseur ? Dès que vous violez la règle, dès que vous procédez seul tandis que vous devez procéder assisté, dès qu'en exerçant votre autorité vous vous affranchissez des formes auxquelles elle est asservie, vous devenez suspect, vous êtes présumé mal intentionné : en vain vous êtes exact dans vos récits : les bruits qui courent contre votre verbal peuvent être rejettés par la probité, mais doivent être accueillis par la défiante justice.

11° La *table couverte d'un tapis verd sur laquelle les joueurs jouoient* est une petite table de piquet : c'est cette table qu'on a osé présenter comme l'autel d'un banquier de pharaon. /84/

* Montesquieu, *Esprit des lois*, L. 29 C. 15

N° 2 EXTRAITS
des Annales de Toulouse & des Miscellanea Juris

Ces extraits prouveront 1° que la connoissance de cette cause appartenoit au Parlement ; 2° que la prétendue jactance de l'Appellant ne pouvoit donner lieu à un procès-criminel instruit à l'extraordinaire ; 3° qu'il est fort incertain que le sieur David fût capitoul le 9 janvier, & par conséquent que la dame de Fontenille ait insulté ou paru insulter un magistrat fesant ses fonctions.

Jean Coras un des plus sçavans hommes en la science du droit, avoit mis en lumiere divers ouvrages sur ce sujet ; l'un desquels étoit /85/ un livre sous le titre de *Miscellanea juris*, où il s'étoit déchaîné contre les Capitouls en général. Il fut délibéré de se pourvoir contre lui au nom du sindic de la Ville en réparation des injures qu'il y avoit dans ce livre contre les Capitouls & contre leur magistrature. Je croirois mécontenter le lecteur si je manquois de rapporter ici le passage dont on se plaignoit : & personne ne le peut trouver mauvais, puis qu'il est dans un livre imprimé & qu'il n'est pas des plus rares. En voici la traduction (*Suit la traduction du passage, que nous croyons devoir rapporter en latin, de peur d'affoiblir dans l'esprit du peuple le respect qu'il doit à des Représentans*).

« His curatoribus Reippublicae rectissimé comparandos putaverim Capitolinos nostros Tolosanos, qui ex prima institutione nullam jurisdicundi potestatem habent, quippe qui creati ob id tantum fuerint, ut providerent ne quae ad quotidianum civitatis usum erant necessaria deessent, procurarentque civium salutem, aedium privatarum & publicarum totiusque urbis dignitatem. Hodie tamen ex /86/ aliis judicibus *usurpatam*, nescio quomodo, jurisdictionem praeter jus exercent, *communi certe nostrorum civium & quasi fatali malo*. Nam qui fieri potest, ut hi jus dicant qui juris elementa nunquam cognoverut? Creantur ad id munus quotannis octoviri, ex quibus vix unum & alterum reperiat, qui non imperitus, expers, rudisque fit, nullam juris scientiam vel rerum experientiam habens. Provehuntur siquidem ad eum magistratum plerique indignissime & inhonestis artibus, quidquid est corruptelae miscentes, ignari, nec litterarum nec nandi periti, & quod omnium perniciosissimum est, sordiduli quidam mercatores, qui non ipsi modo vitia concipiunt, sed ea infundunt in civitatem. Nec sum nescius in eum ordinem adscitos hactenus permultos qui vel doctrina vel summa probitate pollerent, tantaque virtute ut admirari eos quam laudare facilius fit. Sed, ut ille dicebat

Rara avis in terris, nigroque simillima Cygno[59]. »

*Joannis Corasii, Tolosatis Juriconsulti**, Miscellanea juris, *Lugduni apud Guillem Rovillium* 1532, L. 3 C. VI, p. 352.
* Coras fut depuis conseiller au Parlement, mais il n'étoit alors que juriconsulte & simple particulier.

On ne peut disconvenir, *continue l'Annaliste*, qu'il n'y ait beaucoup de fiel dans ce passage. Mais je laisse à juger, si cet auteur n'ayant parlé /87/ qu'en termes généraux, & repris des abus qui regnoient peut-être en ce tems-là, ce pouvoit être un juste sujet d'un procès en réparation d'injures...

Au reste il y a lieu de croire que cette instance en réparation d'injures qu'on avoit chargé le Sindic de faire contre lui, ne fut point poursuivie, parce qu'il n'en est plus parlé dans le régistre[60]. *Annales de Toulouse par La Faille, Capitoul*, t. 2 pp. 260 261 262.

II

Cette cause ayant été portée en l'audience du Parlement, dans la plaidoirie Saint Félix qui parla en sa cause, s'emporta fort contre les Capitouls & contre ceux qui composoient le Conseil-de-Ville, & les traita de monopoleurs & de séditieux. De quoi les uns & les autres demandèrent réparation. Le Parlement renvoya le tout au Roi, qui débouta les Syndics de leur opposition, moyennant la déclaration /88/ que fit St Felix qu'il les tenoit pour gens d'honneur. *La Faille*, tome 2 p. 303[61].

III

Les professeurs ayant cessé de faire leurs lectures, les écoliers s'assemblèrent en armes, insultèrent même les Capitouls, jusques là qu'un jour ils en renversèrent un de sa mule qui eut bien de la peine à se tirer de leurs mains. Tous ces différends furent terminés par un arrêt du Parlement, qui enjoignit aux professeurs de continuer les lectures à peine de privation de leurs charges, & fit défense aux écoliers de s'assembler ni de porter des armes à peine de la vie. *La Faille, tome 2 p. 91 année 1532*[62].

IV

Un grand nombre d'écoliers s'étant attroupés au quartier des études, on n'en dit pas le sujet, deux Capi-/89/touls y accoururent avec la main-forte pour les séparer. Les écoliers ayant fait rebellion, il y eut deux soldats blessés à mort, et un écolier tué. Le lendemain les Capitouls allèrent au Palais donner connoissance au Parlement* de cet excès qui tenoit de l'émeute. Le dire du Capitoul d'Urdès se lit au long dans le Régitre des Délibérations de l'Hôtel-de-Ville. Le Parlement se contenta de donner un arrêt qui fut publié par la Ville, portant défense aux écoliers de s'attrouper, & injonction à tous vagabonds & gens sans aveu de vuider la ville. *La Faille tome 2 p. 372 & 373*[63]. /90/
* Et qu'on ne dise point que peut-être les Capitouls ne connoissoient pas alors des délits des écoliers. Ils en connoisssoient, mais ayant été excédés dans l'exercice de leurs fonctions, ils ne peuvent se dispenser de porter l'affaire aux pieds de la Cour. La Faille raporte dans la première partie de ses Annales, sous l'an 1335 une chartre de Charles le Bel, qui déclare les écoliers laïques sujets à la jurisdiction des Capitouls[64]. En 1562 le Parlement maintint par arrêt les Capitouls à se transporter dans les études toutes les fois que le cas le requeroit. *La Faille, t. 2 p. 260*[65].

V

La fête de Sainte Luce est le jour où les Capitouls entrent dans l'exercice de leur charge, quoiqu'ils ayent été élus dès le lendemain de la fête de Sainte Catherine. *La Faille, tom. 2 p. 12*[66].

Déclaration du Roi de 1554 portant que par l'ancien usage de Toulouse les Capitouls nouvellement élus n'entreroient en charge que quinze jours après leur élection pour être instruits des affaires de la Ville par ceux qui les ont nommés. Ce motif fut la cause de la révocation d'une déclaration antérieure. *La Faille, année 1554*[67].

En 1565 on commença, suivant le dernier article de l'ordonnance de Roussillon, à compter l'année par le premier jour de janvier, au lieu qu'auparavant on ne commençoit qu'à la fête de Pâques. Ce changement produisit cet effet à l'égard des Capitouls, que ces magistrats qui régulièrement /91/ n'entrent en charge que le 13 de décembre, jour de Sainte Luce, n'eurent après cela que dix-neuf jours de l'année dans laquelle ils sont élus, au lieu qu'auparavant, outre ces dix-neuf jours, ils avoient les mois de janvier & de février & presque tout mars. *La Faille, p. 274, tome 2*[68].

OBSERVATIONS

Le sieur David qui étoit sorti de charge le 12 décembre 1759, étoit-il capitoul le 9 janvier 1760 ? C'est un problème qu'il n'appartient pas à la cour de résoudre. Mais il est certain que la dame comtesse de Fontenilles à qui son âge de quatre-vingt huit ans avoit appris les lois & les coutumes de son municipe, étoit persuadée qu'il n'étoit plus capitoul, puisque le voyant entrer chez elle sans chaperon & sans aucune marque de magistrature municipale, elle lui dit plusieurs fois qu'elle ne le reconnoissoit pas, & qu'avant de jetter le flambeau elle protesta en termes energiques contre l'entreprise du Sr David, comme il conste par la procédure.

L'Appellant n'aprofondit point cette question, parce qu'il lui importe fort peu que le sieur David fût ou ne fût pas capitoul. Mais quand la dame comtesse de Fontenille purgera sa contumace, elle éclaircira sans /92/ doute ce point si intéressant pour elle : elle citera La Faille historien des capitouls, & syndic de la ville ; elle réclamera l'edit de 1733 duquel il résulte que les fonctions des capitouls sont d'année en année ; elle présentera celui de 1709 qui est confirmé par le précédent, où l'on lit que les officiers municipaux titulaires suivront pour le temps de leur administration les coûtumes établies dans leurs municipes respectifs ; elle démontrera que l'année municipale de Toulouse commence le 13 de décembre, que si le sieur David étoit encore en place, c'étoit peut-être pour instruire son successeur & non pour envahir ses fonctions, enfin que nulle usurpation ne doit prévaloir contre une loi. Elle ne craindra point qu'on lui oppose la loi Barbarius Philippus, *parce qu'elle en tireroit des argumens qui lui seroient très favorables.*

Quoiqu'il en soit, ce sont les grandes causes qui engagent les cours souveraines à frapper sur les grands abus. Et l'on ne sçauroit nier que ce ne soit une grande cause, qu'une affaire où il s'agit de condamner à l'infamie une maison telle que celle de La Roche de Fontenilles. /93/

Nº 3 EXTRAITS
à l'appui du premier moyen de cassation

Arrêt de la Cour du 20 février 1567 & du 26 mai 1560 rapportés par Mainard, livre 2. c. 20, qui ont décidé que lors qu'un Capitoul est partie, il doit se retirer devant le Sénéchal : ce qui est conforme à la décision de Julien Clarus, L. V question 35 nombre 26, & à celle de Guy Rousseau de La Combe, dans son traité *des matières criminelles*[69], sur la compétence des juges en général, seconde partie, art. 26 du chap. premier.

Partant, si le délit ne regardoit que l'injure faite au Capitoul, il falloit se pourvoir au Sénéchal : & que s'il tomboit sur un fait de police & sur l'injure faite au Capitoul, il falloit se retirer au Parlement ; /94/

EXTRAIT
de divers arrêts du Parlement

Ces extraits prouvent la nullité de l'entière procédure, prise de ce que les capitouls ont agi sans assesseurs, & l'assesseur sans capitouls.

Arrêt de réglement du Parlement de Toulouse du dernier août 1553, rendu les Chambres assemblées, qui sur le vû des lettres-patentes du Roi données à Reims le 23 septembre 1552[70], enjoint aux Consuls d'avoir assesseurs idoines pour leur exercice civil & criminel.

Cet arrêt est rapporté par Cairon, L. I de la police & du pouvoir des Consuls & Capitouls[71].

II

Arrêt de ma Cour, rendu en forme de réglement sur les réquisition de /95/ M. le Procureur-Général du 8 décembre 1686, portant défenses aux Consuls des villes & lieux du ressort qui ont la Justice criminelle par prévention ave les juges-royaux, de se servir d'autres assesseurs que desdits juges, à peine de nullité des procédures, mille livres d'amende, & d'être responsables aux parties de tous dépens, dommages & intérêts, & en cas de contraventions qu'il en sera enquis.

Cet arrêt est rapporté dans le premier tome de Rodier[72].

III

Arrêt de la Cour rendu en forme de réglement sur les réquisitions de M. le Procureur-Général, du 29 novembre 1691, qui ordonne l'exécution du précédent.

IV

Arrêt du 9 septembre 1741, qui ordonne que les Consuls de Layrac & tous autres Consuls du ressort de la Cour, seront obligés d'appeller dans /96/ les procédures qu'ils feront les juges des mêmes lieux, & en leur absence, defaut ou récusation, un gradué pour les assister & procéder avec eux aux auditions des témoins, à peine de nullité des procédures, 500 liv. d'amende & d'interdiction pour six mois de leurs charges, lesquelles deux dernières peines ne seront point réputées comminatoires, mais encourues par le seul fait.

Cet arrêt si fort, si précis & si récent, est rapporté dans le Recueil judiciaire, *t. I, p. 510*[73].

456

V

Edit de création des assesseurs du mois d'août 1692, confirmé par tous les édits qui ont été depuis rendus, portant que les assesseurs auront séance & voix délibérative dans les hôtels & maisons-de-ville du lieu de leurs établissemens, & jouiront des mêmes honneurs & prérogatives[74]. /97/

OBSERVATIONS

1° De cette suite d'arrêts dictés par le même esprit, il s'ensuit que le verbal & les auditions d'office sont nuls. Il s'ensuit aussi que les auditions des témoins, les interrogations des accusés, les recollemens & les confrontations sont nulles, comme faits par un assesseur procédant seul & sans commission expresse. Car si l'officier municipal n'a pas le droit de procéder seul, comment l'assesseur l'auroit-il ?

2° Dans les cas prévôtaux, dans ces procès où la société est si rapidement vengée, que la liberté de l'homme semble sacrifiée à la sureté de la société, le prévôt ne peut ouir les témoins, ni interroger ni confronter l'accusé, sans l'assistance d'un assesseur : la loi est formelle. Et le capitoul pourroit ce que le prévôt ne peut pas !

3° C'est dans les auditions des témoins, que la probité du juge est la plus nécessaire. Que de précautions prises par le législateur défiant pour constater la fidélité des informations ! L'omission d'une seule condition fait casser toute une procédure, parce que cette omission la rend suspecte de mensonge. Cependant que de prévarications aisées, imperceptibles, improbables, un juge peut faire malgré les entraves dont l'ordonnance criminelle garotte l'iniquité ! il peut interroger le témoin, au lieu de l'ouïr. En rédigeant son dire, il peut l'altérer essentiellement & peut l'intimider par des menace[s]. Le ton, l'air du /98/ visage, un geste, un mouvement, suffit pour porter l'épouvante dans le coeur d'un accusé ou pour faire expirer la vérité sur les lèvres d'un témoin. L'assesseur qui s'ingère de procéder seul sans assistance & sans commission, est censé coupable & capable de toutes ces infidélités. L'omission des formalités, disoit le Président de Sarta, est une sorte de contrat par lequel en la commettant on s'oblige à subir la peine que les lois y ont attachée, la cassation.

4° Le changement annuel des officiers municipaux rend nécessaire le rétablissement des règles, parce qu'il en produit l'oubli & que ces oublis perpétuent les abus. Les capitouls & les assesseurs ont d'autant plus besoin d'être ramenés par un arrêt à leur devoir, qu'ils s'en sont écartés, les assesseurs malgré l'avantage qu'ils ont d'avoir huit capitouls, les capitouls malgré le bonheur qu'ils ont d'avoir quatre assesseurs gagés par la Ville, gradués, raporteurs des procès, obligés de les assister à tous actes de justice & de se trouver à la tenue des audiences, soit de justice soit de police, & même à l'exécution des criminels.

5° Mais les aveux des accusés ! Ce qui est nul n'existe point légalement. /99/

N°4 EXTRAIT
des charges
contre l'Appellant

I
Deposition de Dorliac

Depose qu'il entendit une fois pendant qu'on jouoit, que la dame de Fontenille & l'Appellant dirent que si M. David s'avisoit d'entrer dans la maison pour les troubler, ils vouloient lui jetter le flambeau & la table sur le visage & le faire voler par la fenetre.

II
Confrontation

Interpellé de déclarer qui des deux, de la dame de Fontenille ou de l'accusé, tint le prémier ce prétendu propos, si ce fut le soir ou le matin, à quelle heure, quel jour, si l'accusé étoit alors assis, debout ou promenant, qui étoit présent, répond que la dame de /100/ Fontenille le dit la première audit sieur Accusé, qui répondit que Mr David ne seroit pas assez hardi pour venir dans sa maison, & qui dit que s'il venoit on lui jetteroit le flambeau & la table au visage & lui par la fenêtre, que c'étoit un soir pendant la nuit, qu'il ne se souvient ni de l'heure ni du jour, ni des assistans, & que ledit accusé étoit assis.

I
Déposition de Julie

Qu'un soir pendant qu'on jouoit elle entendit que la dame de Fontenile dit que si Mr David capitoul alloit les troubler, elle vouloit lui jetter le flambeau sur le visage & le faire voler par la fenêtre : à quoi l'Appellant répondit qu'il ne seroit pas assez maraud pour aller dans une maison comme la sienne.

II
Confrontation

Interpellée de déclarer s'il n'est vrai qu'elle a entendu plusieurs fois l'accusé faire de vifs reproches à la dame de /100/ de Fontenille de ce qu'elle déclamoit contre le sieur David & qu'elle étoit allée chez lui l'aigrir & l'irriter, répond & accorde l'interpellation.

Interpellée de déclarer quand est-ce qu'elle entendit dire au sieur accusé, que Mr David ne seroit pas assez maraud, pour aller chez madame de Fontenille, si c'étoit avant ou après la descente faite par le sieur David, répond que ce fut après la première descente faite par Mr David.

OBSERVATIONS

Voilà sur quel fonds on a bâti un procès criminel contre l'Appellant. Voilà le corps du délit. Voilà le crime que les capitouls ont jugé être un crime irrémissible. Cette accusation fait pitié : mais les moyens dont on l'a étayée font horreur. /101/

N° 5 AUTORITÉS

Qu'il soit permis à l'Appellant de citer à la cour un auteur très moderne, mais cher à tous les Parlemens, souvent cité dans celui d'Angleterre, jouissant de toute la gloire & de toute l'autorité d'un ancien, un de ses amis, mais l'ami de la justice & de la vérité. L'Appellant fit la seconde partie de la *Défense de l'Esprit des loix*. Il est juste que *l'Esprit des loix* serve à la défense de l'Appellant. Que les capitouls ayent pour eux le sieur David ; l'Appellant a pour lui Montesquieu : il peut dire,

> *Testis mearum centimanus Gyas*
> *Sententiarum.* Hor. L. IV, od. IV[75].

I[76]

Les discours sont si sujets à interprétation, il y a tant de différence entre l'indiscrétion & la malice, /102/ & il y en a si peu dans les expressions qu'elles employent, que la Loi ne peut guères soumettre les paroles à une peine capitale, à moins qu'elle ne déclare expressément celles qu'elle y soumet. *Si non tale fit delictum in quod vel scriptura legit descendit, vel ad exemplum legis vindicandum est*, dit Modestinus dans la Loi 7 au *ff. ad leg. Jul. maj.*

Les paroles ne forment point un corps de délit : elles ne restent que dans l'idée. La plupart du temps elles ne signifient point par elles-mêmes, mais par le ton dont on les dit. Souvent en redisant les mêmes paroles, on ne rend pas le même sens : ce sens dépend de la liaison qu'elles ont avec d'autres choses. Quelquefois le silence exprime plus que tous les discours : il n'y a rien de si équivoque que tout cela.

Je ne prétends point diminuer l'indignation que l'on doit avoir contre ceux qui veulent flétrir la gloire de leur /103/ Prince. Mais je dirai bien, que si l'on veut modérer le despotisme, une simple punition correctionnelle conviendroit mieux dans ces occasions, qu'une accusation de lèse majesté, toujours terrible à l'innocence même. *Nec labricum linguae ad poenam facili trahendum*, Modest. *ibid.*

Dans les émeutes ce ne sont point les paroles que l'on punit, mais une action commise dans laquelle on employe les paroles. On renverse tout, si l'on fait des paroles un crime capital, au lieu de les regarder comme le signe d'un crime capital[77].

Les empereurs Théodose, Arcadius & Honorius écrivirent à Ruffin, président du Prétoire, « si quelqu'un parle mal de notre personne ou de notre gouvernement, nous ne voulons point le punir. S'il a parlé par légéreté, il faut le mépriser ; si c'est par folie, il faut le plaindre ; si c'est une injure il faut lui pardonner. *Si id ex levitate processerit, contemnen*/104/*dum est ; si ex insania, miseratione dignissimum ; si ab injuria, remittendum. Leg. uni. Cod. si quis imperatori maled.*[78] » *ESPRIT DES LOIX*, L. XII C. XII : DES PAROLES INDISCRETES.

II

La raison exige deux témoins, parce qu'un témoin qui affirme & un accusé qui nie font un partage : & il faut un tiers pour le vuider. *L'ESPRIT DES LOIX*, L. 12 c. 3[79].

N° 6 PIÈCES
produites pour prouve de plus fort les reproches proposés
à la confrontation contre DORLHAC.

L'Appellant ne produit pas les pièces suivantes dans la vue d'en étayer le fonds de sa cause ; ce fonds n'est rien en lui-même : les deux témoins ne s'accor-/105/dent pas, & d'ailleurs ils ont varié. Il ne les produit que pour montrer qu'il y a eu de l'oppression de la part du premier juge & un projet de nuire qui a été consommé.

Le témoin Dorlhac est un menteur à justice. Dans les dépositions, dans les récollemens, dans les confrontations, il prend la qualité d'EMPLOYÉ DANS LES DROITS DU QUART, qu'il n'a jamais eue.

CERTIFICAT DU SIEUR GUITTOU

Nous controlleur des droits de l'Equivalent de la ville de Toulouse, que quelques-uns appellent abusivement *droits du Quart*, en l'absence de Mr Theveni directeur desdits droits, certifions devant qui il appartiendra que depuis l'année 1758, & plusieurs mois avant notre régie, le nomme *Dorlhac* n'a point servi dans ladite Ferme de l'Equivalent en qualité d'*employé*, & que nous n'avons pas con-/106/noissance qu'il y ait jamais servi. En foi de quoi nous avons signé la présente attestation ; à Toulouse le 30 décembre 1760, *signé* GUITTOU, controlleur de l'Equivalent de la ville de Toulouse.

CERTIFICAT DU SR CAMPMAS

Nous Directeur général de la Ferme des octrois de la ville de Toulouse, depuis l'année 1758, certifions & attestons devant qui il appartiendra, que le nommé

Dorliac n'a jamais servi en qualité d'*employé* dans ladite Ferme pendant notre régie qui a commencé depuis le 1 janvier 1758, jusqu'à ce jour. En foi de quoi nous avons signé la présente attestation que nous avons scellé du sceau de la Ferme, à Toulouse le 30 décembre 1760, *signé CAMPMAS*.

N^a. Que les *droits du Quart* sont compr[is] dans la ferme des octrois. signé CAMPMAS /107/

DEPOSITIONS DE DORLIAC
des 10 & 15 janvier

Dépose que mardi dernier, 8 du courant, la dame de Fontenille l'envoya chercher ver les sept heures du soir ; & s'étant rendu chez elle, *ladite dame le pria à souper*, & lui dit de lui aller chercher un sizain de cartes entières ; ce qu'il fit, & le déposant se retira vers minuit, ne sçachant point si l'on jouoit pour lors, parce qu'il n'entra point dans le salon où l'on avoit soupé, *ayant soupé dans une autre chambre en particulier avec la nommée Marie-Anne...* A la confrontation il dit que la nommée Marie-Anne est l'intime amie de la comtesse de Fontenille.

II

Le témoin Dorlhac est l'espion du sieur David & le dénonciateur du soupé. /108/

DIRE DE DORLIAC

Il n'a jamais pris la qualité d'espion.

DIRE DE LA DEMOISELLE SEVENES

On n'auroit pas joué ledit soir, si Dorlhac n'avoit renvoyé les porteurs des messieurs.

DIRE DU BARON DE MONTLEZUN

Répond qu'il ne joua que parce qu'il ne trouva pas ses porteurs pour se retirer, Dorlhac les ayant renvoyés à son insçu.

DIRE DU SIEUR D. ROISSE

Dorlhac vint proposer à l'assemblée de fermer la porte. Ce qu'on rejetta, lui disant qu'on n'avoit nulle envie de jouer aucun jeu prohibé, & que pour jouer le piquet ou le reversy on n'avoit pas besoin de prendre des précautions. Néanmoins ledit Dorlhac s'avisa de renvoyer la plupart des porteurs. /109/

DIRE DU SIEUR DE LA MOTHE

Répond qu'on avoit renvoyé ses porteurs à son insçu & qu'il fut obligé d'attendre qu'ils fussent de retour. Et lorsqu'il s'informa qui avoit dit à ses porteurs de se retirer, on lui dit que c'étoit Dorlhac qui les avoit renvoyés.

III

Le témoin Dorlhac est fils de la fameuse maquerelle Dorlhac

SENTENCE DE BANISSEMENT

3 janvier 1755, sentence définitive de Mrs les capitouls qui condamnent ledit Dorlhac & sa femme au bannissement pour dix ans de la ville & banlieue de Toulouse, & en cent sols chacun d'amende envers le roi. /110/

ARRET DE BANISSEMENT

3ᵉ mai 1755, arrêt au raport de Mr de Las Bordes qui réforme la sentence & condamne ladite Dorlhac au banissement pour cinq ans de la sénéchaussée de Toulouse. *MM. David, Daurié, & Tillol*[80] *sindic, étoient capitouls.*

IV

Le témoin Dorlhac est un maquereau.

PLAINTE DES GENS DU ROI

9 fevrier 1748, le sieur David étant capitoul, requête en plainte du procureur du roi contre le nommé Dorlhac, sa femme & leur fils pour mauvaise vie & maquerellage. L'enquis ordonné.

V

Le témoin Dorlhac a été décrété, n'a pas encore purgé son décret & par conséquent est encore en prévention. /111/

SIGNIFICATION DU DECRET

10 fevrier 1748, le sieur David étant capitoul, décret au corps décerné contre le nommé Dorlhac & sa femme, & d'ajournement personnel contre leur fils.
15 dudit mois, perquisition & assignation à la quinzaine.

15 mars, sentence sur la forme de procéder contre ledit Dorlhac & sa femme contumaxes.

Ledit jour, exploit de signification du décret d'ajournement personnel à Dorlhac fils avec assignation à comparoir en personne.

L'extrait dudit décret & l'exploit d'assignation est cotté N° 11 dans l'extrait de la procédure remise au greffe du Parlement en 1755.

Dorlhac fut décrété une seconde fois sous le capitoulat de Mr Croze[81]. Ce décret est au greffe de l'hotel-de-ville : on n'a pu encore parvenir à s'en procurer un extrait. /112/

OBSERVATIONS

1° Il est démontré que Dorlhac est menteur à la justice, dénonciateur, maquereau, décrété. Voilà l'homme que les capitouls jugèrent être un témoin irréprochable, le 16 octobre 1760.

2° On administre contre l'Appellant un témoin auquel il a souvent donné l'aumône, auquel il l'a souvent vue donner par les passans aux portes des maisons, dans les places publiques, dans les ruës. Est-ce là produire un témoin au-dessus de toute exception ? L'Appellant prouveroit ce reproche de mendicité journalière, si les autres objects n'étoient plus que pertinens, & si cette qualité de mendiant ne résultoit de ces objects. En effet, d'où Dorlhac tire-t'il sa subsistance ? Il ne la tire point d'un emploi dans les droits du Quart : il n'y a jamais été employé. Il ne la tire point d'un autre emploi : s'il en avoit eu un autre, il ne s'en seroit pas attribué un qu'il n'avoit pas. Il ne le tire point de son industrie : il n'a aucun métier, il n'en sçait d'autre que ceux de maquereau & de délateur, qui à Toulouse ne donnent pas longtems à vivre. Il ne le tire point de son patrimoine : son père, sa mère, ses sœurs, lui-même, n'ont d'autre bien que leur individu, sur lequel ils ne trouvent pas beaucoup d'argent. Il ne la tire point de la charité de ses proches : toute cette famille n'est qu'un tas de vagabons, qui sont venus du Puy, disent-ils, pour se faire bannir à Toulouse par arrêt, pour /113/ s'y faire décréter, & pour y rentrer & s'y maintenir malgré les lois par le métier de délateur. Il ne le tire point de la qualité de valet : cette qualité est contredite par celle d'employé. D'où la tire-t'il donc ? Tantot de la charité des passans, tantot du produit de ses dépositions.

III. Quant on a besoin d'un témoin, il est d'usage en un certain quartier de Toulouse éloigné du Palais, de recourir au mendiant Dorlhac. Il n'est pas fort cher. S'il met pourtant son témoignage à trop haut prix, on lui dit : « souviens-toi que tu as été décrété deux fois, souviens-toi que ta mère a été bannie par arrêt. Si tu refuses de jurer pour moi, j'irai dire à Mr David que tu es ici malgré tes décrets, & il te fera capturer ; que ta mère y est malgré son arrêt & il la fera pendre. Si au contraire tu veux déposer contre un tel, j'ai des amis, qui te tireront des portes, qui feront oublier tes décrêts, & qui te procureront le premier emploi vacant au poids de l'huile », le drôle se rend. On lui fait quitter ses haillons. Le mendiant s'habille en témoin. Il a tout vu, tout entendu, il ne doute de rien, il circonstancie tout, il a la meilleure mémoire du monde. Cinq jours après sa déposition, il la répète mot à mot sans y changer une sillabe. Mais à la confrontation pressé de coarêter un fait, il ne se souvient plus ni du jour, ni de l'heure, ni des assistans, ni de l'occasion : il a la plus ingrate des mémoires. C'est ainsi que ce vagabond, mendiant la moitié de l'année & témoin l'autre moitié, nommé tantot Dor-/114/hac, tantot Vergèse, toujours décrété, est toujours un instrument utile entre les mains des méchans.

4° L'Appellant a découvert bien d'autres anecdotes sur ce Dorlhac. Mais s'il n'avoit pas découvert celles qu'il vient de détailler ! Les biens & l'honneur des citoyens seroient-ils dans la dépendance de témoins couverts d'infamie ? Dorlhac étoit connu à l'hôtel de ville pour maquereau & pour décrété, & c'est ce maquereau, ce décrété qu'on assigne en témoin contre l'Appellant. Cela fait frémir. Est-ce là pratiquer la maxime *Judicis est pro accusati laborare innocentia*[82] ?

N° 7 PIECES produites pour prouver de plus fort le reproche de *fille sans aveu* proposé contre JULIE LATIÈRE

Cette fille dit dans sa déposition qu'elle est Julie Latière, fille du sieur Latière, lieutenant-colonel d'artillerie, native du Port Saint-Marie, logée à la Providence. *Les certificats suivans feront voir, que ces quatre assertions sont quatre impostures.* /115/

CERTIFICAT du SIEUR BIZEL, curé du Port Sainte-Marie[83]

Je, prêtre, curé de Notre Dame, de la ville du Port Sainte-Marie, soussigné, certifie à tous ceux à qu'il appartiendra avoir cherché dans les registres de ma paroisse l'extrait-baptistère de Julie Latiere, fille d'un lieutenant-colonel d'artillerie du même nom, & avoir parcouru avec toute l'exactitude possible les années 1736, 37, trente-huit, 39, 40, 41, 42, 43, 44, 45, dans l'espace desdites années n'y avoir point trouvé aucun extrait-baptistaire de Julie Latière, ni de nom approchant celui de Latière, & que depuis vingt-huit ans que je suis curé de la paroisse Notre-Dame du Port Sainte-Marie, je n'ai point trouvé sur mes registres personne de ce nom, ni avoir ouï dire à personne /116/ qu'il y ait eu dans cette ville, ni même dans le voisinage, un colonel d'artillerie, nommé Latière. Je certifie de plus que nous ne sommes que deux curés dans cette ville. En foi de quoi ai signé le présent certificat dans ma maison presbitérale, au Port Sainte-Marie, ce 1 octobre 1760 ; *signé* BIZEL, *curé du Port Sainte-Marie, approuvant la rature.* FOLLYE, *curé de Saint Vincent du Temple.*

CERTIFICAT du sieur FOLLYE, *autre curé du Port-Sainte-Marie*[84]

Je, prêtre, curé de la paroisse Saint Vincent du Temple de la ville du Port-Sainte-Marie, sous signé, déclare à tous ceux qu'il appartiendra avoir cherché dans les régistres de ma paroisse depuis 1730 jusqu'à 1744 inclusivement le nom de Julie Latière, fille d'un lieutenant-colonel d'artille-/117/rie de même nom. Je n'ai rien trouvé qui aproche de ce nom. En foi de quoi j'ai signé, au Port-Sainte-Marie ce 1 novembre 1760. Je certifie de plus, que nous ne sommes que deux curés dans cette ville, signé FOLLY, curé de Saint Vincent du Temple.

CERTIFICAT de légalisation

Nous Guillaume La Grange de Verges, ecuyer, conseiller du roi, son juge civil & criminel de la ville & juridiction du Port-Sainte-Marie en Agenois, certifions à tous ceux qu'il appartiendra, que le sieur Bizel est curé de la paroisse Notre-Dame, & le sieur Folié de celle de Saint Vincent de cette ville, & que les seings mis au bas des certificats ci-dessus sont leurs propres & véritables seings, qu'ainsi foi y peut être ajoutée tant en jugement que dehors, certifions également qu'il n'y a que deux paroisses dans ladite présente ville. En té-/118/ moin de quoi avons signé ces présentes, fait contresigner par notre secretaire & apposer à icelles le sceau de nos armes. Donné audit Port-Sainte-Marie dans notre hôtel, le 10 jour du mois de novembre 1760, *signé* LA GRANGE DE VERGES, & plus bas, *par mon dit sieur Meric, secretaire.*

CERTIFICAT des maire & consuls de Sainte-Marie

Nous maire & consuls, gouverneurs de la ville & juridiction du Port-Sainte-Marie en Agénois, certifions à tous ceux qu'il appartiendra qu'il ne nous est pas connu, qu'il ait d'aucun tems habité personne, homme ni femme, portant le nom de Latière, ayant la qualité de lieutenant ou lieutenant-colonel d'artillerie dans /119/ cette ville ou juridiction, & qu'il n'y a même actuellement personne portant ce nom. Ce que nous certifions véritable. Et que toute foi peut être ajoutée à notre présent certificat que nous avons donné à cette fin, audit Port Sainte Marie, le 2 novembre 1760.

signés PUGEOLLE, D'HUGUET, pr. consul GRAULIÉS, consul, BITAUBÉ, consul.

CERTIFICAT *de la supérieure de la maison des Filles de la Providence*

Je soussignée superieure de la maison des Filles de la Congrégation des Filles de la Providence de Toulouse, certifie à qui il apartiendra comme nous n'avons jamais vu dans notre maison Julie Latier. Fait à Tou-/120/louse, ce vingt-troisième décembre mille sept-cens soixante. Signée, FLOTTES, supérieure des Filles de la Providence.

OBSERVATION

Voilà le témoin que les capitouls par sentence du 16 octobre 1760 ont jugé être un témoin irréprochable.

N° 8 ARRETS DE LA COUR
sur la première procédure
I

Le 12 janvier 1760, arrêt de la cour sur les réquisitions de M. le procureur-général, par lequel il est enjoint aux capitouls de faire communiquer à son substitut à l'hôtel de ville sans délai le verbal de David & autres qui peuvent avoir été faits en consé-/121/quence d'icelui, à l'effet d'être procédé sans délai par lesdits capitouls à la poursuite & diligence du substitut.

II

Arrêt du 14 janvier. Notre dite cour ayant égard auxdites réquisitions, recevant notredit procureur-général Appellant de ladite ordonnance des capitouls du 12 de ce mois, fesant droit sur ledit appel, & réformant, ordonne qu'il sera enquis à la requête & diligence du Substitut de notre procureur-général en la ville & sénéchaussée de Toulouse des faits contenus au verbal dressé par la requête dudit substitut du 12 de ce mois & autres qui pourront être baillés par *brief intendit* par ledit substitut, renvoye par devant les sapitouls pour faire ledit enquis & CONTINUER la procèdure, ainsi qu'il apartiendra &c. /122/

OBSERVATION

L'information n'étoit cassée par aucun de ces deux arrêts. Il n'étoit donc pas permis au juge de réitérer des dépositions qui n'avoient pas été déclarées nulle[s].

N° 9 EXTRAIT de la confrontation de Julie Latiere, du 6 octobre 1760

Ledit sieur Accusé a dit qu'il propose contre elle pour object qu'elle ne se donne aucune qualité, & qu'il la récuse comme fille sans aveu. Ladite Julie Latière témoin a dit connoître ledit sieur Accusé.

Lors en présence l'un de l'autre lecture faite de la déposition & recollement de lad. Julie Latière témoin, l'avons interpellée de nous déclarer si elle a dit la vérité &c, laquelle a dit sa dépo-/123/sition & recollement être véritable &c. Ledit sieur Accusé a dit que la déposition dudit témoin est fausse en tous ses chefs.

Ledit sieur Accusé nous a requis d'interpeller ladite témoin de déclarer, 1° si sa mère n'est juive ; 2° si elle n'est bâtarde du sieur Latière ; 3° si elle ne fut enlevée au Port-Sainte-Marie par le sieur de Gueiral d'Agen ; 4° si elle n'a été baptisée à Montauban depuis peu ; 5° si elle ne quitta la ville de Montauban, crainte d'être enfermée au quartier des Repenties.

La dite témoin répondant à l'interpellation a convenu qu'elle fut enlevée par ledit sieur du Gueiral d'Agen au Port-Sainte-Marie, & nie tout le surplus de l'interpellation, convenant néanmoins avoir été à Montauban.

Ledit sieur Accusé nous a encore priés d'interpeller ladite témoin s'il n'est vrai qu'elle a convenu de tous les faits contenus dans ladite interpellation avec le sieur Sicard, relieur, & son /124/ épouse, auxquels elle les a dit mot à mot.

La dite témoin Latière répondant à l'interpellation, a dit qu'elle ne s'en souvient point, qu'elle ne croit pas même l'avoir dit, MAIS que pour *plus grande sureté* elle le nie.

Ledit sieur Accusé nous a requis d'interpeller la dite témoin de nous déclarer pour quelle raison elle quitta la ville de Montauban & ledit Gueiral.

La dite témoin répondant à l'interpellation, a dit qu'elle quitta Montauban pour ne plus vivre avec le sieur Gueiral.

Ledit sieur Accusé nous a réquis d'interpeller ladite témoin de nous déclarer si elle ne vint en cette ville au sortir de Montauban, & où elle fut se loger & depuis quel tems elle vint en cette ville.

La dite témoin répondant à l'interpellation, a dit qu'il y a un an passé qu'elle vint de Montauban en cette ville, & qu'elle fut loger comme amie /125/ chez la dame marquise de Boesse, où elle fut envoyée par sa fille, d'où elle sortit, ne voulant pas rester sur les croutes de ladite dame, & voulant se placer en condition.

Ledit sieur Accusé nous a requis d'interpeller ladite témoin de déclarer s'il n'est vrai qu'elle alla loger pendant le mois de septembre, octobre & partie de novembre de l'année dernière chez la nommée Dorlhac, femme poursuivie & même punie par justice pour fait de maquerelage.

Ladite témoin répondant à l'interpellation a dit qu'elle logea en sortant de chez la dame de Boisse chez la Dorliac environ un mois.

Ledit sieur Accusé nous a requis d'interpeller ladite témoin de nous déclarer si pendant le séjour qu'elle fit chez ladite Dorliac, ladite Dorliac ne lui fit pas voir mauvaise compagnie, & si en se prostituant elle n'eut pas le malheur de prendre du mal vénérien.

Ladite témoin répondant à l'inter-/126/pellation dénie avoir eu commerce avec aucun homme chez ladite Dorliac, mais bien chez la dame de Fontenille où elle prit du mal.

Ledit sieur Accusé nous a requis d'interpeller ladite témoin de nous déclarer, s'il n'est vrai qu'elle a dit à la Sicard, relieuse, & à la demoiselle d'Henri femme d'un perruquier, que c'étoit chez la Dorliac qu'elle a pris son mal.

Ladite témoin répondant à l'interpellation, nie le fait, mais convient que ladite Dorliac lui proposa souvent de se prostituer avec des hommes qu'elle lui présentoit, mais qu'elle a toujours refusé.

Ledit sieur Accusé nous a requis d'interpeller ladite témoin de nous déclarer où elle logea au sortir de chés la dame de Fontenille.

Ladite témoin répondant à l'interpellation, dit qu'elle fut loger chés la Dauphiné à la rue Nazareth, laquelle ne connoissant pas ladite té-/127/moin, s'addressa à Mr DAVID pour l'assurer de son payement, & que Mr DAVID répondit à ladite femme de son payement. Et de plus elle a dit expliquant tout ce qui se passa, qu'elle s'addressa au Sr Savanier greffier de l'hôtel de ville auquel elle dit son état & le pria de parler à Mr DAVID pour lui faire une charité, qu'en conséquence elle parla à Mr DAVID qui lui dit qu'il sortoit de charge & qu'il falloit s'adresser à Mr Pouliez; ce qu'elle fit; & Mr Pouliez lui répondit qu'il conféreroit avec Mrs les autres capitouls, lesquels s'étant assemblés, & Mr DAVID s'y étant trouvé, dit qu'il falloit donner quelque chose à cette pauvre misérable; & il fut donné par le Sr Savanier de l'argent jusqu'à 30 livres au Sr Sicres qui l'avoit soignée.

Ledit sieur accusé nous a requis encore d'interpeller ladite témoin de nous déclarer, si avant sa déposition elle ne fut enlevée dans une chaise à porteurs, /128/ accompagnée de soldats & portée tout de suite l'hôtel de ville.

Répond ladite témoin à ladite interpellation, qu'elle fut à la vérité arrêtée par trois hommes habillés en soldats qui la mirent dans une chaise à porteurs, & la conduisirent dans une chambre de ladite rue Bolbonne, où elle resta environ deux heures, pendant lesquelles il se présenta un monsieur bien mis, qui lui dit connoitre son père, & qui lui proposa de la mener dans son château où rien ne lui manqueroit, pourvu qu'elle voulût se donner à lui : ce qu'elle refusa, & est bien fâchée d'avoir refusé; après lesquelles deux heures on la laissa aller.

Ledit Sr Accusé nous a requis d'interpeller ladite témoin, si lorsqu'elle comparut le 15 janvier dernier pour déposer, elle narra sa déposition & l'expliqua de sa bouche.

Répond qu'elle ne comprend pas l'interrogat, & qu'elle est hors d'état d'y répondre. /129/

Ledit sieur Accusé nous a requis d'interpeller ladite témoin de nous déclarer, si elle connoît la différence des jeux de hazard d'avec les jeux de commerce.

Ladite témoin répond qu'elle n'est point en état de connoître la différence des jeux qu'elle voit jouer.

Lui avons demandé si elle connoit du moins les jeux de la dupe ou de lansquenet.

Ladite témoin nous a répondu qu'elle ne sçauroit les désigner, mais qu'elle a vû donner trois cartes à chacun des joueurs par la dame *** qu'elle en prenoit une pour elle, & que si elle tournoit une dame elle tiroit de l'argent, qu'elle a vû aussi jouer avec de petits morceaux de parchemin roulés & enfermés dans des boules, & qu'elle ne sçait pas si c'est là le lansquenet ou la dupe, & voyant seulement tourner les cartes & jetter de l'argent au milieu sur la table, qu'elle a vû encore quatre personnes en table quarrée & aussi à une table pointue. /130/

Ledit sieur Accusé nous a priés d'interpeller ladite témoin de nous déclarer à quelle distance elle étoit de lui accusé, lorsqu'elle entendit comme elle le dit dans sa déposition, que lui Accusé dit que Mr David n'étoit pas assez maraud pour aller dans une maison comme celle de la dame de Fontenille, & si elle distingua parfaitement la voix de lui Accusé.

Ladite témoin répondant à la dite interpellation, a dit qu'elle étoit assise sur une chaise derrière le sopha où étoit ledit Sr Accusé, & qu'elle distingua parfaitement sa voix.

Ledit sieur Accusé nous a requis d'interpeller ladite témoin de nous déclarer, s'il n'est vrai qu'elle a entendu plusieurs fois lui Accusé faire de vifs reproches à la dame de Fontenille de ce qu'elle déclamoit contre Mr David, & qu'elle l'avoit été aigrir & irriter chés lui.

Répond & accorde l'interpellation.

Ledit Sr Accusé nous a requis d'in-/131/terpeller ladite témoin, de nous déclarer quand est-ce qu'elle entendit le terme de *maraud*, dont elle a parlé dans sa déposition, & si c'étoit avant ou après la descente faite par Mr David.

Ladite témoin répond que ce fut après la première descente faite par Mr David.

Et ainsi se sont séparés, persistant l'un & l'autre en leur soutenement, &c. Ledit Accusé a signé, & ladite témoin a dit ne sçavoir signer & ne vouloir taxe.

OBSERVATIONS

1° Voilà encore une fois le témoin, que les Capitouls ont déclaré être un témoin irréprochable par leur sentence du 16 octobre 1760. *Titulo res digna sepulchri*[85] !

2° Par quel hazard, par quel enchantement est-il arrivé que huit juges se soient accordés à admettre ce témoin? Quoi! parmi huit hommes il ne s'est pas trouvé un homme sage!

3° L'Appellant demande à tous ceux qui viennent de lire cet extrait, s'ils croyent qu'il y ait au monde un mortel qui puisse se persuader qu'une fille dont le cœur & le corps /132/ sont également impurs, ait l'esprit assez droit & assez sain pour pouvoir déposer avec vérité.

4° Il demande aux capitouls à quel titre un témoin est rejettable. Faut-il être sans aveu? Cette fille est sans aveu. Faut-il être souillé des vices qui attaquent l'honnêteté des sentimens? Cette fille est une prostituée. Faut-il avoir été payé? Cette fille déclare qu'elle a été payée, par charité il est vrai, mais quelle charité! Faut-il que le témoin ait été contraint? Cette fille déclare qu'elle fut enlévée par des soldats. Faut-il que le témoin se soit retracté? Cette fille se retracte

469

formellement sur le fait du jeu, & par voie de conséquence sur le fait du propos ; car qui croira que l'Appellant ait dit que le Sr David ne seroit pas assez *maraud* pour aller chez la dame de Fontenille après qu'il y fut allé ? Faut-il qu'il parle toujours en faux témoin ? Si l'on vouloit faire parler un faux témoin, le feroit-on parler autrement que Julie Latière ?

5° L'Appellant demande encore aux capitouls s'il en est un d'entre eux qui se trouvât bon d'être jugé sur la déposition d'un pareil témoin, & s'ils ne crieroient pas au meurtre, supposé qu'un de leurs confrères eut essuyé le jugement dont l'Appellant se plaint.

[6]° L'Appellant affirme aujourd'hui le fait, qu'il n'a point affirmé dans son Mémoire. Il affir[me] que la seconde déposition de cette fille n'est qu'une copie de la première, à six lignes près qu'on y a ajoutées à la charge de l'Appellant. Le fait a été vérifié... La plume lui tombe des mains. /133/

N° 10 ARRESTS
de reglemens sur les jeux de hazard

I. Arrêt du 9 août 1747 rendu sur les réquisitions de M. le Procureur-Général, au rapport de M. de Requy, portant défenses à toute sorte de personnes sans distinction de sexe ni de qualité, de jouer ni de donner à jouer à la bassette, pharaon, lansquenet, lansquenet à quatre, dupe, quinze, biribi, cavaniole, jeu de dez ou autres jeux de hazard, sous quelque nom qu'on puisse les déguiser, à peine de 1 000 £ d'amende contre celui ou celle chez qui l'on aura joué, & de 500 £ contre chacun des joueurs. Pourront même les infracteurs être punis par la confiscation de la maison où l'on aura joué, & de peine corporelle s'il y écheoit... Et les /134/ députés, de l'ordre des sieurs commissaires, dresseront *procès-verbal qu'ils feront attester de deux témoins.* Pouront les Capitouls arrêter sur la notoriété publique les délinquants infracteurs au présent arrêt & leur faire leur procès, &c

II. Arrêt du 30 avril 1745 sur les réquisitions de M. le Procureur-Général, au rapport de M. de Requy, ordonnant l'exécution du précédent, & enjoignant aux Capitouls & autres juges du ressort d'arrêter sur la notoriété publique, sans distinction des personnes, les délinquans, leurs fauteurs, espions & surveillans.

III. Arrêt du 18 juillet 1755, rendu sur les réquisitions de M. le Procureur-Général, à l'occasion des banques établies à Bagnieres par des gens qui n'ayant d'autre profession que le jeu, ont occasionné la ruine de plusieurs familles, renouvellant l'arrêt du 2 septembre 1727, & faisant défense à toutes sortes de person/135/nes de prêter ou louer leur maison pour y jouer les jeux défendus & d'y jouer.

IV. Arrêt du 14 janvier 1758, sur les réquisitions de M. le Procureur-Général, Mr de Bastard rapporteur, renouvellant les précédens arrêts sur les jeux de hazard & sur la police des cabarets & des caffés[86].

OBSERVATIONS

1° Dans cette suite d'arrêts qui forment la jurisprudence de la cour sur les jeux de hazard, l'Appellant ne voit pas un mot qui le condamne, pas un mot qui ne le justifie. Il s'y agit de brelandiers, de joueurs de profession, de gens arrêtables sur la notoriété publique, de maisons ou académies de jeu. Et l'Appellant n'est point joueur, ni ne s'amusoit dans un maison de jeu. La notoriété publique, loin d'être contre lui, seroit pour lui dans le besoin. Il est notoire qu'il ne sçait, qu'il n'aime, qu'il ne joue aucun jeu ; que ce n'est point au jeu qu'il employe son tems ; qu'il a des inclinations plus honnêtes, des occupations plus utiles & incompatibles avec celles du jeu. Si les capitouls vouloient faire un exemple, ils ne pouvoient choisir un homme plus innocent. L'Appellant leur est /136/ inconnu. Mais il espère que la cour daignera se souvenir de tout ce qu'il a fait pour avoir l'honneur d'être connu & estimé des sages qui la composent.

2° La maison de la dame de Fontenille n'étoit point une académie de jeu. C'étoit une femme de qualité, qui recevoit bonne compagnie. Toute la ville s'y rendoit successivement. L'Appellant y avoit été invité par billet à manger le gâteau des Rois, avec plusieurs personnes dont la présence écartoit toute suspicion de projet de jeu. On n'y joua point avant le soupé : après le soupé on n'y joua pas. Ce ne fut que deux heures après qu'on se mit à s'amuser innocemment, en attendant les porteurs.

3° Ce qui prouve invinciblement que les arrêts n'ont en vue que les jeux ruineux & premedités, & ne tombent que sur les joueurs de profession, c'est qu'ils permettent aux capitouls d'arrêter toutes sortes de personnes sur la notoriété publique. Si l'Appellant, qui n'est point joueur, si une partie d'amusement qui n'est point un délit, étoient compris dans ces arrêts, il s'ensuivroit que des officiers de la cour auroient pu & dû être arrêtés & conduits en prison : ce qui est une absurdité révoltante. Les arrêts ne portent que sur *ces hommes qui n'ayant d'autre profession que le jeu, établissent des banques & occasionnent la ruine des familles.* L'Appellant explique la loi par les propres paroles du magistrat qui la requit & la maintient. Aussi se flâte-t'il que sa partie sera son défenseur.

4° Ce qui prouve encore que l'esprit /137/ des arrêts est favorable à l'Appellant, c'est qu'ils ne peuvent avoir d'autre esprit que celui des ordonnances royaux qu'ils rappellent tous. Or l'esprit des ordonnances a-t-il été de punir l'innocente partie de jeu dont l'Appellant a fait l'aveu ? Celle de Charles IX & celle de Louis XIII ne portent que sur les joueurs de profession & sur les maisons où l'on donne à jouer. Divers officiers de la cour, qui étoient de la société de la dame de Fontenille, sçavoient bien qu'elle ne donnoit pas à jouer. Le but de la loi a été de prévenir la ruine des familles. Or qui peut être ruiné par un jeu fixé absolument à la mort d'un petit écu représenté par cinq jettons ? Il est si vrai que les jeux de hazard ne sont prohibés que comme ruineux, que certainement si l'on s'avisoit de jouer des jeux de commerce à 500 liv. la partie, ces parties seroient bientôt défendues par des arrêts.

5° Le magistrat subalterne est enclin à étendre les délits. Dans aucun des arrêts que l'Appellant a rassemblés, il n'est fait mention des spectateurs. Cependant les capitouls comprennent tous les jours dans leurs verbaux & dans leurs sentences les spectateurs, non comme témoins, mais comme coupables. C'est violer la loi que de lui donner une extension qu'elle n'a pas. Il n'étoit pas surprenant que des juges qui érigeoient en délit ce qui n'en étoit point un enveloppassent les spectateurs dans l'accusation, distribuassent les décrets à leur fantaisie & prononçassent des condamnation arbitraires. Le verbalisant étoit intéressé à donner, en dépit de la loi & de la raison, cette tour-/138/nure à ce procès. Il ravissoit par là leurs meilleures preuves à la dame de Fontenille, à la demoiselle Sevennes & à l'Appellant.

6° Les arrêts veulent que les verbaux soient signés de deux témoins. Le verbal du sieur David est signé de lui seul. Il est évident que la cour a voulu que des actes qui pouvoient être funestes eussent toute l'authenticité possible. Le verbal du sieur David manque de cette qualité. Quel fonds peut-on faire sur l'attestation d'un homme qui avoit fait un mois auparavant une descente infructueuse dans la même maison, contre qui la dame de Fontenille avoit porté des plaintes, qui n'étoit point exempt de rancune, s'il faut l'en croire, & qui n'a point fait arrêter son verbal par un assesseur ou par un autre capitoul ?

7° Il est à remarquer, que le cavagnol, expressément défendu, est publiquement joué. Qu'on mette le délit de l'Appellant poursuivi si cruellement, avec ce délit si public & si impuni ; & qu'on prononce.

8° La plainte sur le délit de police est le principal du procès : l'accusation criminelle n'est qu'incidente. Mais l'incident absorbe le fonds. Ce sont deux objets dissemblables par leur nature & par le tems, qui doivent être désunis. L'Appellant est accusé d'un péché véniel & d'un péché mortel. Le premier est douteux. La dernière accusation est évidemment calomnieuse. Il est donc essentiellement juste de n'examiner le délit de police, qu'après avoir jugé l'accusation en excès. Mais sur laquelle des deux informations juger l'Appellant ?

IMPRIMÉ

Aucune indication sur l'imprimé.

DATATION

Fin de février 1761 (La Beaumelle finit par se décider à l'imprimer).

NOTES EXPLICATIVES

45. Henri François d'Aguesseau (1668-1751), chancelier de France et garde des sceaux.

46. « Personne ne peut être juge de sa propre cause ».

47. Germain de La Faille, *Annales de la ville de Toulouse depuis la réünion de la comté de Toulouse à la couronne...*, Toulouse : G.-L. Colomyez, 1687-1701, 2 vol. in-fol., t. II, p. 372-373.

48. « Le sieur Jean Joseph Laporte, agé de cinquante six ans ou environ, maitre serrurier habitant de cette ville » (Information du 15 janvier 1760, AM Toulouse 804/1).

49. « Comme les faits étaient vrais, on croyait aisément aux paroles. » (Tacite, *Annales*, I, 74).

50. Résumé du Code de Théodose, IX, 4.0 et 4.1 : Il ne faut pas punir les gens qui ont insulté

l'empereur s'ils ont l'esprit dérangé ou ont été victimes d'une injustice (voir n. 78).

51. Jean de Coras (1515-1572), *Miscellaneorum juris civilis libri sex*, Lugduni, apud G. Rouillium, 1549, in 8.

52. « L'auteur [Coras], après avoir parlé de ces sortes de personnes publiques qui sont appellez dans les livres de droit *curatores reipublicae*, les curateurs des villes, ajoûte : "L'on peut justement comparer à ceux-cy nos capitouls de Toulouse, qui originairement n'avoient esté instituez que pour avoir le soin des bâtimens publics, pour veiller à ce que la ville ne manquât point des choses necessaires à la vie, pour y maintenir la santé, & autres semblables fonctions. Mais aujourd'huy ils sont plus que cela, qui est d'exercer la justice civile & criminelle qu'ils ont empietée sur les autres magistrats de cette ville en grand dommage du public. Car quelle justice peut-on attendre de gens qui n'ont nulle connoissance des loix ny des ordonnances ? Ils sont créez tous les ans au nombre de huit, parmy lesquels à peine s'en trouve-t-il un ou deux de quelque sçavoir ; le reste ne sont que des ignorans, sans literature ny experience : ajoûtez que la plûpart ne sont promus à ces charges que par corruption ou autres voyes non moins deshonnêtes. Mais ce qu'il y a de plus pernicieux est d'y voir entrer certains petits marchands de regrat, qui communiquent aux autres avec les manieres grossieres qu'ils ont contractées dans la profession d'un métier vil & sordide. Ce n'est pas que je ne reconnoisse que parmi ceux qui ont exercé ces charges il y en a plusieurs d'une doctrine & d'une probité si grande qu'il est plus facile de les admirer que de les loüer ; mais comme a dit un poëte latin [Juvénal] : tels oiseaux sont rares, on peut les comparer à un cygne noir." » La Faille, *Annales*, t. II, p. 260-262.

53. « Non pas séparement, mais ensemble ». S'applique notamment à la théorie des deux glaives et à la double nature du Christ.

54. Matthieu 18, 16 ; 2 Corinthiens 13, 1.

55. « Plus de dénonciateur, lorsque lui-même est de moitié dans le crime. » (Ovide, *Art d'aimer*, I, v. 389-390).

56. « [...] Nous devons avertir Votre Majesté [...] que l'exil de ces magistrats sans un jugement légal & préalable ne peut que troubler cet accord heureux qui forme la constitution de la plus ancienne & de la plus célèbre monarchie de l'univers ; qu'il tend à renverser les loix

fondamentales du royaume, à ôter à la puissance souveraine son caractère de justice & d'uniformité qu'elle a reçu de Dieu, dont les rois sont l'image, & à détruire les formes essentielles sans lesquelles la punition même ne donne aucune certitude du crime. » *Itératives remontrances du Parlement de Toulouse sur l'exil des trente magistrats du Parlement séant à Besançon*, s.l.n.d. [20 décembre 1760], p. 6-7. En 1758, trente membres du parlement de Franche-Comté avaient été exilés pour n'avoir pas voulu obéir aux voies d'autorité employées pour établir un impôt, un « don gratuit », qu'aucun édit enregistré n'avait autorisé.

57. Il existe une copie de ce verbal (ALB 6671).

58. « Une loi qui peut devenir si contraire à la sûreté et à la liberté des citoyens doit être exécutée dans la présence des citoyens. » (Montesquieu, *De l'Esprit des lois*, XXIX, 15).

59. Voir n. 52 (fin de la citation).

60. « On prétend que lorsque les calvinistes de bords de la Garonne complotèrent de se saisir de Toulouse en 1562, il [Coras] fut un des principaux auteurs de cette conjuration : ce qu'il y a de certain, c'est qu'après que l'entreprise eut échoué, Coras faillit à être envelopé dans les sanglantes exécutions que le parlement fit faire. [...] Peu de temps après, les capitouls offensés de quelques termes injurieux que Coras avoit mis contre eux dans ses *Mélanges de droit*, il fut convenu de se pourvoir contre lui au nom du syndic de la ville : cependant il ne paroit pas que l'instance en réparation d'injures ait été poursuivie. » Louis Moreri, *Le Grand Dictionnaire historique*, art. « Coras (Jean de) ».

61. « Ceux des habitans de la nouvelle religion qui s'estoient absentez de Toulouse depuis la rupture de la paix précédente, y retournerent ; mais le calme n'y fut pas entièrement rétabli, parce que la plûpart des villes huguenotes des environs refuserent de désarmer, de sorte qu'on y faisoit la même garde qu'auparavant. [...] Claude de S. Felix, conseiller au parlement de Toulouse, fut aussi pourvû de l'office de procureur général, vacant par la mort de Bertrand de Sabateri. Saint Felix estoit dans le catalogue des suspects, et un des plus notez : ce qui fut la cause que le syndic de la ville, et le syndic même de la province s'oposerent à sa reception. Cette cause ayant esté portée... [*en marge* : 1570]. » La Faille, *Annales*, t. II, p. 303.

62. « Les capitouls avoient fait ordonner par

des lettres patentes, que tous les habitans de la ville indifferemment, seroient tenus de contribüer à l'imposition qui avoit esté faite, pour remplacer les sommes empruntées pour les fraix des entrées que nous avons vûes. Les professeurs et les suppôts de l'université refusant de payer leurs cottes-parts, il en falut venir aux éxécutions de justice; ce qui pensa causer un grand désordre: car les professeurs ayant cessé de faire leurs lectures, les ecoliers, qui estoient alors en grand nombre et puissans dans cette ville, s'assemblerent en armes, insulterent même les capitouls, jusques-là qu'un jour ils en renverserent un de sa mule qui eût bien de la peine à se tirer de leurs mains: cela même fut le sujet d'une division entre les capitouls; car il se lit dans une délibération du premier de décembre, que ces magistrats estant assemblez avec un nombre de bourgeois, comparut devant eux Duranti, syndic de la ville, qui requit contre trois capitouls, qu'ils fussent suspendus de leurs charges, pour avoir sans la participation de leurs autres collègues, fait main-levée aux professeurs des choses qui leur avoient esté saisies à faute de payement de leurs cottes-parts. Les trois capitouls qui estoient presens ayant desavoüé le fait, le syndic demanda acte de leur désaveu, et insista d'estre reçu à prouver ce qu'il avoit avancé contre eux, ce qui luy fut accordé. Tous ces differens furent terminez par un arrest du parlement, qui renvoya devant le Roy le fond de la prétention des professeurs, les saisies tenant: et cependant enjoignit aux mêmes professeurs de continüer les lectures, à peine de privation de leurs charges; et fit deffences aux Ecoliers de s'assembler, ny porter des armes, à peine de la vie. Depuis par un arrest contradictoire rendu par le conseil le 23. juin 1534. les professeurs perdirent leur cause [*en marge:* 1532].» La Faille, *Annales*, t. II, p. 90-91.

63. «Un grand nombre d'ecoliers s'estant attroupez au quartier des études, on n'en dit pas le sujet, deux capitouls y accoururent avec la main-forte pour les separer. Les ecoliers ayant fait rebellion, il y eut deux soldats blessez à mort et un ecolier tüé. Le lendemain, les capitouls allerent au palais donner connoissance au parlement de cet excés, qui tenoit de l'emeute. Le dire du capitoul d'Urdez, qui estoit un des plus véhémens avocat de son tems, se lit au long dans le regître des délibérations de l'hôtel de ville. L'audace ordinaire des écoliers, leur peu de respect pour la justice, et le danger qu'il y

avoit à souffrir de semblables attroupemens, y sont fort exagerez. Mais on est surpris quand on y vient à lire un fait que ce capitoul y avance comme une chose certaine et connüe de tout le monde: que ce fut à l'aide des ecoliers de Cahors que le roy de Navarre se rendit maître de cette ville: car ny d'Aubigné, qui s'est si fort étendu sur la prise de cette place, ny aucun autre historien que je sçache, n'ont rien dit d'approchant. Le parlement se contenta de donner un arrêt qui fut publié par la ville, portant deffenses aux ecolier de s'attrouper, et injonctions a tous vagabonds et gens sans aveu de vuider la ville [*en marge:* 1582].» La Faille, *Annales*, t. II, p. 372-373.

64. «[b] *Studiumque Tolosanum, et studentes in eo cum suis familiaribus, erant in nostra gardia &c.* Mais il ne disoit pas que le roi Charles le Bel en 1335 avoit attribué jurisdiction aux capitouls sur les ecoliers laïques. Or il resultoit des pieces du procés que Berenger avoit été saisi en habit de laïque, et qu'il portoit le même habit lors qu'il attaqua le Capitoul. Ajoutez la gravité de l'excés, l'attroupement, le port d'armes et les autres circonstances qui rendoient le cas privilégié et faisoient perdre à Berenger le privilége de clerc; quand même il eut été de cette qualité. D'où il s'ensuit que les capitouls étoient en droit d'user de leur attribution de jurisdiction sur les ecoliers laïques.» La Faille, *Annales*, t. I, Preuves p. 91 (sur Aimeric Berenger, voir LB 3592 n. 13).

65. «Au commencement du mois de juillet de cette année [1562], ceux [les écoliers] de la nation gascone s'estant pour cet effet assemblez en armes dans le pré des études au nombre de cinq cens, et quatre capitouls y estant acourus avec leur main-forte, afin de les séparer, il arriva qu'il y eut un ecolier tüé d'un coup de carabine. Un soldat du guet fut accusé d'avoir fait le coup. Cet ecolier estoit de condition, et les capitouls furent pris à partie. Cette affaire alla même au Roy, mais comme le parlement de cette ville en avoit déjà pris connoissance, Sa Majesté lui en renvoya la décision. Le soldat fut absous et le capitouls, non seulement tirez d'instance, mais même maintenus à se transporter dans les études toutes les fois que le cas le requereroit. J'ay rapporté dans la première partie de ces annales sous l'an 1335 une chartre de Charles le Bel qui déclare les ecoliers laïques sujets à la jurisdiction des capitouls.» La Faille, *Annales*, t. II, p. 259-260.

66. « Jean Dupin, un de ces capitouls, mourut avant la fête de Sainte Luce qui est le jour que les capitouls entrent dans l'éxercice de leur charge, quoi qu'ils ayent esté élus dès le lendemain de la fête de Sainte Catherine [*en marge :* 1518]. » La Faille, *Annales*, t. II, p. 12.

67. « Sur la fin de l'an 1554, le roy fit une seconde déclaration sur le sujet de l'election des capitouls, portant qu'au lieu de quatre capitouls que le roy avoit ordonné qui seroient retenus de l'election précédente, il n'en demeureroit que deux. [...] Cette seconde déclaration contenoit deux motifs. Le prémier, que par l'ancien usage de cette ville, les capitouls nouvellement élûs n'entreront en charge que quinze jours après leur election pour estre instruits des affaires de la ville par ceux qui les ont nommez ; ce que le roy disoit n'avoir pas sçû lors qu'il fit la première déclaration. La deuxiéme raison estoit prise de ce qu'on avoit de la peine à trouver quatre capitouls qui voulussent estre continuëz. » La Faille, *Annales*, t. II, p. 174.

68. « Ce fut en ce tems-là que, suivant le dernier article de l'ordonnance de Roussillon qui venoit d'estre faite, on commença à compter l'année par le prémier jour de janvier, au lieu qu'auparavant on ne commençoit qu'à la fête de Pâques. Ce changement produisit cet effet à l'égard des capitouls, que ces magistrats, qui régulierement n'entrent en charge que le 13 de décembre, jour de sainte Luce, n'eurent après cela que dix-neuf jours de l'année en laquelle ils sont élus ; au lieu qu'auparavant, outre ces dix-neuf jours, ils avoient le mois de janvier et de fevrier et presque tout mars [*en marge :* 1564 et 1565]. » La Faille, *Annales*, t. II, p. 274.

69. Guy du Rousseaud de La Combe, *Traité des matières criminelles*, 6ᵉ éd. Paris : Bailly, 1769.

70. « Par lettres patentes du roy Henry II du 23 septembre 1552, il est ordonné que l'édit fait par le feu roy François au mois d'octobre 1545 touchant la jurisdiction des juges ordinaires et consuls des villes et l'arrêt donné sur la publication d'iceluy le 3 septembre 1546 sortiront leur plein et entier effet, tant és jurisdictions du roy, qu'en celles de ses vassaux, sieurs justiciers, comme s'ils étoient compris et nommez en iceluy, contenant en consequence permission aux seigneurs justiciers de créer et établir juges en leurs juridictions, quoyque par la coûtume ancienne les consuls exerçassent leur jurisdiction, comme il étoit porté à l'égard de la justice

du roy. » Pierre-Jacques Brillon, *Dictionnaire des arrests ou jurisprudence universelle des parlemens de France et autres tribunaux*, Paris : Guillaume Cavelier, 1711, t. II, p. 527.

71. Gabriel Cayron, *Stil et forme de proceder, tant en la cour de parlement de Tolose, et chambre des requestes d'icelle : Qu'en toutes les autres courts inferieures du ressort, auparavant & après les sentences et arrêts, selon les requestes, lettres de chancellerie, procez verbaux, & autres actes y descripts au long... A quoy est adjousté l'estil du privé Conseil du Roy, & de la Chancellerie, et ce dequoy le grand conseil de sa Majesté, & les autres courts souveraines, prennent cognoissance...*, Toulouse : Jean Boude, 1611.

72. « Arrest du parlement du 18 décembre 1686, portant défenses aux consuls des villes et lieux du ressort de la cour qui ont la justice criminelle par prévention avec les juges royaux, de se servir d'autres assesseurs que desdits juges. » Marc-Antoine Rodier, *Recueil des édits, déclarations, arrêts du conseil et du parlement de Toulouse...*, Toulouse : Claude-Gilles Lecamus, 1749, p. 63.

73. « Arrest du parlement du 9 septembre 1741 qui enjoint aux consuls de son ressort de faire mention du nom du rapporteur au bas de leurs sentences, et leur ordonne d'appeller, dans les procedures qu'ils feront, les juges des lieux, et en leur absence, défaut ou récusation, un gradué, pour les assister et procéder avec eux aux auditions des témoins, à peine de nullité etc. » Marc-Antoine Rodier, *Recueil des édits ... du parlement de Toulouse*, p. 510.

74. 27 août 1692 : édit portant création de maires et assesseurs en chaque ville et communauté du royaume, à l'exception de Paris et Lyon (Isambert, XX p. 156).

75. « Gyas aux cent bras témoigne pour mes paroles. » (Horace, *Odes*, III, 4, 69-70).

76. Comme annoncé à la fin du précédent et comme indiqué à la fin, tout ce § I est un assemblage de citations de *L'Esprit des lois*, XII, 12 : « Des paroles indiscretes ».

77. « Ainsi un homme qui va dans la place publique exhorter les sujets à la révolte devient coupable de lèse-majesté, parce que les paroles sont jointes à l'action, et y participent. Ce ne sont point les paroles que l'on punit, mais une action commise dans laquelle on employe les paroles. Elles ne deviennent des crimes que lorsqu'elles préparent, qu'elles accompagnent ou qu'elles suivent une action criminelle. On renverse tout, si l'on fait des paroles un crime

capital, au lieu de les regarder comme le signe d'un crime capital. » (*L'Esprit des lois*, XII, 12).

78. Voir n. 50.

79. « Les lois qui font périr un homme sur la déposition d'un seul témoin sont fatales à la liberté. La raison en exige deux, parce qu'un témoin qui affirme et un accusé qui nie font un partage : et il faut un tiers pour le vider. » (*De l'Esprit des lois*, XII, 3 : « Continuation du même sujet [De la liberté du citoyen] »).

80. Jean-Claude de Tilhol, capitoul de 1754 à 1756 (*Tableau des capitouls*, p. 171-172).

81. Marc-Antoine Crozes de Gayemarie, capitoul en 1758 (*Tableau des capitouls*, p. 173).

82. « Il appartient au juge de travailler en faveur de l'innocence de l'accusé. » (d'après

Digeste, *De poenis*, 48, 19, 19 : « *Si non defendantur servi a dominis, non utique statim ad supplicium deducuntur, sed permittetur eis defendi vel ab alio, et qui cognoscit, debebit de innocentia eorum quaerere.* »).

83. Il existe une copie de ce certificat (ALB 3884).

84. Il existe une copie de ce certificat (ALB 3885).

85. Juvénal, *Satires*, VI, v. 230.

86. Un exemplaire imprimé de cet arrêt du 14 janvier 1758 a été conservé (ALB 6433) portant ces mots de la main de La Beaumelle : « L'Arrêt n'a été donné qu'en conséquence de l'Ordonnance, et jamais l'ordonnance de Charles IX & celle de Louis XIII n'a voulu ordonner. »

29. *Mémoire de demande de dommages et intérêts*

[décembre 1760 – février 1761]

[le début manque]

il est des prévarications qui l'authorisent, qui le forcent à demander des dommages-intérêts. Ce n'est point contre ses \premiers\ juges qu'il s'élève : il gémit de l'erreur, de la prévention, qui peuvent leur avoir fasciné les yeux. C'est contre les sieurs David, sindic de la ville, & assesseur Du Puy, qu'il invoque les lois & la justice de la Cour. Il ne les attaque point en qualité de capitoul, de sindic, d'assesseur, il ne les poursuit que comme de simples particuliers qui ont envahi des droits & des fonctions respectables pour le perdre & pour le diffamer.

Le 9 janvier, dès les six heures du matin, le Sr David fit envahir par six soldats l'apartement du supliant, scis à la place Perge Pinte, sans plainte, sans information, sans décret, sans ordonnance de juge. Encore s'il les eût placés à la porte, & s'il eût fait du moins l'inventaire des effets ou apposé le scellé. Mais il n'usa d'aucun de ces préliminaires, ni d'aucune de ces précautions qui pouvoient colorer son injustice. Que le sieur David fût encore alors capitoul, ou qu'il eût cessé de l'être, nulle loi ne lui permettoit un pareil attentat : nulle raison ne le pouvoit justifier. Dira-t-il que le supliant s'étoit trouvé à une partie du jeu ? Dix autres personnes s'y étoient trouvées avec lui. Qu'il étoit nommé dans le verbal ? Six autres personnes y étoient aussi nommées. Qu'il n'étoit pas domicilié ? Les Srs de Montlezun, de La Romillière, de La Motte, ne l'étoient pas plus que lui. Qu'il étoit chargé par les auditions d'office d'avoir joué ? Le sieur de Montlezun & la demoiselle Sévennes avoient été surpris les cartes à la main. Qu'il avoit des ordres secrets ? Mais pourquoi ne les exécuta-t-il pas au moment où le suppliant alla rendre le même jour son audition d'office à l'hotel de ville devant Mc Chauliac ? Et qu'il montre ces ordres, ou qui les avoue même : ils ne peuvent avoir existé qu'en suite d'une diffamation secrete auprès des puissances, dont le suppliant rassemble les preuves que cet aveu rendroit complettes.

Mais quand même toutes ces raisons dont le Sr David n'oseroit alléguer une seule, seroient aussi solides qu'elles sont frivoles, fût-il jamais permis de livrer au pillage les effets d'un citoyen. La condition du soupçonné seroit donc pire que celle du décreté \étranger\. Avant que le S^r de La Beaumelle fût mis en cause, son bien ~~fut~~ \étoit\ exposé à l'avidité d'une soldatesque effrénée ; dès qu'il eut été frappé du décret, ce qui lui restoit fut annoté : la loi veilla pour lui. Mais il est de la loi d'être juste : seroit-il du Sr David de ne l'être pas ?

Ces six soldats souvent relayés afin que toute la compagnie eût part au butin, consommèrent ce qu'ils voulurent, emportèrent ce qu'ils ne purent consommer. Il y avoit dans un cabinet vingt sept louis en or, un portefeuille où le suppliant avoit les titres de son bien, des papiers le plus précieux trésor d'un homme de lettres, un recueil de matériaux & de pièces originales pour une histoire de Henri IV, quatre douzaines de serviettes de Bayonne toutes neuves & assez fines, trois napes, des ustenciles de cuisine, \un sac à poudre\. Rien de tout cela ne se trouve dans l'exploit d'annotation. Tout cela a disparu : c'est cela que le suppliant redemande.

Le Sr David n'a point encor remis au greffe le pouvoir qu'il a de mettre garnison chez qui bon lui semble. Ce doit être une pièce bien étrange : & le S^r de La Beaumelle en demande la communication. S'il n'a pas ce pouvoir, quel châtiment ne mérite-t'il pas, à quels dédommagemens ne doit-il pas être condamné ?

Que dans une contrée barbare, des sauvages exercent arbitrairement le droit du plus fort. Personne n'en est étonné. Mais qu'à Toulouse, dans une ville où les sciences & les arts sont en honneur, au milieu de tant d'académies qui les cultivent, sous les yeux d'un parlement, un homme soi-disant capitoul livre pendant trois jours au pillage d'une garnison les effets, les biens, les papiers d'un homme de lettres, sans autre raison que son bon-plaisir, c'est ce qu'on ne croira pas, c'est du moins ce qui ne sçauroit rester impuni.

Cette première violence en produisit vingt autres. Le Sr David eut beau vouloir reculer : il s'étoit mis dans la nécessité de mal faire. Il craignoit que le S^r de La Beaumelle n'élevât la voix pour lui demander raison de cette garnison mise chez lui, pour revendiquer ses effets volés. Il fallut donc l'intimider, l'éloigner, & le poursuivre, puisqu'on l'avoit désigné au public comme un criminel. Ce fut pour justifier un brigandage public, que le Sr David le comprit dans son brief, produisit des témoins également vils & subornés, soudoya la prétendue Julie Latière & parvint à le faire condamner comme contumax à des peines infamantes, qui l'auroient empêché de venir purger son décret, s'il

477

n'avoit opposé le sentiment de son innocence aux allarmes que donne une procédure secrete & s'il n'avoit été convaincu que ses derniers juges seroient ses vengeurs.

Le S^r Du Puy se prêta aux vues de David. Simple assesseur il s'attribua une juridiction qu'il n'avoit point. Il fut commissaire sans commission. Il se constitua juge de ceux qu'il n'avoit pas eu commission de juger. Il feignit de refaire l'information & ne la refit point : il ajouta ou fit ajouter quatre lignes à une déposition pour charger le S^r de La Beaumelle. C'est là une prévarication, que sans doute le ministère public ne souff tirera de l'oubli où tombe une simple requête.

Ce crime incroyable résulte de l'inspection des deux procédures. Elles sont identiques, à l'addition près contre laquelle le suppliant raisonne ainsi.

Ou les temoins réassignés ont été ouïs, ou bien ils n'ont pas été ouïs. Point de milieu. S'ils ont été ouïs, comment est-il arrivé que sept témoins ayent répété leur première déposition, sans y changer un mot, une syllabe ? Un témoin univoque avec un autre témoin est suspect. *eumdem sermonem meditatum attulerunt*[87] *Cicero*.\ Sept témoins univoques avec eux-mêmes sont évidemment subornés. Et cette subornation, cette leçon qu'on leur a fait si bien apprendre, est l'ouvrage du Sr David qui les a fournis & du S^r Du Puy, qui certifie les avoir ouïs & qui ne les a pas ouïs. S'ils n'ont point été ouïs, pourquoi a-t'on ajouté ces quatre lignes à la déposition de Julie Latière en la recopiant ? On dira peut-être qu'on a ouï Julie Latière seule. Mais pourquoi cette exception ? pourquoi en recopier six dépositions, & répéter la première \dernière seule ?\ D'ailleurs il est démontré que Julie Latière n'a point été ouïe. A la confrontation, interpellée de déclarer si le 15 de janvier, elle \narra &\ expliqua sa déposition par sa bouche, elle répond qu'elle ne sçait ce qu'on veut lui dire & qu'elle est hors d'état de répondre. De plus, cette Julie Latière toute seule suffit pour notre dilemne. Latiere a été ouïe, ou bien elle ne l'a pas été. Si elle l'a été, comment une fille qui est la bêtise incarnée, a-t'elle pu répéter mot à mot une déposition de deux pages ? Elle a donc été subornée par l'homme qui la soudoyit. Si elle \n'a pas\ été ouïe, pourquoi cette addition de quatre lignes ? On alléguera peut-être qu'elle ne fut pas ouïe, mais \&\ qu'elle dit \seulement\ qu'elle ajoutoit le contenu en ces quatre lignes. Mais si elle avoit \eu\ à ajouter ou à diminuer, ne falloit-il pas la \l'auroit-on pas\ renvoyée au recollement ? ne falloit-il pas conserver se seroit-on pas piqué de conserver son premier témoignage \comme tous les autres\ dans son intégrité ?

On se flattoit sans doute que cette prévarication échaperoit à l'ombre du secret de la procédure. Mais les iniquités sont tot ou tard découvertes : & celle-ci ne laisse aux sieurs David & Dupuy d'autre option que de s'avouer coupables de fraude, ou coupables de subornation. Qu'ils choisissent. Lequel des deux qu'ils préfèrent, le S^r de La Beaumelle est fondé à leur demander des dommages intérêts, parce qu'il a été victime de l'un ou de l'autre.

Cette demande est d'autant plus juste, qu'il conste par les pièces du procès, que le Sr Dupuy a fait à la demoiselle Sevenne & au S^r de La Beaumelle même un interrogat entièrement étranger au verbal, au brief, aux dépositions, aux auditions d'office, un interrogat purement diffamatoire, & que pour avoir le droit de le lui faire il lui a dit que les témoins déposoient un fait, qu'aucun témoin n'avoit déposé. Si une telle conduite n'est pas punissable, si elle n'est pas punie, il ne faut plus de lois, plus d'ordonnances, plus d'arrêts. Un malveillant ex-capitoul fera des verbaux, un sindic sans pou voir ~~fera~~ \portera\ des plaintes, un assesseur interrogera sans commission, & pourra déchirer à plaisir la réputation d'un citoyen. Je ne parle point des caresses honteuses qu'on vit le S^r Du Pui faire à la catin qu'il alloir ouïr, le 15 janvier, dans l'avant-chambre du consistoire : il n'étoit point commissaire ; il le sçavoit, il sçavoit que toute cette procédure n'étoit qu'un jeu. Il se croyoit ~~permis~~ \libre\ de se livrer aux desirs que lui \devoit\ inspirer la présence d'une telle fille.

Mais tout cela vient merveilleusement à l'appui de la demande du S^r de La Beaumelle. En effet d'un coté il est certain qu'il a été décrété, vexé, pillé, condamné, presque flétri, & de l'autre qu'il n'y a point de preuves, pas même de procédure contre lui. Tout étant nul, il n'y a plus matière d'un jugement. Il n'a point été interrogé, parce qu'il l'a été par un homme sans pouvoir. Il n'y a plus d'audition d'office, plus d'audition de témoins, plus de recollemens, plus de confrontations, rien, absolument rien. Il a droit de protester & proteste contre son audition d'office rendue le 9 janvier devant Mc Chauliac procureur & capitoul non gradué, contre son interrogatoire prêté le 22 septembre devant le S^r Du Puy simple assesseur interrogeant sans commission, contre les aveus ingénus qu'il a fait sur le jeu devant des gens qui n'avoient nul droit de les exiger ni de les recevoir, aveus faits sous la religion du serment, aveus d'après lesquels le suppliant a été décrété, poursuivi, condamné, aveus dont est responsable celui qui les a exigés & reçus.

Le suppliant ne cesse de le répéter : ce n'est \point\ contre les capitouls qu'il implore la cour, quelque usage qu'il pût faire de *la maxime* \l'axiome\, *imperitia scelus est in eo qui debet esse peritus*[88]. C'est uniquement contre les sieurs David & Dupuy, qui ayant agi de leur propre mouvement, sans qualité, sans titre, sans caractère pour agir, sont ses véritables parties.

Quelque indignation que doivent inspirer les procédés de l'assesseur & surtout la frauduleuse addition des quatre lignes, le Sr David paroit encore plus coupable. C'est le sieur David qui sans être capitoul a fait descente chez la dame de Fontenille, c'est lui a a dressé un verbal, c'est lui qui l'a présenté sans être signé d'un assesseur ; c'est lui qui a éveillé le serrurier à minuit, c'est lui qui a engagé le syndic à porter plainte ; c'est lui qui a fourni le brief, c'est lui qui a produit les témoins, c'est lui qui a soudoyé & fait soudoyer par Savanier greffier de la procédure la prétendue Julie Latière \suivant l'aveu des témoins\. C'est lui qui a mis garnison chez le suppliant & livré ses effets au pillage, c'est lui qui a dirigé toute la procédure \c'est lui qui a consigné Mr le juge mage & Mr de Galin à 60 soldats du guet\, fait un mérite de n'être pas à la fois partie & juge. C'est lui qui jugeroit bien volontiers aujourdui le procès si on vouloit. C'est lui qui dit publiquement que si la cour le condamne il en écrira au roi. C'est lui enfin qui est l'auteur de tous les maux qui accablent depuis onze mois le suppliant.

La procédure est nulle. Mais les maux du suppliant sont effectifs. Cependant il se borne à des réparations qui n'y sont pas proportionées. En effet faire passer pour banquier de pharaon l'homme le plus inapte à toute sortes de jeux, troubler pendant une année le repos & le travail d'un homme de lettres, l'arracher à ses occupations, & le forcer à ne s'occuper que de ses malheurs, susciter un procès-criminel à un citoyen paisible, diffamer un sujet dont la réputation étoit entière, faire rendre contre lui d'abord une sentence deshonorante & ensuite une autre sentence aussi approchante du deshonneur qu'il est possible, exposer sans sujet ses effets à la rapacité d'une garnison ses effets & surtout ses papiers, c'est à dire son bien le plus précieux, ce sont là des crimes que toute la fortune du Sr David ne sçauroit réparer.

Mais l'indignation est au comble, quand on réfléchit que ces injustices ont été commises par un particulier usurpateur des sacrées fonctions de la magistrature. La cour est priée se souviendra sans doute, que la témérité du Sr David ne sçauroit être trop réprimée. Elle se souviendra que ses greffes sont remplis de plaintes contre lui, que la voix publique l'accuse d'étendre tous les jours au delà des bornes le petit \un\ petit empire \très limité\ qu'il exerce dans les lieux publics, & que le représentant du législateur fut obligé il y a dix ans de le poursuivre comme prévaricateur \& qu'il évoqua de sa superiorité[89]\. Elle se souviendra que l'homme qui sans être capitoul a fait comme capitoul le plus funeste verbal, est le même homme qui osa il y a dix ans remettre en prison un opprimé qu'un arrêt venoit d'élargir.

Ce considéré, Nosseigneurs, qu'il plaise à vos graces, casser le verbal du 9 janvier & l'entière procédure qui s'est ensuivie, condamer solidairement les Srs David, Du Puy & Filhol à cinquante millle francs envers le suppliant pour lui tenir lieu de dommages-intérêts, & en outre ordonner que votre arrêt sera écrit à la marge des interrogatoires originaux de la demoiselle Sevenne & du suppliant, sauf à M. le Procureur général à poursuivre par telles voyes qu'il avisera la vindicte des délits & prévarications qui concern sont de son ministère, & fera justice.

[sur une autre page :]
2 chandeliers
1 vergette
1 sac à poudre
3 chemises

480

27 louis d'or
mon portefeuille
mes papiers
4 serviettes de toile de maison toutes neuves
4 douzaines de serviettes de Bayonne avec raye noire, &
3 napes, même
2 décrotoirs
toute l'ustencile de cuisine
une demie voye de bois
des chandelles
de l'huile
des œufs
2 boites à bonbons à la bergamotte.

MANUSCRIT

ALB 7990.

REMARQUE

Brouillon de la main de La Beaumelle. Ce mémoire n'a probablement pas été utilisé.

DATATION

À partir de décembre 1760 («onze mois»). La Beaumelle fait allusion à ce mémoire dans sa lettre du 22 février 1761.

NOTES EXPLICATIVES

87. « Ils présentèrent le même discours préparé à l'avance.» Cicéron avait souvent contesté la validité des témoignages qui lui étaient opposés, notamment dans ses plaidoyers contre Verrès et Catilina.

88. « L'incompétence est un crime chez celui qui a le devoir d'être compétent » (reformulation de la maxime latine *Unusquisque peritus esse debet artis suae* qui s'inspire de Cicéron et de Quintilien et qu'on retrouve notamment dans le droit canon).

89. La «supériorité du roi», «source de toute justice », qui est évoquée pour renvoyer le procès au parlement de Bordeaux.

LBD 301. *Lettre à Charles O'Brien, maréchal de Thomond*

[Toulouse, novembre 1760]

Monseigneur

J'ai reçu les deux lettres que vous m'avez fait l'honneur de m'écrire, l'une du 10 octobre & l'autre du 31. Par la première vous nous rassuriez contre les attentats du sieur David. Par la seconde vous paroissez en approuver une partie, parce qu'on vous a déguisé le tout. En lisant la première, nous nous félicitâmes de nous être adressés à vous, Monseigneur, plutot qu'au parlement. En lisant la seconde, nous avons la douleur de voir que vous inclinez à ~~croire les assert~~ absoudre le sieur David justifié par une lettre mendiée de ses confrères. Nous étions accusateurs : nous sommes accusés d'avoir déguisé les faits. Trouvez bon,

481

Monseigneur, que nous réfutions pié à pié les assertions du sieur David & des autres capitouls dont vous nous donnez connoissance.

1° Ils nient qu'ils ayent jamais défendu aux soldats du guet de donner main-forte pour l'exécution des jugemens de notre juridiction.

Cependant il est ~~certain~~ notoire que le d'octobre, le sieur David fit battre deux bans, & dit à la troupe assemblée, *Il vous est défendu par moi & par Mrs les autres capitouls de prêter main-forte à aucun huissier du sénéchal.* Il est certain que depuis ce jour nos ~~officiers~~ huissiers n'ont pu exploiter avec main-forte. Il est certain que ~~les~~ par là l'exercice des droits sacrés d'une juridiction royale ont été suspendus. Ces bans scandaleux, séditieux même, prudemment desavoués par les capitouls, auroient perdu sans ressource le sieur David si nous n'avions ~~porté~~ mieux aimé porter nos plaintes à l'autorité qui termine tout avec douceur qu'au parlement qui y aurait fait droit avec éclat. Nous vous prions, Monseigneur, d'interroger sur ces deux bans le sieur Bonneau capitaine du guet.

2° Après vous avoir nié si nettement leur audacieuse entreprise, le sieur David et ses confrères l'avouent, en vous écrivant *qu'ils desirent seulement de sçavoir à quel usage on destine ces soldats lorsqu'on leur fait quitter leur service ordinaire.* Donc il y a eu quelque nouveauté ; donc ils ont fait quelques défenses aux soldats.

Mais le palliatif n'est pas meilleur que l'action palliée. *Ils désirent de sçavoir la destination de ces soldats !* Eh ! ~~qu'ont-ils à faire~~ ne la sçavent-ils pas ? ne sçavent-ils pas en général que des soldats à la suite d'huissiers ne font autre chose que prêter main-forte à la justice ? Voudroient-ils sçavoir leur destination particulière ? Ils n'ont nul droit d'en connoître ; il ~~seroit très pernicieux de les en inf~~ y auroit ~~du~~ toujours du danger ~~à les en instruire~~ & quelquefois de la prévarication à les en instruire. Suivant le sieur David, il faudroit donc que la justice, pour être obéie, allât dire humblement son secret à des officiers bourgeois. Quelle prétention ! & comment, Monseigneur, a-t'on osé vous la manifester ?

Ce faux-fuyant n'est pas heureux puisqu'il est démenti par les deux pièces que nous avons l'honneur de vous envoyer. Ce sont deux verbaux ~~desq~~ par lesquels il conste que le sieur David a refusé la main-forte à nos huissiers, qu'il l'a refusée *sçachant*, ~~puisqu~~ comme il le *désire*, l'usage qu'on en vouloit faire, que la partie requérante ~~le lui~~ qui assistoit l'huissier, le lui a formellement dit. Le sieur David & ses confrères se sont donc joués de la vérité lorsqu'ils vous ont écrit, Monseigneur, qu'ils n'avaient jamais refusé la main-forte, que lorsqu'on ne leur en avoit pas dit ~~l'usage~~ la destination

3° Le sieur David & ses confrères, peu contens de vouloir établir contre nous un usage nouveau, dangereux & deshonorant, ~~vous écrivent que~~ avancent que le parlement y est soumis, & vous écrivent que *cette compagnie elle-même, lorsqu'elle a besoin de soldats du guet, ne refuse pas de faire connoitre à quoi elle les employe.*

Cette allégation, Monseigneur, est non seulement fausse, mais absurde. Le parlement croiroit s'avilir, & s'aviliroit en effet, s'il avoit une pareille condescendance vis à vis des magistrats municipaux. Et si les capitouls s'avisoient de refuser main-forte à un huissier du parlement sous prétexte qu'ils ne sont pas instruits de l'usage qu'on en veut faire, sur le champ ~~ils~~ les capitouls seroient décrétés au corps pour fait de désobéissance & de contravention. Les ~~cours de justice~~ officiers du roi ne parlent aux consuls de ville que par la robe de leurs huissiers ~~& les s~~. Comment ~~le sieur David et les autres capitouls ont-ils pu penser~~ les capitouls ont ils pu se flatter de vous persuader, Monseigneur, que le parlement, qui est chef de la police générale du ressort ~~se~~ met les arrêts dans une si lâche dépendance de la police ~~particulière~~ ?

4° Les capitouls ~~se plaignent~~ vous disent ~~que c'est pour~~ qu'ils ont fait ces défenses uniquement pour empêcher que les officiers du senéchal ne fissent marcher des soldats pour des matières de pure police.

Sous ce vain prétexte, il faudroit donc les instruire de la destination des soldats. Mais si les huissiers leur en donnoient connaissance, ils prévariqueroient, tout seroit perdu. Que deviendroit le secret des procédures entre les mains de huit capitouls ? Il n'y auroit plus de mandement de justice qui fût mis en exécution, le prévenu s'évaderoit, le débiteur mettroit ses effets à couvert, on fermeroit les portes, toute la province tomberoit dans le désordre de l'anarchie. Il n'y auroit plus de punition pour les scélérats, ni de voye pour se faire payer des débiteurs.

Nous ne sommes point surpris que le sieur David en ait imposé à Votre Grandeur. Il est téméraire, peu éclairé, ne doutant de rien, ne sçachant ni les droits de nos charges, ni ceux de sa place. J'ai eu l'honneur de vous écrire trois fois en sa faveur. Mais aujourdui je suis forcé de vous porter des plaintes sur les attentats qu'il commet contre une juridiction qui est sous la protection spéciale de Sa Majesté & qui lui apartient en propre.

Après ce que nous venons de vous exposer, vous voyez, Monseigneur, que le ~~pl~~ sieur David méritoit les réprimandes que vous lui avez faites. Vous voyez que tout au moins il en mérite une nouvelle pour nous avoir calomnié auprès de vous & vous en avoir imposé. Nous espérons que vous lui donnerez de nouveaux ordres, & nous osons vous prédire qu'il ne les exécutera point. Il n'est pas en son pouvoir d'obéir, de céder, de se contenir. Et pour peu qu'il reste en place, il risque *< lettre déchirée ou interrompue >* .

MANUSCRIT
ALB 6517.

REMARQUE

Brouillon de la main de La Beaumelle d'une lettre rédigée par lui au nom du chef d'une collectivité (le sénéchal de Toulouse).

Liste chronologique des lettres du tome XIII
(conservées et attestées)

En retrait et en italiques apparaissent les lettres attestées non conservées. La lettre ou le document qui permet d'en connaître l'existence est mentionné entre crochets.

LB 3549. La Condamine à La Beaumelle (Paris, 3 août 1759)

LB 3550. La Condamine à Jean-François Séguier (Paris, 3 août 1759)

LB 3551. Jean II Bernoulli à La Beaumelle (Bâle, 3 août 1759)

LB 3552. Éléonore de Maupertuis à La Beaumelle (Wetzlar, 4 août 1759)

LB 3553. Guillaume-Albert Finiels à La Beaumelle (Le Vigan, 5 août 1759)

LB 3554. Jean-Emmanuel Guignard de Saint-Priest au comte de Saint-Florentin (Montpellier, 6 août 1759)

LB 3555. Louis Simon François à La Beaumelle (Le Fouze, 8 août 1759)

LB 3556. Jean-Emmanuel Guignard de Saint-Priest à François Amblard (Montpellier, 9 août 1759)

LB 3557. Jean-Jacques Lefranc de Pompignan à La Beaumelle (Pompignan, 12 août 1759)

LB 3558. Le père Marin à Jean Angliviel (Toulouse, 15 août 1759)

LB 3559. François Amblard à Jean-Emmanuel Guignard de Saint-Priest (Toulouse, 15 août 1759)

LB 3560. La Beaumelle au comte de Saint-Florentin (Toulouse, 19 août 1759)

LB 3561. Jean-Emmanuel Guignard de Saint-Priest au comte de Saint-Florentin (Montpellier, 20 août 1759)

> *La Beaumelle à Jean II Bernoulli (Toulouse, vers le 20 août 1759) [LB 3567]*
>
> *La Beaumelle à La Condamine (Toulouse, vers le 20 août 1759) [LB 3571]*
>
> *La Beaumelle au comte Louis Élisabeth de La Vergne de Tressan (Toulouse, vers le 20 août 1759) [LB 3573]*

LB 3562. La Condamine à La Beaumelle (Paris, 22 août 1759)

LB 3563. Le comte de Saint-Florentin à La Beaumelle (Versailles, 27 août 1759)

LB 3564. Le comte de Saint-Florentin à Mgr Charles Prudent de Becdelièvre (Versailles, 29 août 1759)

LB 3565. Le comte de Saint-Florentin à Charles O'Brien, maréchal de Thomond (Versailles, 29 août 1759)

LB 3566. Guillaume-Albert Finiels à La Beaumelle (Le Vigan, 1er septembre 1759)

LB 3567. Jean II Bernoulli à La Beaumelle (Bâle, 12 septembre 1759)
> *La Beaumelle à La Condamine (Pompignan, 26 septembre 1759) [LB 3571]*

LB 3568. La Beaumelle à Jean Henri Samuel Formey (Pompignan, 28 septembre 1759)

LB 3569. La Condamine à Jean Henri Samuel Formey (Étouilli, 28 septembre 1759)

LB 3570. La Beaumelle à l'abbé Jacques Destrées (Pompignan, avant le 6 octobre 1759)
> *Goirand à Antoine Valette de Travessac (Uzès, octobre 1759) [LB 3584]*

LB 3571. La Condamine à La Beaumelle (Étouilli, 9 octobre 1759)

LB 3572. Éléonore de Maupertuis à Jean II Bernoulli (Wetzlar, 13 octobre 1759)

LB 3573. Le comte Louis Élisabeth de Tressan de La Vergne à La Beaumelle (Toul, 15 octobre 1759)

LB 3574. Antoine de Valette de Travessac à Jacob Vernes (Bernis, 20 octobre 1759)
> *Antoine Valette de Travessac à Goirand (Bernis, 22 octobre 1759) [LB 3584]*

LB 3575. Jean Henri Samuel Formey à La Beaumelle (Berlin, 27 octobre 1759)
> *Antoine Valette de Travessac à Jacob Vernes (Bernis, 28 octobre 1759) [LB 3584]*
> *La Beaumelle à La Condamine (Toulouse, fin octobre 1759) [LB 3577]*

LB 3576. La Beaumelle à Jean Angliviel (Toulouse, 4 novembre 1759)

LB 3577. La Condamine à La Beaumelle (Paris, 17 novembre 1759)
> *La Beaumelle à La Condamine (Toulouse, 19 novembre 1759) [LB 3580]*

LB 3578. La Condamine à Jean II Bernoulli (Livry, 22 novembre 1759)

LB 3579. Jean-Jacques Favre à Jacob Vernes (Paris, 24 novembre 1759)

LB 3580. La Condamine à La Beaumelle (Paris, 26-29 novembre 1759)

LB 3581. Mme Du Han de Crèvecœur et Mme de Louvigny à La Beaumelle (Saint-Cyr, 27 novembre 1759)
> *La Beaumelle à Louis Simon François (Toulouse, fin novembre 1759) [LB 3582]*

LB 3582. Louis Simon François à La Beaumelle (Uzès, 6 décembre 1759)
> *La Beaumelle à La Condamine (Toulouse, 9 décembre 1759) [LB 3587]*

LB 3583. François Favre à Paul Moultou (Paris, 11 décembre 1759)

LB 3584. Antoine Valette de Travessac à La Beaumelle (Bernis, 15 décembre 1759)

LB 3585. Antoine Joseph Delacour à Jean Angliviel (Paris, 15 décembre 1759)
> *La Beaumelle à Pierre II Salles (Toulouse, vers le 15 décembre 1759) [LB 3588]*
> *Antoine de Sartine à La Beaumelle (Paris, mi-décembre 1759) [LB 3594]*

LB 3586. La Condamine à Antoine Joseph Delacour (Paris, 15-19 décembre 1759)

LB 3587. La Condamine à La Beaumelle (Livry, 17 décembre 1759)

LB 3588. Pierre II Salles à La Beaumelle (Paris, 21 décembre 1759)

> *La Beaumelle à La Condamine (Toulouse, 29 décembre 1759) [LB 3594]*

LB 3589. Antoine Joseph Delacour à Jean Angliviel (Paris, 1ᵉʳ janvier 1760)

LB 3590. La Beaumelle à Jean Angliviel (Toulouse, 3 janvier 1760)

LB 3591. Le chevalier Maurice d'Arnal à Jean Angliviel (Calais, 5 janvier 1760)

LB 3592. La Beaumelle au comte de Saint-Florentin (Toulouse, 12 janvier 1760)

LB 3593. Saverio Bettinelli à Voltaire (Vérone, 15 janvier 1760)

LB 3594. La Condamine à La Beaumelle (Livry, 18 janvier 1760)

LB 3595. L'abbé Trublet à Jean Henri Samuel Formey (Paris, 28 janvier 1760)

LB 3596. La Beaumelle à Charles O'Brien, maréchal de Thomond (Toulouse, 2 février 1760)

> *La Beaumelle à La Condamine (Toulouse, 9 février 1760) [LB 3599]*

LB 3597. Antoine Joseph Delacour à Jean Angliviel (Paris, 26 février 1760)

LB 3598. Frédéric II à Jean-Baptiste de Boyer, marquis d'Argens (mars 1760)

LB 3599. La Condamine à La Beaumelle (Paris, 1ᵉʳ mars 1760)

LB 3600. Le père Marin à Jean Angliviel (Toulouse, 4 mars 1760)

LB 3601. Éléonore de Maupertuis à La Condamine (17 mars 1760)

LB 3602. Boudon David & Cie à Jean Angliviel (Nîmes, 20 mars 1760)

LB 3603. L'abbé Étienne d'Arnal à Jean Angliviel (Villefranche de Conflens, 27 mars 1760)

LB 3604. La Beaumelle à Jean Henri Samuel Formey (Toulouse, 3 avril 1760)

> *La Beaumelle à La Condamine (Toulouse, 12 avril 1760) [LB 3606, LB 3623]*

LB 3605. La Beaumelle à Charles O'Brien, maréchal de Thomond (Toulouse, 14 avril 1760)

> *La Condamine à la duchesse d'Aiguillon (Paris, 15 avril 1760) [LB 3606]*
> *La duchesse d'Aiguillon à La Condamine (Paris, 15 avril 1760) [LB 3606]*

LB 3606. La Condamine à La Beaumelle (Paris, 16 avril 1760)

LB 3607. La Beaumelle à Jean Angliviel (Toulouse, 18 avril 1760)

> *La Beaumelle à La Condamine (Toulouse, 18 avril 1760) [LB 3617]*
> *La Beaumelle au maréchal de Richelieu (Toulouse, 18 avril 1760) [LB 3617]*

LB 3608. La Beaumelle à Charles O'Brien, maréchal de Thomond (Toulouse, 19 avril 1760)

LB 3609. La Beaumelle à Antoine de Charlary (Toulouse, 19 avril 1760)

LB 3610. Louis Simon François à La Beaumelle (Paris, 19 avril 1760)

LB 3611. La Beaumelle à Jean-Joseph de Buisson, marquis de Beauteville (Toulouse, 19 ou 20 avril 1760)

LB 3612. La Beaumelle à Jean Angliviel (Toulouse, 19 ou 20 avril 1760)

LB 3613. La Beaumelle à Charles O'Brien, maréchal de Thomond (Toulouse, 20 avril 1760)

LB 3614. Marie-Alexandre de Long à Blasiou (Toulouse, 20 avril 1760)

LB 3615. Jean-Joseph de Buisson, marquis de Beauteville, à La Beaumelle et La Beaumelle à Jean Angliviel (Toulouse, 22 avril – 1ᵉʳ mai 1760)

> *Jean-Joseph de Buisson, marquis de Beauteville, à Mgr Jean-Louis de Buisson de Beauteville (23 avril 1760) [LB 3615]*

LB 3616. Jean Henri Samuel Formey à La Beaumelle (Berlin, 27 avril 1760)

LB 3617. La Condamine à La Beaumelle (Livry, 28 avril 1760)

LB 3618. Jean Henri Samuel Formey à Jean II Bernoulli (Berlin, 29 avril 1760)

LB 3619. Éléonore de Maupertuis à La Condamine (2 mai 1760)

LB 3620. Jean Henri Samuel Formey à Francesco Algarotti (Berlin, 3 mai 1760)

LB 3621. La Beaumelle à La Condamine (Toulouse, 6 mai 1760)

LB 3622. Le comte de Saint-Florentin à Jean-Emmanuel Guignard de Saint-Priest (6 mai 1760)

> *Jean-Henri Maubert de Gouvest à La Beaumelle (Londres, 13 mai 1760) [LB 3645]*

LB 3623. La Condamine à La Beaumelle (Paris, 15 mai 1760)

LB 3624. La Beaumelle à Charles O'Brien, maréchal de Thomond (Toulouse, mai 1760)

LB 3625. Le comte de Saint-Florentin à Charles O'Brien, maréchal de Thomond (15 mai 1760)

LB 3626. Septimanie de Vignerot du Plessis-Richelieu, comtesse d'Egmont, à La Beaumelle (Paris, 19 mai 1760)

> *La Beaumelle à La Condamine (Toulouse, vers le 20 mai 1760) [LB 3633]*

LB 3627. La Condamine à Jean Henri Samuel Formey (Paris, 22 mai 1760)

LB 3628. Boudon David & Cie à Jean Angliviel (Nîmes, 24 mai 1760)

LB 3629. Jean-Jacques Vacquier, dit Vacquier Prouho, à La Beaumelle (Toulouse, 28 mai 1760)

LB 3630. Boudon David & Cie à Jean Angliviel (Nîmes, 29 mai 1760)

LB 3631. La Beaumelle à Jean-Jacques Vacquier, dit Vacquier Prouho (1ᵉʳ juin 1760)

LB 3632. Jean-Jacques Vacquier, dit Vacquier Prouho, à La Beaumelle (Toulouse, 2 juin 1760)

LB 3633. La Condamine à La Beaumelle (Montpellier, 10 juin 1760)

> *Jean Angliviel à La Beaumelle (Valleraugue, mi-juin 1760) [LB 3638]*

LB 3634. Fraissinet à Jean Angliviel (Nîmes, 16 juin 1760)

LB 3635. La Condamine à François Boissier de Sauvages de La Croix (Balaruc, 17 juin 1760)

LB 3636. La Beaumelle à Jean Angliviel (Balaruc, 21 juin 1760)

> *La Beaumelle et La Condamine à la duchesse d'Aiguillon (Balaruc, vers le 21 juin 1760) [LB 3642, LB 3645]*

LB 3637. La duchesse d'Aiguillon à La Condamine et La Condamine à La Beaumelle (Paris, 27 juin – 12 juillet 1760)

> *Le comte Louis Élisabeth de La Vergne de Tressan à La Beaumelle (fin juin 1760) [LB 3637]*
>
> *Le comte Louis Élisabeth de La Vergne de Tressan à La Condamine (fin juin 1760) [LB 3637]*
>
> *Jacob Vernet à La Beaumelle (Genève, début juillet 1760) [LB 3658]*

LB 3638. La Beaumelle à Jean Angliviel (Avignon, 4 juillet 1760)

> *La Beaumelle à La Condamine (Avignon, vers le 4 juillet 1760) [LB 3642]*

LB 3639. Antonio Taruffi à Agostino Paradisi (Bologne, 7 juillet 1760])

LB 3640. L'abbé Trublet à Jean Henri Samuel Formey (Paris, 9 juillet 1760)

> *La Condamine à La Beaumelle (Pierrelatte, vers le 10 juillet 1760) [LB 3637]*

LB 3641. La Condamine à François Boissier de Sauvages de La Croix (Lyon, 15 juillet 1760)

LB 3642. La Condamine à La Beaumelle (Lyon, 17 juillet 1760)

LB 3643. La Beaumelle à François Boissier de Sauvages de La Croix (Valleraugue, 26 juillet 1760)

LB 3644. André Roux à La Beaumelle (Bayonne, 29 juillet 1760)

> *La Beaumelle à La Condamine (Valleraugue, 29 juillet 1760) [LB 3645]*
>
> *François Boissier de Sauvages de La Croix à La Beaumelle (Montpellier, fin juillet 1760) [LB 3645]*
>
> *François Boissier de Sauvages de La Croix à La Condamine (Montpellier, fin juillet 1760) [LB 3645]*
>
> *La Beaumelle à La Condamine (Valleraugue, 2 août 1760) [LB 3650]*

LB 3645. La Condamine à La Beaumelle (Paris, 6 août 1760)

LB 3646. Jacob Vernet à Jean Henri Samuel Formey (Genève, 6 août 1760)

LB 3647. Jean II Bernoulli à Jean Henri Samuel Formey (Bâle, 9 août 1760)

LB 3648. La Beaumelle à l'abbé Pierre-Augustin Boissier de Sauvages (Millau, 13 août 1760)

LB 3649. L'abbé Trublet à Jean Henri Samuel Formey (Paris, 17 août 1760)

> *La Beaumelle à La Condamine (Valleraugue, 17 août 1760) [LB 3656]*

LB 3650. La Condamine à La Beaumelle (Paris, 19-23 août 1760)

LB 3651. La Beaumelle à Jean-Baptiste de Marin, comte de Moncan (Nîmes, 20 août 1760)

LB 3652. Guillaume de Gignoux à Jean Angliviel (Nîmes, 23 août 1760)

LB 3653. Jean II Bernoulli à Jean Henri Samuel Formey (Bâle, 30 août 1760)

LB 3654. Jean Bertezène à Jean Angliviel (Nîmes, 30 août 1760)

LB 3655. La Beaumelle à Jean Henri Samuel Formey (Valleraugue, 2 septembre 1760)

LB 3656. La Condamine à Jean Angliviel et à La Beaumelle (Paris, 2 septembre 1760)

LB 3657. La Condamine à Jean Angliviel (Paris, 6 septembre 1760)

LB 3658. Jacob Vernet à La Beaumelle (Genève, 10 septembre 1760)

> *Commeignes à Jean-Baptiste de Marin, comte de Moncan (Ganges, 13 septembre 1760) [LB 3659]*
>
> *La Beaumelle à Jean-Baptiste de Marin, comte de Moncan (Ganges, 13 septembre 1760) [LB 3659]*
>
> *La Beaumelle à M. de Malliane (Ganges, 13 septembre 1760) [LB 3659]*

LB 3659. La Beaumelle à Jean Angliviel (Ganges, 13 septembre 1760)

LB 3660. La Beaumelle à Jean Angliviel (Loupian, 15 septembre 1760)

> *La Beaumelle à La Condamine (Loupian, 15 septembre 1760) [LB 3663, LB 3670]*
>
> *Jean Angliviel à La Beaumelle (Valleraugue, vers le 15 septembre 1760) [LB 3662]*
>
> *Jean Angliviel à La Condamine (Valleraugue, 16 septembre 1760) [LB 3670]*

LB 3661. La Beaumelle à Jean Angliviel (Toulouse, 19 septembre 1760)

> *La Beaumelle à Anne-Marie d'Aignan, marquis d'Orbessan (Toulouse, 20 septembre 1760) [LB 3662]*
>
> *La Beaumelle à Jean-François Belot (Toulouse, 20 septembre 1760) [LB 3662]*
>
> *La Beaumelle à David de Beaudrigue (Toulouse, 20 septembre 1760) [LB 3662]*
>
> *François-Ignace de Sénovert à La Beaumelle (Toulouse, vers le 20 septembre 1760) [LB 3662]*

LB 3662. La Beaumelle à Jean Angliviel (Toulouse, 21 septembre 1760)

> *La Beaumelle à Charles O'Brien, maréchal de Thomond (Toulouse, 21 septembre 1760) [LB 3662]*
>
> *Anne-Marie d'Aignan, marquis d'Orbessan, à La Beaumelle (Toulouse, 22 septembre 1760) [LB 3662]*
>
> *La Beaumelle à La Condamine (Toulouse, 23 septembre 1760 – 2 lettres) [LB 3662, LB 3665, LB 3670]*
>
> *La Beaumelle à Jean-Baptiste de Marin, comte de Moncan (Toulouse, 24 septembre 1760) [LB 3662, LB 3664]*

LB 3663. La Condamine à La Beaumelle (Étouilli, 28 septembre 1760)

LB 3664. Jean-Baptiste de Marin, comte de Moncan, à La Beaumelle (Montpellier, 28 septembre 1760)

LB 3665. La Condamine à La Beaumelle (Étouilli, 30 septembre 1760)

LB 3666. Jean-François Belot à Jean Angliviel (Toulouse, 1ᵉʳ octobre 1760)

> *Jean Angliviel à La Beaumelle (Valleraugue, début octobre 1760) [LB 3668]*

LB 3667. Charles Emmanuel de Crussol, duc d'Uzès, à La Condamine (Paris, octobre 1760)

LB 3668. La Beaumelle à Jean Angliviel (Toulouse, 7 octobre 1760)
> *La Beaumelle à Charles Lagane (Toulouse, 7 octobre 1760) [LB 3668]*
> *La Beaumelle à La Condamine (Toulouse, 11 octobre 1760) [LB 3673]*

LB 3669. Commeignes à M. de Laverdun (Montpellier, 16 octobre 1760)

LB 3670. La Condamine à Jean Angliviel (Étouilli, 16 octobre 1760)

LB 3671. La Beaumelle à Charles O'Brien, maréchal de Thomond (Toulouse, 16/17 octobre 1760)

LB 3672. Pierre Michel fils à Jean Angliviel (Meyrueis, 18 octobre 1760)

LB 3673. La Condamine à La Beaumelle (Étouilli, 19 octobre 1760)

LB 3674. La Beaumelle à Jean-François Belot (Toulouse, 19 octobre 1760)

LB 3675. Denis Diderot à Étienne Noël Damilaville (Le Grandval, 19 octobre 1760)
> *Jean Angliviel à La Beaumelle (Valleraugue, vers le 20 octobre 1760) [LB 3676]*
> *Charles Emmanuel de Crussol, duc d'Uzès, à La Beaumelle (Uzès, vers le 25 octobre 1760 [LB 3678, LB 3681]*

LB 3676. La Beaumelle à Jean Angliviel (Toulouse, 28 octobre 1760)

LB 3677. Jean Henri Samuel Formey à La Beaumelle (Berlin, 28 octobre 1760)

LB 3678. Boudon David & Cie à Jean Angliviel (Nîmes, le 30 octobre 1760)
> *La Beaumelle à Charles Eugène Gabriel de La Croix, marquis de Castries (Toulouse, fin octobre 1760) [LB 3680]*

LB 3679. Ausserade à La Beaumelle (Port-Sainte-Marie, 3 novembre 1760)
> *Jean Angliviel à La Beaumelle (Valleraugue, vers le 10 novembre 1760 [LB 3681]*

LB 3680. Charles Eugène Gabriel de La Croix, marquis de Castries, à La Beaumelle (Duvnik, 17 novembre 1760)

LB 3681. La Beaumelle à Jean Angliviel (Toulouse, 19 novembre 1760)
> *La Beaumelle à Charles Emmanuel de Crussol, duc d'Uzès (Toulouse, 19 novembre 1760 [LB 3681]*

LB 3682. Le père Viguié à La Beaumelle (Lauzerte, 24 novembre 1760)

LB 3683. Pimbert à La Beaumelle (Toulouse, 27 novembre 1760)

LB 3684. La Condamine à Marie-Louise Charlotte Bouzier d'Estouilly de La Condamine et à Louise-Hélène de La Condamine de Canisy (Paris, 29 novembre 1760)

LB 3685. La Condamine à La Beaumelle (Paris, 2 décembre 1760)

LB 3686. Voltaire au marquis Francesco Albergati Capacelli (23 décembre 1760)

LB 3686a. M. F*** à La Beaumelle (Larra, 28 décembre 1760)

LB 3687. La Beaumelle à Jean Angliviel (Toulouse, 31 décembre 1760)
> *Jean Angliviel à La Beaumelle (Valleraugue, vers le 8 janvier 1760 [LB 3688]*

LB 3688. La Beaumelle à Jean Angliviel (Toulouse, 13 janvier 1761)

LB 3689. La Condamine à Jean-Henri-Samuel Formey (14-17 janvier 1761)

LB 3690. Victor Abric à Jean Angliviel (Montpellier, 16 janvier 1761)

LB 3691. La Condamine à Jean Angliviel (Paris, 18 janvier 1761)

LB 3692. La Condamine à La Beaumelle (Paris, 18 janvier 1761)

LB 3693. Guy Castel à Jean-Emmanuel Guignard de Saint-Priest (Toulouse, 24 janvier 1761)

> *La comtesse douairière Marie-Claire de Fontenille à La Beaumelle (Le Castella, début février 1761) [LB 3697]*

LB 3694. Antoine Joseph Delacour à Jean Angliviel (Paris, 10 février 1761)

LB 3695. La Beaumelle à Jean Angliviel (Toulouse, 11 février 1761)

LB 3696. L'abbé Étienne d'Arnal à Jean Angliviel (Villefranche-de-Conflent, 13 février 1761)

LB 3697. La comtesse douairière Marie-Claire de Fontenille à La Beaumelle (Le Castella, 15 février 1761)

LB 3698. François de Varagne-Gardouch, marquis de Belesta, à La Beaumelle (Beaupuy près Grisolles, 17 février 1761)

LB 3699. Jean Mathurin Moreau de La Primerais à La Condamine (Saint-Malo, 17 février 1761)

LB 3700. Jean-François Belot à Jean Angliviel (Toulouse, 18 février 1761)

> *La Condamine à La Beaumelle (18 février 1761) [La Condamine à La Beaumelle, 24 mars 1761]*

LB 3701. Lapierre frères à Jean Angliviel (Nîmes, 19 février 1761)

LB 3702. Johann Bernhardt Merian à Jean II Bernoulli (21 février 1761)

LB 3703. La Beaumelle à Jean Angliviel (Toulouse, 22 février 1761)

LB 3704. La Beaumelle à Jean Angliviel (Toulouse, 25 février 1761)

Documents

LBD 292. Testament de Jean Pieyre (1er octobre 1757)

LBD 293. Mémoires d'État au comte de Saint-Florentin [1759]

LBD 294. Projet d'une Histoire de l'etat militaire de France depuis Charles IX jusqu'à Louis XV inclusivement [mars 1760]

LBD 295. Épître de La Beaumelle à M. le duc d'Uzès en lui renvoyant le livre du docteur Swinden sur les tourmens & le local de l'Enfer [novembre 1759]

LB 296. Poèmes de La Beaumelle et «jeu du secrétaire»

1. À Marguerite de Beauvoir du Roure, marquise de La Gorce
2. Quatrain à Mlle de ...
3. À Marie Charlotte de Varagne-Gardouch
4. À Anne-Olympe de Molières

5. À la comtesse de Brancas

6. À madame de Boissy

7. À François de Blanquet Amanzé de Rouville

8. Poème des Hauts-Murats

9. La Beaumelle à Toulouse : Le « jeu du secrétaire » chez Paul-Louis de Mondran

LBD 297. Articles de dictionnaire et de périodique

1. Article « La Beaumelle » dans le *Freydenker-Lexicon* de J. A. Trinius

2. *L'Année littéraire :* compte rendu du *Mémoire* de La Beaumelle sur l'affaire Jeanne Pieyre (10 septembre 1759)

3. *Journal des sçavans :* diffusion des *Lettres et de la Vie de Mme Maintenon* (novembre 1759)

4-1. *Correspondance littéraire de Karlsruhe* (29 novembre 1759)

4-2. *Correspondance littéraire de Karlsruhe* (avril 1760)

5. *Journal encyclopédique :* sur Tacite (1er septembre 1760)

6. *Correspondance littéraire de Grimm* (15 novembre 1760)

7. *Journal encyclopédique :* Compte rendu de *L'Observateur littéraire, année 1761* (février 1761)

LBD 298. Certificat de catholicité de La Beaumelle (20 juillet 1760)

LBD 299. Désistement de plainte de Rose Larinière (1er octobre 1760)

LBD 300. Affaire des Capitouls

1. Procès verbal de François-Raymond David de Beaudrigue (9 janvier 1760)

2. Audition d'office de La Beaumelle (9 janvier 1760)

3. Décret de prise au corps de la comtesse de Fontenille et de La Beaumelle (11 janvier 1760)

4. Verbal de perquisition et annotation des meubles et effets appartenant au s. Labaumelle (12 janvier 1760)

5. Brief intendit que baille devant vous messieurs les capitouls le procureur du roi de la ville et de la senechaussée (14 janvier 1760)

6. Interrogatoire de Jean Michel Dorliac (15 janvier 1760)

7. Premières réquisitions de Charles Lagane (15 janvier 1760)

8. Interrogatoire de Julie Latière (15 janvier 1760)

9. Secondes réquisitions de Charles Lagane (15 janvier 1760)

10. Décret de prise au corps de La Beaumelle (15 janvier 1760)

11. Expédié du décret au corps contre la dame de Fontenille et le S. Labaumelle (15 janvier 1760)

12. Verbal de perquisition et annotation des meubles et effets appartenant au s. Labaumelle (16 janvier 1760)

13. Interrogatoire de la dem^{lle} Guillemette Sevenes (22 janvier 1760)

14. Cri public contre La Beaumelle (1er février 1760)

15. Dictum de sentence sur la forme de proceder pour Mr le procureur du Roy contre la dame Fontenille et le Sr Labaumelle et autres (11 février 1760)

16. Conclusions en définitive du procureur du Roy (15 mars 1760)

17. Interrogatoire à la barre de Joachim de Martin ecuyer (18-22 mars 1760)

18. Dictum de sentence en définitive (22 mars 1760)

19. Interrogatoire de La Beaumelle (22 septembre 1760)

20. Dictum de sentence sur la forme de procedure pour Mr le procureur du Roy contre le s. Labaumelle (1er octobre 1760)

21. Jugement des capitouls de Toulouse (4 octobre 1760)

22. Cahier des confrontations faites à La Beaumelle (6 octobre 1760)

23. Mémoire pour les sieurs ... Angleviel de La Beaumelle ancien professeur de langue & belles-lettres françoises & conseiller au Consistoire souverain de Dannemarc, ... contre les Capitouls de Toulouse (octobre 1760)

24. Requête de La Beaumelle au Parlement (décembre 1760)

25. Mémoire pour le sieur de La Beaumelle, appellant, contre M. le procureur général du roi (février 1761)

26. Brevet pour le sieur de La Beaumelle (9 février 1761)

27. Jugement du Parlement du 17 février 1761

28. Mémoire pour le sieur Angliviel de La Beaumelle, appellant, contre M. le procureur-général du roi (mi-février 1761)

29. Mémoire de demande de dommages et intérêts (décembre 1760-février 1761)

LBD 301. Lettre à Charles O'Brien, maréchal de Thomond (Toulouse, novembre 1760)

Index

L'indexation du texte des lettres (nombre seul), des documents (nombre précédé de D) et du contenu des notes (nombre suivi de n) renvoie au numéro de la lettre ou du document. Un nombre en gras indique que la personne est le scripteur ou le destinataire de la lettre.

Les noms de personnes sont en petite capitale, les noms des villes en romain bas de casse et les titres des ouvrages anciens (jusqu'au XVIIIe siècle) en italique.

Les liens familiaux avec La Beaumelle et les noms des époux ont été mentionnés entre parenthèses lorsque cette information était utile.

N'ont pas été indexés :
– Le nom de La Beaumelle et celui de Jean Angliviel, qu'il s'agisse de son père ou de son frère.
– Le toponyme en tête de chaque lettre.
– Les noms de personne et les toponymes mentionnés dans les adresses.
– Les noms de personne et les toponymes figurant dans les titres des ouvrages signalés en note ainsi que les villes d'édition et éditeurs.
– Les titres des ouvrages relevant de la littérature secondaire.

Abbeville D 293
Abrégé chronologique de l'histoire de France (Hénault) 3570
Abrégé de l'histoire ecclésiastique (Formey) 3616
Abrégé des vérités et de la morale de l'Écriture sainte (Lamigue) D 293
ABRIC Jean 3688n
ABRIC Victor **3690**
ABRIC DE FENOUILLET Maurice 3668, 3676
Accomplissement des prophéties (L') (Jurieu) D 293n
ACHILLE 3637
ADER Étienne 3562n
ADVISARD Pons-Thomas-Joseph d' 3681, 3687
Affiches de Toulouse : voir *Annonces, affiches et avis divers de Toulouse*
Affiches ou annonces de province 3617
AFFRY Louis Augustin, comte d' 3585n, 3594
Agen 3605, 3651, 3668, 3697, D 300-22, D 300-28
AGINCOURT Antoine d' D 293n
AGUESSEAU Henri François d' D 300-28
AIGREMONT Jean-Claude de Rochemore, baron d' D 293
Aigues-Mortes D 293n
AIGUILLON Anne-Charlotte de Crussol-Florensac, duchesse douairière d' 3549, 3562, 3571, 3599, 3603, 3605, 3606, 3612, 3617, 3621, 3623, 3626, 3633, **3637**, 3642, 3645, 3650, 3656, 3659, 3665
AIGUILLON Louise Félicité de Brehan, duchesse d' 3599
Aix-en-Provence 3638
Akakia (L') (Voltaire) 3569, 3642, 3650, 3655
ALARY Pierre-Joseph, abbé d' 3599, 3650, 3684, 3685
ALBA Martial D 293
ALBERGATI CAPACELLI Francesco, marquis **3686**
ALBERONI Giulio, cardinal D 293n
Albi 3687n
ALEMBERT Jean Le Rond d' 3571, 3580, 3587, 3593, 3616, 3650n, 3655, 3656n, 3677, 3684, 3685
Alès 3563, 3603, 3611, 3612, 3615, 3635n, 3638, 3692n, 3703, 3704, D 293, D 298, D 299, D 300-2, D 300-24
ALÈS-MONTALET Jean-Scipion de Bérard, baron d'Alais, marquis de Montalet 3703n
ALEXANDRE LE GRAND, roi de Macédoine 3580n
ALGAROTTI Francesco 3593, **3620**
ALGUES, chevalier d' : voir MANOEL Jean-Baptiste de, chevalier d'Algues
ALLAMAND DES MARETS François-Louis D 293
ALLIÈS Marie d', née de Brunet 3662, 3687n

ALLIOT François-Antoine-Pierre 3684
Almanach historique et chronologique de Languedoc 3576n, 3687n, 3704n
Almanach royal 3656
AMBLARD François **3556**, **3559**, 3561, 3621, 3661n, 3662, 3666, 3668, 3676
AMBLARD Pierre-Jean 3556n
AMÉLIE, princesse de Prusse 3616
AMELOT DE LA HOUSSAIE Nicolas 3607n
Ami des hommes (L') (Mirabeau) 3604
Amiens 3642
Amsterdam 3599, 3645, D 293n
ANACRÉON D 296-4
Ancône 3587n
ANDUZE Françoise Denise Folquier d'Airebaudouze, marquise d' 3603
Anduze 3603, 3638n, D 293n
ANGLIVIEL Auguste Jean Justin 3660n, 3668n, 3687, 3688
ANGLIVIEL Maurice 3674n
ANGLIVIEL Rosalie 3576, 3585, 3590, 3603, 3607, 3612, 3636, 3662, 3676, 3688
ANGLIVIEL Suzanne Jean Laurens, dit Mandagout 3576, 3590, 3603, 3607, 3612, 3636
ANGLIVIEL D'ABRIC Marie 3676n
ANGLIVIEL DE LA BEAUMELLE Armand 3670n
Angoulême D 293
Annales (Tacite) 3580, 3587n, D 300-24, D 300-25, D 300-28
Annales de la ville de Toulouse (La Faille) D 300-28
Annales of Cornelius Tacitus (The) (Savile) 3607
Année littéraire (L') (Fréron) 3599, 3617, D 297-2
Annonces, affiches et avis divers de Toulouse 3584n, 3611n, 3617n, 3686n, 3695n, D 296-3n
ANTERIEU D 293n
Anti-Baillet (Ménage) 3584n
Antimachiavel (Frédéric II) 3571
Anvers 3594n
Apocalypse D 293n
APOLLON 3566, 3584n, 3604, 3611, 3616, D 295, D 296-1
Apologétique (Tertullien) D 293n
Apologie de Louis XIV (Novy de Caveirac) 3616, D 293n
AQUIN Pierre-Louis d' 3580
ARCADE, empereur romain d'Orient D 300-28
ARCHELAÜS, gouverneur de Judée 3584n
Ardaillès 3553n
ARGENS Jean-Baptiste de Boyer, marquis d' **3598**, 3677
ARGENSON Marc Pierre de Voyer, comte d' 3571, 3655, D 293
ARGENTAL Charles Augustin de Ferriol, comte d' 3594

ARISTE 3566
ARISTOTE 3584n
ARLEQUIN 297-7
Arles 3638, 3650
ARMAN Alexandre 3597n
ARMENTIÈRES Louis Conflans, marquis d' 3580
ARNAL Étienne, abbé d', dit Scipion **3603**, 3611, 3612, 3638, 3662n, 3687, 3688, **3696**
ARNAL Jean d', dit l'Autrichien 3611, 3687, 3688
ARNAL Jean d' (Le Gasquet) 3575, 3655
ARNAL Juliette d' 3581
ARNAL Louis-Charles d', dit le Prussien 3568, 3575, 3604, 3616, 3655, 3677
ARNAL Marguerite Pétronille d', née de Boucaumont 3688
ARNAL Marie d' 3655
ARNAL Maurice, chevalier d' **3591**, 3611, 3638, 3687, 3688
ARNAL, famille 3676n
ARNAL DE SAINT MAURICE Marguerite d' 3603, 3611, 3612, 3615, 3636, 3638, 3661, 3662, 3668, 3687, 3688, 3695, 3703
ARNAUD François, abbé 3589
Arnheim D 293
Ars poetica (Horace) 3616n
Art d'aimer (L') (Ovide) D 300-28n
Art de peindre (L') (Watelet) 3642, 3645
Art poétique (Horace) 3685n
Asiatique tolérant (L') (La Beaumelle) 3574n
ASSAS DE CHAMFORT Jean-François, seigneur d' 3553n
ASSAS DE CHAMFORT Madeleine d', dite Mlle de Saint-André 3553n
ASTRÉE 3698
Astrée (L') (d'Urfé) 3698
ASTRUC Jean 3580n, 3617n
AUBIGNÉ Théodore Agrippa d' D 300-28n
Auch 3614n, D 293
AUFRERY, seigneur d': voir CARRIÈRE D'AUFRERY, seigneur d'
AUGUSTE, empereur romain D 296-7n
AUGUSTE III, roi de Pologne 3594
AUMONT Louis-Marie-Augustin, duc d' 3594
AUREILHON Moïse 3646
AURÈS Jacques d' 3614
AURÈS, d', père 3614
AUSONE 3584
AUSSERADE (Port-Sainte-Marie) **3679**
AUSSONNE Jacques V de Buisson, marquis d' 3607n
AUSSONNE Jeanne-Françoise-Louise née de Trinquali ou Trenqualie, marquise d' 3607, 3668, 3703, D 300-6, D 300-8, D 300-19, D 300-22, D 300-23, D 300-24

Aussonne 3607n
Avant-coureur (L') 3617
AVEIRO D.-J. Mascarenhas, duc d' 3580
Avignon 3577, 3594, 3638, 3641, 3642, 3645, 3650, 3656, 3691, 3692
Avis salutaire aux Églises réformées de France (Icard) D 293n

Babylone D 293n
BADINTER Élisabeth 3685n
BADOIN Robert D 293n
Bagnères D 300-28
BAILLET Adrien 3584n
BAILLIF DE L'EPINE 3650
BALARD, avocat (Toulouse) 3698, D 296-8
Balaruc 3623, 3633, 3635, 3636, 3637, 3638, 3642, 3645, 3649, 3655, 3673, 3691, 3692
Bâle 3549, 3552, 3567n, 3573, 3647, 3658, 3673, D 293
BALIVEAU 3592n
BALLA Joseph-François 3590n
BALLA, père 3590n, 3612
BALTHASARD, ambassadeur : voir CRESSIER Balthasar de
BALZINE, veuve D 293n
BANDELIER André 3646n
BAR DE CAMPARNAUD Élie de 3604n
BARBARIUS PHILIPPUS D 300-24, D 300-28
BARBIER Edmond Jean François 3650n
BARBOU Joseph Gérard 3670
BARBU D 293n
BARBUSSE Grégory 3553n, 3556n
BARRAIGNÉ Jean D 300-4
BARRAL Pierre 3584n
BARRE, baron de D 293
BARREAU Marie D 300-23
BARREAU, frère D 300-23
BARTHÈS Pierre 3553n, 3662n
BARTHOLMESS Christian 3604n
BASNAGE Jacques D 293n
BASTARD Dominique-Simon de 3695
BASTARD François de 3676, 3687, D 300-28
BAUCHE Michel Doublet, baron de 3617n
BAUMGARTEN Sigmund Jakob D 297-1
BAUSSET Louis-François, cardinal de D 293n
BÁVILLE Nicolas de Lamoignon de 3574n, D 293
BAYLE Pierre 3575, 3584, 3695
Bayonne 3703, D 300-29
Beaucaire 3554, 3562, 3571, 3596, D 293n
Beaulieu D 293n
Beaumont-de-Lomagne 3576n
BEAUMONT DU REPAIRE Christophe de, archevêque de Paris 3616n
Beauregard 293n

BEAUSOBRE Charles-Louis de 3616, 3637n, 3655
BEAUSOBRE Isaac de 3604, 3616n
BEAUVILLIERS François Honorat de, duc de Saint-Aignan 3684, 3685, D 293n
BECCHIA Alain D 293n
BECDELIÈVRE Charles Prudent de, évêque de Nîmes 3563, **3564**, 3565
BEESON David 3567n
BÉJOT François 3663n
Belbèze 3662n
BÉLESTA François de Varagne-Gardouch, marquis de 3562, 3577, 3580n, 3587, 3617, 3623, 3645, 3650, 3656, 3660, 3661, 3663, 3673, 3685, 3692, 3695, **3698**, 3703, D 296-3n
BÉLESTA Marie-Charlotte de Rousselet de Châteaurenaud, marquise de 3562n
BELLE-ISLE Charles-Louis-Auguste Fouquet, duc de, maréchal de France 3580, 3587, 3594, 3599, 3650, 3656, 3665, 3684, 3695
BELLICORE Pompone de D 293n
BELMON Jacques de, seigneur de Malcor D 300-15, D 300-18, D 300-20, D 300-21
BELOT Jean-François 3576, 3617, 3631, 3633, 3659, 3660, 3661, 3662, **3666**, 3668, **3674**, 3676, 3687, 3688, 3690, 3695, **3700**, 3703, 3704n
BELOT, procureur (Toulouse) 3695, 3704
BÉLY Lucien 3570n
BENECH Olivier D 300-22, D 300-24, D 300-28
BÉNEZET François D 293
BÉNOIST Élie D 293n
BENOÎT XIII, pape 3638n
BENOÎT XIV, pape 3580n, 3616n
BERENGER Aimeric 3592, D 300-28n
BÉRINGUIER DE CORNELIS 3553
BERLANSTEIN Lenard R. 3549n
Berlin 3549n, 3567, 3568, 3571, 3573, 3575, 3577, 3585n, 3587, 3594, 3599, 3601, 3616n, 3639, 3642, 3655, 3677, D 297-1
Berlue (La) (Poinsinet de Sivry) D 297-4-1
BERNAGE Louis-Basile de D 293
BERNAT Chrystel D 293n
Berne D 293
Bernis 3638
BERNOULLI Daniel 3599n, 3617
BERNOULLI Jean I 3571, 3573
BERNOULLI Jean II 3549, **3551**, **3567**, 3571, **3572**, 3573, 3575, 3577, **3578**, 3580n, 3584n, 3587, 3594, 3616, **3618**, 3637, **3647**, **3653**, 3655, 3658, 3677, **3702**
BERNOULLI Susanna, née König 3567, 3573
BERRY, duc de : voir LOUIS AUGUSTE de France, duc de Berry, futur LOUIS XVI
BERRYER Nicolas René 3587n, D 293n
BERSELLI Ambri Paola 3639n

BERTEZÈNE Jean **3654**
BERTEZÈNE Louis D 292
BERTIN Henri Léonard Jean-Baptiste 3580, 3587, 3594, 3645
BERTRAND 3646
Besançon 3687, D 300-28
BESTERMAN Theodor 3571n, 3663n
BESUC, M. de : voir BRUEYS DE BÉZUC Philippe de
BETTINELLI Saverio **3593**
Beyträge zu der Vertheidigung der praktischen Religion Jesu D 297-1
Beyträge zu diesen Gedanken D 297-1
BIGNON Jean-Paul 3684, 3685
Biographie toulousaine 3668n
BIOUSSIER, maître d'école (Boffre) D 293
BIRON Charles de Gontaut, duc de D 294
BITAUBÉ, consul (Port-Sainte-Marie) D 300-28
BIZEL, curé (Port-Sainte-Marie) D 300-28
BLASIOU **3614**
Blois D 293
BOËSSE ou BOISSÉ, marquise de D 300-22, D 300-24, D 300-28
BOËSSE ou BOISSÉ, fille D 300-22
Boffre D 293
BOILLY J.-L. 3557n
BOISBELEAU DE LA CHAPELLE Armand D 293
BOISGELIN DE CUCÉ Louis-Bruno, comte de 3594
BOISGELIN DE CUCÉ DE Catherine, comtesse de 3684
BOISLÈVE DE CHAMBALLAN Claude-Joseph de 3687
BOISLÈVE DE CHAMBALLAN Suzanne de, née d'Arnal 3668, 3687
BOISMONT : voir THYREL DE BOISMONT Nicolas
BOISSIER DE SAUVAGES Pierre-Augustin, abbé **3648**
BOISSIER DE SAUVAGES DE LA CROIX François **3635**, **3641**, **3643**, 3645, 3650, 3656n, 3660, 3662
BOISSIER DE SAUVAGES DE LA CROIX Jeanne-Yolande, née Foucard d'Olimpies 3635, 3641
BOISSY Étienne de 3695, 3703, D 296-6, D 300-25, D 300-27
BOISSY, Mme de D 296-6
BOISVERT Jacques Pugnet, seigneur de D 293
BOJAT Jean-Ignace de 3687, 3695, 3703
BOMBARDE DE BEAULIEU Pierre-Paul 3692
BOMPORT 3587
BONAFOUS Abel 3575
BONAFOUS Guillaume 3575n
BONAFOUS Suzanne 3575, 3616
BONAFOUS, famille 3604, 3616
BONJOLI, notaire D 293n
BONNAC François Armand, marquis de 3692n

BONNAC Marie-Louise, née Bidé de La Granville, marquise de 3692n
Bonnac 3692n
BONNEAU, capitaine du guet (Toulouse) 3662, 3666, 3668, 3695, D 299, D 301
BONNEVILLE Zacharie Pazzi de 3677
BONREPOS : voir RIQUET DE BONREPOS Jean Gabriel Amable Alexandre de
BORCK Sophie Hedwig von 3567n
BORCK, M. von 3551n, 3573
Bordeaux 3580, 3592n, 3594, 3596, D 293
BOSSUET Jacques-Bénigne, évêque de Meaux D 293
BOST Hubert D 293n
BOUCHARD & GRAVIER (Rome) 3587, 3644
BOUCHET, curé (Boffre) D 293
Boucoiran D 293
BOUDON Laurens 3602n
BOUDON Léonard I 3602n
BOUDON DAVID & CIE **3602**, **3628**, **3630**, 3634n, **3678**, 3681n
BOUFFLERS Marie-Françoise Catherine de Beauvau-Craon, marquise de 3645, 3656, 3684
BOUFFLERS, fille : voir BOISGELIN DE CUCÉ Catherine, comtesse de
BOUGAINVILLE Louis-Antoine de 3684, 3685
BOUGUER Pierre 3617n, 3645
Boulbonne 3576n
BOULLONGNE Jean de, contrôleur général 3656, 3685
BOULLONGNE Jean-Nicolas de 3656, 3685, 3692
BOULLONGNE, famille de 3685
Bouquet D 293
BOURBON Louise-Françoise de 3656n
BOURBON-CONDÉ Louis, duc de 3656n
BOURBON-CONDÉ Marie Gabrielle-Éléonore de 3656
BOURDELIN Louis-Claude 3567
BOURET Étienne-Michel 3571
BOURGUET Louis D 292
BOUSQUET Henry 3607
BOUSQUET Marie 3549
BOUSQUET DE SAVERES Charles-Geraud 3687, 3695, D 300-27
BOUZIER D'ESTOUILLY Antoine Claude François de 3577, 3665, 3670
Bouzigues 3660n
BOYÉ Pierre D 300-4
BOYER Jacques D 293
BOYER Jean-François, évêque de Mirepoix 3604
BOYER Joseph 3687
BOYER-DRUDAS Bertrand-Bernard de 3681
BRAMADY DE TREMONS Jean, marquis de D 293n

BRAMADY DE TREMONS Marie, née Brueys de Besuc, marquise de D 293
BRANCAS, comtesse de 296-5
BRÉBEUF Georges de 3584
Brescou D 293n
Brest 3587n
BRIASSON Antoine-Claude 3689
Brignon D 293
BRILLON Pierre-Jacques D 300-28n
BROGLIE Victor-François, duc de, maréchal de France 3580, 3655n
BROSSES Charles de 3642
BROUDES, horloger (Toulouse) 3590n
BROUSSON Claude D 293
BROUZET Jean D 292
BRUEL Jean 3584n
BRUEYS David-Augustin D 293
BRUEYS DE BÉZUC Philippe, baron de D 293n
Bruxelles 3617, 3642
BRUYSET Jean-Marie 3623, 3645, 3650, 3663, 3699n
BUFFIER Claude 3665
BUFFIÈRE Félix D 293n
BUFFON Georges-Louis Leclerc de 3593, 3675, 3684, 3685
BUISSON DE BEAUTEVILLE Jean-Joseph, marquis de 3568, 3575, **3611**, 3612, **3615**, 3676, 3692
BUISSON DE BEAUTEVILLE Jean-Louis, évêque d'Alès 3563, 3565, 3603, 3611, 3612, 3615, 3692n, 3695, 3703n
BUISSON DE BEAUTEVILLE Pierre, chevalier de 3695, 3703n
BUISSON DE BEAUTEVILLE, famille 3607n
BULKELEY François, comte de 3604n
BULLION Anne-Marie-Marguerite de 3692
BUSSY-RABUTIN Roger de D 296-7
BUTI Gilbert D 293n
BUTINI Ami ou Amédée D 293

CABANEL Patrick D 293n
CABOT DE DAMPMARTIN Jean-Antoine de D 293
CABRIER, curé (Esperause) D 293n
Cadix 3587
CADMUS 3584n
Cahors D 300-28n
Calers 3576n, 3662
CALONGES Élisabeth, née de Bar de Camparnaud, marquise de 3604n
CALONGES Jean-Jacques Le Révérend de Bougy, marquis de 3604n
CALONGES Julie Henriette, née Le Révérend de Bougy, marquise de 3596, 3599, 3604, 3616, 3617, 3665, 3673, 3681, 3687, 3695, 3703
CALVIN Jean 3686
Camalières D 293n

CAMBIS Henri-Marie-Amable de Cambis d'Orsan, marquis de 3638
CAMBON Jean-Louis Emmanuel Augustin de 3687, 3695, D 300-27
Cambrai 3584n
CAMOIRE, chirurgien D 300-15
CAMONT D'AUSIN Élisabeth 3575n
Camparnaud 3604n
CAMPMAS, directeur général de la ferme des octrois (Toulouse) D 300-28
CAMPREDON 3603
CANAZILLE David D 300-14
Candide (Voltaire) 3692n
CANISY, M. de : voir HERVILLY François d', seigneur de Canisy
CANISY, Mme de : voir LA CONDAMINE Louise Hélène de
CANISY, fille 3650
CAPPERONNIER Jean 3699n
CARACALLA, empereur romain 3584n
Caractères ou les mœurs de ce siècle (Les) (La Bruyère) 3584
CARBASSE Jean-Marie 3592n, 3662n
CARBON Pierre de 3687
Carcassonne 3695
CARLE Anne de 3676
CARLE François 3676n, 3687, 3688n, 3703, D 292
CARLE Françoise de, née Caulet 3676n, 3688n
CARLE Rose de 3638n, 3668, 3688
CARLE Suzanne de 3676n, 3688
CARLE, famille 3661, 3668, 3676n, 3681, 3688n
CARRIÈRE D'AUFRERY Marie-Anne de 3636n
CARRIÈRE D'AUFRERY, seigneur d' 3636
CARTE Thomas 3570
CASSAND-CLAIRAC Pierre de 3687, 3695, D 300-27
CASSINI Jacques 3692
CASSINI, famille 3665
CASSINI DE THURY César-François Cassini, dit 3692
CASTAN (Toulouse) 3599
CASTANIER, curé (Bouquet) D 293
CASTEL Guy **3693**, 3695
CASTELLA, marquise de 3697n
Castella 3697n
CASTELNAU Michel de 3570
Castelnau-de-Brassac D 293n
CASTERAS Paul de 3592n
Castres 3575n, D 293
CASTRIES Armand-Pierre de La Croix de, archevêque d'Albi 3687n
CASTRIES Charles Eugène Gabriel de La Croix, marquis de **3680**, 3687, 3695
CATALA Jean-François 3549, 3568, 3661, 3662

Catéchisme (Ostervald) D 293
CATHERINE II, impératrice de Russie 3604
CATILINA D 300n
CATON L'ANCIEN 3604n, D 295
CATT Henri Alexandre 3604, 3616, 3655, 3677
CAULET Françoise : voir CARLE Françoise de, née Caulet
CAUSSE Marc-Antoine D 293
CAVALIER Henri, dit La Tour D 293
CAVALIER Jean D 293
Cayenne 3617n
CAYLUS Anne Claude, comte de 3580n
CAYRON Gabriel D 300-28
CAZALS Rémy D 293n
CELÉS Melchior-François de Reversac de 3687, 3695
Censeur hebdomadaire (Le) 3580n
CESSE DE BUSSY Antoine 3662, D 300-1, D 300-10, D 300-18, D 300-20, D 300-21
CHABROL 3695
CHALANDE Jules 3637n, 3695n
CHAMBON, maître perruquier (Toulouse) 3590, D 300-1n, D 300-2, D 300-4, D 300-12
Chambord 3594
CHAMFORT ou CHANFORT, M. de : voir ASSAS DE CHAMFORT Jean-François, seigneur d'
CHAMPETIER, M. de, juge (Alès/Montpellier) 3703n
CHARAVAY Étienne 3557n, 3643n
CHARLARY Antoine de 3605, **3609**, 3629, 3631, 3632, 3662, 3671, D 300-8, D 300-23, D 300-24
CHARLARY Jean de 3605n
CHARLARY, neveu D 296-8
CHARLES IV le Bel, roi de France D 300-28
CHARLES V, roi de France 3570
CHARLES VII, roi de France 3686, D 294
CHARLES IX, roi de France D 294, D 300-24, D 300-28
CHARLES III, roi d'Espagne (CHARLES VII de Naples) 3580n, 3673
CHARLES XII, roi de Suède 3553
CHARLES D'ORLÉANS 3692
Charlottenbourg 3677
CHARPENTIER DE CHARMOIS Suzanne Françoise 3692n
CHARPENTIER DE LONGCHAMP Pierre 3621n
CHATEAUBRUN Jean-Baptiste Vivien de 3684
CHATEAUNEUF, commandant de Tournon D 293
Châteauneuf-de-Gadagne 3638n
CHÂTEAURENAUD Emmanuel de Rousselet, comte de 3562n
Châteauroux 3549, 3585
CHAULIAC Antoine D 300-1, D 300-2, D 300-10, D 300-24, D 300-27, D 300-28, D 300-29

CHAUMEIX Abraham-Joseph de 3580
CHAUVELIN François Claude Bernard Louis de 3594
CHESTERFIELD Philip Dormer Stanhope, comte de 3639
CHOISEUL Étienne François, comte de Stainville puis duc de 3637n, 3642, 3650, 3663, 3665, 3685
CHOISEUL-RÉTHEL, Mme de 3684
CHRISTINE, reine de Suède 3655
Chronique de la régence et du règne de Louis XV ou Journal de Barbier 3650n, 3663n, 3687
Chronologie historique-militaire (Pinart) D 294
CICÉRON 3584, 3673, D 300-29
Cinna (Corneille) 3594
Cinq années littéraires (Les) (Clément) 3562n
CLAIRON Claire-Josèphe Léris, dite Mlle 3642n
CLARIS Barthélemy D 293n
CLARIS DE FLORIAN Jean 3607n
CLÉMENT IX, pape 3638n
CLÉMENT Pierre 3562n
CLERMONT Joseph II de Gasquet, marquis de 3703n
CLERMONT Louise-Charlotte, née d'Ouvrier, marquise de 3703, D 300-8, D 300-23, D 300-24
Clèves 3587, 3594
CLIO 3566
COCHET Jaques D 293n
COCHET Louis D 293n
COIGNY François de Franquetot de, maréchal de France 3571
COLIGNY, maison de D 294
Collet-de-Dèze (Le) D 293n
COLOMIÈS Henri-Joseph de 3553n
COLOMIÈS, fils 3553
COMMEIGNES, brigadier 3660, 3664, 3668, **3669**, 3671
Commentaires sur la Guerre des Gaules (Jules César) 3568
Compiègne 3580
CONDORCET Marie-Jean-Antoine de Caritat, marquis de 3692n
CONFLANS Hubert de Brienne, comte de, maréchal de France 3580, 3587
Conques D 300-8n
CONRART Valentin D 293
CONTI Louis-François de Bourbon, prince de 3703n
Copenhague 3579, D 300-19, D 300-24
COQUEREL Charles 3684n, 3687n, D 293
CORAIL Bernard D 299
CORAS Jean de D 300-28
CORDIER (Meaux) D 293n

CORDIER, femme (Meaux) D 293n
Corneilla-de-Conflent 3696
CORNEILLE Pierre 3594n, 3650n
Cornelii Taciti quae exstant opera (Lallemant) 3670
CORNUAU Pierre 3562n
Correspondance littéraire (Grimm) 3570n, 3577n, 3594n, 3604n, 3616n, 3650n, 3656n, 3658n, 3663n, 3677n, 3692n, D 297-4-1, D 297-6
Correspondance littéraire de Karlsruhe D 297-4-1, D 297-4-2
CORTEIZ Pierre (neveu) D 293
COSTE (Toulouse) 3673, 3695
COSTE, Mmes (Toulouse) 3576
COSTE D 293
COTIN Charles D 297-7
Couhé D 293n
Courier d'Avignon (Le) D 293n
Courrier de campagne (Le) 3584n
COURT Antoine D 293
COURT Claude Élie La Bruyère de, vice-amiral 3641n, 3642n, 3645n
COURTE DE LA BLANCHARDIÈRE René, abbé 3567
COURTENAY Pierre de France, seigneur de 3570n
COURTENAY, maison de 3570
Couserans 3703
CRAY Michel Scipion de 3584
CRÉBILLON Claude 3650n, 3684, 3685
CRESSIER Balthasar de 3573
Crest D 293
CRILLON Louis des Balbes de Berton, duc de 3638
Crillon-le-Brave 3638n
Croissy D 293
Croix-Fontaine 3571, 3577
CROMMYON D 297-6
CROMWELL Oliver 3593
CROZES DE GAYEMARIE Marc-Antoine D 300-28
CUMBERLAND William Augustus, duc de 3580
Custrin 3562
CYPRIS 3611, D 296-3, D 296-6
Cythère D 296-2

DADVISARD : voir ADVISARD Pons-Thomas-Joseph d'
DAGINCOURT (Compagnie) D 293n
DAHNERT Johann Carl D 297-1
DAILHAN Joseph-François 3553
DAINE Nicolas 3580
DAMILAVILLE Étienne Noël **3675**
DANGEVILLE Marie Anne Boto 3642n
DANIEL Gabriel, sj D 294
DARBOU (ou D'ARBOU) Étienne-François-René 3695, D 300-27

DARQUIER DE PELLEPOIX Antoine-Augustin 3665, 3673
DAUDÉ, famille 3553n
DAUMON Raimon D 300-12
DAUN Leopold Joseph, comte von, maréchal 3661n
DAUPHINÉ, Mme 3668, D 300-22, D 300-24, D 300-28
DAURIER Louis 3676, D 300-1, D 300-10, D 300-15, D 300-18, D 300-28
DAVID Guillaume 3602n
DAVID, roi d'Israël D 293
DAVID DE BEAUDRIGUE François-Raymond 3592, 3596, 3605, 3607, 3608, 3650, 3662, 3668, 3671, 3673, 3674, 3676, 3681, 3687, 3695, 3700, 3703, 3704, D 300-1, D 300-2, D 300-5, D 300-6, D 300-7, D 300-8, D 300-13, D 300-15, D 300-18, D 300-19, D 300-22, D 300-23, D 300-24, D 300-25, D 300-28, D 300-29, D 301
DAVID DE BEAUDRIGUE D'ESCALONNE André 3668
DEBAS Antoine D 300-22
DEDIEU Joseph D 293n
Défense de l'Esprit des lois (Montesquieu) D 300-28
DELACOUR Antoine, chevalier de Moncan 3597, 3633, 3694
DELACOUR Antoine Joseph 3549, 3550, 3562, 3571, 3577, 3580, **3585**, **3586**, 3587, **3589**, 3590, **3597**, **3694**
DELACOUR François 3597n
DELACOUR Jean André 3549, 3580, 3585, 3607, 3636
DELACOUR Jean Scipion, dit La Bécède 3597
DELACOUR, famille 3553n, 3597n
DELACOUR DE MONCAN Antoine, chevalier 3694
DELACOUR DE MONCAN Jean 3585, 3597n
DELACOUR DE MONCAN Jean-Jacques 3597n
DELAIRE Pierre Didier D 297-3
DELARUE Louis 3580n
DELATOUR, fils 3577n
DELATOUR, Mme 3577n
DELAVAL Bruno 3687n
DELBREIL Dominique D 296-4n
Delectus Epigrammatum (Lancelot) 3584n
DELORME Jean-Baptiste 3688n
DELON D 293
DELPECH Jean D 299
DELPUECH 3603
DELPUECH DE CÉZAS 3603
DELPUECH LACAN (Valleraugue) 3688n
DÉMOCRITE 3574
DENÈLE, comédienne 3642n

DENISART Jean-Baptiste D 292n
DERMIGNY Louis 3590n
DES BARREAUX Jacques Vallée 3584
DESCARTES René D 296-4
DESCOURS François, dit Delacour ou Lacour D 293
DESHOULIÈRES Antoinette Du Ligier de la Garde, dame 3553
DESLÈBRES Joseph Martin 3703, 3704
DESTOUCHES Louis-Camus 3655
DESTOUCHES Philippe Néricault 3633n, 3642
DESTRÉES Jacques, abbé **3570**, 3590n
DESUBAS Matthieu Majal, dit D 293
Deutéronome D 300-24n
DEVIC Claude 3614n, D 293
Dévotion réconciliée avec l'esprit (La) (J. G. Le Franc de Pompignan) 3575, 3604n
DIAGORAS DE MÉLOS 3692
Dialogues chrétiens, ou préservatif contre l'Encyclopédie (Voltaire) 3658, 3661, 3663
Dictionnaire de l'Académie française 3549n, 3580n, 3584n, 3585n, 3599n, 3617n, 3623n, 3633n, 3642, 3655n, 3668n, 3692n, 3695n, 3703n, D 293
Dictionnaire des arrêts (Brillon) D 300-28n
Dictionnaire historique et critique (Bayle) 3584n
Dictionnaire historique, littéraire et critique (Barral) 3584
Dictionnaire universel du commerce (Savary des Brûlons) D 293
DIDEROT Denis, 3593, 3604n, 3655, **3675**, 3684
DIDON, reine de Carthage 3584, 3642n
Didone abbandonata (Métastase) 3642n
Die D 293
DIEULAFOY Michel D 300-8, D 300-11, D 300-13, D 300-19, D 300-21, D 300-22
Digeste D 300-24, D 300-28
Dijon 3642n
DILLON Arthur Charles de, archevêque de Toulouse 3662n
Discipline des Églises réformées de France D 293n
Discours sur l'adoption des arts (La Beaumelle – Méhégan) 3579, D 297-7
Discours sur les différentes figures des astres (Maupertuis) 3580
Dissertations métaphysiques (Buisson de Beauteville) 3692n
DOMAT Jean D 300-25
DOMESSARGUES, M. de D 293
DOMINIQUE 3626
DORLIAC ou DORLHAC Jean-Michel (dit aussi VERGESE) 3592, 3605, 3606, 3621, 3636, 3668, 3673, 3676, 3681, 3687, 3688, 3695, 3703, D 300-6, D 300-8, D 300-13, D 300-18,

D 300-22, D 300-23, D 300-24, D 300-26, D 300-28
DORLIAC ou DORLHAC, mère 3687
DORLIAC ou DORLHAC, père 3687
DORLIAC ou DORLHAC, sœur D 300-22, D 300-23, D 300-24, D 300-28
Dornach 3549, 3571, 3573, 3584n
DOUBLET Anne-Marie 3685
DOUMERGUE Albert D 293n
Dresde 3599
DU BARRY Antoine 3605n
DU BARRY Thérèse de La Caze de Sarta, comtesse douairière 3605n
DUBÉDAT Jean-Baptiste 3695n
DU BELLAY DU RESNEL Jean-François, abbé 3599, 3623
Dublin D 293n
DUBOS Jean-Baptiste, abbé 3650n
DU BOS Marie (sœur de Maupertuis) : voir MAGON DU BOS Marie Moreau
DU BOSC Pierre D 293
DUBOUL Axel 3568n, 3576n, 3587n, 3592n, 3661n, 3681n, 3687n, 3695n
DU BOURG Élisabeth, née d'Alliès 3662, 3687, 3695, 3703
DU BOURG Valentin 3662n, 3687
DUBRUC François D 293n
DUBUISSON D 293
DU CHAILA François de Langlade du Chaila, dit l'abbé D 293n
DU CHÂTELET Émilie, marquise 3663
DUCHÉ Jacques-Joseph Marie 3633
DUCLOS Charles-Pinot 3650, 3684, 3685
DUCLOS, frères 3590
DU COËTLOSQUET Jean-Gilles, évêque de Limoges 3638, 3665, 3684, 3685, 3692
DUCROS Jean, dit Olivier D 293
DU DEFFAND Marie de Vichy-Chamrond, marquise 3655
DUFAUD (Port-Sainte-Marie) 3679
DUFESC D 293n
DUGAILLION, ancien sergent D 300-6
DU HAN DE CRÈVECŒUR Suzanne-Marguerite **3581**, 3594
DU LAUR, abbé (Toulouse) D 300-6, D 300-8, D 300-13, D 300-19
DULEY-HAOUR Pauline D 293n
DU LIÈGE A. 3592n
DULIEU Louis 3635n
DUMAS Jean D 293
DU MÈGE Alexandre 3605n, 3668n, 3673n, 3681n, 3687n, 3695n
DUMESNIL Marie-Françoise Marchand, dite Mlle 3642n
Dunkerque 3585, 3594

Du Noyer (Compagnie) D 293n
Dupin Claude 3580n, 3684
Dupin Jean D 300-28n
Du Plessis, Mme : voir Egmont Jeanne de Septimanie du Plessis, comtesse d'
Dupré de Saint-Maur Marie Marthe, née d'Alléon 3645, 3650
Dupré de Saint-Maur Nicolas-François 3645n, 3650, 3684
Du Puy, assesseur ou commissaire (Toulouse) 3662, 3665, 3668, 3673, 3703, D 300-6, D 300-8, D 300-10, D 300-13, D 300-18, D 300-19, D 300-20, D 300-21, D 300-22, D 300-23, D 300-24, D 300-28, D 300-29
Durand Laurent 3594
Durfort D 293
Du Rouvre François-Auguste Gouin, seigneur 3699
Du Vair Guillaume 3570n
Duvelaër du Lude : voir Lude Joseph Julien Duvelaër, comte du
Du Villard Emmanuel 3577

Ecclésiaste 3616
Écriture sainte avec les Réflexions d'Ostervald (L') D 293
Egmont Jeanne de Septimanie du Plessis, comtesse d' 3577, 3580, 3617, **3626**, 3684
Eigeldinger Frédéric S. 3646n
Élagueur des Académies de France (L') 3584
Élégies (Tibulle) 3584n
Elizabeth, reine d'Angleterre 3570n
Éloge de Henry-François d'Aguesseau (Morlhon) 3576n
Éloge de M. de Maupertuis (Formey) 3599, 3616, 3617, 3620, 3623, 3650, 3663, 3699
Éloge de M. de Maupertuis (Grandjean de Fouchy) 3617, 3618, 3623 3702
Éloge de M. de Maupertuis (La Primerais) 3577
Éloge de M. Moreau de Maupertuis (Tressan) 3599, 3616, 3617, 3618
Emden 3587
Encontre Pierre D 293
Encyclopédie (L') 3584, 3587n, 3592n, 3594, 3655, 3681n
Énée et Didon (Le Franc de Pompignan) 3568
Énéide (L') (Virgile) 3549n
Épigrammes (Ausone) 3584
Épigrammes (J.-B. Rousseau) 3584
Épître à M. le duc d'Uzès en lui renvoyant le livre du docteur Swinden (La Beaumelle) 3577, 3587
Épître aux Corinthiens D 293
Épître aux Corinthiens (2e) D 300-28
Épître aux Éphésiens 3549n
Épître aux Galates D 293

Épître du Diable à M. de V. (Giraud) 3656
Erlangen D 293
Erman Jean-Pierre 3616n
Esparbès Anne d', née Thoynard de Jouy, comtesse de Lussan 3611
Esparbès Jean-Jacques Pierre d', comte de Lussan 3611n
Espérause D 293
Espériés François d' D 292
Espériés Pierre François d' 3585, 3597, 3603, D 292
Espinasse Adélaïde d' 3665, 3673
Espinasse, chevalier d' 3665, 3673
Esprit des lois (De l') (Montesquieu) D 300-28
Essais (Montaigne) 3584
Essais historiques sur Paris (Poullain de Saint-Foix) 3663n
Essais sur divers sujets de littérature et de morale (Trublet) 3650n
Essonne 3571, 3577
Estrées Louis César Le Tellier d', maréchal de France 3594
État militaire de la France 3668n
Éthique à Nicomaque (Aristote) 3584n
Étouilli 3562, 3580, 3650
Euler Johann Albrecht 3616
Euler Leonhard 3616, 3655, 3677
Euziere François 3668
Évangile de Jean 3584
Évangile de Luc 3616n, 3694n
Évangile de Matthieu 3584n, 3616n, D 300-28
Examen désintéressé ... pour déterminer la figure de la terre (Maupertuis) 3650, 3663n, 3665
Espitalié ou Expitalié Jean D 300-12

Fabre, coutelier (Toulouse) 3553n
Fabre, Mlle D 300-1n
Faget Jean-Pierre-Bertrand 3703
Fajole Jean-Claude Anselme D 300-27
Farjon Jeanne Marie Marguerite, née de Mainville 3555
Fastes (Ovide) D 300-24
Fauchier-Magnan Adrien 3605n
Faure Jacqueline D 300-22n
Faure Jean D 300-22n
Faure Paul D 293
Faventines Pierre 3553
Faverolles Anne de 3599
Favre Charles D 293
Favre François **3583**
Favre Jean-Jacques **3579**
Favre Pierre 3579n
Felgerolles Jean Joseph Escallier de 3555
Fenouillet 3688n
Ferdinand VI, roi d'Espagne 3580n

FERMOR Wilhelm, général 3677
FERRET Olivier 3663n
Ferrières 3596, 3617, 3633, 3635, 3645, D 293
FESQUET Joseph D 292
FEUGÈRE Anatole 3592n, 3607n, 3687n, D 296-8n, D 300-1n, D 300-6n, D 300-23n
FEUQUIÈRES Antoine de Pas D 294
FILHOL, syndic (Toulouse) D 300-1, D 300-29
FINIELS Guillaume-Albert **3553**, **3566**, D 298
FINIELS Jeanne II 3642, 3645
FINIELS Marie-Anne Françoise de 3553
FINIELS Marguerite-Françoise, née de Cazard de Filzac 3553
FINIELS Pierre-Étienne, baron de Bonrepos (Bonrepaux) 3553
FINIELS, famille 3553n
FITZ-JAMES Charles, duc de, maréchal de France 3638n
FLAVIGNI, M. de 3599
FLÉCHIER Esprit, évêque de Nîmes D 293n, D 297-7
FLÉCHIER Jean Molines, dit D 293
FLEURI Daniel D 293
FLEURY André-Hercule, cardinal de D 293
FLOTTES, prieure des Filles de la Providence (Toulouse) D 300-28
Foix 3692n, D 293
FOLARD Jean-Charles de D 294
FOLLYÉ, curé (Port-Sainte-Marie) D 300-28
FONCEMAGNE Étienne Lauréault de 3645, 3650, 3684, 3685
Fondouce 3694n
FONS, baron de D 293
Fontainebleau 3580, D 293n
FONTENELLE Bernard Le Bovier de 3616, 3650n, 3655, 3677
FONTENILLES François-Philibert de 3605n, 3608n, 3662
FONTENILLES Marie Claire Durand de La Tour, comtesse douairière de 3592, 3596, 3605, 3606, 3607, 3608, 3609, 3621, 3622, 3623, 3625, 3636, 3645, 3651, 3656, 3662, 3666, 3668, 3671n, 3673, 3676, 3681, **3697**, D 297-4-2, D 300-1, D 300-3, D 300-5, D 300-6, D 300-7, D 300-8, D 300-10, D 300-11, D 300-13, D 300-15, D 300-16, D 300-17, D 300-18, D 300-19, D 300-20, D 300-21, D 300-22, D 300-23, D 300-24, D 300-25, D 300-28, D 300-29
FONTENILLES, famille 3662
FORBONNAIS François Véron Duverger de 3580n
FORMEY Jean Henri Samuel 3567, **3568**, **3569**, 3571, **3575**, 3580, 3587n, 3594, **3595**, 3599, 3601, **3604**, **3616**, 3617, **3618**, **3620**, 3623, **3627**, 3637, **3640**, **3646**, **3647**, **3649**, 3650,

3653, **3655**, 3658, 3663, 3673, **3677**, 3685, **3689**, 3699
FORTIN DE LA HOGUETTE Hardouin, évêque de Sens D 293
FOUCARD D'OLYMPIES Nicolas 3635n, 3703n
FOUCHY, de: voir GRANDJEAN DE FOUCHY Jean-Paul
FOUCQUERON Gilles 3567n
FOUILLERON Joël D 293n
FOURNEL Jean-François 3570n
FRAISSE Dominique de D 300-1n
FRAISSE Jeanne Marie de, née de Gilede D 300-1, D 300-6, D 300-7, D 300-10, D 300-15, D 300-16n D 300-18, D 300-23, D 300-24, D 300-28
FRAISSE Luc 3663n
FRAISSINET Marc 3617, 3656
FRAISSINET (Nîmes) **3634**
FRANC Pierre D 300-4, D 300-22
France littéraire (La) (Hébrail) 3584n
Francfort-sur-l'Oder 3646
Francfort-sur-le-Main 3551n
FRANCHEVILLE, Mme de 3699
FRANÇOIS Ier, roi de France D 294, D 300-28n
FRANÇOIS Ier de Habsbourg-Lorraine, empereur germanique 3587n
FRANÇOIS Louis Simon **3555**, **3582**, **3610**
FRÉDÉRIC II, roi de Prusse 3562, 3567, 3568, 3569, 3571, 3575, 3585n, 3587, 3594, 3596, **3598**, 3604, 3616, 3655, 3661, 3663, 3668, 3673, 3677, 3699, D 296-5
FRÉDÉRIC-GUILLAUME de Brandebourg, Grand Électeur D 293n
FREINSHEIM Johann 3607
FRÉRON Élie-Catherine 3579, 3604n, 3617, 3642n, 3668, D 297-7
Freydenker-Lexicon (Trinius) 3598, D 297-1
Fribourg-en-Brisgau 3571
FRIN J. F. 3699n
FUMEL Marie Marguerite de, comtesse de Giversac 3603, 3687, 3703
FUSÉE DE VOISENON Claude Henri, abbé 3663

Gabre D 293
GABRIAC Jacques D 293
GABRIAC Jean-Pierre D 293
GABRIEL, ange 3587
GACHE (Le Vigan) D 293
GADAGNE Joseph-Louis-Marie, duc de Galléan de 3638
GAILHAC Marie-Anne Françoise de, née Finiels 3553
GAILHAC Marie Marguerite Perrette de 3553, 3566
GAILHAC DE SÉRIGAS Jean-Pierre de 3553n

Gaillac-Toulza 3576n
GAILLARD Léonard 3662n
GAJANS, M. de D 293n
GALILÉE 3573
GALIN D 300-29
GAL-POMARET Jean Gal, dit D 293
Ganges 3553n, 3659, 3660
GARAUD Jacques-Denis de, baron de Montastruc 3637n
GARAUD ou GARO, Mlle de : voir PETIT Suzanne de, veuve de J. de Garaud
GARDEY Philippe D 293n
GARDOUCH Marie-Charlotte de : voir VARAGNE DE GARDOUCH Marie Charlotte de
GARDOUCH, famille 3687, 3703
GARIPUY François-Philippe-Antoine de 3615, 3676
GARNIER DE LAMELOUZE Pierre-Philippe 3703n
GARRIGUES Charles D 293n
GARRISSON Anne de D 296-4n
GATUMEL Didier D 293n
GAUDE Michel 3648n, 3656
GAULLARD Julien 3577, 3587, 3599, 3617
GAULTIER Jacques, dit La Croze 3616n
GAULTIER, Mme 3616n
GAUSSENT Jean-Claude D 293n
GAUSY Pierre 3676, D 300-1, D 300-10, D 300-15, D 300-18, D 300-20, D 300-21
GAVANON Jean D 293
GAYOT Gérard D 293n
Gazette d'Amsterdam 3580n, 3585n, 3587n, 3616n, 3650n, 3656n, 3680n, 3692, D 293n
Gazette de France 3562n, 3580, 3587n, 3594n, 3617n
Gazette d'Utrecht 3692, D 293n
GÉMONT, prince de 3594n
General History of England (A) (Carte) 3570
Genève 3571, 3575n, 3577, 3579n, 3584, 3593, 3611, 3618, 3646n, 3653, 3658, 3661, 3663, 3665, D 293n
Genlis 3642n
GEOFFRIN Marie-Thérèse 3650, 3656
Géographie universelle en vers artificiels (Buffier) 3665
GEORGE II, roi de Grande-Bretagne et d'Irlande 3585n
GIBERT Jean-Louis D 293
GIBERT, avocat fiscal (Uzès) 3610
GIGNOUX Guillaume de **3652**
Gimont 3576n, 3581
GIRAUD Claude Marie 3656n
GIRODON Antoine D 293n
GIRY Odet, abbé de Saint-Cyr 3650, 3665, 3684, 3685
Gluiras D 293n

GODEFROI, receveur de Paris 3673
GOIFFON Étienne-Marthe D 298n
GOIRAND, juge mage (Uzès) 3574, 3584
GOUDIN (Toulouse) 3553n
GRAHAM, horloger 3567n
GRAIL Henri, dit La Vernède D 293
Grand Dictionnaire historique (Le) (Moreri) D 293n, D 300-28n
GRANDEROUTE Robert 3584n, 3590n
GRANDJEAN DE FOUCHY Jean-Paul 3571, 3575, 3577n, 3580, 3587, 3599, 3606n, 3617
Grandselve 3576n
GRANDVAL 3642n
GRAULIES, consul (Port-Sainte-Marie) D 300-28
GRAVEROL François 3575 n
GRAVEROL Henry François 3604
GRAVEROL Jean 3575n
GRAVEROL, famille 3575, 3604, 3616
Grenoble D 293
GRENOUILLAD ou GRANOLLIAT François D 300-12
GRESSET Jean-Baptiste-Louis 3642, 3650
GRIMM Melchior 3570n, 3604n, 3650n, 3692n
GROS Jean-François, seigneur de Besplas 3596n
GROTIUS Hugo D 297-7
GUDANES Louis Gaspard de Sales, marquis de D 293n
GUÉRAPIN DE VAURÉAL Louis-Gui de, évêque de Rennes 3637, 3638, 3684, 3691, 3692
GUÉRIN François 3607n
GUEYDON Marie-Gabrielle de, duchesse d'Uzès 3555n
GUILLAUME III, roi d'Angleterre D 293n
GUIRAL ou GUÉRAL Marion : voir LATIÈRE Julie
GUIRAL (Agen) 3605, 3668, D 300-22, D 300-28
GUISE, maison de D 294
GUITTOU, contrôleur de l'équivalent (Toulouse) D 300-28
GUSTAVE-ADOLPHE, roi de Suède D 294
GYAS D 300-28

HAAG Émile et Eugène 3575n, D 293n
HAGMEISTER Anna Sophie Charlotte 3616
Hambourg 3599
Hanovre 3662n
HARDION Jacques 3599, 3684, 3685
HÄSELER Jens 3647n, 3677n
HAWKE Edward, amiral 3580n, 3587n
HÉBRAIL Jacques 3584n
HECTOR 3549n
HÉLIOS 3637
HELVÉTIUS Claude Adrien 3623

HÉNAULT Charles-Jean-François, dit le Président 3570, 3584n, 3650, 3665, 3684, 3685
HENRI II, roi de France D 294, D 300-28n
HENRI III, roi de France D 293n
HENRI IV, roi de France 3573n, 3596, D 293, D 300-28, D 300-29
HENRI, Mlle (Toulouse) D 300-22, D 300-23, D 300-28
Henriade (La) (Voltaire) 3650n, D 293n
HENZI Samuel 3689
HERMAN Jacques 3655
Héroïdes (Ovide) 3599n
HERVILLY François d', seigneur de Canisy 3577n, 3665, 3670
Heures perdues (Les) (Barthès) 3553n
HILAIRE D 293n
Histoire abrégée de la philosophie (Formey) 3616
Histoire d'Angleterre (Rapin-Thoyras) 3616n
Histoire de Charles XII (Voltaire) 3553n
Histoire de Henri IV (La Beaumelle) 3596
Histoire de l'Académie royale des sciences 3571n
Histoire de la maison de Stuart sur le trône d'Angleterre (Hume) 3570
Histoire de la Réformation (Beausobre) 3616n
Histoire de la république romaine dans le cours du VIIᵉ siècle (de Brosse) 3642
Histoire de la révolte des fanatiques des Cévennes (La Beaume) D 293
Histoire de la vie et des ouvrages de Mathurin Veyssière de la Croze (Jordan) 3616n
Histoire de l'Empire de Russie sous Pierre le Grand (Voltaire) 3673, 3675, D 297-6
Histoire des camisards (Claris de Florian) 3607, D 293
Histoire des mathématiques (Montucla) 3595n
Histoire des recherches sur la quadrature du cercle (Montucla) 3599n
Histoire des troubles des Cévennes (Court) D 293n
Histoire du fanatisme (Brueys) D 293
Histoire du Languedoc (Devic – Vaissète) 3614n, D 293
Histoire militaire (La Beaumelle) 3587
Histoire naturelle (Buffon) 3675
Histoire naturelle (Pline l'Ancien) 3584n
Histoire romaine (Velleius Paterculus) 3584n
Histoire universelle (de Thou) D 293
Histoires (Tacite) 3584n, 3610
HOBBES Thomas D 293
HOFMAN Tycho de 3607
HOLBACH Paul-Henri Thiry, baron d' 3692n, HOLLARD Albert D 293
HOMÈRE 3580n
HONORIUS, empereur romain d'Occident D 300-28

HORACE 3584, 3615, 3616n, 3685n, D 300-25, D 300-28
HUGARY DE LAMARCHE-COURMONT J. 3663n
HUGUES Edmond D 293n
HUGUES, M. d', commandant (Valleraugue) 3659
HUGUET, consul (Port-Sainte-Marie) D 300-28
HUME David 3570

ICARD Charles D 293
Institutes (Justinien) 3576
Instruction et lettre pastorale aux réformés de France (Basnage) D 293n
ISAMBERT François-André 3656n, D 293n, D 300-28n
ISMÈNE 3686n
Itératives remontrances du Parlement de Toulouse D 300-28

JANIÇON François-Michel D 293
JANIÇON Michel D 293n
JAOUL Laurent 3687
JAQUELOT Isaac D 293
JARENTE DE SÉNAS D'ORGEVAL Louis-François-Alexandre 3612
JASMIN, domestique 3662
JEAN, évangéliste 3584n
JEAN II le Bon, roi de France 3570
JEAN V, roi du Portugal 3580
JÉRÔME, saint 3604n, D 295
Jérusalem 3610n
JÉSUS CHRIST 3584, 3610n, 3687, 3692n, D 293, D 295, 297-1, 297-5, D 300-17
JOANNET Jean-Baptiste, abbé 3663
JOLIVET Susanne 3579n
JOLLY Jean-François 3617
JORDAN Charles Étienne 3616n
JOSEPH, époux de Marie D 296-3
JOSEPH Iᵉʳ, roi du Portugal 3580
Journal chrétien 3663
Journal des savants 3616n, 3623n, D 297-3
Journal d'un voyage fait au Nord (Outhier) 3650
Journal encyclopédique 3639, 3650, 3663, 3673n, 3686n, D 297-5, D 297-7
Journal étranger 3589
Journal helvétique D 293n
JUGE Claude-Henry-François de, marquis de Brassac 3611n
Jugemens des savants (Baillet) 3584n
JULES CÉSAR, empereur romain 3568, 3584, 3617
JULIEN, brigadier D 293
JULIEN, fils (Montpellier) 3695
JUPITER 3584n
JURIEU Pierre D 293

JUSTINIEN, empereur romain 3576n
JUVÉNAL 3607n, 3623n, D 300-28

KEITH James Francis Edward, dit le maréchal 3616
KEYSER 3617
Kloster Kampen 3680n
KOENIG Samuel 3575, 3599, 3615, 3655, 3689
KÖLVING Ulla 3577n, 3594n, 3604n, 3616n, 3650n, 3656n, 3658n, 3663n, 3677n, 3692n
KRAFT Friedrich Wilhelm D 297-1
Kritischen Nachrichten (Dähnert) D 297-1
Kunersdorf 3562n, 3575n

LABADIE (Toulouse) 3592n
LA BARRE Pierre de, alias de Vauville 3650
LA BEAUME Joseph de D 293
LA BLÉTERIE Jean-Philippe-René, abbé de 3580
LABORDE D 300-6
LABORIE Matthieu D 300-4, D 300-12, D 300-14, D 300-18
LA BRUYÈRE Jean de 3584
LABURTHE Guillaume 3553n
LA CALMETTE Louis-Castor Matthieu, abbé de 3584
La Capelle des Croux D 293n
LACARRY Alexandre de 3687, 3695, D 300-27
LA CASSAGNE (Toulouse) D 300-19
LA CAZE Guillaume de 3605, 3607, 3609, 3612, 3631, 3650, 3656, 3661, 3662, 3665, 3670, 3673, D 300-6, D 300-19, D 300-24
LA CLUE Jean-François de Bertet de Sabran, comte de 3587
LACOMBE Bernard D 300-12
LA CONDAMINE Charles Marie de **3549**, **3550**, 3551, 3557, **3562**, 3567, **3569**, **3571**, 3573, 3575, **3577**, **3578**, **3580**, 3581n, 3584n, 3585, **3586**, **3587**, 3590, **3594**, 3595, **3599**, **3601**, 3604, 3605n, **3606**, 3616, **3617**, 3618, **3619**, 3620, **3621**, **3623**, **3627**, **3633**, **3635**, 3636, **3637**, 3638, **3641**, **3642**, 3643, **3645**, 3649, **3650**, 3655, **3656**, **3657**, 3659, 3662, **3663**, **3665**, **3667**, 3668, **3670**, **3673**, 3676, 3678n, **3684**, **3685**, 3687, 3688, **3689**, **3691**, **3692**, 3695, **3699**, 3702, D 295n
LA CONDAMINE Louise Hélène de Canisy de 3577, 3642, 3645, 3650, 3663, 3673, **3684**
LA CONDAMINE Marie-Louise Charlotte Bouzier d'Estouilly de 3577, 3578n, 3580, 3586, 3587, 3594, 3599, 3617, 3623, 3642, 3645, 3650, 3656, 3663, 3673, **3684**, 3692
LA CONDAMINE D'ESTOUILLY Anne-Marie de, devenue Mme de Sainte-Foi 3684
LA COSTE Emmanuel Jean, abbé de 3594, 3599

LACURNE DE SAINTE-PALAYE Jean-Baptiste de 3562n, 3684, 3685
LA DEVÈZE Pierre-Paul de Clerc, marquis de D 293
LA DOURVILLE BOUSANQUET 3553n
LAFAGE : voir TEISSIER Étienne, dit Lafage
LA FAILLE Germain de D 300-28
LA FARE Philippe-Charles, marquis de, maréchal de France 3584, D 293
LA FARE-ALAIS Jacques Alexandre de 3703n
LAFFONT Jean-Luc 3605n
La Flèche D 294
LA FONTAINE Antoinette de, née Le Mercier du Challonge 3692
LA FONTAINE Charles-Louis de 3692n
LA GALISSONNIÈRE Rolland Michel Barrin, comte de 3645
LAGANE Charles 3576, 3590, 3596n, 3607, 3636, 3662, 3666, 3668, 3674, 3676, 3687, D 300-5, D 300-7, D 300-9, D 300-10, D 300-12, D 300-13, D 300-14, D 300-15, D 300-16, D 300-17, D 300-18, D 300-19, D 300-20, D 300-21, D 300-22, D 300-24, D 300-25, D 300-27, D 300-28
Lagardelle-sur-Lèze 3614n
LA GELÉE, cavalier de la maréchaussée 3609, 3621
LA GORCE Guy Joseph de Merle, marquis de 3587n
LA GORCE Marguerite de Beauvoir du Roure, marquise de 3576n, 3587, 3687, 3703, D 296-1
LAGRANGE, juge royal (Port-Sainte-Marie) 3679
LA GRANGE DE VERGES Guillaume D 300-28
La Haye 3585, 3587, 3594, 3675n, D 293n*
LAHONDÈS Jules de 3692n
LAÏOS 3599n
LALANDE Joseph Jérôme Le François de 3617
LALLEMANT Jean-Nicolas 3670
LA MARCHE Louis-François-Joseph de Bourbon-Conti, comte de 3581n
LA MARCHE Marie Fortunée d'Este, comtesse de 3581
LA MARCK Marie Anne Françoise de Noailles, comtesse de 3645
La Mecque D 293
Lamelouze D 293n
LAMIGUE Isaac D 293n
LAMOIGNON DE BLANCMESNIL Guillaume de, chancelier de France 3687n
LA MOTHE Maurice, chevalier de D 300-1, D 300-6, D 300-7, D 300-10, D 300-13, D 300-15, D 300-16, D 300-18, D 300-23, D 300-24, D 300-27, D 300-28, D 300-29

LA MOTHE père, écuyer D 300-1n
LA MOTHE LE VAYER François de 3584n
LA MOTTE Antoine Houdar de 3650n
La Motte 3581
LANCELOT Claude 3584n
LA NOUE François de D 294
LANTA, Mme de 3703
LAPIERRE André de D 292
LAPIERRE Françoise de D 292
LAPIERRE Jean de 3688n, 3703, D 292
LAPIERRE FRÈRES **3701**
LA POPELINIÈRE ou LA POUPLINIÈRE Alexandre Jean Joseph Le Riche de 3549, 3553, 3577, 3594, D 296-3
LA POPELINIÈRE ou LA POUPLINIÈRE Marie-Thérèse, née de Mondran 3549, 3553, 3571, 3577, 3594, D 296-9n
LA PORTE Jean de D 293
LA PORTE Jean Joseph D 300-22, D 300-28
LA PRIMERAIS, de: voir MOREAU DE LA PRIMERAIS Jean Mathurin
LA PUJADE, chevalier de D 293n
LARINIÈRE Guillaume 3668, D 299
LARINIÈRE Jacques D 299
LARINIÈRE Marguerite, née Albouy D 299
LARINIÈRE Rose 3668, D 299
LA ROCHEFOUCAULD François de 3584
La Rochelle D 293n
LA ROMILLIÈRE ou LA ROUMILLIÈRE ou LA ROMIGUIERE Martin de D 300-1, D 300-7, D 300-10, D 300-15, D 300-16, D 300-18, D 300-23, D 300-24, D 300-28, D 300-29
LA ROQUE Louis de 3687n
LA ROQUE, chevalier de (Toulouse) D 300-8, D 300-24
Larra 3686an
LA SALLE, conseiller au Parlement (Toulouse): voir LASSALLE Joseph-Matthieu
LASBORDES Balthazar d'Aussaguel de 3687, 3695
LASCABANES Jean-Baptiste Chollet de D 300-1, D 300-10
LASSALLE Joseph-Matthieu 3676
LASTERMES Isaac de Grenier de D 293
LATIÈRE (ou MÉDARD, ou Marion GUÉRAL) Julie 3605, 3606, 3621, 3636, 3668, 3673, 3676, 3679, 3681, 3682, 3683, 3687, 3703, D 300-8, D 300-9, D 300-22, D 300-23, D 300-24, D 300-26, D 300-28, D 300-29
LATIÈRE, père de Julie 3668, 3676, 3681, 3682, 3687, D 300-8, D 300-22
LA TORRE Jean-Marie de 3673
LA TROUSSE Philippe Auguste Le Hardy, marquis de D 293
LAUDON Ernst Gideon von, général autrichien 3562n

LAUNAY Françoise 3655n
LAURAGAIS-BRANCAS Louis-Léon-Félicité, comte de D 296n
LAURIOL Claude D 293n
Lausanne D 293n
Lauzerte 3676, 3682, D 300-23, D 300-24
Lavalette 3691n
LA VALLIÈRE Anne-Julie-Françoise de Crussol, duchesse de 3692
LA VALLIÈRE Louis-César, duc de 3692n
LAVAYSSE David 3668, 3676n, 3687, 3688, 3695
LAVAYSSE Gaubert 3590n
LAVAYSSE, famille 3684n
LAVERDUN, M. de, brigadier **3669**
LA VERGNE MONTBAZIN Joseph de Tressan, vicomte de 3573
LA VILLE Jean Ignace, abbé de 3549, 3562, 3571, 3577, 3586, 3587, 3665, 3684
LAVISSE Ernest D 293n
LAW John 3587n
LAWRENCE Charles 3594n
Layrac D 300-28n
LEBEAU Charles 3580n
LEBEAU, cadet 3580n
LECLERC Armand 3580n
LÉCRIVAIN Pierre D 293
Leeuwarden D 293n
Le Fesq 3597
Le Fouze 3555, 3610
LE FRANC DE POMPIGNAN Jean-Georges, évêque du Puy 3575, 3604, 3616, 3677
LE FRANC DE POMPIGNAN Jean-Jacques 3549, **3557**, 3562, 3568, 3573, 3574, 3575, 3576, 3580, 3584, 3587, 3599, 3600, 3604, 3616, 3617, 3638, 3642, 3645n, 3650, 3655, 3656, 3677, 3684, 3692
LE GENDRE Philippe D 293
Le Havre D 293n
LEIBNIZ Gottfried Wilhelm 3599, 3655, 3689
LEIGH Ralph 3583n
Leignitz 3661
Leipzig 3616
LEKAIN Henri Louis 3594n
LE LABOUREUR Jean 3570
LEMAIRE Mathurin Rodolphe, abbé 3549, 3562, 3571, 3577, 3580, 3586, 3587, 3590, 3594
Le Mas d'Azil D 293n
LE MERCIER DU CHALLONGE 3692n
LE NAIN D'ASFELD Jean D 293n
LENCLOS Ninon de 3616
LE NORMANT D'ÉTIOLLES Charles François Paul 3656n
LÉONARD Émile Guillaume D 293n
Le Pas del Roc D 293n

Le Pont-de-Monvert D 293
Le Puy 3575, 3604, D 300-28
LE RÉVÉREND Henry 3604n
LE RÉVÉREND DE BOUGY Judith-Élisabeth 3604n
LE ROY Charles 3635
LESPINASSE, conseiller au Parlement (Toulouse) D 300-27
Les Pour (Voltaire) 3643n
Les Qu'est-ce? A l'auteur de la comédie des Philosophes 3663n
LE SUEUR Achille 3567n, 3578n, 3684n
Les Vans D 293n
LE TASSE 3584
LE TELLIER Charles-Maurice, archevêque de Reims D 293
Lettre à M. Norberg, chapelain du roi de Suède Charles XII (Voltaire) 3675n
Lettre à M. Le Franc de Pompignan (Mirabeau) 3604n
Lettre apologétique (Gaullard fils) 3617
Lettre de l'auteur de la comédie des Philosophes (Palissot) 3663n
Lettre de M. de La Condamine à M.C.A.P.D.D. 3577
Lettre de M. de Voltaire au roi Stanislas 3663
Lettre de M. Gresset ... sur la comédie 3650n
Lettre du czar Pierre à Mr de Voltaire (Vacquier-Prouho-La Beaumelle) 3693
Lettre d'un horloger anglais à un astronome de Pékin 3650, 3665
Lettre d'un Patriote 3616n
Lettre du Tripot de Milhaud à messieurs les journalistes 3574, 3584
Lettre sur l'état présent des sciences et des mœurs (Formey) 3575, 3604
Lettre sur les assemblées des religionnaires (Allamand des Marets) D 293
Lettres (Sévigné) 3584
Lettres choisies de M. Fléchier évêque de Nîmes D 293n
Lettres de M. de La Beaumelle à M. de Voltaire 3567, 3642, 3645, D 293n
Lettres de Madame de Maintenon (La Beaumelle) 3573, 3584n, 3686, D 297-1, D 297-3
Lettres de M. de Voltaire à M. Palissot 3663n
Lettres pastorales (Jurieu) D 293
Lettres Persanes (Montesquieu) 3593
Lettres Provinciales (Pascal) 3584
Lettres sur quelques écrits de ce temps 3599n
Le Vigan 3590n, 3643n, 3656, 3670, 3687n, 3692, D 293, D 298
LÉVIS-LERAN Henri-Gaston de, évêque de Pamiers, Couserans et Mirepoix 3703
L'Habitarelle D 293

L'Hom 3688n
Libourne D 293n
LIGARIUS 3584
Limoges 3638, 3665, 3685, 3692
Lisbonne 3580
LISETTE D 296-3, D 296-6
LITTRÉ Émile 3587n, 3590n, 3645n, 3650n, 3656n, 3676n
Livry 3578n, 3580, 3586, 3587, 3599, 3617, 3641, 3650, 3692
Lois civiles (Des) (Domat) D 300-25
Londres 3585n, 3645, 3656, 3673
LONG Clément de 3614n
LONG Marie-Alexandre de **3614**, 3687
LONG Yolande de 3687
Lorette 3587
LORGES Louis de Durfort-Duras, comte de 3562n
LOSTANGE Marianne-Jeanne de 3611
LOUIS IX (saint), roi de France 3570n
LOUIS X le Hutin, roi de France 3570n
LOUIS XI, roi de France D 294
LOUIS XII, roi de France D 294
LOUIS XIII, roi de France D 293, D 300-28
LOUIS XIV, roi de France 3584n, 3594, 3691, 3695n, D 293, D 300-24
LOUIS XV, roi de France 3554, 3556, 3559, 3561, 3563, 3565, 3567n, 3570n, 3571, 3576n, 3577n, 3580, 3585n, 3587, 3588, 3592n, 3594, 3605, 3608n, 3611n, 3616n, 3624, 3642, 3650, 3651, 3656n, 3662n, 3663, 3673, 3681, 3686, 3687n, 3692, 3695n, 3699n, D 293, D 294, D 298, D 300-4, D 300-24
LOUIS, Dauphin de France 3573, 3599, 3617, D 293
LOUIS AUGUSTE de France, duc de Berry, futur LOUIS XVI 3587
LOUIS-JOSEPH-XAVIER DE FRANCE, duc de Bourgogne 3617, 3638
Louisbourg 3594n
Loupian 3636, 3660, 3670
Lourdes D 293
Louviers D 293
LOUVIGNY Madeleine Charlotte Bouvet de **3581**, 3587, 3594, 3650
LOUVOIS François-Michel Le Tellier, marquis de 3574n, D 293
LUC, évangéliste 3694n, D 293n
LUC Pierre D 300-4
LUCIFER D 295
LUDE Joseph Julien Duvelaër, comte du 3650, 3663, 3699n
Lunéville 3656
LUSSAC Marie Magdeleine de, née Durand 3594, 3641

LUTHER Martin 3686
LUYNES Paul d'Albert de, cardinal 3650, 3684, 3685
Lyon 3567n, 3585, 3597, 3599, 3623, 3637, 3641, 3656, 3658, 3663, 3673, D 293

Maastricht D 293n
MABLY Gabriel Bonnot, abbé de 3692n
Macchabées 3580n, D 293n
MACHART-SALLES Marguerite 3580n
MACHAULT D'ARNOUVILLE Jean-Baptiste de 3580n, D 293n
MACHIAVEL Nicolas 3571
MACLAURIN Colin 3567n
Magdebourg 3567, 3616
MAGON Jacquette Vincente, née Delapierre 3577, 3604, 3699
MAGON DE LA VILLEBAGUE René 3567, 3571
MAGON DU BOS Marie Moreau 3567n
MAILLEBOIS Jean-Baptiste Desmarets de, maréchal de France 3594
MAILLET-DUCLAIRON Antoine D 297-4-1, D 297-4-2n
MAILLY Augustin-Joseph, comte de 3603
MAINARD Jean D 300-28
MAINTENON Françoise, marquise de 3581, 3584n, 3593, 3594, D 296-3, D 296-7
MAIRAN Jean-Jacques Dortous de 3684, 3685
MALESHERBES Chrétien Guillaume de Lamoignon de 3642, 3663, 3673
MALLET, famille D 293n
MALLIANE ou MAILLANE (major) 3659, 3660
MANCUNE 3599
Mandagout 3688n
MANOËL Jean-Baptiste de, chevalier d'Algues 3668, 3676
Mantes 3623
MARAZEL Paul, dit Paul D 293
MARC-ANTOINE, empereur romain D 300-24
MARCEL Étienne, prévôt des marchands 3570n
MARIANA Juan de D 293
MARIANNE, logeuse (Toulouse) 3571n
MARIANNE, mendiante (Toulouse) D 300-6, D 300-22, D 300-23, D 300-24, D 300-28
MARIE, Vierge D 296-3
MARIE LESZCZYŃSKA, reine de France 3599n, 3650, 3665, 3684, 3685
MARIE-JOSÈPHE DE SAXE, Dauphine de France D 293
MARIE-THÉRÈSE, impératrice d'Autriche 3567, 3604, D 293
MARIN, père, sj **3558**, 3576, 3590, **3600**, 3607, 3612, 3668
MARION Marcel 3570n, 3587n

MARIVAUX Pierre Carlet de Chamblain de 3684, 3685
Marmande 3604n
MARMONTEL Jean-François 3587, 3594
MAROGER Antoine D 293
MARS 3566, 3584n
Marseille D 293
Marsillargues D 293n
MARTEL Jean François 3644
MARTIN Jacques ou Joachim de D 300-1, D 300-6, D 300-7, D 300-8, D 300-10, D 300-15, D 300-16, D 300-17, D 300-18, D 300-23, D 300-24, D 300-28
MARTIN Joseph D 293
Mas Neuf (Le) 3659
MASSIAC Claude-Louis d'Espinchal, marquis de 3580
MASSILIAN Marc Antoine Matthieu de 3584
MATTHIEU, copiste et homme de confiance de La Beaumelle 3656, 3685
MAUBERT DE GOUVEST Jean 3617, 3642, 3645, 3656
MAUPERTUIS Eléonore de 3549, 3551, **3552**, 3567, 3571, **3572**, 3573, 3577, 3584n, **3601**, 3604, 3616, **3619**, 3673
MAUPERTUIS Pierre Louis Moreau de 3549, 3551, 3552, 3567, 3568, 3569, 3571, 3572, 3573, 3574, 3575, 3576, 3577, 3578, 3580, 3584, 3595, 3596, 3599, 3604, 3616, 3619, 3620, 3623, 3636, 3638, 3639, 3642, 3645, 3649, 3650, 3655, 3662, 3663, 3665n, 3668, 3673, 3676, 3677, 3685, 3688, 3691, 3692, 3699, D 293n
MAUREL Jean 3607n, 3636n, 3673n, 3676n, 3687n, D 300-2n, D 300-4n, D 300-5n, D 300-14n, D 300-15n, D 300-24n, 300-26n
MAUREPAS Jean-Frédéric Phélypeaux, comte de 3650
Maximes (La Rochefoucauld) 3584
Mayence 3571
MAZADE 3599
Mazamet D 293
Mazères 3576n, D 293
MAZOYER, famille D 293n
Meaux D 293
MÉCÈNE 3566
MÉGRET D'ÉTIGNY Antoine 3587n
MÉHÉGAN Guillaume-Alexandre de 3579, D 297-7
MÉJAN Jean 3632, 3638
MÉJAN Laurent 3638
MÉJANEL DELACOUR Madeleine 3597
Mélanges de littérature, d'histoire et de philosophie (d'Alembert) 3580, 3616, 3655
MELLOT Jean-Dominique D 293n

Melun 3642

MÉMOIRE 3566

Mémoire... contre demoiselle Jeanne Pieyre (La Beaumelle) 3549, 3550, 3553, 3554, 3556, 3559, 3562, 3563, 3564, 3565, 3574, 3584, D 297-2

Mémoire historique de ce qui s'est passé ... au sujet de la religion réformée D 293n

Mémoire politico-critique (Novy de Caveirac) D 293n

Mémoire pour le sieur de La Beaumelle (affaire des Capitouls) 3681, 3687, 3695, 3703, 3704

Mémoire théologique et politique sur les mariages des protestants 3650

Mémoires de Condé D 293n

Mémoires de l'Académie royale des Sciences 3594, 3617n

Mémoires de Maintenon (La Beaumelle) 3570, 3574, 3581, 3584, 3617n, 3650, 3698, D 293n, D 296-3, D 297-1, D 297-2, D 297-4-2

Mémoires de Maintenon (La Beaumelle ; éd. Cramer, Genève) 3584

Mémoires de Messire Michel de Castelnau (Le Laboureur) 3570

Mémoires d'Etat (La Beaumelle) 3554, 3555, 3560, 3562, 3563, 3565, 3574, 3584, 3616n, 3658, 3673

Mémoires du grand chancelier de Danemark (La Beaumelle) 3599

Mémoires du temps ou recueil de gazetins de Bruxelles 3617n

Mémoires militaires relatifs à la Succession d'Espagne D 294n

Mémoires pour servir à l'histoire de la vie ... Mr de Fontenelle (Trublet) 3616

Mémoires sur l'éducation des vers à soie (Boissier de Sauvages) 3648

Mémoires sur l'inoculation de la petite vérole (La Condamine) 3577

MÉNAGE Gilles 3584n

MÉNARS Jean-Jacques Charron, marquis de D 293n

MENGAUD Louis Guillaume Antoine de 3673, 3692

MÉRANDE François Barthélémy 3577

Mercure de France 3562n, 3577, 3587, 3594, 3597n, 3599, 3617, 3656n, 3663n, D 295n

MERIAN Johann Bernhardt 3549, 3584n, 3601, 3619, 3655, **3702**

MERIC (Port-Sainte-Marie) D 300-28

MERLO Marc 3556n

Mes Pensées ou le Qu'en dira-t-on? (La Beaumelle) 3584, 3623, D 297-1

METASTASIO Pietro 3642n

Métromanie (La) (Piron) 3592

Metz D 293

MEUSEL Johann Georg D 293

MEUSNIER DE QUERLON Anne-Gabriel 3617

MEYER W. D 293n

MEYNARD D 300-22

Meyrueis D 298

Mèze 3660n

Mézières 3638n

Mialet D 293

MIBASSÉ D 293n

MICHAUD Louis-Gabriel 3604n

MICHEL Henri D 293n

MICHEL Pierre, fils **3672**

MICHEL, greffier (Toulouse) 3668

Milhaud 3574, 3584

Millau 3553n, 3648, 3656

MINGUET Hélène 3617n

Minorque 3597n, 3703n

MION DE MESME Alexandre, évêque de Valence D 293

MIQUEL, forgeron (Toulouse) 3553n

MIRABAUD Jean-Baptiste de 3638

MIRABEAU Victor Riqueti, marquis de 3604, 3616, 3684

MIREPOIX Anne-Marguerite-Gabrielle de Beauvau-Craon, duchesse de 3687

MIREPOIX Gaston-Pierre de Lévis-Lomagne, duc de, maréchal de France 3687n, 3703n, D 293

Mirepoix 3604, 3703n

Miscellaneorum juris civilis (Coras) D 300-28

MITTLER & LEYSER 3647

MODÈNE Charlotte-Aglaé d'Orléans, duchesse de 3656

MODÈNE François-Marie III d'Este, duc de 3656n

MODESTINUS D 300-28

Mœurs des Germains (Tacite) D 293n

MOÏSE D 293

Moissac 3604n, 3609, 3631

MOLIÈRE Jean-Baptiste Poquelin, dit 3587n, D 296-4

MOLIÈRES Anne-Olympe de 3587, 3611n, D 296-4

MOLIÈRES Jacques de 296-4n

MONCAN Jean-Baptiste de Marin, comte de 3633, **3651**, 3656, 3659, 3660, 3661, 3662, 3663, **3664**, 3669, 3671, 3687, 3703n

MONCRIF François-Augustin Paradis de 3650, 3665, 3684, 3685

MONDRAN Louis de 296-8n

MONDRAN Marie-Thérèse de : voir LA POPELINIÈRE Marie-Thérèse de, née de Mondran

MONDRAN Paul-Louis de D 296-9

MONIER, assesseur (Toulouse) D 300-24
Monoblet D 293
MONTAIGNE Michel de 3584
MONTAMY Didier-François d'Arclais, seigneur de 3650
Montastruc 3637n
Montauban 3568, 3596n, 3604, 3605, 3621, 3629n, 3642n, 3668, D 296-4, D 300-22, D 300-28
Montélimar D 293
MONTESQUIEU Charles de Secondat, baron de 3575, 3584, 3593, 3604, 3639, D 297-7, D 300-28
MONTLEZUN Charles Philibert Antoine, baron de 3607, 3687n, D 300-1, D 300-6, D 300-7, D 300-8, D 300-10, D 300-15, D 300-16, D 300-17, D 300-18, D 300-19, D 300-23, D 300-24, D 300-27, D 300-28, D 300-29
MONTLEZUN François de, marquis de Mauléon D 300-1 n
MONTLEZUN Marie-Françoise de 3687n
MONTLEZUN, abbé de 3607n
MONTLUC Jean de 3570n
MONTMARTEL Jean Pâris de 3580
MONTMOIRAC Jean-Baptiste Bernardin de Trémolet-Montpezat, marquis de 3703n
MONTMOIRAC Olympe de Pape de Saint-Auban, marquise de Monbrun et de 3698, 3703, 3704
MONTMORENCY Anne-Julie de 3562n
MONTMORENCY Élisabeth Pauline de Gand de Mérode de D 296
MONTMORENCY-DAMVILLE Henri, duc de, connétable de France D 293
MONTOLIEU Pierre de, abbé 3603
Montpellier 3554, 3573n, 3576n, 3590n, 3596n, 3607, 3617, 3621, 3624, 3633, 3635n, 3638, 3641, 3645, 3646, 3656, 3659, 3660, 3662, 3664n, 3668, 3669, 3670, 3695, 3703n, D 293
MONTPLAISANT Louis Alexandre Catherine Duport de, comte de Loriol 3688
MONTUCLA Jean Étienne 3599
MORAND Pierre de D 297-4-1n, D 297-4-2n
MOREAU Philipe 3567
MOREAU, frères 3699n
MOREAU DE LA PRIMERAIS Jean Mathurin 3567, 3569, 3571, 3577, 3587, 3594, 3599, 3604, 3616, 3645, 3663, 3673, **3699**
MORELLET André, abbé 3663n
MORERI Louis D 293n, D 300-28n
MORLHON Barnabé de 3576, 3607, 3612, 3636, 3661, 3662, 3668, 3687, 3695, 3703, D 300-29
MORNAY Angélique Bonne de 3581, 3650
MORVILLE Charles-Jean-Baptiste de Fleuriau, comte de D 293n

MOULAS Bernard 3695
MOULINAS René 3577n
MOULTOU Paul **3583**
MOUREAU François 3663n
Münster 3580
Mur de Barrés D 300-1 n

Nachrichten von Merkwürdigen Büchern (Baumgarten) D 297-1
NADAL Jean D 292, D 298
NAJAC, baron de D 300-8
NAJAC Jean-Pierre, chevalier de D 300-8
Najac D 300-23
Nancy 3571, 3573, 3580, 3599, D 293, D 294
Nantes 3604
Naples 3673
Narbonne D 300-1 n
NASSAU, maison de D 294
NAUZIÈRES Raymond 3596n
NAVILHÈRES Pierre D 293
NAYLOR F. 3643n
Nécessité du culte public (La) (Boisbeleau de La Chapelle) D 293
NEPTUNE 3584n
NESTOR 3616
Neuchâtel 3567n, 3573n
Neufchâtel D 293n
NEWTON Isaac 3567n, 296-4
NICOLAS Michel 3584n
Nîmes 3549, 3553n, 3554, 3555, 3556, 3559, 3561, 3563, 3564n, 3565, 3574, 3584, 3587, 3604, 3607, 3628n, 3633, 3638, 3641, 3645, 3648n, 3656, 3668, 3681n, 3688n, D 292, D 293n, D 298n
NICERON Jean-Pierre D 293n
NIOCEL DE TEGRA François 3592, 3596, D 300-1 D 300-10, D 300-23, D 300-28
NIQUET DE SÉRANE Antoine Joseph de 3592, D 300-24
NIVERNAIS Louis-Jules Mancini-Mazarini, duc de 3650, 3665, 3684, 3685
NOAILLES Adrien-Maurice de, maréchal de France 3623
NOAILLES Louis-Antoine de, archevêque de Paris, cardinal D 293
NOGUEZ Dominique D 299
NOGUIER François, dit Randavel D 293
NOLLET Jean Antoine, abbé 3617
NORBECK Julie Schweikern de Montolieu, baronne de 3692
NORDBERG Jöran Andersson 3675, D 297-6
Nouveau Testament (Le) (trad. Girodon) D 293n
Nouveau voyage fait au Pérou (Courte de La Blanchardière) 3567n
Nouvelle Bibliothèque germanique D 297-1

Nouvelles ecclésiastiques D 293n
NOVY DE CAVEIRAC François, abbé 3580, 3604, 3616, D 293
NUPCES Guillaume de 3668, 3695

Observateur littéraire (L') D 297-7
Observations politiques... sur Tacite (Cauvigny) 3607n
Ode à la fortune (J.-B. Rousseau) 3584
Ode au marquis de La Fare (J.-B. Rousseau) 3584
Odes (Horace) 3584n, 3615n, D 300-25, D 300-28
Odes, cantates, épîtres et poésies diverses (J.-B. Rousseau) 3584n
Œdipe, tragédie (Voltaire) 3599n
Œuvres (Tacite) 3607
Œuvres de M. de Maupertuis (Les) 3599, 3607, 3699n
Œuvres diverses (Le Franc de Pompignan) 3584n
Œuvres du philosophe de Sans-Souci (Frédéric II) 3604, 3616, 3655, 3677, D 296-5
Office de la Vierge 3645, 3650, 3656
OLIVET Pierre Joseph Thoulier d', abbé 3684, 3685
Oloron D 293
Orange D 293
ORBESSAN Anne-Marie d'Aignan, marquis d' 3576n, 3662, 3668, 3673, 3676, 3687
Orbessan 3576, 3587n
ORIGÈNE D 295
ORLÉANS Philippe, duc d', Régent 3581n, 3623, 3645, 3656n, 3687n, D 293
Orléans 3645, D 293
Orsan 3638n
ORSONI Jean 3556n
OSTERVALD Jean-Frédéric D 293
OTHON, empereur romain 3584
OUTHIER Réginald, abbé 3650
OVIDE 3599n, D 296-7, D 300-24
OVIOLLAT (Toulouse) 3674n

PALIER, Mme de (Toulouse) 3703
PALISSOT DE MONTENOY Charles 3642n, 3663n
PALLAS 3611
Pamiers 3692n, 3703n
PANAT François-René d'Adhémar de Panat, dit l'abbé de D 300-8, D 300-23, D 300-24
Pandectes D 300-25
PAPHOS 3686n, D 296-1
PARADISI Agostino **3639**
Paris 3550, 3553, 3563, 3570, 3571, 3573, 3577, 3579, 3580, 3584, 3587, 3593, 3594, 3597, 3599, 3604, 3607, 3610, 3616, 3617, 3633, 3635, 3638, 3641, 3642, 3643, 3644, 3645,

3650, 3653, 3655n, 3656, 3663, 3665, 3668, 3670, 3673, 3686, 3687, 3692, 3699, D 293, D 297-3, D 300-23, D 300-28
PARIS DE LA MONTAGNE Claude 3571n
Parme 3594, 3684n, 3687n, D 295
Parnasse latin moderne 3584n
PASCAL Blaise 3584
Patriote français et impartial (Le) (Court) D 293n
PAUL, apôtre 293
PAULET Marc-Gaspard 3571
PAULMY D'ARGENSON Antoine-René de Voyer de 3562, 3573
Pauvre diable (Le) (Voltaire) 3642
PEGUEIROLES Étienne Hippolyte Julien, seigneur de Grimoard, marquis de 3681, 3687
PELET-NARBONNE, baron de : voir SALGAS François de Pelet, baron de
Pensées (Pascal) 3584
PEREIRE Jacob Rodrigue 3580
Perpignan 3603
PERSAN, chevalier D 293
PERUSSIS Louis-Élisabeth, marquis de 3638, 3650, 3656
PERUSSIS Louise de 3703n
PETIT Suzanne de, veuve de J. de Garaud 3637, 3642
Petites réflexions sur la comédie des Philosophes 3663n
PEUCHET Jacques 3594n
PEYRAT Napoléon D 293n
PEYROL Jacques D 293
Pézenas 3660, 3661, 3668
PHAÉTON 3637
PHAON 3599, 3604
Pharsale de Lucain (La) (Brébeuf) 3584n
PHILIBERT Claude D 293n
PHILIPPE III le Hardi, roi de France 3570n
PHILIPPE IV le Bel, roi de France 3570n
PHILIPPE V le Long, roi de France 3570n
PHILIPPE II, roi d'Espagne D 293
PHILIPPE V, roi d'Espagne D 293n
Philosophe marié (Le) (Destouches) 3633n
Philosophes (Les) (Palissot) 3663
PICTET Bénédict D 293n
PIERRE LE GRAND, tsar de Russie 3675, D 297-6
Pierrelatte 3637
PIEYRE Alexandre 3554, 3556, 3559, 3561, 3574, 3584
PIEYRE Jacques 3554, 3556, 3559, 3561, 3574, 3584
PIEYRE Jean (Nîmes) 3549, 3554, 3556, 3559, 3561, 3574, 3584
PIEYRE Jean, seigneur de La Valette (Valleraugue) 3687, 3694, D 292
PIEYRE Jeanne 3549, 3554, 3555, 3556, 3559,

3561, 3563n, 3565, 3574, 3587n, 3688n, D 297-2

PIEYRE Jeanne (ép. G. de Gignoux) 3652

PIEYRE Suzanne (Valleraugue; née d'Aigoin) D 292

PIEYRE, famille 3553, 3554, 3556, 3559, 3561

PIEYRE D'ANGLIVIEL Marianne 3576, 3589, 3590, 3597, 3603, 3607, 3636, 3638, 3652, 3654, 3660, 3661, 3662, 3668, 3681, 3687, 3688, 3694, 3695, 3703, D 292

PIEYRE DE BERTEZÈNE Catherine 3638, D 292

PIEYRE DE LAPIERRE Jeanne 3695, D 292

PIGEON, avocat du roi : voir PIJON Bernard

PIGERON DE MILHET Jean-Pierre 3695n, D 300-25, D 300-28

PIJON Bernard 3592, 3673n, D 300-23

PIMBERT **3683**

PINARD, archiviste D 294

Pin-Balma 3636n

PINTO Isaac 3599

PIOLENC DE BEAUVOISIN Honoré-Henri de D 293

PIRON Alexis 3592n

Plaidoyer pour Ligarius (Cicéron) 3584

Planselve 3576n

PLANTADE DE LA VERGNE Marie Hélène de 3573

PLASTRIER (Compagnie) D 293n

PLATEN Ernst, comte de 3662n

PLATON 3584n

PLESSIS-BELLIÈRE Marie-Thérèse d'Albert d'Ailly, marquise du 3578n, 3617, 3650, 3684

PLINE L'ANCIEN 3584

Plombières 3562n, 3569, 3645

PLUTARQUE 3617n

PLUTUS 3566

Poésies (Deshoulières) 3553n

Poésies diverses (Frédéric II) 3616

Poésies sacrées (Le Franc de Pompignan) 3575, 3604, 3616

POINSINET DE SIVRY Louise D 297-4-1n

Poitiers 293n

POMBAL Sebastião José de Carvalho e Melo, marquis de 3580, 3587

POMEAU René 3616n

POMEREU Jean-Baptiste de D 293

POMMEREUX ou POMMEROUX, intendant en Normandie : voir POMEREU Jean-Baptiste de

POMPADOUR Jeanne Poisson, marquise de 3584n, 3611n, 3656, 3663

POMPÉIA 3617n

Pompignan 3571, 3574, 3576n, 3584, 3600

Ponthierry 3571

PORTAIL Antoine IV 3587n

PORTAIL Rose Madeleine, née Rose 3587

Port Mahon 3585

Port-Sainte-Marie 3676, 3679n 3681, D 300-8, D 300-22, D 300-23, D 300-24, D 300-28

Portraits historiques des hommes illustres de Danemark (Hofman) 3607

Potsdam 3677

POULIEZ ou POULLIES Antoine-Charles 3662, 3674, 3676, 3703, D 300-1, D 300-10, D 300-15, D 300-18, D 300-22, D 300-28

POULLAIN DE SAINT-FOIX Germain François 3663

POULLIES : voir POULIEZ ou POULLIES Antoine-Charles

Pour (Les) (Voltaire) 3642n

PRADEL Jean, dit Vézenobre D 293

PRADES Jean-Martin de, abbé 3655, 3677

Préface de la Comédie des philosophes (Morellet) 3663n

Pretzlow 3575n

PRÉVOST Antoine François, abbé 3570n

PRIEUR Jean-Marc D 293n

Principes du Droit naturel (Formey) 3568

Privas D 293

PRIVAT DE MOLIÈRES Joseph 3587n, D 296-4

PROUHO Gabrielle 3629n

Psaumes 3575n, D 293

Pucelle (La) (Voltaire/La Beaumelle) 3617, 3656n, 3686

PUECH Jean-Vincent, curé de Valleraugue 3642, D 298

PUECH Jeanne-Marie 3688

PUGEOLLE, consul (Port-Sainte-Marie) D 300-28

PUGET Pierre D 293

PUGET DE GAU Henri Gabriel de 3661, 3676, 3680, 3687, 3688, 3695, D 300-24, D 300-27, D 300-28

PUYSÉGUR Jean-François de Chastenet, marquis de, maréchal de France D 294

PUYSIEULX Louis Philogène Brûlart de Sillery, marquis de D 293n

QUATREFAGES DE BRÉAU François de 3668

Quiberon 3580n, 3587n

Quito 3599, 3617n, 3642

RABAUT Paul D 293

RACINE Jean 3650n

RAFÉLIS DE BROVES Georges, abbé 3648n

RAFIN Rodolphe-Joseph de 3568, 3575, 3584

Raison fait le malheur de l'homme (La) (Des Barreaux) 3584

RAMBURES Élisabeth Marguerite, marquise de, née de Saint-Georges de Vérac de 3662

RANC Louis D 293n

RAPIN-THOYRAS Paul de 3616

RAPIN-THOYRAS, famille 3604, 3616
RAVAISSON-MOLLIEN François 3594n
RAZOUX Jean 3587, 3594, 3645
Recherches sur la nature du feu de l'enfer (Swinden) D 295
RECLAM Pierre Christian Frédéric 3616n
Recueil de facéties parisiennes (Voltaire) 3645
Recueil de l'Académie des Jeux floraux 3673n
Recueil des décrets apostoliques et des ordonnances du roi de Portugal 3587
Recueil des édits (Rodier) D 300-28
Recueil des facéties parisiennes (Voltaire) 3665
REDONNEL Pierre, dit Joseph D 293
Réflexions et anecdotes sur Christine, reine de Suède (d'Alembert) 3655
Règlements ... dressés par ordre du synode provincial du Bas Languedoc D 293n
RÉGNIER Mathurin 3584
Reims D 293, D 300-28
Relation sommaire des merveilles (Brousson) D 293n
Rennes 3637, 3638, 3684, 3691, 3692
Réponse au Supplément du Siècle de Louis XIV (La Beaumelle) 3574, 3584, 3642, 3656, D 293n
Réponse aux différents écrits ... contre la comédie des Philosophes (Hugary de Lamarche-Courmont) 3663n
Réponse de M. de La Condamine au défi de M. Gaullard 3577, 3587
Requête des protestants français au roi (La Beaumelle) 3616n
RÉQUI, M. de (Toulouse) D 300-28
RÉVÉREND DU MESNIL E. 3604n
Rêveries ou Mémoires sur la Guerre du maréchal comte de Saxe (Les) (Bonneville) 3677
REY François 3668, 3687, 3688
REY Fulcrand D 293
Rey (Le) 3688n
RHÉE 3698
RIBES, M. de juge (Alès/Montpellier) 3703n
RICHELIEU Armand Jean du Plessis de, cardinal 3691
RICHELIEU Louis François Armand de Vignerot du Plessis, duc et maréchal de 3577n, 3609, 3617, 3621, 3626, 3633, D 293
RIEDESEL ZU EISENBACH Johann Wilhelm, baron de 3567
RIQUET DE BONREPOS Jean Gabriel Amable Alexandre de 3592n, 3608, 3688, 3695, 3703, 3704, D 300-29
ROBECQ Anne-Marie de Montmorency-Luxembourg, princesse de 3637
ROBELINE Nicolas D 293
ROBERT-GARILS Élisée de D 293n
ROBERT-LABARTHE Urbain de D 293n

ROCHECHOUART François Charles, comte de 3684n, 3687
ROCHECHOUART Marie-Françoise, née de Conflans d'Armentières, comtesse de 3684, 3687
Rochefort 3587
Rochemonteix 3662n
RODIER Marc-Antoine D 300-28
ROÉFÉ, de : voir ROISSÉ Maurice Jean Baptiste de
ROGER Jean-Marc D 293n
ROGER Jacques D 293
ROHAN Henri II, prince de D 294
ROISSÉ Maurice Jean Baptiste de D 300-1, D 300-6, D 300-7, D 300-8, D 300-10, D 300-13, D 300-15, 300-16, D 300-18, D 300-23, D 300-24, D 300-28
ROLLAND Étienne D 293
ROLLAND Pierre D 293n
Rome 3587, 3644, 3696, D 293
RONSARD Pierre de 3584
Roquebrune D 293n
ROQUELAURE, M. de 3703
ROQUES, procureur (Toulouse) 3584
ROQUETTE Guillaume, curé (Valleraugue) 3611, 3662, 3668, 3681, D 298n
Rossbach 3584n
ROSSET Pierre Fulcrand 3656n, 3662
Rotterdam 3695n, D 293n
Rouen 3650, 3687n, D 293, D 300-12
ROUSSEAU Jean-Baptiste 3584n, 3604
ROUSSEAU Jean-Jacques 3593
ROUSSEAUD DE LA COMBE Guy du D 300-28
ROUVIÈRE François 3584n
ROUVILLE François de Blanquet Amanzé de, baron d'Altès 3687, D 296-7
ROUX André **3644**
ROZAN Pierre, dit Desnoyers D 293
Roziès Joseph D 300-21, D 300-22
Rueil 3645
RUFIN, préfet du prétoire d'Orient D 300-28
Russe à Paris (Le) (Voltaire) 3642, 3645, 3650n
Ryswick D 293

SABATERY Bertrand de D 300-28
SACAREAU, cavalier de la maréchaussée (Toulouse) 3609
SAINT-AIGNAN, duc de : voir BEAUVILLIERS François Honorat de, duc de Saint-Aignan
Saint-André de Valborgne 3553n, D 293n
SAINT-AUBAN Guy Antoine Pape, marquis de 3703n
SAINT-AUBAN Marie-Charlote [ou Anne-Marie?] du Puy-Montbrun, marquise de 3703n

SAINT-CHAPTES Alexandre de Piémarcé de Brueys de D 293
Saint-Cloud 3650
SAINT-CYR, abbé de : voir GIRY Odet, abbé de Saint-Cyr
Saint-Cyr 3650
Saint-Didier D 293n
SAINT-FÉLIX Claude de D 300-28
SAINT-FLORENTIN Amélie-Ernestine, comtesse de 3662
SAINT-FLORENTIN Louis Phélypeaux, comte de **3554**, 3555n, 3556, **3560**, **3561**, 3562, **3563**, **3564**, **3565**, 3574, 3577, 3584, 3587, **3592**, 3594n, 3604, 3605, 3608n, 3616n, 3621, **3622**, 3623, 3624, **3625**, 3633, 3637, 3642, 3650, 3656, 3658n, 3662, 3663, 3668, 3673, 3676, 3684n, 3687, 3695, 3703n, D 293
Saint-Gély du Fesq 3659, 3668
Saint-Hippolyte du Fort 3553n, D 293
SAINT-JEAN, domestique 3642
Saint-Julien D 293
Saint-Malo 3567, 3571, 3617, 3650n, 3663n
SAINT-MARCEL, M. de D 293n
Saint-Martin de Boubaux D 293n
SAINT-MICHEL DE LANES Jean Marguerit de Saint-Michel, baron de 3703n
SAINT-MICHEL DE LANES, baronne de 3703
Saint-Michel de Dèze D 293n
Saint-Paul-Lacoste D 293n
Saint-Pierre de Plesguen 3699n
SAINT-PRIEST Jean-Emmanuel Guignard, vicomte de **3554**, **3556**, **3559**, **3561**, 3565, 3587n, **3622**, 3661n, 3662, **3693**, D 293n
SAINT-PRIEST Louise-Jacqueline-Sophie de Barral de Montferrat, vicomtesse de 3668, 3676
Saint-Quentin 3571, D 293
SAINTE-FOI Anne-Marie de : voir LA CONDAMINE D'ESTOUILLY Anne-Marie de, devenue Mme de Sainte-Foi
SAINTE-PADOUE, Mme de (Caraman) 3607n
SAISSANS, officier (Toulouse) D 300-6, D 300-8, D 300-23, D 300-24
SALDANHA DA GAMA Francisco de, cardinal 3580
SALGAS François de Pelet, baron de D 293
SALLES Louis 3574
SALLES Pierre II 3580, 3587, **3588**, 3590, 3617n
SALLIER Claude, abbé 3638n, 3650, 3684, 3685, 3699
SALLUSTE 3642
SALTYKOV Nicolaï, général 3562n
SALVIATI Grégoire 3641, 3703n
SANNAZARO Jacopo 3584
SAPHO 3599, 3604, 3616
SARRAZIN, comédien 3642n

SARREMÉJANE Jean-Pierre de 3661, 3662, 3676, 3681, 3687, 3688, 3695, D 300-25, D 300-28
SARTINE Antoine de 3580, 3587, 3594, 3599
Satires (Juvénal) 3623n, D 300-28
Satires (Régnier) 3584n
SATURNE 3698n
SAURIN Bernard Joseph 3623
SAURIN Jacques D 293
Saussaye 3656n
SAUVETERRE Louis-Emmanuel de Boyer-Drudas, marquis de 3681n, 3687, 3695, D 300-27
SAUVIGNÉ, Mme de (Paris) 3684
SAUZET, de D 293n
SAVANIER, greffier (Toulouse) 3668, 3674, 3676, 3687, D 300-1, D 300-2, D 300-3, D 300-22, D 300-24, D 300-28
SAVARY DES BRÛLONS Jacques D 293
Saverdun D 293n
Saverne D 300-21
SAXE Maurice de, maréchal de France D 293n, D 294
SCEPEAUX, famille de 3692
SCHEIDECKER Marc D 293n
SCHOMBERG Henri de, maréchal de France D 293n
SCHWERIN Kurt Christoph comte von 3616
Seconde lettre ... à M. conseiller A.P.D.D. (La Condamine) 3577
Sedan D 293
SÉGUIER Jean-François **3550**, 3684, 3685
SEGUIN Bernard D 293
SÉGUY Joseph 3642
SELLES Otto H. D 293n
SEMPÉ Jean Pierre D 300-4, D 300-12
SENAUX Jean-Joseph-Dominique de 3695
SÉNOVERT François-Ignace de 3576, 3590, 3662, 3668, 3687, 3695
Sens D 293
SEPEDE, veuve D 293n
SERRE (Toulouse) D 300-1n
SERRES, Président D 293n
Serviès-en-Val 3574, 3584
Sète 3635, D 293
SEVENES Guillaume D 300-1n, D 300-13
SEVENES Guillemette 3656, D 300-1, D 300-5, D 300-6, D 300-7, D 300-8, D 300-10, D 300-13, D 300-15, D 300-16, D 300-17, D 300-18, D 300-23, D 300-24, D 300-27, D 300-28, D 300-29
SÉVERIN (saint) 3686an
SÉVIGNÉ Marie de Rabutin-Chantal, marquise de 3584n
SGARD Jean 3575n, 3580n, 3584n, 3589n, 3594n, 3617n, D 293n

SICARD Jean D 300-22
SICARD Louise-Yves, Jeanne-Paule ou Marie-Josèphe D 300-22
SICARD Lucie-Blanche, née Dupoux D 300-22, D 300-28
SICORI, chirurgien (Toulouse) 3668
SICRE D 300-22
Siècle de Louis XIV (Le) (Voltaire) 3569, 3695
Siècle de Louis XIV (Le) (Voltaire; éd. La Beaumelle) 3623
SILANGE, Mme de 3581
SILHOUETTE Étienne de 3580, 3587, 3645, D 293
SILVESTRE DE SACY Renaud 3695n
SIMÉON 3694
SISKOWITZ Josef, comte de, général autrichien 3587n
Soleure 3549n, 3573
SOLIGNAC Pierre-Joseph de La Pimpie, chevalier de 3569, 3580
Sommières D 293
Sonnet de l'avorton (Hénault) 3584
SOPHIE WILHELMINE, princesse de Prusse, margravine de Bayreuth 3587
SOUBISE Charles de Rohan, prince de, maréchal de France 3594
SOULÉ Jean D 300-22
Souvenirs d'un citoyen (Formey) 3587n, 3604n
SOUVRÉ François-Louis Le Tellier, marquis de 3594n
SOUVRÉ Louis-Nicolas Le Tellier, marquis de 3594
Spartacus (Saurin) 3623
STANISLAS LESZCZYŃSKI, roi de Pologne 3587, 3650, 3656, 3663, 3673, 3684
STELLING-MICHAUD Stella 3575n, 3579n
Stockholm 3650
Strasbourg 3549, 3567n, 3571, 3573, 3584n
Style et forme de procéder (Cayron) D 300-28n
SUÉTONE 3610
Suite de la Défense de l'Esprit des lois (La Beaumelle) D 300-28
Sumène D 298n
SUTTON Robert D 293n
SWINDEN Tobias D 295

Tableau des capitouls 3592n, 3703n, D 300-1n
Tableau historique des gens de lettres (Charpentier de Longchamps) 3621n
TACITE 3580, 3583, 3584, 3587n, 3607n, 3610, 3616, 3655, 3670, D 293, D 300-24, D 300-25, D 300-28
Tacite (Guérin) 3607n
Tacite (La Beaumelle) 3571, 3574, 3575, 3576, 3577, 3580, 3584, 3587, 3599, 3604, 3616, 3617, 3642, 3668, 3696, D 297-5

Taciti Opera 3607
TAILLEFER Michel 3665n, 3673n
Tancrède (Voltaire) 3662
TANON DE LAPIERRE Sabine 3597n
Tant mieux pour elle (Fusée de Voisenon) 3663
TAPHANEL Achille 3670n
TARUFFI Antonio **3639**
TAVERNE Jérôme 3662, 3674, 3676, 3703, D 300-1, D 300-10, D 300-18, D 300-20, D 300-28
TEGRA François Niocel, seigneur de: voir NIOCEL DE TEGRA François
TEISSIER Étienne, dit Lafage D 293
TENCIN Claudine Alexandrine Guérin, marquise de 3645, 3655
TENCIN Pierre Guérin de, archevêque de Lyon, cardinal 3617
TÉRENCE 3587
TERPSICHORE 3611
TERRASSON Jean, abbé 3571
TERRAY Joseph Marie, dit l'abbé 3580n
TERTULLIEN D 293n
THÉMIRE 3566
THÉMIS 3566
THÉODOSE, empereur romain D 300-28
Theologischen Bibliothek D 297-1
THÉVARD (Compagnie) D 293n
THEVENY, directeur des droits (Toulouse) D 300-28
THIARD DE BISSY Claude de 3650
THIRIOT Nicolas Claude 3656n
THOMOND Charles O'Brien, maréchal de France 3564, **3565**, 3592, **3596**, 3599, **3605**, **3608**, 3609, **3613**, 3617, 3621, 3622n, 3623, **3624**, **3625**, 3626, 3629, 3631, 3632, 3633, 3637, 3642, 3645, 3650, 3651, 3656, 3660, 3662, 3665, 3668, 3669, 3670, **3671**, 3676, 3687, 3692, 3695, 3703n, D 293, D 300-23, D 300-24, D 301
THOMOND Marie-Geneviève-Louise Gaultier de Chiffreville, maréchale de 3621, 3692, 3695
THOU Jacques-Auguste de D 293
THYREL DE BOISMONT Nicolas 3684
TIBÈRE, empereur romain D 295
TIBULLE 3584
TILHOL Jean-Claude de D 300-28
TILLOTSON John D 293
TITUS, empereur romain 3610n, D 295
TOLLIUS, substitut (Toulouse) 3676
TOMEYROLLE, M. de D 293n
Torigny D 293
Toulon 3594n, 3604n, 3638
Toulouse 3549, 3553, 3555, 3556, 3558, 3561, 3568, 3571, 3574, 3575, 3576n, 3580, 3581, 3584, 3585, 3587, 3590n, 3591, 3592, 3594,

3596, 3599, 3600, 3604, 3605, 3607, 3608n, 3612n, 3614, 3617, 3618, 3620, 3621, 3627, 3628, 3629n, 3631, 3633, 3635, 3636, 3637, 3640, 3642, 3643, 3645, 3646, 3648n, 3650, 3651, 3655, 3656, 3659, 3660, 3661, 3662n, 3663, 3665, 3666, 3668, 3669, 3670, 3673, 3674n, 3676n, 3681n, 3686n, 3687, 3690, 3692, 3695, 3703, D 293, D 297-4-2, D 299, D 300-2, D 300-3, D 300-4, D 300-11, D 300-12, D 300-14, D 300-19, D 300-21, D 300-23, D 300-24, D 300-27, D 300-28, D 300-29

TOURNON François de, cardinal de D 293
Tournon D 293
TOUZERY Mireille 3580n
Traité des académies (Valette de Travessac) 3584n
Traité des matières criminelles (Rousseaud de La Combe) D 300-28
Traité des tumeurs et des ulcères (Astruc) 3617n
TRESSAN DE LA VERGNE Louis Élisabeth, comte de 3567, 3569, 3571, **3573**, 3580, 3599, 3601, 3604, 3616, 3617, 3618, 3637, 3642, 3655, 3673
Trévoux 3584n, 3704n
TRINIUS Johann Anton 3598, D 297-1
Triomphe de l'innocence (Le) (Beausobre) 3616, 3637n
TRONCHIN Théodore 3567
TRUBLET Nicolas-Charles-Joseph, abbé 3571, 3573, **3595**, 3604, 3616, **3640**, 3645, **3649**, 3650, 3655, 3663, 3665, 3677, 3692
TRUDAINE Daniel Charles 3645

URANIE 3566
URDEZ Lucas d' D 300-28
URFÉ Honoré d' 3698n
Utrecht 3594, 3655, D 293
UZÈS Charles Emmanuel de Crussol, duc d' 3549, 3555, 3562, 3577, 3610, **3667**, 3678, 3681, 3692, D 293, D 295
UZÈS, duchesse d': voir GUEYDON Marie-Gabrielle de, duchesse d'Uzès
Uzès 3549, 3554, 3555n, 3574, 3577, 3584, 3610, 3681, D 293

Vabres D 293n
VACQUIÉ Joseph 3629n
VACQUIER PROUHO Jean-Jacques Vacquier, dit 3592n, **3629**, **3631**, **3632**, 3693
VADÉ Guillaume 3642
VAÏSSÈTE Dominique-Joseph 3614n, D 293n
Valborgne: voir Saint-André de Valborgne
Valence D 293
VALETTE DE TRAVESSAC Antoine de **3574**, **3584**, 3638, 3673n

Valleraugue 3549, 3553, 3590, 3597, 3603, 3611, 3638, 3641, 3642, 3643n, 3645, 3650, 3655, 3656, 3659, 3661, 3662n, 3676n, 3681n, 3685n, 3692n, D 292, D 293n, D 298, D 299, D 300-2
VAMMALE Claude, abbé de 3612
VAN DER WEEL Adriaan Hendrik D 296-9n
VAN ROBAIS Josse D 293n
Vanité (La) (Voltaire) 3645
VARAGNE DE GARDOUCH Marie Charlotte de 3587n, 3645, D 296-3
VARILLAS François D 293n
VAUBAN Sébastien Le Prestre, marquis de D 294
VAULT François-Eugène de D 294
Veere D 293n
VELLEIUS PATERCULUS 3584
VENDARGUES Louise de 3612
VENEL Gabriel François 3635
Venise 3584n
VÉNUS D 293
VÉRAC Olivier de Saint-Georges, marquis de D 293
VERGÈSE: voir DORLIAC Jean-Michel
VERNES Jacob **3574**, **3579**, 3584
VERNET Jacob 3616, 3618, 3637, **3646**, 3653, 3655, **3658**, 3661, 3662n, 3665, 3673, 3677
Vernoux D 293
VÉRON François D 293n
VERRÈS D 300n
Versailles 3573, 3587n, 3594n, 3617, 3650, 3656n, 3684, 3685, 3692, D 293n
VERSINI Laurent 3675n
VESPASIEN, empereur romain 3610n
VESSON David, dit La Valette D 293
VESSON Jean D 293n
VEYSSIÈRE DE LA CROZE Mathurin 3616
Viane D 293n
VIC DE CLERMONT Louis-Antoine de 3681, 3687
Vie de César (Plutarque) 3617n
Vie de Charles XII (Nordberg) 3675n
Vie de Madame de Maintenon D 297-3
Vie de Maupertuis (La Beaumelle) 3551n, 3552n, 3567n, 3571n, 3637n, 3642n, 3650n, 3655, 3662, 3663, 3670, 3676n, 3685, 3688, 3691, 3692, 3699
Vie de Pierre Du Bosc (La) (Le Gendre) D 293
Vie de Vespasien (Suétone) 3610n
Vienne 3587
VIERECK Adam Otto von 3616
VIEUX Jérôme de Bernard de Prats de 3687
VIGNES (Toulouse) D 300-6, D 300-8, D 300-23, D 300-24
VIGUIÉ, père (Lauzerte) **3682**
VILLARET Pierre 3703n
VILLARS Honoré Armand, duc de 3638, D 293

Villefranche-de-Conflens 3603, 3696
Villemur 3629n
Villeneuve-les-Avignon 3703n
VINCENT Isabeau D 293
VIRGILE 3549n, 3566, 3584
Visions de M. Palissot (Morellet) 3663n
VISSEC Marie Anne de Crouzet, marquise de 3599, 3617
VIVENS François D 293
VOLAND Sophie 3684n
VOLTAIRE 3551, 3553n, 3562n, 3569, 3571, 3572, 3574, 3575, 3580, 3583, 3584, **3593**, 3597n, 3599, 3604n, 3616, 3638n, 3642, 3645, 3650, 3655, 3656, 3658, 3661, 3663, 3665, 3668, 3673, 3675n, 3676, **3686**, 3691, 3692, 3693, 3695n, 3699, D 293n, D 296-3, D 296-6, D 297-1, D 297-6
Voostfris 3587

VOULAND Daniel D 293

WAGNER Peter Christian 3587
WATELET Claude Henri 3638, 3642, 3645, 3650, 3656, 3665, 3684, 3685, 3692
Wetzlar 3551, 3567, 3571, 3573
WILLERMOZ Jean-Baptiste 3641
WILLERMOZ Pierre-Jacques 3641n
Winterthur 3647
WOLDEN Hans von 3567n, 3571
WOLDEN Margarethe von, née von Borck 3551, 3567, 3571, 3573

Zadig (Voltaire) 3597n
ZEUS 3637n
Zoraïd 3642n
Zurzach 3647
Zuylen 3655